伊藤博義先生
古稀記念論文集

# 福祉の現場

## 実践と発言


発起人代表
高木紘一
砂山克彦
今野順夫



信山社

# はしがき

宮城教育大学名誉教授・東北文化学園大学医療福祉学部教授　伊藤博義さんは、二〇〇四年七月二五日めでたく古稀を迎えられた。本書は、東北労働法研究会において日頃から共に研鑽に励み、同氏から多くのことを学んできた研究者仲間や、研究活動及び社会福祉活動の実践を通じて同氏と関わりの深かった人たちが、古稀をお祝いし今後における益々の活躍を祈念するために、上梓したものである。

一〇年前の還暦の際には、いわゆる記念論文集という形ではなく、伊藤さんの問題関心に接近し、かつ研究会グループが共有できるテーマについて共同研究を行ってはどうかということで、労働法と社会保障法の境界領域である福祉労働を取り上げ、伊藤博義編『福祉の労働――Q&A』（有斐閣選書、一九九七年、改訂版『福祉労働の法――Q&A』二〇〇二年）の刊行に取り組んだが、今回は、このような形での記念論文集を編集することとした。統一テーマを「福祉の現場――実践と発言」としたのは、伊藤さんが福祉の現場と研究活動の双方に目配りのできる稀有な社会法研究者であることから、福祉の現場と研究の架橋になるような論文集を刊行したいとの意図によるものである。

今日、日本経済の深刻な不況の進行のもとで、とりわけ社会保障・社会福祉の分野ではいわゆる

「財源論」や「自立・自助論」の名のもとに公的責任が後退し、そのなかで人権保障の真の姿を赤裸々な形で反映する福祉の現場に様々な問題点が露呈してきており、福祉実践者の問題意識と福祉研究者の知見との緊密な連携が求められるに至っている。本書が、子ども・高齢者・障害者の福祉・生活保護・地域福祉・施設づくり等の分野にわたって現場経験者からの生きた報告を取り上げ、それと併せて研究者の論考を掲載するという形式をとったのは、そのような企画趣旨によるものである。宮城県・岩手県・山形県を中心とした全国の社会福祉事業関係者等から四十余名にのぼる貴重な実践報告が寄せられた。このような他に類書を見ないユニークな記念論文集ができあがったのも、ひとえに伊藤さんの半世紀にも及ぶこれまでの研究と実践の積み重ねによるものであり、改めて同氏の福祉に寄せる思い入れの深さと努力に敬意を表するものである。

伊藤さんは、一九三四年に新潟県で生まれ、少年期を戦時体制下で過ごし、朝鮮戦争が勃発した年の四月、県立長岡高等学校に入学、一九五三年四月東北大学法学部に進学した。在学中は、伝統あるボート部でエイトを漕ぎ、他方、自治会活動で活躍するかたわら、司法試験を目指すなど多彩な学生生活を謳歌したが、お父上の病気が理由で、一九五七年三月、卒業とともに盛岡家庭裁判所で事務官・書記官補として職業生活をスタートすることになった。翌年一月、司法試験の再受験をめざして退職したが、無理がたたり肺結核のため郷里での療養生活を余儀なくされた。一九五九年四月、病気回復とともに盛岡市内の養護施設・青雲荘に児童指導員として勤務することになったが、安保闘争の年である一九六〇年、民間の社会福祉事業従事者の個人加盟の労働組合、岩手県社会事業職員組合（現・岩手県社会福祉労働組合）の設立に参加し、書記長・委員長を歴任するなど組合活動にも積極的に関わった。養護施設における指導員活動の実践、保母さんの解雇撤回闘争や労働争議でのオルグ体験、中小零細企業での労働組合作り等々、社会福祉労働や組合運動の体験を通して、比類のない強烈な反骨精神と確かなもののとらえ方、温かな人柄による広汎かつ親密な人間関係を形成された。この時期にこそ、以後における伊藤さんの実践・研究活動の貴重な源流が生まれたと考えられる。

一九六七年一〇月、福島大学で開催された東北法学会において、組合運動の実体験にもとづく「偽装解散をめぐる諸問題」の研究発表を行ったことを契機に、翌年四月から東北大学法学部助手として、外尾健一先生の指導のもとで、当時、大学院生であった私達と共に研究者としての道をスタートすることになった。大学紛争の激化する最中に執筆した論文「ランナウェイ・ショップ——アメリカにおける組合回避の工場移転」は、同氏の最大の関心事であった「偽装解散」の比較法研究として、全編ほとばしるような問題意識で貫かれている。一九七〇年一月、宮城教育大学に専任講師として赴任され、一九九四年八月に辞職するまで、四半世紀に亘って、同大学で教育研究活動に専念した。「教えるとは希望を語ること」をモットーにした教育にかける情熱は並々ならぬものがあり、一九九三年に刊行され、いまなお学生たちに人気の高いユニークな法学入門書『若者たちと法を学ぶ』（有斐閣）は、熱い教育実践の書である。また、この間、学生部長時代には、当時全国の各大学を悩ませていた学生寮紛争を独自の「宮教大方式」で解決し、さらに、一九九三年六月には宮城教育大学学長に就任するなど、大学行政においても卓抜した手腕を発揮した。

宮城教育大学辞職後、一九九六年一月より、山形大学人文学部に社会保障法担当の教授として赴任し、研究活動の重点を労働法から社会保障法にシフトさせることになった。山形大学を定年退職した後、二〇〇〇年四月より東北文化学園大学医療福祉学部教授として招聘され、現在に至っている。

労働法・社会保障法を中心とした伊藤さんの研究は巻末後掲目録のように多岐にわたっているが、常に「理論と実践の統一」という観点から、時代の提起する実践的な諸課題に精力的に取り組み、労働法から社会保障法に亘る広汎な領域で数々の創見を提起している。偽装解散に始まり、企業合併と労使関係、誘致企業、親子会社さらには多国籍企業の労使関係にも及ぶ一連の研究は、「企業活動の自由と労働者の権利保障との関係」を統一テーマとしたものであり、論考のすべてが「責任を負うべき真の主体は誰か」という強烈な問題意識に支えられている。また、出稼ぎ労働、派遣労働、パート労働、高齢者及び障害者労働、福祉労働、外国人労働者等を対象とした数多くの論考は、もう一つの研究テーマである「雇用形態の多様化と労働者の権利に関する理論課題」に属するものであり、どの一つをとってみても、わが国の終身雇用制を底辺で支えてきた非正規雇用労働者に対する「人間としての尊厳」法理構築への熱い想いが行間に溢れており、また、「調査なくして研究なし」をモットーとする氏の研究手法が遺憾なく発揮されている。それらの主な論考は『雇用形態の多様化と労働法』

（信山社、一九九六年）に収録されている。

伊藤さんの研究は、このように労働法分野が中心であるが、民間養護施設における児童指導員としての体験や社会福祉事業の組合運動を源流とする社会福祉への情熱は、一貫して変わることはない。一九八二年から九二年まで、そして一九九八年から現在まで日本社会保障法学会の理事として活躍中であり、また、市民運動においても、宮城県社会保障推進協議会の行う活動を通して、医療・介護・福祉・年金等、社会保障運動の発展に指導的役割を果たしてきている。そして、現在では、知的障害児・者の社会福祉施設で仙台市内に五ヵ所の施設を運営している社会福祉法人「なのはな会」の理事長職に従事している。「障害をもった人たちが暮らしやすい社会は、すべての人が暮らしやすい社会である」という信念で障害者の問題と関わってきた伊藤さんは、社会福祉施設とは「子どもや利用者にとって楽しいところ、親や保護者にとって安心して託せるところ、従事者にとって働きがいのあるところ」でなければならないとして、それを実現するために、①施設利用者とその家族の生活と人権の保障、②施設従事者の働く権利の保障、③法人と施設の民主的運営、④社会福祉・社会保障制度の確立、⑤平和で民主的な社会の実現、を「なのはな会」の目標として掲げている。

施設の利用者及び従事者の権利保障と並んで、社会保障制度の確立と平和な社会の実現を法人の目標として掲げているところに、伊藤さんの面目躍如たるものがある。「社会保障は国民の権利保障に対する公的責任によって成り立つ」という命題は、同氏にとって不動の真理であり、「責任を負うべき真の主体は誰か」という労働法における使用者責任論のテーマが、ここでは公的責任に代置されて追求されているのである。また、「戦争は、社会福祉に反する最たるもの」とみる直截な物の見方は、平和主義に徹した社会科学者としての知性に支えられたものである。

人生七〇歳への到達が「古来稀であった」とは昔のことであり、事実、伊藤さんは古稀を迎えてなお益々意気軒昂たるものがある。氏にとって、社会福祉との関わりはようやく前史を終え、いよいよこれからが本史を迎える時となる。ここに益々のご健勝を祈り、従前と変わらぬご指導とご鞭撻をお願いして、謹んで本書を献呈する次第である。

なお、本書の出版に当たって、ご多忙の中を快く寄稿して頂いた方々、また、出版事情の厳しい中を引き受けていただいた信山社、直接お世話になった同社の村岡侖衛氏に、心から謝意を表するものである。

二〇〇四年一一月

伊藤博義古稀記念論文集刊行発起人代表　高木紘一

砂山克彦

今野順夫

伊藤博義先生古稀記念論集　福祉の現場――実践と発言

# 目　次

## Ⅰ　子どもの福祉

目　　次

## Ⅳ　生活保護



## Ⅴ　地域福祉・施設作り



## Ⅵ　福祉労働

## 執筆者紹介（掲載順）

**桜井ひろ子**（さくらい　ひろこ）　社会福祉法人なのはな会（知的障害児通園施設）なのはな園園長

**小野ともみ**（おの　ともみ）　社会福祉法人宮城厚生福祉会（高齢者福祉施設）宮城野の里・施設長（前・乳銀杏保育園園長）

**小幡正子**（おばた　まさこ）　社会福祉法人あゆみ会あゆみ保育園園長

**玉置弘道**（たまおき　ひろみち）　総合社会福祉研究所副理事長（元・社会福祉法人大阪福祉事業財団常務理事）

**藤澤　昇**（ふじさわ　のぼる）　みちのくみどり学園園長

**龍尾和幸**（りゅうお　かずゆき）（青少年自立援助ホーム）セルフサポートセンター東樹施設長

**大塚憲治**（おおつか　けんじ）（母子生活支援施設）宮城県さくらハイツ施設長・（婦人保護施設）宮城県コスモスハウス施設長

**三浦　剛**（みうら　たけし）　東北文化学園大学医療福祉学部助教授

**齋藤境子**（さいとう　きょうこ）　社会福祉法人 こーぷ福祉会理事・施設長

**大沼由香**（おおぬま　ゆか）　社会福祉法人・柴田町社会福祉協議会・柴田町中央在宅介護支援センター

**小野寺栄悦**（おのでら　えいえつ）　岩手県一関市役所職員労働組合執行委員長

**佐俣主紀**（さまた　かずき）　宮城地域自治研究所副理事長

**佐々木敏明**（ささき　としあき）　聖隷クリストファー大学社会福祉学部教授

**松野安子**（まつの　やすこ）　社会福祉法人なのはな会常務理事

**加々見ちづ子**（かがみ　ちづこ）　社会福祉法人なのはな会（障害児通園施設）仙台市なのはなホーム園長

**木村美矢子**（きむら　みやこ）　社会福祉法人なのは

な会（知的障害者通所更生施設）こまくさ苑長

**山田富也**（やまだ　とみや）　社会福祉法人ありのまま舎常務理事

**森谷就慶**（もりや　ゆきのり）　東北文化学園大学医療福祉学部講師、元・宮城県精神障害者救護会・国見台病院デイケア科主任

**大坂　純**（おおさか　じゅん）　仙台白百合女子大学人間学部助教授

**堀川耕一**（ほりかわ　こういち）　宮城県生活と健康を守る会連合会副会長

**中田美智子**（なかだ　みちこ）　仙台市宮城野福祉事務所主任

**木下秀雄**（きのした　ひでお）　大阪市立大学法学部教授

**小野正夫**（おの　まさお）　社会福祉法人アゼリア会理事・評議員

**高橋典成**（たかはし　のりしげ）　前・沢内村社会福祉協議会事務局長・知的障害者通所授産施設ワークステーション湯田・沢内事務長兼施設長代理

**菊池　忍**（きくち　しのぶ）　社会福祉法人山形県社会福祉協議会山形県社会福祉研修センター主事

**髙橋佳子**（たかはし　けいこ）　山形県社会福祉協議会種別団体係長

**松浦猛将**（まつうら　もうしょう）　前・とかみ楽生苑苑長

**佐藤恵美子**（さとう　えみこ）　特定非営利活動法人・障害者の地域生活を支援する会理事長

**高木紘一**（たかぎ　こういち）　山形大学人文学部教授

**水谷英夫**（みずたに　ひでお）　弁護士

**髙木龍一郎**（たかぎ　りゅういちろう）　東北学院大学法学部教授

**砂山克彦**（すなやま　かつひこ）　岩手大学人文社会科学部教授

**今野順夫**（こんの　としお）　福島大学副学長

**村上一美**（むらかみ　かずみ）　人事院東北事務局

**鷲見俊雄**（すみ　としお）　障害者友情列車「ひまわり号」を走らせる宮城実行委員会事務局長

**渡辺真由美**（わたなべ　まゆみ）　録音速記者

**中村晴美**（なかむら　さえみ）　社会福祉法人わらしべ舎理事長

**早瀬正敏**（はやせ　まさとし）　前・ジェトロ・メルボルンセンター所長

**津田純子**（つだ　すみこ）（青少年自立援助センター）セルフサポートセンター東樹スタッフ

**金坂直仁**（かねさか　なおひと）　社会福祉法人わらしべの里常務理事・施設長

**鏡　英夫**（かがみ　ひでお）　NPO法人のびっこ寮育センター長

**村松広秋**（むらまつ　ひろあき）　静岡市役所

**山口ツエ**（やまぐち　つえ）　元・台太郎保育園園長

**萬　きそ**（よろず　きそ）　元・山田第一保育所主任保母、元・日本社会事業職員組合岩手支部委員長

**石栗栄市**（いしぐり　えいいち）　特別養護老人ホームしおん荘荘長

**渡部剛士**（わたなべ　たかし）　山形短期大学人間福祉学科教授（元・山形県社会福祉協議会事務局長）

**伊藤博義**（いとう　ひろよし）　東北文化学園大学医療福祉学部教授、宮城教育大学名誉教授

# I　子どもの福祉

# 輝く命——子ども達と共に

桜井　ひろ子

**まねっこござる**

「先生、毎日子どもと同じことしてよく飽きないね。」とお迎えのおかあさんがあきれ顔で語ります。私は二六歳の新米保育者。〇歳児の担当になり、来る日も来る日も這い這いでベットの下にもぐり、ぶら下がっているゴミを引っ張ってはケラケラ笑いころげる子どもと同じことをしているのですから無理もありません。畳のささくれも「いっちゃだめよ」と禁止される調乳室も、自分がちょっと手をかけるだけで変化する物がたくさんあるのです。こんなおもしろいことありません。それになんといっても確かな手ごたえを感じた時、目と目が合って一緒に喜びを分かち合える仲間がいるのです。私はたちまち〇歳児のとりこになり職務を忘れて「まねっこござる（猿）」を楽しむのでした。

**保育園との出会い**

一九七三年八月、国家試験で保育士（当時は保母）資格を取得した私の出会った職場は東北大学の職場保育所でした。小さな集会所を利用した古い施設に、当時の産後休暇六週間を終えたおかあさんに抱かれた赤ちゃんが来ていました。仙台市内の公立保育所は生後六ヵ月からの受入れで、四月の入所時期にはほとんどの子どもが一歳近くでした。育児休業制度のなかった当時は、認可・無認可保育所が産休明け保育を担っていました。しかし、財政基盤が厳しく零歳児九人を二人の保育者で担当し、今からは想像を絶する状況かもしれません。見かねた保護者が休暇を取って一日実態調査。九人の子どもと二人の保育者の一日の動きを克明に記録をとったそうです。ミルクの時間に二人が手を取られ、他の子が抱っこして欲しくて泣いてもかなえてやれる手がありません。とうとう泣き出してもどうしようもありません。記録を取る手を止めて抱っこしてやりたい思いを鬼にして、片すみでこらえて記録に専念したことを後で語ってくれました。鼻水でベロベロの顔のまま一五分も拭いてやれなかった記録も残っています。抱っこして授乳している保育者の心は誰より平静でなんていられません。抱きかかえている片手に哺乳瓶を持ち、もう一方の手で動作をつけながら、泣いている子を相手に歌や手遊び。子ども達が家に帰ってする手遊びもいつも片手でしかなかったそうです。「見て学ぶ力の確かさ」などと、今では笑い話ですが深刻な現実です。しかし、この調査の結果を基に大学との話し合いで一人の職員の増員が決定。公募となり採用された私はこの施設と出会い、三対一の保育体制の実現となりました。私自身の最も人間らしい育ちをさせてもらったと思える時、保育所勤務のスタートでした。

その後、厚生省から認可され、移転・定員増などを経て現在の社会福祉法人木這子「かたひら保育園」となりました。

## 片平保育所（現かたひら保育園）の保育理念

子どもの全面発達と、親の労働の権利を守り、子どもと子ども、大人と子ども、大人と大人、誰もが同じ床に立つと訴える保育理念はとても新鮮に写りました。「可哀想な子どもを預かってあげる」というどこか偽善的な自分の考えが揺り動かされる思いでした。それは誰より子ども達が実証していました。

生後一〇ヵ月の陽くんの表情に固さを感じていた私はいろんな遊びに誘いながら、今一手ごたえを得られずにいたある日、大きな笑い声に振り向くとベットの中の陽くんでした。午睡から目覚めた利坊が陽くんのベットのバスタオルを引っ張っているのです。その度に陽くんが笑うのです。大人がなんでもしてあげると思っていた私の保育観への一撃と同時に、子どもと同じ床に立つことの現実の醍醐味に感動するできごとでした。

## 「先　生」

「先生の言うこと聞くんだよ」。朝そう言いながら職場に向かう保護者の言葉が気になりました。「それはちょっと違います。私の言うことが間違いないと思ったら聞いて欲しいけれど、間違っていたら聞かないでって子ども達にいつも言ってるんですよ」の私の返事に苦笑する保護者。それどころか私は子ども達に「何を間違っていると思うのか私に教えてね。」とまで言っています。

夕方の自由遊びの鬼ごっこで、三歳児の浩樹君が「つかまえて、つかまえて」と鬼を追って泣いています。鬼が代わるたびに泣き声が高くなります。それが少し煩わしくなった私は、鬼になったので浩樹君をつかまえました。ぴたりと泣きやんだ次の瞬間「ずるいよ、ごんちゃん（私の呼び名）。逃げない人つかまえたっておもしろくないよー」と彩子ちゃん（四歳児）の声が飛んできます。と、畳み込むように「なんだ彩子、先生にずるいなんて言ってだめだー」と成君（五歳児）の声。間発を入れず「彩子ちゃんは私がずるいからずるいって言ったんでしょ。」言われた成君はけげんな表情。「でも、浩樹君が鬼になりたくってずっと泣いてたんだもの。」「わかった。でもさ浩樹、今は鬼だけど今度鬼でない時はちゃんと逃げるんだよ。そうでないとおもしろくないからね。」と彩子ちゃんが浩樹君を諭します。「うん！」浩樹君はあっという間に他児をつかまえて一目散に逃げ出します。鬼ごっこの再開です。浩樹君は自分の要求がかなえられて初めてルールを守ることで遊びのおもしろさが増すことを分かったのでしょう。彩子ちゃんは浩樹君と私にとって奥の深い先生です。

私の価値観を押しつけようとする時、子ども達のさまざまな抵抗に合うたびに、子ども達の考え方や物事の受け入れ方のしなやかさに脱帽することがあります。どの子もひとりひとりが私の先生です。「俺たち卒園するけど、ごんちゃんひとりで大丈夫？」と心配しながらも毎年毎年、私の先生の子ども達が巣立っていきます。残される私はこの子ども達にとってどんな先生だったのでしょうか？

**福祉の変化**

保育体制はその後の運動で、行政の補助で零歳児も三対一になりました。平成三年には育児休業制度もできました。ずっと先駆的にしてきた産休明け保育と、育児休業が矛盾するのではないかとも論じられましたが、私たちはそうは考えませんでした。人間の発達にとって集団は不可欠、家族や子ども集団の両方が必要であり、二者択一のものではないと考えます。まだまだ、産休明け保育の充実が求められており、状況に合わせて保護者が選択できる道として積極的に考えました。産休明け保育の需要が減る程女性が働き易い環境が整った訳でもありませんでした。

一方、親達の育児不安が叫ばれ、散歩で出会う親の子育て相談や、園を訪れる親子が増え、子ども達の置かれている環境の変化を感じるようになりました。

子どもの世界に習い事が流行りだしたのもこの頃でしょうか。ピアノやスイミング、ダンス、英語塾と保育園の子ども達も忙しそう。生活に根ざした心と体と知の育ちに、どこかしっくりしないものを感じ始めました。

そんな時訪れたヒマラヤトレッキングで出会ったネパールの子ども達。厳しい大自然の中で、三歳位の子どもがきょうだいの世話をしながら子ども達だけで遊んでいました。そのたくましさ、瞳の輝きのとりこになって、彼らと暮らしながら保育の原点を学び直したく、退職を決意しました。

**スリランカ重度障害児施設プリティプラ**

一九九五年、退職したものの海外生活の手だても分からず途方にくれている時、ＮＧＯのボランティアを知りました。スリランカの施設を紹介されました。保育園で障害を持った子ども達との生活や遊びの中で、子ども達自身がひとりひとりのコミュニケーション手段の違いはあっても心は伝え合えることに気づき「みんな違うけれどみんな同じなのね」と話していました。その言葉に支えられて英語の話せない私もスリランカ行きを決意し飛び立ちました。

スリランカの国は日本などの海外支援により、学校教育、特に小学校教育に目が向けられていました。障害者（児）はまだまだ光の届かない分野です。施設に初めて一歩を踏み込んだ時の子ども達の置かれている環境のひどさに、立ってはいられないような衝撃を覚えたことが忘れられません。しかし、それも翌日からの子ども達との関わりで消えていきました。八〇人の子ども達（成人も含む）に一二人のスタッフで二四時間ケア。スタッフは朝から晩まで働きづめ。子ども達と遊ぶ暇などないに等しいのです。ほとんどの子は体が硬直し最重度。といっても日本の医学や療育の元ではこんなにならずに済むのにと思える子ども達でした。救いは声も動きもなくても目はしっかり私を意識してくれることです。私は子ども達の間を歌ったり踊ったりおどけたり、日本語をまくしたてながら遊び回ります。洋服を着せるため腕を曲げようとしても曲らなかった子が、じっと見ていておもしろくなり笑いだすと自分で腕や体を動かすのです。洋服を着せる時には歌を歌って楽しく体を揺すってやるとすんなり動かしてくれるのです。リハビリの専門的知識の全くない私にできる心と体のしなやかさを促すリハビリ、それは「笑い」でした。いいえ、本当のリハビリは子ども達本人の力です。どんな子も自ら育つ力を内に秘め、外に吹き出すチャンスを求めているのだと強く感じました。

一〇歳位のツシャニーはいつも座ったまま手をつなぎ引っ張られる時だけ歩きます。スタッフに聞くと「目も見えない。耳も聞こえない」ということです。食事になるといち早く匂いをかぎつけ鼻を突き出します。すぐに口に食べ物が入らないと、所構わず頭突きをしたり、血の出るほど自分の顔や体をかきむしります。

私は食事の前にツシャニーに関わることにします。目が見えなくても耳が聞こえなくても、彼女の五感に働きかける努力をします。手に唇を寄せて歌を歌ってご飯を待ちます。鼻を突き出しながらも頭突きやかきむしりはなくなりました。肌に感じるリズミカルな息の感触を楽しんでくれているようです。やがて私が前に座ると察知して腕をだし、「うたって」と催促の仕草です。手がでてもすぐ歌わないと腕を伸ばして私の体を探し、さわると安心したような表情になるのです。ツシャニーが自分の手で物や人を認知しだしたと思いました。その頃になると唇を肌につけなくても歌うだけで伝わっている表情が見られました。耳は聞こえるのかもしれません。

今度は歩行です。ひとりでだって歩けるはず。手をつないでもひっぱらないようにしましたが、そうなると一歩も動きません。失敗です。そこで、手押し車を使いました。親指が手のひらにくい込むように折り曲げられています。それを広げて親指と人指し指を対向させて握るようにしながら、ひとりで押すよう働きかけました。これは成功。ゆっくりゆっくりひとりでの歩行です。ところが障害物にぶつかるとお手上げ。ＳＯＳの発信をしません。立ち止まった時、側に行き私が声を発してみましたが、どんなに時がたっても発声が見られません。失敗です。思案にくれながらじっと傍観していると、やがて手を離してしゃがみこみました。どんな動作であれ自発的発信ととらえ、側に駆け寄って語りかけながら方向転換をします。そのうちぶつかるとしゃがみ、私が側によると立ち上がり自分からバーを握るようになりました。見通しを持てるようになったのです。そして、しゃがみこむことなくその場で小刻みなジャンプをすることに変わっていきました。驚きです。ある日、他の子のケアですぐに方向転換をしてやれないことがありました。すると、手のひらを突き出し周囲の安全を確認するような仕草をし、そろりそろりとすり足で歩き出しているではありませんか。それをスタッフも発見し、たちまち皆が寄ってきてツシャニーの独歩のワンマンショウ。そのあと、手押し車を必要とせずひとりで歩く姿が見られ、しかも必ず顔を突き出しながら光りのある方向に行くのです。頬に感じる暖かい光線と目に見える光を追っているに違いありません。地面に座って、器に石ころを入れ、振って音を出すと、音の方向に自分の耳もすり寄せるようになりました。耳も目も刺激に出会って機能を呼び戻されたのでしょう。子ども達の内面を五感で感じ取り、子ども達の五感に訴えながら心と心の向き合いを通して、子どもの自発的行動や意志の表現に通じることを学び返す思いでした。子ども達の内面に秘められたひとりひとりの力が花開くよう、私は精一杯楽しく子ども達と遊びまくろうと、確かな手ごたえを感じさせてくれたツシャニーに感謝です。

### そしてネパールへ

一九九八年ネパールへ行くチャンス到来です。首都カトマンドゥから西に二五〇キロメートルの中央部の山岳地帯、交通手段は徒歩のみのサチコール村のヘルスポストの手伝いです。待望のネパールでの生活です。

ところが、憧れていたネパールのサチコール村への一歩は「縄文式時代へのタイムスリップ」を思わせ、先に進むも退くもままならぬ陸の孤島におののきました。ここで私はどうやって暮らして行けばいいのでしょう。

### サチコール村の暮らし

朝から晩まで物陰から隠れ見る好奇の視線。それに耐え切れず思案の末のひとり芝居「おおきな栗の木の下で」と身ぶりをつけて日本語で歌いました。するとあちこちの物陰から子ども達が大勢現れ私を取り囲みます。やっと正面から向き合えました。もう一回歌います。子どもの歓声に応えてもう一回。今度は子ども達が歌い出します。「オオキナクリノキノシタデ」日本語です。これでもう大丈夫。その日からヘルスポストの庭は毎日歌と踊りの大演舞場。子ども達との距離がグッと近づき、次第に私の村での生活の暖かく頼もしい大事な支援者となりました。そんな子どもを通じて村人達にも少しずつ受け入れられていることを感じ始めてはいましたが決定的に交流を確かなものにしてくれたのは紙芝居でした。入村の前に文化の押しつけや価値観の押しつけは絶対しないよう持ち物は必要最小限にとどめました。しかし言葉の分からない私が、子ども達とのつながりを持つ時のために紙芝居をリュックに詰め込んでおきました。

日本の文化や価値観があまりない物、ネパールの生活の中で理解できる物と考え、一～二歳児用の簡単な「あひるのぴっぴと　ひよこのぴぃぴぃ」（童心社）を選びました。村周りをするとき、それを子ども達に披露しようとした時のことです。何が始まるやら分からないまま座って凝視する子ども達。そして、予めカタカナで書き込んでいたネパール語を読みはじめたとたん、周りで仕事をしていた大人達がどやどやと紙芝居と子ども達の間に立ちはだかったのです。「子どもが見えなくなるからどいて！」そんな日本語も通じるわけもなく、大人の好奇心を押え込むこともできず、仕方なく読み始めました。大人は喜び、終わると今度はみんなが私の後ろへ回り、わいわいがやがや……。「なんだなんだ、ネパール語なんて書いてないじゃないか」「前の絵と同じ物が後ろにも小さく書いてあるぞ」などと言っているに違いありません。なぜって紙芝居をみた日本の一歳児とよく似ています。とにかく、子ども達の番です。こうしてこの紙芝居のお陰で私はすっかり村の人気者。毎日毎日、あっちの家、こっちの家で、大人子どもの区別なく何十回とリクエストに応えて読みまくりの日々が続きました。私はすっかり村の人々に溶け込んでいく自分を感じました。「縄文時代」と恐れたなんにもない自給自足の村の生活が次第に快適なものに変化していきました。

### 子ども達の暮らし

便利な物が何もない暮らし。人工的な音といえば空を飛ぶ飛行機の音ぐらいの村の暮らし。子どもにも大人にもその日の家族と家畜の命を紡ぐ仕事が山ほど。水くみ、薪拾い、草刈り、畑仕事、牛追い、山羊追い、食事作り。村に馴染んでくると、その仕事のひとつひとつを子ども達が私に教え始めました。まるで「この村での生き方」の伝授です。できる者ができない者に伝授するごく当たり前の行為のように、実に自然に私を森に連れ出すようになりました。何をやっても、もたもた、よたよたと森や山でしどろもどろの私を歌と笑いで包みながら教えてくれました。

十歳前後の子ども達が山羊追いにも誘ってくれました。村の周囲は急勾配の段々畑とジャングルで危険を伴うのでどんな時にも複数で行動します。互いの命を守るためです。数軒の山羊が何十頭もジャングルの草場を求めて群れをなします。子ども達はその山羊を一頭も見失うことなく追いながら、季節の草花に興じ、木の実を味わいながら、木々の性質を見抜き、鎌で見事な遊び道具や生活の道具を作りだします。遊びも生活も区別なくみんな作り出す喜びと自信に満ちた時間をたっぷり自分のものにしています。その手さばきは職人肌。山歩き、ジャングルに慣れずよろける私に対する気遣いも細やか。後ろにも目があるかのようにとっさに助けの手が伸び心の読みが深いのです。ジャングルの中で出産を迎える山羊もいます。子ども達は自分の鎌でへその緒を切り親山羊の手助けも見事です。命丸ごと抱え込んでいる子ども達です。名前をつけて大事に育てた家畜を、祭りや祝い事で食とする時があります。一一歳の子が山羊をさばかねばならない時がありました。生まれて初めてのたったひとりでの体験。誰が指導してくれるわけでもありません。「ぶるぶる震えながら勇気を出して鎌を振り上げて首を落とした」と後で語ってくれました。「この山羊の命をいただいて、私たち人間が生かされることに感謝します。いただいた命は全て無駄にしません」と神への感謝の儀式をすることも。山羊は腸の排泄物を除いて血の全ても見事に食されたのです。自然の命をもらって生かされる人間の命への感謝の念をもちながら暮らす子ども達でした。

鎌は七～八歳になると一人前として自分用の物を与えられます。生活全てに使います。どこの家にも家族分あり、どこにでも平気で置いてあります。よちよち歩きの一歳児すら手にします。危険はあっても誰も止めません。取り上げません。いつでもはらはらして取り上げるのは私。その度に「あんた、なにしてんの?」というまなざしに遭遇します。「危険を感じたらあなたがぶつからないようにすればいい。子どもは自分で傷つきながら使い方を覚えていく」それが彼らの教育方針であるようでした。家畜の解体や生活全て、どんな場面にも村中の子ども達がまとわりつきますが追い払う大人はいません。生活全てたっぷり見てそれぞれの学び方をしています。注意や指導的言葉はあまりありません。子ども達は見て学んだことを自分の責任で再現するチャンスが当たり前に保障されます。というより、いつでも一人前として要求されます。仕事も遊びも学校も、二十四時間ひとりひとりの判断と責任に任される暮らしです。任された時間を子ども同士たっぷり使いながら力をつけ、命を守るために、誰にもあてにされ誰をもあてにする共存生活の中で生きる村の子ども達です。

### 体と心と知

まるで全身に「命を守る感性」がはりめぐらされているような子ども達は、他者の心の深部を読み取ります。暮らしに必要な物を全て作り出す生活の中でその感性は更に磨かれて行くようです。なんにもできない私の力を見抜きながら、ひとつひとつ段階を踏んでできる力に導いてくれる子ども達に、体と心と知の統一された育ちのたくましさと、人間らしい育ち合いの原点を感じ、大人のあり方を問い直される思いでした。「そこにいるだけの人」そんな保育者になれたらいいな。

### なのはな園の子ども達と共に

二〇〇一年四月二五日通算一年四ヵ月のサチコール村での暮らしにひとつの区切りをつけました。帰国翌日の四月二六日、知的障害児通園施設なのはな園での保育士としての再度のスタートです。六年間のブランクはまるで浦島太郎のような心境。保育士としての経験のみで障害児に対する専門的知識もなく、会議で交わされる言葉のひとつひとつが分からず、質問ばかりが重なり続けました。

以前の保育士仲間との語らいで驚いたことは、公立保育園の半数だった民間保育園が、民営化の波でほぼ同数になっていました。長時間保育、子育て支援、育児相談など益々多機能化が求められ、子どもや親達の置かれている社会環境の変化の大きさを感じざるを得ませんでした。

一方、障害児（者）の福祉制度も大きな転換期を迎えていました。二〇〇三年四月から障害者と障害児デイケア施設は支援費制度に移行されました。支援費制度は「利用者の自己決定」と「ノーマライゼーション」を理念とし、その実現のために利用者の選択権を保障し、また「利用者とサービス提供者との間の直接で対等な関係を確立する」と訴え、措置制度下で生じたさまざまの問題が支援費制度で解決されるような印象を感じました。本当にそうでしょうか。これらの提唱は制度そのものの問題よりは解釈と実行の段階での考え方の問題ではないでしょうか。

現に保育現場で措置制度の下でも私達はその理念をうたい、利用者の主体性を重んじた保育実践を重ねる努力をしてきました。しかし、制度下の条項や解釈をめぐり、行政との意見の一致は困難でした。問題はそこにあるのではないかと思っています。支援費制度に変われば解決つくものではないと考えます。それは人として生きる豊かさの質の追求の仕方にあると思います。そしてそれらは、福祉・教育の分野は特に、国や地方行政の公的な責任と役割の下に実現されていくものと思います。支援費制度はこの責任を置き去りにしたものに思えて仕方ありません。現在も児童の通園施設は措置制度下で行われています。私は、支援費制度の理念を措置制度下でこそ、意識の変換、あらゆる立場の人々との謙虚な研鑽により実現可能と信じます。ひとりひとりの人格を認め合い、同じ床の上に立ち（対等平等）、共に生きるものとして、人間らしい豊かさの実現のために努力したいと思います。

**輝く命**

二〇〇二年四月、入院中の五歳児の女児の入園を迎えました。重度の重複障害を持つ人工呼吸器の必要な子どもです。就学前の一年を何日でもいいから子ども集団の経験をさせたいという保護者の強い希望がありました。受入の不安が全くなかった訳ではありませんが医療的ケア児の受入の長年の職員の経験と、どんな障害を持った子どもも受け入れたいという情熱で迎え入れました。病院から登園の初日、ずっと病院での静かな暮らしで園の賑やかさが大丈夫かなど不安でした。おかあさんの車で登園、専用のコンパクトな車椅子に乗り、器具をセットするまで一〇分から二〇分。こんなにしてまで登園して下さるおかあさんと子どもに感謝の思いで一杯です。やっと整い保育室へ。緊張が走るのは私だけ？ 当の子どもは部屋へ入るや、他児の声を聞いただけでほっぺがうっすらとピンクになり、顔の表情が何となくリラックスした感じになるのです。子ども達が直接に触れたわけでもないのに驚きです。子ども同士、全身の感性で受け止め合えるものがきっとあるに違いありません。その日の数時間を無事に過ごし病院に帰りました。初めての登園に疲れたことでしょう。ところが、後に聞くところによると、その日は主治医も驚くほど、とても安定していたそうです。

数ヵ月後、退院となり自宅生活が始まりました。自宅に慣れることが先決で、登園がちょっと困難になった時、担任は訪問保育（療育）を試みました。出前遊びのさまざまな働きかけの中で快い自分の思いを表情に表す力がどんどんついてきました。ある日、天候が悪く登園を見合わせようとしたおかあさんが子どもに伝えた時表情が暗くなり「えっ行きたいの？」と問い返すと明るい表情に変ったそうです。わずかな表情の変化をしっかり読み取ってくれるおかあさんの存在で登園となりました。その後もこども達との日々の中で意志表明の力がどんどん増していき、クリスマス会の会食で驚くほど口腔摂取をし、卒園式は緊張で心拍数が上がるほど状況理解も深まり、私たちに自信と大きな夢をプレゼントして巣立っていきました。

どんなに重い障害があっても同年代の子ども集団での育ち合いの力は無限です。自らが全力で発信している意志表示を読みとり、それに沿った対応をし、納得を得られれば、それが本人の自己実現につながり、やがてはその人らしい自立の実現があるということを学ぶ思いでした。そういう関係を結べる人間、社会でありたいと思います。子ども達と向き合いながら自分自身が試されているような気がします。

黙っていると人間らしい真の豊かさから遠ざかっていくような社会の矛盾も感じます。

世界中のどんな子どもにも平等に与えられている命が、平等に輝く命としての自己実現ができるよう、自分自身の課題、社会の課題と取り組んでいきたいと思います。

# 地域の中の保育所として
## ――乳銀杏保育園の乳児保育を振り返って

小野　ともみ

### はじめに

私は三年ほど前から、社会福祉法人宮城厚生福祉会高齢者福祉施設「宮城野の里」に勤務していました。その前は、三〇年六ヵ月同一法人の乳銀杏保育園に勤務していました。現在は、法人本部の事務局長として保育にかかわっています。

乳銀杏保育園の前身である「宮城野原保育所」は、失業対策事業に働く全日自労の職場保育所として、一九五〇年に誕生しました。その後一九五六年、この保育所に当初から援助していた財団法人宮城厚生協会の認可保育所「乳銀杏保育園」（一九九七年四月、社会福祉法人宮城厚生福祉会に移管）となり、以来四七年、障害児保育・乳児保育・延長保育の実施、そして地域の子どもとお母さんのための「遊ぼう会」等々、今日では当たり前になっている保育を父母とともに国や自治体に働きかけ、実践してきました。

いま保育の分野も、「社会福祉の基礎構造改革」がすすめられ、国や自治体の責任を後退させ、父母の選択と自己責任の名の下に、規制緩和や民営化、企業参入によって、国や自治体の保育の実施責任、財政負担の責任を放棄しようとする働きが顕著になっています。

このような時だからこそ、乳銀杏保育園が父母とともにつくり出してきた様々な保育の取り組みから教訓を引き出し、保育所の公共的役割の大切さを堅持し、子どもと父母を守る砦として保育実践をすすめていってほしいと思っています。紙面に限りがありますので、ここでは乳銀杏保育園での乳児保育の取り組みを通して、地域の中での保育所の役割について考えてみたいと思います。

## 1　故阿部和子先生から教わったこと

「子どもは未来の主権者、子どもを育てる責任は、保護者とともに国や自治体にあること。」

思い出話になりますが、乳銀杏保育園創設者の故阿部和子先生（哲学者・阿部次郎の長女、一九八九年一〇月三一日逝去）は、保育所入所の保護者説明会で、憲法・児童福祉法から話し始めるのでした。未来の社会の担い手である子ども達の心身の健やかな育ちを保障するのは、保護者とともに国及び県や市にあること、健康で文化的な生活を営むことは、私たち自身が働き自らの手で生み出すとともに、社会保障・福祉として国や自治体の責任で保障されていることを話されました。そして保育所は、保育に困っている人が利用でき、そこでは子ども同士が育ち合い発達が保障される施設なのだと話しておられました。こうしてほしいことがあったらきちんと発言してほしいこと、解決すべき問題を保護者も保育者もいっしょに考えて行動していきましょうと言われるのでした。措置制度の下で、国や自治体が果たすべき保育の実施責任・財政負担の責任をわかりやすく話してくださったものです。戦前から保育者として、一貫して働く父母と子ども達みんなの幸せを求めてたたかってこられた先生の話には迫力があり、憲法や児童福祉法に寄せる深い思いを感じるのでした。そして私は、これが保育（所）の原点なのだと肝に銘じたものでした。

## 2　仙台市における乳児保育草創のころ

今ではどの保育園でもごく普通におこなわれている乳児保育も、お母さん達の運動なくしては実現しませんでした。私が保育者となったのは、一九七一年でした。六〇年代、都市部を中心に「ポストの数ほど保育所を」の運動が起こり、その後の革新自治体誕生の中で実現していきました。仙台市でも、革新市長の下一九六五年から公立保育所二ヵ所ずつの整備がすすめられました。乳銀杏保育園では、創立当時から毎年〇歳児を一～二名あずかり、一・二歳クラス二〇名ほどを三名の保育者で保育していました（一九六八年まで、二歳までの乳児九名に対し一名の保育者の配置基準でした）。仙台市では一九六七年まで、公立保育所での〇歳児保育は実施されていませんでした。そのため高い保育料を払い近所の人に頼んだり、年老いた祖父母を呼び寄せたり、遠方の実家にあずけるため別居したりと苦労をしていました。お母さんたちの「赤ちゃんから保育園であずかってほしい。」の声は切実で、労働組合や母親連絡会が中心となり、仙台市と何度も交渉をもちました。その当時のことをNさんは、赤ちゃんを交渉が白熱した頃にお尻をつねって一斉に泣かせて、「この子達を何とかしてください。」と市の役人たちに迫ったと笑いながら話してくれたものです。

こうした運動の結果、一九六七年から公立保育所二ヵ所で六ヵ月以上の乳児を受け入れることが決まりました。同時に民間保育園に対して、乳児室の増改築費として一園に対して二五万円の助成を出すことが決まりました。これを受けて、乳銀杏保育園では寄付を集め、九五万円の予算で乳児室を作り、一九六八年には〇歳児五名を受け入れ、〇・一歳児だけのクラスをつくりました。

### 3　乳児保育を拡げて

一九七〇年代には、まだまだ〇歳児の入所は狭き門でした。入所申請数の半数程度の赤ちゃんしか入所はできなかったのです。公立保育所父母の会で、〇歳児保育を大幅に増やしてほしいと請願署名運動に取り組みました。その結果、七〇年代半ばから新設の公立保育所のほとんどで、〇歳児を三名（当時は〇歳児でも六：一の配置基準でした。市の独自加算で公立保育所には三：一の配置になっていました）程度を受け入れることになりました。乳銀杏保育園では、「産休明けからの乳児保育の実現」を目指して、入所申請をしたお母さんたちを中心に「ひよこの会」をつくって、保育所増設と公立保育所同様に保育士増員での産休明けからの保育実現を願って、市と交渉をしました。

「来年四月からのこの保育園の入所希望者のうち、〇歳の子どもが一二名もいるのに、入れるのはたった四名だけという厳しさだ、ということを聞いて、申し込みをしたお母さん達は気が気でなく、早速集まって話し合いました。『個人にあずけると保育料が高いので、職場に連れて行っているが、とても安心して働けない。』『毎日泉市（仙台市の隣接市・一九八九年仙台市に合併）のおばあちゃんのところまで連れて行ってあずけているが、往復が大変。おまけにその家には病人がいる。』『個人に預けているが四五、〇〇〇円の保育料が払えないので、貯金を下ろしながら生活している。』等々、深刻な話ばかり。みんな、四月に入所できるまではと思って切り抜けてきた、ということでした。思い余ったお母さん達が保育所に相談したところ、『もう一名保母を増やしてもらえたら、七名は受け入れる』とのことでした。私たちは、市に行き、『〇歳児をより多くあずかってもらえるよう保母を一名増員してください』とお願いしました。けれども市の答えは、『乳銀杏保育園にだけ増員することはできない』とのことで、がっかりしました。だけど、一度や二度でかなえられないといって諦めず、粘り強く今後も運動を続けていきたいと思いました。そして私達は、保育所のことをもっともっと勉強しなければならないね、と話し合いました。」（三戸部）（〇歳児入所は狭き門　一九八一・三・一二発行　園だより「乳銀杏」より）

民間保育園も、地域の保育要求にこたえようと、一九八三年には一五名を、翌年には二四名の乳児を五ヵ園で受け入れました。しかし、乳児保育は設備面での配慮の他職員の配置を多くしなければならないなど、経営面からは赤字になる状態でした。厚生省は、一九七七年から乳児保育特別対策を打ちだしましたが、所得制限があるなど、該当する乳児はわずかの人数にとどまっていました。宮城県では、一九八二年から、国の乳児保育特別対策から外れて乳児を保育する民間保育園に国の二分の一相当の補助を実施しましたが、それだけで乳児保育を実施することは困難なことでした。一九八四年一〇月、仙台市の一九ヵ園の民間保育園の園長が仙台市に対して「乳児保育に対して県と同額の助成を」と陳情しました。また乳銀杏保育園と父母の会とでも対市交渉を持ちました。こうした各方面からの運動が実って、一九八五年四月には、仙台市の乳児保育助成が決まりました。この助成で、市内一一ヵ所の民間保育園に前年度の二倍もの四三名が入所でき、乳銀杏保育園では職員を一名増やし、乳児を四名から七名に増やし保育することができました。

### 4　産休明け保育をはじめて

仙台市内では、東北大学の職場保育所だった「かたひら保育園」が一九八二年に認可保育園に、同じく東北大学附属病院の職場保育所だった「ことりの家保育園」が一九八八年に認可保育園になり、産休明けからの保育をはじめていました。乳銀杏保育園では一九八八年に、共同募金会の寄付を受けて、乳児室の面積を広げ産休明け保育実施に備えました。その頃、乳銀杏保育園でも産休明けの保育を望む声が出されるようになりました。ある日、おなかの大きなお母さんが保育園の見学に来て、「公務員だが、ぜひ産休明けからあずかってほしい。」というのです。育児休業法はまだ制定されておらず（一九九一年制定）、働く父母にとって産休明けからの赤ちゃんを保育所での声は切実でした。

乳児保育が特別対策事業に位置づけられ、当初あった所得制限も撤廃され、〇歳児三名に対し保育者一名の配置になっていた時期でした。職員間での話し合いでは、三：一の配置基準でなら産休明け保育もやれそうだということになり、産休明け保育を実施していた「ことりの家保育園」を見学したり、坂病院の院内保育所である「あかつき保育園」での実習をして、一九八九年四月乳銀杏保育園でも三月中旬に産休が明けたばかりの赤ちゃんを受け入れたのでした。その後八名以上の乳児を保育する時には、看護師または保健師（当時は看護婦または保健婦）を保育者の数に入れたほうがいいとの厚生省通達があったこともあり、一九九二年から看護師の採用をし、乳児への細やかな配慮を医務職の目からも見ることができるようになりました（看護師の配置は、乳児保育のみならず保育園全体の保健管理面からのアプローチを進めていく上で重要と考えます）。

## 6　乳児も仲間の中で育つ――乳児保育実践の成果

一九九八年の厚生白書に「子どもは三歳までは、常時家庭において母親の手で育てないと、子どもの成長に悪影響を及ぼす。したがって母親は少なくとも子どもが三歳になるまでは育児に専念すべきとする『三歳児神話』には、少なくとも合理的な根拠は認められない」と明記されました。そして一九九八年には、乳児保育は特別保育ではなく一般化されました。また二〇〇〇年には保育所保育指針の改訂が行われ、「六ヵ月未満児」の発達の主な特徴と保育所保育のあり方の記述が加わりました。厚生省（当時）が乳児保育を積極的に位置づけるようになった理由として、働く女性が増えたことと少子化の進行が上げられますが、この間乳銀杏保育園をはじめ全国的に取り組まれていった保育者と研究者の乳児保育の実践が、根強かった「三歳児神話」を打ち破っていく大きな力になっていったと確信しています。。乳児も保育園でこんなに豊かな育ち合いをしているという事実が、父母や地域から安心と支持を得ることができ、乳児保育を根付かせ広げる上で大きな役割を果たし、父母とともに手を携えることができたと思っています。

## おわりに

私が保育者だった三〇年間の間に、保育制度そのものにも変化がありました。八〇年代当初の臨調行革で、措置費の負担率が国：県：市町村＝八：一：一だったものが、一九八四年に七：一・五：

一・五に、そして八六年には五：二・五：二・五になりました。九〇年代には、保育所の措置制度が崩され、利用者である保護者が「選択できる保育所」への移行がなされました。今また、構造改革の名の下での補助金削減や民間委託が進められようとしています。企業が保育所経営に乗りだしているだけでなく、幼稚園の保育所参入も著しいものがあります。「市場原理」の導入で、子どもや大人達の育ち合いが実現できるのでしょうか。保育制度の改変や保育予算削減のかたちであらわれる国や自治体の責任縮小の動きを、黙って見過すことはできません。

私達の住んでいる街をどんな街にするのか、子どもが健やかに育ち高齢者が安心して住み続けられる街にするために、保育所や福祉施設を中心に、大きな輪が広がることを願って私も力を尽くしたいと思っています。

# 保育政策の変遷とあゆみ保育園のあゆみ

小幡　正子

## 認可園を目指して

あゆみ保育園の前身であった「下馬乳児共同保育所」は、一九六五年九月保母一人子ども一人でスタートしました。「借金・家賃・高物価」の中保育に必要なあらゆるもののカンパを訴えての始まりでした。当時、産休明けからの乳児保育は皆無の状態でしたが、共同保育所設立から数多くの自治体交渉を行い（一年半の間に四三回もの自治体交渉もあった）、わたしたちの要求を一つ一つ現実のものとしてきました（助成金の推移・図1）。この要求は、助成金を得るだけでなく、三八年も経過した現在では当たり前になっている〝乳児保育を公立保育所でも！〟、〝保育時間の延長を〟等の実現にもつなげていきました。

しかし、共同保育所を取り巻いている状況はあまりにも大変でした。財政基盤がない（このため、父母も・保母も集会参加時は常にワカメ・海苔等持ち歩き財政作りをした）。一一時間にわたる保育時間、二五名の三歳未満の子どもたちを、正規保母三名、アルバイト者二名での保育。日の入らない穴倉のような保育室（看護婦さん養成のための教室跡をかりていた）等々。もう限界、新しい保育所を作ろうと父母・保母が力と知恵を出し合い一二年間の無認可共同保育所に別れを告げ認可保育所づくりに取り組みました。

「ポストの数ほど保育所を」を合言葉に保育運動の高まりの中で、急速に保育所が作られていっていましたが、一九七八年運動がみのり「下馬乳児共同保育所」が「あゆみ保育園」として認可園となった以降、国の保育政策は、保育所の新設が抑えられる政策へと転換していきました。

## あゆみ保育園創設のころ

お日様の光がさんさんと降りそそぎ、広い広い園舎・園庭。親も子も保育者も待ち望んでの新しい出発でした。しかし、その当時の保育に対する国の考え方、基準からくる制約等、問題もありました。

一つは、保育時間について。――「保育時間は原則として八時間とする」ということで措置費（現在は運営費となっている）は八時間保育を前提とした額となっていました。しかし八時間では、父母の労働時間・拘束時間・通勤時間を考えると非常に矛盾してきます。また、入所基準として両親共働き等を条件としており、八時間保育の原則と重ねてみると、働くとしても「フルタイムで働くのは無理」となってしまいます。このため一九七八年開園時から、AM七：〇〇～PM六：三〇と一一時間三〇分開園し、長時間の保育を支えるため共同保育所時代と同様にバザー等に取り組みました。

二つには、超過負担の問題です。――たとえば、乳児保育をすすめていく上で保母数の増員も困難でした。あゆみ保育園では、賃金が多少低くても保母の確保を優先にしようと話し合い、当時〇歳児六人に一人の保母配置の基準でしたが三人に一人の保母配置としました。

**図1　助成金の推移**

| | 宮城県 | 塩釜市 | 多賀城市 |
|---|---|---|---|
| 1969 | 50,000円 | | 1人400円 |
| 1970 | 108,000円 | 1人当たり400円 | 108,000円 |
| 1971 | 247,000円 | 219,000円 | 77,600円 |
| 1972 | 323,000円 | 316,000円 | 127,000円 |
| 1973 | 679,000円 | 457,000円 | 181,500円 |
| 1974 | 654,200円 | 878,000円 | 219,500円 |
| 1975 | 691,000円 | 296,000円 | 420,000円 |
| 1976 | 774,000円 | 300,000円 | 500,000円 |
| 1977 | 890,000円 | 500,000円 | 600,000円 |

三つには、保育料の問題です。――保育料の徴収基準はかなりきつい内容で、二人の子どもの保育料が母親の収入を超えるものもありました。これらは当時指摘していた問題点ですが、現在でも（もっと複雑化していますが）共通する点だといえます。

**公立保育所が廃止される**

あゆみ保育園が認可保育園としてスタートして三年後、「三歳までは母親が育児を」、等、国の保育政策の下、「定員割れ」現象があちこちで起きてきました。

「保育所はもういらない」、定員割れ解決のため「定員削減」や保育所の統廃合の動きが各地で報告されるようになりました。塩釜市でも、一九六〇年代後半から七〇年代後半にかけて、保育所の新設・増設が行われてきましたが、一九八〇年代に入り公立保育所一ヵ所が九〇名から六〇名へ定員削減、公立保育所二ヵ所を統廃合などの提案がされました。

（塩釜市の保育所数、措置定員の推移・図2）

さらに、一九八四年にはいり、「玉川・大日向地域における出生減による定員割れに対処し、あわせて民間保育園の赤字解消を救済する」として、公立保育所を廃止し民間保育所に統合する提案がありました。これに対し、定員割れの原因は「高い保育料・保育時間・乳児保育の不足」などによるものであり、その解決のためには措置費の引き上げこそ必要である。保育需要は当局の調査でも明らかであることを市民に訴え署名活動を行いました（塩釜市における就学児童の現状と保育要求・図3）（一九八五年度塩釜市保育料徴収基準額表・図4）。

あゆみ保育園に事務局を置き、父母・保母・学童保育・教師・労働組合等多くの市民の賛同を得「保育所つぶし許すな市民の会」が結成され、短期間に一万名を超える署名を集めることができました。広範な市民を巻き込んでの運動となりましたが統廃合は強行されました。「定員割れをなくす」も理由のひとつでしたが、一九八五年五月現在でも措置率八九％と定員割れは解消されない状況でした。

**保育政策の大きな変化の中で**

「定員割れ！　保育所はいらない！」との立場をとっていた国の政策が大きく変わった最大の要因は一・五七ショックでした。このことを機に、将来の労働人口確保が最大の課題となったとき、これまでとは一変し子育て支援、乳児保育の促進、延長保育の促進、そのための補助金制度が創設されました。又、労働条件面でも育児休業制の促進が図られてくるようになりました。

## 図２　塩釜市の保育所数，措置定員の推移

| | 1967年 | 1978年 | 1982年 | 1996年 | 1999年 | 2000年 |
|---|---|---|---|---|---|---|
| 保育所数 | 6ヵ所 | 14ヵ所 | 14ヵ所 | 12ヵ所 | 11ヵ所 | 10ヵ所 |
| 公立 | 4 | 10 | 10 | 8 | 7 | 6 |
| 民間 | 2 | 4 | 4 | 4 | 4 | 4 |
| 措置定員 | 360人 | 900人 | 855人 | 750人 | 690人 | 660人 |
| 公立 | 240 | 675 | 630 | 510 | 450 | 420 |
| 民間 | 120 | 225 | 225 | 240 | 240 | 240 |

## 図３　塩釜市における就学前児童の現状と保育要求

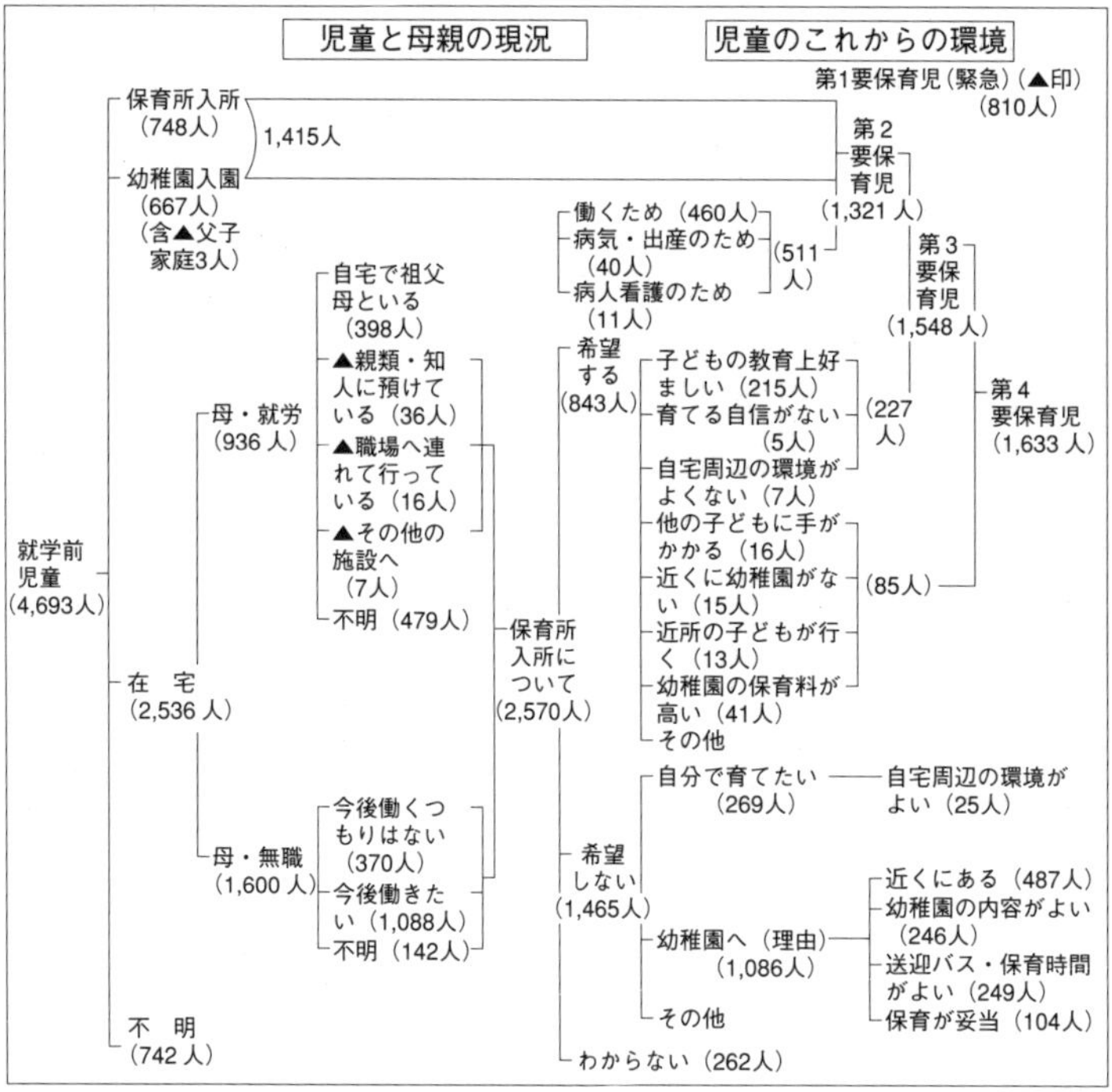


▲：緊急に保育を必要とする児童（＝第１要保育児）

## 図 4　1985年度塩釜市保育料徴収基準額表

| 階層区分 | 60人 | | | 90人 | | |
|---|---|---|---|---|---|---|
| | 設　　置 | | | 設　　置 | | |
| | 3歳未満児 | 3歳児 | 4歳以上児 | 3歳未満児 | 3歳児 | 4歳以上児 |
| A | 0 | 0 | 0 | 0 | 0 | 0 |
| B | 0 | 0 | 0 | 0 | 0 | 0 |
| C1 | 7,550 | 5,100 | | 7,550 | 5,100 | |
| C2 | 8,300 | 5,850 | | 8,300 | 5,850 | |
| C3 | 9,450 | 7,000 | | 9,450 | 7,000 | |
| D1 | 10,250 | 7,800 | | 10,250 | 7,800 | |
| D2 | 12,050 | 9,600 | | 12,050 | 9,600 | |
| D3 | 14,500 | 12,050 | | 14,500 | 12,050 | |
| D4 | 19,500 | 17,050 | | 19,500 | 17,050 | |
| D5 | 25,750 | 23,300 | | 25,750 | 23,300 | |
| D6 | 32,350 | 29,900 | 29,840 | 32,350 | 28,160 | 24,460 |
| D7 | 40,350 | 33,540 | | 40,350 | | |
| D8 | 45,500 | | | 45,500 | | |
| D9 | 49,850 | | | 49,850 | | |
| D10 | 53,950 | | | 53,950 | | |
| D11 | 56,450 | | | 56,450 | | |
| D12 | 56,950 | ↓ | ↓ | 56,950 | ↓ | ↓ |

＊　塩釜市では定員数によって保育料がちがっていた。

＊　現在は，保育料は違いがなく最も高い保育料は3歳未満児六万円。第三子は無料。

乳児保育や延長保育については、あゆみ保育園が設立当初から、父母の労働権を守る保育園であるために実施してきたことが追認されたともいえます。

育児休業制度の適用の広がりとともに、途中からの入所を求める希望が出るようになり制度としても「途中受け入れ予約制度の導入」が実施されました。また、これまで「定員を超えて受け入れてはいけない」となっていたことも、待機児解消のためとして「一五%枠を超えてもいい」から、現在では一〇月以降であれば二五%超えてもいいとまでなってきています。

**年度途中の受け入れ実態と問題**

あゆみ保育園では、一九九二年以前は年度始めに措置決定され受け入れた園児は、ほとんどが同じメンバーで一年を過ごし、翌年、年長児が卒園した数だけ〇歳児を中心に補充するという流れでした。しかし、一九九二年以降、年度途中での入・退園が増えてきました。一九九五年ころより年度当初スタートの〇歳児と年度末三月の〇歳児数では、その数が二倍強になるという状況が常態となってきました（図5・月別ゼロ歳児数の推移）。

年度途中の受け入れが続く中で、月齢の開きが拡大し、歩行移動が主となった〇歳児がいる一方で、まだ眠ることが中心の生活となる〇歳児がいることやできる限り感染症から守りたい等問題が出されてきました。さらに、育児休業の定着や、産休明けからすぐ職場復帰しなければ職が守れない、などの背景から、今後もこの途中入所が続くことが予測されます。

**図５　月別ゼロ歳児数の推移**

| 年度 | 4月 | 5月 | 6月 | 7月 | 8月 | 9月 | 10月 | 11月 | 12月 | 1月 | 2月 | 3月 |
|---|---|---|---|---|---|---|---|---|---|---|---|---|
| 95 | 3 | 3 | 3 | 3 | 5 | 5 | 5 | 5 | 5 | 6 | 6 | 6 |
| 96 | 4 | 4 | 5 | 6 | 7 | 7 | 7 | 8 | 8 | 8 | 8 | 8 |
| 97 | 4 | 4 | 5 | 6 | 6 | 7 | 8 | 8 | 9 | 9 | 9 | 9 |
| 98 | 5 | 7 | 7 | 8 | 9 | 9 | 9 | 9 | 9 | 9 | 9 | 9 |
| 99 | 4 | 6 | 6 | 8 | 8 | 8 | 8 | 8 | 9 | 10 | 10 | 11 |
| 00 | 6 | 6 | 6 | 6 | 6 | 8 | 9 | 10 | 11 | 11 | 10 | 10 |
| 01 | 6 | 6 | 6 | 6 | 6 | 8 | 8 | 9 | 9 | 10 | 9 | 9 |
| 02 | 6 | 6 | 6 | 7 | 8 | 9 | 9 | 10 | 10 | 11 | 11 | 11 |

**受け入れ室を造ろう**

一九九九年度は年度当初より、入園している園児の兄弟の途中入園が予測されました。その対応を検討する中で、今後もこの途中受けいれによる〇歳児の増加傾向は続いていくことが考えられました。

途中受け入れをしていく上で、スペースとしては最低基準を上回っていても、月齢差が大きく生活時間にズレがあることもあり午睡・食事・遊びなどをどう保障していくか等々あります。生活を保障していくことは、保育園の役割として欠かすことのできない大事なことと話し合い、受け入れ室を増築することとなりました。

このことを実施した後に、突然「乳児保育整備ため」の「臨時特例交付金」の補助制度が出されましたが、すでに「実施した事業は対象としない」と適用にはなりませんでした。

受け入れ室増築については、対象外となりましたが、〇歳児途中受け入れが続く中、一年中通して離乳食の乳児が在籍し、離乳食のためのコンロを増やさねばならないなどあり、

## 図６　補助金および運営費返還額推移

（単位：万円）

| | '98 | '99 | '00 | '01 | '02 | '03 |
|---|---|---|---|---|---|---|
| 延長保育基盤整備事業 | 280 | 240 | | | | |
| 低年齢児受け入れ事業 | 458 | 460 | | | | |
| 開所時間延長型事業 | 458 | 454 | | | | |
| 途中入所予約受け入れ事業 | 224 | 111 | | | | |
| 地域保育活動事業 | 39 | 17 | 13 | 9 | 9 | |
| 特別保育活動費(県単) | 18 | | | | | |
| 延長保育促進事業（対応推進） | | | 571 | 456 | 452 | 確定せず |
| 延長保育促進事業（延長保育分） | | | | 142 | 142 | |
| 乳児保育促進事業 | | | 225 | 228 | 226 | |
| 乳児保育環境整備事業 | | | 176 | — | — | |
| 補助金合計 | 1477 | 1282 | 985 | 835 | 829 | |
| 運営費返還額 | — | — | 56 | 30 | 86 | 約120 |

給食室やトイレの改修に特例交付金をあてることとしました。

延長保育・乳児保育等多くの保育園でも取り組みが始められてきました。ところがそのとたん、それらは、「一般化し特別ではなくなった」としてはしごがはずされてしまいました。補助金の削減と同時に運営費についてもマイナスシーリングとなり、「四月にさかのぼり返還するように」との通知が出されました。あゆみ保育園でも予算を組む上で大きな痛手となりました（図６・補助金および運営費返還額推移）。

### 新たな認可保育所つくり

塩釜市に隣接する多賀城市では、公立七ヵ所・法人立一ヵ所と計八ヵ所の認可保育園と七つの無認可保育所がありました。公立保育所において、乳児保育および延長保育が実施されておらず、いきおい保育需要に見合った無認可保育所が存在するという状況でした。

この無認可保育所の一つに、あゆみ保育園で働く職員や地域の親たちで設立され運営している「風の子共同保育所」がありました。この共同保育所に「認可保育所をつくる会」が結成され、また地域の運動体「多賀城よい保育をすすめる会」がともに認可保育所の実現をめざし六年にわたる運動が展開されていました。

運動の中で一九九八年市長より認可同意の回答があり大きく一歩前進しました。しかし、土地の問題（多賀城市は史跡の町で、建設前に発掘調査をしなければならない。費用はすべて自分たちで）や、治水対策に多額の支出があり補助金は出せないという問題が明らかとなり、交渉の中での打開策として「利用者が少なくなっている保育所を受け取ってもらいたい」との提案が出されました。委託先は社会福祉法人あゆみ会と決定し、二〇〇二年四月あゆみ会二つ目の保育園運営に漕ぎ出しました。

この委託を受けるにあたって、保育現場では、その年の一月から三月までまだ公立保育所であった保育所へ「交流保育」としてあゆみ会保育士を派遣したのです。現在三年を経過しようとしていますが、当初「困難では?」と考えていた父母とのかかわり等も現在は、「親父の会の結成」等「父母とともに」を掲げるあゆみ会の保育が実現されてきています。

**これからもあゆみ続けるために**

無認可の共同保育所からスタート三八年。常に「民主的」で「父母とともに」を掲げて歩んできました。この年月の社会の変化もめざましく、子育てのありようも大きく影響を受けていることを感じずにはいられません。例えば、「オムツ」といえば「布オムツ」を思い浮かべた二〇年前、それ以降「オムツ」というとき「布ですか？ 紙ですか？」と質問が返ってくるようになり、現在では「オムツ」＝「紙」と直結する時代となりました。しかし、それとともに（決して正比例とは言い切れませんが）入園してくる赤ちゃんの中に「無表情の赤ちゃん」、「泣かない赤ちゃん」、「笑わない赤ちゃん」、「抱きにくい赤ちゃん……　緊張が強いまたはフニャフニャ……」等感じるようになりました。

働きやすく・働き続けるために、便利さは必要です。しかし、その便利さに流され、各家庭から「まな板と包丁の音」が消え、生活する力を学ぶ場を子ども達から奪い取ってしまっているように思えてなりません。

このような中にあっても、「子ども心」、「親の気持ち」に寄り添い、「子ども時代を子どもらしく生きるとは？」を問い続け、次の世代に引き継いでいきたいと思います。

# 子どもの人権を考える
## ——児童養護施設の現状と最低基準について

玉置　弘道

### 一　はじめに

毎日のようにテレビで報道される子どもに対する虐待事件に暗澹たるものがありますが、子どもをめぐる虐待事件がこの一〇数年激増しています。そして、子どもたちが命を失う場合も少なくありません。二〇〇二年度には、六一人の子どもたちの尊い命が親によって奪われています。

全国の児童相談所が受けた児童虐待相談（図1）は、この一〇年、一八倍にもなっておりその勢いは衰えていません。二〇〇一年児童相談所が受けつけた虐待相談は、二三、二七四件となっていますが、この裏には、何十倍・何百倍のかくれた「虐待」が広範に存在していることは疑いありません。

ドメスチック・バイオレンスなども児童虐待を伴いながら深刻な状況にあります。二〇〇二年、これによって失われた女性の尊い命は一〇〇名を超えています。子どものまえで展開される惨劇に子ど

**図1　年度別児童相談所虐待相談の処理件数**

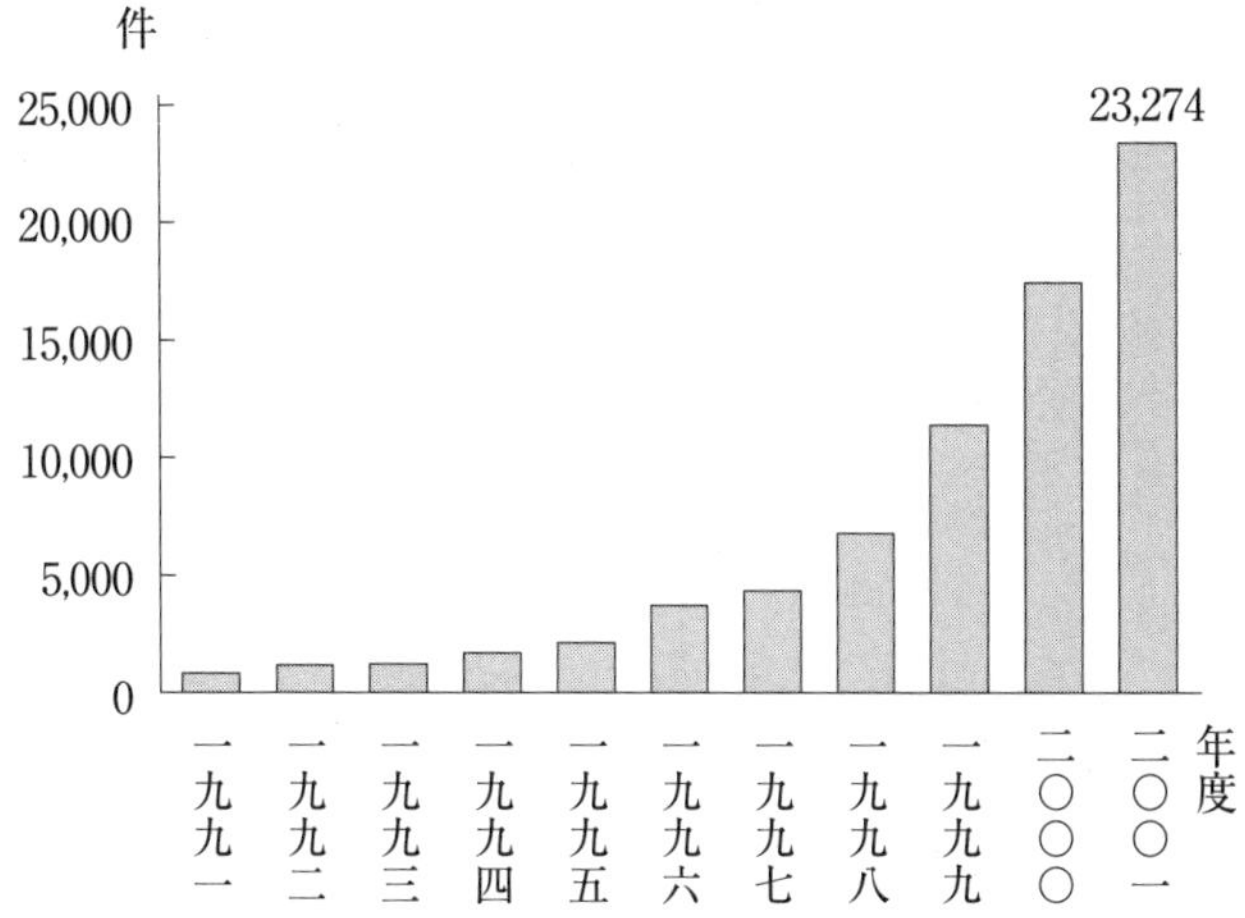


もたちは虐待され、傷つけられています。

また、これと同根とも言える少年による凶悪犯罪、何の関係もない大人による子どもの誘拐・殺人なども増加しています。小論での主題は、被虐待児の生活の場となっている養護施設の問題点や課題について最低基準に焦点をおいて検討することにあり、虐待の原因を探ることにはありませんが、若干触れておきたいと思います。

これらに共通しているのは、「弱いもの」に対する人権侵害です、本来、愛され・慈しまれ、社会的にも保護されるべき子どもの生きる権利への人権侵害です。

これらの人権侵害は、基本的には現代の社会状況・文化状況・政治状況の反映ですが、なかでも、今の弱肉強食のルールなき資本主義——リストラ・大量失業・中小企業つぶし・長時間労働などによる家庭生活の破壊などで、自殺者が後を断たないなど、命の尊さや人権の軽視が公然と「当然」のことのように行なわれていることが、その底流にあると思います。

子どもの世界では、異常な受験戦争が差別を伴いながら展開されています。国連子どもの人権委員会でも「人権上問題がある」と改善勧告していますが、これが、子どもの人権を大きく侵害しています。そのなかで育った親が、いま虐待を行う側にたたされているのです。人権尊重の教育でなく競争と管理教育が、「落ちこぼれ」の子どもをつくり、これが、子どもへの虐待を「容認」する土壌をつくっています。テレビをはじめとしたマスメディアの影響なども大きいと思われます。ともすると、虐待問題を親子の問題に解消し勝ちですが、現代社会に対応した子育ての社会化の遅れもあります。また、学校や社会における虐待も含め広くとらえることが、虐待をなくすうえでは、実践的に言っても重要な視点だと思います。

この視点を前提にして、その被虐待児の生活の場となっている児童養護施設（以下養護施設）に焦点をあてて課題や問題点をみていきたいと思います。

## 二　養護施設（乳児院も含め）の深刻な家庭・子どもの状況

### 1　ある乳児院の現状からみる家庭

この乳児院（定員五〇名）では、新生児（三ヵ月未満児）の入所が急増しています（〇歳児も含め）が、この半年でみますと、新入所児の六割を超しています。これまでなかったことです。これは、子どもを産んですぐ施設に預ける家庭が増加していることを示していますが、子どもを産む前から、あるいは産むことによって家庭が「崩壊」している現状をしめしています。この乳児院の現入所児の八～九割の家庭が母子家庭でしたが、未婚の母や結婚までいかない母子家庭が増えているのも特徴です。そして、このような状況のもとで、子どもに面会に来る親の数も減っており、子どもに愛着をもてない親も増えていること、愛着をもつに至る前に子供を預けて子育てをせざるをえない家庭が増加していると言われます。その結果、家庭へ「復帰」する子どもが減り、乳児院から養護施設に移る子どもが増えているという実態もあります。従来、五歳ぐらいまでに家庭へ帰る子どもが、約八割というところから六割ぐらいに減少していました。これらの現象が急速に起こっていることに驚きます。

母親の職業は、一般的に言って不安定であり、生活保護を受ける人、友人の家を浮浪したり、親がかりで生活したり、「風俗」への就業を考えざるを得ない人もいます。また、遺棄（父母の家出もふくむ）のケースが、入所児のうち七名にものぼり驚かされました。年齢的にも精神的にも大人になりきらない未婚の母もおり、乳児院を利用して子育てをしています。

『子ども白書』（二〇〇二年版）の「子どもと家庭をめぐるこの一年」というなかで、「長引く経済不況の中で、雇用不安や子育て不安、生活不安など、子どもと家庭をめぐる現状には、さまざまな『不安』が増大し、暮らしの見通しをたてることも困難な様相もみられます。」と述べていますが、現状を的確に総括していると思います。これは前にも述べましたが、虐待問題を親の問題に解消し、その背後にあるものの分析が軽視されがちですが、この点の把握は重要だと思います。現に、この乳児院の母子家庭で自立して生活できる社会条件は非常に厳しく、大半の家庭が経済問題をかかえています。何で生活をしているかわからない場合もあります。それほど不安定なのです。

乳児院で子育てをする母子家庭の収入は低く、入所の理由のなかに母親の心身症とか、神経症というのがかなりみられますが、不安定な生活と将来の見通しが立たないことや離婚・虐待などの入所理由が重層的に重なっているのが特徴といってもいいと思われます。

### 2　ある児童養護施設の現状からみる児童虐待問題

家庭の状況は、乳児院の傾向と基本的に共通していますので、重複しないようにそのことには触れず、子どもの状態を主に見ていきます。

この児童養護施設は、入所児の六・七割の子どもが被虐待を理由として入所しています。子どもはなかなか親からの虐待については言わず、後から明らかになる場合も多く、それらを加えると被虐待児はもっと多いのではないかと言われます。また、その親自身が虐待をうけたケースも多く、二世代・三世代の悪循環がみられます。施設入所経験のある保護者も少なくなく貧困の再生産がみられます。

虐待をうけて入所した子どもたちは、当然、心に大きな傷を受けています。結果、「問題行動」も起きます。これは何も施設だけでなく一般家庭でも起っていることではありますが、養護施設では問題が集約的に表れます。この子らの家庭状況のもとでは、子どもの低学力が一般的で、学校に居場所がなく、いじめにあったり、不登校、無断外出・外泊、施設内外での暴力行為なども起こります。被虐待児の特徴とも言われる人間関係を作ることの下手さから、人間関係の作りやすい「不良仲間」に入るとかの問題も起こっています。外部から「風俗」業者の手がのびたこともあったと言われます。

また、思春期をこすのもむずかしいと言われています。

子どもが自身を価値のある存在としての自尊意識がもてなく、その回復が非常に難しく、自暴自棄になったり、粗暴になったりの問題も起こります。また、虐待をうけた子どもは職員も含め大人に対する不信感が強く、共感関係を作ることに腐心しているとのことでした。このような状況のなかでも自立して、立派に育っている子どもも少なくありませんが、多く困難に遭遇しています。

施設長さんに、今、どんなことに困っておられますかとお尋ねしましたが、それにたいして、「最低基準のことは別として、①子どもの集団つくりがむずかしくなったこと、②学校での人間関係がうまくいかず問題が起こっていること、③女性児童の異性交遊などがある」と言われましたが、養護施設での子どもの生活は、職員と子どもの共感関係を基礎とした育ち合いと共に、この子どもの集団のなかで形づくられますが、その一つである集団づくりが困難になっていることは深刻です。「途中」退所の子どもたちが多いのですが、再び入所してくることも多いということでした。家庭の再建はなかなか難しいようで、虐待の場合そのことが特に言えるようです。この施設長さんから年賀状を頂きましたが、そのなかに「正月も家に帰せない子どもが多くなってきました」とありましたが、今の子どものおかれた現状であることを改めて思い知らされました。

以上、アトランダムに養護施設の概況をみて来ましたが、この養護施設の子どもたちへの処遇の現状をみてみたいと思います。

## 三　養護施設での実践課題

ここでは養護労働の担っている課題とか、養護施設の課題や展望について考えたいと思います。

### 1　現実の到達点（理念的・実践的）

理念的にも、現実的にも各種の成果はありますが、そのなかで実践的な意義を持ったものとして、北海道養護施設協議会が、一九九四年に提起した「北海道養護施設ケア基準」（以下「基準」）をここでは、取り上げ課題を整理したいと思います。この「基準」はそれまでの実践の成果を基礎に、国連の「子どもの権利条約」を具体化した大きな意義をもっていますが、これがいわゆる業界でまとめられたという積極的意義も持っています。この権利条約にある「意見表明権」、「自己決定権」などにみられる考えは、今の子どもの人権を守るキイーワードともいえる課題提起です。それが、実践的に具体化されていることのなかに、社会の進歩をみることができます。

この「基準」が対象としている「子ども期」をどうとらえるかが意見の別れるところですが、尾木直樹氏は、今日の「子ども期」を「独立した人格の主体である子どもが未来の主権者になるために、最善の利益を受け、権利行使をする発達保障期」と規定され、「そのための大人による『保護』と子ども側による『権利行使』の両面を兼ねそなえた期間と言ってもよいでしょう。」「むろん、『子ども期』といっても、年齢によって、保護と権利行使の様態や能力の度合いには大きな差が存在します。

しかし、間違ってならない重要な視点は、青年期より少年期の方が、少年期よりも乳幼児期の方が権利行使の主体として尊重されるレベルが低く、むしろ保護の側面の方が大きいと考えてはならないということです。」（岩波新書『こどもの危機をどう見るか』）と述べられていますが、含蓄ある課題の提起だと思います。

その「基準」は、つぎの三〇項目にまとめられていますが、全文を取り上げておきます。

一、児童の欲求に適切に応じられることが保障される。
二、児童の意見表明の自由と表明の機会が保障される。
三、児童の個性が正しく理解され、尊重される。
四、児童は個別的および集団的に、援助内容が作成され計画的に援助される。
五、児童の望ましい発達・成長に沿った興味の展開が保障される。
六、児童は一貫した施設ケアが保障される。
七、児童は、親子関係の継続と改善・回復のための援助が保障される。
八、児童の自主性は尊重される。
九、児童のプライバシーが保障される。
一〇、児童は、一切の偏見と差別から護られる。
一一、児童は、一切の体罰からまもられる。
一二、児童は、あらゆる暴力、虐待、脅威、排斥、孤立、窃盗、の被害から護られる。
一三、児童は、あらゆる危険からの回避について学ぶ機会が与えられる。

一四、児童は、健康を害する環境から護られる。
一五、児童に関する秘密は護られる。
一六、児童は、基礎学力習得の機会が等しくあたえられる。
一七、児童は進路選択のため学習の機会が与えられる。
一八、児童は、進路選択の自由が保障される。
一九、善き市民として要求される社会規範を学び、習得する機会が保障される。
二〇、児童は、発達に応じた必要な生活知識、生活技術を習得機会が保障される。
二一、児童は良質な文化に触れる豊かな環境と機会が与えられる。
二二、児童は、個々の状況に応じリイビングケアが保障される。
二三、児童への援助方針・方法・経過について本人および保護者の請求により本人に開示される。
二四、生活日課、生活ルールの設定・変更は児童の意見を聴取して行われる。
二五、行事・招待の参加は児童の希望が尊重される。
二六、児童の望ましい社会関係形成は保障される。
二七、児童の呼称について児童の希望にもとつくものでなければならない。
二八、児童の叱責にあたっては児童の説明が先に求められる。
二九、児童の嗜好について、児童の意見を聴取し、献立に反映される。
三〇、児童は、必要な医療、治療を受ける機会が保障される。

この「基準」には、当面の現状を総括して養護施設・福祉労働者の持つべき理念・課題がまとめられ、この観点からの福祉実践がなされているのは注目されます。この「基準」に書かれていることは、ひとり養護施設のみの課題ではなく社会、家族・学校・保育所、児童相談所……等々の課題でもあり、その協同のもとに達成するものであることは言うまでもありませんが、子育ての目標、課題を明らかにした意義は大きいと思います。

とは言え最低基準の劣悪さや職員・施設の質的問題もあり、これらの理念が「実現」せず、それにとどまらず逆に、多くの人権侵害が行われているのも現実です。少なくない前近代的施設もありそこでの体罰など虐待なども起きています（この前近代性の克服が、養護施設問題解決にとって、決定的役割を果たしますが、ここでは触れません）。また、「民主的」な施設と言われるところであっても現行の施設最低基準のもとで、客観的にみると子どもの成長発達にとっては、全く不十分なことしかできていません。ですから一面的に前進のみ強調することができないのも現実です。

ただ、ここでは真摯な努力をしている施設・福祉労働者があることに大きな期待と展望をみておきたいと思います。

## 2　人権を尊重すること

この課題については、前述の北海道養護施設ケア基準に「十分」にまとめられていますが、私は、そのなかの一番目にとりあげられている「児童の欲求に適切に応じられることが保障される」としていますが、善きにつけ悪しきにつけ、この欲求・要求がテコにして、子どもは生きていきます。赤ちゃんは泣くことによって体調の不良を訴えますし、お乳を飲みたいことを要求します。保護的側面は重要ですが、この欲求、要求は子どもの生きる力なのです。その要求が実現できるかどうか、子どもたちと真剣に話し合う、あるいは読みとる、そのなかで、子どもたちとの人間関係ができるし、生活援助、しつけなどもできるのです。子どもの要求や主張の先取り・おしつけ・管理的な処遇は、子どもの判断能力や主体性を奪うことにもつながりますが、要求を出せない子どもをつくることにもなります。その逆に放任したままにされますと、その要求が粗野になったり、社会常識から逸脱することも起こります。世の中複雑で、単純化はできませんが、一項に取り上げられている内容はこのようにおさえておきたいと思います。

この要求の水準によって生活の豊かさが決まりますが、そのポイントは、「基準」の二一にある「児童は良質な文化に触れる豊かな環境と機会があたえられる。」という課題提起に注目しています。これが、また養護労働の原点ではないかとまで考えています。

養護施設を真に人権尊重の施設にする力はどこにあるかと考えるとき、権利主体である子どもたちの年齢にふさわしい主体性を育てることであり、その「要求」水準の高さをたかめることで、これが福祉労働の課題になっているわけですが、それを困難にしているのが、現在の児童福祉施設の最低基準です。

その点について次に見て生きたいと思います。

## 四　児童養護施設最低基準の劣悪さ

前項まで養護施設の現状や課題を簡単にみてきましたが、この養護施設の現在の最低基準は、あまりにも時代遅れで現状に対応していません。虐待問題などを報じたルポなどの多くには、児童相談所の充実と養護施設の最低基準の改善が必要だと指摘していますが、全く貧困です。その点についてここでは見ていきたいとおもいます。

## 1　職員の配置基準について

前述のような実践課題をもって養護施設や職員は日々奮闘していますが、被虐待児の増加もあって、理念や実践の目的は素晴らしいのに、子どもたちの人権と生活を守ることができなく悩んでいます。現在の児童養護施設の職員配置基準は、学童以上六人、幼児四人、三歳未満児二人に職員一人ですが、殆どの施設で残業が慢性化しています。大阪社会福祉協議会・児童部会の調査した養護施設（大阪府管）の調査[1]では、週労働時間の平均は六十一・三時間だとの結果があります。（このなかには極端に長いものもあり）毎日二時間以上の残業です。大舎制は子どもにとって悪いということでグループホーム形式をとった施設では、もうお話にならない超過労働になっています。

養護施設の職員は、子どもとのゆったりとした対話を通しての人間関係の確立をしますが、それがなかなか困難です。子どもと職員との関係も険悪になる場合もおこります。熱心であればあるほど「挫折」する職員も生まれます。それほど福祉の現場は深刻な問題をかかえているのです。福祉の先進国のスウエーデンが、児童一人に一・五人の職員、イギリスは、一人一人ですが、それはそれなりに必然性があって実施されていることです。これらの国に比べてみても日本の児童福祉が、如何に貧困であるかがわかります。

この日本の最低基準は、一九七六年から基本的には、改訂されていませんが、極端な言い方をすれば戦後ほとんど改訂されずにきたと言った方がいいかもしれません。この間、低水準にくわえて労働時間の短縮が職員の増員なしでおこなわれてきていますので、子供にとっては処遇条件の悪化に、職員にとっては「労働強化」や超過勤務、やりたい仕事ができないなどとしてあらわれています。またこのことが、研修・研究時間も奪うことにもなっています。これなしには、子どもを理解し、援助することはむずかしくなってきています。

二〇〇四年から、心理職の専門職員（非常勤）を児童養護施設に一名ずつ配置する「改善」を行うようです。国もさすが現状の改善の必要を認めざるをえなくなったのか、と一瞬思ったのですが、これと引き換えに、開差「是正」措置の改悪がもちこまれます。これについては、ここで詳論できませんが、養護施設の運営を不安定・困難にし、職員の削減にも追い込まれます。心理職の配置を大きく上回る財政の「倹約」になります。福祉の削減が、「着実」に進められているのです。

それはさておき、未来の主権者の人権と生活をまもることは、日本の未来の国づくりの基本になります。養護施設も子どもは、親に代わって社会的に責任をもっての子育てです。「第二次の虐待」が起こらない程度には改善される必要があるのではないでしょうか。

このことについて前述の労働時間調査報告書は、現状の改善について次のようにまとめています。

「現在、施設は、様々な問題・課題をシステムとして解決していくことを試みているが、現状の勤務時間については、職員の長時間勤務、長時間拘束体制で問題を解決していく方法しか見出すことができないのが真実である。……

今、急場しのぎで場当たり的な改善ではなく、本質的改革を実行していかなければ、施設も職員も破壊と破滅しかなく、将来を創造できなくなってきている。……」

そして、「これが入所型児童福祉施設からの提言である。」とむすんでいます。

## 2 住環境について

最低基準のもう一つに住環境の問題があります。一人当たり居室三・三平米で、一五人以下であったら相部屋もよいことになっています。これでは、心の傷をもった子どもたちが、心を休めることもできません。将来の主権者が自立して社会にでて生活するためには、それに相応しい条件が整えられる必要があります。そのためには、個室をふくめ住環境の抜本的改善がもとめられます。もともと現代日本の居住水準から問題にならないぐらい立遅れています。この現状の「容認」は、今の日本の民主主義の水準をあらわしているのではないでしょうか。

現実には、施設の努力で高校生などには個室を準備しているところもありますが、この現在の住条件の劣悪さは、国でも認識しているようで、改築する場合は一人当たり居室面積は、九米平にして欲しいと言っています。三・三平米の最低基準との差があまりにも大きいことに驚かされます。でも最低基準は変えずそのままです。金だけは貸すのですが、あとは、それを自力で返済せよということです。これは、児童養護施設でも「利益」をだすことを想定しているのではないでしょうか。現に、これまで、事務費の一定の基準より多く借り入れ金の返済は認められませんでしたが、今年よりそれの

「自由化」をすすめるようです。

ただ現実には、自己負担金は大変でも、この子どもたちのためにも「基準」を上回った施設をつくりたいと思っても、国、自治体で決める建て替えの順序がなかなか回ってこないのです。これらの矛盾を解決するには、最低基準の抜本的改善しかありません。

児童養護施設最低基準では「児童養護施設における生活指導は、児童の自主性を尊重し、基本的生活習慣を確立するとともに豊かな人間性及び社会性を養い、児童の自立支援することを目的しておこなわれなければならない」と生活指導の在り方を規定していますが、この目的を果たすには、いまの最低基準では遠くおよびません。憲法に言う「健康で文化的生活」を保障できません。法治国家にあってこのような現実が許されるのでしょうか。

自己点検だとか第三者評価だとか、民間施設の責任が問われていますが、いつの間に論点がすりかえられたのでしょうか。これらの制度を活用することはよいとしても、問題の現福祉水準の真の責任がどこにあるのか、点検されるべきなのは国であり自治体であって、社会福祉基礎構造改革の名で、公的責任回避の容認や民間施設に国の責任の肩代わりは許されません。

## まとめにかえて
### ――現実を解決できない政策は将来の課題を提起できない

社会保障審議会児童部会は「児童虐待への対応など要保護児童及び要支援家庭に対する支援のあり

方に関する当面の見直しの方向性について」(二〇〇三年一一月)という報告書を出しています。そのなかで社会的養護のあり方などの提言をしていますが、最低基準の問題には形式的にふれているだけで、現在の養護施設の現状には目を向けず、施設の小規模化などの形態論や里親制度、グループホームなどを将来の方向として提言しています。現にかけがえのない人生を養護施設で送っている三万余の子どもたちの問題に何故ふれないのでしょうか。

これに類した議論は戦後六〇年、ホスピタル論争なども含めずっと繰り返されてきました。現実の問題をどう解決するかということを、別の次元の施設の形態論やあり方論にすりかえてきました。施設では子どもは育たないから、里親制度の充実が必要だと言われてきましたが、現実には、里親制度は後退してきました。

その根底には、養護施設を社会の「防波堤的」あるいは、「必要悪」的な考え方があり、なければないにこした施設であるという位置づけがあるのです。保育所と同じように、子育ての社会化の一環であるという視点、将来、日本を背負う主権者であるという視点が欠如しているのです。施設廃止論を言うとするならば、現実をどうするか言うべきであるし、それを主張する行政担当者があるとすれば、現実の改善を実行すべきです。

それのない議論は、「空論」ではないでしょうか。

今の施設の条件が抜本的に改善されれば、子どもたちが生活の場として養護施設を選択する場合もあるでしょうし、里親制度を、あるいはグループホームを選択する場合にもあるでしょう。しかし、現在その選択の余地はありません。が、当面貧困であっても多面的に切磋琢磨し社会養護が発展することを切に願わざるをえません。

現在の社会福祉構造改革のもとで、その改善は難しいという諦めが広範にありますが、それでは子どもの幸せは現実できませんし、その子どもの要求を代弁しそれを実現する主体でもある福祉労働者の生活もまもれないというのが現実です。しかし、時期の遅い早いは別として改善される課題です。

日本を背負ってたつ子どもたち、怒れる子どもたちのためにともに運動を発展させようではありませんか。

（1）「児童福祉施設における勤務時間等に関する調査」、大阪府社会福祉協議会児童施設部会（平成一六年三月一五日）。調査対象は、児童養護施設、乳児院、情緒障害児短期治療施設、障害児施設（知的・肢体不自由等）、三九施設の入所施設。

# みどり学園新療育記
## ——地域での子育ち子育て支援

藤澤　昇

### 一　はじめに——児童養護施設の「新療育」を考える

虚弱児施設を長年運営してきた私たちの病虚弱児の「療育」とは、決して治療しながら育てるという意味ではなく、療育の「療」とは子どもたちが自ら病と闘いながら療養するという子どもたち自身の主体的な行為であり、「育」は自ら育っていくという意味での同じく子どもたち自身にとっての主体的な行為だと理解するようになった。

今日の児童養護施設の入所児の半数以上を占める被虐待児は、施設の生活の場で心の傷を抱え治療的に病に似た症状を発現することがよく現場で見受けられる。このような子どもの施設処遇は、従来の養護すなわち保護や保健衛生、健康管理などを主として、生存を維持し身体的な発達を育成する養育の対応では、社会的養護の自立支援に到達できなのではないのかと懸念される。

そこで私は、従来の養護を処遇の根底に置き、被虐待児の病理（トラウマ等）に生活上限りなく接近しながら、虚弱児施設時代の療育を生かし、親の関わりを含めて治療的養護を必要とする、新しい児童養護施設の「新療育」と言う養護形態を実践の中から確立しなければならないと思っている。

## 1　虚弱児施設から児童養護施設へ移行――今日の憂き目

平成九年に「児童福祉法の一部を改正する法律」案が国会で可決され、翌年の四月一日から「虚弱児施設」は「児童養護施設」に移行する事となった（実質上の廃止である）。

当時の厚生省は、戦後五〇年を経た児童福祉法の全面改正の意気込みをもって臨んだが結果的には、虚弱児施設を法律の条文から削除するだけが児童福祉の歴史に残った。歴史的に見れば虚弱児施設は、設立当初から結核児の減少により、対象児が社会の変化と共に大きく変わるなかで、いつの時代でも生き残りをかけ、加えて国の医療行政と福祉行政の狭間のなか多様な子どもの受け入れを余儀なくされて運営されてきた。

その中で他の種別同様に入所児の減少が年と共に露になり、それが多様な子どもの受け入れにつながり、どんな子どもでも受け入れなければならない結果として、自らの専門性が曖昧になり、併せて虚弱児施設として各地での地域格差が露呈し、当時の母子保健課課長補佐に「虚弱児施設は役割を終えた。元の養護（施設）に戻る気はないか」と施設協議会の三役会議で話され、「依らば大樹の（全養の下）影に」、と、当時の執行部のまとまらない雰囲気の中でいつしか「移行」が決定し今日憂き目を見ることになった。

移行後、五年を経過し六年目を迎えた今年（平成一五年四月）その後の旧虚弱児施設の入所児の実態調査と施設の職員配置や実情を把握するため、私たちが全国児童養護施設協議会の依頼を受け調査を実施した。その結果は、現在でも病虚弱児の入所傾向は変わっていないし、職員も旧虚弱児施設の職員体制を維持しなければ、子どもに責任を持てない状態で施設の大半が運営されているということがわかった。

加えて施設の実情は、当然ながら、「被虐待児の入所が増えた」、「処遇困難児（不登校、知的障害児、ＡＤＨＤ児）が増えた」、「日常的に医療的なケアを必要とする疾患、疾病を持つ児童が増えた」、「病弱児の措置、依頼が多い」と言う切実な声が寄せられた。

これは従来の虚弱児施設時代の病虚弱児に被虐待児を含めた、いわゆる児童養護施設の対象の要養護児が混然として措置されていることを示すものでもあった。

## 2　みどり学園設立の原点――子どもこそ原点

みちのくみどり学園（通称・みどり学園）は、昭和三二年に開園された。その二年前の、北海道・東北ブロック共同募金打ち合わせ会で、岩手県に結核児童療育施設を設置することが決定され、この年にお年玉年賀はがき寄付金四千四百七二万円の配分が決まり、それに一般寄付金六百万円を合わせて創設された療育施設である。

当時、寒冷多雨の東北でとりわけ貧困を背景とした、みちのく岩手の結核児童の救済のため、お年玉年賀はがき一円の全国の大人も子どもも含めた、四千四百余万人の善意が結集してつくられた、

「民衆立の療育施設」として出発した。

施設運営は、病む子どもたちが安心して治療を受けられるように、しかも闘病しながら教育も保障され、さらに生活と発達の保障が受けられる施設を、という崇高な運動が岩手県の福祉関係者から中心に起き、そのうねりが大きくなって、「医療」と「教育」と「生活指導」の、三位一体の運営の確固たる精神を確立し運営を開始した。その療育の姿勢は、「子どもこそ原点」ということでありその原点を自らも求め社会にも求めてきた。

### 3　みどり学園療育史――闘病から生まれた言葉とエミール

三位一体の施設運営をあるべき姿として施設運営に当たたろうとしたが、当時の児童福祉法には結核児童は含まれておらず、前述した医療行政と福祉行政の狭間でとりあえず児童福祉法上の虚弱児施設として苦難の出発をする事となった。

虚弱児施設であれば教育面だけの付置でよくまた児童福祉施設には医療面は認められないという国の見解で、入園児が増えれば増えるほど経営の赤字が増大する事となった。このため法改正や国庫補助増額を求めて厚生省（当時）や国会に繰り返し足を運んだ。

その結果、法の全面的な改正にならないものの措置費に「結核性虚弱児加算」を計上させた。これは、国を相手に子どもこそ原点の姿勢を貫き、その先人の子どもを守り抜く姿勢を私たちは今日も受け継いでいる。この先人の広範な運動の中心に当時岩手県の養護施設で児童指導員として勤務していた伊藤博義先生がおり、「利用者の処遇条件と従事者の労働条件の一体性」の崇高な組合運動の精神を岩手の社会運動に連動させた。

この社会運動の大きな潮流の中でみどり学園の療育史は大きく三つの時代に分けられる。

その一の時代は、発足当時の結核時代から小児慢性疾患時代で、この時の子どもたちの闘病生活から生まれた療育のスローガンは、「例え体は病んでも心まで病んではいけない」ということであった。病に倒れた子どもたちが、闘病する中で心を見失うことなく、より健全で強固な心を培ったのである。

その二の時代は、心身症、不登校時代である。長いこと身体の病気で苦しんだ子どもたちが、体は一見健康そうでも心が動けなくなる仲間に遭遇した。その時生まれた療育スーガンは、「歩こうよ！輝きながら」であった。病気のため、学校に行きたくても行けない子どもたちが、どうしても学校にむかえない仲間に心を寄せて、「歩こうよ」と手を差し伸べるのである。同時にこれは、身体にハンディのある子どもたちが仲間の心の重さに気づき、自身の真の心の健康を内省する事にもなった。子ども達の育ち合いの姿をみた。

その三の時代は、今日の被虐待児の時代である。私は今までの三十有余年の経験から子どもを守り育てるために最も困難な時代に直面していると実感している。

みどり学園の職員室には、赤茶けた模造紙にルソーの「エミール」の一節が掲げられている。

「……古代ごとの万事が覆るほど不安動揺きわまりない今世紀の精神を思い致す時……。子どもには、彼がおとなになった時、いかにして自らの命を守るべきか、ということを教えておくべきである。富貴も、貧困も意に介せず。必要とあらば、アイスランドの氷の中でも、マルタ島の焼きつくような岩の上でも、生きていくことができるように、教えておくべきである」と。

私たちの職員室は、子どもを守り育て抜くための神聖な闘い（社会運動）の場でもある。子どもたちがその時代時代に施設に在籍し、そして入園し退園していく。そうしたなかで、当時心を病む子どもたちに出会い、これ以上ない施設の子どもの処遇上の困難に遭遇した時、職員集団が一致しての子どもへ関わり方を見出したのち、誰彼となく掲げられという記憶がある。

子どもたちのあらゆる事に、古代ごとの万事が覆るほど不安動揺きわまりない正に今、児童養護施設が子どもを守り育て抜く、社会の最後の砦として、自らに問い自ら社会に問われなければならない時代になってきた。

## 二　実践報告（地域での子育ち子育て支援）・新療育を実践する

### はじめに

私は、「いわて福祉だより」パートナー・平成一五年九月号（発行所：岩手県社会福祉協議会・福祉人材センター／岩手県共同募金会）に「夏季転住」と題して次の一文を寄せた。

みちのくみどり学園では、子どもたちの夏休みの期間に今年で一八年間、沢内村で「夏季転住」を行い、お世話になってきた。夏季転住とは、施設の機能を地域にそのまま持ち込んで、その地域の暮らしにとけこむことである。最近では夏に限らず、その月々に少グループ単位で村を訪れている。

虐待を体験した子ども達が村の人・自然・文化（暮らし）にふれるなかで、えも言われぬ表情をみせ安堵の気持ちにさせられる。今年度、沢内村では民間団体主導で、沢内村を子育て支援日本一の村を目ざし「沢内村子育ち、子育て支援会議」を立ち上げ、私も村外から一人だけ幹事に任命された。

今、全国の児童養護施設は約半数以上が被虐待児の入所児で占められている。その養護つまり自立支援の在り方が、今後の児童福祉（法）の行方を示すことは衆知の事実である。

今回、村のこの支援会議が夏季転住の経験を糧に、全国の児童養護施設の子ども達を招いて、村自体の子育て支援のフィールドをまるごと提供する事業を試みた。

八月一八日から三〇日までの施設で許される期間、村に子ども一人で来るのも職員の引率で来るのも自由。新幹線の北上駅まで来れば、後は主催者で全て責任を持つ。参加者は関東近辺三県から三二名、大人が施設長も含め八名の参加。もちろんたった一人で箱根の強羅から来た子もいた。長い子で一週間、平均して四泊五日の滞在期間。その間、村の人や県内外のボランティアと子どもたち昼夜行動を共にする。

自然探索・川遊び・農家体験・押花教室・地元老人との藤細工、藁細工の取り組み。

子ども達が村を去るとき、それぞれに涙を流し、それにたずさわった大人達を震えあがらせた。私達は子ども達のきれいな純真な心の滴《しずく》を何度見たことか。虐待されたどろどろした人間不信の涙から、醸成された純真な心のエキスを見た。

みちのくみどり学園の夏季転住から沢内村の住民自治が、今度は全国の子ども達の子育て支援のフィールドを社会に開放した。

虐待という子育ての病理を背負った社会には、懐の深い人と自然と文化が必要なのだ。この事業のルーツを述べたい。

## 1　みどり学園夏季転住の始まり

**研修の必要**　昭和六一年みどり学園の生活指導部が新年度の指導体制をスタートさせた。旧来の小児慢性疾患児から心身症、不登校の子ども達が急激に入所した。「体を病み心まで病んではならない子ども達」が「心を病み一歩も身動きできない子ども達」に施設の集団生活を侵食される。子ども達の育ち合いの崩壊である。

腕力の強そうな子ども達が従来施設の暴力の対象外だった病気の子ども達に威圧を加える。それは若年性の糖尿病を患った子どもだったり、家庭内暴力の渦中の子どもであったりした。背景には高度経済成長期の社会がありそれに翻弄される一般の家庭の子どもの姿があった。一見屈強な子ども達の療育を虚弱児施設でケアすることになった。会議の中で、この三月に施設を退園した子どものその後の様子に思いを馳せた。その現実の子どもの姿に反省もした。明と闇が入り混じりとりわけ闇が重くのしかかった。

私たちは、心と体を病める子ども達を支える者として、今一度療育の原点の確認とこれからの方策を見出すため研修の必要を総意で確認し相談したところ、当時の園長の石川敬治郎先生（小児科医師・現法人岩手愛児会長）に沢内村の清吉稲荷を紹介された。

**清吉稲荷**　沢内村は岩手県の西部に位置し、奥羽山脈の分水嶺を境とし西は秋田県に接し、人口約四千人で農林業が基幹産業。夏は冷涼多雨で冬は全国でも有数の豪雪地帯で知られ国の「特別豪雪地帯」に指定されている。自然条件の厳しい山村だが、「自分たちで生命を守った村」として全国的に保健・医療・福祉の実践の村として有名である（＊　平成一七年度、湯田町と合併して西和賀町になる予定）。

清吉稲荷は、沢内村長瀬集落にあり、当時の生命村政の推進者であり元保健課長高橋清吉さんの生家で築後百年以上の村の典型的な民家である。現在は村の保存家屋として教育委員会が管理し誰にでも開放している。

**その研修参加者の清吉稲荷の職員の感想**　大きな茅葺の屋根の家、黒光りした床、柱。何十年もの間、多くの人たちが語り明かしたであろう囲炉裏。そして、あたり一面のまばゆい緑。和賀岳の残雪が、青く澄んで空に浮かぶ。東京と仙台で育った私にとって、小さい頃の絵本の中での憧れの世界。のどかで、温かくて、人間味にあふれた日本昔話の世界。

そういった私の平面的な幻想は、清吉さんのお話や、沢内病院の方々の温かい歓迎を受けて、打ち砕かれ、そしてもっとまるみを帯びた想いに変わっていった。沢内の人々の厳しい自然を乗り越えて、自分たちの命を守り、生活を創りあげたそのバイタリティーと純粋さが、あの明るさにつながっている。

生のままで生きている人間の「明るさ」そして「強さ」。私たちの生活がいかに加工されたものであるかと思い知らされた。心まで加工されたことに慣らされてしまっている。だからこそ人間の生の姿に出会うと感動する。

子どもの頃、北斗七星を探すのに大変苦労した。あそこだと教えられても、とびとびにしか見えないので本に載っている形とは違うし、プラネタリュウムでみる通りには見えない。天の川というのは、想像上のものだと思っていた。加工された夜空……。

沢内村の星空はまさしく本物だった。星空が美しく光り輝いていた。天の川が夜空を渡っていた。宮沢賢治の「銀河鉄道の夜」が生まれた理由がわかるような想いにかられた。本物の星空と人間的な生き様と、沢内村には真実があまりにも無造作にころがっているのです。

**夏季転住のスタート**　研修の最後、みんなの気持ちが一致した。「子ども達を沢内に！」沢内の人々そして沢内の自然から子ども達が、心と体を病みながらも、強く優しく生き抜いていくために、命を守り抜くことを学ばせたい。今年の夏、子ども達を沢内に連れて行こう！と。

今から一八年前のこと、清吉稲荷で職員が思いのたけを語りつくした後、子ども達の現状に目を向けた時、「そうだ、子ども達も私たちと同じ思いをする場所（目線）にいればいいのではないのか」と期せずして声が出た。本物の星空と人間的な生き様の真実のなかに病める子ども達をまるごとお願いすることになった。過度の緊張と希望のサイが振られた（子どもたちを変えられるかもしれないと心の中で言いようのない何かが動いた）。

昭和六一年八月一日、六十余名の子ども達を初めて沢内に連れて行った光景を今でも鮮明に思い浮かべることができる。

## 2　沢内村からのメッセージ

**①　当時、元沢内病院長・増田進先生の寄稿――共同社会**　「沢内での転住を終えられた皆さんご苦労様でした。

沢内はいかがでしたか。ここには、時には厳しいけれど美しい自然があります。そして、あたたかい人情も残っている人里の故郷のようなところです。皆さんはそれを満喫されたことと思います。

朝の座禅に始まり、畑仕事、そして、村の人たちとの交流と皆さんのスケジュールが大変だったようですが、その苦労以上のものを得られたことでしょう。というのも、沢内村には、清吉さんや玉泉寺の和尚さん、創作館のお年寄りをはじめとして、皆さんがふれあわれた素晴しい人たちがいます。便利のために出来た町と違って、そこに住むために出来た共同社会の村は、まさに皆さんが会った人達によってつくられてきたのですから。

私たちの病院には、芳賀さんと村越さんが来ましたが、慣れない仕事で大変だったことでしょう。しかし、長い間寝ている老人の表情に見られるように、とても新鮮な交流があって、改めて有難うと言います。

最終日、深沢村長の胸像の前で演じられた皆さんの歌や踊り、あの迫力ある太鼓など、元村長さんもさぞ喜ばれたことでしょう。一緒に見ていた病院の患者さん方は、大きな生きる力を感じたと思います。

また、盛岡に歩いて帰るグループを見送った後、会議があって遅れて盛岡に向かったのですが、ちょうど川舟（地名）で追いつきました。旗を先頭に整然と歩いている皆さんをみて、とても感動しました。そして、私も一度歩いてみようと思っています。

皆さん、皆さんは本当に沢内村に新鮮なインパクトを与えてくれました。そして、石川先生、藤澤先生をはじめ、あの素晴しいチームワークをつくり上げている、みどり学園の諸先生方に心から尊敬の念を抱いております。これからは、単なる転住にとどまらず、第二第三の皆さんの故郷として、沢内村にお気軽におでかけください。そして、なおいっそうの交流を期待します」。

私たちはこの転住で心がけている大切なことがある。それは、

①　郷に入れば郷に従おう。
②　他人の家には土足で入らない。
③　挨拶と礼儀は欠かさない。
④　生命村政の大人と子どもの学習。
⑤　地元民謡「沢内甚句」を習う。

これを大人が真剣に取り組む。そして子どもたちに分かりやすく伝え一緒に歌い行動する。職員はこのことを実に丁寧に毎年新鮮な気持ちで取り組んできた。

**当時一年目の職員の感想**　「言葉じゃなくて、いっぱい教えてもらいました。ありがとうございました。清吉さん、おばぁちゃん、田んぼの稲も、清吉稲荷の柱や床や、玄関のみんなに踏まれてボコボコになった土もありがとう……」

三月に退園する病弱の中三の女子の想い。「転住はもう終わりました。沢内村での転住は最後かもしれません。でも私はもう一度行きたい。もう一度行きたい。満天の星は見られなかったけれど、仕事は何も出来なかったけど、私はもう一度……。清吉さん沢内甚句をまたいつか……。」

**清吉さんと子どもたち**　清吉さんと女の子たちが清吉さんの生家である晩こんなことがあった。

「その晩、清吉さんを囲んで、清吉さんにはお酒を温め、子どもたちにはウメ酒を割って乾杯。子どもたちがおぼつかなく『沢内甚句』を歌って聞かせると、清吉さんは目を細めて一気に乗ってこれて、箸で囲炉裏のふちをたたき音頭をとりなさる。その後、馬の話、桜の木の話、子どもの頃の話などたくさんしてくださいました。そして、帰り際に、子どもたちにこう励ましてくださいました。

『人間本当に勉強し始めるのは、二〇歳過ぎてからだよ。だからそれまで色々あってもいいのだからジックリとかかれョな。若い時に体の弱かった人ほど後で大成するものだゾと』。

この子どもたちがもう七年も五年も闘病生活をしているのですよ、と伝えると清吉さんは、一人一人の顔を見つめて、顔をくしゃくしゃにされながら、深くうなずき、真っ暗な道をゆっくりと歩いて集落に帰られた。」（高橋清吉さん平成三年にご逝去される）

この転住で子ども達は変わった。そして、その年の子ども達を送り出した三月に職員室に、あの「ルソー」の一文が掲げられた。

**② 現在、村からみどり学園の誘致——長瀬野新集落三〇周年の私の寄稿文**

晩秋、幼児達（被虐待児）を連れて清吉稲荷付近の田んぼの畦を散歩していると、トラックを運転してきた新集落の道男さんが車を停めた。運転席から子ども達一人一人の表情を見る。言葉が温かい。子どもはその事がよく分かる。それは人として一番飢えている事だから。

「今度一二月二日（新集落移転三〇周年祝賀会に招待されていた）に長瀬野におじゃましますから」と私が言うと、彼が「うん。来てケロ。仕度して待っているからな」と目は子どもたちの方を見て話、去っていった。新集落にはミチオさんがいっぱい居る。

無邪気な子どもたちの顔を見た。そして、聞いた。「さわうちだいすき ここにずっーとすみたい」と幼児達が言った。「そう出来ればいいネ。ここだったらいいネ。新集落いいネ」と私は本心で思った。

以前から長瀬野に住む沢内村森林組合の組合長の照井洸さんから自分の土地にみどり学園が来ないかといわれていた。それがいつしか村当局にも伝わり、平成一二年の夏季転住が終了した時に法人に対して村自体が別の土地を用意して誘致したいとの話が法人に対して村長や議長からあった。その三年後の平成一五年夏季転住前（七月一〇日）に、村が正式に岩手県に対して要望、陳情を行った。

「要望書」（原文のまま）

社会福祉法人岩手愛児会が運営する児童養護施設「みちのくみどり学園」を沢内村に移転することについて

沢内村長　加藤昭男　　沢内村議会議長　北島暲男

要　旨

社会福祉法人岩手愛児会が運営する児童養護施設「みちのくみどり学園」を沢内村に移転することについて、特段のご高配を賜りますようご要望いたします。

理　由

沢内村の保健、医療、福祉の向上に対しまして、日頃から格別のご高配を賜り深く感謝申し上げます。

沢内村は、村民の生命と健康を守ることを基本に、老人医療費の一〇割給付や総合成人病検診などの施策を積極的に展開するとともに、美しい自然を大切に先人の育んできた伝統文化を尊重し、若年者や高齢者まで全ての村民が真の豊かさを享受できるよう人と自然への思いやりを大切にする地域社会の実現を目指しています。しかしながら、全国的に見られる急速な高齢化は本村においても予想を上回り、若年者の流出等に起因する過疎化が進行し村づくりを推進する上で村政の最重要課題となっております。

こうした中で、本村は社会福祉法人岩手愛児会が運営する児童養護施設「みちのくみどり学園」が年中行事として取組む夏季転住事業をはじめ通年的な子どもの養育活動を昭和六一年から受け入れ、自然豊かな環境の中で学園生と村民の交流を継続しているところであり、夏季転住事業等が学園生に与える心理面の影響は、人格形成、生活習慣を培う上で大きな成果が見られているとのことから、本村としても児童養護施設の誘致には少子化対策を推進する上でも協力したいと考え、岩手愛児会に対してその移転を強く要望しているところであります。

近年沢内村は、県都盛岡に通じる県道一号線の抜本的な改修や花巻・沢内間の開通により、交通のアクセスが大きく改善なされたところであります。つきましては、本村の福祉部門の更なる充実を図ると共に、村の定住人口を確保するためにも児童養護施設「みちのくみどり学園」の移転についてご許可くださるよう特段のご高配をお願い申し上げます。

現在（平成一五年一一月末）は、県と村と法人三者で「勉強会」を開催予定して事業を検討することにしている。

### 3　被虐待児の組織的な対応

児童養護施設に現行の基準の中で、いわゆる「治療的な療育」体制をつくった。

#### ①　被虐待児対応チーム（ＡＮＴ）の取り組み（平成一二年・第五四回全国児童養護施設長研究協議会での発表）——治療的養護（新療育）の組織体制

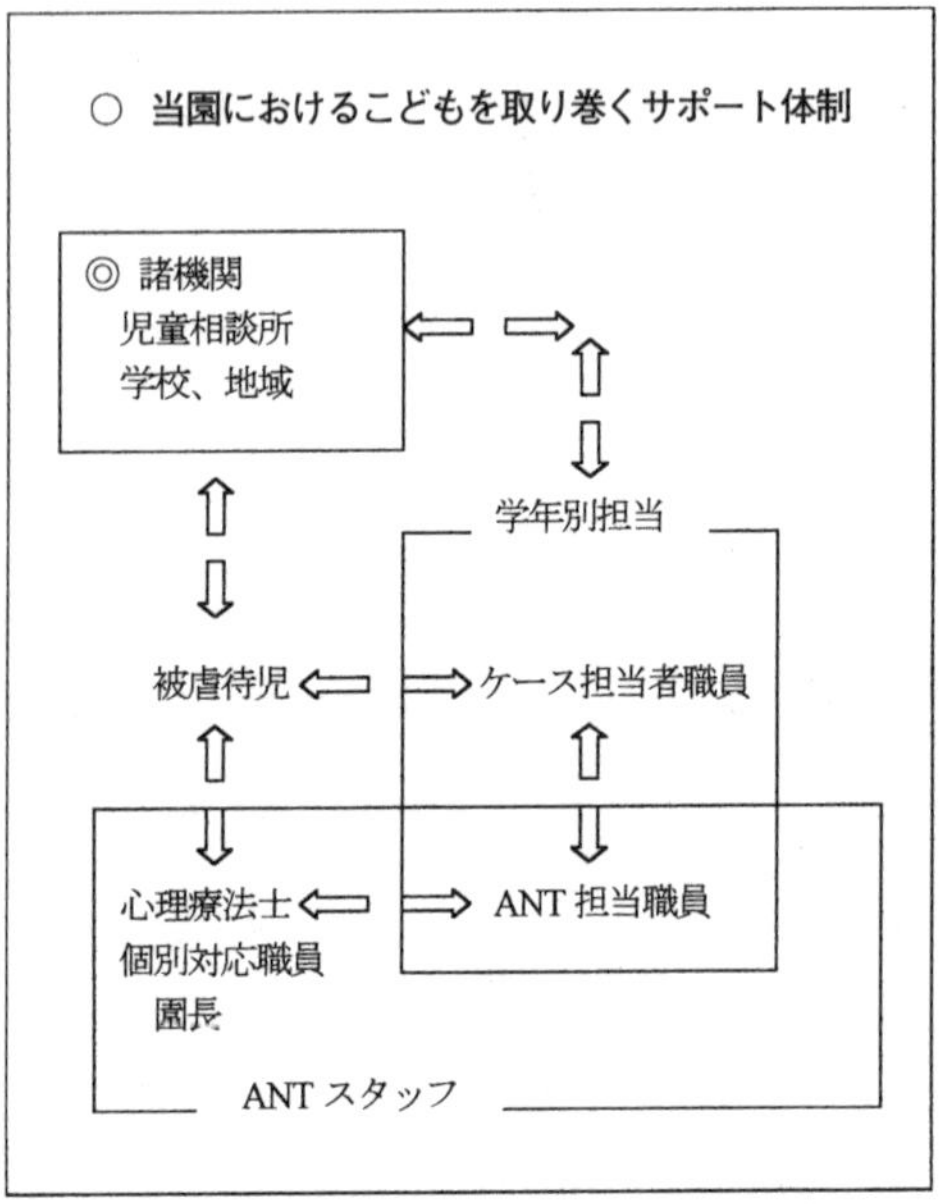


急増する被虐待児に対して、平成一一年児童養護施設に心理療法担当職員が配置されたのを機に、ＡＮＴ（abuse network team）体制をとり被虐待児の処遇をチームとして取り組んでいる。

ＡＮＴが設置された目的は被虐待児の処遇の中で、特に施設として心理的な治療を要する児童に対して専門的な検討を加え、治療の方向を明確にし、他機関との連携もとりながら問題の解決を図る。

本施設には、ＰＴＳＤや性的虐待が背景にあるＡＤＨＤの診断の付いた子どもや児童福祉法二八条により措置された子（岩手県で二例の内の二名）等、入所児の約六割が児童相談所に心理的な対応が必要と認定された被虐待児が入所している。

今、児童養護施設で問題になっている被虐待児の行動の、「愛着関係の障害」や「虐待的人間関係の再現傾向」が施設や通学する学校で頻繁に起きている。それを解決するためにこの組織は有効に機能している。

ＡＮＴの構成員は、園長・各グループ別担当代表者（幼児、小学生、中学生、高校生）そして、心理療法士の七名からなる。

心理療法士は、心理治療ブログラムの作成、心理治療の実施・担当への助言。各グループ担当代表者は、各グループの被虐待児の把握及び担当者間とＡＮＴの連携窓口。そして、そのグループ担当者の中から治療の総括と各担当との治療上の窓口を担うチームリーダーがおり、その全てを総括するのが園長である。

月一回の定例会議をもち心理治療の報告と治療方向の検討や確認を行っている。この体制の中で心理療法士は「治療プログラムシート」を作成する（後掲図・治療プログラムシート）。

この治療プログラムシートは被虐待児の治療を進めるにあたり、その子どものトラウマの程度（虐待による傷の深さ）を児童相談所の調書や現在の子どもの現象面からケアワーカー（保育士・児童指導員等）と共同して明確にしていこうと言う試みを盛り込んだものである。漠然としていたその子どもの傷の深さを程度で表すことにより職員が統一した見方を持つことができ、またはっきりとした子どもも像の印象付けの意味合いも持っている。

治療プログラムシート　　　　担当〔　　　〕

<table>
<tr><td colspan="3">児童名・学年・学校<br>＿＿＿＿＿＿＿＿・＿＿年・＿＿＿校</td><td>虐待の認定別<br>認定児・対象児・該当児</td><td>記入日<br>平成＿年＿月＿日</td></tr>
<tr><td rowspan="3">虐待の背景描写</td><td>虐待の主因</td><td colspan="3">＿＿＿＿＿＿＿＿＿＿<br>＿＿＿＿＿＿＿＿＿＿<br>＿＿＿＿＿＿＿＿＿＿</td></tr>
<tr><td>トラウマの程度(重度以上は精神科と関わる)</td><td colspan="3">≪程度≫　軽度(1･2･3)　中度(1･2･3)　重度(1･2･3)　極重度(1･2･3)<br>≪根拠≫＿＿＿＿＿＿＿＿<br>＿＿＿＿＿＿＿＿＿＿</td></tr>
<tr><td>行動の特徴</td><td colspan="3">≪現状≫<br>＿＿＿＿＿＿＿＿＿＿<br>＿＿＿＿＿＿＿＿＿＿<br>≪予期される事≫<br>＿＿＿＿＿＿＿＿＿＿<br>＿＿＿＿＿＿＿＿＿＿</td></tr>
<tr><td rowspan="3">治療の方向</td><td>治療の方法</td><td colspan="3">①箱庭療法　②風景構成法　③文章構成法　④遊戯療法<br>⑤面接（テーマ：　　　　　　　）<br>⑥その他「　　　　　　　」</td></tr>
<tr><td>治療の展開</td><td colspan="3">≪日程設定≫<br>①月＿回　②学期毎　③帰省前後　④連続的<br>⑤治療担当者以外<br>≪展開の仕方≫＿＿＿＿＿＿＿＿<br>＿＿＿＿＿＿＿＿＿＿</td></tr>
<tr><td>プログラムのまとめ</td><td colspan="3">◎＿＿＿＿＿＿＿＿＿<br>＿＿＿＿＿＿＿＿＿＿<br>＿＿＿＿＿＿＿＿＿＿</td></tr>
</table>

児童養護施設のなかで心理療法士の専門的関わりが課題になっているときケアワーカーと連携を組む上でも有効な方法になっている。

**② 学校不適応対応チーム(NAS)の取り組み——新療育の他領域との連携** 平成一五年度途中から、施設が被虐待児で占められるようになり、ネグレクトの子どもを中心に養護学校で、無気力や投げやりな態度、暴力的な言動があり、恒常的に学校での不適応が著しい子どもがいて、授業を含めた教育活動が成立しない場面がたびたびあり、学校から登校停止(出校停止ではない))も含め切実な施設での対応の要請があった。

そこで、窮余の策として「学校不適応チーム」(NAS : non adaptation to school) を設置して、学校と連携しながら問題解決を図ることにした。

具体的には、対象の子どもが通常の教育活動を受け入れられるように、段階的に学校と連携して施設でその子どもの対応をする。以下にその段階を示す。

① 子どもにかかる強度のストレスの分析と、その生活指導(施設対応)。

＊ 主に、施設に教育の拠点を置き、施設職員が学校と連携(指示も含めて)して指導にあたる。

② 授業を含めた教育活動への順応(施設と学校での対応)。

＊ 子どもの状況を見て、施設と学校に教育活動の拠点を置き順応状況により双方で対応する。

③ 通常の教育活動への参加(学校対応へ施設が協力する)。

＊ 主に、学校に教育活動の拠点を置き、施設職員が通常の教育活動が機能するように協力体

制をとる。

④　通常の教育活動（学校対応）。

＊　通常の教育活動の実施を施設が見守る

実施に当たっては通常の職員体制と別の組織体制を採る（実行責任者園長、委員は副園長、個別対応職員、各グループ担当責任者で構成する）。

実施してみて、この学校不適応対応チームは、単に登校させるための指導や調整ではなく、不適応の裏に潜む心の状態を把握し、将来に向けた道筋を子どもと一緒に模索する中でケース担当者だけが背負い込まず、心理担当者、被虐待児対応チーム、学校、児童相談所等、各機関と連携しながら考えていかなければならない。一人の子どもを学校不適応という現象面の問題解決のため総力で職員は立ち向かわなければならない。

しかし、子どもの権利擁護に立ち返り、今本当にこの子どもが求めているのは何なのか、大人としてそれぞれの機関が最善の援助は何かを明らかにしていくことが真の子どもの自立支援のために重要なのではないのか。今後とも実践の中で追求していきたい。

## 4　七内川山荘合宿

**被虐待児の新療育の実践**　児童虐待防止法が施行（平成一二年一一月三〇日）してから施設内は常に被虐待児が定員の半数以上を占めるようになった。

施設内では虐待児の対応には組織的に対応しきたことは前に述べた。この対応の中には日常の処遇

七内川山荘とカタクリの群生

も勿論含まれているが、通常の処遇と必要な組織対応が一致して始めて子ども達の援助が可能になる。

平成一四年八月、施設内で身体的虐待とネグレクトが背景にあり、直接的には兄からの暴行を受け入所した中二男児が、施設内で上級生を深夜命令に従わないと立腹して暴行を加えた。加えて職員の日常の指導にも反抗し暴力で対抗した。この経過を児童相談所に相談し、相談所は一時保護を決定した。

しかし一時保護所に入所する前に期間があり、一連の経過で他児との接触は施設内で制限が必要な状況になり、加えて施設としても本施設処遇の限界を彼自身の事として内省化させる必要を感じその場所を探した。

直ぐに、沢内村長瀬野の高橋典成氏（前沢内村社会福祉協議会事務局長：本稿地域福祉執筆者）に相談し、氏の持ち家の別宅（沢内村七内川地内）

を開放して頂いた。

二泊三日、園長との共同生活。「父親に酔っ払って意味もわからず叩かれ、反抗した態度をとると今度は父に味方する兄にその態度が生意気と叩かれた。俺の悔しさ分かりますか。学園の子ども達がオレに反抗する態度を見せると腹が立って、例え上級生でもむしゃくしゃ殴りたくなり、我慢できず気がつけばやっているんです」と話した。

彼は施設として一時保護しなければならない状態を理解し素直に応じた。その後、彼は再判定の結果、「児童自立支援施設」に措置変更となった。

みどり学園としては施設内処遇困難児として長い歴史のなかで初めてのケースであった。

「七内川山荘」は茅葺屋根の家で沢内村の典型的な農家の小屋を改造し八畳ほどの二間でキッチン、風呂と寝室があり、家庭的ユニットで生活できる家屋である（所有者は村を訪れる要人のゲストハウスと呼んでいる）。

周りには自然がいっぱいで、ブナ林からの清水が流れる七内川は勿論近くの用水路には岩魚の魚影が見える。四季折々の自然の変化は絶景で、学園の子どもたちがここを訪れ農業を営む地元の人たちとふれあうと本当の子どもの姿を見せるのです。

彼以降、ANTで処遇を検討し、NAS対応でも限界やパニックが生じた場合、施設から一時避難的に七内川山荘を利用することになった。春には蛙の合唱や蛇を捕まえ、夏には蛍の群舞を見、秋には産卵のため浅瀬を上る岩魚を冬には野兎や狐の雪の足跡を追う。その日は村の温泉にゆったり入り、園長の手料理や地元の差し入れの料理で食事に会話が進み、その場に毎回地元の人たちがいる。

そして子どもたち一人一人のトラウマを鎮めて学園や学校に戻る。最近は子どもにより通常の学校時間帯にも実施せざるを得ず、その場には子どもの学籍がある養護学校の先生も同行することがある。「今度沢内にいつ連れて行ってくれるの」と順番待ちの状態である。

始めは児童相談所の一時保護前（再判定）の窮余の仮の住まいの場とし、次は虐待の子どもたちの施設からの一時避難の場所として、そして最近は理想的な生活体験の場として学園の子どもたちの養護と養育には欠かせない、いわゆる新療育実践の場になった。

こんな時、子どもたちの山荘内の生活を見て地元の人たち（後述・沢内村子育ち子育て支援会議メンバー）と雪の深々と降る夜に語り合った。子どもたちの内面の変化と施設に戻っても山荘の経験が継続することを話し合った。

つまり虐待を受けた子どもたちが小集団の中で子どもたちが自ら育ち合いの体験をし、まわりの環境で自身のトラウマを包み込み安定した心の状態になり、それが持続する。

新療育の実践とは正にこのような体験をいうのではないのかと実感している。

「この体験を全国の児童養護施設の子たちにもさせてあげたい」、「沢内村が保健、医療、福祉で全国的に有名で実績もある。少子化の時代、村の本当の福祉の礎は子どもの育成に今までの歴史を活かしながら、今後の村政の柱として取り組むことではないのか」と村人と雪が解けたなら直ぐに実行しようと熱く語り合った。

これが村として初めて全国の児童養護施設の子どもたちを村に迎い入れるきっかけとなった。

## 5　西和賀での子育ち子育て支援――日本一の子育て支援の村を

### ①　沢内村子育ち子育て支援会議

平成一四年三月年度末に沢内村の有志が、沢内病院小児科担当医師（石川敬治郎先生）の提起により「沢内村子育て支援を語る会」が発足した。これは、村の急激な子どもの出生率低下の中で改めて子育ての支援体制を確認するものであった。八月に総会を開き実質活動を開始した。

当初の活動一〇月から、それぞれの村の公民館単位に水曜日の夜間を中心におしゃべりサロンを開催し、普段の生活で考えていること、親子の遊びなどを出し合っていた。参加者は少ないときで二名多いときでも五名で、担当者が地道に活動をしこの間一一回の開催となった。この他には、「トークおしゃべりリレー」、子どもたちの本音をビデオやテープで大人たちが聞きそのシンポジュウムを開いた。

実は西和賀地方にはこの地方の自然と文化と人を結集した子育ち、子育ての独自の事業がそれぞれの団体、部署で開催されていた。それの一本化を目指して、「沢内村子育ち子育て支援会議」（会長・高橋典成氏）を平成一五年六月に発足させた。

これは子育て支援の活動をしている西和賀の大人たち、各地域内外の団体が相互に連携、連絡しあい、この西和賀の大きな、真っ青な空の下、豊かな体験と温かい心を持つ人たちの下で、地域や全国の子どもたちに大きな西和賀体験の機会を提供する。

運動の展開、実施方法は以下の通りとしたい。各団体がこの西和賀の地で、毎年通常的に行っている各種の行事を改めてクローズアップさせると共に、それぞれが活動の一層の充実発展を努める運動の展開を主唱する。そして、この西和賀全体の《子育て支援力》をより充実し、「子育ち・子育て支援日本一」を目指してこれを広く地域内外に呼びかけるものとする。

みどり学園の盛岡から訪れ、実施される沢内村での「夏季転住」（平成一五年で一八年目になる）もこれに入る。

今年度の支援会議事業として、①トークおしゃべりリレーの開催、②おしゃべりサロンの開催、③全国・さわうちまるごと児童養護施設事業の開催、④事業開拓（西和賀文化伝承協会共催）を決定した。

② **全国さわうちまるごと事業の実施――沢内発全国の子ども達へ**　七内川山荘合宿を契機として、「沢内村子育ち子育て支援会議」で決定されいよいよ全国の児童養護施設の子どもたちを沢内に招く事業が開始された。

始めに私が全国児童養護施設協議会協議員総会にその趣旨を作り次の様に提案した。

沢内村は、村是として「生命尊重」をかかげ、多くの苦難を乗り越え村民が一体となり、人に優しい村づくりを実践してきました。特にも高齢者や乳幼児への医療や保健、福祉の先駆的な取り組みは、「自分たちで命を守った村」として全国的に知られることとなりました。

今回このような取り組みの中で、村の支援を得ながら有志団体が、沢内村子育ち子育て支援会議を設立し、「日本一の子育て支援の村」の大きな目標をかかげその具体化の実践を計画致しました。

その中の取り組みとして、隣接する湯田町を含め、この山村の地方を児童養護のフィールドと見立て、子どもたちにすばらしい体験をしてもらい、将来に亘って生き抜く力を得てもらいたいと、「全国・さわうちまるごと児童養護施設」事業を計画いたしました。

参加する子どもについては、小学校五、六年以上の山村体験で自立支援が大いに期待できる子で、東北新幹線の北上駅まで来れば後は全部主催者で責任を持つ。子どもが一人で東北の山地まで旅をする体験もこの機会にさせたかった。

宿泊場所はみどり学園の子ども達が通年訪れる「清吉稲荷」か湯田町の廃校の小学校を用意し、経費については往復の交通費と期間中の保険料千円とし、他は主催者で負担する事とした。実行の事務局を沢内村社会福祉協議会に置いた（後日宿泊場所は参加状況で清吉稲荷と決めた）。

事業を進めるにあたり県内外にボランティアの要請を行い支援会議で地元の人を交えプログラムを作成した。

**事業のまとめ**　私の感想は前に述べた。個々のプログラムでは例えば、自然観察は今児童養護施設の子ども（特に被虐待児には）すべての面で必要な体験でこの中には成長発達に必要な体験、虐待による癒し、自己解放、自己洞察、仲間との解放があった。

参加した子ども達には感想文をお願いした。それぞれが施設に戻ってから書き終えた真摯で真面目な原稿がみどり学園に届いた。みんなに共通していることは、「また沢内に来たい」という素直な感想であった。

この期間、家庭がありながら、ボランティアの一人として参加した、日本福祉大学大学院生の伊藤順子（日本居住福祉学会会員、愛知県岩倉市在住）さんからは次のようなレポートいただいた。一部分紹介したい。

「子どもは心身ともに成長していく存在である。私は成長していく子どもの姿にしばしば感動させられる。（略）千葉県のA施設のB子さん（高二）は、施設の園長先生から行きなさいといわれて沢内村に来たということであった。沢内村滞在二日目の晩、星や蛍観察を楽しんだ後、彼女は同施設のC子さん（高二）と二人で、真っ暗な道端に寝ころがって、星を仰いで歌を歌いだした。普通子ども達は、日常的な時間と精神的な時間を持っている。『はやく勉強しなさい。はやくご飯を食べなさい』と大人が急かす時間が日常的な時間である。子ども達が『生きているとっていいな』と感じながら過ごすことのできる時間が精神的な時間である。彼女たちは二人寝ころがって歌を歌い（合唱）その時間を楽しんだ。

神奈川県の別の施設のD子さん（小六）は、スタッフの男性に肩車をしてもらっている。子どもは体の一部を大人とペッタリと付けていると安心する。精神的に満足できる時間、日常会話が言葉以上に感じられる時間が精神的な時間である。D子ちゃんもこの肩車の時間を楽しんだ。

子ども達は、制限や規則が多く、窮屈な時間を過している。それにもかかわらず、精神的な時間を過す能力がある。私は、子ども達をみていて、どんな素晴らしい発達論を唱えるよりも、沢内に来ていた子ども達の笑顔に発達の意味があるのではないかと思っている。」

私はB子さんとC子さんのあの光景をみてこの事業の深さを実感し、天の川や北斗七星をゆび指さし、子どもたちと同一化している大人たちをみて、初めて職員研修で沢内村を訪れた一八年前を思い至福のまったりした時間に浸っていた。

伊藤さんが沢内を去るにあたりみんなに挨拶をしているC子さんに「C子さんまた沢内に来たいと

言えて、よかったね。また来てね」と言って絶句した。伊藤さんの子を思う慈しみの涙が子どもたちの（児童養護の）悠久に閉ざされたきれいな涙を誘い出した。きれいな、涙それは、ブナ林に降り注いだ雨は（虐待による洪水かもしれない）枝葉で一旦止まり次に葉や枝を通って幹を伝わり、ゆっくりと柔らかい堆積された土壌に沁み込む（虐待の施設のケアかもしれない）。

そして悠久の時間を経て再び陽光を浴びる滴《しずく》となる。この超自然でろ過された雨の雫《しずく》がきれいなのである（虐待の心を和らげる社会の支援体制かもしれない）。

子ども達の涙がそれと似てきれいだったのである。

## 三　まとめ——新療育から新養護へ

平成一五年六月一八日国は社会保障審議会児童部会「児童虐待の防止等に関する専門委員会」の報告書で、虐待を受けた子どもに対する支援のあり方の基本的な方向性が示された。そのなかで、保護を要する子どもに対する社会的養護の在り方全般について、より広範な論議が必要との指摘がなされた。その指摘を踏まえ「社会的養護のあり方に関する専門委員会」を設置してこの度（一〇月二七日）その報告書が出された。

国が保護を必要とする子どもに関して広範な論議がなされ、取りまとめられたのはこの報告書が最初であり、今後の児童福祉政策上重要な提起がされたと思っている。

そのなかで、社会的養護の役割は、子どもの権利擁護を基本とし、子どもの安全・安心な生活の確保にとどまらず、心の傷を抱えた子どもなどに必要な心身のケアや治療を行い、その子どもの社会的な自立まで支援すること。そのためには、子どもを中心におきながら、家族の再統合や家族や地域の養育機能の再生・強化といった親も含めた家族や地域に対する支援も、社会的養護の本来の重要な役割との基本的な考えが示された。社会的養護の推進と核になる現存の児童養護施設のあり方が正に重要になってくる。

私は本稿を進めるにあたり従来の養護を基本におきながら、治療的な養護（新療育）の実践を地域での子育ち子育て支援を基に述べてきた。現在の児童養護施設は施設の経営や社会の要請によりそれぞれが多面的な機能の付置や処遇形態が模索されている。そのなかで今一番必要な事は事業の核となる本体施設の運営が問われていることである。

入所する子どもの実態が大きく変化しているのに、旧来の処遇方針だったり、子どもの権利擁護の視点にいささかでも欠ける運営は周知の社会的養護のあり方からも大きく逸脱する道を歩む施設になることになる。変えなければならないことは変える。これからの施設養護はケアの小規模化（子どものニーズに対応する家庭的・個別的ケア）とその支援のあり方。そして、生活機能と治療機能及び教育機能などのそれぞれのケア機能の強化が指摘されている。

新療育は今の児童養護施設の養護の実情に子どもの実態に合わせてせまってみた。本当は、私は施設養護のこれは単なる通過点であり、未知の「新養護」（総合的な社会的養護）に挑まなければならないと思っている。

# 表1 ①旧虚弱児施設 病種別児童数調査表

平成10年3月1日

| 病種＼施設番号 | 1 | 2 | 3 | 4 | 5 | 6 | 7 | 8 | 9 | 10 | 11 | 12 | 13 | 14 | 15 | 16 | 17 | 18 | 19 | 20 | 21 | 22 | 23 | 24 | 25 | 26 | 27 | 28 | 29 | 合計 | 入所児童数に占める割合 |
|---|---|---|---|---|---|---|---|---|---|---|---|---|---|---|---|---|---|---|---|---|---|---|---|---|---|---|---|---|---|---|---|
| 気管支喘息・アレルギー・アトピー | 2 | 16 | 6 | 10 | 16 | 5 | 18 | 5 | 7 | 6 | 15 | | 6 | 3 | 1 | 20 | 2 | 11 | 1 | 9 | 4 | 26 | 13 | 3 | 13 | 19 | 8 | | 7 | 245 | 17.8% |
| てんかん・脳疾患 | 1 | 13 | | 2 | 6 | 4 | 21 | 4 | 6 | 11 | 2 | | | 5 | 1 | | | 3 | | 2 | 2 | 3 | 1 | 1 | 3 | 1 | 2 | 3 | 3 | 97 | 7.0% |
| 心臓疾患 | | 5 | 2 | 1 | 4 | | 1 | 2 | 2 | 3 | | | 1 | | | 2 | | 1 | | 4 | 1 | 2 | 1 | 2 | | 4 | | | 2 | 38 | 2.8% |
| 肺疾患 | | 2 | 1 | | | | | | | | 1 | | | | | | | | | | | | | | | | | | | 4 | 0.3% |
| 腎疾患 | | | | | 2 | | | | 1 | 2 | 1 | | | | | | | 1 | | | 2 | 2 | | | | 4 | 1 | | | 16 | 1.2% |
| 肝疾患 | | | | | 1 | 4 | | | | | | | | | | | | | | 1 | | 2 | | 1 | | | | | | 9 | 0.7% |
| 低身長・小人症・発達障害・発育不良 | | 2 | 2 | 3 | 1 | | 4 | | | | | | | 1 | | | | 4 | | 3 | 1 | 5 | | 4 | 4 | | | 1 | | 35 | 2.5% |
| 耳鼻科疾患 | | | | | 7 | | 3 | 4 | | 2 | 4 | | 1 | 1 | 1 | 3 | 1 | 2 | | | 3 | 1 | | | | | | | 2 | 33 | 2.4% |
| 眼科疾患 | | 1 | 1 | 1 | 7 | 1 | 2 | 1 | 1 | 1 | 2 | | | 1 | | | | 3 | | 2 | 4 | | | | | 1 | 1 | | 2 | 30 | 2.2% |
| 心身症 | | 7 | | | 1 | 3 | | | | | | I | 1 | | | | 4 | | | | | 8 | 1 | | 14 | 1 | 1 | | | 42 | 3.0% |
| 皮膚疾患(アトピー以外) | | | | | | | | | | | | | | | | | | | | | | | | | 1 | | 8 | | | 9 | 0.7% |
| 熱性けいれん | | | | 2 | 3 | | 1 | | | | | | | | | | | | | | | | | | | | | 1 | | 7 | 0.5% |
| 甲状腺疾患 | | 1 | | | 1 | | | | | 1 | 2 | | | | | | | | | | | | 2 | | | | | | | 7 | 0.5% |
| 肥満 | 20 | 11 | 2 | | | | 3 | | 1 | | 1 | 3 | | 1 | | 4 | 2 | | | | | 2 | 1 | | | | 1 | | 2 | 52 | 3.8% |
| 精神疾患 | | | 2 | | 1 | | | | 5 | 10 | | 6 | | | 2 | | | | | | 1 | 1 | | 1 | 2 | | 1 | | | 32 | 2.3% |
| 兎唇・口蓋裂・他軟口蓋疾患 | | 1 | 1 | | | | | | | | | | | | | | | | | | | | 2 | | | | | | | 4 | 0.3% |
| 脊柱側湾症 | | | | | | | 1 | | | | | | | | | | | | | | 1 | | | | | | | | | 2 | 0.1% |
| 結核 | | | | | | | 4 | | | | | | | | | | | | | | | 14 | 3 | | | | | | | 21 | 1.5% |
| 精神発達遅滞(MR.知的障害) | | | | | 7 | 2 | | | | | | | | | | | | | | | 1 | | 2 | 7 | | | 6 | | | 25 | 1.8% |
| 身体虚弱 | | | | | | | | | | | | | | | | | | | | | | | 24 | 1 | 20 | | 2 | 1 | | 48 | 3.5% |
| その他 | 9 | 12 | 3 | 8 | 19 | 5 | 9 | 8 | 8 | 12 | 2 | 3 | 4 | 5 | 3 | 19 | 3 | 5 | | 7 | 4 | 5 | 13 | 6 | 1 | 3 | 16 | 6 | 1 | 198 | 14.3% |
| 病気、疾患を持つ児童の合計 | 32 | 71 | 20 | 27 | 76 | 24 | 67 | 24 | 31 | 48 | 30 | 13 | 13 | 17 | 8 | 48 | 12 | 30 | 1 | 28 | 24 | 71 | 63 | 26 | 58 | 33 | 47 | 12 | 19 | 954 | 69.1% |
| | | | | | | | | | | | | | | | | | | | | | | | | | | | | | | | |
| 要養護(被虐待含む) | 8 | 5 | 4 | 23 | 8 | 7 | 57 | | 14 | 5 | | 10 | 25 | 13 | 21 | 28 | 58 | 28 | 29 | 9 | 14 | | | 3 | | 29 | 3 | 19 | 6 | 426 | 30.9% |
| | | | | | | | | | | | | | | | | | | | | | | | | | | | | | | | |
| 定員 | 64 | 80 | 60 | 50 | 100 | 33 | 145 | 27 | 50 | 60 | 30 | 30 | 40 | 30 | 40 | 100 | 70 | 60 | 30 | 40 | 50 | 70 | 90 | 30 | 60 | 70 | 50 | 50 | 50 | 1609 | |
| 入所児童数 | 40 | 76 | 24 | 50 | 84 | 31 | 124 | 24 | 45 | 53 | 30 | 23 | 38 | 30 | 29 | 76 | 70 | 58 | 30 | 37 | 38 | 71 | 63 | 29 | 58 | 62 | 50 | 31 | 25 | 1380 | |
| 入所率 | 63% | 95% | 40% | 100% | 84% | 94% | 86% | 89% | 90% | 88% | 100% | 77% | 95% | 100% | 73% | 76% | 100% | 97% | 100% | 93% | 76% | 101% | 70% | 97% | 97% | 89% | 100% | 62% | 50% | 86% | |

※施設番号は【基本データ】の施設番号に一致する

# 表１　②児童養護施設　病種別児童数調査表

平成15年3月1日

| 病種＼施設番号 | 1 | 2 | 3 | 4 | 5 | 6 | 7 | 8 | 9 | 10 | 11 | 12 | 13 | 14 | 15 | 16 | 17 | 18 | 19 | 20 | 21 | 22 | 23 | 24 | 25 | 26 | 27 | 28 | 29 | 合計 | 入所児童数に占める割合 |
|---|---|---|---|---|---|---|---|---|---|---|---|---|---|---|---|---|---|---|---|---|---|---|---|---|---|---|---|---|---|---|---|
| 気管支喘息・アレルギー・アトピー | 5 | 20 | 4 | 6 | 20 | 6 | 21 | 4 | 16 | 7 | 25 | 5 | 11 | 3 | 1 |  | 6 | 12 |  | 5 | 11 | 30 | 8 |  | 12 | 21 | 3 |  | 7 | 262 | 16.9% |
| てんかん・脳疾患 | 1 | 14 | 2 | 1 | 1 | 3 | 19 | 5 | 2 | 8 | 1 |  |  | 4 | 1 |  |  |  |  |  | 1 | 2 |  |  | 2 | 2 | 2 |  | 3 | 71 | 4.6% |
| 心臓疾患 |  | 2 | 1 |  | 7 |  | 1 | 1 | 1 | 3 |  |  | 2 | 1 | 1 |  | 1 |  |  | 1 | 1 | 2 | 1 | 2 | 2 | 2 |  |  | 1 | 32 | 2.1% |
| 肺疾患 |  |  |  |  |  |  |  |  |  |  |  |  |  |  |  |  |  |  |  |  |  |  |  |  |  |  |  |  |  | 0 | 0.0% |
| 腎疾患 |  | 1 |  | 1 | 4 |  |  | 2 |  | 2 |  |  |  |  |  |  |  | 1 |  |  | 1 | 2 |  |  | 1 | 2 |  |  |  | 17 | 1.1% |
| 肝疾患 |  |  |  |  |  | 2 |  |  | 1 |  |  |  |  |  |  |  |  |  |  | 1 |  | 2 |  | 1 |  |  |  |  |  | 7 | 0.5% |
| 低身長・小人症・発達障害・発育不良 | 1 | 5 | 1 | 1 | 3 |  | 3 |  |  |  |  |  |  | 1 |  |  |  | 2 |  | 2 |  | 5 |  | 3 | 2 |  |  |  |  | 29 | 1.9% |
| 耳鼻科疾患 | 1 |  |  |  | 5 |  | 3 | 2 |  | 2 | 2 |  |  |  | 1 |  | 1 | 4 |  |  | 3 | 1 |  |  | 1 | 1 | 2 |  | 2 | 29 | 1.9% |
| 眼科疾患 |  | 1 | 3 | 2 |  | 4 | 1 | 4 | 2 | 3 |  |  |  | 2 |  |  | 3 | 1 |  | 1 | 3 |  |  |  | 1 | 2 | 3 | 2 | 7 | 38 | 2.4% |
| 心身症 |  | 1 |  |  |  |  |  |  |  |  |  |  |  | 1 |  |  |  |  |  |  | 1 | 6 |  |  | 15 | 2 | 1 |  |  | 27 | 1.7% |
| 皮膚疾患（アトピー以外） |  |  |  |  |  |  | 1 |  |  |  |  |  |  |  |  |  |  | 3 |  |  |  |  |  |  |  |  | 2 |  |  | 6 | 0.4% |
| 熱性けいれん |  |  |  | 2 |  |  | 2 |  |  |  |  |  |  |  |  |  |  |  |  |  |  |  |  |  |  |  | 1 |  |  | 5 | 0.3% |
| 甲状腺疾患 |  |  |  |  | 1 |  |  |  |  | 1 |  |  |  |  |  |  |  |  |  |  |  |  |  |  |  |  |  |  | 1 | 2 | 0.1% |
| 肥満 | 5 | 4 |  |  |  |  | 5 |  | 1 | 1 |  | 1 |  | 1 |  |  | 1 |  |  |  |  | 2 |  |  |  |  | 2 | 1 |  | 24 | 1.5% |
| 精神疾患 |  |  |  | 1 |  |  | 2 |  | 3 |  |  | 3 |  |  | 2 | 2 |  | 3 |  |  | 2 |  | 1 |  |  |  | 3 |  |  | 22 | 1.4% |
| 兎唇・口蓋裂・他軟口蓋疾患 |  | 1 | 1 |  |  |  |  |  |  |  |  |  |  |  |  |  |  | 1 |  |  |  | 1 | 3 |  |  |  |  |  |  | 7 | 0.5% |
| 脊柱側湾症 |  |  |  |  |  |  |  |  |  |  |  |  |  |  | 1 |  |  |  |  |  |  |  |  |  |  |  |  |  |  | 1 | 0.1% |
| 結核 |  |  |  |  |  |  | 3 |  |  |  |  |  |  |  |  |  |  |  |  |  |  | 8 |  |  |  |  |  |  |  | 11 | 0.7% |
| 精神発達遅滞（MR.知的障害） |  |  |  |  | 8 | 4 |  | 2 | 1 |  |  |  | 2 |  |  |  |  |  |  |  | 2 | 3 |  | 7 |  |  | 3 |  | 1 | 32 | 2.1% |
| 身体虚弱 |  |  |  |  |  | 1 |  |  |  |  |  | 2 |  |  |  | 26 |  |  |  |  |  |  | 16 |  | 18 |  |  | 2 |  | 65 | 4.2% |
| その他 | 14 | 8 | 6 | 11 | 16 | 4 | 6 | 14 | 5 | 9 | 2 | 4 | 2 | 3 | 3 |  |  | 3 |  | 4 | 2 | 3 | 2 | 10 | 5 | 5 | 13 |  | 4 | 154 | 9.9% |
| 病気、疾患を持つ児童の合計 | 27 | 57 | 18 | 25 | 65 | 24 | 67 | 34 | 32 | 36 | 30 | 15 | 17 | 16 | 10 | 28 | 12 | 30 | 0 | 14 | 27 | 67 | 31 | 23 | 59 | 37 | 35 | 5 | 26 | 841 | 54.1% |
|  |  |  |  |  |  |  |  |  |  |  |  |  |  |  |  |  |  |  |  |  |  |  |  |  |  |  |  |  |  |  |  |
| 要養護（被虐待含む） | 13 | 19 | 33 | 25 | 31 | 9 | 84 |  | 15 | 22 |  | 15 | 22 | 12 | 21 | 53 | 58 | 30 | 41 | 26 | 16 | 14 | 56 | 7 |  | 33 | 5 | 38 | 15 | 713 | 45.9% |
|  |  |  |  |  |  |  |  |  |  |  |  |  |  |  |  |  |  |  |  |  |  |  |  |  |  |  |  |  |  |  |  |
| 定　員 | 64 | 80 | 60 | 50 | 100 | 33 | 152 | 37 | 50 | 60 | 30 | 30 | 40 | 30 | 40 | 100 | 70 | 60 | 41 | 40 | 50 | 77 | 90 | 30 | 60 | 70 | 40 | 50 | 45 | 1634 |  |
| 入所児童数 | 40 | 76 | 51 | 50 | 96 | 33 | 151 | 34 | 47 | 58 | 30 | 30 | 39 | 28 | 31 | 81 | 70 | 60 | 41 | 40 | 43 | 81 | 87 | 30 | 59 | 70 | 40 | 43 | 41 | 1554 |  |
| 入 所 率 | 63% | 95% | 85% | 100% | 96% | 100% | 99% | 92% | 94% | 97% | 100% | 100% | 98% | 93% | 78% | 81% | 100% | 100% | 100% | 100% | 86% | 105% | 97% | 100% | 98% | 100% | 100% | 86% | 91% | 95% |  |

※施設番号は【基本データ】の施設番号に一致する

## <全国・さわうちまるごと児童擁護施設>参加者

8月18日現在

| 施設名 | 参加児童名 | 性別 | 学年 | 17 | 18 | 19 | 20 | 21 | 22 | 23 | 24 | 25 | 26 | 27 | 28 | 29 | 30 | 31 | 引率者の動向※敬称略 | |
|---|---|---|---|---|---|---|---|---|---|---|---|---|---|---|---|---|---|---|---|---|
| | | | | 日 | 月 | 火 | 水 | 木 | 金 | 土 | 日 | 月 | 火 | 水 | 木 | 金 | 土 | 日 | | |
| A施設(神奈川) | N.Y | 男 | 中3 | | 清吉稲荷 | 自然探索 | 農家A・農家B | フリー | | | | | | | | | | | 引率:あり<br>事業参加:する<br>施設長:H.T<br>指導員:N.H<br>保育士:Y.T<br>保育士:O.K | 場所:JRほっとゆだ駅<br>日時:8/18 13:00 |
| | O.R | 男 | 中2 | | | | | | | | | | | | | | | | | |
| | S.M | 女 | 中2 | | | | | | | | | | | | | | | | | |
| | K.K | 男 | 中1 | | | | | | | | | | | | | | | | | |
| | S.Y | 女 | 中1 | | | | | | | | | | | | | | | | | |
| | A.Y | 女 | 中1 | | | | | | | | | | | | | | | | | |
| | K.M | 男 | 小6 | | | | | | | | | | | | | | | | | |
| | H.M | 女 | 小6 | | | | | | | | | | | | | | | | | |
| B施設(神奈川) | K.Y | 男 | 中3 | | | | | | | | 清吉稲荷 | 押花 | 農家A | フリー | | | | | 引率:あり<br>事業参加:しない<br>指導員:Y.N | 場所:JRほっとゆだ駅<br>日時:8/24 11:23 |
| | Y.A | 女 | 中3 | | | | | | | | | | | | | | | | | |
| | Y.K | 男 | 中2 | | | | | | | | | | | | | | | | | |
| C施設(神奈川) | I.K | 男 | 中1 | | 清吉稲荷 | 自然探索 | 川遊び | 押花 | 農家A | 籐細工 | フリー | | | | | | | | 引率:あり<br>事業参加:しない<br>指導員:S.M | 場所:新幹線北上駅改札口<br>日時:8/18 14:30<br>(列車は14:08着) |
| | K.H | 男 | 小6 | | | | | | | | | | | | | | | | | |
| | M.M | 女 | 小6 | | | | | | | | | | | | | | | | | |
| D施設(神奈川) | W.A | 男 | 中2 | | | 清吉 | 川遊び | 押花 | 農家A | 籐細工 | 自然 | フリー | | | | | | | 引率:なし<br>事業参加:しない | 場所:新幹線北上駅改札口<br>日時:8/19 14:22<br>(やまびこ51号) |
| E施設(神奈川) | I.Y | 男 | 中2 | | | | | | | | | | | 清吉稲荷 | 農家A／B | 自然探索 | フリー | | 引率:あり<br>事業参加:する<br>指導員:K.S | 場所:新幹線北上駅改札口<br>日時:8/27 12:33<br>(やまびこ37号) |
| | E.K | 男 | 中2 | | | | | | | | | | | | | | | | | |
| | K.T | 女 | 中1 | | | | | | | | | | | | | | | | | |
| | E.M | 女 | 中1 | | | | | | | | | | | | | | | | | |
| | T.A | 男 | 中1 | | | | | | | | | | | | | | | | | |
| | S.T | 男 | 小6 | | | | | | | | | | | | | | | | | |
| | T.K | 男 | 小6 | | | | | | | | | | | | | | | | | |
| F施設(東京) | H.R | 男 | 中3 | | | | | | | | | | 清吉稲荷 | 自然探索 | フリー | | | | 引率:あり<br>事業参加:する<br>指導員:K.D | 場所:新幹線北上駅改札口<br>日時:8/26 13:00 |
| | Y.N | 男 | 中2 | | | | | | | | | | | | | | | | | |
| | K.N | 男 | 小6 | | | | | | | | | | | | | | | | | |
| | Y.M | 男 | 小6 | | | | | | | | | | | | | | | | | |
| | K.M | 男 | 小5 | | | | | | | | | | | | | | | | | |
| | H.S | 男 | 小5 | | | | | | | | | | | | | | | | | |
| G施設(千葉) | T.T | 女 | 高1 | ① | 清吉 | 自然 | 川 | 押花 | 農B | フリー | | | | | | | | | 引率:なし<br>事業参加:しない | 場所:新幹線北上駅改札口<br>日時:①8/18 14:51<br>②8/20 14:51<br>③8/22 14:51<br>④8/23 14:51<br>(やまびこ51号) |
| | T.Y | 女 | 高1 | | | ② | 清吉 | 押花 | 農B | 籐 | フリー | | | | | | | | | |
| | M.H | 女 | 中2 | | | | | ③ | 清吉 | 籐 | 自然 | 押花 | フリー | | | | | | | |
| | K.R | 男 | 中3 | | | | | | ④ | 清吉 | 自然 | 押花 | 農A | フリー | | | | | | |

※帰りは主催者が北上駅まで送ります。
やまびこ52号(北上駅10:35発、東京駅14:00着)を利用

### スタッフの動向

| 所属 | 氏名※敬称略 | 備考 | 17 | 18 | 19 | 20 | 21 | 22 | 23 | 24 | 25 | 26 | 27 | 28 | 29 | 30 | 31 | 役割/担当 | ボランティア在村期間 |
|---|---|---|---|---|---|---|---|---|---|---|---|---|---|---|---|---|---|---|---|
| | | | 日 | 月 | 火 | 水 | 木 | 金 | 土 | 日 | 月 | 火 | 水 | 木 | 金 | 土 | 日 | | |
| みちのくみどり学園 | 藤澤《ふじさわ》 昇《のぼる》 | 園長 | | 北上迎え | 北上迎え | 北上迎え | | 北上迎え | 北上送り-迎え | 北上送り | | 北上送り-迎え | 北上送り-迎え | 北上送り | | 北上送り | | 総務全般 | |
| | 高橋《たかはし》 伸広《のぶひろ》 | 児童指導員 | | | 自然 | 農A | | 農A | 篠 | 自然 | | 農A | 自然 | 農A | 自然 | | | プログラム担当 | |
| | 藤井《ふじい》 沙苗《さなえ》 | 心理担当職員 | | 北上迎え | 北上迎え | 北上迎え | | 北上迎え | 北上送り-迎え | 北上送り | | 北上送り-迎え | 北上送り-迎え | 北上送り | | 北上送り | | 女子児童担当 | |
| | 鈴木《すずき》 泰憲《やすのり》 | 調理師 | | | | 川 | | | | | | | | | | | | 調理全般 | |
| 沢内村子育て支援会議 | 高橋《たかはし》 典成《のりしげ》 | ワークステーション事務長 | | | | | 送迎 | | | 送迎 | | | | | | | | 伊藤さん、石黒さんの送迎 | |
| | 高橋《たかはし》 千賀子《ちかこ》 | 事務局 | | | | | 押花 | | | | 押花 | | | | | | | 押花<br>その他担当 | |
| | 増田《ますだ》 洋《ひろし》 | 森っ子の会 | | | 自然 | 川 | 押花 | | | 自然 | 押花 | | 自然 | | 自然 | | | 自然探索<br>その他担当 | |
| 湯田町社会福祉協議会 | 高橋《たかはし》 純一《じゅんいち》 | 事務局長 | | ゆだ迎え | | | | | | ゆだ迎え | | | | | | | | ほっとゆだ駅出迎え担当 | |
| ボランティア | 伊藤《いとう》 順子《じゅんこ》 | 日本社会福祉大学大学院 | | | | | | 農A | 篠 | | | | | | | | | プログラム担当 | 8月21日から24日まで |
| | 石黒《いしぐろ》 景子《けいこ》 | 日本社会福祉大学大学院 | | | | | | 農B | 篠 | | | | | | | | | プログラム担当 | 8月21日から24日まで |
| | 青木《あおき》 一郎《いちろう》 | 花園大学大学院 | | | | 農B | 押花 | | 篠 | 自然 | | | | | | | | プログラム担当 | 8月18日から |
| | 兎沢《とざわ》 聖《あきら》 | 岩手県立大学大学院 | | | 自然 | 農B | | 農B | | 自然 | | 農A | 自然 | 農B | 自然 | | | プログラムおよび事務担当 | 8月18日から30日まで |
| | 島田《しまだ》 真悠子《まゆこ》 | 岩手県立大学 | | | | | | 農B | | 自然 | | | | | | | | プログラム担当 | 8月22日から25日 |
| | 本多《ほんた》 恭子《きょうこ》 | 岩手県立大学 | | | | | | | | | | | | 農B | 自然 | | | プログラム担当 | 8月28日から30日 |
| | 刈屋《かりや》 あい子《こ》 | 岩手県立大学 | | | | | | | | | | | | 農B | 自然 | | | プログラム担当 | 8月28日から30日 |
| | 小野寺《おのでら》 麗子《れいこ》 | 岩手県立大学 | | | | | | | | | 押花 | 農A | 自然 | | | | | プログラム担当 | 8月25日から27日 |
| | 羽沢《はねざわ》 真理子《まりこ》 | 岩手県立大学 | | | | | | | | | 押花 | 農A | 自然 | | | | | プログラム担当 | 8月25日から27日 |
| | 松崎《まつざき》 えり子《こ》 | 岩手県立大学 | | | | | | | | | | | 自然 | 農A | 自然 | | | プログラム担当 | 8月27日から29日 |
| | 多田《ただ》 真由子《まゆこ》 | 岩手県立大学 | | | | | | | | | | | 自然 | 農A | 自然 | | | プログラム担当 | 8月27日から29日 |
| | 垣内《かきうち》 伸隆《のぶたか》 | 明星大学 | | | | 川 | | | | | | | | | | | | 調理補佐 | 8月17日から30日 |
| | 星川《ほしかわ》 祐貴子《ゆうきこ》 | 盛岡医療福祉専門学校 | | 清掃 | 自然 | 川 | | | | | | | | | | | | 清掃およびプログラム担当 | 8月18日から20日 |
| | 松崎《まつざき》 瞳《ひとみ》 | 盛岡医療福祉専門学校 | | 清掃 | 自然 | 川 | | | | | | | | | | | | 清掃およびプログラム担当 | 8月18日から20日 |
| | 松坂《まつざか》 百合子《ゆりこ》 | 盛岡医療福祉専門学校 | | 清掃 | 自然 | 川 | | | | | | | | | | | | 清掃およびプログラム担当 | 8月18日から20日 |
| | 高橋《たかはし》 真由子《まゆこ》 | 盛岡医療福祉専門学校 | | 清掃 | 自然 | 川 | | | | | | | | | | | | 清掃およびプログラム担当 | 8月18日から20日 |
| | 斎藤《さいとう》 志帆子《しほこ》 | 盛岡医療福祉専門学校 | | 清掃 | 自然 | 川 | 清掃 | | | | | | | | | | | 清掃およびプログラム担当 | 8月18日から21日 |
| | 佐藤《さとう》 雅子《まさこ》 | 盛岡医療福祉専門学校 | | 清掃 | 自然 | 川 | 清掃 | | | | | | | | | | | 清掃およびプログラム担当 | 8月18日から21日 |
| | 田村《たむら》 志保《しほ》 | 盛岡医療福祉専門学校 | | | | 川 | 清掃 | | | | | | | | | | | 清掃およびプログラム担当 | 8月20日から22日 |
| | 釜石《かまいし》 真夕子《まゆこ》 | 盛岡医療福祉専門学校 | | 清掃 | 自然 | 川 | | | | | | | | | | | | 清掃およびプログラム担当 | 8月18日から20日 |
| | 岩沢《いわさわ》 元気《げんき》 | 盛岡医療福祉専門学校 | | 清掃 | 自然 | 川 | | | | | | | | | | | | 清掃およびプログラム担当 | 8月18日から20日 |
| | 升沢《ますざわ》 太一《たいち》 | 盛岡医療福祉専門学校 | | 清掃 | 自然 | 川 | | | | | | | | | | | | 清掃およびプログラム担当 | 8月18日から20日 |
| | 関《せき》 脩《しゅう》 | 盛岡医療福祉専門学校 | | 清掃 | 自然 | 川 | 清掃 | | | | | | | | | | | 清掃およびプログラム担当 | 8月19日から21日 |
| | 赤渕《あかぶち》 優実《ゆみ》 | 盛岡医療福祉専門学校 | | 清掃 | 自然 | 川 | 清掃 | | | | | | | | | | | 清掃およびプログラム担当 | 8月18日から21日 |
| | 上沢《かみさわ》 早奈枝《さなえ》 | 盛岡医療福祉専門学校 | | 清掃 | 自然 | 川 | 清掃 | | | | | | | | | | | 清掃およびプログラム担当 | 8月18日から21日 |
| | 佐野《さの》 千尋《ちひろ》 | 盛岡医療福祉専門学校 | | | 自然 | 川 | 清掃 | | | | | | | | | | | 清掃およびプログラム担当 | 8月19日から21日 |
| | 阿部《あべ》 将史《まさし》 | 盛岡医療福祉専門学校 | | 清掃 | 自然 | 川 | | | | | | | | | | | | 清掃およびプログラム担当 | 8月18日から20日 |
| | 川畑《かわはた》 澄《きよし》 | 盛岡医療福祉専門学校 | | 清掃 | 自然 | 川 | | | | | | | | | | | | 清掃およびプログラム担当 | 8月18日から20日 |

# 循環する福祉を求めて

## ――青少年自立援助ホーム・セルフサポートセンター東樹一〇年間の実践から

龍尾　和幸

### 1　はじめに

「青少年自立援助ホーム・セルフサポートセンター東樹」は開設以来、今年で一〇年目を迎える社会福祉法人・平安養育院のグループホームである。当ホームは児童福祉法には一九九七年に「児童自立生活援助事業」として第二種に位置付けられ、通称「自立援助ホーム」と呼ばれている。しかし、京都市では対象が青少年であることを明確にするため「青少年自立援助ホーム」と称している。

「自立援助ホーム」は、義務教育や高校を終了後、或いは高校中退後、社会的自立に苦しんでいる一五歳から二〇歳までの青少年のためのホームである。不登校から引きこもりになった児童、虐待を受けた児童、教育機関にも在籍せず無職の状態の児童、或いは、児童養護施設、児童自立支援施設、情緒障害児短期治療施設等の児童福祉施設出身の児童、試験観察の少年等々、様々な体験をもった児童達がいる。ホームで生活する児童は、原則として就労し、ホームで起居しながら通勤する。なかには仕事を終えた後、定時制に通学している児童もいる。

「自立援助ホーム」は現時点では日本に二三ヵ所がある。東京都の八ヵ所をはじめとし、その他の一五ヵ所が北は仙台から南は沖縄までに散在している。因みに近畿地方には、京都と大阪に計三ヵ所在るが社会福祉法人の運営は当ホームだけである。財源は国及び都道府県や市の補助金と法人の財源、そして少年の利用料で成り立っている。少年は職場からの給料より利用料を払う。利用料の額はホームによって若干異なっているが、平均的に月三〇、〇〇〇円である。

## 2　天秤に掛けられた苦しみ

私は大学時代から児童養護施設「平安養育院」に二二年間勤務し、その後、「東樹」の創設に関わり、以来一〇年が経たった。児童福祉の仕事に従事し、通算三二年目である。

私が福祉の仕事を目指す直接の動機は、一七歳の時に工場で事故を起こし、右手首から切断したことによる。私は三ヵ月間の入院生活で「苦しみとは何か」、「生きるとは何か」、「障害とは何か」について、否応なく考えさせられることとなった。

しかし、振り返れば中学一年の時、叔父の自殺、父の病死、更に翌年の中学二年では、兄の交通事故死と出会っていた。小学校の時から貧乏に喘ぎ、母一人子一人になった自分が選択した道は、中卒後就労し母を経済的に助ける事であった。しかし、担任の教師とクラスの仲間から授業中に中卒就労を笑われ、顔から火が出るかと思うほどの屈辱を受けた。

一人の人間としての命を否定され、「弱きものを助ける」価値観をも、教育によって否定された。その上に追い打ちをかけるような右手の切断であった。

手術後一週間も経つと職場の先輩や仲間が見舞いに来て口々に言った。「世の中には両手のない人もいる。お前は左手があるではないか」。「世の中には両足のない人もいる。負けるな頑張れ」。私は頑張れないから苦しいのではなく、頑張る方法が分からないから苦しかった。苦しみとはその人にとって絶対的なものであり、固有のものである。そして、「左手で字を上手に書くにはどうすれば良いか」等という苦しみより、その奥に見えた孤独感に震えた。即ち、一七歳の私は障害者になったことで、仲間、いや母親からをも見捨てられるのではないかと思ったのである。

私は右手を失うことで「人間の苦しみは、肉体的なことに増して孤独感の中にある」ということを学んだ。結果的にその体験が私を福祉への道に駆り立てることになった。

私は二二歳から大学に学び、夜は児童養護施設の宿直要員として勤務した。年齢のせいもあったであろうが、昼間の大学の学びに比して児童養護施設の仕事は刺激的であった。当時、業務主任であったK氏は大学に通う私を引き留めて、親鸞の「歎異抄」を繰り返した。「『善人なおもて往生をとぐ、いわんや悪人をや。しかるを、世のひとつねにいわく、悪人なを往生す、いかにいわんや善人をや……』。分かり易く言えば、善人は救われる。しかし、世の中が良くなるためには悪人こそが救われなければならない……と、親鸞は言っている。福祉の仕事も同じことだ。救いやすい人ばかりを救うのではなく、より困難な人が救われなければ福祉とは言えない。君はこの仕事に就いたのだから親鸞の精神を忘れずに仕事をしなさい」。二二歳にして福祉を学ぼうとしていた私には、言い知れない熱い思いに浸った瞬間であった。

またある時は、ご自身の父親のことを語ってくれた。「僧侶であった私の父は、村の青年たちが戦地に赴く時、村の辻に立ち、『青年たちよ、死んではならん。生きて帰れ』と、声を上げた。憲兵たちはその父を非国民として牢屋に放り込む。しかし、父は何度牢屋に放り込まれようと諦めることなく、村の辻に立ち叫び続けた。『青年たちよ、父や母が待っている。死んではならん。生きて帰れ』と……。君もこの福祉の仕事に就いたからには、困難があっても諦めずに生涯やり抜いて欲しい」。私の身体は身震いし、熱いものが頬を伝った。「少しでも親鸞の思いに近づきたい……その為には、諦めずにやり抜こう……」と私は心の中で密かに誓っていた。

## 3　物事を底辺から見る

大学を卒業後、平安養育院の指導員となった私は中学生と高校生の担当を希望した。それは、私が中学卒業の折、高校進学せず就職をすることを、クラスの担任と仲間から授業中に笑われたことが、心の傷として残っていたからに他ならない。養護施設の殆どの子どもたちが中学卒業後、住み込み就職する現実を見て、同時期に同じ苦しみを持った人間として、何かやれることがあるのではないかと思ったからだ。

しかし、制度は措置費の中では高校進学の費用（特別育成費）として公立高校の費用しか保障していなかった。今でこそ、措置費も公立と私立の二本立てになったが。その為、当時は、公立高校に合格し得ない子どもたちは、せいぜい職業訓練校に一年間通学するだけで、多くは住み込み就職するしか方法がなかった。幼き頃から家庭を離れ、充分な愛情の中で育てられないまま養護施設で生活する子どもたちが、十五歳にして厳しい社会に自立を強いられるのである。結果は明らかである。中には遠回りしながらも立派になっていく子どもたちもいるが、多くの子どもたちにとっては現実は厳しい。

住み込み先からとびだして行方が分からなくなったり、周囲の人に騙されて借金にまみれたりする子どもも決して希ではなかった。

勤務して数年間は、この様な現実に疑問を感じ異議を唱えもした。諸先輩や養護施設の研修会で「この現実はどうにかならないのだろうか」と訴えもした。職員たちも同じことで悩み矛盾を感じてはいたがどうにもならず、「制度が悪い」という答えしか得られなかった。やがて気がついたときには、「成績の良い子は施設に残して公立高校に、成績の悪い子は住み込み就職へ」と、私自身が権力者となって進路指導をおこなっていた。しかし、三〇歳を目前にした頃であろうか、学生時代にK氏が何時も何時も語ってくれた、親鸞の「歎異抄」が甦ってきた。

「一体、俺は何をしているのであろうか。俺はK先生から『救いやすい人ばかりを救うのではなく、より困難な人が救われなければ福祉とは言えない』と教えられ、涙を流すほど感動したのではなかったか。福祉の仕事にきて良かったと思いながら身を震わせたではないのか。なのに……俺の今やっていることは、制度を口実にして優秀な子は救い、そうでない子は社会に放り出すということをやっている。あの時の感動は何だったのか。中卒を笑われ、右手を失ってまで福祉の仕事に就いた意味は何だったのか。中卒して働くことの苦しさは誰あろう、俺自身が一番分かっていることなのではないのか。なのに今では、職員という立場でその苦しみを知らぬ振りして就職させている。高校に進学できる子どもの指導は他の職員でもやる。俺にしかできない福祉は、十五歳にして住み込み就労し、なお社会で苦しんでいる子どもたちを支える仕事ではないのか。そうだ、この様な子どもたちを支える仕事をしよう。そうでないと、このままでは、俺が福祉に就いた意味が失われる」。

学生時代の二二歳から通算七年目にしてやっと辿り着いた、自分自身の福祉の方向であった。右手と引き替えに福祉への道を得た人生であった。

## 4　育ちの場は母親の胎内のように

「東樹」の生活の考え方は循環の視点から捉えている。元々、生活という言葉は「生命活動」を短縮した言葉であるといわれる。「生命活動」は、「生命力」と「生活力」の二つの言葉から成り立っている。従来の福祉や教育で使われている「生活指導」とは、身辺の整理や身だしなみ、そして金銭の管理、等々の指導に使われている。それらは厳密に言えば「生活指導」ではなく「生活力の指導」に他ならない。

人が生きていくうえで最も大切なものは「生命力」で、これは指導しうるものではない。人は「生命力」なくしては生きていけない。生命は内から外に向けられて循環している。この点から言えば「生命力」が内側のもので、「生活力」は外側のスキルである。従って、生活の中でクライエントの「生命力」を育むことが尊ばれ、その生命力のエネルギーが「生活力」へと伝達され、サイクルが果たされるようになる。

様々な体験を持ち、苦しい状態にある少年達は、現象面では「生活力」に問題を散見するが、最も支えられなければならないのは「生命力」である。それは、彼等が育ってきた家庭や今まで生きてきた社会の中で、自らの命の肯定感を持ち得ないからである。自らの命の肯定感を持ち得ない……とは、「わたしは孤独である」ということである。人は孤独では生きていけないのである。

東樹は「育ちの場は母親の胎内のように」を生活の理念としている。人が生命を得、そして「生命力」が育まれた原点は母親の胎内だからである。子どもは苦しい状況になると、「母親の胎内に戻りたい……」と思うことがある。老人でも死を目前にして、「今一度、母の胸に抱かれたかった……」と呟くときがあると聞く。それは現状の孤独感から解放されたいからに他ならない。

わたしは、家庭は「第二の胎内」であり、自立は「社会的出産」と考えている。従って、胎内の三大要因である「栄養・子宮・母親」を、家庭の中で「食・場・人」として整えることが重要である。これはナイチンゲールが唱えた、看護の三原則である「栄養・空気（場）・関わり合い（人）・を整える」とも一致する。

もし、胎児が早産の結果、未熟児出産された場合、医療は保育器を用意する。本来子どもは自立するまでは、即ち社会的出産が成されるまでは、家庭で育つことが好ましい。しかし何らかの事情により、子どもが入所型の福祉施設を利用しなければならないときがある。それはある意味では、第二の胎内としての家庭からの未熟児出産と考えられる。その意味からすれば、福祉施設は子どもにとって社会的保育器となる。これは未熟児保育の三原則の「栄養・感染防止（場）・保温（人）」と符合する。

従って、福祉施設が生活の中で最も大切に成さなければいけないことは「食・場・人」を整えることであり、福祉施設の職員が専門性とし、向き合わなくてはならないのは「クライエントの孤独感」である。傷ついた心は、自分の命を大きく包み見守ってくれる大きな愛をもった人の存在によって癒される。

大人であろうと子どもであろうと、苦しみの渦中にある状態とは「孤高のマウンドの投手」のようなものである。親は生涯、親の役からは降りることは出来ないし、子どももどんなに苦しくとも、自分自身から降りることは出来ない。他に代わりはいないのである。

どんな子どもにも良い点があり、内に「立派に生きていきたい」という気持ちを秘めていることを忘れてはいけない。子どもの可能性を信じて子どもの心に耳を澄ますことである。そして「よし俺は生きていくぞ!」という主体的態度になるように待つことである。

そのためには子どもに何時も寄り添う姿勢が求められる。それは労働意識を越えた、人間同志としての関係のなかにこそ育まれるものである。

### 5　循環する「東樹」のサポートシステム

近年、福祉研修団が欧米の福祉研修を行い、文化的、宗教的土壌の違う欧米の福祉を日本に輸入しようと務めてきた。しかし、本来輸入すべき物は「ソフト」である筈なのに、ハードの輸入に頼ってきたため日本の文化の土壌に充分に根付かないのが現状である。

本来、日本には「輪廻転生」、「因果応報」等々を礎にした、東洋の佛教的世界観があり、それが日本の文化の底辺となっている。「輪廻転生」は自然を尊重し、あらゆる物は循環すると考えている。自然界は循環するように仕組まれており、「自然は円い」と言い変えることが出来る。しかし、人工的な物の多くは逆に一直線であったり四角い形で存在する。従って、人工的な物は自然界に残留し、自然を破壊する物となっている。このことはハードだけに関わらず、ソフトもこれまでに作られてきた人工的な物は自然界に馴染みにくいものになっているといえる。

**図1　現状の措置システム**

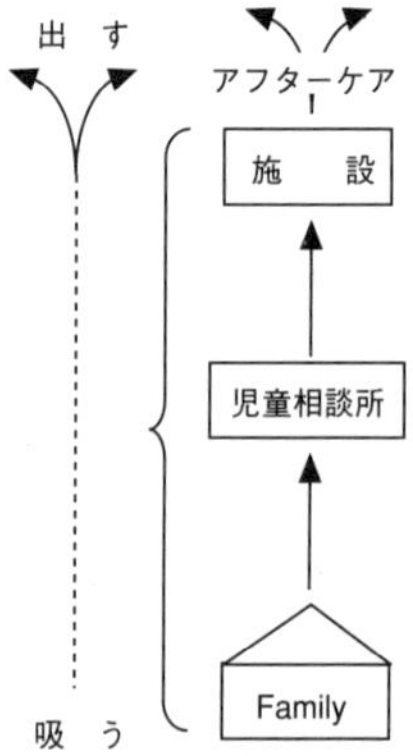


本来、福祉は利用する人の側にあり、行政等のサービス機関は利用する人に使い勝手の良い形でサービスを提供する方がよい。その意味から福祉サービスは人工的な物であっても、循環する物として仕組まれるはずである。しかし、日本の福祉の形態は与えられる一方通行の福祉であり、直線的な福祉となっている。例えば、児童相談所から児童福祉施設への措置などのシステム（入所―退所）はよい例である。従って、各福祉施設の事業の内容も、「施設と利用者」、「施設と地域」との関係それぞれが、一方的で直線的な形態の域を出ないものになってしまった（図1・現在の措置システム）。

そこでわたしたちは、「循環」の視点から「東樹」のシステムを考えている。即ち、福祉施設が地域で敷居の高い社会資源として存在するのでなく、利用者や地域住民の側に立って福祉施設の持てる機能を余すところなく提供することである。それは、福祉施設が地域からの利用を待つばかりでなく、地域の中で苦しい立場にあるにもかかわらず、福祉施設の利用に至っていない人を求めて地域に踏み出していく姿勢である。循環とは、吸い込むことではなく、前に押し出すエネルギーによって成立する。即ち、福祉施設の前へ出るエネルギーが利用者や地域住民へ向けられ、そのエネルギーが福祉施設と利用者や地域住民との信頼関係のエネルギーとなって福祉施設へ向けられる。その結果、福祉施設と利用者や地域住民との信頼関係のエネルギーは、相互間で循環し関係が発展していくと考えている。

「東樹」を利用したいと思っている児童の中には、何れ二～三年後には就労はしたいと考えているが、今は就労出来ない児童が多数いる。或いは、大検の予備校に通いたい等、自分の進路に迷い、相応しい進路選択に決心が付かないまま適切な相談場所を見いだせなずに引きこもっている児童もいる。そのような児童達は、従来の児童相談所の措置に見るような、入所か在宅指導の二者択一の援助体制では救われない。児童や家族の現状に応じた援助の方法を用意しなければ、福祉施設が利用者のものにならない。

そこで「東樹」は、生活利用（入所）に至る段階までに、プリケアーサポートと称して、デイケアー（通所）と保護者へのカウンセリング、そしてティータイム講演会を用意している。生活利用終了後（退所）はコミュニティーサポートとして、生活と食のサポートを行っている。

## 6　利用の形

・生活利用　（入所）―　対象は男子　定員七名　個室
概ね一年間とするが必要に応じて配慮する。

### ◎　プリケアサポート

・デイケアー　（通所）―　対象は男女　定員の制限はなし。
人間関係の回復とコミュニケーションの経験を目的とし、個別の対応を行う。週一回で一時間から始め適時回数を増やす。

図２　東樹のサイクルサポートシステム

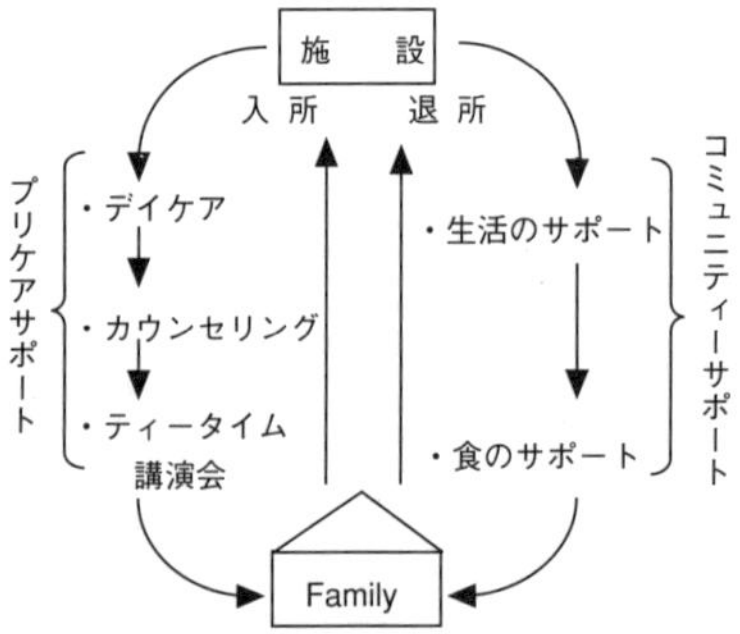


・カウンセリング―　対象は保護者　家族関係の調整
・ティータイム講演会―　対象は地域で子育てに悩む母親（乳児〜思春期）や関係機関の専門家、主任児童委員、民生委員など。地区は京都市内一四区の何れかで毎月一回行う。内容・子育てのお話と座談会及び相談

◎　**コミュニティーサポート**

・生活のサポート―　アパート生活や家庭復帰後の生活支援支援。
・食のサポート　―　児童の希望に応じ弁当及び夕食の支援の継続。

## ７　地域を拓く

近年、虐待の問題がクローズアップされ、児童養護施設では何処も定員が一杯の状況である。それは自立援助ホームも例外ではない。しかし、現在の虐待への対応は問題発生後の対処療法が中心であり、予防の域には及んでいない。

もちろん、地域には幼稚園や保育所を初めとして、公私を問わず「子育て相談」の窓口は増えている。これらは〝地域に開かれた施設〟の制度として行われており、確かにそれは地域における児童虐待の予防に一定の役割を果たしてはいる。しかし、母親たちが其処で相談することは極めて少ない。日々の子育ての悩みは、ささやかな悩みである場合が多く、堅苦しい所では相談しづらいのであろう。本来この様な悩みは、家庭や隣近所の子育ての先輩と雑談しながら解決されてきたものである。

一方、福祉施設の職員も「自立援助ホーム」「児童養護施設」といった制度上の種別に立脚して対人援助を行っている。しかし、地域の人々の生活には種別はない。ましてやノーマライゼーションが叫ばれる時代である。「福祉施設の社会化」も福祉施設職員の種別意識の社会化なくしてあり得ないことである。立脚している足元に種別はあっても、両手で地域の全ての問題に取り組む姿勢が大切なのである。

地域に於ける「子育て相談」で大切なことは、福祉施設の職員が相談を座して待つのではなく、手弁当でも地域に出掛けて、悩む母親たちに耳を傾け、孤立した母親の悩みを掘り起こす姿勢である。地域を開拓する心意気である。福祉施設の「地域に開く」から「地域を拓く」へと、施設自らが姿勢を転換することが児童虐待の予防には不可欠である。

そもそも福祉とは、特定の場所にあったり、特定の人にのみ用意されているものではない。福祉とは、弱い人に用意されているものではなく、人や家庭が弱くなった時のために用意されているものである。福祉は自分の隣にあり、自分が生きているところにある。隣のお年寄り、公園で遊ぶ子ども、学校の中、職場の仲間の中で、自分よりも更に弱い立場の人々と共に生きるとき、そこに福祉がある。

本当の福祉とは、福祉の現場や特定の場所に存在するものではなく、私たち一人ひとりが生きている日常生活の中に存在する。

従って、「施設の地域化」とは、地域の人々の日常生活と呼吸を合わせ、暮らしを共にすることである。しかし、地域は時代の変遷と共に柔軟性が失われ、子どもやお年寄りばかりでなく、大人さえもが生き辛くなってきた。地域社会を人が生き易い大地と成すためには、職員自らが地域に出掛け鍬を振るって其処を耕すことから始まるのではないか。

## 8　原点を見つめる

東樹としては地域での「ティータイム講演会」を初めとし、ミニコンサートや文化的な学びの「サロン・ド・東樹」、異業種交流を目的とした「日曜朝食会」、福祉専門職を対象とした「福祉講座」、「ウェルフェア・ディスカッション・グループ」等々、地域に向けた数多くのプログラムを用意してきた。その地域へ向けた活動は京都市内に留まらず、全国各地の方々の支持を得られるようになった。結果的に地域の方々を初め多くの人が東樹に関心を示し、「東樹は素敵な所だ。私達もあのように心地よい生活をしたいものだ」と、感情移入を得られるようになった。行政も東樹の活動と地域住民の様子に安心感を抱いてくれているようである。

しかし、児童福祉の歴史をひもとけば、一〇〇年以上も前に戦災孤児と取り組んだ、石井十次らの命を賭した活動に行き当たる。日本の福祉は西欧に比して数十年の遅れがあるというものの、今日までの福祉を築いた原点である彼らの熱い思いを忘れてはいけない。原点となった人は僅かな人たちであり、一人の思いなのである。福祉は制度という冷たい法律が支えるのではなく、制度を運用する人が支えることを肝に銘じていなくてはいけない。制度に血を通わせ命を吹き込むのは自分自身の福祉への思いなのである。その思いが強ければ強いほど、制度に頼らずとも自らが果たしていこうという意志を内包している筈である。私達は今日の福祉の礎となった先人へ思いを馳せつつも、後輩達のためにも目の前の問題を切り開き、新たなる福祉の苗を植えなければならない。そのためには今日までの福祉の価値観を超え、新たな福祉を創造する意欲が求められる。私達「東樹」としても現状に満足せず、精神の共同体としての地域福祉と、利用者の側に立ちきった新たな福祉施設を志向していきたいと考えている。

# 母子生活支援施設について

大塚　憲治

## 一　はじめに

母子生活支援施設という聞き慣れない施設名であるが、平成一〇年の児童福祉法一部改正により新たに決められたものであり、それまでは母子寮と呼ばれていた。児童福祉法で定められている施設の中で、唯一、親と共に利用できることや、母子福祉ではなく児童福祉の観点から定められていることもあまり知られていない。

本稿では、母子生活支援施設が必要とされてきた歴史や現状、また、ある施設での取り組みの内容も紹介し、施設の社会的な役割などの理解を深めたいと思う。

## 二　歴史をたどって

日本の児童福祉につながる歴史は、聖徳太子の時代から始まる。貧困からくる捨て子、子殺しなど、見かねた篤志家、それも儒教や仏教の宗教家の慈善活動から始まっている。

母親については、日本的な家族制度、慣習の中に閉じ込められた極めて家族問題でもある。農村社会から封建社会、武士の社会に移行する頃には妻としての女性があり、家の子孫を産み育てるところの母（妻）がいる。現在でも家に嫁ぐといい、「家の女」と書く。また、妻のことを「家内」、「奥さん」と呼ぶ。こうした慣習は日本の女性の位置づけと大きく関わっている。最近の「ジェンダー」といわれる社会的性差の日本的課題でもある。こうした家族制度は、鎌倉時代から始まったとされる。「縁切り寺」と呼ばれる鎌倉の「東慶寺」では、逃げてきた「嫁」が、一定期間隠れて縁を切るといった、今で言うところの「シェルター」の機能を果たしている。江戸時代では「駆け込み寺」といった。

「母子」という概念が出てくるのは昭和になってからである。

## 1　明治・大正期

明治期になり窮民救済施設で混合収容された経緯がある。母子の保護も貧困からの救済として始まっている。元治元年（一八六四）、金沢の小野慈善院が凶作に苦しむ窮民を保護している。また、明治二年（一八六九）九州の日田養育院が児童の収容保護を行うのと並行して母子保護を行っていた。明治七年（一八七四）に日本最初の救貧法として「恤救規則」が制定された。しかし、救済される者の条件には厳しい制限があった。七〇歳以上の年寄りと一三歳以下の子ども、長い間の病気で働く体力のない者、そしてひどい貧乏であること、しかも親戚や地域の助け合いの網の目から零れ落ちた者たちだけであり、「無告の窮民」として救済の対象にした。実際に対処したのは民間の篤志家たちであり慈善事業として困窮母子の保護を行っていった。

明治期や大正期の天災、震災、凶作期においては被害を被った人々はもちろん社会的弱者であった人々にとっては、生死の問題であったことが容易に推測される。

こうした状況に政府が施す以前に、篤志家による慈善保護事業が立ち上がっていく時期でもあった。大正一二年九月の関東大震災では約三四〇万人の罹災があり、震災後に五施設の母子保護施設が設けられている。この時期は不景気が長引き、母子家庭の貧困は特にひどかった。キリスト教信者による事業は、明治期から各地で保育事業や保護救済事業として始まっている。母子の保護においては大正一五年に神戸市で「神戸婦人同情会母子の家」が設立された。

資本主義経済の進展と共に国民の生活も企業労働者へと変化していった。貧困の問題や救済のあり方も社会的・国家的な課題として捉えられ、それまでの慈善事業も社会事業へと変化をしている。

## 2　昭和前期

昭和四年に制定された「救護法」では、貧困の為生活ができない者とされ、①六五歳以上の老衰者、②一三歳以下の幼者、③妊産婦、④不具廃疾・疾病・傷痍その他精神又は身体の障碍により働けない者、さらに幼児居宅救護を受ける条件に、市町村長が保育の必要があると認めた一歳以下の乳児をもつ母について救護する、といった厳しい条件をつけた。

この年はアメリカで起きた大恐慌の年であったので「救護法」の実施は先送りとなった。国民の生活も深刻な影響を受け、母子心中も増加した。「救護法」は方面委員の天皇への上奏請願の力を借りて昭和七年一月に実施された。この頃は満州事変を含む戦時動乱の時期でもある。

昭和九年、婦人団体が「災害地における母子保護に関する請願書」として「凶作地母子の救済」を訴え、①妊娠中の母性の生活保護、②乳児保育中の母性の生活保護、③学童・幼児の給食、④子女の売春禁止、⑤父の死亡・住所不明・離婚・離別になった子どもと母性の保護などを求めた。「母性保護法制定促進婦人連盟」は「母子保護連盟」と改称し法律制定のための運動を起こした。引き続き「母子心中の対策」として「母子扶助に対する法律制定の請願」と「母子ホームに関する請願」を提出した。連盟は東京市に市立の母子ホーム建設も求め、昭和一一年一月、東京市母子ホームが開設された。運動は大阪、京都にも連盟を結成し「母性保護」の機関紙発行や母子相談部の開設、母子ホームの開設などの活動をした。

母子寮という名称が初めて記録に出てくるのは、昭和一一年の「母子保護施設統計」に長崎県の「奥浦村慈恵院」となっている。内務省社会局調査によれば、全国の母子保護施設は四三ヵ所（市営三、法人組織一八、会員組織一二、個人一〇）、収容人員は母四九二人、その子女一〇〇六人、合計一四九八人となっている。

昭和一二年三月、「母子保護法」が可決された。この年、日中戦争が始まった。「母子保護法」ではその保護を受けるための条件が設定されているが、扶助を受ける母及びその子を保護するために必要な施設「母子保護施設」の設置が規定された。母子保護については「国家総動員法」が出された翌年、厚生省が昭和一四年「母子保護施設標準」を定め、母子保護の給付限度額などを引き上げた。

昭和一六年一二月、太平洋戦争勃発。これ以降、母性は「結婚報国」、「子宝部隊」とし軍人を産み育てるためのものとなった。国民の生活は軍事政策中心となる。この年、厚生省人口局は、児童保護の対象を、①軍人の児童、②労働婦人の児童及び就労児童、③一般母性及び乳児、④多子家庭、⑤不良児童に限定した。国家管理の下に軍事援護事業が行われ、軍事保護院は遺族家族援護事業として市町村に婦人相談員を置き、道府県に遺族家族指導嘱託員を置いた。戦争が長期化し恩賜財団軍人援護会の活動も活発になる。戦没者寡婦対策が進んだ。一般母子寮は、母子保護法により設置されたが、この時期は軍事扶助法による軍人遺族母子寮が多く設置された。

昭和二〇年八月、世界大戦が終わり、夫が戦死した母子世帯、空襲時戦災による母子世帯、海外からの引き揚げ母子世帯など、新たな母子世帯を創出した。母子寮が、戦争・戦災で夫と住居を失った母親達を支え、「屋根」と「仕事」を提供した。

昭和二一年に生活保護法が制定され、従来の母子保護法及び軍事扶助法はこれに吸収された。母子寮は、生活保護法の保護施設として位置づけられ、母子福祉対策推進の一環として母子寮が増設された。

昭和二二年、児童福祉法が制定（昭和二三年施行）され、母子寮は、それまでの母子保護法ではなく、児童福祉法に位置づけされた。その要因に次の三点があげられる。①児童に家族との生活を保障することの意義が女性議員から主張された。②「母子一体の原則」、「母を離れて子の幸せはない」の考え方が背景にはあったが、母子世帯のニーズが単に経済的問題や授産だけではなく、次代を担う児

**表1　施設数**

| 昭和26年 | 昭和34年 | 昭和45年 | 昭和55年 | 平成元年 | 平成10年 | 平成14年 |
|---|---|---|---|---|---|---|
| 407 | 652 | 536 | 371 | 332 | 300 | 289 |

童の社会的養護の一形態として位置づけた。③生活保護法では母子保護施設の増加が出来ないという認識があった。

児童福祉法第二三条（母子寮への入所の措置）は、都道府県、市及び福祉事務所を設置する町村は、それぞれの設置する福祉事務所の所管区域内における保護者が、配偶者のない女子又はこれに準ずる事情にある女子であって、そのものの監護すべき児童の福祉に欠けるところがあると認めたときは、その保護者及び児童を母子寮に入所させて保護する措置を採らなければならない。ただし、付近に母子寮がない等やむを得ない事由があるときは、適当な施設への入所のあっせん、生活保護法の適用等適切な保護を加えなければならない、とした。ここでは保護の責任と保護される対象者の範囲と生活保障について行政の措置として定めた。

母子寮の施設数は昭和三四年まで公立施設を中心に増えていった。昭和三九年、母子福祉法が公布施行されたが、経済的側面が強調され、母子寮の位置づけをしなかった。母子福祉法は後に「母子及び寡婦福祉法」に改正された。

### 3　昭和中期・後期

昭和四〇年代の高度経済成長期になると就労機会や公営住宅も増大し、従来の「屋根」対策や「就労」対策は必要が薄れてきたこともあり、徐々に公立施設が減少していった。

**表２　母子世帯数**

| 調査年次 | 総数(人) | 死別(人) | 生別(人) | | | |
|---|---|---|---|---|---|---|
| | | | 総数 | 離婚 | 未婚の母 | その他 |
| 昭和31年 | 1,150,000 | 896,000 | 254,000 | 168,000 | 22,000 | 64,000 |
| 昭和58年 | 718,100 | 259,300 | 458,700 | 352,500 | 38,300 | 67,900 |
| 平成10年 | 954,900 | 178,800 | 763,100 | 653,600 | 69,300 | 40,200 |

このことは「母子世帯の質的変化」といわれる。「質的変化」とは、居住空間のみの必要性だけによる利用者が減少したことと、子育てや母親自身の生活上のニーズが複雑多様化したことを内容としていた。その原因に、①母子世帯形成理由が戦争による配偶者との死別を主としていた時代から、生別世帯が死別世帯を上回り、その後この傾向が定着していること、②生別による母子世帯形成過程で、特に女性と子どもに様々な生活上のストレスが及ぶ場合が増加してきたこと、③女性の貧困化現象の中で、戦後直後とは異なった様相での貧困問題に直面してきたこと。消費社会での母子世帯の低収入など、④高度経済成長に伴い子育てが「社会化」されてきて、母子世帯の養育ニーズが変化してきたこと、などがある。

その後、母子寮においては、生別離婚者が増え、借金問題など社会問題を反映する利用となった。母子世帯となった理由別でみると上の表のとおりである。

### 4　平成期

施設の数が全体的に減少したのと社会福祉基礎構造改革や少子・高齢化対策と関連し、母子寮のあり方についても検討されていった。平成一〇年には「ローズプラン」として地域母子ホーム構想が提案された。同年、児童福祉法の一部改正により「母子寮」が「母子生活支援施設」になり、「措置」の言葉が消え「運営」、「支援」に変化し、他の福祉施設と同様にサービスを提供する機関となった。

こうした一方で児童問題では不登校、引きこもり、非行の低年齢化・凶悪化、性犯罪の増加など児童を取り巻く社会問題が続出した。その中でも「児童虐待」が「子どもの命を奪う」形として表れ、緊急な対応が求められた。法的にも「児童虐待防止法」が制定された。同様に女性の権利を守る運動が続く中、一九九五年第四回世界女性会議（北京会議）にて女性に対するあらゆる暴力に関する討議が行われ、女性の権利を守るための行動綱領が作成され、国連加盟国で採択された。日本においても「男女共同参画」の取り組みや、セクシャルハラスメントに関する法律規定やストーカー規制法（二〇〇〇年施行）が定められた。さらに、児童虐待と同じように男性からの暴力による女性の死亡事件が相次ぎ、夫婦間暴力の問題がクローズアップしてきた。

平成一三年（二〇〇一）「配偶者からの暴力の防止及び被害者の保護に関する法律」（DV法）が議員立法として成立し、三年間の実施を経て平成一六年「改正DV法」が成立した。これまでの警察の「民事不介入」についても改められ、夫婦喧嘩といえども「DV法」の関係で家庭内へも踏み込むことが出来るようになった。

・警察庁による配偶者からの暴力事案の対応状況について

① 暴力相談などの対応件数

平成一三年　　三、六〇八件（法施行一〇月一三日～一二月三一日まで）

平成一四年　一四、一四〇件

②　被害者の性別（平成一四年中）

女性　一三、九九八人（九九・〇％）。男性　一四二人（一・〇％）

・裁判所による保護命令事件の状況について

平成一三年一〇月〜一二月　新規受付　一七一件

平成一四年　新規受付　一、八三四件

ＤＶ法の成立は母子生活支援施設の利用理由の変化をもたらした。また、児童虐待の対応状況と同様に利用者の急増を招き、旧態依然の母子生活支援施設での保護対応が問題となってきている。

母子世帯の増加と養育の問題について改善が必要であるとして、厚生労働省は、平成一四年三月に「母子家庭等自立支援対策大綱」を提出し、平成一五年三月に「母子家庭及び寡婦の生活の安定と向上のための措置に関する基本的な方針について」を公布した。

全体として母子家庭の就労支援策や離別した夫からの養育費の支払いなどを含めた経済問題を中心に取り上げ、これまでの子育て支援とあわせた自立支援策を提示した。

## 三　ある母子生活支援施設での取り組み

### 1　施設の概況

(1)　定員二〇世帯の公設民営。

(2)　職員は、常勤職員が施設長、母子指導員二名、少年指導員二名（内一名は会計も兼ねる）、業務員一名、最低基準ではここまでの六名となるが、申請加算等により保育士一名、母子指導員一名、心理員一名、管理宿直員一名を配置している。

(3) 運営方針（自立支援業務内容）としては、母子世帯における児童の健全な成長発達と母子世帯としての自立へ向けて支援する。

① 母親の情緒的安定と生活行動（家事、育児、就労等）への支援。
② 児童の明るく伸びやかな生活（遊び、基本的生活習慣等）、学習への支援。
③ 社会的共同生活において助け合い、支え励まし合う社会性を培う支援。
④ 教養、レクリエーション行事等の活動により生活の豊かさの充足をはかる支援。
⑤ 母子生活支援施設としてより快適な住環境づくりとその維持を図る。

(4) 利用居室（三タイプ）等。
(5) 生活は各世帯が独自で行い、住宅費は支払うことはないがその他の生活に関わる費用等は各世帯の生計費より支払う。

**2 平成一四年度の利用状況**

・定員二〇世帯。
・毎月初日現在の数字で在籍合計世帯数が　二四六世帯　月平均　一九世帯。
・在籍総人数　六〇一人（母：二二八人　子：三七三人）　月平均　五〇人。
・入所利用　五世帯（一四名）。利用理由　暴力から逃れて四世帯、離婚一世帯。

表3　支援状況

（1年間）

| | | |
|---|---|---|
| 1. 母親への支援 | | |
| 日常生活関係　804件 | 医療・健康関係　138件 | 対人関係　120件 |
| 自立・法律関係　528件 | 保育・養育関係　672件 | 地域関係　53件 |
| 経済関係　321件 | 前夫・緊急関係　89件 | |
| 就労関係　216件 | 親族・家族関係　252件 | |
| 2. 子どもへの支援 | | |
| 医療・健康関係　264件 | 学校・不登校関係　420件 | 養育・自立関係　131件 |
| 3. 公的機関と関わる支援 | 588件 | |

・退所　一〇世帯（一二名）。退所先　民間住宅、公営住宅、再婚等。

こうした状況に合わせて母子生活支援施設では利用者に対してさまざまな支援を行う。

**3　支援の内容について**

(1)　母親への支援活動

①　日常生活関係では　入所にともなう生活条件の準備や相談などに始まり、衣・食・住など基本的な生活習慣が確立されていない世帯に対しての支援も多く、自宅訪問し、家の中の整理を手伝ったり、食に関してほとんど料理を作らない世帯に対してはアドバイスしたり、調理を教えるなどの支援をしてきた。また、早寝早起きの習慣がなかなか身に付かなく、子どもにしわ寄せが出ている世帯への支援も要した。

個々の生活習慣もあり、支援の難しいところでもある。母の帰宅時間が残業などで遅くなる世帯に対しては、家で待っている子どもに簡易な食事を作って食べさせたり、家事を手伝ったりなどの支援をしてきた。DVで入所した世帯に対しては、緊急性が高いのと同時に生活全般に対しての支援が必要である。家財道具・生活用品の貸し出しなど、生活が落ち着くまで集中して支援が必要とされる。聴覚障害の方の利用には、職員がついて筆談の支援をしたり、居室への訪問時に玄関ブザーでは聞こえないため「目でわかるライト」を設置した。また、妊婦の方の利用には和式トイレを洋式に改造し、住環境を整えた。

② 自立・法律関係については　離婚調停に関する支援が四件あり、弁護士事務所との調整や役所、家裁への同行などの支援が必要とされた。DVでの利用者では、入所後の安全と安心を確保されるとDV夫との離婚を決め、夫と決着を付けて母子での生活を築く努力をしている世帯。DVによる再度の入所になり、自分を取り戻し離婚を決意した世帯。一度は離婚を決意したが夫との関係を切れないでいる世帯など様々である。

施設側の対応も個別の関わりが重要となる。離婚後、夫から子への面会要求に対し、母親に変わり面会同席したこともある。新しい母子生活支援施設への移転を機に四世帯が自立退所した。引っ越し準備など一人で出来ない母親には部屋探しや経済基盤の確認や利用できる制度の手続きなど同行したり支援した。施設での生活が長くなると、ともすればその生活に安住し、次の生活への意欲や生活設計が滞りがちになるが、年に数回の面接を実施する中で自立意識を高めてきた。

③ 経済関係については　DVでの緊急利用については利用前調査と関係機関調整をし、利用時には生活に困らないように生活費が確保されることを支援してきた。依然として金銭管理の必

要な世帯には、福祉事務所と協議し、生活保護ワーカーの指導を受け、家計簿のつけ方などを通しての支援を必要とした。こうした取り組みの中でも携帯電話に収入の一割を使ってしまったり、通信販売に支払いがあったり家計の維持に関心が薄い世帯もある。また、指導を要しない世帯でも光熱水費や校納金などの滞納があった。家計の問題は個人的なことでもあるので、状況把握は難しい面もあるが経済的基盤の確立は社会自立の基本でもある。

新しい施設への移転もあり、電化製品の購入、生活用品の補充など出費がかさむことが予想され、各世帯への金銭的な準備を促してきた。

④　就労関係については　職業安定所への同行、新聞・求人雑誌などの情報を提供しながら職探しを支援してきた。就職難の社会情勢に加え、子どもとの生活を大切に考えて土・日・祝休みの職場を開拓するのは容易ではない。何度も挑戦して就職できた人や障害者職業訓練センターを活用して就職できた人もいる。既に就労している母親に関しては、就労条件がパートや臨時等の不安定雇用が多く、社会の経済状況に影響されやすく、苦情や不安に対して対応することが多くなっている。中にはセクハラに対する相談もあった。フルタイムで働いている世帯の所得が生活保護世帯より低いといった状況があり、自立に向けての経済的負担が大きい。残業を余儀なくされる母親に対しては母親の帰りを待つ子どもへの配慮と支援が必要となった。

⑤　医療・健康関係については　生活保護に関わる医療扶助に関することや母親の病気への対応が中心となる。後半、インフルエンザが流行し、病気の母親へ生活全般の支援、子育て支援などを行った。ＤＶによる心理療法を必要とする人や過去の虐待体験によるＰＴＳＤへの対応とし

て精神科医や精神保健センター等を紹介し、活用している。施設内にも心理員を配置し、心理的関わりについて取り組みを始めた。

⑥　保育・養育関係については　乳幼児を抱えての入所者が多いことで、子どもの病気や子育ての悩み、保育所への申請など多くの支援を必要とした。利用時に身ごもっていて入所して出産を予定していた利用者もいた。産前、産後の病院通院などの同行、出産入院時の長男、長女への養育支援など、職員の手が必要とされた。また、妊婦に使いやすいようトイレの改造も行った。施設内保育室の利用については、保育園への送迎や補完保育・病児保育など子育てに関する支援は多い。また、時には母親のレスパイト的な養育支援も行った。残業が多い母に対しては家事支援など行ったが、ともすれば職員に対する甘えや依存も出てきて、親としての基本的な養育姿勢などを促す必要もあった。学童保育の場合には、年齢に伴う事柄や素行に関することや、不登校や引きこもり等情緒障害的な問題や非行問題への悩みや対応を必要とした。

⑦　前夫・緊急関係については　DVを理由として入所する利用者が増えていることを反映し、その支援も緊急性と秘密性を要するとともに、その保護については二四時間の緊張を要する。夫が居場所を追跡し、学校へ問い合わせすることもあり、子どもの安全を守るため学校へ連絡し、協力を求めた。子どもの登下校については職員が付き添うなどの対応をとった。お酒の勢いを借り、真夜中に夫が侵入したこともあり、夜間管理人が警察通報し、職員も駆けつけることがあった。また、DVでの利用者も生活が一旦落ち着くと夫が変化しているのではないかと期待を持ち、施設にも秘密にして連絡を取って自宅に戻り、施設に帰れなくなった母子もあっ

た。施設では実家や地元の警察と福祉事務所に保護を要請し、職員も駆けつけ対処した。DV利用者の外出の安全チェックに課題を残した。DVで保護されたにもかかわらず、生活のやり直しを求め、夫との関係が続いている母親もいて、相談やアドバイスなど多くの支援を必要とする。DVケースはその子どもにも「児童虐待」の問題が付加されているなどその関わりはより専門性を要求され、専門機関や関係機関との連携を必要とした。

⑧　親族・家族関係については　DVケースは実家や兄弟との関係を持っていることも多く、秘密を保持しながらも関係調整を必要とする。親族は支援者でもあることが多く、子供にとっては親以外の身内の存在は大きな励みになる。妊婦にての利用者についても出産前・出産後の生活支援について親族の協力が大きく、施設に泊まり込んで支援をしていただいた。入所前の親族との関係がとりにくくなった世帯は、状況に合わせて関係調整を必要としている。また、親族との関係が期待できない世帯については、人との関係を大事に社会資源の活用を紹介している。

⑨　対人関係については　生活上の細かなトラブルへの調整が多くある。これは入所者同士のコミュニケーションの未熟さや年齢、社会的経験、家族全体の抱えている問題性などが影響している。子どものトラブルが大人同士の対人関係までに及ぶこともあった。調整役としての職員は、大人にも子どもにも重要な存在であった。後半、金銭紛失などの事件もあり、対応の課題が残った。

⑩　地域関係については　施設に入所することが地域町内会・地域子供会の会員になることにも

なり、その調整を必要とする。地域行事への参加や役員活動などがあり活躍している人もいる。退所した子どもたちがよく遊びに来ていて、行事を一緒に楽しむ機会もあった。地域の母子家庭からの相談やアフターケアーとして関わりも多くある。

(2) 子どもへの支援

① 医療・健康関係について　幼児・学童の病気時の対応がほとんどである。病欠児童の看護や早退児童の迎え、通院など、学童の病児保育は、不安定就労の母親に対して補完的な役割を担いつつ就労支援としても大きな役割を果たしている。

集団生活のためインフルエンザなどの感染する疾病については、病気が連続することがあり、感染者を最小限に押さえるためにも、対応には充分注意していく必要がある。

② 養育・自立関係については　母親の仕事の都合により帰宅時間が不規則であったり、時間が遅くなる場合、帰りを待つ子どもたちへの食事の世話や入浴、就寝の準備などを職員が補う生活支援が多かった。入退所が続いた時期は特に、児童の生活に関することや施設内の子供同士の関係調整などをはかることが必要である。

③ 学校・不登校関係について　不登校児童への対応は、児童相談所、学校との連携をとり継続的に関わりを持ちながら調整し、母親にもつなげてきた。欠席状態でも居室外で過ごせ、外遊びが出来るよう施設内児童への調整もはかった。また、不登校児童の内在化する問題に耳を傾ける一方、登校への動機付けとして、復習を中心にした学習指導や学校に一緒に立ち寄るなど、学校への意識を切らない生活に配慮した。非行を繰り返す児童については、施設側の対応に課

題を残した。障害のある児童への関わりについては、日常の行動や下校後の様子などを把握し、必要に応じて個別対応をして児童の対人関係を広げることや自信につなげてきた。

(3)　公的関係機関と関わる支援

①　福祉の行政関係について　入所に関する関係機関、県庁主管課、福祉事務所、各市町村役場、保健福祉センター、婦人相談所、児童相談所等との連絡調整がある。ケースによっては支援の内容検討などのために、各関係機関に働きかけケース検討会や退所に向けての検討会を行っている。

②　医療関係について　利用者の健康状態によって病院、精神保健福祉センター、発達相談支援センターとの連絡・調整がある。利用者の状況により個別の疾患で医師との面接協議を必要とすることもある。また、出産による支援も行った。

③　保育所・学校関係について　教育委員会、保育所、学校などＤＶによる入所ケースでは、被害防止や安全確保の観点から住民票や転校届けを持参できない場合が多く、教育委員会との関わりがある。不登校など必要に応じて学校との連絡・調整を行っている。

④　離婚関係について　状況によっては、法律扶助協会、弁護士事務所につなげ必要に応じて裁判所への同行などの支援を行っている。

⑤　警察、消防関係について　ＤＶによる入所の場合は特に最寄りの警察署、交番への連絡を必要とした。また、児童の非行について相談、指導協力もお願いしている。

消防については防火訓練などの連絡、調整、指導などである。

⑥　就労関係について　職業安定所、学卒者の就労支援センター、婦人就労支援センター、母子福祉会、障害者職業支援センターなどの活用は利用者の経済自立と生活自立には欠かせない支援となっている。特に生活保護受給者については担当のワーカーとも連絡・調整をとりながら利用者の状況に合わせた支援を行っている。

⑦　他の福祉施設、機関　母子生活支援施設、児童養護施設など家族調整による連絡調整がある。社会福祉協議会については貸付金の関係。公共機関については、入退所時の日常生活支援として、公共料金の支払いなどで連絡調整が必要となっている。このように母子生活支援施設は、母子の世帯の生活全般について支援するとともに、利用時の状態にあわせて専門的な支援も行っている。最近、特に課題とされているのが障害を持った母子支援である。母親の障害にあわせて特性を良く理解して支援が必要となる。このように母子生活支援施設における活動は、各支援の内容にあるように単に保護することだけでなく、ケースワーク、ソーシャルワーク、ファミリーワークなど広範な活動にもなっていて、きわめて高度な専門性が必要となる。

このように毎日、多くの支援を必要とし、一日でも早い地域へ出ての自立した生活を目指しています。

## 四　今後の課題として

平成一五年四月に全国母子生活支援施設協議会が「母子生活支援施設のあり方検討委員会報告書」

を提出した。それによると、母子生活支援施設の現状――「ローズプラン」の到達点とその課題――とてローズプランに沿った母子生活支援施設の機能を示し、課題について検討している。

基本機能

①　母と子の生活拠点

プライバシーが保たれ、より安心感のある文化的で快適な生活が出来る拠点。

これについては「安心感のある生活」ではDV被害者支援のあり方と、夜間警備体制の不備など多くの改善を必要としている。

「文化的で快適な生活の保障」についても建築年数が三〇年以上も経っている施設が約四〇%にものぼり、老朽化が激しいのとバス・トイレなどが共同利用になっていて、スペースも狭く、一般の賃貸住宅にはみられない現状にある。

②　相談・援助機能

地域のひとり親家庭に対する支援について電話相談や休日・夜間などの支援体制が整っていない。

③　就労支援

多様な就労形態に合わせての支援体制がないことで自立を困難にしている。

④　保育支援

母子家庭の就労・保育支援として設備・体制が整っていない。

⑤　健全育成支援

児童福祉施設としての視点からとらえた健全育成について取組みが不足している。

⑥ 新たな援助

ひとり親家庭への支援、子育て短期支援事業などの地域支援への取組みが少ない。

⑦ 女性の自己実現

「女性として主体的に生きる志向」、「リフレッシュできる場」、「精神をいやす場」として掲げられているが環境や条件などが適さないことや「女性の権利としての生き方」を意識する一般の思想も育っていないなど課題が多い。

⑧ 危機対応（「一時保護」を含む）

DV法の改正要求にある被害者保護の範囲の狭さや加害者に対する強制力など、様々な点で改善が必要である。

以上、報告書に書かれている事柄をおおまかにみてきたが、母子生活支援施設が抱える今後の課題は多い。

## 五　おわりにあたって

母子家庭の問題は、結婚と出産、子育てなど古くからの家族問題とされているが、その家庭が属している国や地域の歴史や政治や社会的状況の問題でもある。日本においては農村社会から武士社会へとすすんで男尊女卑の歴史が培われ、革命もないまま国家体制が維持されてきた。そのために国民一人一人に「人が人として生きる権利」を確立できないままでいた。母親は、「家庭と子ども」に付随する存在でしかなかったのではないか。女性として母としてまた、家庭を構成する一員として個別の権利と生き方がある。将来の母子生活支援施設のあり方も国民の福祉を守る立場で活動していきたい。

**［主な参考資料］**　福島三恵子『母子生活支援施設のあゆみ』（せせらぎ出版）、松原康雄編『母子生活支援施設集』（エイデル研究所）、『月刊福祉』（全国社会福祉協議会）、『月刊母子福祉』（母子問題研究調査会）、『母子生活支援施設のあり方検討委員会報告書』（（全国社会福祉協議会）、「母子家庭及び寡婦の生活の安定と向上のための措置に関する基本的な方針について」（平成一五年三月三一日・厚生労働省）。

# 発達援助の視点と援助者の役割
## ――ソーシャルワークの立場から

三浦　剛

## 一　子どもへの視点

### 1　子ども観の変遷

子どもが大人と同様の一個の人格を有する人間として認識されてきた歴史はまだ浅い。古代から中世にかけての「子ども」とは、〝大人の小型版〟であったり、〝大人の所有物〟であった。「子ども」を子どもとしてとらえる視点はなかった。一七世紀に入り、ようやく思想家たちにより、「子ども」は大人とは違った存在として認識されはじめた。特に、ルソーの著した「エミール」はその当時としては画期的とも言える子ども観を示したもののひとつであろう。

しかし、このような子どもの見方は世の中には十分浸透したとは言えず、イギリスにおける産業革命時には、子どもは安価で長時間働ける労働力としてとりあげられていくのである。しかし、その後の人権思想の漸進は、工場法の成立にみるように子どもという存在を将来の担い手として、教育を受けるものとしてとらえ、次第に教育的なかかわりの重要性が強調されたのである。したがってこのような意味で、「子どもの発見」がなされたのは、一九世紀半ばといわれている。ここで、子どもは救済の対象へとかわっていくのである。

二〇世紀は「児童の世紀」とエレン・ケイは述べたが、子どもたちの暮らす世界は、二つの大きな戦争に巻き込まれていく。国際連盟は、第一次世界大戦の最大の被害者は子どもであるとして、一九二四年に「ジェネバ宣言」を採択する。ジェネバ宣言では、子どもの心身の発達保障、保護を要する子どもの保護、危難に際しての子ども救済の最優先、搾取からの子どもの保護、子どもの育成の五つを柱とした。この中には、子どもを保護の対象とする見方から一歩進んで、子どもの権利を認める内容を見いだせる。また、ドイツの児童法（一九一九年）でも、子どもの権利を認めている。そして、再び悲惨な第二次世界大戦を経て、一九四八年の世界人権宣言、一九五九年の児童権利宣言などに〝子どもの権利〟――子どもを権利行使の主体者としてみる見方――が定着していくのである。しかしながら、戦後四〇年以上を経てなお、子どもの生存権が侵され、人権が守られない現実が、権利宣言の発布後三〇年を経て一九八九年「子どもの権利に関する条約」の採択へとつながったのである。

では、ここで〝子どもの権利〟とは何を指すのか。それは、「子ども」にも大人と同じ基本的人権が保障され、ひとりの人間として「人としての尊厳」や「人としての価値」を持った存在であり、ただ受け身で保護され、養育されるだけの対象ではなく、自ら権利を持ち自らの手でその権利を行使できる存在として認識されることである。それは、また、大人の側からみれば、「子どもにとっての最善の利益」を優先していくことに他ならない。権利主体であるとはいえ、「子ども」ひとりの存在では、その権利を行使し、護っていくことは難しい。ひとりの子どもが、その子らしく、自分の持てる力を最大限発揮できるように、われわれおとな・社会が、子どもを護り、育て、育む環境を整えていく必要がある。つまり、子どもの人権の保障のためには、児童福祉法に規定されいるように、子どもの保護者、国や地方公共団体の責務はもちろんのこと、子どもを取り巻く様々な機関、おとな、地域が重層的に支えていく仕組みが不可欠である。そこでは、子どもの生命・生存を保障し、その子どもがその子どもらしく生きていくこと、つまり、必要な保護や愛情が享受できることや、遊びや学習・教育の機会が保障されること、その子に応じた発達の機会が保障されることなど、子どもの生活全体にわたって育まれる環境の構築が求められるのである。

## 2　子育て支援という考え方

これまで述べてきたように、現在、子どもの権利を守ることは、社会の一つの仕組みとして不可欠なものとなってきている。そこで、ここではその仕組みとしての「子育て支援」をとりあげ、どのようなかかわりが求められるのか概観したい。

一九八九年（平成元年）の合計特殊出生率の低下は、「一・五七ショック」として、社会的に大きく取りあげられ、少子化への対応を喫緊の課題としたできごとであった。これを境として、エンゼルプランの策定や育児休業法の成立など、子どもを産み育てやすい環境づくりに着目した制度や仕組みが創設されていった。現在、さまざまな制度をつくり、法的な仕組みとしての少子化対策は整いつつあるが、それを具体的にどのような形で、子どもやその保護者に対して提供できるかが問われている。

　では、子育て支援とは具体的にどのような支援を指すのか。山縣は、子育て支援を①子育ち支援、②親育ちの支援、③親子関係の支援、④育む環境の育成としている。言い換えれば、子どもが健やかに生まれ育つための支援、子を産むことだけで親になるのではなく、親自身も親として育つための支援、虐待などの悲劇をなくすためにも親と子どもの間の関係性を育む支援、そして、これら親と子のそれぞれの育ちを支え、受け止め、補い合うような地域・社会を育てることを総称して、子育て支援と考えることである。

## 二　発達への視点

　発達のとらえ方に関して、最近では広く老年期までも含めた考え方が一般的だが、かつては、人が生まれてから青壮年期に至るまでの心身の形態・構造・機能の質的、量的変化を指していた。また、しばしば発達は成熟（maturation）と同一であると考えられてきた。古くは、この成熟の重要性が強調され、教育や保育などの外的要因、環境要因は軽視されてきた。たとえばA・ゲゼルらは発達における成熟の重要性を確認しようとして、素質的には同一と仮定することができる一卵性双生児を使って実験（co-twin　controll）をした。その方法は、一方の子どもには階段昇降、ボール操作など特定の技能の訓練を行い、もう一方は放置する。そして一定期間後に放置していた子どもに訓練を行うと、きわめて短期間で先に訓練していた方の子どもに追いついたという。ここから上記のような結論を導いたわけだが、現在では実験手続き上の問題、また初期学習の研究成果からも問題点を指摘されており、支持されない。またオオカミの群れと行動をともにしていた子どもを保護し、教育した事例の紹介においても、彼は環境要因を軽視する解釈をしており、このような考え方が当時は支持されていたことがわかる。なお、知的障害の程度を表すことばに educatable（教育可能）、trainnable（教育はできないが訓練なら可能）などというものがあるが、これは素質に問題があるものは、いかような環境要因を与えようが、その発達に影響を及ぼさないとする誤った考え方であり、この時代の遺物であろう。

その後の発達心理学の進歩は、たとえばH・ルクセンブルガーの輻輳説にみられるように、成熟も環境もどちらも発達に影響するという段階を経て、成熟と環境の要因を分離して考えるのではなく、また二つの要因が同方向に働くこともあり、単に加算的に影響するばかりでなく、それ以上の効果をもつとする相互作用説へと展開した。現在では、どちらが優位かではなく、どのような発達的特徴もその両方からの影響を受けるとする考え方が一般的である。したがって、子ども一人一人が持っている素質は確かに個別的に異なるが、その素質が現実化してくるためには、それに最適な環境が必要なのであると考えることができ、子ども一人一人の発達に違いがあったとして、その違いは必ずしも子どもの素質の差ではなく、環境要因の影響を受けた結果の、総合的な状況の差なのだと理解することが必要であろう。私たちはともすればそのような発達の状況の差を、素質、成熟の差としてとらえてしまう。たとえその発達に障害を持つという状況であっても、その環境にきめ細かな配慮もって、積極的に働きかけることにより確実に発達が進むという事実を、今以上に強く意識しなくてはならない。

## 三　発達援助の視点

すでに述べたように現在、人間は一生涯発達し続ける存在として発達心理学的には捉えられている。特に、その乳幼児期、児童期は将来の発達を意味づけ・方向付けする大切な時期として認識されており、その子どもとかかわる発達援助の仕事の重要性は、いうまでもない。ここでは発達援助において必要な視点をいくつか検討する。

### 1　最善の利益を守るということ

これまでに子どもの最善の利益を最優先し、基本的人権を保障していくことが発達保障につながることを述べてきた。ここでは具体的にどのようなかかわりが子どもの最善の利益を守ることにつながるのか考えてみたい。

たとえば、まだことばの出ていない子どもに対して、何も言わないのだから何も訴えていない、どうせ話せないのだから話しかけなくてもよいと思うだろうか。そのように考える人はいないだろうが、その子どもを、たとえば散歩に連れ出すときに、本当にそのことを十分に伝えているだろうか。どこに行くのか、どこに連れて行かれるのかわからない子どもは不安になり、大人の手をふりきって元の場所に戻ろうとする。そんな状況を見てわがままな子どもだとか、あつかいにくい子どもだなどと思うことはないだろうか。あるいは散歩に行くことはわかったとしても、この先生は自分のことをわかってくれないし、大きな声で怒鳴ってばかりいて怖いからこの先生とは行きたくない、手をつなぎたくないと思って逃げていく姿をみて、落ち着きがないとか多動だなどと考えることはないだろうか。私たちはつい大人の、自分の価値基準で子どもの行動をみてしまい、子どもたちのことばにならない訴えや、気持ちを見過ごしてしまう。しかし、子どもはその発達段階、あるいはその能力に応じた方法で自分の意思を伝え、生活する権利を持っている。ことばによる伝達が難しかったとしても、その意思をくみ、あるいは代弁することが発達援助の基礎であり、発達を保障、強いては人権を尊重する、守るということになるのではないか。子どもの発達援助にかかわる私たちは、日々の生活の中で常に「子どもにとって最善のもの」とは何か、子どもの生活を豊かにし、生きる力を育てるということはどういうことかを自問し続けなければならない。それが子どもの人権を守ることであるからである。

## 2　受け容れること

「受け容れる」「受容する」という概念は、対人援助におけるキーワードとして広く用いられてきた。ある時期には、それが甘やかしや放任と混同されたこともあり、十分に定義づけがされてはいないようである。しかし、放任とは子どものやることをすべて放っておくことで、こちらからのかかわり、介入をしないことである。受容するとは、子どもの行いを「事実として」認識することであり、そこからかかわりを始めることである。それは目の前にいる子どものありのままを見、聴き、感じることである。簡単なことのように思えるが、実際のかかわりの中では、先入観や社会一般の価値基準、常識などといった枠にとらわれて見落としがちである。

たとえば、自閉的だといわれている子どもが、奇声を上げながら部屋の中をぐるぐる走り回っているのを見たとき「ああ、この子は自閉症だから常動行動をしている」と考えたり、ダウン症の子どもが活動に誘われても座り込んだままがんとして参加しようとしないのを見て「この子はダウン症だから頑固なんだ」と考えることはないだろうか。しかし、この自閉症といわれる子どもは、そばで遊んでいた子が出した声にとても驚き、その音がどこから聞こえてきたのかわからずに不安になり、じっとしていられずに走り回っているのかもしれない。また、ダウン症のこの子どもは、好きな遊びに取り組んでいたところを先生に他の活動に誘われ、そのことをことばや身ぶりで表現できず、怒っていたのかもしれない。このようにとらえることができれば、私たちは彼らへかかわる糸口を見つけることができる。しかし、障害児だからという概念や先入観に縛られていては、その糸口を見いだすことはできないだろう。ありのままの子どもを受け容れるにはどうしたらよいであろうか。それは共感的理解、相手の身になって考えることから始まるのではないだろうか。子どもは私たちと同じ人間であり、感情も感覚も同じように備えた存在であることを体験的に理解することが必要である。臨床経験的には、不思議とどれくらいその援助者に受け容れられているかによって、子どもからの働きかけが違ってくる。本当に受け容れられ、安定的な関係が提供される環境で、子どもは発達に向かう力を十分に発揮することができる。

## 四　社会福祉援助（ソーシャルワーク）の視点

社会福祉実践の中で子どもを理解する視点を、岡村重夫のいう社会福祉援助の原理に照らし概観してみたい。岡村のいうこの原理は、「全体性の原理」、「社会性の原理」、「主体性の原理」、「現実性の原理」の四つである。まず、全体性の原理との関係でいえば、子どもを一方向から捉えてみるのではなく、全人的な理解、社会関係の中で生きるものとして理解すること、また、生涯発達という長いスパンの中での今—時間軸の中での理解することの必要性があげられよう。次に、社会性の原理との関係では、今ここにある現実社会の中で生活している子どもをどう捉え、援助するのかということである。そのなかでは、社会の担い手としての子どもをいかに適切な環境を用意し、よりよい発達につなげていくのかの視点が必要となろう。さらに、主体性の原理との関係でみると、子どもは発達の途上といえどもその年齢なりの意志を持ち、主体的に生きようとする。それは、子どもの生活が環境から一方的に規定されるものではなく、生きる主体としての子どもが存在しており、環境と主体との間の相互作用の中で発達していくことである。主体的に生きることが保障されるためには、そのための環境や時間、人的資源が用意されなければならないだろう。そして、これらを用意することが、子どもの主体性や自尊感情などの発達や社会性の発達につながることとなろう。最後に、現実性の原理という視点で捉えていくと、目の前に存在する子どもの発達をどう理解し、その子どもの持つニードにいかに現実的な対応・援助をしていくのかということとなろう。これは、いま、ここに生きる子どもにどれだけのことができるのかを日々の福祉実践の中で絶えず問うていくという姿勢につながる。たとえば虐待を受けている子どもに対して、関係機関が関わっていながら、現実的な対応がとれず、死に至るという事件が起こっていることに目を向ければ、その重要性は理解できよう。そして、これらの四つの原理を支えていくのは、「関係性」であり、それはつまり人間関係の中でいかに育っていくのかということになるであろう。

以上のように、子どもにかかわる仕事というのは、社会や大人など様々な関係性を考慮しつつ、子どもの発達を援助する仕事ということができるであろう。別の角度から見ると、発達を支援し、子どもらしい生活を組み立てていく時、子どもが持っている、基本的ニーズを社会関係の中で調整し、提供・支援していくことが社会福祉の援助といえる。

これらを理解する上でA・マズローの欲求階層の考え方が参考となるであろう。それは、一番下層に「生理的ニーズ」、次に「安全のニーズ」、「所属、愛情のニーズ」、「自尊のニーズ」、一番上層に「自己実現のニーズ」という階層の構成となっている。子どもが発達していく上で発達援助に求められる視点と照らして概観してみたい。まず、生理的なニーズとは呼吸や栄養の摂取、排泄や睡眠、病気や危険からの保護など、生命の維持および身体の発育に必要なものと言い換えられるだろう。生理的なニーズが充足されない中で育つということは、病気や障害、事故を誘発したり、発育の遅れや偏り、精神的に不安な状態を引き起こすことになりかねない。このような生活にかかわる部分の保障が、子ども自身で守ることは難しく、これら生活への援助が大切となる。次に、安全のニーズを考えさせられる一つの統計がある。それは、厚生労働省の人口動態統計（平成一一年度）によるもので、一～四歳、五～九歳、一〇～一四歳、一五～一九歳までの各年齢層において、不慮の事故が死亡原因の一位というものである。子どもたちの生命と安全を守るための支援の必要性が理解できよう。次に「所属、愛情のニーズ」および「自尊のニーズ」は、安定的な人間関係の中で人に愛されること、人を愛する・愛情を持つこと、また、社会の中で自分の帰属するグループ・集団の中で信頼や社会的承認を受けることであり、その中で達成感や自尊の感情が芽生えてくる。当たり前のように子どもは愛するべき存在と考えられてきたが、現代社会において親子関係の不安定さや子育て不安などをかかえながらの育児など、児童憲章などでいわれる子どもの「愛される権利」が守られる状況にあるとは必ずしもいえない。また、発達の各段階において仲間との関係など集団での相互作用によって、そこでの遊びを通して、人との関係を築く基礎がめばえ、自分の役割や社会性などを理解していく。人間関係を通して、自尊感情もまた発達していくのである。そして、一番上層に挙げられているのが「自己実現のニーズ」である。これは、よりよく生きること、自分らしく生きること、自分の生を自分で丸ごと受けとめることであろう。

子どもの生活を考えると、生理的欲求などの衣食住の安定的な確保が必要であり、そのためには周囲にいる大人（保護者や援助者など）がそれらの支援と合わせて、人的な支援を提供していくことが必要である。そして、その支援は過剰であっても不足であっても、発達を阻害するものとなる。

## 五　援助者の役割

子どもの発達を援助する際の子ども観・子育て観はどのようなものであろうか。

これまで述べてきたように、子どもは誰でも発達の可能性を秘めた存在であり、誰でもその子どもなりの発達がある。その子どもが、もって生まれたもの（素質）を最大限発揮できるようにしていくことこそ、人的環境としての私たちの仕事である。そして、その環境とは「子どもが子どもらしく、当たり前の生活ができること」が保障されることであろう。そして、子育て観とは、家族・家庭のなかでの子育てが基本と考えられるが、現在の家族形態の変化やライフスタイルの変化など社会の変化にともなう子どもをとりまく環境は、子育て機能を十分発揮できる状態にはない。私的な子育てのみでは、人間性豊かなひとに育つことが難しくなっていることがいわれて久しい。そこで、社会的な子育て支援が重要な意味をもってくる。

### 1　自我の発達を援助する役割

児童の世紀と呼ばれた二〇世紀以降、子どもは権利の主体として捉えられてきた。しかし、子ども一人でそれが実現されるわけではなく、その子どもをとりまく発達に必要な環境を整えることにより、実現されるものである。生涯発達という視点の中で、さまざまな葛藤を乗り越えながら、人としての自己実現への道程をすすみゆくものである。エリクソンによれば、人は生まれてから死ぬまでの間にそれぞれの九つの発達段階で相反する事柄との葛藤を経験しながら発達段階を進んでいくとされている。特に、乳幼児期に目を向けてみると、乳幼児には〝基本的信頼対基本的不信〟、幼児期初期には〝自律性対恥、疑惑〟、遊戯期には〝自主性対罪悪感〟をそれぞれの段階の心理・社会的危機として挙げている。つまり、人は一人ではなく、人とのかかわりの中で発達していくことがそれぞれの段階から読みとれるであろう。乳幼児期のそれぞれの段階には、基本的強さとして希望、意志、目的が、重要な人物として母親的人物、親的人物、基本家族が挙げられている。つまり、この時期に我々がかかわるということは、その人生初期でありながら、その後の人生の指針を決める大切な時期に、必要な援助を親や家族と並行し、あるいはかわって支援していく役割である。

そして、このような役割を援助として展開していくためには、モレノが発展させてきたサイコドラマの技法でいうところの補助自我としての役割を取りながら、子どもが一人で自立・自律していくための自分（自我）を育てていくという考え方が必要である。しかし、この補助自我の役割をとるということは、誰でも容易にできることではない。その実践を支えていくのは、子どものあるがままを受け容れ、その存在を大切に考えるという援助観が必要であり、保育指針の前文にもあるように「まず子どもを（childrens first）」という子ども観が必要である。さらに、あるがままの子どもを受け容れるということには援助者の側にも、大きな自己変革が求められる。まず、自らを子どもと共に歩むものとして、その心を柔軟にしておかなければならない。なぜなら、援助者が自分にとらわれ、既成概念や常識に縛られていたら、子どもの豊かな感性や自発性を摘みとることになりかねないからである。まずは、援助者が自らを知る（自己覚知）ことが必要なのである。そして、子どもをあるがままの姿を受容しつつ、この社会で生活していくための社会的要請を伝える役割――ある意味で葛藤を引き起こし、安定への介入をする役割――を示し、人間的交流を行っていくことが援助となる。このような意味で石井の示す「受容的交流」は発達援助をすすめていく上で、一つの指針となるであろう。これは、前述したようなモレノのサイコドラマの考え方やロジャーズのクライエント中心療法、アクスラインの遊戯療法などの考え方を元に理論化されたものである。モレノは、そのサイコドラマの中で創造性と自発性という点に着目し、人間が別の人間を演ずることで自発的に十分に行動する能力や適切に行動する能力が刺激され、創造的に物事に向かっていけるようになっていくとし、それを促していく補助自我の重要性を説いた。補助自我とは、主役（クライエント）の自我を補助することであり、そのことによって主役（クライエント）の内的世界の明確化や表出を助ける役割のことである。また、ロジャーズの示す来談者中心療法では、クライエントに対し「純粋性」（セラピスト自身が自己覚知をしている状態でかかわること）、「共感性」（共感的理解・受容的な環境のもとで自尊感情が醸成されること）、「無条件の肯定的配慮」（子ども自身の存在をそのままで認める、愛情深い親の態度のように接すること）を伝え、クライエント自身が真実の自分と出会う――自己受容に達する――ことを最高の価値とするものである。つまり、このような臨床心理学的見地に立てば、援助者は子どもを中心に捉え、その発達を促すための補助自我の役割をとりつつ、子どもの自発性が発現されるような受容的で安定した環境を用意し、積極的に交流するという人間的かかわりが、援助を展開していく上で望ましいといえるだろう。

### 2　子育てを支援する役割

ここで、子どもの発達を支える援助者の役割としてのもう一つの視点は、子どもの出会う最初の社会ともいわれる「家庭」への支援である。保育指針の一三章に示されている「子育て支援」という考え方である。社会の変化の中で、家族の形態や保育に欠ける状態もさまざまである。未来の社会の担い手である子どもへかかわるということは、ひいてはその家族・家庭への支援も含まれている。そこでも、受容的な交流が求められる。子育てに不安をかかえる家族やさまざまな社会現象に翻弄され、疲弊した家族に対しても子どもが精神的な安定、やすらぎが得られ、子どもらしい生活が保障されるような家族との関係調整が受容的な交流によって図られる必要がある。つまり、子どもの発達だけでなく、ある意味では家族の発達に対しても、その力量を発揮できるような援助者が求められつつあるのではなかろうか。

これらの、難しい問題に対応していくためには、援助者としての自己研鑽や研修への積極的な参加、職場内でのスーパービジョン体制などの確立も急務といえるだろう。

そして、人間を生涯発達の存在として捉えていくこと、それを人と人との関係の中で存在するものとして捉えていくこと、子どもの存在そのものを慈しみ、子どもの立場に立って理解し、子どもの自我（その子らしさ）を支える姿勢が重要なのである。


【参考文献】

E・H・エリクソン「ライフサイクル、その完結（増補版）」みすず書房、二〇〇一年
「幼児期と社会」みすず書房、一九七九年
A・H・マズロー「完全なる人間」誠信書房、一九七九年
M・カーン「セラピストとクライエント」誠信書房、二〇〇〇年
C・R・ロジャーズ「人間尊重の心理学」創元社、一九八四年
石井哲夫「自閉症児の治療と教育」三一書房、一九七九年
「自閉症児の交流療法」東京書籍、一九八二年
石井哲夫・岡田正章・増田まゆみ編「保育所保育指針解説」チャイルド社、二〇〇〇年

## Ⅰ　子どもの福祉


石井哲夫・待井和江編「改訂保育所保育指針全文の読み方」全国社会福祉協議会、一九九九年
岡村重夫「社会福祉原論」全国社会福祉協議会、一九八一年
J・フォックス編著「エッセンシャル・モレノ」金剛出版、二〇〇〇年
台利夫・増野肇監修「心理劇の実際」金剛出版、一九八六年
石井哲夫・時田光人「心理劇の理論と技術」日本文化科学社、一九七四年
V・M・アクスライン「遊戯療法」岩崎学術出版、一九七二年
高橋重宏・山懸文治・才村純編「子ども家庭福祉とソーシャルワーク」有斐閣、二〇〇二年
保育士養成講座編纂委員会編「児童心理学」全国社会福祉協議会、一九九一年
保育士養成講座編纂委員会編「発達心理学」全国社会福祉協議会、二〇〇三年
三浦剛・竹之内章代「発達に遅れのある子どもの療育のてびき」北茨城市、一九九七年

# Ⅱ　高齢者の福祉

# 居宅介護事業の現場から地域福祉の充実を見つめて
## ――生協の福祉活動・福祉事業の実践から

齋藤　境子

## 一　はじめに

### 1　福祉現場と関わるきっかけとなった「こーぷくらしの助け合いの会」

私が福祉の現場と関わることになったのは一九八七年五月みやぎ生協生活文化部に「こーぷくらしの助け合いの会」のコーディネーターとして入ったことが始まりでした。大学で心理学を専攻した私は卒業後家庭裁判所調査官として七年働いた後、子育てに専念するため家庭に入っていましたが一九八一年夫と死別。再就職したところがみやぎ生活協同組合の福祉部門だったわけです。

この「コープくらしの助け合いの会」は一九八三年六月灘神戸生協（現コープ神戸）で誕生しました。一九六〇年代の日本では「うそつき食品」という題名の本が出るほど食品添加物が問題になっており、食の安全へ不安が広がっておりました。ですから、この時期の子育て世代は食の安全性を求めて生協へ加入し、全国の生協が飛躍的な発展を遂げた時期だったのですが、この世代が親の介護若しくは自分の老後を考える時期にさしかかっていたのが一九八〇年代でした。当時日本は高齢化社会に入っておりましたが、日本の高齢者福祉は弱者救済という行政措置の枠に留まっており組合員の九割以上を占める主婦層の実感からすると頼りにできないものでした。平均的な生活を送っている中年の主婦層にとって将来の高齢時の生活に不安を感ずるものでした。

一方で生活協同組合という人の輪の中で高齢者が住み慣れた地域で暮らし続けられるなら組合員同士助け合いたいという友愛の精神で高齢時の生活を支え合う組織「コープくらしの助け合いの会」が誕生したのです。この会は助ける方も助けられる方も、一、〇〇〇円の年会費を払い、組合員同士とはいえ有償で助け合い活動を行ったのですが、この実費弁償程度（当時は二時間で七〇〇円）の有償で行ったことがポイントで互いに対等平等の関係が保たれ、この活動は全国の生協に広がっていったのでした。

みやぎ生協がこの活動に取り組んだのは、全国でも早い時期一九八五年九月からで一九八七年五月私に前任者の後を継いで事業局兼本部コーディネイターにと声がかかったのでした。生活協同組合の福祉は対象を狭めるべきではないと考えた私は高齢者のみならず障害者・単身家族・末期の病人を抱えた家族・情緒障害児を抱えた家族・外国籍の方など様々な生活上の困難に見舞われた方々しかも組合員であるか否かを問わずに相談があると対応しておりましたので、一九九八年八月後任へ引継ぐ時には二〇〇〇名弱の会員を擁する規模になっていました。

そしてこの会は個々人への助け合い活動を行う一方で、高齢者・障害者の置かれている現状に直接ふれる会員が増えることで福祉の不備や問題点の改善を行政へ要求して行くという運動という面も併せ持った活動になったのです。

## 2　生活協同組合と福祉活動・福祉事業

生協は基本理念として「一人は万人のために、万人は一人のために」を掲げて活動していましたが、一九四八年施行された消費生活協同組合法第一条目的として「この法律は国民の自発的な生活協同組織の発展を図り、もって国民生活の安定と生活文化の向上を期することを目的とする」と規定されていますが、福祉活動・福祉事業は生活協同組合にとって理念を実践する本来的活動と言えます。組合員の中からいわば自主的に生まれてきたこの「コープくらしの助け合いの会」活動が、生協の福祉活動の原点となっていることが象徴するように、生活協同組合の福祉はそもそもの福祉の成り立ちとは異質の互換性を基礎にしたものであることに特徴があると思います。

まさに、助ける方でもあり助けられる方にもなりうるという関係は協同組合福祉の基点でありそこから様々な活動や事業が広がり行われているのです。

一九八六年、当時の生協の監督官庁厚生省の「生協のあり方に関する懇談会」では生協の福祉活動について以下のように述べています。

「生協活動は購買事業にとどまらず、組合員の意思に基づき、高齢者のための福祉活動、青少年の健全育成活動、スポーツ文化活動、環境改善活動など更に幅広く行われることが期待されている。特に高齢者のための福祉活動については、今後急速に到来する高齢化社会において、地域における自主的な相互扶助組織である生協の果たす役割は極めて大きいものがあり、その積極的な展開が期待される。」

この期待に背かず、八〇年代から九〇年代にかけて全国の生協の中にコープくらしの助け合いの会をはじめとする福祉活動の広がりと深まりが進み、二〇〇〇年四月の介護保険導入を期に多くの生協が福祉事業に参入するきっかけにもなったのです。

### 3 介護保険の導入

そんな中で一九九四年に日本の高齢化率は一四%を超え高齢社会に突入したのですが、高齢時の介護を公的に保障するということは国民の一致するところとなったのですが、この年に公的機関として初めて社会保障制度審議会で高齢者介護を社会保険方式でと提案され、一九九六年厚生省は介護保険制度案を提案。議論が重ねられたのでした。

当初、私は高齢者福祉は社会保障の一環として公的負担で全面的にみるべきであり、保険方式にすると低所得者層の負担が重くなり、利用料負担ができずに利用を差控えることも生じるのではないかと反対でした。

しかし、議論の中で全介護費用の半額は行政負担とする社会保険方式による介護保険の導入が決定、二〇〇〇年四月からの実施が決まりました。

従来の高齢者福祉と介護保険の主たる違いは、①保険料負担の見返りの給付としてサービスを受け、選択できること、②利用者本位に福祉サービスも医療保健サービスも同様の手続きで総合的に利用できることと、そのためにケアマネジャーという職種が新設されたこと、③民間事業者の参入を許したこと、④在宅で自立した生活を続けるための支援を重視したこと等です。

介護保険で受けられるサービスにはどんなものがあるのかを以下にみてみます。

## A　居宅サービス

◆自宅で受けるサービス

①　訪問看護（八三〇単位／一時間）（＊　1単位の単価は基本一〇円で地域により異なる）

イ　慢性疾患の看護・注射、褥創などの処置、留置のカテーテル等の管理

ロ　健康チェック、服薬指導管理、排泄管理、入浴・清拭のお世話

ハ　終末期の看護

等を看護師が家庭を訪問して行う

②　訪問リハビリテーション（五五〇単位／一日）

イ　介護方法や福祉用具の使用方法の指導

ロ　リハビリテーション

等を理学療法士や作業療法士が家庭を訪問して行う

③　訪問入浴（一二五〇単位／一回）

浴槽を積んだ入浴車で訪問し入浴介護を行う

④　訪問介護（ホームヘルパー）（身体介護四〇二単位・生活援助（二〇八単位／一時間）

イ　身体介護（食事介護・排泄介助・入浴介助・おむつ交換・着替えなど）

ロ　生活援助（調理・買い物・掃除・洗濯・ちょっとした力仕事など）
等をホームヘルパーが家庭を訪問して行う
⑤　居宅療養管理指導（医師・薬剤師・歯科衛生士等で異なる）
医師・歯科医師・薬剤師等が家庭を訪問し療養上の医学的な管理や指導を行う
◆出かけて受けるサービス
①　通所介護（デイサービス）要介護度・時間によって単位は異なる
日帰りで送迎、入浴、食事、機能訓練、レクレーション等のサービスを行う
②　通所リハビリテーション（デイケア）
老人保健施設、病院等でリハビリテーションを日帰りで行う
③　短期入所生活介護（ショートステイ）
④　短期入所療養介護（ショートステイ）
一時的に家族が介護できなくなった時、特別養護老人ホームや老人保健施設等で数日から二週間程度お世話する
◆生活しやすくするサービス
①　福祉用具貸与（福祉用具レンタル）貸与対象となる品目
特殊寝台、床ずれ予防用具、車椅子、歩行器、歩行補助杖、痴呆性老人徘徊感知器等
②　福祉用具購入費支給（年間一〇万まで）
購入費支給対象品目

③　住宅改修費（一人当たり二〇万円まで）
手すりの取り付け、床段差の解消、滑り止め等のための床材変更、引き戸等への扉の取替え、洋式便器等への便器の取替えなど

**B　施設サービス**

①　特別養護老人ホーム
寝たきりや痴呆の方が入所し介護や機能訓練を行う

②　老人保健施設
看護や介護を要する方に医療ケアと生活サービスを一体的に提供し家庭への復帰を目指す

③　介護療養型医療施設（介護職員を手厚く配した病院）
長期にわたる療養を要する方に、医学的な管理の下で介護や機能訓練、その他の医療を行う施設

これらのサービスを受けるとその費用の一割を利用者が負担することになります。

要介護状態になった利用者が自立した生活をより快適に続けられるよう、介護保険で受けられるこれら一五種類のサービスやその他のフォーマル・インフォーマルの各種サービスを組合せ、また利用者や家族の意向にそってケアプランをつくるのが介護支援専門員（ケアマネジャー）なのです。

このケアマネジャーを抱えたケアプラン作成にあたっているのが居宅介護支援事業者ですが、ケアプラン作成費については利用者負担はありません。一人五〇～六〇件のケアプランを担当するケアマネージャーの仕事は二〇〇三年四月の介護報酬改定でケアプラン作成費は上がったもののそれに伴い

**桜ヶ丘デイサービスセンター開所１年目（1999年）の利用者状況**

| | | 3月 | 4月 | 5月 | 6月 | 7月 | 8月 | 9月 | 10月 | 11月 | 12月 | 1月 | 2月 | 3月 |
|---|---|---|---|---|---|---|---|---|---|---|---|---|---|---|
| 登録者数 | | 7人 | 39 | 54 | 74 | 84 | 96 | 109 | 121 | 127 | 132 | 145 | 145 | 151 |
| 延利用者 | | 6人 | 112 | 204 | 307 | 389 | 467 | 529 | 620 | 639 | 695 | 611 | 671 | 782 |
| 1日平均 | 平日 | 1.2 | 4.1 | 9.1 | 12.2 | 15.5 | 19.3 | 21.2 | 24.9 | 24.9 | 27.2 | 26.4 | 26.9 | 28.9 |
| | 日祝 | | 2.7 | 3.2 | 4.9 | 6.4 | 6.7 | 10.6 | 11.4 | 12.9 | 13 | 12.2 | 14.9 | 16.2 |

要求される実務や作業が増大し、良心的であればあるほど追い詰められて仕事を放棄したくなるほどの密度となっています。

## 4　社会福祉法人こーぷ福祉会設立と取り組んでいる事業とその実践

そんな中でみやぎ生協ではボランテイア活動として行ってきたこーぷくらしの助け合いの会を発展させて指定を受け生活協同組合として介護保険事業に参入して行くか否かの議論になったのですが。ボランティア活動としての助け合いの会は生協本体の福祉活動とし、介護福祉施設はより地域に開かれた存在として事業を展開することで地域福祉に貢献して行きたいと社会福祉法人設立を決めたのでした。利益追求ではなく「誰もが安心して住み続けられる地域福祉の実現に貢献することをめざして」社会福祉法人こーぷ福祉会は生まれたのです。

当初施設は特別養護老人ホームをという声もあったのですが、組合員の代表によるプロジェクトチームで一年間検討した結果、在宅介護を支援する複合的な施設をという方針も決まりました。

折しも仙台市では二〇〇〇年四月の介護保険導入に向け、最もサービスが不足すると予測されたデイサービスセンターを整備するため平成一〇年（一九九八年）度単独型デイサービスセンター補助事業を公募。みやぎ生協を含む七社（六社は介護事業を全国展開する民間企業）が選ばれました。

一九九八年八月みやぎ生協桜ヶ丘店職員駐車場跡地に生協からの寄付と仙台市の補助金併せて一億三千万で「こーぷのお家桜ヶ丘」を建設、一九九九年二月社会福祉法人こーぷ福祉会を設立した社会福祉事業に乗り出したのです。

社会福祉法人こーぷ福祉会の基本理念は、

1　心豊で健やかな暮らしのお手伝い

2　優しさと思いやりを持った人づくりのお手伝い

3　ふれあいとぬくもりのあるまちづくりのお手伝い

とし、利用者の立場にたちお一人おひとりにしっかり目線をあわせた介護をめざし一八人の職員中施設経験者は二人、施設長の私をはじめ素人が大半の職員体制で始めたのでした。

**①　一九九九年三月　桜ヶ丘デイサービスセンター開所**　まだ措置時代の開所で従来なら開所と同時に仙台市から利用者の配置がある筈のところを翌二〇〇〇年四月からの介護保険を先取りして利用者の選択に任せるとのこと。開所一ヵ月は利用登録者数名。一日平均利用は一～二名でした。上記表のように開所一ヵ月ほどは利用者より職員の方が多い状態でしたが、半年後には定員二四人を超える日が多くなり一〇月には定員を三〇人、さらに利用希望者が増え続ける状態でついに送迎エリアを狭めると同時に介護保険が導入された翌二〇〇〇年四月から三五人定員としたのです。

私たちの開所した青葉区桜ヶ丘は仙台市の中でも正にデイサービスセンター・デイケアセンターの激戦区で半径五キロ内に開所当時デイサービスセンター九ヵ所（〇三年一〇月現在一八ヵ所・ミニデイ

四)、デイケアセンター三ヵ所(〇三年一〇月現在七ヵ所)という地区なのです。

では、なぜこのように爆発的に利用者が増えていったのでしょうか?

それは生協で作った新しい施設はどんな風か見てみようという見学や体験利用からはじまったのです。その結果、「ここなら利用したい」、「利用させたい」というご本人やご家族の選択があったのです。

私たちが社会福祉法人をつくって福祉事業に乗り出した時目指したのは自分の親を行かせたいあるいは自分が行きたい施設をということで「利用者一人一人との関わりを大事に、そしてくつろげる場と楽しい時間を」でした。また、高齢者にとって最後に残された楽しみである食事を大事にしようということでした。食器はもちろん瀬戸物で食材も冷凍食品は原則使わず毎日向かいにある生協店舗で買い物。おやつも手作り。調理担当者泣かせだったと思います。

そして、デイで過ごす時間をできるだけ家庭に近づけたいと前庭で家庭菜園を始めたのみならず市郊外に畑を借りてじゃがいも・枝豆・さつまいも・大根などを栽培しています。ですから、大よそのスケジュールはあるものの、「今日はお天気がいいから芋掘りにいきます」といったぐあいにかなり流動的な日程になります。もちろん「日焼けは皮膚がんになる」と絶対に畑には行かない方もいますが、大半の方は車椅子で自身畑仕事など無理な方でも畑ときくと必ず参加するのです。春の地起こしだけはいつも地主さんが好意でやって下さるのですが、堆肥入れから雑草抜きなど利用者が帰られた後職員総出で行ったり、畑ボランティアの方々の自主的な活動があってはじめて可能となっているもので、三年目に職員の負担が大変だから止めようという声が出た程なのです。しかし、全職員で話し合った結果「畑から帰ってきた時の利用者さんたちのあの笑顔を思うとねぇー」の一言に全員が同感、「大変でも続けよう」の結論になったのでした。また、毎年生協の産直品の生産地として交流の深い田尻町の農家から減農薬のお米で作った麹と大豆を購入し、利用者全員が参加して味噌をつくるなどこれまでの生活で高齢者の方が体験してきたことをできるだけ再現し昔取った杵柄を発揮する場をと心がけた行事に取り入れてきました。

ほとんどの職員に施設の経験がなかっただけ既成観念に捉われずに進めたことが、その後訪れた方の感想に必ず出てくる「明るくて家庭的」な雰囲気を作り上げたと思いますし、その雰囲気が利用者に居心地のよさを感じさせていると思っています。

**② 一九九九年七月　桜ヶ丘訪問看護ステーション開所**

訪問看護ステーションは、医療法人か看護協会設立が普通で福祉系施設に併設するものは珍しいのですが、在宅介護の複合施設として医療系サービスもと当初から計画に入れておりました。しかし、開所当時は医療機関特に地域の一部の開業医さんにとって訪問看護ステーションは商売敵と映ったようで一年間程は利用者が増えず、所長が営業に回ったりする中で二年目以降は利用者の伸びに伴う看護師の補充に苦労しました。

病院におけるチームの一員としての仕事に慣れた看護師は、子育て等で長く現場を離れた後復帰する職場が全てを一人で対応しなければならない訪問看護ということに自信を持てないということもありますし、そもそも募集に応じてくる方が殆ど無い状況で人員確保に最も苦労したといえますが、五年目に入った現在、看護師九人、事務一人の優秀で心優しいスタッフが揃い地域の医療機関や関係機関の信頼を得て順調に推移しています。

**③　一九九九年一二月　桜ヶ丘ヘルパーステーション開所**　二〇〇〇年四月の介護保険施行前に開所をと指定基準ぎりぎりの常勤三人のヘルパーで開所したものの、当時仙台市では公社と民間三社に措置としてのホームヘルパー派遣を委託しており全額自己負担分のホームヘルプでしたから、三月までは二、三人の利用者でしたが、四月は実利用者が三九人で始まり年度末三月には八八人と倍以上の増え方でした。職員も常勤五人登録ヘルパー三二人の体制でつき訪問時間は一三四六。五時間に延びたのですが、年間ではまだ赤字となっていました。

二年目の二〇〇一年度から単月・年度とも黒字となり、二〇〇三年一〇月現在、常勤ヘルパー八人、登録ヘルパー五七人で月三〇〇〇時間を超す訪問を行っています。

**④　二〇〇〇年七月桜ヶ丘在宅介護支援センター開所**　居宅介護支援事業所としては一九九九年八月にデイサービスセンター名で指定を受けケアプラン作成に当たり、仙台市からの委託を受けた在宅介護支援センターとして市の高齢者保健福祉サービスとともに介護保険申請手続きからケアプラン作成まで地域住民の相談に対応しています。

在宅介護支援センターは本来エリアとする地域在住高齢者の介護保険のみならずあらゆる相談に応ずることになっているものの、現状ではケアプラン作成に追われ介護予防、地域調整連絡会議等在介本来の活動は後回しになっているのが実情です。

特に仙台市の場合二〇〇〇年七月に一三ヵ所から三八ヵ所に一気に増やした際に委託を受けた事業所の中には地域との接点をもてずに在宅介護支援センター本来の活動を殆ど行っていないところもでているようです。

桜ヶ丘では、ケアマネージャー専任二人・兼任三人で発足、〇二年四月専任三人・兼任四人体制になり、〇三年四月には在宅介護支援センター選任職員として新卒の社会福祉士を採用し、介護予防教室開催や民生委員と連携をとりながらの一人暮らし高齢者訪問等地域に深く関わることが可能になってきています。

⑤ **にしたが介護支援センター・⑥にしたがヘルパーステーション**　二〇〇二年四月仙台市太白区に改装出店したみやぎ生協西多賀店二階に開所。店舗の二階でしかも奥まった場所ということで存在自体をアピールできず一年目は二事業所で予算の一。四倍の赤字をだしましたが、二〇〇三年度は逆に予算の赤字幅が半分に留まり三年目の早い段階で単月黒字になる見込みになっています。新規事業開設では地域に見える存在になることが肝要という教訓を得た経験でした。

## 二　四年半の実践から見えてきたもの

① 桜ヶ丘居宅介護支援事業にみる介護保険施行後の受給者の変化　二〇〇〇年四月に介護保険が導入されたがこの四年間のそれぞれ九月度の数字で比較した表が以下の表1・2です。

② 利用サービスについての変化　資料として掲げた表4・5を参照して下さい。

③ この資料の表と日頃利用者と接していて言えることは次のようなことです。

ⅰ 当初、介護保険受給をためらっていた人々が年を追って要介護認定申請をし、要支援・要介護1程度の要介護度の低い人が増えていること（この傾向は全国的な調査でもみられるようです）。

**表１　要介護度別比率推移**

| | 00年９月 | 01年９月 | 02年９月 | 03年９月 |
|---|---|---|---|---|
| 要支援 | 13.2% | 13.1% | 14.8% | 14.5% |
| 要　１ | 27% | 28.3% | 30.3% | 31.9% |
| 要　２ | 19.5% | 20.4% | 20.1% | 20.0% |
| 要　３ | 13.2% | 11.8% | 11.5% | 11.9% |
| 要　４ | 13.5% | 12.3% | 11.0% | 10.4% |
| 要　５ | 13.6% | 14.1% | 12.3% | 11.4% |
| 総数 | 135人 | 164人 | 188人 | 208人 |
| 受託数 | 161人 | 200人 | 220人 | 229人 |

**表２　要介護度別利用単位の限度額比推移**

| | 00年９月 | 01年９月 | 02年９月 | 03年９月 |
|---|---|---|---|---|
| 要支援 | 59.8% | 47.4% | 40.7% | 33.5% |
| 要　１ | 42.4% | 41.8% | 41.0% | 36.1% |
| 要　２ | 38.2% | 44.5% | 44.6% | 55.2% |
| 要　３ | 39.8% | 44.8% | 40.8% | 51.7% |
| 要　４ | 47.0% | 51.8% | 51.3% | 49.5% |
| 要　５ | 38.1% | 51.3% | 52.4% | 58.7% |
| 総数 | 135人 | 164人 | 188人 | 208人 |
| 受託数 | 161人 | 200人 | 220人 | 229人 |

**表３　仙台市の要介護者の出現率**

| 年度 | 00年４月 | 01年４月 | 02年４月 | 03年４月 |
|---|---|---|---|---|
| 出現率 | 10.8% | 12.1% | 14.0% | 15.4% |

**表4　要介護度別利用サービス種類数と利用順位の推移**

| | 00年9月 | | 01年9月 | | 02年9月 | | 03年9月 | |
|---|---|---|---|---|---|---|---|---|
| 要支援 | 1.1 | ①デイサービス<br>②ヘルパー | 1.2 | ①ヘルパー<br>②デイサービス<br>③機器レンタル | 1.1 | ①ヘルパー<br>②デイサービス<br>③機器レンタル | 1.1 | ①ヘルパー<br>②デイサービス<br>③機器レンタル |
| 要　1 | 1.3 | ①デイサービス<br>②ヘルパー<br>③レンタル<br>④ショート | 1.5 | ①デイサービス<br>②ヘルパー<br>③ショート<br>④レンタル<br>⑤デイケア | 1.7 | ①デイサービス<br>②ヘルパー<br>③レンタル<br>④ショート<br>⑤訪看 | 1.6 | ①デイサービス<br>②ヘルパー<br>③レンタル<br>④ショート・デイケア・訪看 |
| 要　2 | 1.4 | ①デイサービス<br>②ヘルパー<br>③レンタル<br>④訪看 | 1.7 | ①デイサービス<br>②レンタル<br>③ヘルパー<br>④ショート<br>⑤訪看 | 1.9 | ①デイサービス<br>②レンタル<br>③ヘルパー<br>④ショート<br>⑤訪看 | 2.3 | ①デイサービス<br>②ヘルパー<br>③レンタル<br>④ショート<br>⑤訪看 |
| 要　3 | 1.7 | ①デイサービス<br>②ヘルパー<br>③レンタル<br>④訪看<br>⑤ショート | 1.8 | ①デイサービス<br>②ヘルパー・レンタル・ショート<br>⑤訪看・入浴デイケア | 2 | ①デイサービス<br>②レンタル<br>③ヘルパー<br>④ショート<br>⑤訪看・訪リハ | 2.2 | ①デイサービス<br>②ヘルパー<br>③レンタル<br>④ショート<br>⑤訪看 |
| 要　4 | 2.5 | ①デイサービス<br>②レンタル<br>③ヘルパー<br>④入浴<br>⑤訪看 | 2.6 | ①デイサービス・ヘルパー・レンタル<br>④訪看・ショート | 2.9 | ①ヘルパー<br>②デイサービス訪看<br>④レンタル<br>⑤ショート | 2.8 | ①デイサービス<br>②ヘルパー・レンタル・ショート<br>⑤入浴 |
| 要　5 | 3.4 | ①訪看<br>②レンタル<br>③ショート<br>④デイサービス<br>⑤ヘルパー | 2.8 | ①ショート<br>②訪看・レンタル<br>④デイサービス・ヘルパー<br>⑥入浴 | 3.8 | ①レンタル<br>②訪看<br>③入浴・ヘルパー<br>⑤デイケア | 3.8 | ①レンタル<br>②訪看・入浴・ヘルパー<br>⑤ショート<br>⑥デイサービス |

**表5　利用サービス種類別利用者推移**

| | 00年9月 | 01年9月 | 02年9月 | 03年9月 |
|---|---|---|---|---|
| 訪問介護（ホームヘルパー） | 31% | 38.4% | 47.9% | 51% |
| 通所介護（デイサービス） | 75.6% | 63.4% | 54.8% | 48.6% |
| 福祉機器レンタル | 20% | 25.6% | 34.6% | 33.7% |
| ショートステイ | 10.4% | 19.5% | 18.1% | 17.8% |
| 訪問看護 | 14.1% | 15.2% | 16% | 15.4% |
| 訪問入浴 | 5.9% | 4.9% | 5.3% | 4.8% |
| 通所リハビリ（デイケア） | 2% | 9.6% | 4.8% | 8.2% |
| 訪問リハビリ | 0.7% | 0.6% | 1.1% | 0.5% |

ⅱ　要支援・要介護1などの要介護度の低い人は主としてヘルパーとデイサービス等一〜二種類のサービスを限度額の三分の一程度利用していること。

ⅲ　要介護度の重い人は年を追って利用するサービスの種類が増え、利用限度額の利用比率も上がっていること。

ⅳ　要介護度が重くなるにつれ、当然とはいえ訪問看護や訪問入浴等の利用単位の高いサービス利用が増えること。

ⅴ　逆に要介護度が重いのに、在宅で介護している家庭でヘルパーを使わない家庭が偶々見られますが複数の介護者等介護力があって施設ではなく在宅を選んでいることがわかること。

ⅵ　表5からわかるようにサービス種類の中で、ⓐデイケア、ⓑショート、ⓒ福祉機器レンタル、ⓓ訪問介護の利用が伸びており、この三年半で二・一倍から一・六倍になっている。

ⅶ　ケアマネージャーのあり方は介護保険の核とな

る存在ですが、報酬に見合う五〇人から六〇人の利用者を担当し、要求される実務をすべて誠実に果たそうとすると過酷な勤務となり今後必要な人員を確保できるのか。

## 三　当面する課題、問題点と今後の方向

私は高齢者福祉が公費負担から社会保険方式に転換するときいた時に保険料や利用料自己負担分を支払えない人々はどうなるのか高齢者福祉はあくまでも国の責任でみるべきと反対する気持ちが強く、特に九八年頃に行われた介護保険導入に向けたシンポジウムで、ある推進団体所属のパネラーが保険料は高いほどサービスが充実するので、一万円位までなら……。と述べたことにショックを受け、介護保険とは高所得者に歓迎される制度なのだと不信感を抱いたのでした。

しかし、この四年半高齢者福祉事業に携わってきた実感は、介護保険という社会保険方式をとることによって高齢者介護は家庭内介護から確実に社会化が進んだということは断言できますし、各種の事業所の参入で基盤整備がそれ以前とは比較にならないスピードで進みつつあることも事実です。

ですから、これまでの三年半の経過からみると介護保険の導入の功罪は功の方が大きいと思いますが今後を考えると、①高齢化率が進み、二でまとめたように、②申請者が増え、③利用サービス種類と利用率が増え、④施設利用者が増えることは容易に予想できることであり、介護費用の総額が年々増大することが予測されます。その時に三年ごとに見直される保険料がどこまで上がって行くのか、また、医療保険と同様に利用者負担も一割から三割にという議論もされはじめており、低所得者に

とって介護保険は絵に描いた餅になってしまうのではないかという懸念を持ちますし、介護保険そのものが破綻するのではと危惧しています。

## 四　まとめ

社会福祉法人こーぷ福祉会として「安心して住み続けられる地域づくり」のために介護福祉のレベルをあげるべく若い職員たちと日々努力してきましたが、利用者に喜ばれる施設は職員にとっても自信と喜びをもたらすというのが実感です。

四年半の実践を経て、桜ヶ丘デイサービスセンターは年間で延べ一、八〇〇人を超すボランティアさんが参加していますし、また地区社協さんとは元気な高齢者対象の介護予防教室を共催し、民生委員と在宅介護支援センター職員が同行して一人暮らし高齢者を訪問するなど地域福祉の実績を重ねています。地域に、利用者に喜ばれる施設に働いているという自覚は若い職員に自信をもたせ、よりよい介護をより皆で力を合わせという意識を強めているようで開所以来死亡事故、転倒骨折事故は一件も起きていません。平均して一ヵ月に一・五回ぐらい救急車を要請することはあるのですが、職員の迅速で的確な対応で大事に至っていないと言えます。

年間延べ四〇〇人を超す研修生の感想文に「職員の方々の明るさと細やかな心配り、確かに自由でゆったりと過ごせる雰囲気でした」、「センターで働くすべての方々の気配りが素晴らしくすみずみまで神経をくばっていらっしゃり、キビキビと動く姿に惚れ惚れしました」とあるように、利用者にとっても働く者にとっても喜ばれる施設運営ができているのは、協同組合福祉を根底としている福祉事業だからと思っています。

＊　二〇〇三年九月脱稿。その後、五年目の改定に向け状況の変化があります。

# 在宅介護支援センターの変遷と課題

大沼　由香

## 一　はじめに

一九九〇年より始まった在宅介護支援センター（以下支援センターとする）は、地域における高齢者の総合相談窓口として、地域の要援護老人等の福祉向上を目的にスタートした[1]。支援センターの仕事は、市町村がやるべき保健・福祉・介護・医療四分野のそれぞれの相談業務をすべてまとめて扱うということであった。事業開始から一〇年、地域における相談援助機関として行政サイドや地域住民から信頼を得て、在宅の要援護高齢者に対するケアマネジメントの第一人者としての地位を少なからずかち得てきた経緯があり、保健・福祉・医療の連携の中で、ケアマネジメント実践の推進力となったのは間違いない。

しかし、介護保険の導入時ケアマネジメント機能の担い手として注目された支援センターは、居宅介護支援事業に要介護高齢者のケアマネジメント機能が位置づけられ、支援センター業務から実質的に切り取られたため、支援センターの機能・役割が見えにくくなってしまった。そこで支援センターは介護予防事業に取り組むことで居宅介護支援事業所との区別化を図ってきた。

ノーマライゼーションの考え方が普及し、「地域生活支援」という言葉が頻繁に用いられている現在、高齢者介護研究会報告(2)により、尊厳を支えるケアの確立が掲げられた。この中で、地域包括ケアシステムの確立に向け、支援センターは関係者の連絡調整とサービスのコーディネートという役割期待が示されている。

現在筆者は、町社会福祉協議会に委託された基幹型在宅介護支援センターに勤務しているが、それまでは教員として介護福祉士養成を約八年間行ってきた。自ら地域に出て、介護福祉士として勤務することで、在宅福祉の現状と介護福祉士の状況を体験しようと考え、三年前に新規開設の基幹型在宅介護支援センターに就職したのである。開設より約三年間の取り組みを振り返り、事業委託の基幹型在宅介護支援センターがどのような挑戦をしてきたかを報告することで、支援センターへの期待と課題を提言したい。

## 二　支援センターの経緯

わが国の高齢者福祉政策において在宅福祉重視が主張され始めたのは、一九七三年のオイルショックによる高度経済成長の終焉と財政の硬直化を機にしてのことである。財政主導の福祉見直しによって、財政負担の軽減をめざす在宅福祉重視論が登場したのであるが、同時期に福祉先進国のノーマライゼーション理念の普及によって、選択可能なサービス供給体制の構築という在宅福祉充実化論が台頭していたため、財政負担軽減と在宅福祉充実という相反する目的をもって、在宅福祉策の事業化開始となった。

一九八九年ゴールドプラン（高齢者保健福祉推進一〇ヵ年戦略）により在宅介護支援センターが制度化され、一九九〇年支援センター整備開始となった。一九九二年の事業実施要綱では、事業目的が「在宅の要援護老人の介護者などに対し在宅介護に関する総合的な相談に応じる」となっていたが、一九九四年、新ゴールドプランに「利用者本位・自立支援」、「総合サービスの提供」などが明記されたと同時に、家族介護支援政策が変更され「在宅の要援護高齢者もしくは要援護となるおそれのある高齢者またはその家族などに対し」と、家族介護支援ではなく本人支援に変更となり、社会的介護策への転換を図った(3)。

一九九八年、介護保険制度導入後における支援センター機能強化を目的に、現行の支援センター（標準型）に加えて市町村内の支援センターの総合調整を行う基幹型と、併設施設を要しない「単独型」の三層構造となり、単独型は民間企業への委託ができるようになった。

二〇〇〇年四月、介護保険制度の導入を踏まえ、支援センターの機能は介護保険の対象外者に対する介護予防、生活支援サービスの調整、実施などへ重点を移すと共に、地域ケア体制の拠点機能を果たすものとされ、「基幹型」、「地域型」の二つの機能配置へと転換された。基幹型支援センターに「地域ケア会議」を設置し、地域型支援センターの統括、要支援・要介護となるおそれのある高齢者に対する介護予防・生活支援の調整、介護サービスの指導・支援を行うこととした。

二〇〇一年の支援センター運営事業実施要綱[4]では「在宅介護などに関する総合的な相談」と「各種の保健、福祉サービス（介護保険を含む）が、総合的に受けられるように市町村など関係行政機関、サービス実施機関及び居宅介護支援事業所などとの連絡調整などの便宜を供与」し、福祉の向上を図ると謳っている。

## 三　支援センターの状況

### 1　支援センターと居宅介護支援事業

一九九〇年度に設置された支援センターは、介護保険開始前の一九九九年末までに五、六一七ヵ所[5]が開設されている。二〇〇二年一〇月一日現在、全国の支援センターは七、九八四ヵ所であり、支援センター従事者は約一六、七〇〇人である。[6]

支援センターが中学校区に一ヵ所と身近な場所に配置されたことで、従来の在宅福祉サービス利用が来所相談、申請主義というスタイルだったものから、訪問相談や申請代行が可能となった。職員配置は保健医療福祉の専門職種の組み合わせで総合的なニーズのアセスメントを可能とし、二四時間の相談体制とすることで、保健福祉の諸サービスの積極的な調整仲介と、個別的な直接援助の両方を実施することができるようになった。

二〇〇〇年四月、支援センターの機能は介護保険法施行により介護保険の対象外者の予防に重点を移し、地域ケア体制の拠点機能を果たすものとなったが、地域型支援センターは、居宅介護支援事業所との二枚看板で対象が拡大された状況となった。

二〇〇一年度支援センター業務実態調査の結果によれば、支援センターの七九・三%が居宅介護支援事業を実施しており、特に地域型では九〇・七%が併設となっている(7)。

居宅介護支援事業におけるケアプラン作成については、要援護者と社会資源とを連結することが主で、サービスの統合的供給としてのケアマネジメントであり、支援センターのそれまで実施してきた要援護者への心理的なカウンセリング援助をしながらケアマネジメント機能を果たすというソーシャルワーカーとしての専門性は重視されず、一般のケアマネジャーとの違いが表面化しなかった。

しかし、実際には、福祉サービスの充実として高齢者生活支援生きがい健康づくり等が求められ、本来支援センターが実施してきたアプローチとしてのケアマネジメント機能は、事後救済だけではなく事前予防へと窓口を拡大しなければならない。

さらに、要介護認定の非該当者などの個別支援に視点を置くだけでなく、地域組織の組織化・連携体制の構築により、地域の全ての高齢者を地域全体で支えるシステムづくりが必要である。

## 2　介護予防・生活支援事業

一方、支援センターの介護予防・生活支援事業の実施状況は七一・三%である(8)。市町村の委託となるため、実施率は市町村の実施状況といえる。実施事業の上位項目は高齢者実態把握、介護予防プランの作成、家族介護教室の順で、基幹型・地域型ともに違いは見られない。未実施の支援センターの理由は四一・四%が「市町村が委託事業としていないため」としており、支援センター設置主体である市町村の姿勢も問われている。

地域型支援センターの委託事業費は、「基本事業運営費＋各種加算事業総額」が六七・七％、「各種加算事業も含め委託費は定額」が二〇％であり、委託費六〇〇万円未満が六割を超えている。(9)このような厳しい状況にありながら、介護予防事業を委託せず、介護予防事業の推進が遅れている市町村において、居宅介護支援事業の実施により人件費などを捻出しなければならない状況では、在宅介護支援センターの真価は見えてこない。

二〇〇三年五月に全国在宅介護支援センター協議会より「これからの高齢者介護における在宅介護支援センターの在り方について――中間報告(10)」が出されたが、支援センターの特色を「市町村行政の代替機能」とし、「高い公益性を有する」と記している。この内容を高齢者介護研究会に提出し、高齢者介護研究会報告には、支援センターが地域包括ケアを機能させるための重要な機関であることが示され、連絡調整などサービスのコーディネートを行うことへの期待が示されている。(11)

### 3　基幹型在宅介護支援センター

地域包括ケアシステムの構築には、基幹型在支援センターの機能が重視されるが、基幹型支援センターは一九九八年に制度化され、介護保険開始直前の一九九九～二〇〇〇年に開設しているところが五二％であり、(12)社会福祉協議会委託が五〇・二％、運営主体は市町村直営が四二・六％となっている。(13)

地域ケア会議の開催状況は八〇・一％であり、基幹型支援センターが主宰しているのは、六二・八％で、次いで市町村主宰が二八・二％である。開催回数は年平均一一・九七回で、地域ケア会議の担う役割として介護予防・生活支援サービスの総合調整六三・五％、居宅サービス事業者等の支援四九％である(14)。筆者の所属する基幹型支援センターも含め、これまで手探りで実施してきた状況を考えると、地域ケア会議の実施方法は様々で一様に評価はできない。

また、未実施の支援センターの理由は、市町村の意向が三一・七％であり、支援センター運営姿勢の違いが伺える。先進的取り組みを実施しているところはあるものの、一般的な基幹型支援センターは、地域包括ケアシステムの構築や介護予防の推進のために、どれだけ積極的な展開を行うことが出来ているのか。行政と基幹型支援センターが一体となって取り組むことがシステム構築には必須条件である。

## 四　基幹型支援センターの実践報告

筆者の勤務する柴田町中央在宅介護支援センターは、宮城県県南地域に位置し仙台市から約四〇分のベットタウンである。人口約四万人、高齢化率一七・七七％、六五歳以上高齢者約七、〇〇〇人、要介護認定者約八七〇人で、県内でも高齢化率が低い町である(15)。基幹型支援センターは二〇〇一年四月に町社会福祉協議会に委託され、社会福祉協議会事務局長が所長を兼務、専任職員は保健師と介護福祉士の二名で開設した。二〇〇三年四月より看護師と社会福祉士配置となり、筆者は当初介護福祉士として、現在は看護師として勤務している。当時支援センターは、一九九九年開設の社会福祉法人委託の地域型支援センター一ヵ所のみであった。当社会福祉協議会は、介護保険事業には参入しておらず、住民参加型互助事業や小地域福祉活動などに力を入れており、基幹型在宅介護支援センターは、介護保険事業者に対し公平中立性を明確に示すことが出来る。

筆者は基幹型支援センター業務を通し、地域包括ケアシステムの構築に向け支援センターへの役割期待と同時に、支援センター職員の資質の向上が課題であると考えている。サービス事業者（居宅介護支援事業者も含む）支援を中心に実践報告し、支援センターの課題を提起したい。

### 1　地域型支援センターとの連携

支援センター連絡会を毎月開催し、困難事例検討・情報交換・研修報告を実施している。当初、福祉課高齢福祉係だけが出席していたが、事例の共通理解の必要から介護保険係と健康推進課の保健師にも出席してもらい、チームケア実施の機会としている。

行政は支援センターに対し、独居高齢者・高齢世帯台帳を個人情報管理上提示できないとしていたため、地域型支援センターは要介護認定の訪問調査時に実態把握を実施。また、基幹型・地域型支援センターともに法人委託であることから、地域型支援センターが、実態把握票を委託契約先である行政以外に提出できず、基幹型支援センターは情報の集約ができない時期があった。しかし、行政・支援センターの関係作りと役割理解により、地域型が収集した実態把握票の集約も基幹型で実施できるようになった。また、要介護認定非該当者について行政から支援センターに情報開示されるようになり、独居高齢者・高齢世帯台帳も支援センターへの開示に向け現在検討されている。地域型支援センター職員とは様々な会議や事例を通して協力関係が築かれている。

## 2　ケアマネジャーへの支援

基幹型支援センターは、隔月情報交換会を設け研修と情報交換を実施している。対象者を町民が契約している居宅介護支援事業所と町内のケアマネジャー実務研修修了者とし、住民サービスの標準化とスキル低下を防いでいる。また、医師との意見交換会を実施し情報提供書様式の独自作成や、在宅ケア連携ノート[16]利用によるチームケア方式も導入した。困難事例については、ケアマネジャーの相談に同行訪問や関係機関との調整で対応し、地域ケア会議を随時開催している。しかし、ケアマネジャー定例情報交換会内で事例検討することは、ケアマネジャーの同意を得ることが難しく実施できなかった。事例整理の時間が取れない、ケアプランに自信がない、検討会の印象が良くない等の理由があると考えられるが、実際三〇人以上のケアマネジャーが集まる定例情報交換会の場で、事例を検討することは困難である。事例検討の方法もアセスメントに対する批判中心となりやすく、マイナスイメージも大きい。

平成一五年度の介護支援専門員実務研修内容が変わり、OGSV[17]方式の学習や、ケアプラン作成においてもICF（国際生活機能分類）モデル[18]の導入などが始まり、研修内容が大きく変更されている。それに伴い、現場のケアマネジャーに対しても、現任研修内容が変更されている。

しかし、都道府県の研修を受けただけでは修得が難しく、ケアマネジャーの資質向上に向けてのOGSV方式の導入と課題解決型ではないポジティブニーズを言語化するケアプラン作成を定着させるためには相当の時間を要する。定着に向けては、市町村単位で継続的にケアマネジャーを支援しなければならないが、ケアマネジメントリーダーである基幹型支援センター職員が、少人数単位でのグループスーパービジョンの継続的学習の機会を提供するなど、かなりの専門的能力と指導力を身につけ取り組む必要がある。

二〇〇三年度、当町でケアマネジャーにアンケートをとったところ、事例検討は従来どおりの個別実施を希望しており、三〇人以上が集まる会議の場での事例検討実施は不可能であるとの回答を得ている。二〇〇四年度より、基幹型支援センターで少人数のOGSV方式による事例検討を実施しており、ケアマネジャーの資質向上とケアプラン作成指導を行っている。今後、定例情報交換会では、事例報告会を実施するなどして、ケアマネジャー間で他者の実践を聞く機会をつくることなども資質向上の機会として検討しなければならないと考えている。

### 3　居宅サービス事業者への支援

居宅サービス事業者支援としては、隔月定例情報交換会を二部構成で実施している。一部の研修は登録ヘルパーなど各事業所から複数参加できる体制をとり、二部の情報交換は現場職員に限定せず、事務員も含め各事業所一名に出席してもらい、輪番で事業所紹介を行う等交流を深めるようにしている。行政から保健・福祉の担当者に出席してもらい、情報提供・意見交換などを行っている。この会議の議事録をイントラネットにあたるＷＡＭ　ＮＥＴの「グループ利用」に掲載し、欠席の事業者にも見てもらえるようにしている。「グループ利用」開始時は、ＷＡＭ　ＮＥＴ研修会も実施し、全事業者がインターネットを導入したため、事務連絡等は全て電子メールで行っている。また、年数回の特別研修会、先進地域視察研修会、事業所の依頼を受け職員のコンサルテーションを実施している。その他、町内外のケアマネジャー交流会、介護職勉強会、訪問介護事業者サービス提供責任者の会、住宅事業者の会等、任意団体の立ち上げを手伝いその事務局を引き受けて、自主的な学習や交流の場、事業所間のネットワーク作りを応援している。

## 4 調査研究の実施

二〇〇三年七月に行政と協力してケアマネジャー・訪問介護・介護保険施設職員を対象とした就労実態調査[19]を実施した。調査対象は町民を担当している居宅介護支援事業所と介護保険施設のケアマネジャー二八人、町内の訪問介護事業所に勤務するホームヘルパー六五名、町内にある特別養護老人ホーム・老人保健施設・デイサービスセンター・痴呆性高齢者グループホームに勤務する介護職員七九名である。調査方法は事業所毎配布・個別郵送回収である。その結果、ヘルパーは雇用の問題の関心が高く、ケアマネジャーと介護職員は仕事の負担に関心が高いことがわかった。各種研修に対しては、どの職種も意欲があり、コミュニケーションや痴呆性高齢者の理解、医学関連の希望が多かったが、ケアマネジャーは時間が取れないと感じ、ヘルパーは研修会情報や機会が少ないと感じていた。これらの結果をふまえ、二〇〇四年度の研修を企画・実施している。また、事業者間の連携に関する不満が少ないことや、基幹型支援センターが事業所職員の相談機能をもつことを多数知っていたことから、継続しての情報交換や様々な研修機会を通じて、事業者間の交流や基幹型支援センターの広報が浸透していることがわかった。

また、地域のボランティアが介護予防推進力となることの重要性から、保健師・社会福祉協議会・地元大学との協働チームを作り、基幹型支援センターが中心となって高齢者の介護予防に関する実態調査を実施した。調査結果から、日中独居老人が多く運動量が少ない、会食・カラオケ・会話の機会を希望していることがわかった。課題はボランティアの確保や送迎、虚弱者の不参加、運営費用問題などであった。この結果をもとにボランティア用の活動手引書を作成し地域に配布予定である。

### 5　行政との連携

委託の基幹型支援センターで設置場所が役場庁舎と離れているため、常に福祉課高齢福祉係や介護保険係、健康推進課との報告・連絡・相談を大切にし、コミュニケーションを深めるよう努めている。種々の会議全てに福祉課担当者が出席してくれるなど協力関係は良好であり、委託基幹型であることでの住民の不利益とならないように努力している。地域ケア会議の中に、管理者クラスで新規サービスの開発を行うレベルの会議は開催していないが、各種会議や事例対応など基幹型支援センターと行政との協働関係が築けているため、支援センターの実施する事業を通じて政策提言もなされている。

## 五　むすびにかえて

筆者は基幹型支援センターでの事業実践を通じ、保健・医療・福祉という様々なネットワークを丁寧に築くことで、効果的な仕事ができることを学んできた。これは、地域ケアシステムの構築が重要であることを意味している。

一例一例にケアチームで対応していくことの累積がシステム化に連動するのであり、形だけを整えてもシステムとして本来の機能は発揮できない。実際、出前介護予防講座等の地域へ出向く実践の結果、現在では老人クラブや小地域福祉活動で介護予防という言葉が自然に使われ、ボランティアの紹介による相談が増え、調査や冊子作りの協力もいただける関係ができている。介護保険事業者とも情報交換・ケース検討・協働事業を行うことで、相互理解が深まり様々な機会に推進課題を提案いただき、地域ケアのシステム構築に結びついていると感じている。また、社会福祉協議会を母体としていることで、地域福祉活動に取り組む住民との接点を容易にもち得るメリットも大きいと考える。

今後、介護保険と支援費制度が統合されることになれば、支援センターが高齢者の枠をはずし、障害者なども含めた相談窓口になる可能性がある。これまで、保健福祉事務所、市町村、社会福祉協議会などが、分野ごとにその機能を果たしてきたが、包括されたものではなかった。中学校区単位に専門的相談機能が充実すれば地域のネットワークを使いながら、誰もが、住み慣れた地域で暮らす支援が出来るようになる。支援センターは本来のケアマネジメント能力を発揮すると同時に、地域包括ケアにおいて様々なサービスのコーディネート機関としての役割を担うことになるのである。

現在わが国の地域福祉は、住民参加型の地域づくりが中心となっているが、これに対し、地域包括ケアシステムが構築されれば、コミュニティ・ケアマネジメント機能が必要となる。住民相互の助け合い事業に指針を与え、地域福祉が真に推進されるのではないか。今後の支援センターの重要性に鑑みた場合、その課題はコミュニティ・ケアマネジメントという重要な役割を担えるような職員の適正配置、資質向上の機会提供と、支援センターの運営設置方法、責任と権限などが重要課題となる。支援センターがその機能をどのような形で発揮できるかも含め検討していくべきではないだろうか。

（1）一九八九年「高齢者保健福祉推進一〇ヵ年戦略（ゴールドプラン）」により、要援護高齢者の増加と介護機能を十分にはもたない家族、親族の増加に対して、「家族介護支援」策を充実させるものとして具体的な施策を提示している。この中の在宅福祉対策の緊急整備計画は、一九九〇年度を計画初年度とし、一九九九年度までに整備する目標値がサービスごとに示され、それら在宅福祉サービスを住民が積極的に利用していけるよう促進するため事業を展開する機関として在宅介護支援センターは位置づけられた。

（2）二〇〇三年六月二六日「二〇一五年の高齢者介護――高齢者の尊厳を支えるケアの確立に向けて」高齢者介護研究会（厚生労働省老健局長中村秀一氏の私的研究機関）が、団塊の世代（戦後ベビーブーマー）が六五歳となることを予測した高齢者介護の課題整理した報告書。

（3）一九九四年　在宅介護支援センター事業実施要綱の一部改正。

（4）二〇〇一年五月二五日　老発第二一二号「在宅介護支援センター運営事業などの実施についての」の一部改正について。

（5）厚生労働省大臣官房統計情報部企画課情報企画室「都道府県市区町村のすがた」。

（6）「平成一四年社会福祉施設等調査の概況」　厚生労働省発表　平成一五年九月二六日　厚生労働省大臣官房統計情報部。

（7）二〇〇三年三月「平成一三年度　在宅介護支援センター業務実態調査報告書」全国在宅介護支援センター協議会。

（8）前注（7）参照。

（9）前注（7）参照。

(10) 全国在宅介護支援センター協議会における「これからの高齢者介護における在宅介護支援センターの在り方に関する検討委員会」、座長白澤政和（大阪市立大学院教授）他、委員六名とオブザーバーとして厚生労働省老健局計画課、厚生労働省老健局振興課などが出席し、五回にわたって議論された。在宅介護支援センターの特色を「在宅介護支援センターは、老人福祉法において、市町村が行うべき老人福祉に関する情報の提供並びに相談及び指導などの実施機関として明記されており、を担っている。また、地域住民に最も身近な場所で、地域の全ての高齢者に対し、保健、医療、福祉の総合相談窓口としての役割を担っているなど、高い公益性を有しており、その特色からも、運営費には公費が投入されているところである。」と記している。

(11) 二〇〇三年六月二六日「二〇一五年の高齢者介護——高齢者の尊厳を支えるケアの確立に向けて」高齢者介護研究会（厚生労働省老健局長中村秀一氏の私的研究機関）。

(12) 前注(7)参照。

(13) 地域ケア会議：介護予防・生活支援の観点から、介護保険外のサービス提供が必要な高齢者を対象に、効果的な介護予防・生活支援サービスの総合調整や地域ケアの総合調整を行う。

(ア) 構成：保健、医療、福祉などの現場職員を中心に概ね一〇人程度で構成する。

(イ) 業務内容：①地域型視線センターの統括、②介護予防・生活支援サービスの総合調整、③居宅サービス事業者及び居宅介護支援事業所の指導・支援、④居宅サービス計画（ケアプラン）作成指導等。

(14) 前注(7)参照。

(15) 二〇〇三年三月三一日現在、柴田町広報。

(16) 長寿開発センター作成の連携ノートを使用。

(17) 奥川グループスーパービジョン——奥川幸子氏を中心としたグループが開発したスーパービジョン方式。

(18) 「リハビリテーション（総合）実施計画書を上手に使いこなす法」リハビリテーション（総合）実施計画書の書き方検討委員会。

(19)「平成一五年度柴田町ケアマネジャー・ホームヘルパー・施設介護職員就業実態調査報告書」二〇〇四年三月、柴田町社会福祉協議会中央在宅介護支援センター発行。なお、調査様式は、厚生科学研究（政策科学研究推進事業）「介護関連分野における雇用・能力開発指針の策定に係わる研究」（平成一二―一四年度）を使用。

# 公的責任による高齢者福祉を守って

## ――一関市におけるヘルパーの取り組み

小野寺　栄悦

### 一　はじめに

一関市は、人口六二、二六五人の岩手県南、宮城県北の拠点都市となっています。当市は他の地方都市同様、年々高齢者人口は増加し二〇〇二年度では六五歳以上の高齢者は一三、九〇〇人と二二・三％、また寝たきり高齢者は一六〇人、ひとり暮らし老人は一、三〇八人となっています。

県内のホームヘルプサービス事業が社会福祉協議会にほとんど委託されているなかで、一関市は行政直営の事業として一九六九年、二名の家庭奉仕員から始まり、また、訪問入浴はそれまで家庭での入浴をできずにいた高齢者や家族の切実な要望に応え、一九七五年から県内で四番目に市単独事業として開始されました。その後一九八九年のゴールドプラン以降、一九八八年に一四名だったものが一九九〇年に二四名と、ヘルパーは大幅な増員となり「寝たきりにさせない、そして介護人の負担軽減」をめざし介護体制の充実が図られてきたのです。

こうしたなか、一九九五年には県内や全国のなかでも在宅福祉事業が評価され、「厚生大臣表彰」を受けるに至りました。

市のヘルパーはすべて非常勤特別職の身分で、週三〇時間、午前九時から午後四時までの勤務となっています。二年更新の継続雇用で、一九九六年には最大で三九名の体制で訪問介護と移動入浴（入浴車四台）をおこない、また労働条件の向上や地域福祉の拡充をめざし一九九一年には全員が一関市役所職員労働組合に加入をしています。

## 二　老人福祉計画策定にあたっての取り組み

一九九三年七月に、一関市老人福祉計画策定委員会が設置されました。委員会は行政、専門家、介護者、そして労組代表で構成され、事務局員としてヘルパー三人が加えられています。

その際にヘルパー達は独自に「利用者ニーズ調査」をおこない市当局に要望書を提出しました。また、全員のヘルパーが三チームにわかれ、遠野市の「ハートフルプラン」やさまざまな厚生省通知、市民福祉基本計画等の学習をおこないながら、利用者の要望や問題点を検討し「安心してこの地域・家庭で暮らしたい」との願いと「だれでも、いつでも、どこでも利用できる継続的な、そして良質なサービス」を提供するためにと「公的ヘルパー」としての責任をもった取り組みが顕著にあらわれてきたのです。

地域のなかでは「よりよい老人保健福祉計画を求める会」が結成され、ヘルパー自身もこの会に参加をして、アンケート調査活動などで専門性を生かした取り組みをおこなうこととなったのです。

## 三　二四時間ケアは私たちが担います

一九九六年六月の市議会で、二人の議員が「二四時間ケア」について取り上げました。革新系議員からは、その実施とともに「ヘルパーは正規職員として配置、充実させるべきである」と、そして一方の保守系議員からは、ヘルパーが労働組合に加入し、労働条件の改善要求をしていることをとらえ批判しつつ「資質・能力なきものは二年での雇用打ち切り」を当局に迫ると同時に、「二四時間ケアをおこなっている自治体の多くが社会福祉協議会ヘルパーだからできる」と市ヘルパーへの攻撃をおこなってきました。

ヘルパー達は、全員での学習会を重ね二四時間ケアと労働条件改善にかかるアンケートを取り組むとともに、「二四時間ケア問題対策委員会」を自ら設置し、まずはヘルパー派遣世帯を対象にニーズ調査を実施しました。また、ミニニュースの発行やチーム（七〜八人）毎の懇談会、学習会を重ねながら「行政・福祉事務所に直結し、訪問介護・訪問入浴、パートヘルパーなど一元的な供給体制の堅持や、医療・保健との連携」のためにも市のヘルパーによる実施が求められていることを確認しながら、当局に対して「二四時間支援体制についての市職労ホームヘルパーの提案」を提出しています。

内容は、①住民のニーズ、当局はじめ議会、そして関係者の期待に積極的に応えます。②一層の介護サービス充実のため、老人福祉計画の見直しにあたり総合的、機能的施設の建設を検討してほしい。など五項目からなる提案でした。

そして、提案の実現を迫りながら当局と何度も交渉をおこなうとともに、教育民生常任委員会議員との懇談会や、県内で初めて二四時間ケアをおこなっていた盛岡市の特別養護老人ホーム「山岸和敬荘」への視察など、ありとあらゆる取り組みに努力しました。

しかし当局は、「産業の振興」や「利用者の選択の拡大」の条件を整備するとして、一九九七年三月議会での予算計上をおこない、六月から民間企業一社に二四時間ケアを委託することとなりました。しかし、実施後の状況では、福祉にはありえないと思っていた営利主義やコスト主義が一部に問題視されていたことも事実です。これが介護保険の先取りともなっていたのです。

## 四　「老老介護事件」と向き合う

一九九八年一月一四日一関市において、痴呆で寝たきりの八九歳の母親を六三歳の娘が絞殺するという痛ましい事件がおこりました。生計は娘のパート収入六万円余りと、母親の国民年金三万円程で、毎日の過酷な介護と深夜に及ぶパート、貧しい経済状況が娘の心と体をむしばんでいったのでした。

民生委員の勧めもあり、市役所に生活保護と特別養護老人ホームへの入所を相談に来ましたが、将来のためにと準備した預金があったため生活保護を認められず、また特養ホームも待機者が多くてすぐには入れられないことを告げられ、後の供述では「市役所はあてにならないと感じた」と娘は語ったとされています。

事件は、福祉関係者のみならず市民にもおおきな衝撃を与えました。市職労ヘルパー部会はただちに緊急の全員集会を開催し、事件の背景や再び同様の事件が起きないためにはどうしたらいいのかを話し合いました。市職労としても、住民のいのちや健康を守るべき行政が弱者を守れなかったことを重く受け止め、三月に「痛ましい事件を二度と繰り返さないように／福祉や介護を考えるシンポジウム」を主催しました。市議会議員、老人クラブ、行政区長、民生委員、福祉関係者など広範な方々に呼びかけたところ、季節はずれの雪のなか、予想を上回る一四〇名もが参加をしてくれました。

石川満氏（現日本福祉大学助教授）をはじめ、熊谷茂氏（特別養護老人ホーム明生園園長）、この事件を取材した朝日新聞記者や介護者、元福祉事務所職員をパネリストに今回の事件の教訓をいかに生かしていくかを参加者も含め考えました。また、このシンポジウムからマスコミも注目しはじめ、「筑紫哲也ニュース23」では事件をもとに介護保険の不十分さなどを取り上げています。行政当局も「老人保健福祉計画は達成済み」「福祉の世話になりたくない人にサービスの押しつけは出来ない」などとの姿勢だったものを「今回の事件で行政の責任を痛感している。特養ホームの増設を認めるよう国に求めていきたい」との立場に変化させたのです。

生活保護基準の厳しさや施設の不足など、国の福祉行政の貧困さが浮き彫りになるとともに、「介護保険が導入されれば万全」ではないこともあきらかになっています。

## 五　地域から社会保障拡充の運動が

前述の取り組みや介護保険実施を前にして、市民のあいだにも福祉や社会保障などに対する意識の高揚が生まれてきました。こうした中、市職労が事務局となり、一九九九年八月に県内初めての地域社会保障推進協議会（通称　社保協）を発足させました。本来であれば医療や年金、保育など社会保障全体についての課題をおこなっていくのですが、「緊急かつ市政の重点課題」として介護保険の充実をめざす運動を主点にしました。

具体的には、次の七項目からなる「介護保険拡充の請願署名」を主軸に運動をおこないました。

① 低所得者や事情のある高齢者の保険料及び利用者の減免・助成制度を設けること。また、保険料滞納者に対する制裁措置を適用しないこと。

② 実態調査は公平・公正・迅速・プライバシー保護を重視すること。また、要介護認定にあたっては認定審査会を充実させ、本人や家族の生活実態を総合的に判断しておこなうこと。

③ 高齢者及び住民ニーズに基づき「老人保健福祉計画」を見直し、高齢化社会にふさわしい保健・医療や福祉サービビの拡充をおこなうこと。また、この策定委員会は公開とし情報も積極的に開示すること。

④ 介護手当支給や認定対象外への高齢者福祉対策事業として、現行の水準を切り下げることなく一般財源で維持・拡充すること。

⑤ 地域における公的サービス水準の拡充を図るため、非営利企業の社会福祉協議会や福祉法人に適切な援助をおこなうこと。
⑥ 市として居宅支援事業者及び居宅介護サービス事業者の指定を受け、ホームヘルプ事業、訪問入浴事業を継続拡充し、サービス提供においても基幹的役割を果たすこと。
⑦ 市として総合的相談窓口、苦情窓口を早急に設置すること。

この請願署名を一〇月から一ヵ月の短期集中で取り組みましたが、私たちの要請に老人クラブでは五三団体、四、一五二筆も集めてくれたほか、わざわざ市職労まで届けてもいただきました。また、この取り組みにヘルパー部会が五、七一三筆を集約させるなど主体的役割を果たしたことは言うまでもありません。利用者からは涙ながらに「これからも市のヘルパーに来てほしいから署名したよ」との感動的な出来事や、一人のヘルパーは五〇〇筆を集めるなどの奮闘もありました。

結果的には、有権者比二八％に当たる一三、七七五筆を市議会へ提出し、紆余曲折はあったものの七項目すべてにわたっての採択を得ることができました。県内や全国でも同様の請願が提出され、一部採択や否決が多いなかでのこの結果は、市民世論を力にしたものだったと確信しています。そして、このことが介護保険実施以後の一定の歯止めとなったと思っています。

## 六　介護保険においても「直営」を守る

市のホームヘルパーは「在宅福祉の要」として頑張ってきましたが、介護保険を前にして、一関市には大手民間企業が進出を始めてきました。そして、市議会ではこれまでの「ヘルパーは今後も継続に前向き」から「総合的に検討」に変質しつつありました。

県内でも直営ヘルパーの身分移管や雇い止めの動きが水沢市をはじめ、大船渡市、釜石市、陸前高田市や江刺市などで出てくると同時に、社会福祉協議会や福祉法人に働く福祉労働者の労働条件切り下げも顕著になってきました。

岩手自治労連が介護関係職員労働組合を結成したことから、一九九九年に一関市職労ヘルパー部会は労組法適用のこの組合に加入し、介護職場で働く県内の仲間達とともに結集をすることとなりました。介護関係職員労働組合一関分会は、第一に「全員がヘルパーとして利用者に関わり続けたい」との思いがありました。そして、直行直帰型ではなくステーションに勤務しながらサービスの打ち合わせ、検討が常にできること。第二に医療、保健、福祉関係の連携がサービスの質を高め緊急時においても対応がしやすいこと。行政自身も現場ヘルパーをとおし市民とのパイプ役が図れることなどの観点からも公的ヘルパーが重要であることを確認しました。

介護保険のもとでも直営堅持をかかげ当局との交渉、介護保険策定委員への働きかけ、利用者の実態調査や、利用者にむけた組合ニュース「ふれあい」の発行などを全員参加でやりとげました。

その結果、不十分ながらも、

① 市として居宅支援事業者及び居宅介護サービス事業者指定を受けサービス提供をおこなう（家事介護二名、訪問入浴三台九名）。

② あらたに基幹型支援センターを市として発足させ、各支援センターとの連絡調整をおこなう

（四名）。

③ 身障・精神の措置については引き続き市がサービスをおこなう（四名）。

④ 認定外対象者の受け皿や介護予防教室を担う「地域ケアサービス」をあらたにおこなう。（一四名）。

⑤ 六〇歳までの雇用を継続していく。

との回答を当局から引き出しました。

しかしながら一方では「漸次縮小・撤退」の意向も当局は強く打ち出してきました。

## 七　大きく変わったヘルパーの仕事

二〇〇〇年の介護保険スタートでは、市内にサービス事業所が民間では三ヵ所、社会福祉法人二ヵ所、医療法人一ヵ所、農協一ヵ所、協同組合一ヵ所、NPO一ヵ所が参入してきました。

市のこれまでのヘルパーも職種によって「ヘルパー」（介護保険適用一五名）と「ケアワーカー」（介護予防等一八名）とに職名が変更となり、また、業務が大きく変わったことからとまどいや団結の絆が失われつつありました。しかし、議論を重ねながら「分断ではなく業務の分担」であることやお互いの仕事を尊重し合うことなどを再確認してきています。

ここでそれぞれの業務の内容を簡単にふれておきます。

**〈在宅介護〉**　訪問介護事業所のホームヘルパーは実質二一・五人となり、生活保護など福祉事務所との関わりが必要なケースを多く担当することとなりましたが、少人数での利用者訪問には限界があることから身障・精神担当との訪問調整を余儀なくされています。

**〈訪問入浴〉**　訪問入浴事業所担当は三台で九人体制ですが、民間で一ヵ所実施していること、利用料や家族の負担の軽減からデイサービスへ移行するケースが増えていることなどから、現在は二・五台／日、利用者一〇名／日が実態となっています。また、入浴業務に従事するヘルパーが削減されてきており、繁忙時には他の業務から応援を得ていますが、スケジュール調整、ステーション移動やケース記録などの配慮も必要となっています。

**〈身障・精神〉**　身障・精神は、困難ケースが多いことなどから市が責任をもつこととして、市のヘルパーが利用者を継続して担当することとなりました。

**〈基幹型支援センター〉**　基幹型支援センターでは、福祉事務所の相談受付、介護保険受付、地域型支援センター（九ヵ所）との連絡会議、訪問相談、高齢者の実態把握、地域ケア会議などの業務をおこなっています。専門職が直接市民の相談に応じることや、保健・医療・福祉との連携、現場への迅速性が図られる一方、福祉事務所の窓口業務との兼務により本来の基幹型支援センターとしての「地域支援センターとの関わり」を中心とすることができないなどの課題も残っています。

**〈介護予防〉**　介護予防事業のケアワーカーは、寝たきり予防、痴呆予防など介護を受けずに元気に暮らせることを支援する事業に配置されました。市内の公民館や集会所に出向き、区長、民生委員、保健推進委員そして保健師やボランティア、地域支援センターと連携し、お茶飲み会やレクレーション、調理、手芸、体操、温泉レクなど幅広い内容が企画されています。

地域一体の取り組みや、個々の生き甲斐、活力の場となっていることから評価されていますが、マンネリにならない内容構成や閉じこもり老人への働きかけなど今後の課題もあります。

**〈介護保険適用外〉** 介護保険適用外の高齢者や緊急支援、処遇困難ケースを暫定的に担当するケアワーカーもいます。これまでの措置制度においては、民生委員などの相談により直営ヘルパーが支援をおこなってきましたが、介護保険制度のもとでは調査・認定判断までに時間を要することとなったため、柔軟に対応する役割を担っています。

すべての業務に共通していえることは、非常勤特別職の勤務時間六時間では十分なサービスをおこなえないことなどの問題もあることから、八時間労働の正規職員化が早急に求められ組合としての要求ともなっています。

## 九 「高齢者介護に関する住民生活調査」の取り組み

二〇〇一年から二〇〇二年にかけて、自治労連研究機構と明治学院大学河合克義教授らがおこなった「高齢者介護に関する住民生活調査」に一関市職労と介護職労一関分会は積極的な役割をはたしました。約五〇〇ケースを第三次にわたり調査をおこない、介護保険実施以降の利用者や家族の問題を認識する機会ともなっています。

この調査から、介護保険制度そのものに対する認知はあるものの、保険料や、認定審査、利用料など詳細には不十分であることがあきらかとなっています。そして何よりも、「保険料や利用料が高い」との意見が多いことと、生活保護基準以下の年金しか受給していない回答者が約半数に上っていたことも特徴的でした。また、緊急時に来てくれる人がいない世帯が全体の一二％もいることから、社会的な対応が強く求められている結果ともなっています。

## 十　おわりに

今、社会保障の切り捨てと自治体再編・市町村合併が私たちの大きな課題となっています。国は来年度の介護保険制度見直しに際して、支援費制度の介護保険への統合や利用料負担の増加、軽介護度の保険はずしなどさまざまな改悪が検討されています。こうした動きに対して私たち労働組合では、だれもが安心して受けられる介護保険制度にしていくために地域から声をあげていこうと考えています。ひとつには、これまで利用者や老人クラブ、行政区長などへ届けていた機関誌「ふれあい」をとおして情報を伝えていくこと、そして地域社保協や介護関係に働く労働者とともに「介護保険拡充のシンポジウム」の開催をめざしています。

もうひとつの緊急的な課題は、市町村合併との関わりです。一関市は現在、近隣の花泉町、平泉町、東山町、川崎村との合併法定協議会を設置し二〇〇五年四月の対等合併をめざしています。場合によっては九市町村での合併もとりざたされています（二〇〇四年七月一日現在）。

一関市を除く町村は社会福祉協議会が中心となった福祉サービスをおこなっていることもあり、市のヘルパー、ケアワーカーにとっては身分保障がおおきな不安となっています。当局の「漸次縮小・

撤退」の考えのもと、介護保険実施以降は退職者の補充がおこなわれていません。そして非常勤特別職がゆえに合併特例法の「一般職員の身分の継承」が該当しないことから「雇い止め」や「身分移管」もあり得るからです。

市町村合併のねらいや、合併建設計画の学習をおこない、またすでに合併した自治体への視察研修などをとおして、市民の福祉サービス後退を許さず、さらにはヘルパー・ケアワーカーの雇用を守る取り組みに全力をあげなければならないと決意しています。

幸いにも、これまでの取り組みによって地域での共同も生まれていますし、さまざまな教訓も得ています。これらを力にし福祉の充実した町づくりに引き続き努力していきたいと考えています。

# 検証・介護保険――施行後五年「見直し」の課題

佐俣　主紀

## 一　はじめに

介護保険制度は、施行して五年目に入っている。厚生労働省は介護保険法の附則第二条を受けて制度の全般的見直しの作業を二つのところで進めている。一つは、社会保障審議会介護保険部会で二〇〇三年五月二七日第一回の部会を開き、以降一四回にわたる会議を重ね、論点の整理をしている。もう一つは、厚生労働省内に事務次官を本部長とする介護制度改革本部を二〇〇四年一月八日に設置し、具体的な見直しの作業に入っている。前者での議論の状況はインターネット上でも公開されているが、後者に関する情報は公開されず、マスコミ等の報道で知り得るのみである。

厚生労働省は、介護保険は順調に推移していると評価する一方で、僅か三年を経たに過ぎないのに第二期介護保険事業期間に入るや否や、早くも「介護保険給付の適正化」が中心課題であるという。

一九九八年一二月に成立し、二〇〇〇年四月から施行された介護保険法は、二一五の条文と附則五条からなる法律である。日本国憲法二五条によって、社会保障が国民の権利、国家の義務として確立して以来今日まで様々な社会保障・社会福祉制度が制定されてきたが、介護保険制度ほど多くの国民が全国各地で真の介護保障をめざして様々な意見や疑問、提言そして制度構築のための運動が展開されたものはないだろう。一九六〇年代の「人間が人間らしく生きたい」という願いの実現をめざして多くの国民が参加し、闘われた朝日訴訟は、生存権擁護の国民大運動として展開され、その後の生活保護のみならず社会保障・社会福祉の発展に大きな影響を与えた。介護保険制定時の取り組みは、形や方法は朝日訴訟とは異なるものの住民自ら自分の老後を安心して過ごすために真の介護保障制度はどうあるべきなのかについて全国的な拡がりを持って展開されたと言えよう。それでも十分に煮詰まった議論の上に構築された制度かといえば、あまりにも拙速すぎ、制度の仕組みをめぐっての対立する主張[(1)]を整理することなく、また予測される様々な事態を指摘した意見を無視して法施行を強行したものと言えるのではないだろうか。その結果が欠陥だらけの制度として高齢者とその介護家族、とりわけ低所得階層に新たな介護問題を生じさせ、今日の事態を招いている。

本論では、介護保険制度が施行五年目を迎えたところでどういう問題が生じているのかを明らかにしながら、どう見直さなければならないのかについての具体的な提言をしたい。

## 二　社会保障構造改革の第一歩としての介護保険制度

今日、社会経済システムの全領域にわたって「構造改革」が進められている。社会保障・社会福祉の領域においても介護保険制度を「構造改革」の第一歩として位置付け、年金、医療、そして福祉の改革を進めている。

二〇〇〇年度版厚生白書は、介護保険制度のねらいは次の四点にあるという。①老後の最大の不安要因である介護保険制度を国民皆で支える仕組みを創設する、②社会保険方式により給付と負担の関係を明確にし、国民の理解が得られやすい仕組みを創設する、③現在の縦割り制度を再編成し、利用者の選択により、多様な主体から保健医療サービス・福祉サービスを総合的に受けられる仕組みを創設する、④介護を医療保険から切り離し、社会保障構造改革の皮切りとなる制度の創設をする、というものである。

高齢者の介護問題は、早い時期から人口構造が変化する中で深刻化することが十分予測されていながら、政策責任主体である国の怠慢によって対応が遅れ、介護の社会化が一向に進展しないまま二一世紀の超高齢社会を目前に迎えることとなった。

国は、九〇年代に入りバブルが崩壊し、経済の失速・低迷の中で、社会保障財政の負担軽減を図るべく、第一に社会保障の理念の見直し、第二に公費削減のために公費二分の一負担の原則を導入、第三に社会保障費の構成割合とシステムの変更への取り組みを強化した。

第一の社会保障の理念の見直しは、社会保障制度審議会による一九五〇年勧告の社会保障の理念である「国民には生存権があり、国家にはこれを保障する義務がある」に基づいて展開されてきた二〇世紀の後半の社会保障の原理を、一九九三年の社会保障制度審議会社会保障将来像委員会による社会保障の理念の見直しの第一次報告、「社会保障は、みんなのために、みんなでつくり、みんなで支えていくものとしての二一世紀に向けての新しい社会連帯のあかしでなければならない」を受けて、一九九五年の社会保障制度審議会勧告では、「社会保障制度の新しい理念とは、広く国民に健やかで安心できる生活を保障することである」として、社会保障推進の原則に「普遍性、公平性、総合性、権利性、有効性」をあげて、社会保障を国民の権利・国家の義務の関係から国民相互の助け合いのシステムに変質させたのである。

第二の公費負担の原則は、社会福祉でのこれまでの租税主義に基づく全額公費負担から理念の見直しによる助け合いシステム、つまり連帯のあかしとして保険主義に基づく保険料二分の一負担を強いることで公費の削減を図ったものである。同時に利用者の自己負担の負担方式をこれまでの所得に応じた負担方法である応能負担から利用料一割負担等の応益負担に変え、一層の国民負担増を図った。

第三の社会保障費の構成割合とシステムの変更は、これまでの国民所得に占める社会保障費の推移をみると、国民医療費の増大が著しく、このままの制度で進むと二一世紀の超高齢少子社会での社会保障費の構成割合で福祉が減少し、超高齢少子社会そのものの維持が困難であるとして、社会保障費の中に占める年金、医療、福祉の割合を五・四・一から五・三・二の割合に変更しようとするものである。併せて福祉の財源を社会連帯のあかしとして保険料を徴収することで公費負担を減らすとともに、年金、医療、福祉の全てを保険化し、社会保障の総合保険主義化を図ろうとするものである。

介護保険制度は、老人福祉法と老人保健法の両法に含まれる介護に関する部分を取り出して保険主義に基づく新たな制度として再編成したものであるが、併せて社会福祉の基礎構造改革として高齢者の介護サービスを行政責任に基づく「措置」から私的責任に基づくサービス供給主体との「契約」へと変更し、行政はこれに不介入とした。加えて新しい産業分野の創出として国、産業界が一体となって規制緩和を進め、民間営利企業の参入を認め、これまで社会福祉の責任主体を担ってきた国、地方自治体は一方的にその役割を放棄し、さらに社会福祉法人はこれまでの社会福祉における主役の座を民間営利企業に奪われることとなったのである。さらにこれまでの社会福祉事業運営の原理であった非営利性に対して、高齢者の介護という人権、尊厳に関わる領域で営利性が導入され、介護が商品化され、寝たきりや痴呆の高齢者が金儲けの対象となったのである。

介護保険制度は、社会保障・社会福祉に対する国、地方自治体の公的責任からの逃避・放棄、財政負担の軽減、国民負担の増大、営利企業の参入、営利性の導入、社会福祉サービス提供主体の交代、社会福祉法人による福祉「寡占」の打破、新しい産業分野の創出、形成、拡大、福祉労働の変質と実践現場の変容等々、多くの問題を含んで制度発足をしたのである。

## 三　介護保険制度の仕組み

介護保険制度は、図1、図2の手続きを経て保険給付サービスを受けることできる。保険給付サービスは、表1のとおり在宅サービスとして一二種類、施設サービスとして三種類の施設がその対象となっている。同時に要支援・要介護の認定を受けた場合は、その程度によって保険給付額が表2のとおり上限が定められており、限度額を越えての利用はその分が全額自己負担となる。それゆえ介護保険制度は、公的介護保険に私的介護を加えた二階建構造になっている。保険者である市町村が私的介

## 図1　介護保険制度におけるサービス利用の手続き

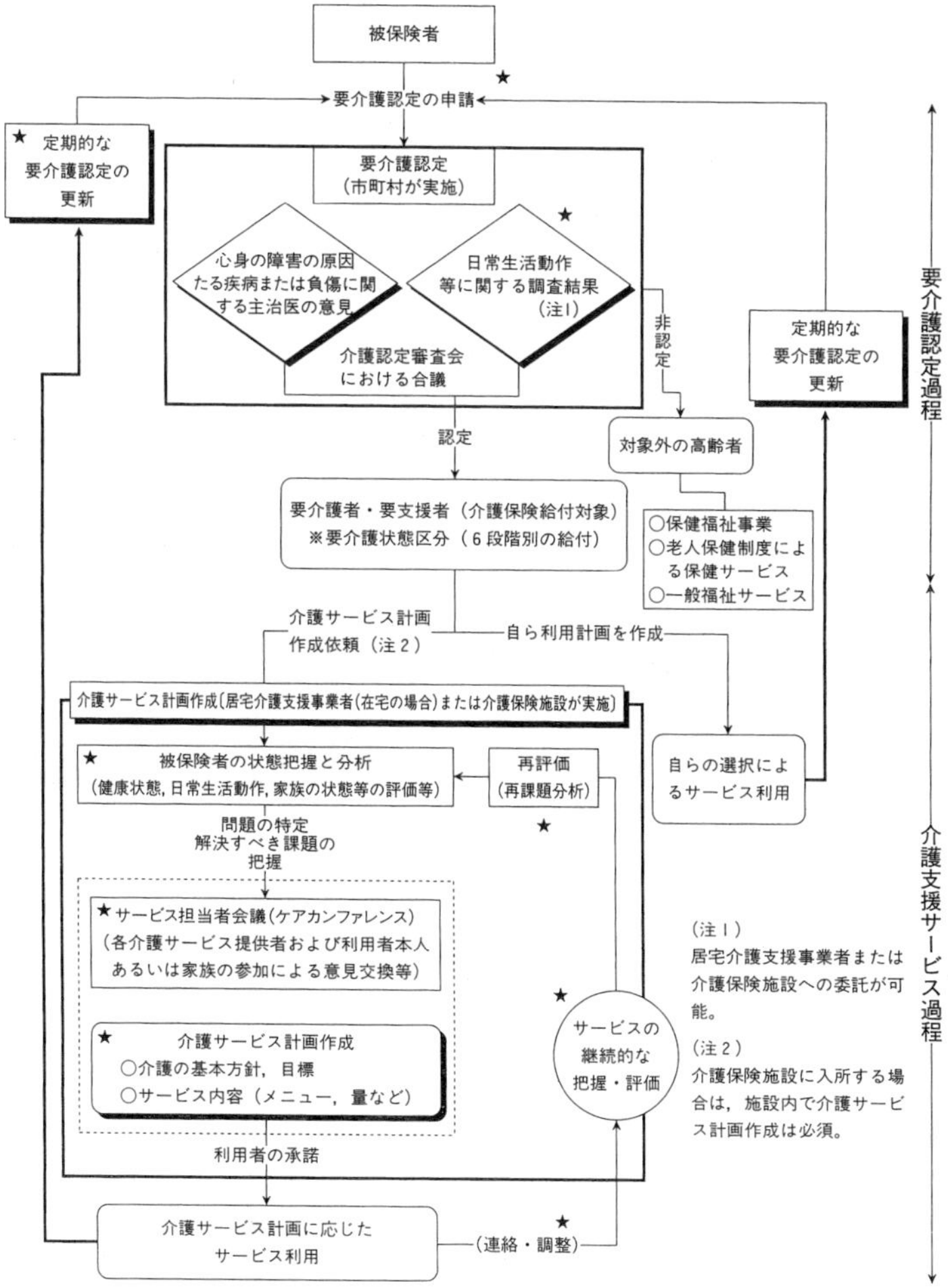
被保険者
要介護認定の申請
定期的な要介護認定の更新
要介護認定（市町村が実施）
心身の障害の原因たる疾病または負傷に関する主治医の意見
日常生活動作等に関する調査結果（注1）
介護認定審査会における合議
非認定
定期的な要介護認定の更新
認定
対象外の高齢者
要介護者・要支援者（介護保険給付対象）
※要介護状態区分（6段階別の給付）
○保健福祉事業
○老人保健制度による保健サービス
○一般福祉サービス
介護サービス計画作成依頼（注2）
自ら利用計画を作成
介護サービス計画作成〔居宅介護支援事業者（在宅の場合）または介護保険施設が実施〕
被保険者の状態把握と分析（健康状態，日常生活動作，家族の状態等の評価等）
再評価（再課題分析）
自らの選択によるサービス利用
問題の特定 解決すべき課題の把握
サービス担当者会議（ケアカンファレンス）（各介護サービス提供者および利用者本人あるいは家族の参加による意見交換等）
介護サービス計画作成
○介護の基本方針，目標
○サービス内容（メニュー，量など）
サービスの継続的な把握・評価
利用者の承諾
介護サービス計画に応じたサービス利用
（連絡・調整）
要介護認定過程
介護支援サービス過程
（注1）
居宅介護支援事業者または介護保険施設への委託が可能。
（注2）
介護保険施設に入所する場合は，施設内で介護サービス計画作成は必須。

（注）　介護支援専門員基本テキスト第1巻56頁。

## 図２　ケアマネジメントとケアプランの作成

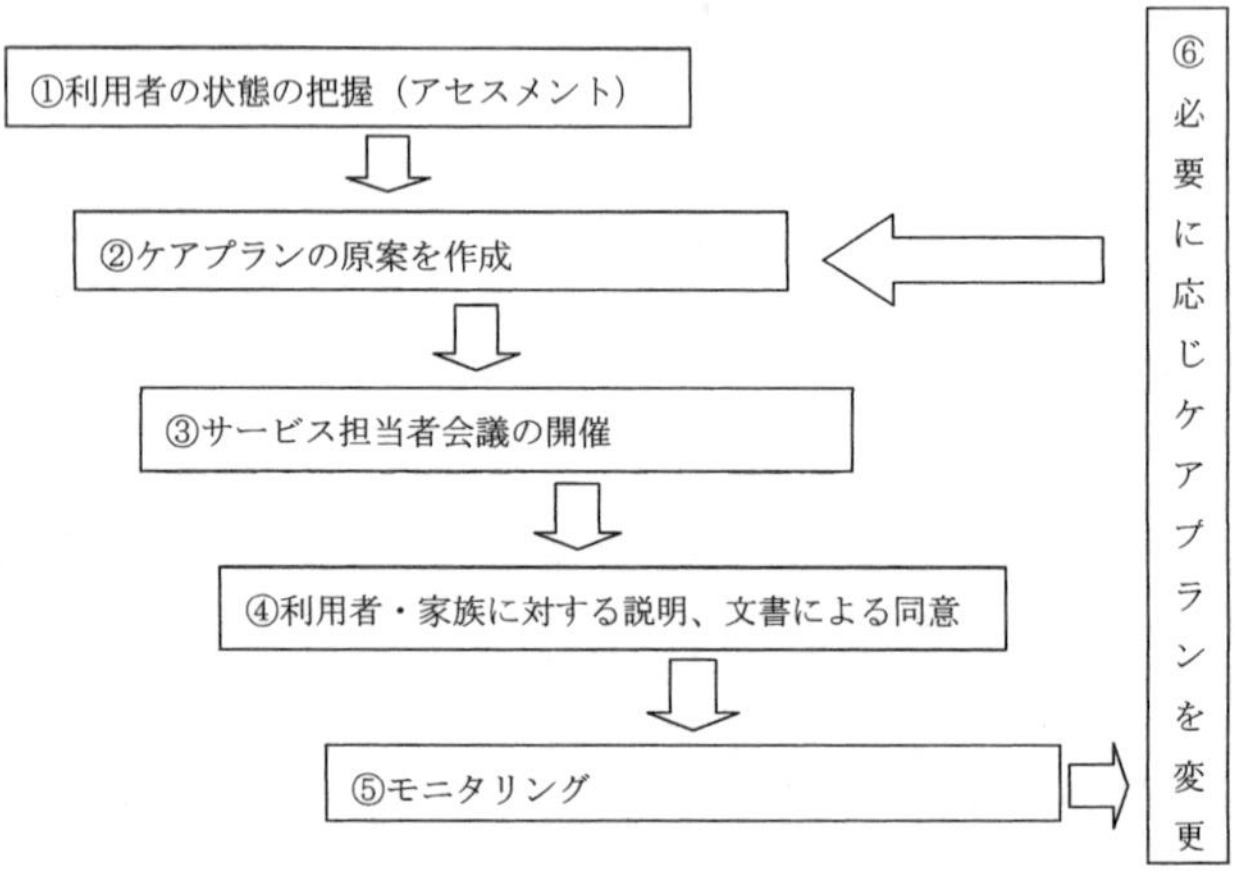


| | |
|---|---|
| (1)①課題分析の実施 | 利用者の日常生活上の能力，すでにうけているサービス，介護者の状況等の環境等の評価を通じて問題点を明らかにし，自立した日常生活を営むことができるように支援するうえで解決すべき課題を，適切な方法で把握する。 |
| ②居宅を訪問してのアセスメント | 解決すべき課題の把握（アセスメント）に当たっては，利用者の居宅を訪問し，利用者・家族に面接して行わなければならない。 |
| (2)居宅サービス計画原案の作成 | 利用者の希望・アセスメント結果にもとづき，家族の希望・地域のサービス提供体制を勘案して，解決すべき課題に対応するための最も適切なサービスの組合せを検討し，サービスの目標・達成時期，内容・利用料等を記載して作成する。 |
| (3)サービス担当者会議等による専門的意見の聴取 | サービス担当者会議や担当者に対する照会等により，居宅サービス計画原案の内容について担当者から専門的な見地からの意見をもとめる。 |
| (4)居宅サービス計画の説明および同意 | 原案での各サービスの保険対象・対象外を区分したうえで，内容を利用者・家族に説明し，文書により利用者の同意を得る。 |
| (5)居宅サービス計画の交付 | 同意を得た居宅サービス計画を利用者・担当者に交付する（担当者に対しては，計画の趣旨・内容を説明する）。 |
| (6)①実施状況の把握 | 計画の実施状況の把握（利用者についての継続的なアセスメントを含む）を行い，必要に応じて計画の変更や事業者等との連絡調整等を行う。 |
| ②居宅を訪問してのモニタリング | 実施状況の把握（モニタリング）に当たっては，利用者・家族や事業者等との連絡を継続的に行う。利用者側に特に事情のない限り，少なくとも月1回は利用者の居宅を訪問して面接するとともに，3月に1回はモニタリングの結果を記録する。 |
| (7)計画の変更についての専門的意見の聴取 | 更新認定や変更認定があった場合，サービス担当者会議や担当者に対する照会等により，計画変更の必要性について担当者から専門的な見地からの意見をもとめる。 |
| (8)居宅サービス計画の変更 | 変更に当たっても，作成時と同様の一連の業務を行う（減算も同様）。 |

注：(1)②，(3)，(4)，(5)，(6)②，(7)が守られない場合に介護報酬の減算対象となります。

（出典）　第９回社会保障審議会介護保険部会資料と平成15年版「介護保険制度報酬の解釈―サービス提供と算定の実際」622頁資料で作成。

### 表1　介護保険による保健給付サービスの種類

| 在宅サービス | 施設サービス |
|---|---|
| 訪問介護（ホームヘルプ）<br>訪問入浴介護<br>訪問看護<br>訪問・通所によるリハビリ<br>医師等による療養管理指導<br>通所介護（デイサービス）<br>通所介護（デイケア）<br>短期人所（ショートステイ）<br>グループホーム<br>有料老人ホーム等での介護<br>福祉用具の貸与<br>住宅改修費 | 介護老人福祉施設<br>（特別養護老人ホーム）<br>介護老人保健施設<br>（老人保健施設）<br>介護療養型医療施設<br>（療養型病床群等） |

### 表2　要介護度と支給限度基準額

| 要介護度 | 居宅サービス区分（訪問・通所・短期入所サ一ビス） |
|---|---|
| | 支給限度基準額（月額）1単位の単価は10円（標準地域） |
| 要支援 | 61,500円（ 6,150単位） |
| 要介護度1 | 165,800円（16,580単位） |
| 要介護度2 | 194,800円（19,480単位） |
| 要介護度3 | 267,500円（26,750単位） |
| 要介護度4 | 306,000円（30,600単位） |
| 要介護度5 | 358,300円（35,830単位） |

護負担を軽減すべく公的介護保険に上乗せ、横だしサービスを行おうとすると、それらは全て第一号被保険者の保険料に跳ね返える仕組みとなっている。

保険給付サービスの全過程を貫いているのが、ケアマネジメントという技法である。この技法の定義は様々であるが、おおよそ「対象者の社会生活上でのニーズを充足させるための適切な社会資源と結びつける手続きの総体」と言われている。(2) その展開過程が図3である。ケアマネジメントは、一九七〇年後半にアメリカで生まれ、イギリス、カナダなどに拡がり、我が国では一九八〇年代後半から研究され、一九九〇年から二年ほどかけて当時の厚生省において「高齢者在宅ケースマネジメント研究班」が組織され、その中で様々な検討がなされて一九九四年に在宅介護支援センターの実施要綱で在宅介護支援センターがケアマネジメント機関として位置付けられたのである。さらに同年一二月の介護保険制度導入の契機となった「高齢者介護・自立支援システム研究会」による「新たなる高齢者介護システムの構築をめざして」の報告書の中で公的介護保険とケアマネジメントの導入が同時に提唱されるという経過をたどっている。極めて新しい、そして徹底して効率性を追求した社会福祉援助方法論の一つである。

介護保険制度では、介護ニーズと保険給付サービスを結びつけるコーディネーターをケアマネージャー（介護支援専門員）といい、その多くがサービス提供の事業体に属しているものの、その立場は公平性、中立性を堅持しなければならないとされている。(3) ケアマネージャーが作成するケアプランに基づき要支援・要介護高齢者とその介護家族がサービス提供主体である介護保険指定事業者との契約に基づきサービスの「売買」を行うものである。それゆえ、サービス提供事業体にとってはケアマネージャーが作成するケアプランに自分の提供するサービスを盛り込んでもらわない限り、事業体として生きていけない仕組みとなっている。それゆえ事業体は高い賃金を支払ってでもケアマネージャーを確保しようとするのである。いずれにせよ、ケアマネージャーは、介護保険制度では重要なキーパーソンであり、介護保険の成否の鍵を握っているといっても過言でないだろう。

## 四　施行後五年で、どんな問題が生じているか

社会保障審議会介護保険部会の資料、議事録、更に二〇〇四年二月一一日開催された厚生労働省老健局主催の全国介護保険担当課長会議資料並びに宮城地域自治研究所が宮城県に対して情報公開を求めて得た資料等に基づき介護保険の到達状況とその中でどういう問題が生じているのかについて、以下列挙する。

(1)　厚生労働省が介護保険制度は順調に推移していると評価する根拠として、要介護認定者の増大と介護サービス利用者、とりわけ居宅サービスの利用が制度発足時と二〇〇三年二月末現在とで増加率が一〇〇%増加していることをあげている。さらに二〇〇三年九月一一日付け読売新聞世論調査の結果をあげている。(4) どう調査によれば二〇〇三年八月段階で介護保険制度を評価しているかの問に対して「大いに評価している」一三・一%、「多少は評価している」四四・九%、計五八%が「評価」しているとし、「あまり評価していない」二五・五%、「全く評価していない」八・〇%、計三三・五%を大きく上回っているとしている。しかし、施行して四年半を過ぎた段階で、かつ介護保険制度以外利用しようがない状況の中で、三分の一が「評価していない」と回答をしているのはむしろ制度に対する信頼があまりなく、制度のもつ矛盾に国民が気付いてきているとも言えるのではないだろうか。

(2)　第一号被保険者の普通徴収保険料の収納率は、二〇〇三年度においては九一・九%であり、その結果、広域連合体も含めて多くの保険者で赤字となり、全保険者の二五%が財政定化基金からの貸

付を受けている。制度上は、赤字分である財政安定化基金からの借入れは、次の三年間の保険料に上乗せするシステムになっているが、厚生労働省は借入金の償還期限を九年まで延長し、保険料アップの緩和策を取っている。

宮城県の収納率は二〇〇二年度九二・一九％で、最も低い自治体では八六・九一％となっており、その滞納額は三億円を超える。一方で介護保険給付準備基金保有額は五一億円を上回るものとなっている。また、情報公開によって宮城県は滞納額は把握しているものの滞納者数そのものを把握していないことも明らかとなり、介護保険制度を重層的に支えるべき県が財源のみに注視し、県民の生活の実態を把握しようとしていないことが明らかとなった⑸。

第一号被保険者の保険料の全国平均額は、第一期事業期間の二、九一一円に対して、第二期事業期間は三、二九三円で一三・一％アップとなっている。また、第二号被保険者の場合は二〇〇四年度は対前年度比一四・一％増、月額換算で平均三、四七二円となっている。

保険料の減免実施保険者は、二〇〇三年四月現在六九五保険者で全保険者数の二五・二％に達している。厚生労働省は、減免実施に対して三原則、いわゆる「個別申請により判定をすること」、「減額は認めるとしても免除は認められないこと」、「一般会計からの持ち出しは認められないこと」を打ち出し、保険者の独自支援施策に対しての干渉・関与を強化している。それでも三原則を越えて実施している保険者数は七三保険者で絶対数は未だ少ないものの二〇〇一年四月と比較して一・七倍増となっている。また保険料の六段階設定の保険者は、二〇〇三年四月現在二三〇保険者で全保険者数の八・三％を占めている。

(3) 利用者の自己負担方式が応能負担から応益負担に変化し、総費用の一割が自己負担率となったことから、介護保険制度は高所得者には有利に、低所得者には圧倒的に不利な制度となった。その結果、二〇〇二年度末現在、在宅の認定者の三三％が全く保険給付のサービスを受けておらず、また、サービスを受けている高齢者も給付上限額の四〇〜五〇％の範囲に止まっている。応益負担は社会保障の所得再分配機能とは相容れないものである。

宮城県のサービス利用実態調査によれば、保険料の賦課区分別利用状況は、「最も高い所得層でも六割未満までの利用者が全体の七二・二％となっており、所得の低い層になるに従って利用率も低くなる傾向がみられる」と指摘している。(6) 賦課区分一では二割未満しか利用していないものが四三・五％を示しているのに対して、賦課区分五では二六・一％となっている。賦課区分一がサービス利用を控えている理由として「できる限り家族で介護し、必要最小限のサービスを利用しているから」が三二・五％、「もう少しサービスを利用したいが、費用負担が可能な範囲で我慢しているから」が二〇・〇％を占めている。応益負担方式が大きく利用状況に影響を及ぼしていることが推察される。

この応益負担による自己負担率に対して、政府・財務相の諮問機関である財政制度等審議会は、二〇〇五年度予算編成に向けて介護保険の自己負担率を二〜三割に引き上げるとともに施設の宿泊費や食費を給付対象外にするよう、財務相に意見書を提出している。(7)

(4) 在宅介護を希望する高齢者にとって、サービス利用に給付上限額が設定されたことで、超えた分は全額自己負担になる。しかも保険者が上乗せ・横だしサービスに十分なる施策を講じていないことから過重な家族負担となり、また、多額な費用負担が生じてきている。

(5)　厚生労働省は、財政負担の回避、在宅重視の掛け声と誘導を行い、介護老人福祉施設（特別養護老人ホーム）の整備を意識的に怠り、施設入所定員を大きく上回る入所待機者を出現させた。厚生労働省は技術的助言と称し、他方、県・市町村は待機者の増加に歯止めをかけるために、「優先入所基準」の作成を施設に指導し、二〇〇三年度から施設入所者の選別が開始された。その結果、当初理念のサービスの選択性・権利性が喪失し、利用者の自己決定権を奪う状況が生まれている。

また、厚生労働省は、在宅と施設のあり方として公平性の維持を図るために、介護サービスを受けている利用者数で在宅が七四％、施設が二六％の按分でありながら、保険給付額では在宅が四五％、施設が五五％であることから施設でのホテルコスト代をはじめとする費用徴収を強めてきている。その結果、低所得階層は全室個室のユニットケア施設の利用が困難となってきている。厚生労働省は、施設整備補助対象施設を全室個室のユニットケア施設に絞り込んでいることから、低所得階層が介護老人福祉施設から締め出される状況が生じてきている。

(6)　営利性の導入に伴い、介護サービス事業者の参入と撤退が「自由」に行われており、介護保険制度の特性に対応した安定的、継続的なサービスの供給が困難となっている。同時に介護サービスの過剰と不足の地域格差が出てきている。また、契約制度への移行の中で行政エリアが撤廃され、介護報酬に敏感な民間営利企業が介護保険事業計画を無視して収益性の高い施設を乱造し、保険者である市町村では計画的な介護サービス基盤整備が困難となっていると同時に保険料の高騰にも連動し、民間営利企業の参入を市町村では制御ができなくなってきている。

(7)　自由競争原理のもとで介護サービス事業者の経営が不安定となっている。その結果、事業者による利用者の囲い込みが激化し、多くの社会福祉法人が運営理念や目的を逸脱し、営利追求の競争に走っている。また、介護労働者の身分が不安定となり、パート、派遣、嘱託、登録型等、身分と労働時間を細分化された福祉労働者で実践現場が構成され、モザイク化した職場となり、職場集団性の確保が困難になるとともにサービスの質の低下をきたしている。介護労働者の離職率も高く、豊かな介護労働の提供が難しくなってきている。

二〇〇三年四月の介護保険報酬の改定は、これらの動向に拍車をかけた。ホームヘルパーの資格取得者は、既に二〇〇万人を超えており、ゴールドプラン二一で必要とする三五万人に達しているにもかかわらず、様々な団体機関がヘルパー養成事業に取り組んでおり、年間三五万人を越える資格者を送り出している。それにもかかわらず実際の介護サービスに従事するヘルパーの数は二〇〇二年度介護サービス施設・事業所調査によれば二六万三千人あまりに止まっている。うち、二〇万六千人が非常勤職員、つまり不安定労働者である。

(8) 長寿開発センターの二〇〇一年一一月調査によれば、サービス担当者会議の開催状況は七一・一％となっているものの、ケアプランの四九％が単一サービスの提供となっている。したがって、ケアカンファレンスを経たケアプランの作成が、どの程度行われているのか疑わしい状況にある。厚生労働省は、第二期介護保険事業期を前に介護報酬の見直しと合わせて指定居宅支援等の人員及び運営に関する基準を見直し、ケアマネジメントの展開過程の適正化を前掲の図2で見たとおり介護報酬減額のペナルティ(8)を課して指導しているが、実際のところ保健・福祉・医療等の連携が図られておらず、介護保険制度導入によってこれまで築かれてきた地域ネットワークが崩壊し、その後再構築されているのは極く僅かの地域に限られている。また、ケアマネージャーの資格を含めた有り様が問われている。

(9)　公的責任において運営されるべき在宅介護支援センターが民間営利企業に委託され、居宅介護支援事業所との機能と役割が明確でなくなってきている。在宅介護支援センターの運営に対する補助金は介護保険制度導入以前の一九九九年度一一四一万円程だったものが年々減額され、二〇〇四年度は二七四四万円余りに引き下げられている。地域に放置される高齢者の孤独死等が生じている中で、住民の生活と福祉に責任を持つべき自治体の有り様が問われる状況にある。併せて、住民の生活問題に対する相談業務を民間に委託することの是非が問われているといえよう。

(10)　第二期介護保険事業（支援）計画の策定は、第一期のそれと比べて策定過程への住民参加が弱く、策定委員会が形骸化し、自治体が提起する案の追認機関になったのが実態である。計画策定は、保険料の確定に終始しており、第一期計画を総括した上での問題点を明らかにし、安堵感のあるまちづくりの視点は全くなかったといえよう。また、依然として計画立案をコンサルタントに丸投げをする自治体があり、保険者である市町村の熱意が感じられないままに終わり、住民運動も第一期計画時のような高揚には至らなかった。

## 五　制度改革への若干の提言

### 1　財源構成の変更と自治体による保険料・利用者負担の減免措置

現行介護保険制度は、サービスを利用すればするほど、また、介護認定者が増加すればするほど保険料が上昇する仕組みとなっている。介護に要する費用は、利用者負担の一割を除く残り九割を被保険者による保険料と公費二分の一の負担でまかなわれる仕組みになっており、それゆえ利用者である国民の負担は五五％となっており、国民の生活実態から見てこれ以上の負担は困難である。当面、介護給付費の保険料と公費による二分の一の負担割合を見直し、国と自治体の負担割合を増やす必要がある。そのために法一二一条等の改正を行い、公費負担の割合を徐々に高めていく必要がある。更に保険料徴収基準額の五乃至六段階を生活実態に対応させるべく細分化した区分設定を行う必要がある。

これまでの租税主義では、無差別平等の原理に従って利用者の所得とは無関係に誰もが介護サービスを受ける権利をもっていたのに対して、保険主義の介護保険制度では保険料の納入が介護サービスを受ける上での前提、つまり被保険資格の有無が問われることになっており、保険料の未納に対しては厳しい罰則規定（法六六～六九条）が用意されている。このように保険方式は、租税方式とは異なり排除と差別という基本的属性を内包しているのである。

介護保険制度は地方分権の試金石といわれてきた。保険者である自治体が保険方式の欠陥を補うために独自の保険料・利用料の減免等の軽減策を講ずることに対して、厚生労働省による干渉・関与は許されないであろう。地方分権の流れにそむく行為と言わざるを得ないからである。介護保険の保険者は自治体であり、介護保険は自治事務に他ならない。

## 2　介護老人福祉施設（特別養護老人ホーム）の緊急整備

利用者の自己決定権を認め、サービスの選択性・権利性を保障するのが介護保険制度の基本理念である。国・県・市町村が在宅介護重視を盾にして施設整備を怠るのは、制度の理念からも、入所待機者の置かれている厳しい状況からも認められない。宮城県に対する情報公開請求によって県が入所希望者の実数を把握していないことが明らかになったが、その理由として希望者数は、二万一千人を越えているものの、この数値は契約制となり自由かつ複数施設へ申し込むことができることから措置制度の待機者数と同様に捉えることのできない性格のものだという。しかし、だからといって行政が入所希望者の実数を把握しなくてもよいということにはならず、行政が住民の生活実態を把握する努力を怠っているといわざるを得ない。また、介護老人福祉施設（特別養護老人ホーム）の優先入所基準を施設側に作らせ、結果として施設の基盤整備を怠るのは政策責任主体である国・県・市町村の責任放棄である。介護老人福祉施設（特別養護老人ホーム）の整備について、特別に期間を設定して計画的かつ緊急に多様な形態の施設整備を行う必要がある。

### 3　在宅介護給付上限額の引き上げ

在宅生活を希望する介護度の高い高齢者や施設を希望しながら入所できずに在宅生活を強いられている高齢者の介護費用は膨大な額に達する。やむなく介護家族が生活を切り詰めて介護費用を捻出するという過酷な生活状況に追い込まれている。痴呆の有無も大きく関係するが寝たきりの高齢者を在宅で介護するには最低でも月額七〇〜八〇万円の費用を要することは自明のことである。要介護五の場合では介護給付費は月額三五八、三〇〇円であり、ほぼ同額の自己負担額が必要となる。その負担が現実不可能なことから結局家族介護で切り抜けるしかなく、介護の社会化をめざした介護保険制度下で逆に家族介護が強いられる現状にある。在宅介護重視を介護保険の基本としているのなら、在宅介護が可能となるよう給付上限額の引き上げが必要となっている。

## 4　介護サービス事業者の規制

介護保険制度の導入によって基本的な介護サービス提供システムが変化し、私的責任のもとで利用者とサービス提供事業体との「契約」に基づく介護サービス「売買」に切り換えられた。このことによりサービスの提供責任主体が国・地方自治体からサービス提供事業体に転嫁させられ、公的責任が大きく後退または放棄された状況にある。

規制緩和の中で、民間営利企業の参入が認められ、「法人」であれば「自由」に参入ができ、撤退も「自由」という状況が生まれている。厚生労働省は、制度発足当時と比して介護サービス事業者数が増大してきており、基盤整備が一層進んできているとしている。しかし一方では、営利性が導入されたことにより全国各地で不正行為による利益をあげる事業体が生じ、指定取消の事業者が続出している。サービス提供事業体が介護報酬の改定に合わせて勝手気ままに地域に参入し、撤退も自由という状況によって翻弄され、困惑するのは高齢者とその介護家族である。また、医療と福祉の複合体が促進され、介護保険の地域独占を進める巨大な事業体が生まれつつある。利用者の権利擁護、介護の特性に対応した質の高い介護サービスの提供と確保、そして計画的な基盤整備を遂行する視点からも、介護サービス事業者の参入、撤退の要件を強化すべきである。

## 5　職員配置の適正化

市場原理主義による自由競争の中で、介護サービス事業者は日々の収益確保が事業体経営の目標となり、利用者の自立支援に向けた取り組みや介護家族の支援、地域福祉問題解決のための多様な取り組みよりも経営の維持、そのために如何に収益をあげるかに追われているのも実際である。経営の安定を確保するためには、ヒューマンサービスといわれる介護労働の特質を徹底的に「合理化」し、「効率性」を追求し、厳しい労務管理のもとで人件費支出を抑える以外に経営の安定を確立するのは困難である。それゆえ事業者は介護労働者の雇用形態の多様化を図り、常勤労働者を減らし、パート労働者を中心にとした不安定労働者による経営の合理化を図ろうとする。その結果、職場集団性の確保が困難となり介護労働の質の低下、延いては利用者の自立支援への取り組みを弱体化させる。そのことを可能にさせているのが介護サービス事業の人員と運営の基準に示される「常勤換算率」である。その介護サービスの質を高めるためには、何よりも介護サービス事業の人員と運営の基準を見直し、職員の配置基準の「常勤換算率」を廃止し、常勤の介護労働者を中心とした介護サービスの提供が可能となるよう、法令改正と同時に、それに見合った介護報酬の引き上げを行う必要がある。

## 6　ケアマネージャーの独立性

ケアマネージャーが、高齢者と介護家族の立場に立ってケアマネジメントの展開ができるようケアマネージャーの資格については、住民生活を総合的に捉え、生活支援ができる専門職種に限定する必要がある。制度導入時にケアプランの作成上の必要性から大量に資格取得者を誕生させたものの、その後の労働条件の劣悪さと業務内容の煩雑さの中で十分な研修もなされないままに来ており、粗雑なケアプランを作り出している。多くのケアマネージャーが自らの所属する事業体を考慮しながらのケアプラン作成となっていることから利用者本位のケアプラン作成を困難にしている。それゆえケアマネージャーを介護サービス事業体から独立させ、市町村の機関として新たな居宅介護支援事業体を構築する必要がある。その財源は一般会計から支出し、併せて介護サービス事業体に対する監査・指導権を持たせる等、その権限の強化を図るべきである。

更にケアマネージャーの資格制度については、社会福祉における専門職として確立している社会福祉士制度との整合性を図るための検討が必要である。

### 7　県・市町村の役割

県・市町村は、第二次介護保険事業（支援）計画を実効性のあるものとするために、住民参加を基本に据えて計画の進行管理を行う機関を設置する必要性がある。県・市町村は、一九九〇年代にゴールドプラン、高齢者保健福祉計画、新ゴールドプラン、そして第一期介護保険事業（支援）計画等の行政計画に取り組んで既に一五年を経過している。それだけの計画立案と目標達成のための取り組みの経験は十分に積み重ねてきているはずである。公務労働者として保険財政にのみに注目した介護保険業務に終始するのではなく、地方自治の本旨に則り、住民の生活権擁護が自治体の役割であることの認識し、大胆に地域に入り、地域自治の視点に立って今日的な住民生活の実態をもっと直視し、生活実態と政策の乖離を無くす努力を何よりも住民と共に議論し、真の介護保障はどうあるべきなのかについて真摯に取り組んでいく必要がある。

## 六　おわりに

今日の社会保障構造改革、社会福祉基礎構造改革の進展は、国民生活、とりわけ高齢者とその介護家族、低所得階層の生活を一層厳しい方向に追いやっている。社会保障・社会福祉が生活を守る制度から、制度維持のために、むしろ一九九三年の社会保障制度審議会社会保障将来像委員会第一次報告に沿って、連帯のあかしが立てられない人々、つまり保険料が納められない人々を制度から排除する方向に動いているのではないかとさえ思われる状況が生まれており、生活を破壊する制度へと変化していると感じられる状況にある。既に介護保険制度では、保険料を滞納者に対する厳しい罰則規定が適用された人々が生じている。「介護保険制度は崩壊」とさえ言われはじめ、当初の制度設計が誤りであることが明白になってきている。

厚生労働省は制度見直しの論点整理として様々な課題を提起し、本格的な改正に向けた骨格が明らかにされつつある。朝日新聞二〇〇四年五月二〇日記事によれば、例えば、二〇〜三九歳を新たに被保険者に加え第三号被保険者として第二号被保険者の半額程度の保険料を徴収する。さらに現行障害者に対する支援費制度を介護保険制度に統合する。要支援、要介護一の認定者は介護予防事業を優先し、保険給付サービスから排除する等々である。しかし、これらの改定で国民が直面している介護保険問題が解決するとは到底思えない。厚生労働省は、現に取り組んでいる作業内容を積極的に情報公開し、十分な国民的議論の場を設定すべきである。同時に介護保険制度発足時のような拙速した結論による制度見直しは行うべきでないと考える。

現下の状況は国民生活を守り発展させる立場から介護保険制度の問題点を明らかにし、真の介護保障制度の見直しを迫っていく絶好の機会となっている。多くの地域で住民の生活権擁護の立場にたった新たな介護保障制度の構築に向けた住民運動を起こしていくことが肝要と考える。

（1） 里見賢治・二木立・伊東敬文著『公的介護保険に異議あり』ミネルヴァ書房（一九九六年）に代表される主張等。
（2） 白澤政和著『ケースマネジメントの理論と実際』中央法規（一九九六年）一一頁。
（3） 介護支援専門員基本テキスト第一巻「介護支援専門員の基本姿勢」（二〇〇三年）五八頁。
（4） 読売新聞記事で説明している会議名――全国民生部長会議、全国課長会議、社会保障審議会資料、介護保険部会資料等全てに記事を添付。
（5） 宮城地域自治研究所が二〇〇三年一二月二二日宮城県に対して行った行政文書開示請求に対する二〇〇四年一月一三日付け介保第一六五号行政文書開示決定通知に基づく行政文書。
（6） 宮城県保健福祉部が二〇〇二年三月一八日宮城県議会保健福祉委員会で配布した資料「第三回介護保険サービス利用状況実態調査結果（速報）の概要」。
（7） 財政制度等審議会「平成一七年度予算編成の基本的考え方について」（建議）（二〇〇四年五月一七日）は、介護の自己負担割合の見直しについて「利用者の自己負担率の二～三割への引き上げによりコスト意識を喚起すべきである」、給付範囲の見直しについて「施設におけるホテルコスト、食費等の給付対象からの除外とともに、軽度者の給付見直しと保険免責制度の導入」、負担の公平について「低所得者の範囲を低収入で低資産者に限定、死後の残資産から費用回収の仕組み検討」、保険者機能の強化、民間参入の更なる促進について「要介護認定、不正防止の徹底、民間株式会社の参入促進、更に、介護保険事業計画の総額管理或いは伸び率管理方式の導入」を提言している。

（8）「指定居宅介護支援等の事業の人員及び運営に関する基準」（平成一五年三月一四日・厚生労働省令第二九号）、解釈通知「指定居宅介護支援等の事業の人員及び運営に関する基準について」（平成一五年三月一九日・老計発第〇三一九〇〇一号・老振発第〇三一九〇〇一号）、平成一五年四月版「介護報酬の解釈―サービス提供と算定の実際」：社会保険研究所（二〇〇三年）六四六～六七一頁。

# Ⅲ　障害児・者の福祉

# 転換期の障害者福祉とその課題
## ――本書Ⅲ所収論文の総括として

佐々木　敏明

### 一　はじめに

近年、わが国の障害者福祉施策は、リハビリテーション、ノーマライゼーションの理念の普及とあいまって、入所型施設中心の段階から地域生活の支援への段階にその重点を移し始めている。さらに、福祉サービス利用の仕組みも、行政主導の措置制度から、障害者自らがサービスを選択し、契約によりサービスを利用する支援費制度に変わった。しかし、施設入所者の地域生活への移行は、地域生活を支える各種サービスの不足、支援システムの整備の遅れから、必ずしも、かけ声どおりには進んでいるとはいえない状況にある。

支援費制度も財源問題等から、介護保険との統合が論議され始めており、このような転換期だからこそ、障害者福祉の現場は、目先の対応に振り回さず、これまでの実践を振り返りながら、今後どうあるべきかを、じっくり検討しなければならないといえよう。

本稿では、筆者なりに現場から寄せられた報告から学びとり、障害者福祉の課題を整理して、総括的論考に代えたい。

## 二　ライフサイクルと障害者福祉

障害者が生活していくうえで対処しなければならない課題は、その人生の各段階によって、また、どのような生活の場（社会環境）に置かれているかによって異なることはいうまでもない。しかし、わが国の障害者福祉の法制度は、障害の種別ごとに縦割りになり、さらに年齢によって輪切りになっている。したがって、障害者に対する社会福祉実践は、障害者の一生、生活の場を普通の人生に重ね合わせながらアセスメントして、サービスを統合し、障害者の一人一人の人生設計を支援できるかが問われることになる（障害種別を越えた施策の総合化・横断化の方向は障害者プランにおいても示されている）。

まず、報告をライフサイクルに重ねて、発達途上にある障害児と成人の障害者に対する実践に分けて検討する。

### 1　障害児福祉の実践

障害児福祉は、保健医療、保育・療育、特殊学級、養護学校などの場と複雑に絡みあっている。

◎　特殊学級の教員としてのかかわりから、家族もあきらめ、学校では良い子の足を引っ張る邪魔者でしかなかった障害児のなかに発達の可能性を発見し、「小さいときが大切」の思いから、就学前の療育の場をつくる運動に参加する。療育の場では、障害児をじっくり観察し、能動的な活動を起こさせるために、人と物を媒介とした遊べる環境を工夫するという、発達を促すための環境を重視した取り組みを開発する（松野安子）。

◎　母子通園施設を障害児の発達と家族支援の場として位置づけて、「よく遊び、よく食べる、よく眠る」を基本に生活のリズムの乱れを整える働きかけをする。

また、子どもの笑顔や眼差しに応ずるかかわりを通して「母親が生まれる」こと、親同士が支えあいながら、行政に働きかけてレスパイトケア制度、放課後ケア制度等を実現する過程を通し、「子どもを育てるということは地域社会を育てることに他ならない」ことを教えられた（加々見ちづ子）。

◎　障害児保育、心身障害児通園事業の実践を通して、「どんな重度重複の子どもでも通える場」が必要と考え、法の枠組みを超えて重度重複児を受け入れる知的障害児通園施設を開設する（木村美矢子）。

これらの報告に共通するのは、障害児の「発達の可能性」に注目し、それを促進するための環境を整え、遊びを基本とするかかわりを大切にした実践であり。また、その実践が家族を支援し、施設づくり、さらには障害を持っても安心して暮らすことができる地域づくりまで広がっていることである。障害児やその家族がその時々に必要としていることを我がこととして応えていこうという思いがパワーとなり、それが法制度の枠組みを超えて障害児を受け入れていく粘り強い実践になっているのである。

課題としては、卒園によって保育園や幼稚園等の発達支援の場が移行すると連携がうまくいかなくなり、その後の子育てに混乱が生じてしまう（加々見ちづ子）ことから、幼児期の療育、学童期の教育をどのようにすれば成人になって、その人らしい豊かな生活ができるだろうかという将来を見据えた（木村美矢子）、支援の場が移行しても切れ目のない一貫した実践が求められており、そのための保健医療・教育等との連携を制度・実践としていかに保障していくかということである。

支援費制度については、利用料を支払ってまで障害を認定してもらいたいと考える親は皆無に等しい。障害を気づき、受け入れるための過程を支援する母子通園施設は支援費制度に馴染まない（加々見ちづ子）と指摘している。

### 2　成人障害者福祉の実践

成人の障害者の自立・社会参加は障害者福祉サービスに加えて、雇用等、生活関連施策もあわせて、より総合的な支援を行うことが必要である。

◎　知的障害者通所更正施設は重度重複の障害者が多くなっているのが現状である。「みんな違ってみんないい」と個性を尊重し、期限に追われ、職員が精を出すような下請け作業をやめて、一人一人の持てる力を見出し、やりがいのある多様な活動を展開している。メンバーが日々豊かな時間を過すためには、スタッフも同時に豊かな時間を過していることが大切である（木村美矢子）。

◎　筋ジスを中心に難病や重度の障害をもつ人々の問題を、当事者主体を声高に叫ぶのではなく、当事者にしかわからない機微な問題を明確にしながら「ありのまま舎」は訴えてきた。そのために、雑誌を創刊することに始まり、映画づくりから、自立ホーム（身体障害者福祉ホーム）、難病ホスピス（身体障害者療護施設）の開設など、行政的支援を受けずに「障害」を持つ人々が自己実現できる場をつくり、事業を展開する先駆的役割を果たしてきたと自負している（山田富也）。

◎　一九九三年の「障害者基本法」によって、初めて精神障害者が障害者として位置づけられた。先駆的な実践もあったが、驚くほど福祉的な取り組みは少なかった。

「こころ」のリハビリには、厳しい訓練や段階を追ったステップ式や順番はあてはまらない、自分自身が障害を抱えながらどのように「生きていくか」という自分探しの過程ではないか（森谷就慶）。

◎　受傷前に回復することが困難な場合、医療では適当な支援がないために、福祉サービスを利用するという消極的な利用形態になっている。

実態把握の調査から支援する会が発足し、自立支援のための作業所とグループホームを開所した。これまで福祉専門職は、高次脳機能障害のような医療と福祉の狭間で生きることを強いられてきた人々の存在に関心を持ってきたと言えず、その結果、当事者や家族に生活上抱える問題を押しつけ続けている（大坂純）。

これらの報告に共通するのは、不治の病であるというだけで、忘れられていく自分たちの存在を正しく伝えたい（山田富也）、その人らしい生き方ができることを支援する（木村美矢子）、「○○さんの人生」を支援していくのが専門職（森谷就慶）、福祉が目指すものは自己実現であり、あたりまえ生活を送ることを支援する（大坂純）等、障害者福祉の理念が実践を動かしていることである。また、法制度の谷間を地域住民や関係者を巻き込みながら、必要なサービスを開発し、支援のネットワークを作り上げていく、「見捨てない」、「社会から孤立させない」（大阪純）実践であろう。むしろ、法制度に頼れないことが、地域で生活を支えるには何が必要か、何が大事なのかを中心にした専門的な福祉実践の力量を高めているようにさえ見える。また、治療すれば回復の可能性のあるうちは、医療の対象と認めるが、回復が困難な場合は医療の場から排除され、福祉の対象となるという、わが国の医療と福祉の関係の問題点を高次脳機能障害は改めて教えてくれる。

課題としては、一人一人個別の対応の必要性と、施設内の活動だけでなく、地域における余暇活動も支援できるような体制を整える（木村美矢子）。福祉施設における医療行為、医療的ケアの確保（山田富也）、医療と福祉のパイプ役を精神科デイケアが担っていくこと（森谷就慶）、高次脳機能障害を正しく理解してもらう啓蒙活動の重要性（大坂純）をあげている等、障害児福祉の課題に比べ、多様で広がりを持っていることが特徴といえよう。

支援費制度についても、知的障害者の介護度が通所更正施設より通所授産施設の方が低いにもかかわらず支援費が高いこと、介護度の高い障害者はデイサービス施設を利用することが妥当とされているが、デイサービス施設では毎日通えず、障害者の細かいサイン読み取る必要があるため、十分なかかわりの持てる通所更生施設が望ましい（木村美矢子）こと、身体障害者福祉ホームが重度の障害者を排除する（山田富也）等、現在の施設体系が必ずしも実態に合っていないことが指摘されており、見直しが求められている。また、支援費や介護保険による自己責任や自己決定も、それが十分果たせない人も大勢いるわけで、そのことを抜きに進めてはならない（山田富也）のであり、権利擁護システムの確立、さらには報告の中では触れられていないが、身体障害者の高齢化に対応する保健医療との新たな連携のあり方や障害者に対する偏見・差別をどうなくしていくのかということも障害者福祉の大きな課題であることをつけ加えておきたい。

## 三　障害のとらえ方――医学モデルと生活モデル

前述したように、わが国の障害者福祉の法制度は、障害種別、年齢等によって区分され、施策の水準にも格差がみられる。また、障害の定義や範囲も基本的に障害という現象を個人の問題としてとらえ、それだけ取り出してみる「医学モデル」によるとらえ方であり、諸外国より著しく狭い。したがって、身体障害者手帳や療育手帳等を所持していない障害者は、どれほど、生活上の不利益を有していても、障害者として福祉サービスを利用できないのである。

◎　高次脳機能障害の場合のように、実際に生活に支障があっても、何の社会的な支援も受けられない。手帳を所持しているか否かによって福祉サービスの利用の可否を決めることは福祉の制度側がサービス利用者を選別していることに他ならない（大坂純）のである。

これに対して、障害を社会環境とのかかわりでとらえようとする「生活モデル」がある。

ＷＨＯ（世界保健機関）が二〇〇一年に改定した国際生活機能分類（ＩＣＦ）は、このとらえ方をさらに進め、基本まず障害があるのではなく、生活機能というプラスの面を中心に見ようとするもので、「心身機能・身体構造」、「活動」、「参加」の三つのレベルから、それを包括したものが生活機能である。生活機能の各レベルの中に障害（生活機能低下）を位置づけて、環境因子・個人因子（両者をあわせて背景因子という）の影響、特に環境因子の役割を重視している（「ＩＣＦ国際生活機能分類――国際障害分類改訂版」中央法規出版）。

つまり、その人らしい自立した生活を阻害するさまざまな環境そのものが障害なのである。わが国においても施策からもれる谷間の障害者をなくし、障害者施策を総合的なものとするために、国際生活機能分類（ＩＣＦ）を活用した障害の定義や範囲の見直しが課題といえよう。

なお、福祉実践は、障害者の自己決定を尊重したかかわりのなかで、一人一人の生活全体をとらえて支援する視点がなければ、障害者の人生、生活から遠ざかることを忘れてはならない。

## 四　地域生活支援と入所施設

施設入所者の地域移行がなかなか進まないばかりか、地域で生活している障害者の家族が「親亡き後」のを訴え、入所施設の増設を希望するのはなぜであろうか。

現在もなお、障害者の地域生活を支える多くの部分が家族の手に委ねられており、高齢等のため、支えきれなくなった時、住居、所得保障も含め、代わりになる支援が家族の目に見える形で用意されていない現状や、グループホーム等も入所施設のバックアップによって支えられているのをみると、家族が安心して頼れるのは入所施設以外にないと考えるのも当然であろう。このような状況の中で、入所施設か地域生活かという二者択一は、現実的ではない。

◎　通所施設の場合、「親亡き後」の生活を考えなければならない。……「兄弟と一緒に住む」「入所施設に入る」「グループホームに入る」等いろいろな選択肢があるが、親が元気なうちに安心してまかせられる「グループホーム」つくることが当面の課題である（木村美矢子）。

◎　精神障害者の場合も、病院に来ることによって、丸抱えになり「病人化」してしまうことは避けなければいけない。……医療が生活を支えるというはっそう発想自体が「病人化」を促進することになるかもしれない（森谷就慶）。

施設（病院）内の生活に順応していく行動それ自体が自己決定や地域生活にとって必ずしも有効でない。統制されると自分の生活をコントロールできないという無力化を招くからである。

したがって、入所施設が家族から障害者を預かり、介護する場から、生活技術の訓練やリハビリテーションの場として改善充実するとともに、地域生活を支援する総合相談の窓口（『明日の部屋Q＆A――障害児者のやさしい暮らしを求めて』かもがわ出版）、サービスの拠点として転換していくことが課題となろう。

そのためには、当面、モデル的に年間数人規模でケアマネジメントの手法を活用して入所者とともに地域への移行を取り組み、徹底的に障害者のニーズに沿った生活支援を試みることが必要である。そのなかから、地域生活の支援技術が開発され、関係機関と連携し、地域住民を巻き込みながら、小規模作業所やグループホームづくり、さらにネットワークを形成していく実践力が生まれてくるからである。

## 五　障害者福祉の専門性

公的責任の後退は許されないが、法制度が充実すれば、障害者の生活のしづらさが解決するとは言えない。一人一人の障害者の声を大切にして、障害者を支援していく福祉実践者の専門性が問われる。

◎　社会福祉の固有の視点から、「生活のしづらさ」を評価し支援することが望ましい。「生活のしづらさ」によって提供するサービスを決定することで、障害者が平等に、しかも必要な分だけサービスを利用できるシステムになる。高次脳機能障害者が人間としてもともと持っている強さを信じ、その力を発揮する方法や機会を適切に提供すること、人間の持つ強さに目を向けるストレングスの視点から働きかけること（大坂純）等が大切な視点となる。

◎　地域社会の中に学校があり、施設があり、病院や施設もまたその中にある。支援者の都合だけで閉じられたサービスにならない工夫や視点が必要である。治療の過程そのものが連携と、人の輪づくりのことなのかもしれない、そして、それは完成されているものでなく、能動的なもので「繋ぐ」という感じはないか（森谷就慶）。

福祉実践者の専門性は、障害者とのかかわりにあるだけでなく、障害者が地域で生活をするための、ネットワークづくり、連携にも発揮されなければならない。特に、措置から契約へ変わり、実効性のある権利擁護システムを地域のなかにつくることは緊急の課題なのである。

いずれにしても、このような課題と取り組むためには、施設（病院）、地域（市区町村、社会福祉協議会等）の福祉専門職の配置を強化しなければならないが、職員が常勤換算方法になって、非常勤職員の割合が相対的に増加すると、専門性と働く権利の保障という観点から問題である（木村美矢子）という指摘のとおり、理念と現実のギャップが大きくなる現場のなかで、巻き込まれながら、障害者支援のために、あきらめずに、巻き返し、制度を変え充実していく力量が改めて一人一人に問われているのではないだろうか。

## 六　おわりに

現場からの報告を読み終え、それぞれ表現方法は異なるが、確固たる人権感覚をもち、障害者の主体性を尊重する実践にエンパワーメントされる思いであった。そして、伊藤博義先生の「障害者の人権を守るために、福祉労働者の人権を守らなければならない」言葉を思い出し、あらためて、このような福祉実践者を支え、守ってきた伊藤博義先生の存在の大きさを感じている。

総括的論考としては、報告内容を羅列するだけまとめとなったが、障害者福祉の現場の課題は確認できたのではないかと思う。

これからも、伊藤博義先生や報告者の仲間に加えていただき、課題と取り組みながら、研究と実践を続けていきたいと考えている。

＊　Ⅲ所収論文からの引用につき、本稿執筆にあたり、文体を統一するために一部表現を変えたことをお許しいただきたい。

# 障害児の早期療育について

## ――なのはな共同保育園二六年の歩みの中から

松野　安子

### 一　はじめに

障害児の就学前療育の場は、障害をもって生まれてきた子どもの発達の第一歩を支え、ショックと混乱の中にいる母親が、子どもの障害を受けとめて、育てていく力をもてるよう援助する場であり、障害者福祉の中でも最も重要、かつ困難な役割を担った場であると言っても言い過ぎではないと考える。にもかかわらず、その制度は依然として不十分であるどころか、最近ますますおろそかにされてきている感がある。

なのはな共同保育園は、二八年前、無認可の中から始まり、不安定な財政事情と戦いながら、子どもへの発達支援を追求してきた。本稿では、なのはな共同保育園が取り組んできた「早期における障害児発達支援のための療育についての基本的考え方と、赤字財政を続けながらの運営の実態」についてまとめてみたい。

## 二　なのはな共同保育室の誕生

なのはな共同保育園の最初の名前は「なのはな共同保育室」であった。障害をもったすべての子どもが学校に行けるようになったのは一九七九年であるが、ここに至るまでには不就学児をなくす運動があった。障害幼児の集団保育を求める親の要求運動も弱い力ではあったものの、一九六〇年半ば以後就学運動と同調する形で西日本を中心に活発になってきた。東京都では一九七三年に保育園・幼稚園に障害児を試験的に受け入れ始め、一九七四年には、大津市で希望するすべての障害児を保育園・幼稚園に受け入れることとした。こうした動きの中で、一九七四年、国は「障害児保育実施要綱」を発表し、全国二〇ヵ所の保育園で障害児保育が始まった。しかし要綱では対象児を軽度で四歳以上とし、重い障害をもった子どもは対象から外されていた。ここで仙台市では重い障害をもった子どもを抱える母親や保育士、研究者たちが中心となって、一九七五年七月五日「仙台市障害児保育を実現する会」を発足させた。実現する会は「年令や障害の程度を問わず、希望するすべての障害児を地域の保育園・幼稚園に受け入れて欲しい」という願いを掲げ、市に陳情したり市議会に請願書を提出、その他街頭署名や大津市への調査団の派遣、映画会、学習会など精力的に活動した。こうした中で請願は市議会を通ったものの、実現する会の願いはそう簡単に実現しそうもなく、これを待ちきれずに実現する会は、教会の礼拝堂を借りて一九七六年五月一七日「なのはな共同保育室」を発足させたのであった。

保育は週三日、月曜日に礼拝用の長椅子を片付けて遊具を並べ、金曜日に遊具を片付けて長椅子を元にもどして帰るという約束で行われた。集まってきた子供たちのほとんどが「ことばがない」、「歩行未獲得」、「食事・排泄・着脱等は要介助」、要するに前面介助が必要な子どもたちであった。中には重症心身障害児もいた。こうした低年齢で重い障害をもった子どもたちを前にして、私は、発達についての基本から学ばねばならなくなった。実は、私は進んでこの保育室の療育責任者という立場となったのであるが、こうした子どもたちを目の前にしてたじろいだ。低年齢でこのように重い障害をもった子に関わった経験はなかったからである。

## 三　発達についての基本的考え方

### 1　発達の原動力とは？

発達が遅れているとか、発達を進めるとかいうが、一体発達の原動力となるものは何なのかを知りたかった。ところで、日々子どもたちと接する中で、彼らの中に二つの大きな特性のあることを感じた。一つは、周囲からの刺激に対する反応の乏しさで、二つめは子どもたちの行動の巾の狭さということであった。周囲の刺激に対して目を向けなかったり、名前を呼んでも振り向かなかったり、あやしても笑わない、まして自発的、能動的活動などほとんどなく、あったとしてもいつも同じところに行ったり、同じ物をさわったり、持ったり、振ったりを繰り返すだけで、行動が非常にパターン化されている子が多いということであった。

周囲の何かに気がついて、「おや、何だ?」、「一体なんだろう?」と思って関心を示す反応のことを「定位反応」といい、この反応こそすべての認識活動形成の基礎といわれているが、この反応が非常に乏しかったり、一見ないように見えることすらある。○歳児用知能テストの設問第一は、ひもつり輪を見るかどうかであり、続いて追視の問題に入っていくものが多いが、これでわかるように、子どもの最初の知的活動は、刺激に気がついて注意を向けること、具体的には見ることから始まると言ってよいだろう。そして更にそれにさわりたいとか、取りたいとか、なめてみたいとかの要求が起こり、自分から手を出して活動を始める。この自分からの活動の中で、子どもは自ら心身の質的状態を高めていく、これが発達というものである。

以上見てきたところから、発達の原動力とは「気付いて注目し、何かをしたいと思う要求そのもの」ではないかと理解した。

**2　子どもが何かに気が付き、要求をもち、自発的活動を始めるようにするためには?**

子どもに気付く力を持たせたり、要求を引き起こさせたり、能動的活動を起こさせるために必要なことは何かといえば、子どもの周りに子どもを引き付ける人がいて、物があることである。そして子どもにとって意味あるよい環境は、人によって作り出されることに気が付いた。

次に意味ある環境としての人と物について見ていきたい。

① 人について　子どもにとって意味ある人とは、子どもと信頼関係をもてた人で、普通家庭にあっては養育に当たる母親であり、療育の場にあっては担当の保育士である。ミルクが欲しいとか、おむつを取り替えて欲しいとか、眠たいなどの生理的要求にいつもやさしく応え、子どもから「大好きな人」として覚えられた人でなければならない。

② 物について　子どもは普通、溢れるばかりの物に囲まれて生きているが、子どもが引き付けられそうな物は、例えば音が出たり、色彩やかであったり、光ったり、突然飛び出したり、動いたりするようなものである。

③ 人と物との関係　①②でみたような人がいて、物があればそれでよいのかというと否である。大好きな大人が、子どもが興味をもちそうなものを持って、やさしく楽しい声がけをしながら、振ったり、たたいたり操作して見せることで子どもはそれに気付き、「何かな?」と思い、「それ欲しい!」と要求が起こり、「手を出したり声を出したりする」ようになる、つまり子どもが「物に気付いて注目し」、「要求を起こし」、「能動的活動を起こす」ためには、中だちとなる大人が必要である。この時、大人が楽しさをいっぱい作れれば子どもは引きこまれて遊びは長く続くことになるだろう。

子どもを取り巻く環境に、こうした人と物との関わりがあるとき、その環境は子どもにとって意味あるものとなり、子どもにとってまさに「発達の源泉」と言えるものとなる。療育の場は、このような、子どもにとって「発達の源泉」となるような環境でなければならないと考えた。

## 四　療育内容としての柱

発達についての基本的考え方を押さえたところで、活動の内容を整理した。低年令幼児が対象であるから、活動は「遊び」ということばを使うこととし、活動領域を四つに分け、それぞれを目的とした遊びとして次のように柱を立てた。

(1)　人への関わりを強くする遊び
(2)　ものをしっかり見るようにする遊び
(3)　手を出したくなり、出して使う遊び
(4)　運動発達を促す遊び

これらの遊びは大体集団遊びとして設定し、個別に発展させるといった形で行った。教材はほとんど手作りで、全職員が頭をしぼった。遊び方としては、いずれも子どもの自発性・能動性を引き出し、子どもが遊びの主人公になれるよう誘導した。

このようにして皆で考えた遊びを「遊びの本」としてまとめ出版した。

①『あそびたいな　ウン　あそぼうよ』（一九九二年、海声社、絶版）。
②『大好きあそび　みーつけた』（一九九九年、大月書店）。
③　二〇〇四年、①の改訂版〈㈱クリエイツ、かもがわ〉より出版予定）。

遊びを本にまとめることで、考え方も整理され、どんなに反応の乏しい子に対しても、新人でも遊び方がわからないということがなくなった。

## 五　毎日通園・母子分離の療育体制を確立

厚生労働省は障害児通園事業（旧身心障害児通園事業）を、日常生活の基本動作の訓練や、集団生活への適応の訓練を行うところと位置付けているが、障害児通園事業は、子どもの発達の第一歩を支援し、ショック混乱の中にいる家族、特に母親を支える役割を担った非常に重要な場なのである。子どもの発達にとってまた家族の支援にとって、どういう体制が必要であるかを考えた時、私たちはどうしても毎日通園・母子分離の療育体制をとるしかないと考えた、理由は以下のようである。

### 1　毎日通園のよさについて

①　生活のリズムがつき、生活に見通しをもつようになる　　毎日通園することにより、めりはりのある生活リズムがつき、気持ちが安定する。また、いつのまにか一日の生活の流れを理解し、例えば朝ご飯を食べて着替えをすると、次は園に行くのだという順序を覚え、玄関に出て母親を待つなど、次に続く行動の見通しをもつことができるようになっていく。

②　健康によい　　生活が規則的になるだけでも健康によいが、通園することで毎日外に出て太陽や外気に当たり、広い場所で活動することにより食欲も出、便通もよくなり、よく眠るようにな

る。

③　療育を効果的にするために　毎日通園することで、保育者は、今日の子どもの姿を昨日の続きとして捉えられる。昨日こうであったから今日はこうしてみようかという指導の工夫ができる。また数多い繰り返しが学習効果を上げることは言うまでもない。

③　発達にとってプラス　園には家では得られない人や物が揃っており、発達援助のためのプログラムを用意している。日数多く通わせることは当然子どもにとってプラスになる。

⑤　毎日通園してよいこととなっていれば、病院の予約も心配なくとれるし、体調の悪い時休むことも自由である。通園日が限られてしまうと、その日何かあった場合、通園できる日が非常に少なくなってしまう。

### 2　母子分離体制にすることの意味について

①　保育者が子どもをよく理解し、課題を把握し、取り組みの方法を見出すため　入園してくる子どもの抱えている問題はみな違い、課題を把握し、取り組みの計画を立てることはそれほど簡単ではない。保育者は直接子どもに関わることで、誤りなく課題を掴み、何をどうすればよいかの計画が立つものである。

②　子ども自身の自発的・能動的活動を促すため　母子関係は、支配・依存、愛護・甘えの関係にあるのが普通である。こうした関係にある母子が遊びを共にする中からは、子どもの自発的・能動的活動は極めて期待しにくい。大切なことは子どもの能動的活動を引き出すことである。

③ 集団を生かした指導をしやすくするため　母子一緒の保育の中では、子どもは大人の中に埋まってしまい、保育者は子どもの姿を捉えにくく、子ども同士の関係を生かした指導がしにくくなる。

④ 集団への適応の訓練のため　厚生労働省がこの事業の目的として掲げているところの「集団への適応の訓練」は、一人で集団の中に入っていられるところから始まるのである。

⑤ 母親の心のリフレッシュと、立ち上がる力を得るため　子どもから解放され、親同士自由に悩みを語り合い、子の扱い方や兄弟への対応など互いに学び合う中で、母親は心身共にリフレッシュし立ち上がる力を得ていく。

⑥ 母親への認識が深まることも多い　母子はただ単純に別れればよいということではない。最初は一緒で慣れてきたら別れるのがよい。別れても母親は控え室にいることをわからせ、保育終了後、自分から母を迎えにいかせる。別れたことで却って母親への認識が深まることも多い。

## 六　全国心身障害児通園事業実態調査の実施とその結果

一九八五年、私たち（吉田栄・元宮城学院保育科教授、木村美矢子・現こまくさ苑苑長、松野安子・現なのはな会常務理事）は全国心身障害児通園事業実態調査を行った。それはこの事業が、障害乳幼児への最も初期の療育、また母親への対応という重要な役割を担っているにもかかわらず、経営基盤が脆弱で、種々問題をもちながら改善できない実態のあることを感じたからである。対象施設三五六の内、二六〇施設からの回答を得、回収率は六五・七％であった。この中で通園日数の平均は週五日通えるところが六五・七％で、週二～四日以下のところを大きく上回っていた。母子分離保育については、ほとんどの時間一緒が二九・二％で、残り七〇・八％はなんらかの形で分離を取り入れていた。このようにこの調査の結果からも「通園日数はできるだけ多く、母親は基本的には別れ、必要に応じて参加」と考えているところが多いことがわかった。

調査の内容は幅広く、三一項目に及んだ。この調査の結果は、一九九〇年『精神薄弱問題白書』（日本精神薄弱福祉連盟編）でかなり大きく取り上げられ、本事業の改善について検討の必要があると述べられていた。

## 七　誕生から「仙台市なのはなホーム」に至るまでの運営の実態

一九七六年、「なのはな共同保育室」として誕生した療育の場は、親たちと保育者、それを支える多くの人たちの力によって現在「仙台市なのはなホーム」の名称で存続しているが、ここに至るまでの運営は非常に厳しいものがあった。最初の時期、補助金の要望に対し行政は、「仮りの場所で週三日の保育では何の制度にも該当せず、補助金の出しようがない」といって取り合ってくれなかった。親たちの強力な陳情の甲斐あって、翌年から五年間、市長裁量による補助として年に四〇万円が支給された。しかし毎日通園、母子分離療育体制の中では保育士六人の確保が必要であり、四〇万ではどうにもならなかった。見兼ねた親たちは自発的に保育料を出してくれるようになり、更にバザーや物品販売等、資金作りに全面的に協力してくれた（表1）。

一九八二年、六年目にしてようやく庭つきの広い一軒家を無償で借りることができ、日本母性保護医協会より「おぎゃー献金」基金の助成を得て増改築を果たすことができた。そして遂に仙台市から「心身障害児通園事業」として認められるところとなり、八四〇万円という補助金の交付を得、この段階で保育料は打切りにした。その後、市も年々少しづつ補助金を増額してはくれたが、赤字は以後も解消されることなく続いた。こうした赤字を解消するためと、私たちは法定施設である精神薄弱児通園施設（当時の名称）への移行を模索し始めた。

努力の甲斐あって、一九九〇年、社会福祉法人格を取得、一九九一年精神薄弱児通園施設「なのはな園」を設立でき、ここで心身障害児通園事業は発展的に解消する予定であった。ところが当該地域に是非必要なので通園事業を継続して欲しいと市から要請され、継続することにしたのである。

その時、うかつにも継続するからには従来通りの療育体制維持に必要な、保育士六人分の人件費を保障するよう市に要請せず、共同保育園の職員給与を、新たに経営することとなった法定施設職員の八割と決め、規定上で労働時間の短縮を定め、整合性を図れたこととしてしまった。しかし実際の労働時間は、法定施設と変わることはなかった。理事会はこれを放置できない問題として「なのはな共同保育園職員給与に関する検討委員会」を立ち上げ、一九九八年、九割に引き上げることとした。ところが不足額は年に五〇〇万円を超えるものとなり、後援会員拡大などの努力だけでは追いつかないものとなった。毎年補助金のアップと平行して通園施設への切り替えの要望書を市に提出し続け、通園施設への切り替えのための付加価値として、相談事業を立ち上げたりもした。ところが仙台市はこうした要望を顧みることなく、四年間補助金据え置きという冷淡さだった。

ところで市内の同種事業の他施設は、二五～三〇人の子どもを受け入れ、通園日数は週に二日～三日、保育士は三～四人でほとんど常に母親は保育に参加するという体制をとっていた。そうした中、共同保育園だけが定員は二〇名と定め、毎日通園して母子分離体制での療育を行うとして六人の保育士を抱えていた。市は毎日通園、母子分離の療育体制のよさを理解しようとせず、目を向けてくれなかったわけである。

丁度この時期、長年無償で貸与をしてくれた地主から、土地を売却したいとの話があったため、通園施設への切り替えを一層積極的に市に要請した。しかし市はこれには応ぜず、代案として「委託事業化」を勧めてきた。設置主体を市に移行し、運営は法人でという公立民営になることである。市内の同種他施設は二つの公立を除き六施設が公立民営で、施設長は市から天下ってくる場合が多い。法人としては、「従来の保育体制の維持（毎日登園、母子分離）」、「なのはなの名前を残す」、「施設長人事に市は干渉しない」を条件として話し合った結果、互いに了承し、契約関係を結んだ。

ここにおいて二六年間続いた共同保育園の赤字財政は解消し、二〇〇二年度からの共同保育園職員の給与は、法人で経営する制度内施設の職員と同水準で支給することができるようになった（表2）。名称は「仙台市なのはなホーム」に変わり、建物は市によって建てられ、開園式は全く行政中心に行われたので、その時は一瞬皆の心の中に、「『共同保育園』の二六年間の歴史はどうなってしまったのだろう！」という思いが走った。しかし、形は変わっても中身は健在、職員は益々実力をつけ、保護者からの絶大な支持と関係者からの評価を受け、現在「元なのはな共同保育園」は頼れる施設として

**表1　主な収入源と人件費の推移**

1976年～1981年（開設から、心身障害児通園事業として認可を受けるまで）　（表１）

| 年 | 保育料（月額） | 市からの補助金 | 寄付金 | バザー収益 | 文集純益 | 講演会からの援助 | その他（前年度繰越金他） | 収入合計 | 支出合計 | 人件費（）は１人当たりの月給 | 保育士数 |
|---|---|---|---|---|---|---|---|---|---|---|---|
| 1976 | ６月～11月 1人2000円<br>12月～３月 1人4500円<br>324,000 | 0 | 404,000 | | | | 28,000 | 756,000 | 632,890 | (4,000/月)<br>145,960 | 4 |
| 1977 | （１人　5000円）<br>794,500 | 400,000 | 570,424 | | | | 123,110 | 1,888,034 | 1,377,970 | (15,000/月)<br>900,000 | 4 |
| 1978 | （１人　5000円）<br>931,000 | 400,000 | 855,491 | 1,489,638 | 243,206 | | 510,064 | 4,429,399 | 2,447,431 | (20,000/月)<br>1,900,000 | 5 |
| 1979 | （１人　5000円）<br>813,500 | 415,000 | 1,536,267 | 500,000 | 216,663 | 300,000 | 2,001,444 | 5,782,874 | 3,192,618 | (35,000/月)<br>2,465,000 | 5→6 |
| 1980 | （１人　10000円）<br>835,500 | 400,000 | 2,226,797 | 500,000 | | 1,000,000 | 2,751,088 | 7,713,385 | 4,915,586 | (45,000/月)<br>3,990,000 | 6 |
| 1981 | （１人　10000円）<br>1,384,000 | 400,000 | 2,568,798 | 500,000 | | 1,284,000 | 3,035,465 | 9,172,263 | 7,899,130 | (60,000/月)<br>↓<br>(75,000/月)<br>5,675,000 | 6→7 |

**表2　仙台市補助金と、人件費の総事業費に対する割合及び補助金と総事業費との差額等の推移**

1982年～2002年（通園事業として認可～仙台市委託事業化）

| 年度 | 仙台市補助金 | 仙台市補助金の次年度との差額 | 人件費 | 総事業費 | 人件費/総事業費 | 補助金と総事業費との差額 |
|---|---|---|---|---|---|---|
| 1982 | 8,403,000 | | 10,145,486 | 12,310,447 | 82.4% | △3,907,447 |
| | | 180,000 | | | | |
| 1983 | 8,421,000 | | 9,226,054 | 11,743,600 | 78.6 | △3,322,600 |
| | | 311,000 | | | | |
| 1984 | 8,732,000 | | 9,990,320 | 11,363,714 | 87.9 | △2,631,714 |
| | | 356,000 | | | | |
| 1985 | 9,088,000 | | 10,012,881 | 11,903,547 | 84.1 | △2,815,547 |
| | | 337,000 | | | | |
| 1986 | 9,425,000 | | 10,203,562 | 12,685,779 | 80.4 | △3,260,779 |
| | | 2,608,000 | | | | |
| 1987 | 12,033,000 | | 12,278,437 | 15,503,992 | 79.2 | △3,470,992 |
| | | 354,000 | | | | |
| 1988 | 12,387,000 | | 13,284,945 | 16,584,225 | 80.1 | △4,197,225 |
| | | 415,000 | | | | |
| 1989 | 12,802,000 | | 13,824,347 | 16,877,385 | 81.9 | △4,075,385 |
| | | 488,000 | | | | |
| 1990 | 13,290,000 | | 13,788,878 | 16,185,001 | 85.2 | △2,895,001 |
| | | 799,000 | | | | |
| 1991 | 14,089,000 | | 12,509,225 | 14,936,836 | 83.7 | △　847,836 |
| | | 1,067,920 | | | | |
| 1992 | 15,156,920 | | 14,424,855 | 16,740,504 | 86.2 | △1,583,584 |
| | | 1,277,640 | | | | |
| 1993 | 16,434,560 | | 15,674,375 | 18,075,674 | 86.7 | △1,641,114 |
| | | 143,800 | | | | |
| 1994 | 16,578,360 | | 15,523,569 | 18,289,928 | 84.9 | △1,711,568 |
| | | 147,000 | | | | |
| 1995 | 16,725,360 | | 16,550,312 | 18,576,534 | 89.1 | △1,851,174 |
| | | 187,400 | | | | |
| 1996 | 16,912,760 | | 16,457,598 | 19,091,577 | 86.2 | △2,178,817 |
| | | 769,684 | | | | |
| 1997 | 17,682,444 | | 16,980,343 | 19,315,746 | 87.9 | △1,633,302 |
| | | △345,299 | | | | |
| 1998 | 17,337,145 | | 19,908,316 | 22,452,472 | 88.7 | △5,115,327 |
| | | 0 | | | | |
| 1999 | 17,337,145 | | 20,672,597 | 22,928,034 | 90.2 | △5,590,889 |
| | | 0 | | | | |
| 2000 | 17,337,145 | | 21,385,183 | 23,386,350 | 91.4 | △6,049,205 |
| | | 0 | | | | |
| 2001 | 17,337,145 | | 22,035,795 | 24,214,671 | 91.0 | △6,877,526 |
| | | 12,228,855 | | | | |
| 2002 | 29,566,000 | | 25,282,048 | 29,561,680 | 85.5 | 4,320 |

むずかしい役割を果たし続けている。

## 八　おわりに

本稿のねらいは、障害児の早期療育にあたり、発達支援を進めるための基本的考え方をどう捉え、具体的にどのような療育をしてきたか、また財政的基盤がない中での運営の実態の紹介をすることであった。しかしいずれもほんの筋書きだけで終わってしまい、わかりにくいところが多かったかとお詫び申し上げたい。多くの方々からご指導をいただければ幸いである。

# 母親が生まれる時
## ――母子通園施設の役割

加々見　ちづ子

### 一　はじめに

子どもを身ごもった時から子どもがオギャーと生まれるその日まで女性にとってどんな子どもが生まれてくるのか不安と期待でいっぱいなのは誰も同じだろう。まして不安というのは無事に誕生するかどうかの不安が大きく自分の子どもが障害を持って生まれるかもしれないという不安はほとんど持たないだろう。しかし障害を持った子どもは確かに生まれている。そして障害を持った子どもの命が障害をもたない子どもの命と何らかわることのないすばらしい輝きをもっていると気づくまで母親になれない女性はたくさんいる。

母子通園施設は心身の発達に障害を持った〇歳から就学前の子どもとお母さんが一緒に通う施設である――。出産時に自分の子どもに障害があると知らされた家族はその時、時間がとまったように何も考えられないという。また子育ての途中で何か子どもとしっくりこない、何か子どもの発達に違和感があると気づき始めるころ、例えば首のすわりが遅い、泣き方がおかしい、笑わない、耳は聞こえているのに振り向かない、眼は見えているのに見ようとしない、ことばがでないなどなど、一生懸命子どもに向き合おうとすればするほどつらく悲しく苦しくなっていく。そしてついに何も考えられなくなるという。そんな何も考えられなくなった家族が医師や保健師のすすめで相談所に行き母子通園施設を紹介される。家族はわらにもすがりたい思いで母子通園施設の門をたたくのである。

母子通園施設の役割は大きく分けて二つあるといえる。ひとつは、どんなに障害があろうと子どもは「発達への願い」をもって生まれてきたのだということをしっかり伝えなければならない。もうひとつは、障害を持った子どもの家族が地域であたりまえに生きていくための地域社会の整備をすすめていくことである。二つの役割を言いかかれれば、ひとつは障害児の早期療育をすすめる発達支援の場であるということ。もうひとつはノーマライゼーションをすすめるための家族支援の場であるということに他ならない。本稿では母子通園施設「仙台市なのはなホーム」の取り組みを紹介するとともに母子通園施設のおかれている現状と問題点そして課題を模索してみたいと思う。

## 二　母子通園施設の役割

### その1　早期療育のための発達支援

仙台市なのはなホームは二八年前民家を無償で借り「なのはな共同保育園」の名称で二六年間早期

療育に取り組んできたが、二〇〇二年四月仙台市により補助事業から委託事業への変更とともに新築移転され、名称も「仙台市なのはなホーム」となり現在に至っている。〇歳から六歳までの心身の発達に心配のある子どもが母親といっしょに月曜日から金曜日までの毎日通園し母子分離保育を受ける。定員は母子二〇組、保育士七名、一クラス一〇名の子どもに三名の保育士が担当する二クラス編成で園長はフリーの保育士として補助にあたっている。

**(1)　よく遊び、よく食べ、よく眠る**　乳幼児期の子どもの姿を捉えた言葉に「よく遊び、よく食べ、よく眠る」という言葉があるが的を得ていると思う。よく食べるとよく遊べて、よく眠れるのか、よく遊ぶとよく食べられて、よく眠れるのか、よく眠るとよく食べれて、よく遊ぶのかなどいろいろ考えられるが、とにかくこの「食べる、遊ぶ、眠る」がうまく連鎖して子どもが育つということは確かであろう。しかし発達に弱さをもつ障害児にとってこの連鎖がなかなかうまくいかず生活のリズムが乱れていることが多い。そしてその生活のリズムの乱れは家族の生活の落ち着きまでも奪ってしまい、時にはそのことにより障害児の真の発達を見失うことになり障害をより重くさせていることも少なくない。

そこでなのはなホームでは子どもが入園するとまず最初の課題として「生活のリズムを整理する」ということから始める。その取り組みとして朝は七時には起床し園に通うことから始めている。たとえ朝起こされたために機嫌を損ねて朝食を食べなかったとしても、また通園途中の車の中で眠ってしまったとしても、また登園して療育中に眠ってしまったとしても、たとえ短時間で帰ることになったとしても、入園はじめからおよそ二ヵ月はできる限り毎日通園してもらう。そして入園して一ヵ月も過ぎる頃には母子分離が始まり二ヵ月も過ぎる頃には七時起床が定着していく。それにともない朝食時間が八時前になり、九時半には登園し、一二時昼食、降園後の一四時から一五時はたとえ午睡ができずとも家でゆったりのんびり過ごし、一五時のおやつ、一八時の夕食、二一時にはお布団へといった生活のリズムが少しずつ整理されていき、「よく食べ、よく眠る」とまではいかずとも子どもの生活に落ち着きがでてくる。そして何より家族の生活も落ち着きを取り戻していく。ところがこの時期になっても「よく遊び」は眼に見えて何かで遊ぶとか誰かと遊ぶとかの変化は少ない。朝のあつまりも椅子に座って落ち着いて参加することができず保育室をうろうろしていたりお友だちを意識してみんなの中にいるということも少なく、一人ひとりがそれぞれ何かで遊ぶと言うことも少ない。しかしクラスの保育室から飛び出す子どもがいなくなり、ようやく保育室での療育が確保できるところまでになってきた時期いえる。こうして障害を持った子どもは「よく遊べない」という姿に母親は直面することになる。

**(2)「よく遊び」は支えてくれる人の存在に気づくことから**

「よく遊び」とは乳幼児期の子どもの活動を総括的に言い表している。この子どもの活動をなのはなホームでは四領域に整理している。①人に向かう活動、②見る活動、③物に向かって手を出して手を使う活動、④全身を使う活動である。そして障害をもった子どもはうまく活動できないということをもって「よく遊べない」というのである。「よく遊べない」という悩みを抱えていることに気づいた母親は〝一生懸命遊んであげようとしてもなかなかうまく遊べず逃げられてしまいます〟とか、また〝遊びにこだわりがあって他の遊びに興味関心を示してくれない〟という訴えもある。母親の訴えはとても切実でよくわかる。しかし発達に弱さをもった子どもたちは「よく遊べない」のではなく、〃本当は遊びたいのにうまく遊べなくて悩んでいる、困っている〃のである。そして本当は〃もっともっとうまく遊びたい〃というねがいをもっている。そしてこのねがいは本当はトイレでしたいのにうまくできるかどうか困っている姿、本当は食事もスプーンを使って一人で食べたいけれどうまくできるかどうか自信をなくしている姿、本当は服を一人で脱いだり着たりしたいのにうまくできるかどうか不安でいる姿につながっている。

発達へのねがいが不安や悩みになっている時、〃〜しなさい〃、〃〜してあげようね〃という押し付けは子どもにとって息苦しく辛いものだということをまず母親に伝える。そして今一番大切なのはそうした悩みや不安を抱えている子どものありのままの姿をしっかり受け止め抱きしめるだけでいいと話す。〃君なら大丈夫だよ〃という思いを伝えながらあせらず見守ってほしいということ、そして子どもにとって安心して心を委ねることのできる存在、つまり子どもにとって「一番大切な人」になってほしいと話す。大切な人の存在を獲得した子どもはその大切な人の支えによってこの人がいうなら〃できるかどうかわからないけどやってみようかな〃とか、この人にほめられたいというねがいがうまれいろんなことに挑戦しようという意欲が生まれてくる。そして〃やった！〃という達成感が得られた時、発達がみえる。

### ⑶　遊びは発達の原動力

〃遊びたいのに遊べない〃という悩みが〃遊びたい！〃というねがいに変わり〃遊ぼう！〃という意欲につながる時、発達がみえる。そして〃やった！〃という達成感を大切な人と共感できた時、発達がみえる。言い換えれば「意欲と達成感」が得られる遊びの経験体験の積み重ねが発達を促すことにつながるといえる。「意欲と達成感」を得られる遊びは子ども一人ひとりの発達のねがいや障害などによりさまざまである。そしてなかなか簡単にいかないということが母親たちの訴えによりよくわかる。そのため、なのはなホームでは(2)で示した子どもの活動の四領域にてらして、①人へのかかわりを強くする遊び、②ものをしっかり見るようにする遊び、③手を出したくなり手を使う遊び、④運動発達を促す遊びの四領域を示し、ひとりひとりの発達課題を明らかにし発達課題にそった遊びを日々手づくりしている。この手づくり遊びが子どもの発達のねがいにつながるためには保育士やクラスメートの存在が不可欠であるといえる。なぜなら全ての遊びは人との共感関係をベースに始まるからである。こうして集団保育の中での個別的要素を多く含んだ手づくり遊びを療育の柱としてすすめている。

例えば、「ヒモをひっぱって放すと紙吹雪が舞う」という手づくり遊びには「ヒモを握る」という手の操作が必要となり、この「ヒモを握る」というひとつの遊びの操作が食事時の食べ物を握って食べるという操作につながり手づかみができる。その手づかみが〝お友だちのようにスプーンを使って食べたいなぁ〟というねがいと共にスプーンを握って食べる力となっていく。また一方ではパンツを握って下げたり上げたりする手の操作性への高まりが、〝お友だちのようにトイレでおしっこがしたいなぁ〟というねがいとともに衣服の着脱を可能にしていく。このように食事ができる、着脱ができる、トイレで排泄ができるなどといったすべての発達は連動してすすんでいく。その中には笑うことができるようになる。泣くとことができるようになるといった感情表出の発達を含めて連動してすすんでいく。そしてこの発達の道すじは健常児といわれている子どもの発達の道すじと多くはかわらなといいえる。障害をもった子どもの発達の道すじは健常児といわれている子どもの発達の道すじをスローモーションで示すようにゆっくりすすんでいく。だからあせることはないと母親に伝える。しかし、どんな楽しい遊びを示すことができても子どもの心に〝やってみようかな〟という気持ちが生まれなかれば絵にかいた餅である。確かに、そこには大切なお友だちの存在とともに遊びの工夫を最大限にひきだす保育士の力量が問われる。しかし、それ以上に子どもの意欲を引きだすものがある。それは無条件で抱きしめてくれる母親の存在だ。

### ⑷　母親が生まれる時

〝我が子なのにどこかしっくりこない。ダウン症という障害名をもったこの子は一体どうなるの。二歳を過ぎても言葉がでない。ダメということばかりしているような気がして目が離せない。一体この子は何なの〟と言いたげな悲しい眼をしたお母さんと、〝わたしはやりたいこと、いいたいことといっぱいあるのになぜダメなの？　みんなと一緒じゃないからダメなの？　おしゃべりできないからわからないの？　わたしは一体どうなるの。誰かしっかり抱きしめて〟という心の叫びが聞こえてきそうな不器用な目をしたすてきな子どもが春になると入園してくる。入園したばかりのころは子どもの後について回るお母さんは子どもにとってあれこれ使いまわすことのできる都合のいい人という存在だったが、「遊びへの挑戦」という療育が進むにつれて、〝ちょっとしたことでもほめてくれる、一緒に笑ってくれる、追いかけてくるばかりだったのに少し離れた所で待っていてくれる、お母さんというのはわたしのことを見守ってくれる大切な人？〟という思いが子どもの心に生まれてくる。一方、お母さんの心にも〝名前を呼ぶとチラッと私を見て笑ってくれたような……、そ泣いている時私に視線を向けているような……、抱っこをすると体をあずけてくれるような……、そんな気がする〟という思いが生まれてくる。そして確かにおしゃべりもできないし、よく泣くし、よく怒るけど、だけど〝私があなたのお母さんよ〟というういとおしさで思わず抱きしめる時、母親が生まれる。母と子の止まってしまっていた時間が動き始める瞬間でもある。〝私はこの子に母親にしてもらった。それだけでうれしい〟といった母親の言葉は強烈だ。

**その2　ノーマライゼーションをすすめるための家族支援**

子どもの笑顔が生まれるたびに母親は強くなる。子どもの笑顔にであえるためなら我慢もできる。ましで障害をもった子どもの母親ならなおさらだ。〝この子のためなら何でもするし何でもできる。夫や兄妹のことは二の次三の次、家族だから我慢するのは当然だもの〟と言わんばかりに突き進む。そんな時、子どもの声が聞こえてくる。〝障害があるボクと一緒に生きることは、そんなにみんなが我慢して生きていかなければならないの。ボクはみんなにとってやっかいで大変な存在なの？〟という悲しい声が…。

ノーマライゼーションという言葉が飛び交って久しい。しかし「障害児者が地域の中で家族と共に生きていく」というあたりまえの暮らしがいまだむつかしい現実が確かにある。それは社会資源の貧しさからきているといえる。母親たちは今、〝家族がボクのために我慢しながら生きていくなんてイヤだ〟という子どもの声に耳を傾け始めている。その子どもの声が「親の会」を発足させ親の会の声から行政によるさまざまな施策が打ち出されている。例えば障害児者を安心して預かってもらうことにより家族のストレス軽減をはかるレスパイトケア制度、障害児が放課後をゆたかに過ごすことのできる放課後ケア制度、要医療ケア者が通える通所更生施設の拡大、自立体験ステイ制度、障害者のグループホームづくりなどなど。障害児者が地域であたりまえに暮らす施策は遅ればせながら少しずつすすんでいる。「子どもを育てるということは地域社会を育てることに他ならない」ということを私は障害児をもった親から教えられている。

## 三　母子通園施設の現状と問題点

### (1)　支援費制度導入

平成一五年度より厚労省は成人施設のみならず母子通園施設にも支援費制度を導入してしまった。このことは平成一〇年に母子通園事業を児童デイサービス事業と改称した時から少なからず危惧していたのだが、まさかまさかのことでまったく納得できるものではない。

確かに支援費制度というのは「自己選択、自己決定」という二一世紀にふさわしい個々尊重の理念ではあるが、本当にそうなのだろうか。まず「自己選択」をみてみると、選択できるほど施設があるわけではない。確かに平成七年に厚労省は母子通園施設を全国に二、〇〇〇ヵ所の設置目標を掲げ、障害児五人いれば施設を開設可能としたのである。そのことによりどんなに小さな村や町でも障害児が通える施設ができつつあったのだが、この支援費制度導入により多くの市町村では新施設開設を見合わせてしまったのである。そのために現在母子通園施設は目標数の半分にもみたない現状である。その理由として、従来は国からの補助金が平均利用定員枠での支給であったのが支援費制度では、国からの補助金が日々の利用人数により増減するという算出になったからである。日々の利用人数により運営費が増減されれば予算もたたず運営が難しくなってしまうからである。

何しろ〇歳から六歳までの乳幼児期の子どもであり、体調が一定しないこと、ましてや障害をもっている子どもであれば体力を作るためにも通園日数は個々それぞれにあった発達により決まるものであるということ。そして障害児本人だけでなくその子どもを取り巻く兄弟や母親や家族の有り様にもかかわっており、利用日数による補助金算出での運営は考えられないのである。それを補うために利用料を徴収することができるということであるが、果たしてこれが母子通園施設に通用するとは考えられない。なぜなら、このことは支援費制度のもうひとつの売りである「自己決定」にもつながることなのだが、母子通園施設の門をたたく親はわらにもすがる思いでやってくるということは前項に書いたとおりである。自分の意思というより相談所から紹介されとにかく話を聞くだけでも、そして、とにかく日々過ぎていく時間に身をまかせるだけでもできたらという思いでやってくるのである。そんな親が自己決定するまでには時間がかかりすぎるということ。また子どもの障害を受容する前の親にとって利用料を支払ってまでも障害を認定してもらいたいと考える親は皆無に等しいといえる。

障害を受容する前の親は何とかして治してあげたいと必死であちこちの病院をまわるという。そして病院がだめなら幼児教室、カルチャーセンターなどなど障害を治してくれるならどんなにお金を支払ってもかまわないのである。しかし、障害はなおるものではなく認めるものである。そのことに気づくために母子通園施設が存在するということを改めて確認する必要があると思う。そうすれば母子通園施設が支援費制度にあてはまらないということが歴然とするだろう。

### (2) 委託制度から指定管理者制度へ

平成一六年度より厚労省は委託制度を指定管理者制度に変更してきた。種々様々な問題をはらんでいる制度といえるが、一番問題であることは運営者を一般公募し指定するということにある。言い換えれば公募に応募し行政が認めたなら誰でも運営できるという制度になったのである。すなわち社会福祉法人でなくとも一般企業であろうが応募し市町村行政が認めれば運営できるというものになったのである。こんなことでいいのだろうか。

母子通園施設は前項で述べたとおり障害児の発達支援と家族支援という二つの大きな役割をもっている。この二つの役割を遂行するためには様々な専門家集団の多大な努力と蓄積があってこその事業に他ならないということを強く言いたい。

母子通園施設の現状にある様々な多くの問題の中から、あえて①の支援費制度と②の指定管理者制度を取り上げた理由は、二一世紀の福祉制度の一方向を示唆していると思うからである。しかも、負の方向を示していると思われてならないからである。これはとりもなおさず二〇世紀末から声だかに叫ばれていた基礎構造改革により、より進められた民営化路線が福祉にも押し寄せ、そのことにより国の施策が福祉切捨てへの道をたどっているのではないかと危惧されてならないのである。

## 四　今後の課題

厚労省の方向は前項に述べたとおり福祉切捨ての方向へと向かっていることは確かであろう。このことは一施設レベルで向き合っていてもどうすることもできないことといえる。そのため全国の母子通園施設で組織する全国発達支援通園事業施設連絡協議会をしっかりと活動させていかねばならないと考えている。そして、この活動をしっかりとしたものにするためにも、課題を明らかにしておくことが必要と考える。

### (1) 母子通園施設の役割の重要性を見直す

母子通園施設の成り立ちは、三〇年以上も前にさかのぼり、その多くは障害をもった子どもの親がどう育てていいのか分からず悲しみにくれる生活の中で、障害をもった子どもの親同士が集まり少しでも慰めあえる場として提供されたのが始まりとされている。しかし、就学猶予免除制度の撤廃や、障害児者の人権運動の高まりとともに障害児の早期発見・早期療育の場を求める声が高まり、母子通園施設はその早期療育の場として確立してきたはずである。

しかし、依然として早期療育の場としての位置づけが弱い。それはなぜかといえば行政機関の認識の甘さはもちろんのこと、従事している側にも認識が足りないことを指摘せざるを得ないだろう。障害をもって生まれてきた子どもの命を軽んじではいないだろうか、かわいそうな子どもとして見てはいないだろうか、今一度問い直して見ることが大切だと思う。

そして、どんな子どもも発達しうる力があるということを、そして、どんな子どもも発達へのねがいをもっているということを、私たちの仕事はその力を引き出すことにあるということを今一度確かめ合いたいと思う。

### (2) 就学前療育の一貫性の確立と教育への連動

障害児をもった親は母子通園施設で初めて子どもと真正面からしっかりと向きあいあらためて親になるという。そして、社会へあらたなる第一歩を踏み出すという。踏み出すその一歩には我が子への未来に対する熱きおもい熱きねがいがはかりしれないほど込められているのはいうまでもないだろう。

しかし、親になってしまえば健常児といわれている子どもの子育てとそんなにちがいはないはずなのになかなかうまくいかないことがある。それは母子通園施設から保育園や幼稚園など発達支援の場が移行されると連携がうまくいかないことにより卒園後の子育てに混乱を生じてしまうことがあるからだ。そのことにより障害児にとって発達を疎外されてしまう場合もあり、とても深刻な問題となる。そのほとんどの原因は子どもの発達の見方のズレからきていることが多い。ズレを少しでも少なくできるよう他機関との連携を密にしていかねばならないと思う。まして学校へつながる療育の有り様はもっと密にあるべきと思う。様々な専門家たちの連携プレーこそ子どもの発達には欠かせないものといえる。

## 五　おわりに

今、子育てが危機にあるという。不況からくる生活苦により生ずる子どもへの虐待、ドメスティックバイオレンスやアダルトチルドレンからの虐待、そしていじめ、そして戦争。次から次へと起こる不条理な現代社会の中で母親たちは迷子になっている。母親になりたくても母親になれないもどかしさや不安は、障害をもった子どもの母親ならばなおさらのことだろう。子育てが社会を育てることにつながるとしたら、今しっかりと迷える母たちの基地を確立しなければと思う。そのためにも母子通園施設の存在はゆるぎないものであるべきだと考える。そして人はみな「命」にもっともっと謙虚に向き合うべきではないだろうか。なぜなら障害をもって生まれたがゆえに、日に三度の薬を飲み、自由にならない体を必死に保ち、それでも決して人を恨むことなく、真摯な心で「生」に向き合っている子どもがいるのだから。そして、その命をしっかりと守り育てている母親がいるのだから。私はいつもこうした母と子から「あなたは一生懸命生きていますか」と問われている気がする。

# 知的障害者通所更生施設の役割と課題
## ――なのはな会と共に歩んで

木村　美矢子

### 一　はじめに

昭和五一年五月に外記丁教会を借りて週三日の障害児保育が始まったのが、なのはな会の発端である。

昭和五六年、念願の専用の建物が勝山企業株式会社の好意で北根の土地を無償で借用できることになった。専用の建物で毎日保育・療育することにより、昭和五七年には心身障害児通園事業として仙台市から補助金を交付されることになった。

平成元年、仙台市が政令指定都市になり、一〇〇万人に対して知的障害児通園施設（当時は精神薄弱児通園施設）がなかよし学園一施設であることはお粗末だということで、仙台市南部にもう一つ作ることを施策の中に入れた。心身障害児通園事業では運営費が少ないこと、どんなに障害が重い子どもでも三歳児過ぎれば母親から離れてあたりまえに単独登園できることが私たちの目標であった。

仙台市当局との交渉も常に続けていたので、仙台市の施策の知的障害児通園施設をぜひやりたい旨、交渉した。仙台市当局は今までの保育・療育の実績を認めてくれ社会福祉法人格を取り私たちの団体が知的障害児通園施設を設置・運営することを決定してくれた。土地は仙台市からの無償貸与、建物は国庫補助で建設という方針を立て、平成二年一一月に社会福祉法人格を取得し、社会福祉法人なのはな会　知的障害児通園施設なのはな園を太白区郡山に平成三年度開設した。

知的障害児通園施設は法的には「歩ける子ども、毎日通えるような元気な子ども」が通園する場となっているが、当時の仙台市当局・児童相談所・なのはな会は、「どんな重度重複の子どもも通える場」としての共通の認識を持っていた。公立のなかよし学園はそれまでは歩行未獲得の子どもは受け入れない状況だったが、なのはな園開設の平成三年度から重度重複児も受け入れることになった。

なのはな園では、開設当初から理学療法士を専任スタッフとして配置した。平成三年度に開設した時、私はなのはな共同保育園からなのはな園に移動し、施設長として平成一二年度まで一〇年間なのはな園に勤務した。なのはな園での保育・療育では子どもの気持ちに寄り添い、子どもの好きな遊びを通して興味を引き出し、密なかかわりの中で自らやろうとする力をつけることが生きる力になるだろうと、日々の活動を展開した。キーパーソンになる職員をおき、その職員との信頼関係を築き、その中で子ども自らが行動する力を待った。朝のお集まり、設定保育、帰りの集まり等、集団で活動する中で、個別の対応をし、自ら興味を持って参加することを大事にした。朝のお集まりでは椅子に座って手遊び歌を多く取り入れたが、椅子に強制的に座らせるのではなく、自分から椅子に座るように働きかけた。

自閉症の子どもは自分の好きなことだけに集中し、園庭のブランコ等が好きな場合なかなかお集まりになっても部屋に入ってくれない。また、信頼関係が出来ていない職員が声をかけても行動に移してくれない。信頼関係を築いた担当職員が部屋に入るよう声をかけると自分から部屋に入ってくれた。部屋に入り、椅子に座らなくても部屋の中にいて、心を遊びに向けてくれることから始めた。なのはな園の場合は大部分の子どもが母子通園施設を経て入園する。三歳以上児がほとんどで、二年間在園の子どもが大部分を占めていた。

出来る事が増えるということに重点をおくのではなく、自らやろうとする力に重点をおいた。遊びに興味を持ち、他児が何をやっているか興味を示し自分もやってみたいという気持ちが育ってきた子どもは就学まであと一年であっても退園して障害児保育の場に移るよう保護者との話し合いを持ち働きかけた。自閉症の子どもは能力がありやれることがたくさんあっても、慣れた環境の方が持てる力を蓄積していけるのではないかと思われ、就学の時に卒園する子どもが多かった。

なのはな共同保育園の卒園児、そしてなのはな園の卒園児とも在園中だけにとどまらず、卒園してもずっと共に生きていきたいというメッセージを常に送っていた。そして常に卒園後の成長を共に喜ぶことをライフワークにしてきた。出会った子どもたちがみんな私の心の宝物だった。

平成一三年度に私はなのはな園から法人内の知的障害者通所更生施設「こまくさ苑」に異動した。前述したとおり、卒園した子ども達との付き合いを多く持っていたので、成人施設に異動しても私自身は何の戸惑いもなかった。しかし、会う人毎に「子どもの施設と成人施設では違うでしょう？」と言われた。

成人施設で三年目を迎えた今、幼児期の療育、そして学童期の教育が将来を見据えてどのようにすれば成人してその人らしい豊かな生活ができるだろうかということが私自身の大きな課題である。こまくさ苑のメンバー全員が成人としてその人らしい感性豊かな生き方ができるよう支援したいと思っている。現状を踏まえながら、知的障害者通所更生施設の役割と課題を考えてみたい。

## 二　なのはな会の知的障害者通所更生施設

こまくさ苑は社会福祉法人なのはな会が設置経営している三つ目の施設で平成六年四月に開所した。仙台市内には県立養護学校が光明、名取、利府養護学校の三校、仙台市の鶴ヶ谷養護学校、国立宮城教育大学付属養護学校、西多賀養護学校、拓桃養護学校があるが、平成六年度には高等部が未整備で、全員が入学できる状況ではなかった。ほとんど養護学校中等部卒業の人たちでいっぱいになってしまう状況だったので、中学校の特殊学級から養護学校の高等部に入ることは難しかった。そこで、法的には知的障害者通所更生施設は「就労を目指す人の訓練の場」となっているので、こまくさ苑への入所者は中学校特殊学級卒業生を考慮に入れ、中・軽度の人を多くいれる、という仙台市の方針があった。三五名の定員のうち、ほとんどが養護学校高等部卒業の人だったが、数名中学校特殊学級出身で、養護学校高等部を受験したが、入学できなくてこまくさ苑に入苑した人がいた。

私がこまくさ苑に異動した年は平成一三年度なので、開設から八年目のこまくさ苑だった。陶芸と下請け作業（箱折、タオルいれ）が活動の中心だった。下請け作業には夢がないことと、期限に追われスタッフが精を出すような状況を無くしたいと思い、タオル入れは八月にはやめることにした。タイミングよく機械ではなく障害者が石臼で挽いた粉で手打ちそばを土曜日、日曜日に限定で店に出したい、という方がおられ、その活動をこまくさ苑で引き受けた。その他、生きがい活動としてすだれ編み、さをり織り、ビーズ製品、ステンシル、地域との交流を目指した空き缶回収・つぶし等の活動を新しく取り入れた。その他、手を使っての活動が苦手な人たちは音楽活動、また近くの森林公園への毎日の散歩を午後の時間に取り入れた。

社会福祉法人なのはな会では、平成九年度に知的障害者通所更生施設「はまなす苑」を設置・経営した。昭和五一年度から始めたなのはな共同保育園の卒園児は重度重複のお子さんが多く、その方達が養護学校の卒業を迎えていたので、はまなす苑を設置する時は当初から重度重複の障害を持っている人を多く入れたい、との方針をとった。はまなす苑は現在三五名の定員中、療育手帳A、身障手帳一級の人が三二名在籍している。

平成一四年度にははまなす苑の分場「はまゆう」を設置・経営することにした。「はまゆう」は就労を目指す人を多くいれたいとの方針を立て、喫茶と食品加工をメイン活動にした。

平成一三年度に養護学校高等部を卒業する重度重複の方の保護者から重症心身障害者通園事業B型の開設を強く要望され、重度の子ども達をあたりまえに受け入れて来た精神から、平成一四年度はこまくさ苑の定員を三五名から三〇名に変更し、重症心身障害者通園事業B型をこまくさ苑に設置することにした。定員五名減らすにあたっては就労を目指している人に「はまゆう」に移ってもらう、重度重複の方二名はB型に移籍してもらうことで対応した。その際、平成一三年度から菓子製造販売店で就労体験をしていた一人だけは、もっと実体験をしながら就労に結び付け、失敗してもこまくさ苑に戻れる制度を利用し、安心して社会に送り出せるように、こまくさ苑に残った。

以上のような経過を経て、平成一四年度には知的障害者通所更生施設三〇名と重症心身障害者通園事業B型を併設した。B型には医療的ケアが必要な方を含め八名受け入れ、看護師、OTも配置し、こまくさ苑は大きく様変わりした。

知的障害者通所更生施設は、法的には「社会就労を目指す人が入る施設」、知的障害者授産施設は「社会就労が難しい人が福祉就労をする施設」ということになっている。

しかし、今では養護学校の高等部が整備され、ほとんどの方が高等部を卒業され、地域福祉が提唱されているので、知的障害者通所更生施設が重度重複の方を受け入れている現状が全国的にあり、こまくさ苑も同様である。

こまくさ苑でも法人の理念と職員が作った倫理綱領を常に念頭におき、利用者（メンバー）の方と職員（スタッフ）は向き合っている。「みんな違ってみんないい！」と個性を尊重し、自己選択、自己決定を活動の中で尊重している。そして、日々豊かな時間を過して欲しいと願っている。メンバーが豊かな時間を過すためには、スタッフも同時に豊かな時間を過していなければ、メンバーたちにとって、真の豊かさはありえないと思っている。

## 三　こまくさ苑における若干の事例

こまくさ苑の三〇名のメンバーのほとんどの方たちは「こまくさ苑大好き」で、こまくさ苑が生活の場で種々の活動に生き生きと向かっておられる。メンバーが喜んで通っていれば保護者は安心して送り出せる。通所更生施設の大きな役割の一つとして「保護者が安心して送り出せる」ということがある。

メンバー全員が成人となった今、よりよい時間を過して欲しいと願っているが、残念ながら問題を抱えている方もいる。その人達ひとりひとりに必要な支援をしたいと思っているので、個別支援を十分にしながら問題をほぐしていきたいと考えている。

以下に現在取り組んでいる若干のケースを通して問題を考えていきたい。

### 1　自傷行為がある方の事例

平成一〇年度に入苑したTさんは現在二三歳である。入苑して六年目を迎えるが、こまくさ苑が大好きな活動の場になっていない。激しい自傷行為が時々あるので、女性スタッフでは対応できず、男性スタッフが一対一で対応をしている。諸々の事情により、一年間担当し信頼関係がついてきたスタッフが法人内の別施設に異動し、新しいスタッフに代わり二年目を迎えている。活動はスタッフとの一対一の対応で空き缶つぶしとビーズ通しをやっているが、活動の合間にTさんの好むドライブに三回個別対応で出ている。現在、担当スタッフはTさんの気持ちを十分に汲み取ることができるようになり、Tさんも担当スタッフを求めていて、信頼関係ができてきた。現在はほとんど自傷行為はないが、たまに理由がわからず突然起す時がある。Tさんにとってこまくさ苑の環境は耐えられないものなのだろうか、と思ったりするが、時間がかかっても自らの力で活動に向かい、生き生きと活動できる姿を目指している。そして豊かな時間を過すことができるように支援したいと思っている。Tさんの幼児期、学童期の育ちはどうだったか。「生きる力」をどのようにつけてきたのか。どこに問題があって、今があるのかを知りたいが、それを追求するのはなかなか難しい。

今はキーパーソンを作り、時間をかけてTさんが自ら見通しを持って活動できる力を構築していきたいと思っている。そのためには保護者との連携が不可欠である。保護者との信頼関係を密にし、Tさんとしっかり向き合い、Tさんの人生を豊かなものにするよう支援していきたい。

## 2 なかなか行動に移せない方の事例

ダウン症のOさんはこまくさ苑開設当初から在籍し、現在二八歳である。幼児期ではダウン症の子どもの大部分は人なつっこく集団で十分遊びを楽しめる人が多く、保育所での集団保育を受ける子どもが多い。しかし、こだわりが強く、集団の遊びに乗ってこない子どももいる。Oさんも幼児期、学童期とも集団の中にスムースに入れる子どもではなかったようだ。Oさんは現在家庭の事情で親元から姉さんの家に三日間泊まり、週三日姉さんに連れられて登苑している。会話はないがひょうきんなところがあり、理解力は十分あるOさんだが、最近スムースに行動に移せないことが多い。登苑して下駄箱で動かなくなり、タイミングよく声がけされればしばらくして動き、着替えルームでしばらく動かなくなり……と、午前中の活動ができない時もある。午後の活動は大好きなそば粉活動に向かう時は、自ら間に合うように動き、活動中も黙々と石臼引きをこなすことが多い。なぜ、固まって動かなくなるのか、そしてどういうことをすれば、また、どのようにかかわればOさんが活動に乗ってこれるか試行錯誤しながらかかわりを持っているが、なかなかスムースにいかない。家庭でもトイレに行き、五時間もでてこなかったり、パジャマから洋服に着替えるのに二時間もじっとうごかなかったり、家族はへとへとになることが多くなっている。今までに精神科に行って相談することが四回あったが、四回とも別の病院である。「分裂症」と診断されたり、「強迫神経症」と診断され服薬をするのだが、服薬しても変わらないということで、通院を止める。しかし、また病院に頼ろうとすることを繰り返している。Oさんはいつも顔を下にむけ、歩く時もずっと下を向いている。Oさんの顔が上がり生き生きと活動できる姿はどうすれば生まれるのか、大きな課題である。姉さんはOさんの気持ちを十分読み取れる人で、さらに行動を起すことを待てる人である。Oさん自ら行動を起そうとOさんの心を動かす働きかけはどうすればいいのだろうか。こまくさ苑では数名のスタッフとのかかわりの中で、Oさんの気持ちを汲み取り連携をとりながら関係するとタイミングを待っていて自ら行動をおこしてくれる。十分にコミュニケーションが取れない方の思いを汲み取りご本人が生き生きと活動できる支援を模索していきたい。またOさんが心を閉ざして動けなくなる原因は何なのか、そのことを常に考えながらOさんと向き合っていきたい。

### 3　こだわりが強く行動が激しくなった方の事例

Kさんはお話はできないが、理解力はあり行動自体も落ち着いて集団活動が出来る方だった。現在二二歳である。こだわりは小さい時からあったが、こまくさ苑では許容範囲であった。そのKさんが店の洗剤を必ず買わなければならない、と強引な行動をとるようになった。散歩に行っても店に飛び込み、洗剤を絶対買うと強行するようになった。家庭ではなお強行で抑えきれないので、お店には行けない。ご本人は行きたいのに行けないので常時欲求不満から声を出し、家中を歩きまわり困ったKさんになった。なぜ、そのような行動をとるようになったのだろう。こまくさ苑では洗剤をKさんの目の届くところに置かないようにした。そして活動に流れを作り、その中で昼食前に所定の場所から洗剤をKさん自身がスタッフと一緒にとりにいき、時間を決めて洗剤遊びを取り入れた。また、見通しを持った活動の中で、落ち着いて活動できるようになった。しかし、家庭では「洗剤を買いに行こう」と朝から強く要求することが続いた。Kさんは母親と徒歩でこまくさ苑に通苑していたのだが、途中、たくさんの店があるので、母親と二人で登苑することができなくなった。三ヵ月間余担当スタッフが母と同行して登降苑することにしたが、なかなか元の姿にもどることが出来なかった。徒歩での通苑では改善が難しかったので、送迎車に乗って登降苑してもらうことにした。送迎車での登降苑をする中で、店に対する執着が薄れ、三ヵ月後には朝は母親と歩いて登苑することができるようになった。土曜日、日曜日も家庭では外に対する強い要求があるのに対応できかねるということで、ホームヘルパーを土曜日午後三時間、日曜日午後四時間頼むことになった。しかし、Kさんをよく理解しないホームヘルパーがKさんに引きづられて行動することが多く、Kさんの気持ちが土曜日、日曜日の外出にすべてが向けられ、その後の一週間の活動そのものが不安定になった。それでヘルパーステーションとの話し合いをし、ドライブ中心の活動を中止してもらい、苑で落ち着いて活動できるプールに行くこと、歩くことを中心の活動にしてもらった。先日もヘルパーステーションでKさんと係わっている七名の方とこまくさ苑のスタッフと私も入って話し合いを持った。Kさんのことをわかってもらうための関係作りをすることも私たちの仕事の一つだと思う。ヘルパーさんもKさんのことを理解しようとされ、またある程度の方向性を持ってかかわってもらえるようになり、Kさんの行動が落ち着いてきた。

なぜ、気持ちが不安定になったかの要因のひとつとして、新居を建ててから、母方の祖母と叔母との同居があり、家族の人間関係の難しさが大きく影響したと思われる。Kさんは建築中から不安定になっていたが、新居に入居してから半年経った今は、家庭内も落ち着いてきてKさん自身も少しづつ落ち着いた行動をとるようになってきた。

自閉症の特徴をよく知り、Kさん自身がセルフコントロールでき、自らやりたい行動をやれる時間を持つことができるように、支援していきたい。

この他にも個別支援の必要な方が二～三人いる。適切な支援をし、自ら生きる力をつけていきたい。また、仲間と活動を共にできる方達にもより豊かな時間を過せるように、時々はニードに沿った個別支援ができればと願っている。

以上のケースの方達は、それぞれの幼児期、学童期はどうだったのだろうか？　過去の育ちから今の現状を見る必要があると思っている。しかし、現実にはなかなか、過去を紐解くことは難しい。しかし、成人になられた方から幼児期、学童期を振り返り過去の問題点が浮かび上がれば、幼児期、学童期を過している方たちの関わり方への示唆になるのではないかと思う。幼児期への示唆を目標には置くが、過去は過去とし、今を大切にしたい。キーパーソンをつくり、安心して過せる環境を時間をかけて作り、そこから自ら生きる力を再構築していきたい。

私は幼児期の保育・療育にかかわった時期が長い。

先にも述べたが幼児期の保育・療育では、子ども達の気持ちに寄り添い生きる力をつけることを目標にしてきた。子ども達の場合は目に見えて発達する時期に対する発達支援で、幼児期の発達段階と個人の状態にあわせて、その時々にどんな力をつければいいのかを考えながらひとりひとりの子ども達と向き合っている。それは子ども達にいろんなことを教え込むことではなく、持てる力を引き出し、自ら考え、自ら行動する力をつけることだと思う。そのために興味を引く遊びを考え、意欲を持って、興味を持つ遊びに対してはもっとやりたい、と要求を出して何回も挑戦するところから力はついてくる。そして、子ども達と向き合うとき、子どもの発達段階はどこにあるかを考えながら遊びを考えたり、言葉がけをしたりする。

以上の考えに基づき、その時期の発達状態を把握しているつもりで子ども達とかかわっているのだが、子ども達の可能性は無限で、間違った認識をしていたことが多々ある。常に反省しながら、謙虚に子ども達と向き合うべきだと思っている。

なのはな園卒園児の中には、知的に遅れている自閉症だと思っていたMさんが実は高機能の自閉症だった。小学校六年生の時の作文でMさんは次のように書いている。

「自閉症って知っていますか。たぶん何人かの方は知っていることと思います。私も自閉症児と言われて今日まで来ました。

小学校に入学した時から、言葉が無いし落ち着きも無く何時もチョロチョロしていたので、何も出来ない子と思われていました。出来ない子と思われてると本当に赤ちゃんのような生活しかできなくて学校に来てるって感じがしませんでした。

でもいつも周りの人達が何を言っているのかは分かってました。でも、自分はわかっているのだということを誰にどういう風に伝えたらいいのか、分からなかったのです。『勉強や遊びを同じ学年の人達といっしょにしたい。』と何時も思っていました。（後略）」

Mさんは現在有名私立高校三年生だが、Mさんから「可能性は無限」、「信頼関係の大切さ」、「信じること」を教えてもらった。

また、重度重複障害でコミュニケーションも十分とれていないと思っていた脳性マヒのKさんが、中学二年生の時に病院に訪問教育で来た先生が試みてくれたのが契機となり、字を覚えお母さんの介助で自分の気持ちをどんどん詩に表すようになった。

現在Kさんは高校一年生だが、胃ろう、気管分離分流手術もしており、吸引も頻繁に必要である。三年余の入院生活を終え、現在在宅で訪問教育を受けている。そのためお母さんか看護師が常にそばにいなくてはならない。Kさんは伝達する術を得て、過去の記憶をすべて吐露された。その中で「なのはな園でのシーツの揺さぶりは恐怖だったが、生命をあづけていたので笑顔でこたえていた」と書かれた。

このことは謙虚に反省をし今後の活動に生かさなければと思う。

Kさんは今、どんどん自分の思いを詩に書いている。

「自由なわたし」

わたしにできることは　寝ること　何もできない　いいこともいやなことも
いつだって受身で待つだけ　うれしいことも　苦しみも　伝えられない
何のために生きているのか　誰も教えてくれない
声で一生懸命伝えようとしたけど　心の美しい人にしか　通じない
一日のほどんどは　苦しい時間で疲れ果てる
息が楽になるのは　本当にすてき　にこにこ笑える
みんなのやさしさも　受け止める余裕になる
気持ちが明るくなると今日をがんばれる
そうすると　明日もいい日になりそうな感じがする　希望が出てくる
肉体が不自由でも　精神的自由は私だけのもの　自由なわたしは　何でもできる
生きているって　すばらしいこと　ひとつひとつ失っても　いのちはいつも美しい
どんな姿になっても　愛で包まれていることに気づけるのは　今のわたしだから
みんなの愛に気がつくことができたわたしは　今のわたしでじゅうぶんだと思います
いのちの意味は　ひとりひとり違う　わたしはどんな姿でも　生きていたい

生きていることは　本当にすてき

「悲しいときは笑ってた」
悲しいときは笑ってた　笑い飛ばそうとしていた
でも　つらいのはなくならないものだ
つらくて　全部やめたいときがある　でもやめられない
つらくて　つらくて　つらくて　胸が壊れそうになるんだよ
どうしようもないんだけど　つぶされそうになる　笑い飛ばす元気もない
肺炎の時　怖くて孤独だった　生きていたい　生きていたいよ
もっと　紀子（注　お母さんの名前）と一緒にいたい　疲れたの　紀子といるのがいい
いてくれればいい

「私のことは私が決める」
私のことは私が決める　私のことは自分で決める
私は人間　物ではない　物のように見えても　人間です
どんなに反応が見えにくくても　人間です
動けなくても　人間です
人間の心は　悲しいのです　伝わらないのが　悲しいのです

心がはりさけそうに　悲しいのです　私の心を見てください
私も　生きている人間です　どんなに重い障害でも　心はあるのです
思いを伝える手段がほしい　自分の心を伝えたいのです

Kさんの詩は自然にそして泉の如く湧き出ている。Kさんの詩からたくさんのことを教えられる。生きる力をもらっている。

MさんKさんを事例としてあげたが、すべての「なのはな」の子ども達との出会いは私の財産である。子ども達からもらった財産を生かして、その人らしい生き方ができることを信じて支援していきたい。

## 四　知的障害者通所更生施設の役割

障害が発見されると、①幼児期には母子通園施設、知的障害児通園施設、あるいは肢体不自由児通園施設、保育士が加配されている保育所、②小学校では普通学級、障害児学級（肢体、知的、情緒、虚弱、弱視、難聴等）、養護学校、③中学校でも普通学級、障害児学級、養護学校、④高等学校では養護学校の高等部、高等養護学校、受験をクリアすれば普通高校、という過程を経て、社会にでる。

養護学校の高等部を出る人は職業訓練校に行く人、就労する人、授産施設に行く人、更生施設に行く人とその人の持てる力と選択で決定する。

最近では地域福祉が主流を占め、厚生労働省でも入所施設を今後増やさない施策である。さらに、入所施設の人も地域に帰る取組を始めており、障害を持っていても地域の中で当たり前に生きる、その人らしい人生を送ることを目指している。

前述のように知的障害者通所更生施設は法的には「就労を目指す人の訓練の場」となっており、知的障害者通所授産施設は「就労が難しい人が福祉就労をする場」となっている。しかし、今日では、どんなに障害が重くても就学でき、それも養護学校高等部まで全員入学できる現状になってきている。学校をでてから家庭に家族と一緒にいるのではなく、全員通う場が必要である。仙台市の場合、卒業する人数を調査し、全員通える場があるように、毎年二か所は新しい施設を作ることにしている。

授産施設は福祉就労の場であり、メインになる作業を決める。パン作りであったり、弁当づくり、木工、食堂経営、石鹸づくりであったりする。そのような作業はある程度手が使え、理解力もある程度ある人でないと現状では受け入れてもらうことは難しい。

それに対して、更生施設は作業内容は問わない。一人一人に合った活動を用意し支援する。そのため、介助度の高い人は通所更生施設に通所しているのが全国的な傾向である。

通所更生施設ではそれぞれの持てる力を見出し、ひとりひとりのやりがいのある活動をすることで、豊かな時間を過して欲しいと、活動を展開してきた。生きがい活動も大切にしている。しかし、それだけでいいのだろうか？　こまくさ苑という狭い空間の中だけでいい時間を過すだけでいいのだろうか？

社会資源の中で一人一人が生きていくことを考えていくべきではないだろうか。そのためにはどのように活動を展開すればいいだろう。先にあげた事例の方達は、まだいろんな場面での活動は難しい。

その他の方の中にも変化のある環境を好まない方もいる。しかし、基本的には社会の一員としての位置付けを常に考えながら活動の機会を提供していくべきではないだろうか。その一つに地域の児童館、社会学級等で活動している種々のサークルを調べ、その活動に定期的に参加するメンバーがいてもよいだろうし、法人の他施設の活動に参加するのもいいだろう。

今年度は私は誕生日を迎えた方と昼食を共にする機会を作っている。「生まれてきてよかったね、これからもいい時間を過していこうね」というメッセージを送りながら、レストラン等で食事をする。二人だけで行くのだが、レストランでは隣で食べていた人が途中で席を移動していくことが多々ある。まだまだ障害を持った方が当たり前に世の中で認められていない。レストランの従業員の人の対応はとても親切でよい。私だから気落ちすることなく、二人だけで楽しく過してこれるが、保護者の方だったら耐えられず、そのような機会を作ろうとしないだろう。このような時間を多く持つことも必要だろう。

このように、ひとりひとりにとって必要な個別対応をしたいと思っている。しかし、個別対応をするためにはスタッフがたくさんいなければ難しい。パーフェクトにはできないが、理念を持って、少しでもその理念に近づけるような活動をしメンバーたちの豊かな生き方を支援したい。

## 五　むすびにかえて

支援費制度になり、介助度の高い方達は毎日通苑する場でなく、デイサービス施設の利用が妥当と言う考えが出されてきているが私はそうは思わない。介助度の高い方ほどコミュニケーションをとるのが難しいので、よく分かっているスタッフがかかわり、小さなサインを見逃さないようにすることが必要だと思う。コミュニケーションがとりにくいと思っているのはスタッフ側の問題であり、ご本人はたくさんのメッセージを出しておられるだろうがそれを汲み取る力が弱いためわかってあげられないだけではないだろうか。分かってあげられるためには、十分なかかわりを持っている人でないと難しい。お母さんだったら声の調子だけで何を言っているのかわかるだろう。それと同じレベルで接することが、ご本人に満足を与える事が出来るのだろうと思う。だから、いつも違う人にかかわってもらうことが好ましいとは思えない。

デイサービス施設だと毎日通えないし、細かいサインを十分に汲み取ってもらえるかどうか疑問である。また、生きがい活動がなされるかも疑問である。現在のように通所更生施設が重度の方の支援をしていければと思うが、役割の見直しがなされてきている。通所更生施設は通所授産施設に統合してはどうかとの考えもでている。今回の支援費の額は通所授産施設のほうが通所更生施設より自立度の高い方達が多いにもかかわらず、通所授産施設のほうが高い。現実を見据えた支援費ではなく、不合理である。従って、通所更生施設は通所授産施設と同じ施設体系にし一本化したらどうだろうか。社会との結びつきをもてるような授産品目を主におき、ひとりひとりにあった活動として生きがい活動にも力を入れる施設にしたらどうだろうか。

厚労省は日中活動の内容によって施設体系を変えていこうという方向を持っている。この動向を見据えながら在籍しているメンバーの力を生かす活動を考えていかなければならない時がきていると思う。

支援費になり、職員が常勤換算でよくなったが常勤換算で職員を揃えるということは、パート職員で対応するということになる。個別支援が重要になるので、職員数が多くないと十分な対応ができないからパート職員を多く配置し、日々の活動を繰り広げるということになる。職員の専門性はどのように考えているのだろう。メンバー一人一人の活動を充実させるためには、職員の専門性が問われると思う。専任の職員で専門性を高めながら活動に向かうことは必要不可欠であり、最近の福祉の動向に流されないようにしたいものである。なのはな会の理念の一つに掲げている「働く権利の保障」も大切にしたい。メンバーの一人一人が豊かな生き方が出来るためには、職員の豊かな生き方があってこそだと思う。限られた財源の中で専任スタッフだけで施設の運営をしていく財政的な困難さがあるが、職員と共に財源のことも考えながらメンバーが充実した日々を送ることを考えていきたい。

通所施設の場合「親無き後」の生活を考えなければならない。ほとんどの方達が二〇歳を超え成人である。成人であれば親から離れて一人で生活することができていいはずである。「兄弟と一緒に住む」「入所施設に入る」「グループホームに入る」などいろんな選択肢があるが、家庭とご本人が将来の生活を選択すればいいと思う。

「グループホーム」はまだ整備されていない。私たちの法人でも選択肢の一つとしてどんな人も利用できる「グループホーム」を現実のものにするよう話し合いを進めているところである。親が元気なうちに安心してまかせられる「グループホーム」を作ることが当面の課題の一つである。

また、通所施設の活動と並び、地域で生きていくために必要な時に必要な支援ができるサポートセンター的なものを作ることも大きな課題である。

「生」を受けたすべての人が、その人らしい感情豊かな生き方ができるよう共に歩んでいきたい。

# 仙台ありのまま舎の軌跡
## ――難病患者の思い

山田　富也

### 一　ありのまま舎の創設

一九六〇年、仙台市西多賀にある国立療養所西多賀病院が日本で初めての筋ジストロフィーの子どもの長期入院を受け入れた。筋ジストロフィーのこども三人を抱えた私の母の切実な訴えが実を結び、治療法はなかったが入院が認められた。言い換えれば退院の見込みはなかったが入院だけはできるようになった。まだまだその病名も広く知られていない頃であった。

私には二人の兄がいた（既に二人とも亡くなった）。その兄二人が入院患者第一号と第二号になった。その後筋ジス専門の病棟が作られ、在宅でそれまで孤立していた筋ジスの子どもたちや家族の状況は大きく変化した。

特に西多賀病院の特徴として他の病気の子どもたちのいわゆるベッドスクールと呼ばれる教室があ

り、入院しながら学べることが上げられる。母はこのことを重視して、西多賀病院を選んだとも言える。それまで兄たちは障害と病気のためにほとんど学校に通っていなかった。しかし、大切なことは患者自身が生きる意味を見出せるような本来の教育のあり方を問うことだった。当時、学ぶ機会を奪われてきた多くの患者にとっては、学びの場や多くの仲間との交流、そして家族の崩壊を防ぐ意味からも、専門病棟は大きな意味があった。

しかし、一方同病の仲間との出会いは自分たち自身の病気の残酷さを知る機会ともなった。そして、その残酷さから当事者たちは目をそらすこともできず、深く傷つきながらも、ひっそりと病院の片隅で生きていた。同じように人として生まれながら、不治の病であると言うだけで、忘れられていく自分たちの存在を正しく伝えたい。そんな不条理を克服したいとの思いでありのまま舎は船出した。

まず最初に亡くなった仲間の遺稿詩を集め、本を出した。これが全国的に大きな反響を呼び、私たちは手応えを感じ、次へのステップを考え始めた。

## 二　障害者自身の企画団体ありのまま舎

活字だけでは伝わらないことがあった。それまではいつも被写体でしかなかった自分たち。マスコミであれ何であれ、自分たちの思いを自分たちの肉声で伝えるにはどうすれば良いのか。答えは簡単だった。自分たち自身が動くことだった。そのために自分たちで企画し編集した雑誌を創刊し、日常的に声を発するメディアを作った。こうしてその雑誌を編集発行する集団としての「ありのまま舎」

が設立された。一部の人々からは当事者が自分たちの要望を掲げ運動することを良しとはしない考えもあったが、本当の自立は当事者運動から生まれるものだと思う。

当時は当事者運動黎明期であり私たちの運動は、その内実においても形成においても極めて異例な集団として見られた。私たちは、当事者主体を声高に叫ぶのではなく、当事者にしか分らない機微な問題を明確にすることで、筋ジスを中心に難病や重度の障害をもつ人々の問題を訴えてきた。そしてその中から私たちは映画を通して自分たちの生活を描くことに意味を見出した。

多額の映画製作経費は重くのし掛かってきたが、何とかなるような気がした。またマスコミ等を通して全国の人々に呼びかけたり、街頭に立って訴えた。

街頭カンパをはじめ、映画作りがマスコミなどを通して報道されるや、全国から寄付や励ましが相次いだ。もはや引き返せないと思った。資金がなくなれば撮影を中断し、お金が集まるのを待った。スタッフはその都度集まり、又戻りながら撮影するという方法をとった。監督やカメラマンとは、夜を徹して議論を積み重ね、私たちが言いたいことが何であるかを伝えた。当初は反発していたプロたちも、そのプライドは持ちながらも、私たちの話に耳を傾けてくれるようになった。撮影前のこうしたプロセスから映画作りは始まっていた。映画の内容は西多賀病院に入院していた次兄がインタビュアーとして、全国の同病の人々を訪問し、その暮らしぶりや思いを伝えるものだった。

こうして作られた映画は、全国の筋ジスを始とする難病や重度の障害を持つ人々の共感を得て、二百ヵ所以上二五万以上の人々の目に触れることとなった。日本赤十字映画祭でも顕彰して頂いた。この映画「車椅子の青春」が本当の意味で、ありのまま舎が社会的に認知されるきっかけになったと思う。

## 三　社会福祉法人と啓蒙活動

遺稿集から雑誌、映画作りへと様々なメディアを使い、訴えた。マスコミの協力を得て、その輪は広がった。

一九八三年に国会において身体障害者福祉法が改正された。その中で新たに創設された施設「身体障害者福祉ホーム」は、入居者主体の新たなタイプの施設だった。私たちが求めた生活の予感を感じた。早速、法人化と施設建設にむけて動き始めた。

皇族でありながら、私たちの良き理解者であり、同志とも言える寛仁親王殿下の協力を始め様々なジャンルの人々が参加し、力を下さった。その結果として、福祉ホームができ法人化できたことは、決して忘れるものではない。

身体障害者福祉ホームを建設し、運営する団体として発足したが、我々の運動の趣旨は単に施設を運営することではなかった。筋ジスだけではなく、多くの難病や重度の障害を持つ人々の実態を伝えその理解を求め、「障害」を持つ人々自身が自己実現に向けて活躍できる場を作ることであった。

従来の社会福祉法人と比較して特徴的なことは、その取り組み（事業）のほとんどが行政的に支援されることなく実施してきたことだろう。すなわち、自前の事業として展開してきたことだ。

既にその役割を終えた事業も含め、いくつもの事業において、行政的支援を受けずその先駆的な役割を私たちは果たしてきたと自負している。

記録大賞は、障害を持つ人々のペンによる表現の場を確保するために創設した。詩部門とエッセイ部門に分かれ、応募を待った。多くの人々が応募して下さった。作家の澤地久枝さん、詩人の天澤退二郎さんらを選考委員にお願いし、新聞社の厚生文化事業の一環としてバックアップも頂いた。その中から多くの人々と触れ合い、またこれを機会にステップアップしていった人もいる。

障害があるからということで、甘い評価はしないという方針が貫かれ、受賞した作品はレヴェルの高いものばかりだった。

また、絵画を公募して、賞を設け、受賞作品を中心に全国で絵画展を開いて、その才能の発掘に寄与してきた。この二つの事業は他の団体でも同様の企画も生まれ、その役割を終えたとして、いずれも一〇年以上の歴史に幕を閉じた。

現在も行っている事業としては、福祉や障害をもつ人々の問題だけでなく、様々なジャンルの人々に仙台においで頂き、仙台市民に向けて行っている福祉講座がある。障害をもつ人々の福祉の現場で実際に活躍されている寛仁親王殿下に座長をお願いして毎年一回行っている。

さらに六年前から始めた自立大賞は、障害を持つ人々の自立のあり方を問い直す視点から既に功をなした人でもこれからも期待できる人々で、存在するだけで周囲に大きな影響を与えている人々を発掘し、顕彰し、世に紹介するために行っている。六名の選考委員と二五名のアドヴァイザーがそれぞれのチャンネルで発掘して推薦頂いている。また、最近は年間二冊平均で出版もしている。

このような筋ジスを中心に重度の障害をもつ人々の現状と問題を常に社会に伝えていくことが、必要と考えている。こうした事業の経費はその都度いろんな方法で自力で賄ってきた。カンパであったり、チケットの売り上げだったり、特定の団体からの寄付だったり、その都度調達してきた。決して楽なことではないが、障害を持つ人々への支援と言う点では、やってきたことは大きな意味があったと思う。

## 四　仙台ありのまま舎「自立ホーム」（身体障害者福祉ホーム）

一九八三年、身体障害者福祉法が改正され、「身体障害者福祉ホーム」が新たに制度化され、個室と言うプライベートな空間と時間を確保しながら、入居者自身が自分の生活を組み立て、料理を作り、介護者も自らの裁量で確保する。そして、隣室には同様に頑張る仲間がいる。施設ではあるが旧来の措置施設でも病院でもない。個々の生活がありながら、皆で暮らそうと言う共同生活の場に近かった。

確かに形態的には目指すものに近いものができた。しかし、実態として、重度の障害をもつ人々が、何でも自分ですることはできなかった。常に人の手や助けを必要としており、その人手を確保しながら、自分の生活全般を設計し、組み立てることは並大抵のことではなかった。

元々、身体障害者福祉ホームは軽度の障害を持つ人々のために作ったと厚生省（当時）は言う。そのため介護職員の配置はなく、管理人をひとりおくだけの運営費しかついていなかった。

そもそも軽度の人で、何でも出来る人は自分でアパートを借りて入るだろう。あえて、こうした「施設」が必要なのか。

その例としてあげられた特定の企業に通う通勤寮的発想は理解できないわけではない。しかし、その対象から重度の人々を排除したのはなぜか？　誰もが暮らしたい場所で暮らせるそのためにこそ、福祉ホームやグループホームは活用されるべきだと私は思った。

私たちは当初より軽度の方を対象とした福祉ホームのあり方に問題を投げかけながら、病院や大規模施設の中で暮らし、在宅で一人暮らすことの出来ない人の生活の場を作ろうと考えていた。

身体障害者福祉ホームは制約の多い施設ではあるが、何より入りたい人が入れる契約制度を、現在の支援費や介護保険に先駆けて行ってきた施設であり、私たちが考える居者主体のあり方に近いものだった。

この施設形態を活用して何とか自分で暮らそうと考える重度の障害を持つ人や難病の患者さんの生活空間を確保しようと考えてやってきた。しかし、その思いはどこまで実現できたのか、疑問が残る。それは、仙台ありのまま舎に入りたくても、人工呼吸器や医療的ケアを必要とする人には、残念ながらそれをサポートできる体制はできておらず、対応はできない。現実を目のあたりにして、嫌というほど痛感した。

現在も福祉ホームの人員配置は基本的に変わっていない。ただ、今は自立支援事業という別の制度を組み合わせることで、介護スタッフを一名置けるようになった。

医療的な対応は今も状況にはない。神経難病の場合、人工呼吸器を日常的に使ってる人は意外と多い。筋ジス病棟ではことさら多い。そうした人が在宅や施設でない場を求めることは現段階では困難と言わざるをえない。それを何とか打破したいと作ったのが、仙台市茂庭台にある難病ホスピス「太白ありのまま舎」である。

## 五　難病ホスピス「太白ありのまま舎」

現在、日本に難病ホスピスについての明確な定義も概念もない。私たちが標榜し目指したものは、そういう具体的な法理念上の定義のない、現状からの新たな施設体系の構築だった。しかし、全くゼロからの出発ではなかった。

太白ありのまま舎は法的には、身体障害者福祉法に位置づけられた身体障害者療護施設（以下、療護施設）として存立している。従って行政的には難病ホスピスではなく、身体障害者療護施設「太白ありのまま舎」となる。しかし、私たちは難病ホスピスと呼び、それに相応しい施設を目指している。この施設は現在の福祉施設としては重度心身障害児施設とは違う意味で最も重度の障害を持った人々の生活施設である。療護の文字通り、医療との関わりをある程度予定している。従って医師の配置は、常勤でも可能な体系になっているが、その経費が高額であることとなり手が少ないために、実際に常勤医師をおいているところは、全国四五〇施設の中でも一割に満たない。

しかもその多くが、同法人または関係法人などの病院等のバックアップ体制が整っているところといえる。また看護師の配置基準も入居定員五〇名に対して二名という貧弱な体制である。

言い換えれば療護施設は実態としてある程度の医療との関係を前提にしながらも、医療スタッフの体制は極めて不十分な状況にある。

こうした中で、私たちが目指す難病ホスピスは、いかに重度重症の方であっても、最終的にご本人とご家族の意思を尊重した生活空間を保障することにある。残りの日々を数えるのではなく、今ある生活環境（施設の中）を生かして、自らの自己現実に向けた取り組みを積極的に行い、健康管理、医療的対応を遅らせることなくできるようにみつつ、同時にその時がくれば、心静かに時が過ごせるような体制を作る、というのが難病ホスピスの流れである。

開設から丸一〇年を迎え、一四名の方が最後までここで暮らし逝かれた。緩和ケア病棟とは違い、入居者の生活期間を極めて長く、また入居者を類型化できてもケアのあり方を体系化することは困難で、その中でこれまでホスピスケアを貫徹することができたのはスタッフ始め多くの人々の必死の取り組みの結果である。

それは若いスタッフの真摯で心優しい思いやりが支えてきた。そのために燃え尽き症候群が、入居者の看取りとともに必ず生まれるという時期もあった。

ようやく現在では、蓄積されたこの一〇年の経験によってそうした事態を未然に防ぐことが出来つつあると思う。むろんまだまだ初歩的レヴェルを脱したとは言いがたいが、スタッフは独自にその体制を築いていた。

しかし、安定的に難病ホスピスを運営し、そのあり方を追及するには多くの課題が山積みになっている。例えば、メディカルスタッフ（医師、看護師）の質的量的な確保である。現行の基準（五〇名に対し、看護師二名）では、とても医療を充実させることなどできない。

ところが現実は、当舎のように難病ホスピスと標榜せずとも各施設でも医療行為、医療的ケアをどうするかで悩んでいる。医療行為や医療的ケアが増え、「対応できなくなれば病院への転院や、他施設へ移ってもらうという一筆をとる」ところもある。現在の体制では一般的に施設としてはやむを得ないところだろう。

これに対して厚生労働省は、療護施設の役割について真剣な検討をせず、単なる重度介護の施設としてしか位置づけようとしない。

これはあまりにも実態とかけ離れており、医療を必要とする人々の生活の場を狭めている。今後こうした人々が増え、その在宅またはそれに替わる生活空間の必要性は増していくだろう。難病ホスピスという類型施設を作ることなく、必然的に今のままでも療護施設の役割は変貌するか、分極化していくだろう。

今後、厚生労働省はそうした事態を予測し、適切な対応をとらないと、療護の役割と入居者の生きる場を守るという人権の確保は困難になるだろう。

## 六　難病患者の状況

難病と言ってもそれこそ千差万別であり、外から見えない人も少なくない。「障害」者のように明確な支援制度も整っていない。対象となる患者さんの数も少なく、また表面化しにくいこともあって、表立ってカウントされる患者さんの数も少ない。しかし、進行性の病気が多く、病気の進行に伴って増している重度化重症化の程度は想像以上に深刻である。

その現実を行政として、どのように把握し、そのための施策を準備するのかが求められているが、新たな発想や対応は今のところ認められない。そのために、患者自らが動かざるを得ず、ようやく動き始めた全国難病研究センターは研究会を立ち上げるなど、昨年度新たな展開もあった。

単に医療費保障と治療研究だけに絞られていたことが、相談センターとしての機能を併せ持ち、活用されることになる。しかし、これはあくまで対処療法であり、治療と研究、患者活動、メンタル面のサポートなどを総合して、いわゆる医療と保健、更には福祉・教育というジャンルも横断的に組み合わせていくことが重要と考える。

## 七　ありのまま舎の今後

様々な啓蒙活動に始まり、具体的な事業を通して「障害」を持つ人々を直接支援してきたが、財政的には決して余裕はない。独自の事業として、資金はその都度集めて実行している。当然、先行きに不安はある。バザーなどを通して収益を上げたり、寄付などの収入にも頼っているが、いずれも安定したものとは言えない。それは言い換えれば、いつまで続けられるか分からない事業ということである。このような不安定な中では、新たな発想が必要となる。独自の事業ならば、独自の手法で財源確保も図る必要があるのだろう。

一方、身体障害者福祉ホームでは、入居者の確保は難しくなっている。それは、入居希望者が少ないためだが、その一因に制度的位置づけの不明確さがあると言える。在宅なのか施設なのか。あいまいなまま今日まで推移してきた。

在宅化の大きな柱に福祉ホームは位置づけられている。それならば、それに相応しい制度的な裏づけをすべきであろう。自立支援事業との兼ね合いはあるだろうが、今後の方向を明確にして欲しい。うまく活用すれば、様々に機能する居住空間であるが、位置づけ次第では非常に中途半端で使い勝手の悪いままで終わる。

難病ホスピスは、メディカル体制の構築が急務である。なり手の少ない中では十分な体制は組めない。医師や看護師の意識の問題も大きいが、制度的に療護施設における医療のあり方を実態に即して考えていくことが重要である。

自閉症施設や重度心身障害児施設のような「医療型」療護施設もひとつのあり方だと思う。また、ハード面の充実も課題である。人工呼吸器は今では日常生活に欠かせない存在になりつつある。かつての重篤な生死をさまよう患者だけではなく、筋ジスのような呼吸機能の低下をカバーするという使い方も増えてきている。まさしく日常生活において不可欠の「補装具」としての一面も備えていると言える。

## 八　福祉の今後

ありのまま舎が創設されて、今年で二八年になる。法人化してからでも一八年になる。二〇〇二年には初めてのアニメーション映画「明日の風向かって」を製作し、子どもたちへのメッセージも送った。

福祉を取り巻く環境は、介護保険によって大きく変化した。福祉産業と呼ばれる市場が拓かれ、民間企業も参入し、サービス合戦も始まった。資格制度も進み、それを目指す若者も増えた。関心が高まり、もはや福祉は特別なものではなくなった。

福祉ということばも早晩なくなるだろう。いわゆる生活支援という形で福祉は進化してくだろう。普遍化し特別でなくなることは、権利化することにもつながり、利用者にとっては良いことだ。

しかし、同時に自己責任が求められ、もっともだまされ易い人々にもその責任が発生し、権利擁護の質が問われるだろう。まだまだそういうことに慣れない日本人にとって、どこまで浸透し、機能するのか些か心配ではあるが、動き出した歯車は加速する一方である。いたずらに批判だけ繰り返していても問題の解決にはつながらない。

ＩＴディバイドと言う言葉がある。コンピューターなどの進化で、障害を持った人々も様々な社会参加の機会が生まれたが、一方でコンピューターを使いこなせない人々との間に格差が生まれてきている。支援費や介護保険の導入による自己責任や自己決定も、それが十分果たせない人も大勢いるわけで、そのことを抜きに進めてはならないだろう。

## 九　伊藤先生との関わり

これまで紹介してきたのが、私が約三〇年行ってきた運動である。私は進行性筋ジストロフィー患者で、現在は二四時間ベッド上で、人工呼吸器を使用して暮らしている。当事者としてありのまま舎設立以来、運動の先頭に立ってきた。今はこのような状態でも、周囲の助けを借りて社会福祉法人の常務理事として法人運営を行うことができている。

本当に様々な多くの人々の協力を得てこれまでやってきた。そのひとりに大坂誠先生がいる。大坂先生は当時キリスト教育児院・子どもの家の園長をされていたが、私にとって親も同然の方だった。二〇年前（一九八四年）、病気で亡くなられた。その大坂先生のご紹介で伊藤先生との交流が始まった。

伊藤先生は、法人の理事として本当に精力的に積極的に運営に関わって下さった。私も何かあると伊藤先生に助けと助言を求めた。多忙な伊藤先生は、いつもにこにこしながら、時折ずばり本質を突く意見で私を導いて下さった。そして、いつも「富也君はどうしたいんだ」と聞かれて、私の思いを常に大切にして下さった。

大坂先生が亡くなられてから伊藤先生が、いろんな相談に乗って下さったことで、私は随分救われた。本当に感謝している。

このたび伊藤先生が古希を迎えられ、その記念論集が企画されたことは、誠に喜ばしいことだし、大坂先生も天国で喜ばれているに違いない。現在、伊藤先生は、なのはな会の理事長としてご活躍だが、どうかお体にお気をつけ下さって、これからも宮城だけではなく、日本の福祉や労働者のためにご活躍くださることを心からお祈りしている。

ありがとうございます。

# 長期在院から退院した方々への生活支援
## ――精神科デイケアからはじまる地域精神保健・福祉活動

森谷　就慶

### 一　はじめに

近年、ノーマライゼーションの思想の普及や、法的な整備もあり、精神科病院を退院して地域で暮らす方々が増えてきている。

人口一〇〇人に対し一～二人の精神障害者がおり、社会の中で生活しているのが当たり前の姿のはずである。障害をもった方が「そうしたい」と思うような形で支援していくことは出来ないものだろうか？

精神科病院には、現在も約三十三万人の方が入院されている。その中には、本人が退院したいと望んでいるのに適切な支援が得られないため入院している「社会的入院」と呼ばれる方がいる。さらに、深刻であったのは、病院という社会の中でだけ適応を求められた結果、入院治療のデメリットがメリットを上回ってしまったことである。そして、その中で大きな「障害」が生み出されることになったのである。それは、「施設症」の問題である。

退院に向けて見通しが立たない長期にわたる入院生活は、隔離収容、閉鎖的、支配的、管理的な雰囲気を生み出した。治療者はその共感性を失い、集団生活のなかで規制を強制することが治療と疑いもせず、自らの思考さえも奪われることになってしまった。そのことは、「ホスピタリズム」とは、一線を画する施設症「インスティテューショナリズム（Institutionalism）[1]」の歴史であり、今現在の問題でもあることを意識しておかなければならない。

## 二　呼称変更の意味と当事者の声

精神科に入院中の多くの方が「統合失調症」と呼ばれる病を抱えている。「統合失調症」は二〇〇二年に全国精神障害者家族会連合会が日本精神神経学会に変更を要望したのがきっかけとなって、約一〇年を費やして一九三七年から使われてきた「精神分裂病」の呼称が変更されたものである[2]。

かつて「精神分裂病」は、回復の可能性がない進行性の疾患であるとか、人格の「欠陥」、「荒廃」に至る不可逆な過程である、と説明されており、精神医学の提示した疾病観はとても悲観的であった。「精神分裂病」という病名に加えて、これらの言葉が持つ響きが、あらたな偏見差別を生み、この病気自体ではなく、病気を抱えることになった当事者や家族の方をどんなに苦しい立場に追いやってしまったかは容易に推察出来うる。

この呼称の変更は、現場の専門教育を受けてきた人々の意欲にも一石を投じたように思われる。目の前にいる心の病を抱えた人の状態像が、人格荒廃、無為、自閉、感情鈍麻、徘徊、衝動的などとカルテに書き込まれていたり、現場で語られていたのを初めて耳にした時はショックを受けたはずである。ところが、私自身がこれらの言葉を使って症状を説明することに慣れきってしまっていたのである。

さらに、呼称の変更以前から精神科医療に大きな影響を与えてきたことがある。

自分たちのことを患者や精神障害者と呼ばず、メンバー、利用者、回復者、ユーザー、サバイバー、当事者と呼び、自身の体験談、経験談を語る人たちが現れてきたことである。専門職の研修会でこうした方達のお話を聞く機会は当然のことになっており、医療・福祉系の大学、専門学校などで学生を相手に講義等でお話したり、地域のボランティア講座や心の健康関連の講座などで、堂々と名前も顔を出して発言することも珍しくなくなった。実際、当事者の方に自分自身を語ってもらうことは、想像以上に大変な御苦労があると思われる。内容も医療・福祉への要望・意見だけではなく、その貴重な体験な話を前にすると、私たち専門職は真摯にお話を受け止めるだけで、とても当事者の代弁や権利擁護者とはなり得ないと感じることが多いのである。

病院を退院する際に、よく耳にする「社会復帰」という何気ない言葉があるが、その言葉はそれだけで精神障害者はコミュニティの中ではなく、外にいることを前提にしている。ノーマルな社会自体を問わない前提の安易なノーマライゼーションには疑問を持たざるを得ない。

精神障害者が地域で生活するノーマライゼーションの思想の具現化は、〝地域でみていく・支えていこう〟という考え方や、〝作業所・デイケア・グループホーム・援護寮〟などの施設、そして〝ボランティアなど地域の方々の参加〟であると言えよう。

## 三　精神障害者福祉の始まり

一九九三年の「障害者基本法」(「心身障害者対策基本法の一部を改正する法律」)によって初めて精神障害者は、障害者福祉に加わることになった。そして、一九九五年の「精神保健福祉法」(「精神保健及び精神障害者福祉に関する法律」)によって、我が国の精神科医療は入院中心の治療から、外来治療、地域ケアへと急速に転換し、精神科医療をめぐる視点は大きく変化してきている。

この法改正では、「精神保健法」が「精神保健福祉法」となり、第一条「この法律は、精神障害者の医療及び保護を行い、その社会復帰の促進及びその自立と社会経済活動への参加の促進のために必要な援助を行い、並びにその発生の予防その他国民の精神的健康の保持及び増進に努めることによって、精神障害者の福祉の増進及び国民の精神保健の向上を図ることを目的とする。」と、「福祉」施策の理念となる言葉が導入され、医療と福祉とが車の両輪に例えられる法体系に改められた。

これがその後の障害者プランの策定にも繋がり、多くの福祉施設を生み出すことになった。それまでも、相当な苦労を重ね地域で先駆けて活動していた施設や機関もあったが、法的な位置付けがなかったこの分野では驚くほど福祉的な取り組みがなされてこなかったと言わざるを得ない。

また、精神保健福祉法は総論はあるものの、人権に配慮しながらも強制入院や身体拘束などに関するものを中心とした、悩む人、あるいは社会に影響のある人に対して、様々な矛盾を抱えながらもきわめて実践的な課題を背負った法律である。対象とする範囲も、医療、司法、福祉、メンタルヘルスの問題までとり入れた非常に広範囲なものであり、法律自体が精神科医療のひとつの課題となっており、日々実際に仕事を進めていく上で、無視出来ない、常に意識せざるを得ないような場面に遭遇することが多いものである。

以下に取り上げる精神科デイケアは医療施設であり、精神保健福祉第四条第二項では、関係者の連携を規定し、それぞれ（国、地方公共団体、医療施設、医療施設又は社会復帰施設の設置者及び地域生活援助事業又は社会適応訓練事業を行う者）が役割を十分果たすだけではなく、相互に連携を図りながら協力するように努めなければならないことと定めている。

## 四　精神科デイケアの実践から――こころのリハビリテーション

精神障害は回復に多くの時間を必要とする。そのため、本来の生活を取り戻してゆくべき家庭、学校、職場、地域社会で、人と上手に付き合えない、家族とのトラブル、働く自信がない、長続きしない、自分に自信が持てない、といった生活のしづらさを感じるといった障害を現わす。

通常、リハビリテーションというと、その期間は苦しい訓練を受けて、少しずつ回復していくようなイメージを持ちがちであるが、「こころ」のリハビリテーションには、厳しい訓練や段階を追ったステップ式や順番は当てはまらない。ひとつひとつの課題を克服していけばよい、というものではないからである。それは、病院を退院し、「デイケア」へ、そして、「作業所」、最後には「就労」といった流れではなく、自分自身が障害を抱えながらどのように「生きていくか?」という自分探しである過程だからではないかと思われる。例えば、同じ病名であっても、ひとりひとり実に様々な課題でリハビリテーションに取り組むことにもなるのである。

こうした治療に本人が自主的に取り組むようになり、継続していくことこそが、精神科リハビリテーションのプロセスそのものとなるのである。その際、急性期を過ぎて退院した回復者の再発予防や社会的スキルの獲得、長期入院者の退院後の各種援助などで、もっとも生活者の視点に立つところが精神科デイケア（以下、DC）である。

最近、「デイケア」と言うと、高齢者の方を対象に介護サービスをしているのではないか?と思われる方が大変多くなった。この呼び方が世の中に浸透し、違和感がなく耳に入るようななった分だけ、DCの仕事もやり易くなったのかもしれない。DC実施施設も、病院や、最近増えてきた気軽に受診出来る街のクリニックに併設される形で増加してきている。

DCでの一日の流れは「プログラム」と呼ばれるタイムテーブルによって決められている。活動内容は小グループによるミーティングや軽作業、スポーツや季節のレクリエーション、創作活動、一泊旅行、街の社会資源の活用、就労前訓練などで、バラエティーに富んでいる（「表1　国見台病院デイケアの概要」[3]を一部改変）。

そこでの支援は実に多岐に亘っている。服薬の確認を始めとして、精神状態の把握といった医学的ケアは勿論であるが、対人関係や生活上での問題、社会的なスキルの問題など、その人その人にそれぞれに支援の目的や方法があり、個別具体的に様々である。

この「プログラム」には、ただ参加すればよいというのではなく、不参加の自由も保障されている。内容についても、ミーティングにおいて他のメンバーやスタッフと何でも話しあいながら決めていくという姿勢を随時活かしている。

楽しいことをしていてもそれが楽しいと思えない方、病気との付き合いが生活の中心となり楽しい経験をしたことがないという方がいる。また、無理して楽しもうとして頑張ってしまい、そのことが疲れの原因となり調子を崩してしまう方、さらには、なんでも生真面目に取り組んできて、遊びさえも仕事のように義務的に感じ、上手に手を抜けず休めない方もいる。

身体のリハビリテーションと比較すると最大の違いは自己評価であると言える。「当事者の『主観的視点』を軸にＤＣの効果を評価する視点を探る必要性[4]」があり、一方的なスケールに当てはめることなく、本人と話し合いながら自己評価をする機会を持っている。こうして、本人と目標を確認しながら治療を進めていくプロセスが、ＤＣでのリハビリテーションになっていくのである。

## 五　他職種協働と連携

精神科医療では早くから、様々な職種がそれぞれの視点から治療に取り組んできた。ＤＣでは通所者をメンバー、職員をスタッフと呼び、精神科医、看護師の他に、作業療法士、心理士、精神保健福祉士がチームを組み各々の専門性から対等な関係をもちながら集団運営にあたっている。日々動きのある集団を支えるためには、そこで働くスタッフ間の情報交換や支援の方向性の確認は重要である。そのためスタッフミーティングは欠かせないものである。そこで遊びとも仕事とも言えないようなプログラムを通じて、不安定だった病状が安定したり、友人が出来ないと悩んでいる方が人と話せるようになったり、休憩ばかりした人がある日、アルバイトを見つけたりしてくることがある。

では、「どうしてそうなったのか?」、何が原因かを特定することも出来ないし、そういった意味ではとても難しく、退院して地域で暮らすようになった方から気づかされたということもある。

スタッフ以外にも、給食部の栄養士や、事務部の協力もある。外来講師や福祉系大学院生、実習生、ボランティアの参加は精神病院にありがちな閉鎖的な雰囲気を払拭するのに役立っている。これらの人々全てが集団に関係してくることは、院内の専門職スタッフに対しても良い刺激となっている。また、そうした参加者が精神科医療に対してもつ印象を随分変えているように思える。

狭義の治療や訓練といった意味合い以上に、地域で生活している様子をみていると「人を治すのは人ではないか」と思うことがとても多くある。しかしながら、実際、やればやるほど大変になる。悩みを聴くのはシンドイことであるし、自分の話しを聞いてもらいたいと望んでいる方は非常に多くいる。ひとりの力でのみ支えていくことはとてもシンドイことであり、限界もある。そのため、多くの人でひとりの方を支えていくことが必要になってくるのだと思われる。

いろんな人の輪があって患者さんが良くなっていくものであり、力を発揮していくものだと感じる。もしかすると、治療の過程そのものが連携と人の輪づくりのことなのかもしれず、そして、これは完成されているものではなく、能動的なものであって、「繋ぐ」という積極的な意味を持つものなのである。病院の内外を問わず様々な人がいろいろな形で、かかわりを持つことが重要である。

## 六　精神科デイケアが病院で果たしている役割

日々、ＤＣでおこるエピソードの多くが、主体的に地域で生きる方向を模索し続けていることを示している。メンバーが、「ここが一番休めるんだ」、「たのしいから遊びにきている」、「友だちと話せる」、「退院してから毎日通っているんだ（理由は不明）」、「仕事にきている（?･）」等々、自信をもって話している様子や、作品展示会やバザーなどをとおして、メンバーだけでなく、その地域の住人から精神病院を見る目が変わっていくのを感じることは日常的によくあることである。

それまでずっと入院しており、スタッフがとても退院出来そうにないと思っていた患者さんたちの話や小さなエピソードが病院全体に還っていくのである。そうした、ひとつひとつは小さなエピソードでも病院スタッフ全体に「生活モデル」が精神科医療に導入されたことを身近に体験出来る場としてＤＣが果たしている役割は決して小さいものではない（「表２　医療モデルと生活モデルの比較」(5)参照）。

## 七　よい病院とよいサービス

それでは、「いい病院とは?･」とはどんな病院なのだろうか。今までの精神科病院の「よい」指標のひとつは、鍵のかかる閉鎖病棟ではなく、開放病棟での治療であった。しかし、今後は、「早く退院させてくれる」病院が「よい」病院ということを常に念頭におかなければならない。勿論、患者さんが入院したくなるような（退院したくなくなる?）、家族が入院させたくなるような病院にしていくこと、そうした病院自体のアメニティーの向上を目指していくことは決して悪いことではない。

病院に入院させたら「安心」とか、あるいはDCに通っているから「おまかせ」というのではいけないのである。以前は、入れっぱなし、おきっぱなしという雰囲気を持った精神科病院自体が、入院から外来通院で支えていく、地域ケアへ変わってきているのである。DCはまさにそのための部門である（「表3　精神科デイケアに期待される機能(6)」参照）。

しかしながら、外来通院で支えていくことは、ずっと「よい」という状態だけではなく、当然、よかったり、悪かったりという時があり得る。状況に先んじて、早めに対応・介入出来るかどうかが、これからの治療で大事なことである。つまり、このことが「連携」や「繋ぐ」ことになってくるのである。「具合が悪い」、「調子がヘンだ」、「心配だ」という情報を早めにキャッチして、その時には、スタッフがこうすればいいんだという情報を上手に伝えることが欠かせない。当事者自身が関心を持っており、対処能力やセルフケア能力の向上をポイントに治療を受けている。患者さん、自分自身が上手に考えて行動する時代にもなってきているのである。

さらに、病院に来ることによって、丸抱えとなり、「病人化」してしまうことは避けなければならない問題である。往々にして、医療が生活とリンクすると考えたり、医療が生活を支えるという発想自体が、「病人化」を促進することになってしまうのである。

## 八　相手からの学びが支援になる

病と障害を分けて考えることも重要なことではあるが、当事者自身が、どのサービスを必要とし、それを自分でどこに位置付けていくかを明らかにしていくことも支援である。本人がＤＣへ通所する、作業所で働く、復職、復学、休職などを、自分の人生のなかでどう意味付けていくのかということであり、それは単に我々が使う社会的予後という意味の言葉ではないのである。本人の選択には時間がかかるものである。しかし、そうした迷う時間を保障していくことが回復へ向けての重要な過程なのである。

「精神障害者」に対する支援は、殊更、特別なものではない。当事者の声に耳を傾けることは勿論である。さらにその一方で、声をあげない・あげられない情況にある方の意見を謙虚に受け止め、「声を出さない」選択や、まだまだ根強い偏見差別に苦しみながら頑張っている多くの当事者の方々への支援を最大限すべきである。

障害を抱えながらも社会のなかで生きるように支援していくことが大切である。それには決まった方向、そして支援のためのマニュアルはない。その人その人の生き方があるのであって、いろいろな形の支援があるのである。ノーマライゼーションとはそうした生き方を見守っていくことから始まるのであろう。そのためには、学びの姿勢や他者からの評価を受け入れることが、個々の利用者のためばかりでなく、精神障害に対する偏見をなくし精神科医療が地域社会に開かれたものになるために必要である。地域社会の中に学校があり、病院や施設もまたその中にある。支援の前提が、支援者の都合だけで閉じられたサービスにならない工夫や視点を持たなければならない。

医療や福祉に関係する者にとって、支援は一方的な関係ではなく、常にお互いが学びあえるような姿勢であると私は思っている。相手から「学ぶ」姿勢は、私たちが普段の生活において地域でしていることでもある。(7)

## 九　退院に向けての社会資源

精神障害者福祉が法的な根拠をもって十年が経った。諸外国と比べ比類なき病床数を抱えたスタートであった。その後の障害者プランによって社会復帰施設は整ってきているが、病床数の減少には到っているとは言い難い。私がこの仕事についた丁度十年前は、仙台市においても家族会有志で運営されていた共同作業所が授産施設になったばかりであり、退院した方の通う場所がなかったのである。ところが、現在、グループホームが十六ヵ所、授産・小規模授産施設、小規模作業所等は二十七ヵ所にもなっており、(8) 現在もその数は増えてきている。

「通うか、通わないか?」ではなく、徐々に特色ある作業所も立ち上がり、「どこに通うか?」という選択が出来そうなところにまで近づきつつある。従来、行き場や活動場所がないためにまたすぐに入院してしまうために、「回転ドア」と揶揄された状況も少しずつ変わってきており、いわゆる社会的入院の方が退院し、地域で生活することが可能になってきたのである。

今後、厚生労働省は入院中の「受け入れ条件が整えば退院可能な約七万二〇〇〇人」(9)を地域に返すことを考えている。そのことは、我々にとって何の疑問も持たず全て市町村や病院任せにするのではなく、精神保健医療福祉の動向により関心を持つことが重要になってくるということである。

よく「社会資源」という言い方を耳にする。保健福祉センター、病院、授産施設、グループホーム、援護寮、地域生活支援センター、就労支援センター、等のことである。しかし、ここでの条件整備とは施設を建てるだけではないはずである。

建物、施設や関係機関以上に、自分が大切にしているモノ、ヒトが重要である。それは有形、無形様々な財産である。こうした、ひとつひとつのことを大切に出来るかどうかが支援の鍵になるような気がしている。お互いが社会資源となって地域で支えあっていきたいものである。

## 十　本当は退院したい

今後DCは、医療と福祉のパイプ役を担っていくことが望ましいと思われる。医療・福祉の窓口となることや、いつでも利用し易い形態にしておくことは、長期在院であった方が地域で生活する不安を軽減している。よく言われる緊急時対応などは、医療・福祉の枠を越えて望まれていることであり、利用内容はともかく、そうした支援体制の存在が大きな安心感をもたらしているのである。

退院してからのサポートがますます重要になる。これは、現場で働いていると体験することだが、それまで入院しており、「退院したくないよ。ここが一番いいよ。」と答えていた方たちが、グループホームでもアパートでも一旦退院すると、「入院したくない。」と答えるのである。こうした言葉が病院に返ってくるのである。

地域に回復した方が安心して生活し、身近にいることは病気や障害に対する理解をより一層深めることになり、こうした身近な実践から、今後は長期入院を減らすことにつながると思われる。

その一方で、「事件」が起った時の対応など、社会から求められてしまうことを、精神科医療で引き受けるという構造自体は変わっておらず、この構造を変更しない限りは、退院者が地域で生活する最初のハードルの高さは変わらないのである。

政治家や、学校の先生、警察官でも事件をおこす人がいる。それでも、その所属や組織に責めはなく、すべて個人の責任となる。そのなかには、「糖尿病の人」、「高血圧の人」等様々な病を抱えた人はいるハズである。しかし、「〇〇病の人だから」と言われる人はいるだろうか？「〇〇病の人だから……」は、他の病気に比べて、こころの病が身近でないばかりか、その病気を抱えた人の存在を身近ではないとしているのなら、それは非常に残念なことである。

## 十一　おわりに

「退院出来た人と出来ずにいる人」の違いには治療者の見方が大きく関与している。[10] それは、一人の人間の人生を、病者や障害者として断片的な「切り口」として見るのではなく、これまでの生活史を尊重した上でのストーリーとして理解することに努めることに他ならない。

見方が変われば、目の前の情況も大きく変わるものなのである。支援をする側の視点を変えることが、入院患者に限らず、ＤＣのメンバー、社会復帰施設、作業所の利用者の理解や行動を変えていくことになるのである。社会のなかで生きるのが人生であり、「○○さんの人生」を支援していくのが専門職の役割である。

地域から切り離され、特殊性が強調されてきた隔離・収容主義のこれまでの精神科医療は、トータルなリハビリテーションの流れの中で社会化される必要性がある。そのためには、常に今ある実践を俎上に載せて議論を継続していくことが大切である。医療・教育・福祉これらはそれぞれの方法やそれを支える技術は違っても、その目的は驚く程似ている。それらは、本来、ひとりひとりの幸福の追求の為に生まれてきたものである。専門家だけに頼りきりになってしまい、どう在るべきかをひとりひとりが考えなくなってしまった時に不幸な出来事が起きる。「何のための技術なのか？」を考える検証なしに日々積み重ねられている実践は時として、本人には役立たない危険性がある。

これから、精神科医療・保健・福祉に携わる、仕事につく方には「職業人」を志す前に、一市民として、ひとりの人間として「構え」なしに目の前にいて悩みを抱えている人の話しを聴いてもらいたい。そして、これまでやってきたこと、今出来ること、これから出来ることを充分に考えて欲しいものである。何も難しい事ではない、自分自身で考える時間を大切にするということなのである。

最後になるが、私が現在の職場に勤めた当時、母親に、「脳病院（昔は精神科病院はこう呼ばれていたそうである）に勤めるのか？　頭おかしくなるんじゃないか？　頼むからやめてくれ……！」と懇願されたことを思い出した。しばらくの間、患者さん達の他愛ないエピソードを話しても、「何か

## 表１　国見台病院デイケアの概要(3)

【主な目的】　「再発の予防」、「仲間づくり」

【メンバーの特徴】　一日の平均通所者数　22.5名　（単身男性が約60％）
在籍者の平均年齢　43.6歳　（最年少　19歳、最年長　69歳）
診断名　統合失調症が70％
入院期間　１年未満が半数、５年以上が約25％

【スタッフ】　常　勤　精神科医　２名、看護師　１名、作業療法士　１名、心理士　２名、看護助手　１名
非常勤　社会福祉系大学大学院生　２名、　プログラム外来講師　１名
その他　社会福祉系大学生ボランティア　４名

【開催頻度】　月～金曜日の５日間　（午前９：00～午後３：30）

【活動内容】　全体活動……ミーティング、専門的な講義・教室、街の社会資源の見学・活用、試合形式の運動、季節のレクリエーション（新年会、一泊旅行、海水浴、日帰り温泉、忘年会　等）
グループ活動……ミーティングで決定する（料理、スポーツ、創作、楽器演奏、ゲーム、外出　等）
サークル活動……ビデオ鑑賞、ゲーム、パソコン、スポーツ、同人誌

【その他】　グループごとの担当スタッフ制
３ヵ月ごとに本人と面接し、利用の目的を話し合っている（明確な学期制ではなく、継続も可能）

平成15年７月末現在；（在籍者58名）

## 表２　医療モデルと生活モデルの比較(5)

| | 社会復帰活動（医療モデル） | 生活支援活動（生活モデル） |
|---|---|---|
| 主体 | 援助者 | 生活者 |
| 責任性 | 健康管理をする側 | 本人の自己決定による |
| かかわり | 規則正しい生活へと援助 | 本人の主体性へのうながし |
| とらえ方 | 疾患・症状を中心に | 生活のしずらさとして |
| 関係性 | 治療・援助関係 | 共に歩む・支え手として |
| 問題性 | 個人の病理・問題性に重点 | 生活を整えることに重点 |
| 取り組み | 教育的・訓練的 | 相互援助・補完的 |

## 表３　精神科デイケアに期待される機能(6)

退院促進機能
社会参加機能（ポストホスピタル）
入院治療代替機能（プレホスピタル）
再発・再入院防止機能
現状維持（生活支援）機能
精神医療の新しい展開の中軸

あったら入院させるつもりでしょう。お前はヒドイ奴だよ……。」とヘンな警戒心を丸出しにしていたものであるが、最近になって、私の専門家としての腕が上がったせいか、母の気持ちが弱ってきたせいなのか、「ボケたら診てもらうから……」と冗談混じりに話すのを聞いて、ようやく私も、少しはメンタルヘルスに貢献できたのではないかと思っているところである。

(1) 新福尚隆「精神医学における Institutionalism の概念」『臨床精神医学』第八巻(一九七九)。
(2) 佐藤光源「呼称変更の経緯」『統合失調症について――精神分裂病と何が変わったのか』社団法人日本精神神経学会HP(二〇〇二)。
(3) 森谷就慶・松見康代他「精神科デイケアにおける地域生活支援と生涯発達」『病院・地域精神医学』第四四巻一号(二〇〇一)。
(4) 荒田寛「精神科病院医療から地域生活支援へ」伊藤克彦・川田誉音・水野信義編『心の障害と精神保健福祉』ミネルヴァ書房(二〇〇〇)。
(5) 谷中輝雄「生活支援　精神障害者生活支援の理念と方法」やどかり出版(一九九六)。
(6) 田原明夫「今後のデイケアに求められるもの」『デイケア実践研究』第五巻一号(二〇〇一)。
(7) 森谷就慶「精神病院デイケアから見えたコミュニティメンタルヘルス」氏家靖浩編著『コミュニティメンタルヘルス』批評社(二〇〇三)。
(8) 仙台市健康福祉局障害企画課精神保健福祉ガイド「はあとぺーじ」HP(二〇〇二)。
(9) 社会保障審議会障害者部会精神障害分会「今後の精神保健医療福祉施策について」(二〇〇二)。
(10) 小田代司「退院できた人と退院できずにいる人」精神医学臨床研究会編『精神医学臨床研究会一九九四―九六』(一九九四)。

# 高次脳機能障害者への支援のあり方について
## ――なぜ高次脳機能障害者は取り残されてきたのか

大坂　純

## 一　はじめに

高次脳機能障害は、現在でも明確な定義は定まっておらず、その診断基準も確立されていない。そのため、高次脳機能障害者数の実態把握や潜在的な高次脳機能障害者の掘り起こしも困難な状況である。高次脳機能障害の定義は様々であるが、おおよそ「知識に基づいて行動を計画し、実行する精神活動（高次脳機能）の障害である」といえる。[(1)]

高次脳機能障害は、リハビリテーション領域においては、二〇年以上前から認知されており研究も進められてきた。[(2)]しかし、医学的リハビリテーションを引き継ぐ福祉領域においては、高次脳機能障害という障害名はほとんど知られておらず、研究分野においても、ごく最近になって、高次脳機能障害者の介護負担に関する研究が見られるだけである。[(3)(4)]福祉領域では、実践分野に限らず研究分野でも、高次脳機能障害者の存在すら認知されているとは言いがたい。そのため、当然のことながら医学的リハビリテーション後の受け皿の開発はなされておらず、在宅へ移行した後の支援の問題は放置され続けてきた。

仙台市では、平成一二年度に地域リハビリテーションモデル事業運営協議会を発足し、高次脳機能障害者の実態把握を行った。(5) この報告書によって明らかになったいくつかの課題の中で最も深刻だったのは、身体障害者手帳や療育手帳を所持していない高次脳機能障害者が三八・二%おり、実際に生活に支障があっても、何の社会的な支援も得られないということであった。更に高次脳機能障害者は、頭部外傷が発症原因として最も多いことから、若年傾向にあり、就労や就学など自立生活の基盤が障害されていることが明らかとなった。

この調査を受けて、平成一三年二月に東北では初めて「高次脳機能障害者を支援する会」(以下、支援する会)を発足した。同年、支援する会は、高次脳機能障害者の自立支援のために三ヵ所の作業所とグループホームを開所するに至った。支援する会の作業所やグループホームは、精神障害者福祉法を拠り所としている。他の障害者福祉法では、身体障害者手帳や療育手帳の取得がサービス利用の条件であるが、精神障害者福祉法の場合、手帳の取得の有無に関わらず、サービス利用は可能である。我が国の高次脳機能障害に対する支援も、精神障害福祉法に位置づけられて実施する方向にあり、支援する会の活動は、高次脳機能障害者に対する先駆的な取り組みであるといえる。

本研究では、高次脳機能障害者に対する支援が遅延した背景を明らかにし、今後の高次脳機能障害者の支援のあり方を検討することが目的である。

## 二　高次脳機能障害者支援が遅延した背景

### 1　障害者福祉法の仕組み

障害者に関する法整備は、一九四九年に身体障害者福祉法が制定され、翌年には精神衛生法（現：精神保健福祉法）が、一九六〇年には精神薄弱者福祉法（現：知的障害者福祉法）が立法化され、現在の福祉法の基本体系が形成された（表1）。

身体障害者福祉法と知的障害者福祉法では、手帳の所持がサービス利用の条件である。更には、障害の程度に応じて等級に当てはめられ、障害が重度化するほどサービス利用の選択肢は拡大する。しかし、障害の程度と生活の不自由さは必ずしも一致するとは言えず、障害等級の低い障害者の介護は、家族が支える比率が高くなる仕組みとなる。また、ＨＩＶ感染者のように、内部障害に該当するがＨＩＶであることを知られることによって、差別や偏見に晒されることを恐れて、身体障害者手帳を取得しない場合にも、福祉サービスは利用できない。ＨＩＶ感染者は、ＨＩＶであることを周囲に知らせることで、「生活のしづらさ」を抱えることが明白であるにも関わらず、何の配慮もなされていない。

身体障害や知的・精神障害があっても、自らの人生を選択することが可能であり、自立した生活を送ることができれば、障害はそれほど大きな課題にはならない。しかし、手帳を所持しているか否かによって福祉サービスの利用の可否を決めることは、福祉の制度側がサービス利用者を選別している

**表１　わが国の障害者福祉法の枠組み**

| 法律名 / 制定年 | 身体障害者福祉法 | 精神保健福祉法 | 知的障害者福祉法 |
|---|---|---|---|
| 制定年 | 1947年 | 1950年 | 1960年 |
| 用語の改正 | 特になし | 1987年精神保健法<br>1995年精神保健及び精神障害者福祉に関する法律 | 1999年知的障害者福祉法 |
| 定義 | 身体障害を持ち、都道府県知事から身体障害者手帳の交付を受けた者 | 特になし | 特になし |
| 該当年齢 | 18歳以上 | 特になし | 18歳以上 |
| 手帳 | 身体障害者手帳 | 精神障害者保健福祉法 | 療育手帳 |
| サービス利用の方法 | １～６級までの等級によって、受けられるサービス内容が異なる。障害が重度であるほど、利用できるサービスは増える。 | 特になし | 手帳の等級は都道府県によって基準が若干異なる。障害が重度であるほど、利用できるサービスは増える。 |

ことに他ならない。

このような福祉法のあり方では、仮に高次脳機能障害者の手帳の取得問題が解決しても、新たな弊害を生み出すことは容易に想像できる。社会福祉基礎構造改革の理念には、「個人が尊厳を持ってその人らしい自立した生活が送れるよう支えるという社会福祉の理念に基づいて改革を推進する」という文言が記載されている。「その人らしい自立した生活」の実現には、福祉法による障害等級の適応を見直し、社会福祉特有の視点である「生活」の視点から、「生活のしづらさ」を評価し支援することが望ましい。「生活のしづらさ」によって提供するサービスを決定することで、利用者が平等に、しかも必要な分だけサービスを利用できるシステムになりえる。

## 2　福祉サービスの消極的な利用

高次脳機能障害のように、発症原因が外傷や疾病という後天性の障害は、福祉サービス利用以前に、医療機関で治療を受けている。医療機関では、外傷や疾病の治療と共にリハビリテーションプログラムも開始され、受傷後の心身機能の回復が図られる。治療やリハビリテーションによって、心身機能が受傷前の状態に回復困難な場合、医療では適当な支援がないために、福祉サービスを利用するという福祉サービスの消極的な利用形態となっているといえる。消極的な福祉サービス利用形態の弊害は、医療からの受け皿となる福祉サービス側のサービス提供にも影響を与える。消極的な福祉サービス利用とは、福祉サービス側が障害者の身体・精神機能の維持や向上という、医療が行ってきた支援の延長を支えることが中心に添えられ、身体・精神機能の維持や向上を前提にＱＯＬの向上を目指すことをいう。しかし、本来福祉が目指すものは自己実現であり、身体・精神機能の維持向上は自己実現の手段ではあるが、目的ではない。就労することが自己実現だとするならば、就労のために必要な能力を身につけることは必要になるが、就労にとって必要な能力を身につけること自体は目的ではない。

高次脳機能障害者は社会関係を自ら取り結ぶ能力が障害されているため、今まで支えてくれていたインフォーマルな資源さえ充分に活用できず、その上福祉サービスが得られなければ、すべての支援の枠に該当しない。

これまで福祉専門職は、高次脳機能障害者のような法の狭間で生きることを強いられてきた人々の存在に関心を持ってきたとは言えず、その結果、当事者や家族に生活上抱える問題を押し付け続けてきたといえる。事実、東京や神奈川等、高次脳機能障害者の家族会は、懸命に行政や関係機関に訴え理解を求めているが、このような社会活動は本来福祉の専門職が行うべきことであり、家族や本人だけに社会活動を背負わせるのは、極めて酷なことである。

利用者の「生活」を理解し、自己実現を支援する視点に立ち、社会資源の開発や環境への積極的な働きかけを行うこと、更に利用者の自己実現に向けた努力が実を結ぶよう支援プログラムを構築することは、福祉専門職の独自の領域であり、まさに福祉の専門領域である。医療から福祉サービスへの移行は今後も繰り返される。福祉サービスが消極的な支援からの脱却を図るには、高次脳機能障害者が抱える「生活のしづらさ」を地域生活支援の立場から理解し、インフォーマルな資源を動員し自己実現に向けて支援する姿勢が重要である。

## 三　地域リハビリテーションプログラムの必要性

高次脳機能障害は、複合的な障害が特徴であるため、日常生活でも様々な「生活のしづらさ」も複合して現れる。高次脳機能障害の支援は精神障害者福祉法に位置づけられるが、一般の精神障害者に対する関わりとは異なった特有の支援が求められる。

これまでの高次脳機能障害者へのリハビリテーションは、医学的リハビリテーションが中心であり、医学的リハビリテーションから引き続いて、自立生活を支援するための次の段階のリハビリテーションプログラムは開発されていなかった。そのため、障害者が社会復帰に失敗した場合、失敗の原因を本人の性格特性や能力等に求められやすい。失敗の原因を個人の問題とみなすため、社会の側が社会復帰の失敗に対する支援を講じる必要ない。このことが、新たなリハビリテーションプログラム開発が遅延した原因であるといえる。

医学的リハビリテーションは、病院等の医療関係で行われることが多く、日常生活とは極めて異なる特殊な環境の中で実施される。しかも、限られた空間の中で、日常生活動作の自立度や知能検査がリハビリテーションの回復の目安となるため、退院後の生活で見えてくる「生活のしづらさ」に対応できないのは当然である。

個々の生活は多種多様であり、病院のような限られた環境の中で、それを再現することは困難である。高次脳機能障害者のように複合的な障害を持つ場合、生活のあらゆる場面でどのような障害がでるのかを理解し、地域生活に密着したリハビリテーションを展開することで、高次脳機能障害者の社会適応力が促進される。医学的リハビリテーションを終了し、社会に適応するための新たなリハビリテーションプログラムの開発が求められている。

## 四　「Life model」理論に基づく地域リハビリテーションの実際

支援する会では、高次脳機能障害者が暮らす地域に作業所を作り、実際に生活する中で必要な行為をリハビリテーションプログラムに組み込んでいる。

地域での自立した生活の実現には、高次脳機能障害者自身が自らの障害を理解し、支援者とともに「生活のしづらさ」に働きかけることが重要である。それには、なにより高次脳機能障害者自身が自分の人生をどう歩みたいのかを考え、実現に向けて支援とともに努力することが必要不可欠である。更に支援者は地域の社会資源等の環境にも働きかける視点が重要となる。医学モデルでは、本人の障害の軽減や除去が目的であるが、本人の自己実現を目指して働きかける視点はソーシャルワークの視点である。特にソーシャルワークの「Life model」理論は、問題を病理としては捉えず、本人と環境の相互作用の中で生じるものとして捉える。ソーシャルワーク領域における「Life model」理論とは、Carel B. Germainらが提唱した理論であり、「Life model」は、「問題を病理の反映としてではなく、他人や物・場所・組織・思考・情報・価値を含む生態系の要素の中の相互作用の結果として捉えていく」生態学的視点に特徴がある(6)。

医学的リハビリテーションで用いられる医学モデルの視点とは、「正常な機能からの逸脱として疾病を定義し、各疾病には特定の病因があるという病理を前提として、疾病の原因追求のための各種検査を行い、病因を治療することで、疾病からの回復を目指す概念である」であり(7)、明らかに視点が異なっている。高次脳機能障害のように社会に適応しにくい人々には、リハビリテーションの場を実際の生活に移行し、自立生活の実現にとって必要な状況に応じた的確な判断力と臨機応変な対応が可能かどうかを確認することが重要である。

Carel B. Germainらの「Life model」理論は、「自己実現」達成のために問題や利用者を取り巻く状況、環境をどう理解するかを明確に説明しており、実践理論としては優れている。

医学的リハビリテーション終了後、地域に戻り自立した生活を送るためには、利用者の「生活」を理解し、「生活」に寄り添いながら、リハビリテーションを展開することが重要である。

## 五　「Life model」理論に基づいた支援する会の取り組み

高次脳機能障害者が医学的リハビリテーション終了し、地域のなかで自立した生活を実現するためには、「状況を的確に判断」し、「臨機応変に対応できる能力」を養うためのリハビリテーションが必要である。

高次脳機能障害者を支援する会では、ソーシャルワーク領域における「Life model」理論に基づく地域リハビリテーションとして、作業所を三ヵ所開所した。現在三ヶ所の作業所に通所する高次脳機能障害者は四六名である。性別では、男性が三七名（八〇・四％）女性は（一九・六％）である。年齢は二〇～二九歳が一一名（二三・九％）、三〇～三九歳が一二名（二六％）、四〇～四九歳が八名（一七・三％）、五〇歳以上が一五名（三二・六％）である。また、何らかの福祉手帳を取得している者は、四一・九％であり、取得していない者は五八・一％である。

高次脳機能障害者の三ヵ所の小規模作業所では、高次脳機能障害者が環境に適応することを促進する段階を第一段階（導入期）、安定した通所が可能になり、周囲の人々との関わりの促進や情緒の安定を図る段階が第二段階（安定期）、穏やかな人間関係を形成し、自分の役割を自ら率先して行う時期を第三段階（就労準備期）として位置づけ、高次脳機能障害者の地域生活支援を実践している。

## 1　第一段階（導入期）

プログラムの目標：基本的な生活習慣の再構築と職員を介した周囲の人々との関わりの促進

一段階目の小規模作業所（以下、れ·iんぼう倶楽部）では、退職や退学に追い込まれ、行く場所もなく自宅でひきこもり、昼夜逆転や身の回りの清潔の保持すら自らできなくなっていることが多いため、基本的な生活習慣の再構築を目指す。また、障害により感情を爆発させやすいため、職員を通して周囲の人々と関わることが達成課題とされる。毎日通所することや人と関わりの機会を作ることで「あたりまえ」の生活を送ることで、基本的ではあるが重要な能力の獲得を目指している。

## 2　第二段階（安定期）

プログラムの目標：仲間と相談し役割分担を決め、成功体験を積み重ね自信を取り戻す

二段階目に位置している「·iずみアウトドアリハビリテーション倶楽部」は、「れ·iんぼう倶楽部」に毎日通所し、職員を介しながらも周囲の人々と関わり、精神的にも穏やかに過ごすことが出来るようになった通所者が、更にステップアップするために準備された作業所である。アウトドアという非日常を楽しみながら、仲間同士が作業分担等の相談を行い、役割分担や協力関係を築いていくこと、生活の中で自分が出来ると感じられる場面を経験することで自信を取り戻し、更に生活の落ち着きを取り戻していく段階である。ここでは、「あたり前の生活」の楽しさを実感し、それぞれの利用者が自己実現に向けた準備を具体的に見出すことを目指す。

### 3　第三段階（最終段階）　プログラムの目標：就労に向けた準備

三段階目の作業所は「南光だ・i雲母倶楽部」である。南光だ・i雲母倶楽部は、支援する会の作業所としての最終段階に位置づけられ、「就労の準備の場」としての役割が課せられている。

雲母倶楽部は、通所者にとって職場であるとし、一定水準以上の結果が常に出せることを目標としている。具体的には地域リハビリテーションプログラム「調理」・「配膳」・「清掃・片付け」という三つのプログラムにメンバーを固定している。それは職場で配置が固定されていることと同じであり、仕事を極めるためにメンバーを固定している。

しかし不況も手伝って、復職以外には、新しく一般就労先を獲得することは困難な状況にある。そのため南光だ・i雲母倶楽部では、高齢者のデイサービスを開所し、高次脳機能障害者を準スタッフとして採用し就労の実現のための準備を行っている。既に三名がホームヘルパー二級の資格を取得し、現在は新たに四名が講習を受講している最中である。

三ヵ所の作業所のなかで最終段階に位置づけられる南光i雲母倶楽部の通所者は、自ら役割を見出し仲間と相談し、職員と協力しながら業務を遂行することが可能である。作業所の段階があがるごとに家族送迎だった通所者が単独通所になったり、家庭内暴力によって離散寸前に追い込まれて家族は、「あたりまえの生活」を送ることが可能となったりと好ましい変化が見られるようになっている。これまでリハビリテーションは、通常発症後できるだけ早期に開始されなければ、リハビリテーションの効果は期待できないとされてきた。しかし、支援する会の作業所の場合、すでに発症してから五年以上経過している者が一九名（四一・三％）と約四割を占めており、発症から時間が経過しても、ソーシャルワークの視点からの地域リハビリテーションによって、回復することが明らかとなった。

今後は「Life model」理論に基づいた地域リハビリテーションが利用者に与える影響を科学的な手法を用いて評価することが課題として残されている。

## 六　今後の課題

### 1　「地域で生活する」ことを妨げる要因

**①　高次脳機能障害者への認識不足**　高次脳機能障害者は医学的リハビリテーション終了後、地域に受け皿がないため、必然的に在宅復帰となる。しかし、失行や失認、記憶障害、注意障害、集中力の低下や人格変化、情緒や行動の障害等という高次脳機能障害特有の障害が、基本的な生活管理ができない、円滑な対人関係が形成できず、すぐにキレて暴れるといった問題を引き起こす。家族も明らかに発症前の状態とは違うことは分かっていても、なぜこのような状況になったのか理解できず、混乱する。周囲の人々には、外見からは障害が見えにくい、本人の変化を相談した医療や福祉の専門職であっても、このような障害を個人の性格特性や養育環境に原因を求めるケースも少なくない。
福祉専門職に限らず、医療や保健の専門職でさえ高次脳機能障害に対する認知は高いとはいえず、このことが積極的な支援につながらない原因の一つである。高次脳機能障害に対する理解を促すための啓蒙活動が重要である。

②　**社会からの離脱**　支援する会は、高次脳機能障害者が自立して生活するが可能となるよう、作業所を立ち上げ、医学的リハビリテーション終了後の「Life model」理論に基づく地域リハビリテーションを実践している。作業所に通所するそれぞれの通所者は、落ち着きを取り戻し、基本的な生活習慣を獲得し、自己実現に向けて努力している。

しかし、作業所に登録した通所者の二割は、通所し続けることができない。本人が高次脳機能障害を自覚せず、通所を拒んでいることが原因である。支援する会では、常に連絡を取り、いつでも通所再開ができるよう配慮しているが、再開する通所者は多くない。高次脳機能障害者自身が自らの障害を理解し、その上で支援者と共に抱えている「生活のしづらさ」に取り組むことができなければ、自立生活の実現は困難である。高次脳機能障害は「見えない障害」といわれるように、外見からは分かりにくく、短時間ではほとんど気づかれない。本人も自らの変化に気づく場合もあるが、後遺症として障害を負った自覚はほとんどない。本人が支援から離脱することもあるため、常に見守り社会とつながっていることが自立生活を獲得するための第一歩となる。

③　**家族のあたりまえの生活を保障するための取り組みの必要性**　リハビリテーションは本人の全人間的復権が目的であり、本人を支える家族は対象とならない。しかし、本人が発症したことにより、明らかに家族の生活は一変する。社会的な支援が受けられない高次脳機能障害者にとって、唯一の社会資源は家族になる。家族が犠牲を払う場合、家族の死亡や支援者としての役割が果たせない身体・精神状態に陥ると、すぐに生活は破綻する。高次脳機能障害者は、円滑な人間関係が形成できにくく、キレて暴れるといった周囲の理解が得られない行為が見られ、支援する家族自身が高次脳機能障害者

を理解できないことも少なくない。家族は傷つき疲れ果てても、支援を放棄することが許されない状況に追い込まれ続けていく。家族であっても、高次脳機能障害者の能力を肯定的に評価できず、本人のもっている力を信じられない心理状態になる。

ソーシャルワーク領域における「Life model」理論に基づいた地域リハビリテーションでは、家族のあたりまえの生活の回復も対象とし、働きかけることが重要である。本人の自立生活が家族の犠牲の上に成り立っているとするならば、それは本来の意味の自立とはいえない。家族もあたりまえの生活に戻れることを支援する視点を欠くことはできない。

## 2　地域での「自立生活」の実現のための支援のあり方

高次脳機能障害者に対する支援が遅延した背景を明らかにし、支援する会の作業所に通所している高次脳機能障害者の現状と今後の高次脳機能障害の支援のあり方を検討することを目的とし、研究を進めてきた。

平成一三年度に開始した高次脳機能障害者モデル事業など、わが国の高次脳機能障害者に対する支援はまだ始まったばかりであり、大きな進展は見られていない。高次脳機能障害者を対象とした作業所やグループホームが一ヵ所も設置されていない県も少なくない。高次脳機能障害の支援を阻む問題は山積しているといわざるを得ない。しかし、高次脳機能障害者は現に存在し、「生活のしづらさ」を抱え混乱したなかで生活を送っている。関わった専門職が積極的に高次脳機能障害者に向き合うことで、高次脳機能障害者や家族は社会からの離脱を回避できる。高次脳機能障害者は「生活のしづらさ」を抱えてはいるが、自ら自己実現を達成したいと考え、実現できる力をもっている。しかし、どのような方法で達成するかは過去に体験し成功した方法しか知らないため、障害を負ったあとも同じ方法で自己実現を達成しようとしてしまう。これが失敗を招く原因になる。

地域で生活することや自立するということを理解し、地域住民を巻き込みながら、高次脳機能障害者に関わるすべての人が協力し合い、助け合える人間関係を形成できれば、地域での自立生活は困難なことではない。そのためには、高次脳機能障害者自身が穏やかな人間関係を形成できることが必須である。

高次脳機能障害者が人間としてもともと持っている強さを信じ、その力を発揮する方法や機会を適切に提供することが支援者に求められる。人間のもっている強さに目を向けるストレングスの視点から働きかけることが求められているといえる。障害者関連の法や制度の改善を手を拱いてみているのではなく、一人一人の専門職がインフォーマルな資源を掘り起こし、コーディネイトすることで高次脳機能障害者や家族は社会とつながっていることになる。「見捨てない」「社会から孤立させない」ことが支援の基本姿勢であり、地域での自立した生活を獲得する支援の第一歩になるのではないだろうか。

（1）　千葉直一他『高次脳機能障害とリハビリテーション』（金原出版、二〇〇一年、八―一一頁）。
（2）　上田敏『高次脳機能障害とリハビリテーション医学』（総合リハ、一九八三年、六〇五―六〇八頁）。
（3）　赤松昭、小澤温、白澤政和「ソーシャルサポートが介護負担度に及ぼす影響――若年の高次脳機能障害者

家族の場合」『厚生の指標』四九巻一一号、二〇〇二年、一七—二二頁。
（4）河原加代子、飯田澄美子「高次脳機能障害を呈する障害者を介護する家族の介護負担の特徴」『家族看護学研究』。
（5）地域リハビリテーションモデル事業運営協議会『平成一二年度地域リハビリテーションモデル事業報告書』（二〇〇一年）。
（6）Carel B. Germain 他著、小島容子編訳『エコロジカルソーシャルワーク』（一九九二年、学苑社）。
（7）社会福祉辞典編集委員会編『社会福祉辞典』（二〇〇三年、一一頁）。

【参考文献】

大坂純他「ソーシャルワークにおける Life Model 理論に基づく地域リハビリテーションに関する研究——宮城県における高次脳機能障害者への実践例をもとにして」（仙台白百合女子大学紀要第八号、二〇〇三年、三三—四五頁）。
大坂純「グループホーム・作業所における生活支援」（作業療法ジャーナル Vol. 38, No.8、三輪書店、二〇〇四年、七五四—七五七頁）。

# Ⅳ　生活保護

# 「自立」に役立つ生活保護に

堀川　耕一

## 一　親に「死ね」と言わせたのは誰か

仙台市太白区長町にある「生活と健康を守る会」の事務所に、町内会の役員をしている副会長のMさんから「町内の年輩の女性が自殺をしようとしている」と電話が入った。

いまから七年前の一九九六年一〇月のこと。行ってみると五七歳のひとり暮しの病弱の女性が、一〇年以上も音信がなかった息子から、突然電話が来て「死んでしまえ」と怒鳴られた。それでショックを受けて近くの広瀬川に入水しようとしたが、水が無かったので、自宅の風呂場で首吊りをはかった。しかし紐が切れて自殺できなかった、という次第。

手短かに事情を聞いて、本人をつれて福祉事務所に向った。そこで分ったことは、女性が病気で働けなくなって生活保護を申請した際、息子はいるが事情があって「親でもない子でもない」という関係になっているので、照会や扶養の確認などは絶対しないとケースワーカーと合意していたというのだった。

しかし、担当が変わるなどして大事な「確認事項」がおろそかにされて、新しい担当者から息子に「扶養義務があるのだから、いくら援助できるか回答を」とぶつけられたのだからさあ大変、「親はいない」ということで結婚し、嫁の両親と一緒に生活していたところへこの一件だから、息子は怒るまいことか、その矛先を行政に向けるのでなく母親の方へ向けたというわけである。

母親にしてみれば、わが子の立場を考えて居たたまれず、突差に「自殺しかない」と思ったのであろう。何が彼女をそこまで追いつめたのであろうか。息子が「親はいない」といって結婚して、幸せな家庭をつくっているのを嘘をつくのがけしからん、と誰が非難できようか。「扶養義務者はどこにいる」と草の根わけても探す、今の生活保護の制度にこそ問題があるのではないだろうか。

福祉事務所の担当者が、大事な申し送り事項を見落したのも問題に違いない。それとともに生活保護を受けにくく、なるべく受けさせないように「家族制度」を利用さえしている。制度を運用する行政の側の人権感覚の無さに問題ありと言わなければならない。

一人の人権侵害を受ける人があってもならない、生活保護の漏給が一人でもあってはならない、という立場にしっかり立って、制度運用がなされれば、この一件は起りうべくもないことだったのである。

## 二　立ちはだかる「家族制度」

私たちは、かつて明治憲法や教育勅語で「君に忠に、親に孝に、兄弟相和し」と叩き込まれた。自分は食べなくとも、親や子、兄弟たちには食べさせ扶け合うのが当り前、それが欧米にはない日本の「家族制度」の美風なのだ、という。それが生活保護の世帯単位の原則とか扶養届提出の義務づけとなり、その根拠が民法八七七条だとされている。

日本の社会保障のたたかいの「金字塔」ともいうべき「朝日訴訟」の発端は次のようなものであった。岡山県津山福祉事務所が一五年間も音信不通であった朝日茂氏の九州にいた兄を見つけだし、月一、五〇〇円の仕送りを行なわせた。当時の保護基準、入院患者日用品費月額六〇〇円を差引いて、自己負担額九〇〇円を決定したのである。

当時、日用品費では、葉書一〇円、理髪代六〇円、新聞代一五〇円であったことを考えれば、決して低い金額ではない。まして満州からの引揚者で、親子六人家族、しかも子供は病弱であった。この兄から一、五〇〇円もの仕送りをさせることは、まさに過酷な扶養の強制なのであった。

扶養義務の押しつけは、いわゆる「水際作戦」で大いに威力を発揮するのである。「水際作戦」の三点セットが、①資産活用で、持っている車は処分しろ、生命保険は解約しろ、②「自立」の努力で、就労努力が足りないからダメ、③が問題の扶養義務者からの援助である。民法上の「扶養義務」を直系親族はもとより、離婚した相手からまで子供への仕送りを理由に援助が迫られる。一〇数年音信がなくとも、それではこちら（行政）で探しましょう、と来る。しかも通達一二三号とか、「適正化」で行政指導がつよめられている現場では、前述の自殺未遂のほか、さまざまな人権侵害が生れている。

先日も仙台市内に住む六〇歳の生活受給者のSさんが、ケースワーカーから熊本に住む弟から援助を受けられないか、再三訪問を受けていた。援助できない旨の扶養届が出ているにも拘らず、当のケースワーカーは「九州に行く機会があるので熊本まで行って話を聞いてくる」という話にSさんは怒って抗議し止めてもらったものの、表に出ないケースは、かなりあるのではないだろうか。

## 三　役所から紹介されたところが、なんと……

「便利屋」の仕事をしていた父と、療育手帳をもっていた二十歳代の息子の二人暮しであったが、父は病死した。一人残された息子を、不憫に思った母親Yさん（離婚して世帯が別）がかけつけた。父の残した家の中は、一杯のガラクタの山、この中には使えるものとゴミが混然としていた。何とかしなければ、とYさんは福祉事務所を訪れた。一九九八年七月のことである。

応対にでた女性の職員から「ここに相談を」と言われてＮＴＴ電話帳のコピーを貰った。Yさんは紹介されたとおりB社に電話したところ、すぐやってきた女性社長に「一三〇万円で処理しましょう。即金ですヨ」ということであった。さらに、他の業者に頼めば、こんな金額で済まないんだ、と強調し「いいですね。それではお金を用意して下さい。すぐとりかかるから」ということとなった。生活保護を受けているYさんは、義理の弟に相談して一〇〇万円を借りることになった。残りはやりくりして貯えていたのを充てた。

このことが、生健会の知るところとなり、一体これ位の容積の廃棄物の処理が一三〇万円もかかるのか、ということで知り合いの業者に見積ってもらったら六万円ということ。そこで福祉事務所に「どうしてこのような暴利をむさぼるような会社を紹介したのか」、「Yさんが生活保護を受けていることを知らなかったのか」、「公的なところに処理を依頼するよう言うべきなかったか」と、ただした。

これに対し、福祉事務所は「どこに頼んだらよいか、と聞かれたからこういうところもある、とNTTの職業別電話帳からコピーをとってやっただけだ」の一点張りで、誠意のない態度に終始した。B社とは弁護士に依頼して、交渉して八〇万円を取り戻すことにはなったものの、こうした会社が堂々と営業をしているのだから空恐しくなってくる。弁護士に相談する前に、県や市の消費生活センターに相談したが、期待するような相談にはならなかった。

それればかりか、生活保護を受けていたYさんは「借金したのは収入である」、「しかも、その収入を申告していなかった」として、福祉事務所から返還命令と生活保護の廃止の仕打ちを受けることになるのであった。

## 四　「借金は収入だ」この不可解

Yさんは息子の家の廃棄物の処理のために、「悪徳」業者にひっかかりやむなく借金した百万円が、理由や事情が何であろうと「収入」である、と認定されて生活保護は廃止する、しかも支給された保護費は法六三条により返還せよということになった。

生活と健康を守る会としては、会員がそんな納得できない理由で、生活権が奪われることは許せない、と連日のように福祉事務所と市の社会課に抗議の交渉を行ったが、当局のカベは厚く、判で押したように「借金は収入だ」と繰り返すだけ。

Yさんは、借金をして生活費や遊興費に充てたというのではない。息子が生活ができるようにゴミ処理のため、しかも福祉事務所から紹介された「悪徳」業者にひっかかり、だまされたのである。福祉事務所は、生活保護受給者は借金できないし、理由の如何によらず借金した以上それが何に使われようと関係なく収入なので、収入認定するのは当り前と強弁する。そこでYさんと生健会は裁判に訴えてもYさんの生存権と行政の非を明らかにしよう、と肝を固めることになった。

多くの生健会の班で会議が開かれYさんの問題を話し合った。

「福祉事務所は収入があったときは百円でも二百円でも収入の申告をしろ、といって『義務』は強調するが『権利』たとえば通院や求職のための交通費は支給することになっているが、そのような制度のあることすら教えない。片手落ちだ」

「百円や二百円どころか私はジャガイモ一個でも二個でも申告しろ、と言われた」

「仙台市では生活保護の申請用紙を窓口に置いてないけど、おかしい。申請権を認めたくないんだ」

「生活保護受給者を人間扱いしてもらいたい。差別をなくしてもらいたい」

「実態にもとづいて、というのが生活保護制度の基本ではないか。実態はどうでもよい、借金は収入なのだから生活権・生存権を奪ってもよいのだ、というのでは恐ろしい」

などなど、堰を切ったように行政への不満が出され、Yさんを守って闘おう、の決意が語られた。

やがて福祉事務所はついに折れた。「生活保護の廃止」と「返還命令」は取消された。Yさんと国民的「常識」が勝ったのである。

### 「自立」に役立つ生活保護に

## 五　ホームレスの人権は

公園などで生活しているホームレスが、ストレス発散の対象となって少年たちに暴行を受け、はては死に至らしめるられる悲劇が後を絶たない。仙台の生健会でも、ここ二～三年の間に二〇人を超すホームレスの社会復帰にかかわった。

倒産やリストラ、病気やケガで働けなくなった、病気で医療費が払えなくなったり、住宅や車、教育のローンでサラ金から一時のつもりの借金がかさんだ例がほとんどである。しかも小泉内閣になってから「改革」という名の医療制度改悪をはじめ、福祉や暮しの諸制度の改悪のツケが多くの国民を苦しめ、その吹き溜りがホームレスの増大や自殺の高水準に現われているのではあるまいか。

こうした現実から目をそらさず真正面から彼らの一人ひとりの「自立」を考える上で何が障害になっているかを考えてみたい。

福祉事務所の窓口にホームレスが「生活保護を受けたい」と相談に行くと、一見してホームレスと分ることもあって、「住居が定ってないとダメです」とニベもない。せめて事情を聞いて、相談にのるぐらいはできないものか。役所を訪れて、生活保護を受けて「自立」したい意思を行政に伝えているのである。

身なりを見ただけで拒否反応を示す、これが「水際作戦」でなくて何か。ホームレスには「人権」というものがないのか、なくともいいと行政自身が思っているのか、といいたくなる。

仙台市では二〇〇三年に「清流ホーム」と名付けるホームレスのための施設をつくった。私たちは期待した。このホームを出発点に「自立」への巣立ちが出来るのかな、と。

説明では、ここから働きに出て、金を貯め、アパートを借りて自活できるまで、がんばってもらうところ、ということである。ここに住める期限は六ヵ月。期限までにアパート入居に必要な金を貯めることができなかった場合どうなるのか。しかも入居定員は七人、予備を入れても九人という。当局発表でも仙台市には二二〇人ホームレスがいるというのである。

まず、「清流ホーム」に入居させて、生活保護を受け、働き口を見つけられるなど積極的な制度活用で「自立」を助けるべきと思うのだが。広島市では駅前に宿泊施設を借り上げて、そこを起点に生活保護を受けて「自立」を図り実績を上げて喜ばれているという。同じく政令都市なのである。

## 六　医療を受ける権利は平等に

皮膚科の或る医院に通っている生活保護受給者Sさん（五六歳）は、「生活保護を受けていると、どうしてこんなに肩身のせまい思いをしなければならないのか」、と次のように語った。「待合室で長時間待たせられるのは常のこと。たまりかねて「ずっと後の方が先に呼ばれたんですが」というと「しょうがないでしょう、あなたは生活保護だから」と。

これに類する話はいくらでもあるのが現実。

修学旅行のシーズンになると生活保護を受けている親たちは憂うつになるのである。先生から修学旅行には「健康保険証」を忘れないで、待ってくるように、と言われる。ところが生活保護を受けている家庭には、先生からいわれた「健康保険証」がない。持って行かないと「保険証持ってこなかったナ、生活保護だナ」と友だちからハヤシ立てられる。

子供たちには責任のない話なのに、どうして肩身の狭い思いをさせなればならないのだろうか。

「健康保険証」がないかわりに生活保護受給者が受診するときには、福祉事務所に行って「医療券」を受けとって指定された医療機関に行って、受診する仕組みになっている。そこで問題になるのが急病や休日、夜間など、福祉事務所に行けないときである。厚労省は緊急の場合、生活保護を証明するものをもっていけば診察が受けられることになっている、というが実態はそうはなっていない。

また、似たような医療の差別扱いで問題になっているのが国民健康保険の短期保険証と資格証明書の問題がある。

宮城県の生健会では、生活保護の受診に関して現行の欠陥の多い「医療券」方式を改め、健康保険証のような、いつでもどこで受診できる「医療証」方式に改めるよう県として国に意見書を上げるとともに、県独自でも「医療証」方式を実施するよう、県議会に請願を行った。同趣旨の請願は、県下各自治体にたいしても行い、その結果二一の自治体の議会で採択になり、宮城県議会でも満場一致で議決され、県独自の「医療証」も実施される運びになった。一九九八年のことである。

一日も早く、国の制度として実施してもらいたいのである。

## 七　いったい「自立」させる気があるのか――車の問題

七年前のことである。生活保護を受けていたUさん（四六歳）の長男が高校を卒業して、ある量販店に就職することが内定した。長男は就職先が、仙台市から郊外に数十キロあるところで、その上、朝早かったり夜遅くという勤務なので車で通勤を、と言われていた。

そこで車の免許をとり、車を購入ということになったのでUさんは福祉事務所に息子の車の保有と使用を認めるよう申し出た。

ところが福祉事務所は「車はダメだ。通勤には公共交通を使え」といってきかない。Uさんは「十八歳の青年が、夢をふくらませて社会に巣立つという時に、あなたは生活保護家庭だから、車を持ってはダメ、就職もするな、ということか」とせまった。さらに「福祉事務所はぜったい『自立』をさせる気があるのか聞きたい。『自立』のため働け働けと言うが、いまの会社で車をもっていなければまともな職につけないのが実態だ。しかも車を持ってはダメだ、という。いったいどっちが本音なのか。『自立』しろというのか、『自立』しなくともよい、というのか、どっちなのだ」と詰め寄った。係長は「車は持ってはダメ、ということだ」と答えた。

生活保護法第一条「この法律は日本国憲法第二五条に規定する理念に基き、国が生活に困窮するすべての国民に対し、その困窮の程度に応じ、必要な保護を行い、その最低限度の生活を保障するとともに、その自立を助長することを目的とする」をどう解釈すればよいのか。「自立」というのはタテマエなのか。

生活に困っていようがいまいが、経済的にも精神的にも「自立」することが、本人はもちろん家族も社会も自治体も「のぞましい」ことであり、当り前のことである。

Uさんの場合、家族で話し合った結果、息子の「車」をとることにした。初月給を手にするまで基準をはるかに下回る収入で生活をしなければならないことになった。

たしかに車の維持経費をどうするか、それを誰が持つのか、事故の場合の本人負担分をどうするか、目的外使用の場合の問題など、整理しなければならない諸点はあるだろう。こういった諸点を制度としてクリアして、働く意思のある人、条件のある人に大いに働いてもらい、喜んで「自立」してもらうことが、法の目的にも叶うのではないだろうか。

## 八　消費税は明らかな憲法違反

「消費税は高齢化社会に備える福祉のための税金」との口実で竹下内閣のときに導入された。しかし、福祉のために使われた形跡は殆どない。むしろ大企業や高額所得者の減税のために使われたといっても過言ではない。導入以来、一五年の間に国民が納めた消費税の合計が一三六兆円、法人税の減税合計が一三一兆円とほぼ見合う額なのである。大企業が熱心に自民党、公明党、民主党に政治献金を励むのが容易に理解できる。

「小泉税制の基本」は、国民への所得税と消費税の両方を大幅に増税しながら、大企業と大金持ちにはひきつづき減税することにある。小泉首相自身、総選挙期間中「在任中は消費税の税率引き上げはない」と言う一方、「公約通りやらなくともたいしたことない」との発言をしたり「税率引き上げの議論は大いに」と檄を飛ばす有様。この首相の意向を受けて塩川前財務相は「税率引き上げは〇六年まではないということだ」と、〇七年度からは「増税あり」と記者団に明らさまに答えた。

自民党政治の悪政を支え、推進役を担っている公明党は、「マニフェスト」で「今後四年間は引き上げない」とし、〇八年度からの増税を明らかにした。

総選挙の結果、自民・公明の与党が過半数の議席得たことにより、消費税の大幅増税が現実味を帯びてきたことは否定できない。しかし、この消費税は二つの点で憲法違反が明白なのである。

一つは、生活保護受給者が、最低生活費しか支給されてないのに、食費でも水道光熱費でも家賃でもない、つまり生活費でない消費税の納税を「強制」されている。その結果、「生活費非課税の原則」が骨抜きにされている。

もう一つは、貧富の差の拡大の問題。内閣の基準方針や諮問会議、各種の審議会の答申では憲法一四条の「法の下の平等」に違反する貧富の格差拡大問題を全く無視しているということである。

政府税調は、税制の「所得再分配機能」について明記しているが、この「機能」を高めるには、生活費非課税としての課税最低限（課税基準）を引き上げ、大金持ちには適正に課税することが不可欠である。応能負担の原則をはっきりさせ、税率は高度累進制にし、社会保険料の頭打ちを廃止するなどして低所得者に回す再分配所得をふやすべきなのである。

## 九　許せない生活保護の抜本改悪

以上みてきたように、生活保護受給者は、さまざまな人権侵害と思われる厳しい対応を受けることが少なくない。それらに耐えるだけでも大変なのに、こんどは生活保護基準引下げの大ナタである。物価値上りと賃金引下げるなどに伴う消費水準の低下に連動させるスライドカットの実施、「いよいよ来るべきものが来たな」の予感どおり、来年度からは「老齢・母子加算の廃止」である。

二〇〇〇年五月社会福祉事業法「改正」時の付帯決議「生活保護の在り方について十分検討を行う」にもとづいて、厚労省は「生活保護法の理念、原理・原則まで踏み込んで検討する」として、生活保護の抜本改悪の意図を隠そうとはしていない。

こうした当局の意向と方針をふまえ、財政審や社会審では、生活保護の制度と基準の両面から抜本改悪の動きは急である。さらに税制の面でも抜本的改悪を行い、生活費課税の強化という国民とりわけ低所得者にとっては耐えがたい〝痛み〟の押しつけである。

今年度の所得課税と年金、生活扶助基準の引き下げで標的にしている老齢扶養控除や年金等所得控除の廃止、遺族年金等への課税、年金自体の切り下げ、生活扶助基準での老齢加算の廃止と来年度予算の母子加算の廃止などが「健康で文化的な最低基準」に関係なくカットする暴挙がまかり通る事態は異常である。

こうした事態の政治的な背景にある内閣の基本方針や厚労省・社保審・税調で、地域別最低賃金や生活保護、課税基準などについて、「健康で文化的最低限度」の生存権基準がどの程度まで到達しているのか、どうなっているのか、といった立論や検証は一言もない。そういったことが一切ないままに生活保護の基準は低ければ低い程よい式で際限なく下げられることを絶対に許すわけにはいかない。

そのためには生活保護受給者自身が、人間として人間らしく生きることを主張すること、さらに人権感覚をきちんと持って受給者と毎日接している福祉事務所のケースワーカー・職員さらに福祉の仕事にかかわっているすべての個人・団体が力を合せることが大切であると思う。そして、生活保護制度の抜本改悪をやめさせ真に国民に役立つ、文字どおり「自立」に役立つ生活保護の制度にしていくための国民的、民主的討論をおこしていく必要があると考える。

## 十　いま注目される「生活と健康を守る会」

いまから一三年前に、私が「生活と健康を守る会」にかかわり始めた頃に、県内のある福祉事務所で「受給者の名前を呼び捨てにしている」とか「生活保護を受ける人間は最低だ」と事もなげに言われていたことに大きなショックを受けたものであった。

生活保護を受けている人たちが、まともな人間扱いをされてない、肩身の狭い思いで暮している、そうあっていいものだろうか。生活保護を受けている人たちだけでなく、当然それを受けられるような生活水準でありながら受けずにがんばっている人たちが、所得が少ないというだけで、さまざま恥ずかしい思いとしているのが多すぎはしまいか。

私はこうした実態に触れながら、一歩一歩と「生活と健康を守る会」に次第に深入りした。

全生連―全国生活と健康を守る会連合会は一九五四年一一月二〇日に、低所得者をはじめ住民の「食わせろ」「病気を治せ」「働かせろ」の要求で運動する団体として発足し、現在では三二県連、一六直属単組を持ち、会員七二、〇〇一世帯、守る会新聞読者八九、六一一を擁する組織にまで発展した（二〇〇三年一〇月現在）。

全生連として対政府交渉や、自治体にたいしても、会員や読者のみならず、住民の切実な要求をとりあげて交渉を行い、小泉行革のもとでの社会保障切り捨て政策の具体化を阻止するとともに制度の充実、改善のため組織をあげてたたかっている。

全生連として近年からとった成果には、次のようなものがある。

一九九二年に二年半の全国的な運動が実って白内障眼内レンズに保険適用が実現。一九九四年には生活保護世帯のルームクーラーの保有を認めさせる。また生活保護の人権侵害に対し、秋田・加藤裁判にみられるように、裁判などで人権侵害をやめさせる。教育の面では就学援助制度、高校授業料の減免、私立高校の特別奨学金制度をつくらせる。また国民健康保険料、国保療養費、国民年金の掛金の減免制度をつくらせる。高齢者日常用具に電磁調理器、シルバーカーを加える、などなど。

宮城でも生活と健康を守る会は、餓死や孤独死、自殺についての対策、ホームレスの社会復帰と「自立」、多量債務の解決、国保税（料）の減免運動、生活保護の改善や人権侵害に取り組み、各方面から注目され、大いに期待がもたれている。今年二〇〇四年に全生連は創立五〇周年を迎えたのである。

# 生活保護の面接相談者から見える現代の貧困

中田　美智子

## 一　はじめに

仙台市は福祉事務所のケースワーカーを専門職ではなく、採用された一般事務職の中で心理学や社会保障論を学んで来た職員を社会福祉主事として配置している。大学卒の新規採用の職員が配置されることが多く、おおよそ三年で異動して行く。勿論、人生経験を積んだ職員の配置もあるが、私の場合は勤続二〇年過ぎてから社会福祉主事の辞令を受けたので、本人も周りもびっくりしたものである。人との関わりが好きな私には以前からやってみたい仕事だったので期待をもって赴任した。それ以来、地区担当六年、面接相談六年、生活保護行政の現場で感ずることは住民の暮らしが年々暮らしにくくなってること、国の政（まつりごと）が国民の生活を守るようになされていないことを痛感している。

特にこの数年は理想とするところと切り捨て路線のはざまで面接相談を受けていて、その生活の悲惨さと解決の難しさに胸が苦しくなることがしばしばである。

日本国憲法の第二五条には、国民は健康で文化的な最低限度の生活を営む権利を有することが規定されており、この権利「生存権」の保障を実現するための制度の一つとして制定されたのが生活保護法である。経済的な自立だけではなく、一人一人の可能性を発見して、育て、その能力に応じて社会生活に適応させていくこと。この自立の助長は、「最低限度の生活の保障」とともに、生活保護制度をつらぬく大原則になっている。

基本原理は、①生活に困窮する国民の保護を、国がその直接の責任において実施すべきこと（法第一条）。②性別・社会的身分などはもとより、生活困窮に陥った原因の如何は一切問わず、もっぱら生活に困窮しているかどうかという経済状態だけに着目して保護を行う（法第二条）。③この法律により保障される最低限度の生活は、健康で文化的な生活水準を維持することができるものでなければならない（法第三条）。④生活に困窮するものが、その利用し得る資産、能力その他あらゆるものを、その最低限度の生活の維持のために活用することを要件とし、また、民法に定める扶養義務者の扶養及び他の法律に定める扶助は、すべてこの法律による保護に優先して行われなければならない、つまりどうしても足りないところを生活保護で補うとされている（法第四条）。

この四条は補足性の原理といわれ、保護を受ける上で極めて重要視されミーンズテスト（資力調査）はこの要件を確認するための調査であるとされているが、現場においては理解をしてもらうのに一番苦労をする。手持ち金、貯金、生命保険、子供、兄弟姉妹の状況を聞き出し、保護受給より優先するものがないか探るもので、相談者を不愉快にさせ、屈辱感さえ伴うと言われている。

## 生活保護の動向

不況、リストラなどで失業者は増え、高齢になっても生活できる年金がもらえないなど厳しい経済情勢の中、生活保護の受給者が増え続けている。全国の被保護人員と保護率については、一九九五年度の八八二、二二九人、七・〇‰（パーミル、人口一〇〇〇：一）が最低でその後は増加をしていき二〇〇三年三月では被保護人員が一、二九二、〇〇〇人、保護率一〇・一‰となっている。

仙台市においても同様で一九九五年五、〇九三人、五・三二‰から二〇〇三年六月、八、八八四人、八・七〇‰と増加している。仙台市の五区の中でも宮城野区の保護率の高さは抜きん出ていて二〇〇三年六月現在、二、六四四人、一四・七〇‰で泉区の三倍にもなっている。これは、管内で公営住宅の占める割合が高いからと推測されているが、毎月八〇人前後の相談者が来所する中でこのごろは不景気のため、個人経営の飲食店主、商店主からの相談も増えている。資産所有などですぐに生活保護にならないまでも廃業する店が多くなり、近くの商店街は確実にシャッター通りになってきている。

不況、リストラなどの経済情勢が明らかに保護率を上げていることは、開始時の理由に現れている。従来、補足性の原理により、稼働年齢層（男性一五～六五歳、女性一五～六〇歳）の人は病気で働けない以外は「稼働能力の活用」ということで保護の適用になるのはまれであった。相談の段階から「職安にいってともかく仕事を探してください。それまでの一時的な生活費であれば社会福祉協議会の貸し付けを受けてください。（他法活用）」という対応だった。

しかし、失業給付が引き下げられ、職安にいっても仕事がない、特に五〇歳代になると再就職は本当に困難な状況が続いている。さすが厚生省も二〇〇〇年の保護基準改定時の全国会議で「稼働能力を活用するために努力していることが認められるのであれば、もとより保護の要件を欠くわけではない。」とし、何度も職安にいっても仕事が見つからない人には保護を適用し、開始後は厳しい就労指導を行うこととして現在に至っている。

仙台市においても保護開始事由の「失業・収入減」が一九九七年が一七六件、全体七五〇件の二三・五％であったのが二〇〇二年は四六二件、全体一、四一七件の三二・六％となっている。

## 二　面接相談事例

### 1　水際作戦

仙台市の「二〇〇二年度の相談・申請・開始時の状況」によると相談者の四三・六％が申請をしその九四・九％が開始となっている。この状況を作るのが面接相談担当者であり、水際作戦と言われている。もちろん明らかに生活保護による解決でなくともよい人達の相談もあるので絶対一〇〇％保護になることはあり得ないが、面接相談のところで「振り分け」されていることは確かである。

「水際作戦」とは一二三号通知以降に言われたのではないだろうか。

「一二三号通知」とは、一九八一年一一月一七日付けで出された「生活保護の適正実施の推進について」という通知のことである。

一九八〇年の第二臨調「行革」により、社会保障、社会福祉の分野も抑制政策が取られ「日本型福祉論」の自助・相互扶助・福祉の商品化といった自己責任が強調された。

厚生省は、生活保護についても抑制化を進めるために当時、北九州や和歌山などであった「暴力団による生活保護不正受給」をマスコミを利用して大々的にキャンペーンを行った。そして「ごく限られた一部の者によるとはいえ厳に不正受給の防止を図り、一方、真に生活に困窮する者に対しては必要な保護を確保するために……」として生活保護の「適正化」の一環としてこの通知が出された。

この通知により、保護申請書、資産申告書、収入申告書に署名捺印させ「不実の申告をして不正に保護を受けた場合、生活保護法第八五条又は刑法の規定によって処罰されることがあります」という記入上の注意がついた。あわせて資産や収入調査の「同意書」で関係先調査の白紙委任することとなった。このことにより保護の申請や保護の受給を心理的に圧迫して保護の受給抑制をもたらすものと言われている。

そして面接担当者は生活保護法第四条の「補足性の原理」を全面にだして相談者と向き合うこととなる。この方針は現在もまったく変わっていない。それでも保護率が高くなっている今の経済状態の異常さである。

## 2　生活実態

二〇〇三年一〇月、宮城野福祉事務所における生活保護の相談者は九七名で当福祉事務所開設以来最高の人数となった。

相談者の話をじっくり聞き、何が問題なのか、その問題は生活保護で解決するのか他の制度で解決できるのかを整理し、保護申請のための説明をするのが私の仕事である。

病気、離別、失業、老齢と生活困窮に至ったさまざまな実態が聞かされるが、その問題の解決を困難にしていることの一つに多重債務がある。相談者の多くがサラ金を抱えている。サラ金の取り立てに追われ自殺した例を多く見聞きしている。残された家族の相談に「もう少し早く相談に来てくれれば何らかの方策を考えられたのに」と残念に思うことがしばしばある。サラ金を借りなければならなくなった事情はそれぞれで、生活苦だけでなくギャンブルや遊興の場合も確かに多い。しかし、契約社員、派遣社員、パート採用といった不安定な身分での働かされ方では仕事が無くなると明日からの生活にすぐに困ってしまう低賃金であることも確かである。失業に備えて蓄える余裕は無いのである。借金は自己責任だと言ってしまえばそれまでだが、それによる自殺、失踪、離婚、と生活が破壊されての相談のなんと多いことか。生活保護と自己破産が確実に増えているのである。簡単に借りられるシステムが作られていることが問題だし、異常な高利率と非情な取り立てを行っている悪徳金融業者を野放しにしている国の経済政策に腹が立つのである。

今まで七万円足らずの年金で市営住宅の家賃を免除してもらいながら細々と生活していた高齢者が相談にくる。聴けば布団や健康器具のセールスに押し売りされ生活費に詰まってしまったのである。こんな例も多いのだ。

そして最たるものが「年金」を担保にして金を貸す制度である。老後の生活を支える唯一の収入をである。借金の理由はこれまたさまざまで、あまりにも身勝手と思われるものもあるが、医療費や冠婚葬祭で、サラ金よりはと年金を担保に借金をしている。その結果生活ができなくなり生活保護を受給しなければならなくなるのである。宮城野区では二〇〇二年度で一〇数件現れている。何ともやり切れない貸し付けである。実施主体は社会福祉・医療事業団で政府がこの業務に要する費用を交付しているのである。この貸し付け制度だけは絶対に無くしてもらいたい。

さらに雇用保険の改正で「自己都合の離職」の場合、失業給付が三ヵ月据え置きになる。この三ヵ月間の生活に困る人の緊急支援の制度がないのである。

## 3 補足性原理の矛盾

補足性の原理から、稼働年齢の相談者は「働けないのか？ 働かないのか？」を見極めることになるのだが、最近そのことを困難にしているのが「引きこもり」の大人である。

〇三年七月厚労省調査によると、自宅に長期間閉じこもり、社会参加しない「引きこもり」状態の人の平均年齢は二六・七歳で、三〇歳以上が三割を超えている。「稼働年齢」の「引きこもり」の子供と住む老親が年金だけでは生活ができないと相談に来た際、その子供の状態が保健所などの相談機関に結びついている人であれば「働けない」と診ることができるが、そうでない人については状態の把握が困難で相談のみで終わっている人達が何人かいる。具体的な援助も行えないままで、その後どうしているが気掛かりになっている。

「資産活用」で面接担当者を悩ませているのが「自動車の保有」である。現制度では自動車は「ぜいたく品」とみなされ障害をもった人の一部分を除き処分しなければならないとされている。現実に維持費の問題、交通事故の時の補償能力を考慮すれば最低生活費での保有は無理である。しかし、現在の労働情勢では自動車があればこそ深夜まで働いている、それでも生活ができない人がいる。母子家庭のお母さんも保育所の送迎に自動車を使いフル回転して働いても低賃金のため相談にくるのである。その人たちに自動車を処分させるのは「稼働能力」を奪うことで、自立の道を遠ざけることになるのではないか。失業率が五％を越している現在、公共交通機関で通勤できる働き場所などに簡単に転職できないのである。生活が困窮しているのに生活用品としてどうしても自動車を手放せないと保護申請を諦めざるを得ない人も出てきている。

## 三　ホームレス問題

### 1　ホームレスの実態

福祉事務所保護課の業務に「行旅困窮者移送費等支給事務」がある。お金を使い果たしたり落としたりした旅人（旅行者等）に対して移送費を支給することで、仙台市では福祉事務所で面接の結果、移送を必要と認めた「行旅中の者及び住所又は居所のない者」を対象とし一ヵ月に一回、一〇〇〇円と定められている。送還旅費と言っている。この送還旅費を申請にくる人が宮城野福祉事務所では一九九六年四月には一一人であったのが二〇〇一年四月一一一人、二〇〇二年四月九二人、二〇〇三年四月には八〇人と減少したが五月には一一三人となっている。ここにホームレスの姿が内在しているのである。

バブルがはじけて、リストラ、企業倒産と失業者が増大した。出稼ぎに出たまま家に帰れなくなった人、失業と同時に家賃が払えなくなり住むところを失った人、借金の取り立てに追われて逃げている人、それぞれ事情は違うが住む家を失い、家族を失い路上、公園に住む人が急増してきたのである。

政府がホームレス問題に着手したのは一九九八年秋、小渕総理大臣が大阪を訪問した際、大阪市長より野宿生活者の増加で市の対応が困難であることから、国において総合的な対策が求められた事から始まる。

そして一九九九年二月、厚生省、労働省、各自治体（大都市）、関係省庁（建設省、警察庁、自治省）で構成する「ホームレス問題連絡会議」を発足させた。そこで「ホームレス問題に対する当面の対応策について」まとめられ、「失業、家庭崩壊、社会生活からの逃避等、さまざまな要因により特定の住居をもたずに、道路、公園、河川敷き、駅舎等で野宿生活を送っている人々を、その状態に着目して『ホームレス』と呼ぶ」こととした。その時点（一九九九年三月）で全国のホームレスが一六、二四七人と発表されている（大阪八、六六〇人、東京四、三〇〇人、横浜四三九人、仙台五三人など）。仙台市において全市的にホームレスの調査を行ったのは一九九九年一〇月である。目視調査で、全市二三ヵ所一一一人を確認したと公表された。

面接担当になってから多くのホームレスと対話をしてきた。

女性も数人いるがほとんどが稼働年齢層の男性で、仕事を探すにしても家、連絡先がなければハローワークに行っても断られる。居所がないことから病気でもないことには生活保護にもならない、お金も保証人もいなければ家を借りられない、この悪循環なのである。

覚醒剤の常用者だったらしい関東からきてT公園で野宿をしていた彼は、一ヵ月のうちに何度も送還旅費を申請しに来た。一ヵ月に一回という「きまり」から窓口でもめる。覚醒剤の後遺症で幻覚などもあり「病院に行きたい。生活保護を受けさせろ」と詰め寄られる。療養にきちんと専念するのであれば病院に行くことも、社会復帰を目指すグループホームにつなげることもできること、現状のままでは保護適用は難しいことなどを来る度ごとに説明した。しかし、彼は今までの経験からグループホームのあり方を批判し、病院も以前彼が住んでいた所でないとだめだと拒否し、「なんで生活保護が受けられないのだ」と窓口でひと騒ぎ起こしてはねぐらに帰ることを繰り返していた。私は彼が窓口に姿を現すと正直言って「またか……」と思ってしまうのだった。

その彼は二月の寒い朝、T公園で冷たくなっていた。三〇歳代だった。後日、彼の死について、ホームレスの支援団体の人が「福祉事務所の冷たい対応」と新聞投書をされたのを読んだ。一体私に何ができたのか、彼が選べる道を示したではないか、様々な思いで胸が塞がれた時だった。

二〇〇一年初めあたりから倒れて病院に運ばれる人に結核の患者が目立ち始めた。現在、結核の治療をする病院は仙台市では日赤病院のみである。県内でも三院だけで、そのため結核と診断されると病院捜しが大変で保健所との連携プレイとなる（二〇〇二年一一月から結核定期健康診断が実施されている）。

このようにして入院をしたことにより生活保護を開始した人が退院後も就労が難しいとなれば、住む家を見つけて保護を継続して行くこととなる。いままでホームレスをしていたことで保証人の問題など困難なことも多く、ケースワーカーも出来る限り手伝いながら居宅生活を始めた人達も大勢おり、現在ではその人たちも地域になじんで生活している。

仙台市は二〇〇二年四月からホームレスの生活状態を見回る巡回指導員二名を常勤させる体制をとった。彼らの報告によると仙台市におけるホームレスは二〇〇三年六月現在で市内四六ヵ所に一四五〜一五〇人が確認されている。この人たちが前述の「送還旅費」申請者とダブるのである。

## 2 ホームレスの支援策

国では一九九九年五月の対応策でホームレスを三つのタイプに分けている。

① 就労する意欲はあるが仕事がなく失業状態にある者（全体の六〜七割）
② 医療、福祉等の援護が必要な者（一〜二割）
③ 社会生活を拒否する者（一割程度）

このように多くのホームレスは仕事を探しているが前述の悪循環の中にいるのである。

二〇〇二年八月、ホームレスの自立の支援等に関する特別措置法が制定され、「自立の意思がありながらホームレスとなることを余儀なくされた者が多数存在し、健康で文化的な生活を送ることができないでいる。その者たちの人権に配慮し地域社会の理解を得ながら必要な施策を講ずること」とされ、各都市で路上生活者自立支援センターが作られていった。

仙台市では二〇〇二年初めにホームレスの支援団体が第二種社会福祉事業として民間アパートを借り上げホームレスを居住させ、高齢者や病弱者は生活保護を申請させるという活動が始まっている。実施責任のある仙台市でも「路上生活者等支援ホーム（清流ホーム）」が二〇〇三年三月に完成し、管理、運営は市内の福祉法人に委託されている。

「一定期間の居所、食事、求職活動費などを提供し、その間に仕事や住居などを確保してもらうことにより、自立を支援することを目的とした施設」で、定員は一〇名である。

入所期間は三〇日間だが、入所中の自立活動の状況（仕事が見つかったがまだ給料が出ない、働きだしたがアパートを借りるお金がまだたまらないなど）に応じて、最長で一八〇日間まで延長となる場合がある。飲酒の禁止や喫煙場所の制限など集団生活としての一定のルールがある。現在では就労して自立した人も出てきている。期間中にどうしても仕事が見つからない人は生活保護を受給しアパートを借りて求職活動を続ける場合もある。中にはルール違反で退去させられた人もいるが、なにせ定員が少ないため何度も抽選に漏れている人も出てきている。ここでもまた人生に諦めてしまうのではないかと心配している。仙台市で確認されているホームレスの人数からしていずれもっと規模の大きい支援センターが必要とされるのは必至である。

二〇〇三年七月、ホームレスの自立の支援等に関する特別措置法第八条の規定に基づき「ホームレスの自立の支援等に関する基本方針」が定められた。

基本的な考え方として「ホームレス対策は、ホームレスが自らの意思で安定した生活を営めるように支援することが基本である。このためには、就業の機会が確保されることが最も重要であり、併せて、安定した居住の場所が確保されることが必要である」とされ、生活保護法による保護の実施に関する事項についても言及された。

これを受け、二〇〇三年七月三一日付け、生活保護法の実施要領が改正され、住宅費の認定について「保護開始時において、安定した住居のない要保護者が住居の確保に際し、敷金等を必要とされる場合は限度額内で認めて差し支えない」された。

いままで保護を受けたくても居宅がない。居宅を借りたくてもお金が無いという循環がなくなったのである。このことは本人たちは勿論であるが、支援者や私たちにとっても朗報であった。しかし、最初にお金を払わなくても住まわせてくれる所があるかどうか、また保証人がつけられない人も多いことなど問題はまだまだ残っている。

## 3 地区担当者の現状

ケースワーカーの配置標準は都市部では八〇：一となっている。現在宮城野福祉事務所では多いワーカーで一〇八ケース、平均九八ケースとなっている。未経験で赴任し三年で異動していくのが一般的である。じっくり向き合ったケースワークができるかどうか疑問視されている。

アルコールに溺れる人、メンタルな病の人、自分の経験の中では考えられない人達とも向き合うのである。時には頭ごなしに怒鳴られ、暴力沙汰もある。孤独死の場面に遭遇することもある。不景気で働く場所もないため就職して自立することができず無気力になる人も多くなっている。難しい仕事で、専門職でない職員にとってはあまり好まれていない職場である。それでもみんな家庭訪問に走り回り、根気強く話を聴き、一緒に職安や病院に行くなど一生懸命援助をしている。保護率は高くなる一方で、行革の合理化で人員削減がされている市役所の中で不十分でも人員増が必要と認知されている職場である。

## 四　むすびにかえて——生活保護法改正の動向

社会福祉基礎構造改革で先延ばしされてきた生活保護法の改正が議論になっている。

一九九〇年代の後半から、全国での「孤独死」やホームレス問題、児童虐待の事件が起こり福祉事務所の対応が批判されて、とくに生活保護の「ハードルの高さ」に問題があるのではないかマスコミでも報じられた。生活保護が社会保障制度における「最後の砦」としての役割を果たしているのかどうかが厳しく問われている。その中で二〇〇〇年五月「措置から契約へ」を基本にした社会福祉法が制定され、二〇〇五年の介護保険五年後の制定見直しの際に生活保護の在り方について十分検討を行うこととされた。しかし、長期化する不況の影響で生活保護世帯が年々増加するなかで二〇〇二年の財政制度等審議会は「保護の基準が高い」ことや「モラルハザードが生じている」ことを指摘し、財政面での保護の見直しが進められている。

二〇〇三年七月二八日、社会保障審議会福祉部会において「生活保護制度のあり方に関する専門委員会」の設置を決め、保護基準のあり方をはじめ、基準の算定方法や各種加算など制度全般について議論、早ければ二〇〇五年の通常国会に「改正」案を提出するとされた。

年金の保険料を納めないで生活保護を受給している高齢者の保護費のほうが、まじめに年金をかけた人より高いのはおかしい、だから保護の老齢加算を削減しようという論理で進められている。二〇〇四年四月より老齢加算の段階的縮減が実施された。七〇歳以上の老齢加算が一七、九三〇円から九、六七〇円に減額され(一級地)、二〇〇六年には廃止されようとしている。高齢単身者の最低生活費が九〇、六七〇円(家賃を除く)から八二、二七〇円になった。

国民年金を二〇歳から六〇歳までかけて六五歳から一ヵ月約六六、〇〇〇円の受給である。この年金額で生活できるのか。まじめに保険料を納めているのに国が最低生活だという基準に達しない年金制度がおかしいのである。年金が最低生活を保障していないことが問題なのである。母子加算も削減されそうだ。

現制度は補足性を強調することで身ぐるみをはぐようなところがある。そのことが保護を受けることに恥辱感を生じさせている。結婚して離れている兄弟姉妹の扶養調査まで必要なのか、生活必需品の車の所有が認められないかなど、補足性の緩和を望みたい。また、義務教育までとなっている教育扶助について高校修学まで認めるべきである。

職安行政と連携し、生活保護受給者の就労援助の体制をきちんとすることにより出口が見える保護制度にすべきであると考えている。

保護を受けることが人間の尊厳を失うことのように言われがちな制度が、基本的人権の権利として国民に認知されること、自立にむけて十分な援助体制が確立される制度改正を望むものである。

「最後の砦」の守り手としてケースワーカーは今日も走り回っている。社会の一員として自立(決して経済だけではなく)できた時の達成感は大きい。つらく、はがゆい事は多いけど、私はこの仕事を続けたいと思っている。

# 生活保護における「老齢加算」廃止について
## ——ドイツの例を手がかりに

木下　秀雄

### 一　二〇〇四年度からの「老齢加算」廃止

周知のように生活保護においては、厚生労働大臣の定める基準によって測定したいわゆる「最低生活費」をもとに、自らの収入などで満たすことができない部分が保護費として支給されることになっている。そして、生活保護法上、保護の種類は、生活扶助、教育扶助、住宅扶助、医療扶助、介護扶助、出産扶助、生業扶助、葬祭扶助の八種類が法律上明記されているが、最低生活費算定の基準額は、厚生労働省告示という形で示されることになっている（いわゆる保護基準）。そして、衣食その他基本的な日常生活需要を満たすものとされている生活扶助は、世帯員一人あたりで算定する一類と、世帯単位で算定する二類、それに世帯の特徴にそって算定される「加算」を合せ計上することになっている。二〇〇四年度でこの「加算」の対象となっているのは、「妊産婦加算」、「老齢加算」、「母子加算」、

「障害者加算」、「介護施設入所者加算」、「在宅患者加算」、「放射線障害者加算」、「児童養育加算」、「介護保険料加算」である。

現在焦点になっているのは、この生活扶助における加算の中の母子加算について廃止が議論され、老齢加算については三年間かけて全廃されることになっていることである。

二〇〇三年八月に設置された社会保障審議会社会福祉部会「生活保護制度の在り方に関する専門委員会」が同年一二月一六日の中間報告で、「歴史的な経緯で設けられてきた加算には現在の状況に合わないものもある」として、老齢加算については「単身無職の一般低所得高齢者世帯の消費支出額について、七〇歳以上の者と六〇歳～六九歳の者との間で比較すると、前者の消費支出額の方が少ないことが認められる。したがって、消費支出額全体で見た場合には、七〇歳以上の高齢者について、現行の老齢加算に相当するだけの特別な需要があるとは認められないため、加算そのものについては廃止の方向で見直すべきである」とした。これを受ける形で、厚生労働省は、二〇〇四年度から三年間で、段階的に老齢加算を全廃することを決め、二〇〇四年度からその第一段階の引き下げを実施した。つまり、二〇〇四年三月まで居宅生活を送る七〇歳以上の者一人について一万七九三〇円（ただし一級地の場合。以下同様）が加算されていたのが、同年四月から七一歳以上の者及び二〇〇五年三月三一日までに七一歳に達する者に対する加算額は、九六七〇円に引き下げられた。引き下げ幅は、八二六〇円となる。二〇〇三年度の高齢単身世帯の生活扶助額は、「一級地の一」の一類と二類に老齢加算を足すと九万三八五〇円になる。八二六〇円の減額というのは、この生活扶助額を一挙に八・八％の引き下げるものである。つまり、二〇〇四年三月三一日までに七〇歳に達していた人は、四月から最低生活費が八・八％引き下げられることになったのである。

さらに厚生労働省は、老齢加算の全廃を決めただけでなく、母子加算についても、廃止の方向を考えている。これは、二〇〇四年五月一七日に発表された財政制度等審議会からの強い要望としても示されているものである。

本稿は、日本における老齢加算の全廃、さらに母子加算の廃止という動きについて、ドイツにおける最低生活保障制度の中の高齢者対する「加算」制度と比較しながら検討を加えるものである。

## 二　ドイツにおける「老齢加算」制度について

### 1　ドイツ・公的扶助制度における「老齢加算」

ドイツの公的扶助制度の基本法はドイツ連邦社会扶助法（ＢＳＨＧ）である。この法律は、日本のいわゆる社会福祉サービス法にあたる特別扶助（Hilfe in besonderen Lebenslage）と、日本の生活保護法にあたる生計扶助（Hilfe zum Lebensunterhalt）の二つの部分からなっている。そして、後者の生計扶助は、経常的需要をカバーする基準額（Regelsatz）と、各種の特別需要をカバーする増加需要加算（Mehrbedarfszuschlag）から構成されている。

この増加需要加算の対象となるのは、現行BSHGでは次のような人達である（同法二三条）。
① 満六五歳以上の者、又は、満六五歳未満で法定年金法の完全稼得能力減少にあたる者であって、しかも社会法典九編六九条五項の歩行障害者証明書を有する者。

② 妊娠一二週間以後の妊婦。
③ 七歳未満の子どもを単身で監護・養育しているか、一六歳未満の子どもを二ないし三人単身で監護・養育している者。
④ 満一五歳以上で、BSHG四〇条一項三号ないし六号の障害者統合扶助を受給している者。
⑤ 疾病、障害などのために特別な栄養摂取が必要な者。

これだけを見ると、ドイツ公的扶助法には一定年齢に達したことのみを理由とする定型的な保護基準の上積みという、日本の生活保護法の「老齢加算」に対応する制度は存在しないように見える。

しかし、歴史的に見ると、ドイツでも一九六一年BSHG制定当初から、満六五歳以上の者に対する増加需要加算が定められていた。つまり、ドイツの公的扶助法においてもBSHG制定当初から、一定年齢以上であるということのみを要件として増加需要を認め、一般基準額に上積みして、定型的に最低生活費を引上げる制度が存在していた。この高齢者に対する増加需要加算は、その後、一九八五年六月二一日第四次改正法によって、一九八五年七月一日から、対象年齢が、六五歳から満六〇歳に引き下げられている。しかしこの年齢は、一九九三年六月二三日財政構造改革法によって、一九九三年六月二七日以後、満六〇歳から満六五歳に引き上げられた。そして、一九九六年七月二三日社会扶助改正法によって、一九九六年八月一日以後、日本の老齢加算に対応する高齢者に対する増加需要加算は、一定年齢に到達しただけで支給されるのではなく、年齢要件に加えて重度障害者法上の歩行障害者証明書を有する者に限定されることになっている。

このように一九九六年八月一日以後、ドイツ連邦社会扶助法においては、いわゆる「老齢加算」はいったん廃止されている。

しかし、次の二つの点が重要である。

一つは、「老齢加算」が廃止されるについては、いわば原状保護規定が定められたことである。つまり、ＢＳＨＧ二三条一項二文は、「一九九六年七月三一日時点で効力を有する一項は、同時点で同条文による増加需要を認められていた者につき、適用されるものとする」と定めている。すなわち、一九九六年七月三一日時点で六五歳以上である、というだけで増加需要を認められていた者に対しては、それ以後も、「歩行障害者証明書」を持たない場合であっても、増加需要加算を支給することとされているのである。

第二に、さらに重要なことは、二〇〇三年一月一日から高齢者障害者基礎保障法（ＧＳｉＧ）が施行されたことである。この法律は、ＢＳＨＧとは別に、六五歳以上の高齢者に対して、親や子どもに対する扶養義務履行を大幅に制限して、最低生活保障を行うものである。この基礎保障法による保護基準は、一般保護基準より高いものとされ、増加需要加算が認められている。この結果、六五歳以上の高齢者と一八歳以上の重度障害者に対しては、この基礎保障法により増加需要加算が支給されることになっている(1)。

つまり、二〇〇四年現在のドイツの最低生活保障制度としては、ＢＳＨＧと高齢者障害者基礎保障法の両者を併せてみると、高齢者に対する加算制度が存在しているとみることができる。また、一九九六年八月一日から二〇〇三年一月一日までの期間については、一九九六年七月三一日時点ですでに高齢者に対する増加需要加算を受給していた者に対して、経過措置による高齢者に対する加算支給が継続しているのである。

なお、ドイツの増加需要加算は、日本の生活保護の加算が級地による格差を伴う定額であるのとは異なり、一般基準額に対する比率で定められている。つまり、高齢者に対する増加需要加算は、一九六二年BSHG施行当初は、基準額の二〇％割り増しとなっていた。その後、一九六五年八月三一日改正法により、二〇％から三〇％に引き上げられた。一九八一年一二月二二日第二次構造改革法により、三〇％から二〇％に引き下げられている。また、基礎保障法による増加需要手当は、世帯主基準額の一五％となっている。

## 2　高齢者に対する増加需要加算の位置付けをめぐって

一九六一年制定時にドイツ連邦社会扶助法が、増加需要加算制度を設けることになったのは、立法理由書によると、一九五三年の扶助立法が導入した制度を踏まえたものであった(2)。一九五三年法は、一方で、戦後間もない時期に存在していた、少額の年金を受給している人達を保護するために定められていた保護基準額の上積みと、年金引き上げに際して引き上げられた年金額を収入認定しない、という制度を廃止するとともに、他方で、年金受給者に限定しない、高齢者であるとか、障害者であるというような一定の生活状況にある人達を対象として、付加的需要に対する加算制度を導入するものであった。しかし、一九五三年法は、個別事例によって、具体的増加需要が定型的加算額を越えていたり、下回っていることが明らかな場合には、扶助実施主体の判断で、加算額を引き上げたり、引き下げたりすることができるとしていた。連邦社会扶助法はこれと異なり、こうした扶助主体の裁量性を制限し、当該加算要件が存在する限り、個別に加算額を引き下げることはできないとしたのである。
その後、増加需要の実質的内容をどのように捉えるのかについてドイツにおいても議論が分かれている[(3)]。

ある見解は、増加需要とは、一般基準額が想定している需要を機械的に一定比率で引き上げたものと考えている。他の見解は、高齢者一定の対象者について、一般生活需要範囲内で一般基準額でカバーされていない特別な需要――ただし、特別生活扶助のように、一般生活需要を越えた特別な援助を必要とするものではなくて――に対応するものである、と考えている。

一九七六年には、ドイツ公私福祉協会（ＤＶ）は、高齢者に対する増加需要の内容を次のような項目が該当すると分析している[(4)]。

すなわち、①第三者との接触のための費用。つまり、高齢になると移動が不自由になり、直接訪問するのが困難になるため、通常以上に郵便代や電話代の支出が増加する。②近隣の者や知人による援助に対するお礼。高齢になると、役所に行ったり、買い物等について近隣の者や知人の世話になることが多い。通常、こうしたことは無償で行われるし、高齢者も、子どもの世話をするといったこと等で、いわば「お返し」をすることが多いが、「それにもかかわらず、無償の援助に対し感謝の意を表し、場合によっては有償の援助を利用するために、現金が必要となる」。ドイツ公私福祉協会の分析では、一九七六年時点で、このための費用が月額二二・五〇マルク、増加需要全体の三〇％であるとされている。③高齢になると、移動が困難になり、また、より安いものを選択する能力が衰えるので、どうしても「高い買い物」をせざるを得ない。そのために生じる「増加需要」も見ておく必要がある、とされている。④高齢になると移動能力が衰え、一方では公共交通機関もうまく使いこなせないし、他方では、短い距離でも歩くのが困難になる。その結果、一般基準で考えられている交通費よりも全体として余分な支出が生じる。ただし、常にタクシーを利用する費用を増加需要として認めることにはならない、とドイツ公私福祉協会の分析を指摘している。また、医療機関への通院費用は、高齢者に対する増加需要ではなく、医療扶助費に含めるべきであるとも指摘している。⑤追加的な衣服の洗濯費用。これは、高齢になり身体的な能力が低下することによって、例えば食事等に際して衣服を汚す機会が増える。そのため、クリーニング代も増える、とみている。⑥家族の墓の世話をする費用。⑦自然食品や健康食品に、高齢者は関心を持っていることが多く、そうしたことにも配慮する必要がある、として、月額七・五マルク、増加需要全体の中の一〇％程度が考慮されている。

この一九七六年のドイツの公私福祉協会の分析では、妊産婦に対する加算も障害者に対する加算も具体的な需要が分析されている。

以上のように、ドイツにおける高齢者に対する加算制度において、年金制度との調整が一つの契機になっている点が、注目されるそれとともに、加算の根拠として具体的な需要状態が分析され、そうした増加需要をカバーする費用として加算が構想されている点が重要であろう。

### 3 「経過措置」をめぐる裁判例

次に、ドイツにおいて、高齢者に対する加算が一九九六年からの廃止された際の「経過措置」をめぐる裁判例があるので、紹介したい⑸。

事案は次のようなものである。

原告Xは、一九九六年七月三一日時点で、六五歳未満であったが、年金法上の障害要件を満たしていた者であったので、改正前のBSHG二三条一項二号に基づいて、基準額の二〇%上積みの増加需要加算を受給していた。そして一九九六年八月一日以後も改正後のBSHG二三条一項二文に基づき、経過措置として、改正前の条文の適用を受けて引き続いて増加需要加算を受けていた。その後一九九七年一一月にXが六五歳に到達した時点で、社会福祉事務所は、Xに対する加算支給を廃止した。その理由として、社会福祉事務所は、次のように述べた。つまり、Xは、六五歳に到達した時点で、改正前の増加需要加算支給要件である「六五歳未満でかつ年金法上の障害者」（傍点は引用者）に該当しなくなり、その結果、経過措置による支給対象者ではなくなった、他方、六五歳以後の増加需要加算の対象という点では、改正後の支給要件は、たんに年金法上の障害要件をみたしているだけではなく、社会法典九編六九条五項の歩行障害者証明書を有していることが必要とされており、Xはこの歩行障害者証明書を有していなかった。このため、六五歳到達後は、Xに対し、高齢を理由とする増加需要加算は支給できない、というものであった。

要するに、社会福祉事務所は、経過措置としての加算支給の範囲を限定的に解し、経過的加算支給を、経過措置をとる時点で適用されていた加算理由が存続する期間に限定しようとしたものである。

原告Xは、これを不服として、六五歳到達以後も引き続き増加需要加算を支給するよう社会福祉事務所に義務付けることを求めて訴訟を提起したものである。

これに対してカッセル行政裁判所は、一九九六年の経過措置を社会福祉事務所のように限定的に解することは適切でないとして、原告の訴えを認容している。

判決は、経過規定を、次のように解している。つまり、一九九六年八月一日に施行された法改正が行われなかったような状態に置かれるべきである、というのが立法者が経過措置を定めた趣旨である。原告のように、六五歳未満で年金法上の障害を有しているために増加需要加算が支給されている者は、そうした加算対象から、切れ目なく（nahtlos）六五歳に到達したことのみを理由とする加算対象に移行することが求められているのである。そこではたんに増加需要加算の「名称の変更」のみが行なわれるに過ぎないのである。

この判決は、判示において主として、経過措置を定めた条文の文言を手がかりに解釈を展開しているが、加算受給者にとっての原状保護、という最低生活保障における基本原則を踏まえたものと評価できるであろう。

## 三　日本における「老齢加算」の位置付けと廃止の問題点

### 1　「老齢加算」の位置づけ

母子加算及び障害者加算は一九四九年に創設されているが、老齢加算は、一九六〇年、老齢福祉年金制度発足に対応して、同年四月から老齢福祉年金と同額の月額一〇〇〇円で発足している。その後、一九七五年に中央社会福祉審議会生活保護専門分科会が老齢加算、母子加算、及び障害者加算の見直しを提起し、一九七六年から加算額を福祉年金と同額とする方式を止め、生活扶助基準にリンクして改定する方式に転換している。

この老齢加算の位置付けについては、制度発足当初、保護受給者について福祉年金を収入認定しないという取扱いも検討されたようである。(6) 老齢加算の内容として、「年寄りだから特別な暖を取る暖房費ですね。その他に保健衛生費が入っております。それから特に娯楽面として雑誌程度が入っており、また、月に一回ぐらいは観劇ぐらいはできるようにという内容になっております。」また、これは、老齢福祉年金額相当分を地域を問わず保護水準に反映させる必要がある、という「政治的要請」との絡みで、老齢加算に地域差を設けない、という措置になっている。これを説明するため、老齢加算には、地域差が反映することになる飲食物費、介護料は含まれていない、という考え方がとられていた。

その他、加算の位置付けについて、例えば籠山京教授は、次のように述べている。つまり、生活困窮者に対して、その経済的援助だけではなくて、生活全体にわたって援助するというのが、生活保護法の建前とされているが、七種類（当時）の保護の種類だけでこと終わりとするわけにいかないから、「このために加算制度が次々とつくられ(7)」た。また、生活保護法一一条から一八条に定めた保護の種類が、「うまくつながっていない。そして、その隙間を埋めるために各種の加算が行われ」ることになった、と評価している。(8)

一九八三年一二月二三日の中央社会福祉審議会は「生活扶助基準及び加算のあり方について（意見具申）」で、「老齢・母子及び障害者の特別需要としては、加齢に伴う精神的又は身体的機能の低下、片親不在という社会的・心理的障害及び重度の心身障害等のハンディキャップに対応する食費、光熱費、保健衛生費、社会的費用、介護関連費などの加算対象経費が認められているが、その額は、おおむね現行の加算額で満たされているとの所見を得た」として、「老齢、母子及び障害者加算については、その実質的水準が今後とも維持できるようにすることが必要である」と述べている。

## 2　今回の「老齢加算」廃止の問題点

今回の「老齢加算」の廃止は、先に引用したように、主として、「単身無職の一般低所得高齢者世帯の消費支出額」が、保護水準に比べてむしろ低い、ということに尽きるであろう。

しかし、「老齢加算」が設けられた歴史的経過の検討も十分にされていないばかりではなく、何より、比較の対象となっている現在の低所得者高齢者層の生活は果たして健康で文化的なものか、という問題意識がまったくない。朝日訴訟一審判決が、最低限度の生活水準を判定するについて注意すべきことの第一に、「現実の国内における最低所得層、例えば低賃金の日雇労働者、零細農漁業者等いわゆるボーダー・ラインに位する人達が現実に維持している生活水準をもって直ちに生活保護法の保障する『健康で文化的な生活水準』にあたると解してはならないということである」と指摘していることを改めて想起すべきであろう。

最近、「年金担保被害」、と言う言葉がクレジット・サラ金被害者支援活動を行っている人達の中で頻繁に出てきている。高齢者が、冠婚葬祭等に際しての臨時的出費をまかなうために公的年金を担保に入れて消費者金融から融資を受ける例が多発しているのである。最近、高齢者を社会的弱者としてのみ見るのは間違っている、という主張が政策策定において有力であるが、現実の日本の高齢者の生活は、豊かな層とそうでない層とに二極分化が深刻になっている。つまり、今日本では、年金も低額で、それも担保に入れざるをえないような生活状況にある貧困高齢者の生活を社会的にどのように保障していくのか、が問われている。その中で、「老齢加算」を廃止して、高齢者に対する最低生活保障水準を、安易に引き下げることは、政策的にも、法的に見ても問題があるといえる。

特に、今回の「老齢加算」廃止が、専門委員会での議論を経ただけで、厚生労働省告示の変更という手続によって実施されたことは、問題が、国民の最低生活水準をめぐる重大なものであるだけに、疑問である。これは、日本の生活保護法が、最低生活水準の決定を法律事項とせず、厚生労働大臣による保護基準設定という行政決定に委ねていることの問題でもある。

何より重大であると思われるのは、今回の「老齢加算」廃止が、減額の幅を段階的なものとして三年かけて実施するという以外、現在加算を受給している人達に対する経過措置がなく、現に受給している保護水準を絶対的に引き下げたことである。しかもその比率は、物価の下落率などよりはるかに大きなものである。これは、一つは、最低生活保障制度における保護水準をめぐる問題であって、最も「権利性」ないし「生存権保障」が問われる問題である点、二つには、行政の積極的行為、決定によって、保護水準を引き下げたものである点、三つには、問題の「保護水準引き下げ」が、相対的なものではなく、絶対的な額の引き下げである点、四つには、その引き下げ幅が極めて大きい点で、従来、社会保障制度改悪をめぐる問題と大きく異なっている。すでに、全国で六〇〇件を越える不服申立てが提起されているといわれるが、今後の動向に注目する必要がある。

## 四　さいごに

この「老齢加算」廃止は、手はじめであって、次には母子加算の廃止がターゲットなっている母子加算廃止については、老齢加算で指摘した問題点が妥当するのみではなく、少子化対策が焦眉の課題になっていることから考えても、また、母子加算の場合、「老齢加算」ともまた異なる需要構造となっていること、その成立経過も異なること等から、一層問題が大きいと言える。

（1）二〇〇五年から、基礎保障法とＢＳＨＧは統合され、社会法典一二編となることになっている。そして、その社会法典一二編に基礎保障法に対応する六五歳以上の者についての規定が置かれている。そこでも、六五歳以上の高齢者については、一五％の増加需要手当が定められている。
（2）BT－Drs. 3 / 1799, S. 42.
（3）Inhalt und Bemessung des gesetzlichen Mehrbedarfs nach den Bundessozialhi lfegesetz, DV 1976.
（4）Ebenda, S. 15, S. 32 ff.
（5）Info,also, 1 / 2001, S. 39 ff.
（6）研究会「裏面から見た一六次基準改定――加算合理化の巻――その一」、生活と福祉四九号六頁以下。
（7）籠山京「公的扶助論」光生館（一九七八年）、一七四頁。
（8）同書、一五七頁。

# V　地域福祉・施設作り

# 福祉制度の後退と地域福祉活動・福祉施設づくり

小野　正夫

## 一　戦後の地域福祉活動をめぐって

住民が主体となって実践する地域福祉活動は、市町村社会福祉協議会（以下「社協」と略す）の活動として展開されてきてから半世紀を経過しています。住民が参加しての地域福祉活動には多様な形態がありますが事業体として全国画一的に地域福祉活動を事業目的にあげているのは社会福祉協議会とされてきました。この他に住民を主人公として生活を守り豊かにしていく地域での活動が医療や産業別または消費者団体等各種各領域で取り組まれています。その多くは協同組合等の協働組織となっている場合が多いのですが、これらの活動を含め地域福祉または地域福祉活動とは何か、どんな活動を指しているのか、を考えてみたことがあるのでしょうか。

地域福祉の定義を全国社会福祉協議会のホームページから拾ってみました。

「1　全国社会福祉協議会刊・永田幹夫著『地域福祉論』

地域福祉とは、社会福祉サービスを必要とする個人、家族の自立を地域社会の場に置いて図ることを目的とし、これを可能とする地域社会の統合化及び生活基盤形成に必要な生活・居住条件整備のための環境改善サービスの開発と、対人的福祉サービス体系の創設、改善、動員、運用、およびこれら実現のためにすすめる組織化活動の総体をいう。

なお、その構成要素として次のものがあげられる。

① 在宅福祉サービス（予防的サービス、専門的ケア、在宅ケア、福祉増進サービスを含む対人福祉サービス）

② 環境改善サービス（物的・制度的施策を含む生活・居住条件改善整備）

③ 組織活動（地域組織化およびサービスの組織化、管理の統合的運用によるコミュニティワークの方法技術）

2 『地域福祉論』（新版社会福祉学習双書・大橋謙策氏執筆部分）

地域福祉とは生活が困難な個人や家族が、基礎自治体や生活圏を同じくする地域において自立生活出来るようネットワークをつくり、必要なサービスを総合的に提供することであり、そのために必要な物理的、精神的環境醸成を図るとともに、社会資源の活用、社会福祉制度の確立、福祉教育の展開を統合的に行なう活動

3 「社会福祉法の解説」（平成一三年一〇月一〇日、社会福祉法令研究会編）「地域福祉」とは、住民が身近な地域社会で自立した生活が営めるように、地域に存在する公私の多様な主体が協動して、必要な保健・医療・福祉サービスの整備および総合化を図りつつ、住民の社会福祉活

動の組織化を通じて、個性ある地域社会の形成をめざす福祉活動の総体を指すものと考えられる。ここで「地域」とは、住民の多様な福祉需要に対して、多様な主体から提供されるさまざまなサービスを有機的かつ総合的に提供するために最も効率的であって、かつ、住民自身が日常的に安心感を覚える一定の圏域であると定義できよう。」

地域福祉の活動は、実際には上記の定義では語りつくせない非常に広い領域にわたり、生活を豊かに実りあるものにするあらゆる活動が包含される、といってもよいのではないでしょうか。

地域で住民がゆたかな暮らしをめざすあらゆる分野、領域、そして個人も参加しての有機的な連携の中で展開される活動ではないでしょうか。

社会福祉の領域では地域福祉の活動というと「社会福祉協議会が主として行なう事業である」という認識になっていて保育園や老人福祉施設、障害者福祉施設等社会福祉施設で行なう、住民のくらしに密着した具体的な地域福祉活動も包含しての地域での活動は余り注目されていないのではないでしょうか。

医療生協や青年・女性関係団体、また障害者親の会や守る会などの当事者組織の活動も地域福祉活動の視点から適切に評価されているのでしょうか。

戦後半世紀を経過しましたが、これら地域福祉活動を「住民が主体者となって生活防衛から生活向上に取り組んだ」実践を「地域福祉活動」の視点から歴史に留めることは大切なことではないでしょうか。

戦後の地域福祉活動は、全国社会福祉協議会（略して「全社協」という）が中心になって指導し住民を主体とした地域での福祉活動の推進方向を提起し、全国の市町村社協活動として進めてきましたから、住民が参加し「住民自身が主体者となって」を合言葉に社協活動をすすめてきました。

この考え方は現在も変っていませんが、市町村社協の活動はこの方針にそって進められているか、点検が必要です。

## 二　ＧＨＱの勧告をもとに社会福祉協議会が誕生

「社会福祉協議会」が、創設された経過には紆余曲折があり、戦後処理の一環としてＧＨＱ総司令部の保健福祉部から「昭和二五年度において達成すべき厚生施策の主要目標及び期日についての提案」の勧告に動機づけられて誕生しました（『全国社会福祉協議会一〇年小史』より）。

この提案は六項目からなっており「世にこれを社会事業における司令部の六原則といい、以後における社会事業発展の基本方針となったものである」と同小史には記されています。この六項目の中で第四項には「民間社会事業団体の組織並びに管理について政府及び地方公共団体との完全分離」が、五項には「社会福祉活動に関する協議会の創設」が提起されており、これが拠り所となって社会福祉協議会が創設され活動が展開され今日に至っています。

この、ＧＨＱの指導勧告は、戦後の社会福祉のあり方を項目をあげて指示したもので、以前よりＧＨＱが考えていた内容を「公私分離」の原則も含め指示したもので、民間の社会事業には公的な資金の支出援助を禁止しながら民間の福祉団体の整理統合を図ろうとしたものでした。一方、当時の戦後の生活物資不足や働く場もない混乱の時期に、地域での生活防衛の様々な福祉活動が展開され、各種団体の組織化や地域での住民自身の地域づくり活動が創られてきています。

日本地域福祉学会がまとめた『地域福祉事典』（一九九七年・中央法規発行）には、これらの状況を概括して客観的にまとめられているので、長くなりますが次に引用します。

「まず第一に、戦後は、直接戦争の犠牲者といわれた遺族や傷痍軍人、戦争未亡人や留守家族の人々が、いち早く仲間の組織づくりから組織的な力を結集して社会的な活動を展開した。それは市町村地域から全国組織へと展開し、生活保障などを求めて組織的な運動を展開するとともに、地域では同じ当事者としての『たすけあい組織』として大きな役割を果たした。さらに結核などの傷病による長期入院患者などが生活擁護を求めて団結し、社会的な運動を展開したのもこの時期であった。一方、地域では、地域青年団や婦人会、若妻会などが中心となり『生活改善運動』や各種クラブ活動を展開し、後に地域の保育所づくり運動や子どもの遊び場づくり運動などへと発展した例もみられた。さらに、子ども会や子ども会育成会の組織化が進み、地域活動が展開された。また、隣組や町内会自治組織が見直され、地域における住民の基礎組織として再組織されるような動きが出たのもこの時期である。

これら戦後における住民の組織化活動の中で共通しているのは、次のとおりである。

① 窮乏状態にあった住民が、自らの生活と福祉を守り高めていきたいという願いを持っていたこと。

② 個人の力では解決出来ないものを、仲間の組織的な力によって社会的に解決を図ろうとし

たこと。

③ 仲間の「援け合い組織」であると同時に、社会的活動（ソーシャルアクション）によって環境改善をしていく運動体としての性格を持っていたこと。」

これだけの表現では十分ではありませんが、生きていくために全国至るところで住民が主体となって創意工夫を発揮した多様な「地域福祉」活動が展開されましたが、これが戦後日本の地域福祉活動の原点ではないでしょうか。

## 三　社会変動に影響されながらの地域福祉活動

戦後、自衛のための無法地帯でもあった「闇市」が各地に発生し飢餓状態の国民生活を、時には支える役割もし、金もなく食うものもない危機的状況から「米よこせ」デモが派生したり、地方の市町村では民生委員や篤志家による「助け合い資金」（現在の福祉資金制度にまで発展）づくりや、生活相談活動などの相互援助活動がはじまり、暮らしを守り高めようとする活動が生活防衛の手段として展開されたりしてきました。

一九四五年以来の足跡を振り返ってみますと、戦後の混乱状態から復活へと進み、行政組織も急速に整備され住民生活が安定してきましたが、それは各地で様々な住民活動もあったからで、それは、生活防衛から、さらに一歩踏み込んだ暮らしを豊かにする生活向上運動へ、と発展したものでした。例えば「蚊や蠅（はえ）撲滅運動」とか「病気になるまい運動」、共同保育所づくりや栄養改善などの母親学級が至るところで活動していました。さらに一九六〇年前後には小児まひの猛威が襲ってきた時には小児まひ予防の「生ワクチン輸入要求運動」に多くの母親は立ち上がりました。

　これらの活動は身近な行政を動かしたことを忘れてはなりません。これらの住民運動は切実な要求を掲げて未組織の母親が集団で初めて市役所に押しかけ、首長と膝詰めでかけあい実現したところも多かったのです。

　これらの記録はものがたりとして遺されているかもしれませんが、住民運動の町づくりの記録として市町村の史誌に残す貴重な実践であり住民自治の記録です。戦後間もなくの日本を単独で占領したアメリカのＧＨＱと当時の日本政府は、生活保護法を実施し、労働組合法を施行し、婦人の参政権を認め、小作人を解放する農政改革などがありましたが、その後再軍備に方向転換し日本の平和国家建設抑圧と大企業育成へと歩み始めた六五年位までの間は「命を賭けた」住民運動も含め、数多く地域福祉運動をみることができます。

　これらの活動を地域ですすめてきた人たちの中には戦時中は社会主義者とか平和主義者と睨まれ、特高に追い回されたり、とらわれたりした民主的な人達が地域でかかわってオルガナイザーとして大切な役割を果たした地域もありました。

　当時の生活を守る活動や生活を豊かにする活動が恒常的な組織となり現在も活動している当事者団体や協働組織としては、例えば「生活と健康を守る会」や地域の「農協」や「医療生協」等生活協同組合などに引き継がれている活動があります。

　国の制度や政策が進み、「戦後はもう終わった」のかけ声のもと、大企業育成の高度経済政策が急激に進み、人口の流動化を招き過疎・過密化現象も激しくなりました。さらに住民の身近なところでは、例えば、公民館の職員配置の制度を改悪して公民館主事が廃止され、公民館から常勤職員はいなくなり、公民館が中心となってすすめてきた社会教育活動を後退させたり、学童から中学生等も参加していた地域こども会が小学校だけの「学校こども会」の仕組みになっていくなど国の統制的指導は、目には見えない行政指導として市町村に強まり、行革・基礎構造改革や規制緩和そして「平成の市町村大合併」の現在へと進んできました。

生活改善運動など住民主体の自主的な地域福祉活動もまた、市町村行政の執行体制が整備されて来るにつれ、連帯しての活動から個別の課題別な活動になり、相互に連携しての地域活動は弱まり総体としては個別的な活動となっていきました。これは「民族の大移動」といわれた若者が労働力として都市に動員され過疎・過密となってきたり、産業の変化で地域格差の増大など激しい経済・社会変動が影響してきたもので、相互に協力し合う体制も弱まり傾向として全国的にみた場合、一九七〇年以降は衰微をたどってきたのではないでしょうか。

社協が中心となって行なってきた戦後の活動は、日本地域福祉学会地域福祉史研究会編『地域福祉史序説』（中央法規・一九九三年六月刊）に終戦当時からの動向も含めまとめられています。

また、この地域福祉史序説には、北海道開拓当時の地域福祉活動が戦前の福祉施設での活動も含め研究記載され、東北各県での戦前の活動をまとめていく上でも参考になります。

これは戦前にも生活防衛、生活改善の活動が地域では展開されており、役割を果たしてきた福祉の施設や団体があったこと、また住民参加の委員会や協議会活動もあったことを示しています。

戦後の復興・再建・国民生活の向上は国家運営の柱としてはずせないものとして戦後は当然のごとく歩みをすすめてきた日本でした。しかしそれは「国の歩みとしては当然」ではなかったのです。二一世紀に入ってからは如何に社会保障費の国家負担を削減するか、に向けてのあらゆる制度や仕組みの改革（利用する国民にとっては後退）がすすめられてきているように思えます。それは社会保障制度の基本的な諸法を変えてまでの強行ですし、財政的にも国の地方への交付基準を毎年のように変えての国策の推進です。

結果としては国民生活を豊かにしていく方向にはなっていませんから、地域での暮らしもじわじわと苦しくなってきているし、過疎地ではバスなどの交通も路線廃止などで不便になり、個人の文化生活にも大きな影響が出てきています。

国民生活を圧迫する制度後退の狙いは、国および大資本の社会保障費負担軽減が狙いですから、二一世紀は二〇世紀のように国民生活を豊かにするとか公共の福祉向上とかは一言もいわなくなり、あるのは国家財政から地方交付税や社会保障費の国家負担を削る方向ですすめることを至上の政策としていることです（また大企業ほど有利な法人税の軽減と庶民の増税も併せてすすめられています）。

現在の私たちの廻りは、地域では自殺や餓死が、労働の現場では過労死が依然として多く、生活しにくい状況でありながら地域福祉活動は取り組みにくい地域状況ではないでしょうか。

そうした国内の動向を踏まえて地域福祉活動をどのようにすすめるか、を私たちが地域福祉活動を今後推進していくために考えておく必要があります。

一言で言えば「国の方針」が変わり、その影響を受けての行政の仕組みも従来通りの住民とともに地方自治を歩む「歩み方」が窮屈になってきている、状況にあるということです。「歩み方が窮屈になってきた」というのは、身近な行政が国の指示する側に引っ張られるか、住民要求に基づいて地方自治を豊かにする努力をするのか、で様相は全く変わってくるのではないでしょうか。国からの地方行財政の締めつけ（交付税の使途や制度の運用の強権的な支配）が強くなってきているので住民の側にたって地方自治をすすめることは真に住民自治の精神を貫く首長と住民が一体となって行動することがなければ難しくなってきているのではないでしょうか。

このように、これからの地域福祉活動は、二〇世紀とはまったく異なった社会状況にあることを捉えておく必要があります。また、社会福祉事業の領域においても運営体制、ことに雇用の関係や収入の仕組みが急激に変化してきています。雇用状況では臨職・パート・嘱託などの雇用形態が増え、今後は契約社員や外国人雇用も活用する方向が出てきており、経験豊かな資質ある常雇の専門職員が少なくなってきています。収入の仕組みも公費による保障体制は後退し、利用者負担が強くなり、さらに利用者擁護の行政監督や指導体制も弱くなってきています。

一方、住民サイドも地域で共に力を出し合い共同で行動する連帯行動も弱くなってきています。

## 四　これからの地域福祉活動

地域福祉の活動のすすめ方の技術的な手法は語りつくされ、今後も活用できる多くの資料が出されています。重視すべきは、社会的な動向や地域の切実な要望の把握で、さらには誰と協働を組むか、は地域の実態に応じて創造していかなければなりません。特に、憲法を守り、人権尊重の視点からすすめることは社会保障拡充運動とも連動して重要です。

地域福祉活動をすすめていくために現代の状況を踏まえ留意すべき事項は数多くあることと思いますが気づいた点を下記に列挙します。

1　地域福祉の活動は地域で暮らす人たちが主人公となっての活動を大切に
2　人としての権利を尊重する人権思想を特に重視する
3　活動のめざすべき方向は常に明らかにし参加者の納得いくものであること（活動の行動綱領・理念ともいうべきものを常に大切にする）
4　活動のスタイルはいかなる場合であっても民主的な運営に努めること（特に市町村社協の場合は事務局独善の活動スタイルにならない努力を）
5　事務局一任の活動スタイルは排除すること
5－2　活動にかかわるメンバーは、支え合いながら役割を持ち参加実践する体制づくり
5－3　構成メンバーは一人一役は持ち、みんなで活動するスタイルづくりに努める
5－4　活動を活性化する「ニュース」や「お便り」など通信を必ず発行していく
6　社会福祉の施設や職員は、専門家として地域の福祉活動にかかわる役割を持つ
6－2　地域福祉活動は社協だけの専売特許ではない。地域にある社会福祉施設や、住民団体が役割を持つ
6－3　生活協同組合や青年・女性・高齢者等の住民団体や当事者組織の地域活動を支え発展さ

せ相互に連携していきましょう

7　若者が多く参加するならば活動は強化される

8　女性が多く参加する時、活動は豊かになる

9　高齢者が積極的に参加行動する時、新しい知恵が生まれる

10　行動しない名目だけの参加は排除する

ここにあげたのは一例に過ぎないし、経験則的なものです。

社協が行なってきた実践事例としては山形県社協の職員の方が別項で記載されています。率直に執筆されており優れた内容ではないでしょうか。地域に根ざす「社協活動」を追求する経験豊富な職員と若い職員二人の真摯な意見であり、これからの課題も含まれています。

市町村社協の活動を援助指導したり調整する都道府県社協の活動は共通点が多いのですが市町村単位での社協の活動は千差万別・多種多様です。

地域で取り組んでいる地域福祉活動事例の紹介としては『小地域福祉活動——高齢化社会を地域から支える』（澤田清方編著、ミネルヴァ書房、一九九一年初版）があります。一〇年前の初版で、社協活動のみでない活動もとり上げていますから、事例内容は旧くとも現在も参考になります。

二〇世紀に築いてきた教訓をもとに「福祉が福祉でなくなりつつある」現在だからこそ本当の地域福祉や地域医療を取り戻す活動を地域から起こして「権利としての社会保障」をめざし、日本の社会の進歩と発展を実現するよう活動しましょう。

## 五　福祉施設づくりをめぐる動向

### 公費補助の動向

法で定める社会福祉施設の建設には国が定める基準に従って国二分の一、都道府県四分の一、そして市は四分の一を負担（補助）する（「補助基準」ともいう）ことで戦後の社会福祉施設は増設されてきましたが、社会保障費国家負担削減の方針のもとで建設には多様な条件がつき、さらに利用者負担に建設費の一部を負担させる方向（新型特養のホテルコスト相応分負担などが新しいが、ケアハウス利用者負担にはすでに組み込まれている）が強められています。

実際の建設経費は上記国の決めた基準では経費は不足して建設できず、極端な場合は総建設費の三〇～四〇％は施主（法人）がさらに負担しなければ利用しやすい施設はできないのが現状です。「国が定める基準」は利用定員一人当りの居室の補助面積、調理室や看護婦室事務室などの補助面積の基準を一方的に定め、その建設単価も実質建設経費ではなく厚労省が定めた建設単価の積み上げ（補助基準）によるものです。

この補助基準は厚労省が障害者施設や高齢者施設、保育所など施設種類別に細かく規定しています。これは農水省や国交省など省庁が補助する公共施設毎に補助基準単価が定められています。税収入をあげる生産事業の用途に供される省庁の施設建設基準単価に比して厚労省の補助単価基準（必要設備の盛り込みも含め）は低いといわれています。

施主（法人）が自己負担して継ぎ足さなければならない補助基準単価しか補助しないから、住民最後の砦である市町村自治体が必要以上の助成をすることになります。さらには、法人が広く募金（寄付）を訴えることになります（法で定めた以外の公的補助・助成は市町村行政に住民要求として請願し実現するか独自助成の好意に頼ることになります）。

戦後、社会福祉法人関係者がたゆまぬ努力で要求し積み上げてきた要求までも切り下げ後退させつつあるのが現状です。国の責任で運用されるべき社会福祉の事業を、運営する社会福祉法人が捻出しなければならない仕組みとなっているのが実態です。

## 六　これからの施設建設の課題

高齢者福祉や障害者福祉のあり方について国の方針は「できるだけ住み慣れた地域の在宅で」を方針として具体化してきています。介護を必要とする場合でも「在宅で、三六五日、二四時間の安心を提供する在宅サービス」の仕組みづくりを標榜しています。したがってその手段としての施設づくりは「可能な限り住み慣れた環境の中で、今までと変わらぬ生活実現」をめざすとされています（二〇〇三年六月二六日「二〇一五年の高齢者介護――高齢者の尊厳を支えるケアの確立に向けて」：高齢者介護研究会参照）。

この報告書は、厚労省老健局長の私的研究会として発足し、「ゴールドプラン21」を引き継ぐ新たなプランとして出されたものではないか、ともいわれています。その真偽はともかくとして厚労省の考え方の一部が分かる報告書です。

「高齢者の尊厳を支えるケアの確立に向けて」、「可能な限り住み慣れた環境の中で、今までと変わらぬ暮らしを」と提起し、今後の施設建設の方向を「小規模、多機能、地域密着型」といいことづくめで示唆しています。しかし運営経費は「公的に責任を持つ社会保障の原則」には一言も触れていませんし、人件費をはじめとする運営財源の保障は何も方向づけていません。運営経費は政府の現状を是認し「ホテルコストの思想」に代表される利用者負担・応益負担を当然としているのではないでしょうか。

施設建設の実際については、本書でも「とかみ楽生苑」の建設をめぐって利用者の人権を守り豊かな暮しを築く施設建設の貴重な報告が掲載されています。施設建設の事例は過去にもすでに数多く出されていますが、とかみ楽生苑建設には他の事例にない注目すべき点がありますのであげてみます。

① 社会保障拡充としての活動であることを理念とし、人権尊重を盛り込んだ建設の方針を最初から明確にしていること。

② 施設建設を住民運動として展開したこと（権利としての社会保障をめざす地域福祉活動としても位置づけて）。

③ 不足する建設資金を広く募金していること。

④ 建設計画は施設運営も同時に検討しながらすすめられたこと（建設スタッフには最初から運営責任幹部が参加していること）。

⑤ 建設の状況は企画段階から広く情報として住民に提供されていたこと（後に運営に入っても住民

に運営状況をお知らせしている)。

以上五点を特に挙げた理由は、施主（法人）が善意を持って施設づくりに取り組んでいる例は他にも多々あり、また民主的な思想の人たちが担当している例もありますが、徹底して民主的に、しかも住民を主人公として、住民をも巻き込んでの施設建設に取り組むところは極めて少ないのです。施主は専門的知識を駆使して住民や利用者に「良かれ」と思って作っても、住民の意思を反映しない施設づくりは施主の「独善」でしかないのではないでしょうか。

建設された「とかみ楽生苑」は、国が示すよりも広い生活空間を持ち、建設理念により、利用者の人権尊重に基づいて利用者負担は法定内に留め運営していますから、事業運営は厳しい状況に置かれています。施設運営の今後は制度改悪、後退を止めさせ公的保障の拡充での運営を実現することが切実な課題となっています。

## 七　施設づくりをめぐる法人（施主）の課題

施設建設費の課題は厚労省の姿勢が、国費削減の方針を続ける限り、残念ながら自己負担を覚悟しなければならないのですが、運営での苦労を最小限に留め、人権尊重の福祉サービスを確保する設備の充実には手抜きはできません。

設備の不十分さが招く問題に例を挙げてみます。

施設での入浴の場合、あってはならない事故として「火傷」の例があります。カラン（蛇口）から急に熱湯がでたり、シャワーから熱湯がでたりの例です。あらゆる場合を想定して安全設備を整えることと、他の事業には例をみないほどの「少ない職員で最大の効果」を挙げる「いのちを守る」福祉の施設の設備としなければならないことに、建設時にどれだけ配慮しているでしょうか。もしホテルでシャワーによる事故が発生したらどうなるでしょうか。生命にかかわる事業である老人ホームや障害者施設で生ずる事故は、建設時の設備責任が問われることではないでしょうか。ホテルの設備よりも劣る設計や設備の状況にあるのではないでしょうか。さらに、事後改善策として設備の改善にまでさかのぼって実施している場合が少ないのも不思議なことです（職員の注意だけは厳重にしている）。

給湯の不測の事故を予測するなら給湯設備が故障した場合、施設内の給湯がすべてストップしてしまうのではなく、すぐに代替策がとれる設備となっているでしょうか。また給湯消費量が一時的に多くなった場合、断水状態が生じ、運営に支障となることもあります。

厨房での給湯は、高い温度で一時的には大量に消費することが給湯設備として要求されます（厨房が稼働している時、他の給湯に不自由する施設もみかけます）。

このように給湯設備一つをとり上げても運営上のさまざまな事態を予測しながらの設備設計が要求されます（給湯設備も日進月歩で改善されてきています）。

施設運営ではかなりの電気を消費し、電気料金が施設運営の大きな比重を占めますから節約しなければなりません。照明に要する電気料が特に大きな比重を占めますが、これは安全を確保するためにも当然ですが、実態は無駄な照明が多いのにしばしば気づかされます。これも建設時に照明スイッチを個別とし使いやすいところに配置することで解決することですが、設計時に配慮しなければ運営上は気づかぬままに電気料の「無駄づかい」が毎月毎年続くことになり、大きな浪費となります。

## 八　運営シュミレーションを心がける

給湯と電気の例を挙げましたが、福祉施設はこの他にも多様な設備が必要で、建設後の施設運営を考えながら設備を据えつけなければならないのですが現実ではどうでしょうか。はじめての施設建設の場合は施設運営の実際を少しだけ理解しているオーナーなどの「法人幹部」中心で、建設後の「施設運営幹部職員」が参加していないのが殆どではないでしょうか（改築の場合は運営幹部も参加しているが）。設計士も地域のコミュニティセンターや学校等の公共施設並みの感覚で取り組み、どのように日常的にくらしの場として使用するか、障害者や老人が活用するか意味を充分掘り下げて検討せず設計します。

これでは結果としては「私創る人、貴方運営する人」と役割を分担することになり、創る人は運営の苦労を知らず、最終的には利用者が犠牲になることが多いのです。しかも「創る人」は創った以降も運営に責任すら感じていない場合が多いことが最大の不幸ではないでしょうか。

とかみ楽生苑の例をあげたように、施設を創るオーナーサイド（法人・施主側）では利用者の立場から、より多くの叡智を結集しなければなりません。最低必要事項を列挙します（先にあげた「とかみ育成苑」での例示も必要事項です）。

### (1)　設計士の選び方

①　責任ある設計士は施主の情実で選定しないこと。
②　施主の立場にたって建設に関する専門的事務処理を迅速に処理できる力量が必要。
③　デザインや意匠のみを重視して設備設計（給排水や電気設備、厨房設備等）を「外注や丸なげ」する主任設計士は避けること（福祉施設の電気設備設計や厨房設備設計など　機械設備の設計監理ができない設計士が多いから要注意）。
④　必要に応じ積極的に設計変更できる専門家であること。建設工事に着手してからでも設計変更は沢山出てきます。運営上必要な設計変更は気づいた時点で検討実施することが前提。設計変更を嫌がる設計士は選ばぬこと（好き好んで設計変更するわけではないが、工事進行中の建設時に気づいた改善は積極的に実行すること）。建設業者は設計変更を嫌がる場合が多いが、工事には設計変更が出てくることは必然であり、契約時には十分理解させること必要。
＊　設計変更が少ないことは自慢にならない。建設工事中に運営サイドから利用者サービス上欠かせない注文が出てくる場合が多い。設計や施行時に運営サイドの職員の意見が反映されていない場合は利用しにくい（職員は働きにくい利用者も利用しにくい）建物や設備ができ上がることになる。
⑤　謙虚にオーナーサイドの建設委員会の検討に参加できる設計士であること。気づいたことは建設委員会に隠さず提起することは大切。
⑥　運営重視の建設を理解して建設委員会とともに学習しながら設計できる能力が必要（特養や障害者の二四時間利用施設の設備改善は日進月歩です。先進施設から運営を含め学び、人権尊重の施設づくりに参加できる人であることが大切）。

⑦　一～二の福祉施設の建設を手がけたからといって直ちに福祉施設の経験に造詣が深いと評価するのは危険

(2)　建設委員会

建設委員会の構成や持ち方は多様ですが最低必要事項のみを列記します。これ以外に専門家（例示：保健医療専門家や厨房責任者の管理栄養士、理美容担当など）や財政担当、または住民や利用対象者なども必要に応じ参加発言できる工夫も大切。

①　事業理念や、運営のめざす方向をまとめ上げ、委員全員が共通に理解することに心がける。

②　運営のあり方を常に考えながら建設を検討する（運営を考えたのだろうか、と疑問に思う施設建設が余りにも多い）。

③　構成メンバーには運営幹部が参加することは必須。

④　義理がからんだ名目的な委員をメンバーにすることは避ける（別な方途で救済する）。

⑤　民主的にして建設的な会議運営に努める（ダラダラした会議にならないよう配慮。会議はハードになる場合が多い）。

⑥　委員会記録は必須。委員はいつでも閲覧できるように。また必要な報告は欠かさず行なう。

(3)　施設運営シュミレーション

設計の検討・素案づくりは時間との勝負でもあります。建築関係法令と社会福祉関係の法令とで規定されており、内容も複雑です。これらの法令を満足させた上で、さらに利用者が快適に利用でき、さらに今後の社会的推移に対応して造作を可能にする作業です。

したがって建設設計を練り上げ骨子ができ上がる頃より、運営をめぐってのシュミレーション作業が必要です。事業全体の日課の進行。厨房の使い方や作業システムと栄養管理。予想されるトラブルの防止や予防の装置。利用者参加の行事の進行や日課の組み方。医師、看護職員、介護職員の日課や勤務表編成と作業動線。診療室、看護・リハビリ関係職員室の設備。地域への働きかけや予想される協同の活動やかかわり方。これらの日常活動のシュミレーションをくり返し検討されることが大切です。でき上がった建物に規制されて運用されるのか、事業運営のあり方を予測しながら建物づくりが検討されるのか、では全く違ってきます。

運営を予測することは難しいことですが可能な限り継続して行なうことが後々役に立つのです。

## (4)　基本計画をめぐって

当面の建設計画に追われ長・中期の計画が疎かになっている場合があり、最初の建物の配置状況が悪く、二次計画・三次計画の障害となることもあります。新しい土地に建設する場合は地域の変化発展動向を考えながら大まかでもよいから将来構想を考えながら着手しなければなりません。将来構想を持つか持たないかで建物配置も変わってきます。施設運営・管理等のあり方、地域住民に解放する会議室やホールのあり方、将来地域配食（食事サービス）を考えるなら厨房設備の位置やスペースのあり方など、先に考えておくかどうかでは財政や経費の面、利用し易さやプライバシーの課題など全く変わってしまいます。

福祉の施設は地域住民の財産でもありますから将来発展構想を持つことは大切です（構想ですから時代とともに、また地域ニーズによって変化はしてきます）。

(5) 財政をめぐって

社会福祉事業は利潤追求の手段に使われてはならないことはすでに歴史で証明されていますが、後退を続ける現在の国の方針は規制緩和の名目で株式会社の参入を許し、社会保障で果たす公的責任を縮小後退させてきています。

施設建設においても建設する法人が建設資金を借入し易くして公費負担は少なく法人負担は多く、借入した返済は利用者負担に転嫁する、という方向が強まってきています。

公費補助や助成が削減されてきていますが、必要な建設資金は用意しなければなりません。公費の助成や補助が少なければ法人負担金は全経費の五〇%近くになることもあります（二四時間体制の高齢者や障害者居住施設の場合はその傾向が強い）。

法人としてはどのように考えればよいのでしょうか。施設建設は社会福祉法人としてすすめられることが多いのですが、社会福祉法人の財産は公的な財産に近い厳しい規制がかけられています。従って寄付集め等募金活動には寄付者の税控除などもあり一般地域社会からの募金は許されています。

実際に募金活動をしてもなかなか目標額までは達しないことが多いのですが、毎年一〇～一二月に実施される赤い羽根共同募金や一二月の歳末助けあい募金などにも協力を要請（配分申請）する必要があります。特に、制度が激変してきているのでこれら社会福祉の地域募金のあり方にも施設建設の立場から改革を申し入れることを考えなければなりません。

また国の補助や助成は制限されても市町村の助成は市長村長の考え方や住民の要求の強さに

よって変わってきます。国は出さなくとも市町村からは助成（補助）を確保することはできますし、多くの実践例があります。難しい状況にありますがより多くの地域住民の募金があれば市町村は黙っているわけにはいかなくなります。地域住民とともに創りあげていく施設の強みを考えていく必要があります。

### (6)　運営体制をめぐって

法人としての運営体制は理事会・評議員会が機能し、理事長・施設長の許に専門職員が夫々配置され機能することが望ましいのですが現実は支出をきりつめざるを得ない極めて苦しい執行体制を強いられています。

したがって、利用者サービスに責任ある職員スタッフ体制確立や地域住民参加のボランテアの参加体制づくり、日常運営を支援し知恵を提供し協力してくれる後援会づくり、等前述のような事業運営のシュミレーションが建設委員会と並行して取り組まれることが望ましいのです。さらに運営に必要な規定類の素案も早期から原案作成の作業が必要です。

事業運営は建物設備に規制されたり影響を受けますから、どんな運営をするかが施設建設企画に反映されなければならないのは当然です。しかし、運営を考えての施設づくりはされていないところが多いのです。

施設づくりは企画してから着工するまでには三年くらいの時間をかけますから建設企画検討に併せ、事業運営検討も同時進行することは技術的には不可能ではありません。また地域への「どんな施設ができるか」の啓蒙（ＰＲ）活動としても欠かせません。

## 九　二一世紀後半でも機能する、いつでも新鮮な施設建設を

社会福祉の施設利用の仕組みは、施設と利用者の双務契約の方式ですすめ、さらに行政責任を回避する仕組みが高齢者施設や障害者の福祉サービス利用方法では強行されてきていますが、今後は保育所の利用等も含め福祉サービス利用全般に普遍化されようとしています。

建設経費や施設利用経費も国民負担（利用料の徴収など応益負担）の仕組みを強化しっつあります が、社会保障経費のあり方は国民の力で改善させることはできます。しかし、建てられた建物は長く使えるものでなければなりません。今建てる建物は二一世紀後半でも活用する設備です。例えば老人ホームなど高齢者の住居は「多機能」で「小規模」で地域の人たちに利用される地域密着型になっていきます。「小規模」であっても居室は「個室（一人ずつか夫婦二人の）」であり一定の広さがありトイレやシンクなどもついていて、友だちと語り合える広さです。有料老人ホームでは個室の広さは二一世紀初頭では五〇㎡前後になってきています。二一世紀後半まで新鮮さを失わない広さは七〇㎡ともいわれています。

現在の常識では一般個人の家でも一人七〇㎡もある世帯は僅かですから夢みたいな話ですが、改造すればもっと住みやすい居住空間を実現する仕組みは当初計画から仕組んでおくことは可能です。

将来を見通し、地域の福祉センターともなり、社会福祉拡充運動にも連動していく施設づくりがこれからは欠かせないのではないでしょうか。

# 沢内村における地域福祉活動実践

高橋　典成

岩手県沢内村は、岩手県の西部に位置し、奥羽山脈の分水嶺を境として秋田県に接し、四方を連山に囲まれた盆地である。総面積二八六㎢のうち約九〇%は山林原野が占め、耕地面積は約五%と少ない。

村の北西部には和賀岳、高下岳をはじめとする標高一、〇〇〇メートルを越える和賀山塊があり、貴重なブナの原生林や高山植物の宝庫となっている。

北上川最大の支流である和賀川は和賀岳の麓に源を発し、村の中央を南流し、これに沿って大小二一の集落が点在している。人口は四、〇八一人（平成一五年三月三一日現在）、世帯数一、一五六である。生まれてくる赤ちゃんは二〇人（平成一四年）、高齢化率約三四%と少子高齢化が顕著に現れている。

気候は岩手県にあってはめずらしく日本海性の気候であり、特に冬期間の降雪量は多く平年二M程度に達する。一一月初旬の初雪から四月上旬の消雪まで根雪期間は五ヵ月に及ぶ。年間平均気温八・九℃、降水量二、五〇〇㎜と冷涼多雨であり冷害が発生しやすい。

昭和三〇年頃までの沢内村は約半年間の雪は、交通を遮断し陸の孤島と化していた。細々と営む炭焼きが唯一の現金収入であった。赤ちゃんが一〇〇人生まれると七、八人が死亡するという乳児死亡率の高い村、高齢者は医者にもかかれず、じっと死を待つ。豪雪、貧困、多病が沢内村の大きな課題であった。

## 一　豪雪、貧困、多病の村から生命尊重の村へ

昭和三二年、深沢晟雄が村長に就任。二期目後半で亡くなるまでの七年間は、沢内村にとって保健、医療、福祉の土台を創る時期であった。彼は「生まれた赤ちゃんがコロコロ死んでいく、老人が医者にもかかれず木が朽ちるように死んでいく生命があることを、私たちは見つめなければならない。政治の基本は生命の尊重であります」と言った。

老人医療費の無料化（昭和三五年）、乳児の医療費の無料化（昭和三六年）を実施した。決して財政が豊かな村ではなく、日本全体が高度成長経済へ向けて走りだし、物的豊かさを求める時期に生命尊重を掲げたのである。自己負担分を村が肩代わりすることは、国民健康保険法に抵触するのではないかという県の指導にも、憲法で言う生存権を保障するものだ、裁判で争っても良いとまで言い切った。生命尊重の確立であると共に自治の確立でもあった。

沢内村では、昭和三八年から保健と医療の一体化を図ってきた。保健所的役割をするセクションである、健康管理課を設置、課長は沢内病院の副院長を充てた。保健師（当時保健婦）や栄養士が医師の指示で動く、地域の情報は逐一医師に伝わるという仕組みができたのである。

健康教育、予防、検診、治療、退院ケアが一貫してでき、その中核が沢内病院であり、沢内病院の役割は、治療だけでなく病気にならないようにすることでもある。つまり、村民の総合的健康管理の拠点なのである。介護保険の実施に伴い、現在は健康管理課が廃止され保健福祉課になっている。

医療費の無料化政策は現在も続いている。その経過は次の通りである。昭和三五年一二月に六五歳以上、翌三六年四月から六〇歳に年齢を引き下げるとともに乳児も対象にする。結核、精神病は昭和三八年から、母子家庭、重度心身障害者は昭和四八年から、寡婦に対しては昭和五七年から実施している。

昭和三五年から続いている医療費無料化の取り組みは、多くの自治体に影響をもたらしてきた。昭和三〇年代まで、岩手県には乳児死亡率の高い自治体が多くあり、丈夫な赤ちゃんを生み育てることが緊急の課題であった。医療体制が確立されておらず、受診の機会に恵まれていない地域が多くあった。そのような中で、沢内村は昭和三七年に全国で初めて乳児死亡率ゼロを記録した。この取り組みが岩手県内の自治体を励まし、乳児死亡率を減少させていったのである。

老人医療費無料化については、昭和四六年に東京都が実施し、昭和四八年からは全国に拡大され、高齢者がお金の心配をすることなく医者にかかれることが実現できた。しかし、昭和五八年の老人保健法施行以来、一部有料化になり徐々に無料化のワクが外されることになるのである。

沢内村では、老人保健法施行後も無料化が続いている。これには、社会福祉協議会が支える老人クラブの運動が大きな役割を果たしてきた。昭和五六年、五七年の二年に渡り、「老人の主張大会」を実施し、老人医療費無料化の意味と効果を学習し、発表する機会を持った。発表では、「気軽に医者にかかれるので重病にならない」、「病院を治療だけでなく健康管理のためにも利用できる」、「自分が健康になるので家族の健康にも気を配れるようになった」、「家族全体が健康になるので、家庭が明るくなった」、「自分たちのためだけではない、次の世代のためにもこの制度は必要である」等々。

この内容は、有線放送を通じて全世帯に知らされた。この後、「老人保健法施行後も医療費無料化を継続してほしい」と老人クラブから沢内村議会に陳情書を提出。この陳情書が沢内村議会で採択され医療費の無料化が続いているのである。

## 二　高齢者による生きがいづくり活動

医療費の無料化施策、地域保健・地域医療の取り組みが、丈夫で長生きする高齢者を多くした。一〇〇歳を越える人が、平成以降八人も出た。高齢者人口の増加は、年金や医療の財源を圧迫するとマイナスイメージで捉えられるのが一般的である。長生きすることが喜ばれず、遠慮して生きなければならない社会は異常であると言わなければならない。

長年の沢内村の取り組みから、健康度の高い高齢者が多くなったので、健康をベースにした生きがいづくりが、次の課題としてクローズアップされた。その核となっているのが老人クラブである。全人口の約二五%、一、〇〇〇人を越える人が一四の単位老人クラブに組織されている。老人クラブ連合会は昭和三九年に創立され、今年（平成一五年）四〇周年を迎えた。前述した医療費無料化継続の運動、生産（創作）活動、友愛活動、世代間交流活動等を実施している。

特に、生産（創作）活動として、昭和六〇年から「一地区一品運動」を展開していることが特徴である。単位老人クラブで、そのクラブ（地域）に合った生産（創作）活動をしようとするものである。老人クラブの会員は、現在も現役で農業をしている人、かって農業をしていた人が大部分なので取り組み易かったのである。

アケビの蔓細工をする老人クラブ、山から原木を調達しナメコ栽培する老人クラブ、休耕田に大豆を栽培しキナ粉をつくる老人クラブ、大根を栽培し、冬の寒さを利用して凍大根や切り干し大根をつくる老人クラブ等、多彩である。

アケビの蔓細工を見学した保育園の子どもたちが、アケビの蔓が老人の鮮やかな手捌きで買物篭に変わっていく様を見て「これ本物だ」と言ったそうである。裏山に自生しているアケビ、近所のおばあちゃん、買物篭、保育園の子どもたちも知っている人であり、知っている物であったのである。

保育園の子どもたちに「これ本物」と言わせる力が高齢者にはあったのである。七〇年、八〇年生きてきた中で培われた技術、知恵が今の社会でも役立っていると高齢者自身が認識できた時、目がキラキラ輝き生きがいを実感できると思われる。生きがいは高齢者自身が創るものであり、行政の対策メニューだけからは生まれない。

沢内村には六五歳以上の高齢者が約一、三七〇人（平成一五年三月三一日現在）いる。介護認定を受けている人は約二〇〇人であるから、約一、一七〇人は比較的元気な高齢者だと推察できる（勿論、介護認定を受けず、在宅で寝たきり状態の高齢者も若干いると思われるから、単純に計算はできないが）。

高齢者福祉の中心が、介護保険サービスに比重を移しているが、沢内村の場合、六五歳以上の約一五％しか介護保険サービスの対象になっていない。約八五％の比較的元気な高齢者の介護予防や生きがいづくり、社会参加活動等も考えていかなければならない。特に高齢者自身が創りあげる生きがいづくりは重要である。

高齢者の生きがいを考える場合、いろいろなメニューを並べて、「はい、どうぞ」というのは本来的なものではない。高齢者が最も不安に感ずる健康や、医療、所得保障等、暮らしの基本的な制度や仕組みを整えていくことが基本だと思われる。安心して地域で生活できる条件があれば、高齢者自身で生きがいを創造していける。その意味では、沢内村で実施している、医療費無料化施策は生きがいづくりの根底でもあると言えるであろう。

## 三　障害者による地域づくり活動

沢内村では、昭和四〇年代後半、在宅で閉じこもっている障害児を外に出そうと、保健師（当時保健婦）や保育士（当時保母）のボランティア活動で、在宅障害児の「日曜学級」が開かれ、徐々に親たちの心が開かれていった。

昭和五一年、「日曜学級」を発展させ、在宅障害児（者）通園事業「いつくし苑」を社会福祉協議会が村の協力を得て開設した。月二回の開設であったが障害児（者）の希望もあり、昭和五三年月四回、昭和五六年月六回と開設日数を増やしていった。

昭和五八年、心身障害児者を守る会（現在、手をつなぐ育成会）、身体障害者福祉更生会、精神障害者家族会で障害者団体連絡協議会を結成。三障害共通の願いは、社会参加すること、働く場を創ることであった。昭和五九年一〇月より岩手県社会福祉協議会の特別事業配分を受け「福祉共同作業所」を試行的に実施した。

福祉共同作業所のイメージ（理念）は、①障害の領域、程度にこだわらず誰でも参加したい人が参加できる作業所、②障害者の城をつくるのでなく、ハンディのある人もない人も「共に生きる」拠点としての作業所。半年間の試行を経て、昭和六〇年四月「沢内村福祉共同作業所」が関係者の期待を集めてスタートした。この時期、町村の段階で障害者の拠点を持つことは珍しかった。

目玉事業として、「ふるさと宅急便」をスタートさせた。沢内村を心のふるさとにしていただく方へ、四季折々の物産と情報を提供するもので首都圏の会員が二〇〇名を越えた。発送品目は、前述した老人クラブの「一地区一品運動」で生産される物を活用した。発送準備には約一〇〇名のボランティアが係わり、まさに「ハンディのある人もない人も共に生きる」村づくりを実現できた。

都市と農村を結ぶ事業、地域の物産と情報を発信する事業、地域起こしの事業を障害者と高齢者が中心で行ったのである。更にこの事業は、物産の発送だけでなく、送り手と受け手を結ぶ、都市と農村の交流事業にも力をいれてきた。一一月東京で行う「ふるさと交流会」、二月沢内村で行う「吹雪体験ツアー」である。現在も続けており、過疎、高齢化が進む沢内村の活性化にも一役かっている。

## 四　福祉共同作業所を認可施設へ

隣町である湯田町（人口約四、〇〇〇人）にも、平成二年に開設された「ふれあい共同作業所」があった。両町村とも福祉作業所は障害者にとって唯一の働く場であり、社会参加する場であったが、無認可施設であり施設環境には恵まれず、運営費の捻出にも事欠く状況であった。

一方、高齢者福祉は平成一二年の介護保険スタートを目指して介護基盤の整備が図られていた。湯田町、沢内村合わせて人口約八、〇〇〇人の中に、主な施設として、特別養護老人ホーム（五〇人定員二ヵ所）、老人保健施設（八一人定員一ヵ所）、痴呆性対応グループホーム（九人定員一ヵ所）、高齢者生活福祉センター（二ヵ所）等があり、ディサービス、ショートステイ、ホームヘルプサービス、訪問入浴サービス、訪問看護サービス等も揃っていた。

しかし、障害者福祉の遅れは村民の共通認識であり、平成一一年七月、第三三回沢内村社会福祉大会で、障害者施設の整備を求める意見が、障害者の親から出された。それを受け、社会福祉協議会は、親たちと共働で行政へ粘り強い働きかけを続けた。この運動の中で、埼玉県所沢市在住のご夫妻から施設づくりへの参加協力の申し入れがあった（このご夫妻は後で、施設法人の理事長と施設長に就任することになる）。

協力いただくご夫妻を中心に、沢内村社会福祉協議会、湯田町社会福祉協議会が施設づくりの事務局を担当し、両町村の保護者、福祉関係者を組織し準備会を平成一二年五月にたち上げた。両町村をエリアとする知的障害者授産施設（通所）を目指し、精力的に一〇回の協議を重ねながら、理念づくり、法人づくり、施設設備、授産科目、役職員体制を確立していった。行政や議会の指導、協力も随所に得て、平成一四年四月、定員三五名の知的障害者通所授産施設「ワークステーション湯田・沢内」を開所させることができた。

## 五　スノーバスターズの誕生

平成五年五月、六月に社会福祉協議会で実施した地域福祉懇談会で、一三行政区すべてから「雪で困っている」現実が出された。それを分析すると三つのパターンがあることがわかった。

①　玄関先から幹線道路までの日々の雪かきが大変だ。
②　屋根から落ちた雪を一週間に一回ぐらい除去するのが大変だ。
③　雪のために福祉サービスを受けれなくて大変だ。

一つ目の課題は隣近所の助け合いで、三つめの課題は行政の対応で、二つ目の課題を「ボランティア活動で進める」ことにした。

平成元年から、村の青年会が年一回単身高齢者への除雪活動を実施していた。それを組織的、継続的に組立て「スノーバスターズ」を組織した。スノーバスターズの命名は、アメリカ映画「ゴーストバスターズ」（おばけ退治隊）をもじったものである。

岩手県社会福祉協議会の事業として、県内の降雪地域に呼びかけていただき、平成五年一二月に県内五町村同時にスタートした。岩手県スノーバスターズ連絡会を組織し、沢内村社会福祉協議会に事務局を置いている。現在は一五市町村がこの活動に参加している。

沢内村では、平成五年に五〇名の会員でスタートしたが、現在は一八〇名を擁し、次の活動をしている。

① 除雪を必要とする人の把握――民生委員、ホームヘルパー、郵便配達さん等。
② 活動は班単位――一〇班編成で毎週日曜日の活動。
③ 統一活動日の設定――毎月一回設定し、会員の交流や情報交換をしている。
④ 重機の参加――ドカ雪に対応する建設業者の参加。
⑤ 声掛け活動――パトロール、励まし、相談活動も実施。

## 六　スノーバスターズの活動は高齢者の不安解消

沢内村の高齢者は、これからも地域で住み続けていきたいと考えている。冬の雪だけが最大の不安材料なのである。薄暗い鉛色の空から、しんしんと絶え間なく降り続く雪、一晩で五〇cmの降雪も珍しくない。若者でさえ寂しさを覚えるのに、一軒家で生活する単身高齢者にとっては不安そのものである。

若者にとっても、将来の自分とダブらせて考える人が出てきている。ある三〇歳代後半の青年は「私は沢内村が好きだ。今は元気だからスノーバスターズの活動に参加している。子ども達は沢内村に残らないかも知れない。しかし私は歳を重ねても、一人暮らしになっても沢内村に住み続けたい。今の活動が長く続いていることが、自分が高齢になっても生活できる条件だ」。今の高齢者のための活動のように見えるが、これから生活していく条件づくりであるという認識が芽生えてきたのである。

高齢者は、雪かきだけを望んでいるのではない。訪問や声かけを、冬期間は特に待ち望んでいる。

そのために郵便局の参加は大きい。単身高齢者に郵便を配達するときは、必ず声かけをしていただいている。また、毎週木曜日には雪の状況を把握していただき、その情報を郵便局でまとめ、社会福祉協議会へファックスで送信していただく。社会福祉協議会は民生委員、ホームヘルパーからの連絡も加え整理し、各班長へ情報提供し活動に役立てているのである。

最近、中高校生の参加が増えてきたことも特徴である。自宅と学校の往復だけで、地域に目を向ける機会が少ない中高校生が、この活動に参加するようになってから、地域の一員としての自覚、高齢者の実態を知るようになった。このことが、郷土意識を育み、沢内村以外で生活するようになっても、沢内村を認識し続けることになると思われる。

多くの人たちが係わることによって、単身高齢者でも地域の人たちと共に生きていることを実感できるようになったのである。

## 七　広がる地域づくりの輪

スノーバスターズの活動がきっかけで次の活動が生まれてきた。

### 1　住宅補修するハウスヘルパー

高齢者が地域で生活していくために不便を感じているのは雪だけではなかったのである。玄関戸やふすまが開きにくかったり、窓が壊れ隙間風が入るなど住宅の不備を訴える高齢者が意外に多い。

六〇歳代半ばの大工さんが「自分が現役で大工をやれるのは後何年でもない。元気なうちに自分の技術を生かし社会に役立つ活動をしたい」と社会福祉協議会を訪ねたことがきっかけで、ボランティアグループ「ハウスヘルパー」が誕生した。平成八年六月のことである。大工さんたち八名でスタートした。

実際に活動をしてみると、水道の蛇口が壊れ水が漏っている、換気扇が回らない、屋根のトタンが破れている等に遭遇するのである。大工さんだけでは対応できず、水道屋さん、電気屋さん、板金屋さん等技能者を巻き込んでいく。

社会福祉協議会が技術提供者を開拓し、利用者（単身高齢者、障害者や母子世帯等）を組織しながら「住宅補修サービス」に発展させていったのである。

障害者や高齢者が地域で生活していく場合、住居や居住環境にもっと目を向けて行かなければならない。特に、過疎が進み積雪寒冷地帯の場合は深刻である。今まで福祉サービスの量的拡大と質的向上には力を入れてきたが、住宅は個人の資産であり、それを整備していくのは自己責任であるという考え方が支配的であったと思われる。しかし、住宅の不備により、障害者や高齢者が地域に住むことができなくなれば、更に過疎が進み集落の崩壊を招くことになる。居住福祉の面からも行政の具体的な施策が待たれるところである。

寝たきり高齢者は冬つくられる実態もあり、住宅改善支援は緊急の課題である。北上市、湯田町、沢内村の広域社会福祉協議会で、平成一二年度に取り組んだ建築、医療、福祉分野の連携による住宅改善支援チームの活動を発展させる必要がある。

また、過疎・豪雪地域の居住環境としては、昭和四六年に沢内村長瀬野地区で実施した「集落再編成事業」が参考になる。集団移転して五五世帯の新集落を形成し、コミュニティセンター（会館）を核にした新たな地域づくりが始まった。浄化槽や車庫の共同管理、地域内環境整備を共同で行うことにより新たな「結い」が生まれている。コミュニティ広場が子どもの遊び場や高齢者の軽スポーツの場になり、相互の交流も生まれている。除雪も容易であり、真冬でも車が玄関先まで入れる。更に単身高齢者や障害者も近隣で生活しているため、声かけや話し相手になれるのである。

**2　お店のボランティアふれあい協力店**

過疎地域は、商店主の高齢化と利用客の減少により廃業する商店が出てきた。車を運転できなくとも下駄ばきで買物ができていたが、日用雑貨も手に入りにくくなった。そこで、社会福祉協議会の呼びかけで平成一〇年に「ふれあい協力店」をスタートさせた。一四の商店と理美容五店が参加している。

高齢者などが電話で依頼すると、豆腐一丁でも運んでくれるし、理美容も出張してくれる。特に雪に閉じ込められる冬季間の、「出前サービス」の必要度は高い。

**3　障害者が地域の高齢者を支える**

沢内村スノーバスターズが一〇年経過した昨年（平成一四年一二月）、知的障害者通所授産施設ワークステーション湯田・沢内に「ワークステーションスノーバスターズ」が結成された。「ふるさと宅急便」や「農作業」でボランティアを受けた障害者が、単身高齢者の冬の生活を支えるのである。本体のスノーバスターズは日曜日の活動が中心である。しかし、雪はそれに合わせてだけ降ってくれない、ウィークデーの活動も必要なのである。それを障害者が行なっている。地域で暮らす障害者が地域の一員としての役割を果たす活動でもある。

## 八　地域でトータルな暮らしを支える

高齢になっても、ハンディを抱えても地域で今まで通りの生活を続けたいと願う人は多い。単身高齢者が、寝たきり状態になっても地域で暮らせる条件づくりを目指していきたい。そのためには、最低次の三つの条件が必要である。

① 在宅福祉サービスの量的拡大、質的向上。そして高齢者の年金でも利用できる料金の設定。
② 住居や居住環境、補助器具の活用を含めた物理的環境条件の整備。
③ 地域皆で支え合える福祉コミュニティの構築。

この三点を目標に、住民の立場から何ができるかを実践してきたのが、沢内村の地域福祉の取り組みである。

行政の制度だけで、地域でのトータルな暮らしを支えていくことはできない。しかし、住民が構築するサービスが行政のサービスを補完することでもない。住民が主体的に、地域でどう生きたいかから出発している活動なのである。

# 「社協」ってなんだろう?
## ――私の思う社協の「これまで」と「これから」

菊地　忍

### 一　はじめに

#### 1　執筆にあたって

皆さんは、社会福祉協議会についてご存じでしょうか? 「名前なら聞いたことがあるなあ」という方や、「初めて聞く名前だなあ」という方もいらっしゃるかもしれません。一言でいうなら、「地域福祉の推進役」ということになるかも知れませんが、この説明でも社会福祉協議会の具体的な業務をイメージできる方は少ないと思います。

社会福祉法の制定により、随所に「地域福祉」が明示され、市町村では「地域福祉計画」という行政計画が策定されています。そうした「地域福祉」にスポットがあてられる中、では『地域福祉』ってなんだろう?」とか、「社会福祉協議会はその中で何をしていく組織なのだろう?」という素朴かつ基本的な疑問が社協職員である私にもあらためて生まれてきます。どの福祉分野でも言えることなのでしょうが、福祉の大転換期と言える現在、自分たちの行なっている仕事の意義や理念、今自分達が立っている場所を見つめなおすことが今だからこそ必要に思われるのです。

この文章は、専門家の方に、というよりは「社会福祉協議会って、地域福祉ってなんだろう?」と思われる方に向けて書いています。私たちの仕事を紹介しながら、私たちはどういった歴史を踏み、これから何をしていくべきなのかについて、私なりの考えをまとめさせていただく、という視点で執筆させていただきたいと思います（多少、青臭く思われる点はお許し下さい）。

## 2 私の福祉の出発点

はじめに自己紹介をさせていただくと、後述する「都道府県社会福祉協議会」が今の私の職場です。大学を卒業してからすぐに就職して、現在七年目になります。気が付くと、いつの間にか後輩も増えて、「中堅」に近づいているような気もします。今は「社会福祉を目的とする事業に従事する者の養成及び研修」を行なう部署「人材研修部」に所属して、主に社会福祉施設で働く職員の皆さんの研修を企画・運営しています。

ところで、福祉の世界で働く皆さんは、福祉関係の大学等を出られ、最初から福祉の仕事に就くことを目指していた方々が多いのではないでしょうか？　私は、大学で法学を学んでいました。大学四年のゼミで「社会保障法」を専攻したのですが、そのゼミの先生が今回古稀を迎えられた伊藤博義先生だったのです（おめでとうございます!）。ゼミの指導にあたる先生の印象は、「厳しくて熱い」という感じでしょうか。私たちゼミ生を、経験の差はあれど同じく社会保障を学ぶ者、という同等の立場から、論点があいまいだったりすると容赦なく追求されていた気がします。とにかく私の場合の社会福祉との出会いは、法律の延長線上にあって、まだ人々の生活に密着したものではありませんでした。そして、大学で社会保障を学んだことから山形県社会福祉協議会の採用試験を受け、平成九年に採用されることとなりました。

## 二　社会福祉協議会とは

### 1　社会福祉協議会の位置づけは？

では、「社会福祉協議会」の位置付けから見ていきたいと思います。「社会福祉協議会」は、福祉関係者の中では「社協」と一般的には呼ばれています。まずは皆さんに、社協の法的な位置づけについて知っていただきたいと思います。「社会福祉法」のなかでは、社会福祉協議会の目的と役割は次のように位置づけられています。

①　市町村社会福祉協議会

「市町村社会福祉協議会は、一又は同一都道府県内の二以上の市町村の区域内において次に掲げる事業を行なうことにより地域福祉の推進を図ることを目的とする団体である。

一、社会福祉を目的とする事業の企画及び実施

二、社会福祉に関する活動への住民の参加のための援助

三、社会福祉を目的とする事業に関する調査、普及、宣伝、連絡、調整及び助成
四、社会福祉を目的とする事業の健全な発達を図るために必要な事業」（社会福祉法第一〇九条）

② 都道府県社会福祉協議会

「都道府県社会福祉協議会は、都道府県の区域内において次に掲げる事業を行なうことにより地域福祉の推進を図ることを目的とする団体である。
一、市町村社会福祉協議会の事業であって各市町村を通ずる広域的な見地から行なうことが適切なもの
二、社会福祉を目的とする事業に従事する者の養成及び研修
三、社会福祉を目的とする事業の経営に関する指導及び助言
四、市町村社会福祉協議会の相互の連絡及び事業の調整」（社会福祉法第一一〇条）

また、都道府県社会福祉協議会の連合体という位置づけとして、東京霞ヶ関に「全国社会福祉協議会」があります。全国には、全社協一、都道府県四七、指定都市一三、市町村約三二〇〇の社会福祉協議会があります。社会福祉法の前身である社会福祉事業法に全社協・都道府県社協が規定されたのが昭和二六年ですから、誕生して五〇年余の歴史がある組織です。福祉関係業種の中でも結構な老舗と言えるのではないでしょうか。

長々と条文を書き連ねましたが、一読して「ああ、社会福祉協議会ってこういうことするところなのね」と具体的なイメージができる方は少ないのではないでしょうか。特に、福祉関係者以外の方は

「聞いたことのない組織」なのかもしれません。こういった部分も課題のひとつかと思いますが、具体的な事業については以下、説明させていただきます。

## 2　社会福祉協議会の具体的な業務

都道府県社会福祉協議会が何をしているかについて、私の所属する山形県社協の業務を例に紹介したいと思います。本県では地域福祉部、私の所属する人材研修部、総務企画部の三部署制になっています。地域福祉部では、市町村社会福祉協議会と協働しながら地域福祉を考え、また必要な事業の企画・運営を行う係、生活福祉資金と言って、低所得世帯などに生活に必要なお金を貸し付ける係、県内のボランティア団体の調整などを扱う係、老人福祉施設や児童福祉施設などがそれぞれの資質向上を目的として作っている種別協議会の育成・事務を行なう係、社会福祉の仕組みが契約に転換する中、痴呆性高齢者など判断能力が不十分な方々を支援する「地域福祉権利擁護事業」を担当する係、などがあります。人材研修部には、主に福祉の仕事を希望する方の就職の相談を受け、就職先をコーディネートする「福祉人材センター」、地域住民への介護知識や技術を図ることを目的として、福祉機器などの紹介等の事業を行なう「介護学習センター」、そして主に社会福祉施設の現場で働く方々のために研修を行なう「社会福祉研修センター」があります。そして、経理の他、社会福祉協議会の機能を総括するのが総務企画部です。

事業をならべてみると、高齢者・障害者・児童などの分野を問わず、本当に多岐にわたる仕事をしている組織だな、と我ながら思います。このような部分が、他の福祉の職場と大きく違う部分であり、また県社協の仕事について「何をしているところなの？」という問いに、明確で具体的な答えを出すことが難しい要因なのだと思います。

次に市町村社協。市町村社協は法的に位置づけられた社協の中では最も住民の暮らしに近いところにあります。皆さんの目に触れる部分としては、ホームヘルプサービスなどの介護保険事業でしょうか（すべての社協で行なっているわけではありませんが）。「社会福祉協議会」と書いてある軽自動車やワゴン車が走っているのを見かけた方も多いかと思います。

でも実は、社会福祉協議会が行なっている仕事は普段は目に見えないことの方が多いのです。例えば、ほとんどすべての市町村社協が「心配ごと相談所」という「福祉に関する住民の悩みをなんでも受け止める」相談所を設けています。また、一人暮らしのお年寄りなどに対して、食事の支援と安否確認・生活状況の見守りなどの目的でお弁当を渡す「配食サービス」を行なったりしています。先ほど説明をした生活福祉資金も、市町村社協を窓口として貸付がなされます。最近では、「いきいきサロン」という事業に力を入れている社協も多くあります。「いきいきサロン」とは、孤独になりがちな高齢者、育児中のお母さん達が集まり、お互いが打ち解け、色々な話をしながらゆっくりとした時間を過ごしていただく機会や場所を設定する事業です。また、住民に福祉に関する情報提供を行なうこと、福祉意識の啓発を行なっていくことも重要な役割です。

しかし一番大事な仕事は、「地域をつなぐ」ということかと思います。地域のなかには、行政、町内会、施設、ボランティア、民生委員（地域を見守る公的なボランティアの方々と言えるでしょうか。地区ごとに設置されていて、皆さんの世帯を担当する委員さんも必ずいます）等など、たくさんの福祉に関係する人々がいます。そういった方々をつないで、福祉を必要とする方々を中心とした「ネットワーク」をつくること。それが「地域をつなぐ」という役割だと思います。ネットワークは、別に福祉の専門家だけで作られるわけではありません。地域に住む住民すべてがネットワークの材料です。福祉が必要になりそうな人がいれば、住民みんなで声をかけていく、意識して見守っていく。それも立派なネットワークだと思います。そういったことが自然に行なわれていく地域を作っていく。一見地味だけれども、重要な社協の役割になっています。

## 三　社会福祉協議会のあゆみ

### 1　社会福祉協議会の草創期

具体的に社会福祉協議会の事業を紹介しましたが、少し社協というものをぼんやりイメージいただけたでしょうか。社協にもこれから考えなければいけない課題がたくさんあると思うのですが、その前に少し社会福祉協議会のルーツを追ってみたいと思います。

冒頭で社会福祉協議会は昭和二六年に設立された、ということを述べましたが、昭和二六年というと、終戦が昭和二〇年なのでその六年後。まだまだ日本が貧困と混乱の中にあって、戦地からの引揚などが始まっていたころのようです。だから、この時代は戦争でなんらかの被害を受けた方々をとにかく救済していくことに力が注がれていたようです。もちろんその時代私は産まれてもいないのですが、その当時のことを、山形県社協の元事務局長であった渡部剛士先生はある会議の鼎談のなかでこう振り返っています。

「当時、どこの社協も戦争の犠牲者に対する救援活動で明け暮れたのではないかと思います。その一方で、その地域の犠牲から派生している問題に、社協はどう取り組むのかが課題になっていたのではないかと思います。こうした中で（山形）県内では、子どもの問題が深刻になっていました。農繁期に子どもが川に落ちて死んでいく。親の目が届かないところでトイレやため池に落ちて死んでいく子ども。仕事に疲れた母親が床の中で子どもを圧死させる事件が出たり、ノミやシラミで真っ白になった子ども達が病死していく例がでたり……。まさに、当時の地域は子ども達にとって福祉不毛の状態でした。」

この他にも、生活のために娘を身売りすることが深刻な社会問題になっていたりしたそうです。当時の状況の一部ですが、このエピソードからも大変な時代だったんだろうなと、想像することは難しくありません。そんな状況のなかで、県社協は婦人会や青年団、農協などの住民団体と提携して地域の問題に対する代表者会議を開いたり、子どもの人権を守る集会を開催したり、子どもの遊び場を作るための運動をすすめたり、夜遅くまで働いているお母さんのために「母ちゃん九時運動」と称して、お母さんを夜九時には家事から解放して休ませる運動をしています。その当時の社協というのは戦後の混乱期にあって、多くの社会問題を抱える中「これが課題だ」と思えばすぐさま飛びついて住民運動に繋げていく。まだいわゆる「福祉六法」も未整備で、制度としての福祉が不十分な状態の中、住民のなかに溶け込みながら保健・福祉・医療の垣根を越えて課題の解決に駆け回っていた「運動体」として存在していたのかも知れません。なにか組織としては未成熟ながらも「俺たちが何とかするんだ」とエネルギッシュに駆け回る先輩達の姿を想像したりもします。

## 2　「住民主体の原則」が確立される

社会福祉協議会の性質をあらわす代表的な言葉に「住民主体の原則」というものがあります。「住民主体」という言葉は少し聞きなれないかもしれません。「住民参加」よりさらに「地域住民が社協の行なう活動の主人公なんですよ」という意味を強調している、とも言われているようです。現在でも全国の社協の中では使われる大原則ですが、実はこの原則は昭和三五年、山形県に各都道府県社協の担当部課長が集まり、開催した「山形会議」と呼ばれる会議において提起され浸透し始めた歴史があるようです。昭和三〇年代というのは、ようやく福祉六法体制ができあがって、国民皆年金、皆保険が実施された時代です。その当時、社協は半官半民とか、看板だけとか、そんな風に言われることもあったようです。そのような中で、社協の関係者が山形に集まって、「これからの社協はどうあるべきなのか」ということに関して四日間、大議論した。結果として、「民間の社会福祉事業者として、地域に根ざした、住民のニーズに即した自主的な活動をしていくのだ」という理念が確認されました。それが「社会福祉協議会基本要項」という社協の「憲法」のようなものに「住民主体」という言葉で記されていくことになります。この「山形会議」は、社協を研究している方や古くから地域福祉活動を行なってきた方には有名なようで、少し誇らしく思います。今も、この「住民主体の原則」は、社協の核として受け継がれています。

### 3 その後の社会福祉協議会

その後、社会福祉協議会は市町村社協レベルでも法人化が進み、現在では全国でも九九パーセントに近い市町村社協が法人化されています。平成六年には「事業型社協推進の指針」が策定され、社協もホームヘルプサービスなどの在宅福祉サービス事業を積極的に行なっていくことが打ち出されました。様々な事業を幅広く展開するなか、平成一二年に社会福祉法が制定され、社協が「地域福祉の推進役」として位置づけられ、今にいたっています。

## 四 社会福祉協議会の今後の課題

これまで、社会福祉協議会の歴史を今までつづってきたのは、前述のように多岐にわたる社協の事業の源泉は、そもそもは「住民主体の原則に基づいた地域福祉の推進」=「地域住民の必要な福祉のサービスを掘り起こして、住民同士が支えあい、たすけあう地域を築くための活動を進めていくこと」にあって、それは今でも変わらない、ということを確認したかったからです。

### 1 地域福祉とは

では、住民主体と地域福祉について改めて考えてみたいと思います。我々社会福祉協議会は、あたりまえのように「地域福祉の推進」とか、「福祉コミュニティの創造」という言葉を使っています。ここであらためてそれぞれの定義を考えてみます。辞書を開いてみると、

「地域福祉」＝「地域社会において、地域住民のもつ問題を解決したり、また、その発生を予防するための社会福祉施策とそれに基づく実践のことをいう。地域福祉の概念は捉え方、立場の違いで人によって様々な見解があり、必ずしも定まっているとは言えないが在宅福祉サービスや地域組織化を具体的内容としている点では共通している。地域住民の生活上の問題に対して、住民相互の連帯によって解決を図ろうとする点が地域福祉の特徴と言える」。

「福祉コミュニティ」＝「地域住民が地域内の福祉についての主体的な関心を持ち、自らの積極的な参加により、援助を必要とする人々に対して福祉サービスを提供する地域共同体をいう。福祉コミュニティの形成を目的としている社会福祉援助活動が地域援助活動である」。

以上、辞書のなかでもできるだけ分かりやすい表現を使っているものから抜粋しました。

こうして考えてみると、今さかんに言われている地域福祉や福祉コミュニティというのは、社会福祉法に規定されるまでもなく元々社協が目指してきたものなのだな、という気がします。

ところで、こういった定義を踏まえて考えてみると、「住民相互の連帯」だとか、「地域住民の地域内の福祉についての主体的な関心」ということについて、住民の方々はどれほどの意識を持っているものでしょうか？　自分を例にあげると、今私が住んでいるのは山形市、県の中では都市部に住んでいます。アパートで独り暮らし。隣に住んでいる方とも生活時間帯が違うようで、ほとんど会わない。まあ、ご近所つきあいも面倒に思うし、自分のことは自分でできる。欲しいものはコンビニに行けば大概あるし、仕事以外の時間は自分のために自由に使いたいなあ……。社協に勤務していながらこういう考えを持っていることは批判を受けそうですが、こういったライフスタイルを持つ人間というのは、少なくないように思います。

もちろん、東京のような大都市、地方都市、町村部、その人の住んでいる地域によって地域社会の現状は全く違うでしょう。まだまだ近隣との付き合いが密接で、「いまさら地域福祉とか支えあいとか言われなくてもそうなってる」、という地域もたくさんあります。でも、生活が便利になり、いろいろな社会のシステムが整備され、社会は少しずつ周囲に無関心でも済むようになっていると言えるのではないでしょうか。「地域の中の一人」であって、住民相互が主体的に活動をする必要性を、「地域福祉」を強く感じる場面は減ってきているのかもしれません。

その中でも、例えば高齢になり、一人では生活が成り立たなくなって、誰かの見守りが必要となってくることもある。こうした近隣との付き合いや家族のつながりが希薄になりつつある社会状況だから、子育て中のお母さんも、誰に悩みを相談したらいいか分からない……などという、人間関係が薄れつつある現代ならではの問題は必ず発生します。

じゃあ、社協は何をするか？　一つの答えが、先ほど少し触れた「いきいきサロン」などの活動なのかもしれません。

いずれにしろ、地域の支えあいやご近所付き合いというのは普段は必要に感じない社会になってきているし、それがなくても生活はしていけるのかもしれません。でも、それがあれば生活や心が救われる方もいると思います。だからこそ、「地域福祉」が薄れつつある今だからこそ、あらためて「地域福祉」というものがクローズアップされているのだと思います。

「地域福祉の再構築」などと言われることもありますが、住民相互の助け合い、支えあいなどの必要性などをどう住民の方々に理解をしていただいて、活動につなげていくか。地域福祉の推進役と言われる社協には重要な課題だと思います。

## 2　私が思う社会福祉協議会の課題

先ほど社協の法的な位置づけを整理しましたが、あらためて、社協というのはものすごく自由度の高い組織なのだと思いました。もう一度、市町村、県社協の条文をご覧いただきたいのですが、なんと曖昧な条文でしょうか。他の福祉業種の根拠条文で、ここまで漠然とした役割を与えられているものはないのではないかと思います。でも、逆にいえば、少し乱暴な言い方になるかもしれませんが、「あらゆる手段を使って地域福祉の推進を図りなさい。そのためなら何をやってもいいから」と言われているような気もします（言いすぎですね）。だから地域のために走り回って、住民が困っていることや足りない福祉サービスを掘り起こして、それを解決するためにすごい企画を立てることもできる。それが社協の醍醐味なのでしょう。一方で、特に地域に目を向けなくても、何もしなければ何もしないで済んでしまうのも社協なのでしょう。「社協職員は絶えず地域にアンテナを」とよく言われるのもそういったことからかもしれません。だから、そのアンテナを張るためにも、県社協も、市町村社協も地域のなかに入っていって、その地域の実情をつかんでおく必要がある。地域の中で信用を得て、頼りにされる存在にならなければいけない……。あらためて考えてみると、自分は意識してそういうことには取り組んでいないな、という反省があります。

社協職員の理想像というのは、私の中では前述したように、「机になんか座っているのを見たことがない。いつでも地域に出向いていて、住民の悩み事など聞きながら、絶えず地域の課題を把握している。制度政策にも精通していて、その職員が、『いま地域のなかではこのような課題があるので、こういった活動をしてはいかがでしょうか。皆さんでがんばっていきましょう』と声をかけると、住民の皆さんも『社協さんがいうなら一丁やってみるか』といい雰囲気ができあがる……」。

でも現実はもちろん違っていて、私は机の前にいることの方が多いし、地域にもあまり出ていない。地域のことは良く知らない。そもそも人付き合いも得意ではないし……。

よく、先輩方からは、「今の若い人たちは元気がないなあ」とか「おとなしいなあ」と言われます。世代間の雰囲気の違いというのはどの世界でもあるのでしょうが、やはり社協が運動体としての側面が強くて、何かを作るためのエネルギーに満ちた時代の方々から見ると、私たちは変にまとまって物足りなく見えるのかもしれません。自分たちの世代には福祉に対するハングリーさとか、ずぶとさが先輩達と比べると少し足りないのかもしれない。

しかし一方では、社協の機能や役割は前述したようにどんどん肥大化していて、言い訳になるかもしれないけれど、目の前の業務はこなしていかなければならない。また、何をやってもいいといっても、それを実現させるためには、手順がある。今の社会、いろいろな事務手続や制度政策があり、一定のルールを守ることがどうしても必要になっている。職員も、組織も、企業人に近く、また企業に近い成熟度を求められていくのかもしれません。

そして、前述したように五〇年の歴史を誇る社会福祉協議会は、どれほど住民に浸透しているのだろうか。社会福祉業界に身をおかない友達に話をすれば、「社協？　それってなに？」と、答えが返ってくることが経験上多いと思います。社協は住民の活動の言わば「黒子」として存在していた面もあります。認知度の低さはこの決して表に出ない活動のありようも一因としてあるのでしょう。しかし、福祉が特定の対象者だけでなく、住民すべてのものになろうとしている時代、少なくとも、「ああ、社協か。地域の中で福祉のこととかいろいろやってるあれだよね」というぐらいの認識をすべての人から持っていただけるよう、努力も必要なのかな、と思います。世間に幅広く認知されることは、住民への社協に対する安心感や、信頼関係の構築に一役かう気もするのです。

福祉の世界はよく言われるように「措置から契約へ」の転換期にあり、社会福祉業界自体も意識の変革が求められています。社会福祉協議会が本来目指す地域福祉のあり方と、社会の中の一組織としてどのように成熟していくかということ、その両面をどのようにしてバランスよく両立させていくか。それがこれから考えなければいけない大きな課題のような気がします。

## 五　まとめに

本稿を執筆するにあたり、実は初めて社会福祉協議会や地域福祉ということについて真剣に考えたような気がします。何度も書いたとおり、社会福祉協議会の仕事というのは本当に多岐にわたっていて、気がつくとそれぞれの与えられた仕事に埋没してしまう。今は社会福祉従事者の研修を行なう仕事をしているので、施設職員の方々の日頃の悩みをアンケートに見るのですが、「目の前の仕事に追い立てられて、何をしているのかわからなくなる」という意見が非常に多くあります。福祉の過渡期にあって、自分の立っている場所が分からなくなる人は私やアンケートにそう書いた職員の方々だけではないだろうと思います。

こういった多くの職員に対して、私が見ても「すごい講師だな」と思う先生は必ずこう言います。「あなたがたの施設の理念はなんですか。それぞれの施設は必ず目的や理念をつくっている。あなたがたが何のために仕事をしているかはそこに答えがある」。職場という組織もそうだし、職員一人ひとりも「私は、私たちはこのために働いているのだ」という思いを確かに持っていれば、それが自分たちが行なっていくことの道標になるのかもしれません。私も、そういったものを心に持たなければならない。

今回この原稿を書くため、この文章を読んでくださる方たちに、社協や地域福祉のことを少しでも分かり易く伝えようと勉強をして頭をひねっているうちに、「あれ、社協とか地域福祉のことってわからないなあ」と、本当に痛感しました。でも、私のしている仕事の原点や役割を自分の中で少しだけ整理できたような気がします。きっと、先輩達が読まれたら、「何もわかってねーよ、おまえ」と言われそうですが。

他の名のある執筆者の方と違い、まとまりのない原稿になったかと思いますが、「今の私はこう思う」、ということです。できれば、社協を知らない方々が、なんとなく社協についてイメージを持ってくだされば幸いです。

# 古いタイプの社協マン
## ——先輩から引き継いだこと

髙橋　佳子

### 一　はじめに

私は一九七三年八月、全国的に取り組みはじめた高齢者職業紹介所の開設に伴って山形県社会福祉協議会（以下、社協と略す）に嘱託職員として採用されました。当時の職員体制は、一五名前後で仕事を分担していました。退職者がでた時に補充になり増員までには至らず、昭和六〇年頃まではこの数の職員体制でした。

社協は、戦後「社会福祉の民主化を担う民間組織」として理念化され、専任職員が配置になりました。法人化が全国的に進み、自主的な団体として認知され、全国社協・各県社協・各市町村社協には、福祉活動企画員・福祉活動指導員、福祉活動専門員として人件費・活動費が補助金として確保されました。

社協職員は、専任のワーカーとして、住民主体・地域性・民間性そして地域組織化活動を基本として、当事者や福祉団体の組織化を積極的に取り組み、地域の福祉問題や課題を取り上げ、住民とともに組織化活動・福祉運動を仕事にしていました。

しかし、在宅福祉サービスが社協に委託され、高齢者保健福祉計画・社会福祉事業法の改正・事業型社協の促進がされ、社会福祉協議会の基本となる基本要項が改正となり、さらに介護保険制度の導入により、事業の推進が社協の活動となり、最近は「経営社協」という方向に傾きはじめ、盛んに「これからの社協は経営の手腕が問われる時代になってきた」とあおりたてられています。

活動は、自主事業が減少し、委託事業が多くなり、それとともに、嘱託職員、臨時職員、パート職員、派遣職員等、雇用形態の異なった職員が増え、専任職員は、各フロアや別棟の部署に分散し、顔を合わせる機会が激減しています。分散されたことによって、それぞれの部署の仕事内容や課題を共有する場を失い、社協の目指す方向等を職員間で真剣に討議する機会が無くなってきました。この状況は全国各地の県社協の現状で「いったい県社協はどうなっていくのだろうか」という不安やあせりを感じます。

この不安は、一九九二年の基本要項の改正にあり、社協本来の機能である地域組織化活動（福祉運動）が事業型の社協になってきたことが大きく起因しています。住民とともに社会福祉運動を推進してき社会福祉協議会職員にとって、先人達が築き上げてきた社協の〝根っこ〟のところが変わったのだと思います。

事業型社協、経営社協は住民主体の原則、福祉活動から遠ざかっているのではないか。また、地域ます。

福祉推進の中で、住民のニーズに応えていないのではないのか。この疑問が、不安やあせりを強くしているると思います。私は、地域組織化活動・福祉運動の時代に社協マンとして三分の二、勤務しています。

住民のニーズに応えるべき立場を放棄して、財政（金）が優先する社協に福祉を担う未来があるのだろうか思います。旧要項では、社協に直接事業を認めていませんでした。

現在は、事業が社協活動そのものになっている現況です。社協活動の軸足をどこに置いて業務をすべきなのか、それは社協マン（社会福祉協議会職員）に問われていることだと思います。

事業型社協とともに、社協マンも変わってきて、運動体社協マンよりも事業型社協マンの人数が上回ってきました。社協が運動体だったことさえ知らない社協マンが多くいます。

住民からみると「行政と同じだ」、「民間らしくない」、「どこかおかしい」、「住民の方を向いているのか」、「本来の社協と違っていないのか」、「会費はなんのために払っているのか」等々の声が聞こえてきます。

そこで私は、運動体社協の頃に先輩から教えられてきたことを書くことにしました。古いタイプの社協マンとして残しておきたいのです。

## 二　先輩から引き継いだこと

山形県社会福祉協議会は、社協の創成期に活躍した松田仁兵衛さんと地域組織化運動で活躍した渡部剛士さんという全国的に社協の指導者として名の知られた社協マンのいた社協として一目置かれていた県社協です。私は、この二人に運動体社協の仕事の原点を教えてもらいました。

松田仁兵衛さんは、私が県社協に就職した時には既に社協を退職し、県老人福祉施設協議会の会長として業種担当として関わりがありました。

教えられた一つ目は「平和こそ最高の福祉である」、二つ目として「社会保障の確立を求めて仕事をする」、三つ目として「福祉の仕事は、一人ひとりの人権を守ること」でした。

また、強烈に印象残っていることは、「障害者と健常者」、「男と女」、「金持ちと貧乏」、「子どもと大人」、「施設の職員と利用者」、という上下関係では福祉社会は築けない。縦型の社会をつくるのではなく、みんな平等にたすけあうことのできる横型の社会づくりを目指して実践することと教えられたことです。

山形県社協が月一回発刊している機関紙『たすけあい』の「時言」という欄に、松田仁兵衛さんが創刊から退職時まで書いた主張（社説）を、一九七五年に全社協が『社会福祉とともに』のタイトルで一冊の本にして発刊しました。この「時言」の中で、松田仁兵衛さんは「福祉は他人ごとではない。福祉が市民の権利である社会をめざそう」と熱く訴えています。

社協マンとして直接指導してくれたのは、渡部剛士さんです。私は、渡部さんを「師」と思っていますが、私のことを「同志」または「同思」として、志を同じくする、思いが同じの若い仲間として育ててくれました。

当時、渡部さんのもとで、私たち社協マンは同じ部署で一〇年以上も同じ仕事を担当していました。

部署を変わることはなかったのです。私は、障害児者の福祉団体を一八年間担当していました。「障害福祉のプロになれ」、「障害者関係のことなら高橋に聞けば全てわかると言われる社協マンを目指せ」と言われました。

大学時代に障害者の福祉には関心がありませんでしたし、ほとんど勉強はしていませんでした。そんな私に、「脳性マヒ児の心理療育キャンプを担当してほしい」というのでした。勿論断りましたが、「体ごとぶつかって行けばいい。やりたいことがあればやってもいい。最後の責任は僕が取る」、その言葉を信じて引き受けました。

心理療育キャンプの事務局、ビジネスマネージャーが私の役割で、財源確保と渉外係が主な仕事でした。当時、脳性マヒの療法として、ボバーズ法、ボイタ法、整形外科等の療法があり、動作訓練を取り入れた心理療育キャンプは良く思われていなかったようです。しかも、たったひとりの母親が言い出した事業を社協が取り組んでいいものか、等々批判が沢山あったようです。しかし、私にはこの批判は届いていませんでした。全て渡部さんが受け止めていたのです。ひとりの母親の願いを実現した心理療育キャンプ事業は、形を変えていますが、今も継続されています。

このキャンプ事業を一五年間担当していました。社協マンとしては、事業のひとつとして捉えていたのではありません。障害児を抱える母親たちの運動として捉えていました。障害児の自立について、障害児の抱えている医療・教育、福祉制度の課題や状況を県民に知ってもらうため、何よりも正しく理解してもらうために、母親たちと一緒になって事業に取り組んできました。

現場の少ない県社協の中で、机の上だけではできない事業に取り組むことが出来ました。事務所を飛び出していることが大変多かったのです。一五年間で出会った障害児と母親たちの数は数え切れないほどです。一部の方とは今でも関わっています。共同作業所連絡協議会の役員や研修会で再び顔を合わせる機会が増えてきました。山形大学の教授や学生、企業の方々、マスコミの方、全国各地の福祉団体の方、人脈を作っていくことは社協にとっても財産です。新しい情報が沢山入手できるばかりでなく、研修会の講師、パネラー、助言者として、時には参加者になってもくれますし、中には県社協の賛助会員になってくれています。県社協を理解し、支えてくれる大事な方なのです。

通常の団体の事務処理をしながら、飛び入りの事業も担当し実践していました。

特に東北地方では始めての先駆的、開拓的な事業を実践させてもらいましたが、これからの事業を見守ってくれたのが、渡部さんです。私が企画したことを全て実践させてくれたと言っても過言ではないと思います。自主事業が取り組み易い良き時代だったのかもしれません。

事業型社協や、委託事業では、実施要綱、補助金要綱の枠内での企画であって、社協の特性を生かし、地域性を生かすことが難しく、全国同一事業にならざるをえないのではないかと思います。また、事業型社協では、地域福祉を推進する専門ワーカーよりも、事務ワーカーを多く誕生させているのではないでしょうか。

渡部剛士さんから教えられてきた社協マンとしての仕事の視点を書き出してみます。

・社協は、民間であれ

社協の特性である自主性・先駆性・開拓性・柔軟性・即効性・地域性を忘れず、企画のできる社協マンになること。民間にしかできない事業をすること。

・県（行政）と対等に

社協抜きでは福祉推進はできないくらいに、行政から一目置かれる社協になること。そのためにも福祉行政に五年先、一〇年先を見通した提言や答申のできる社協になること。

・弱者の立場になって

社協は、いつも弱い人たちのことを考え、忘れないこと。誰のために仕事をするかを忘れないこと。

・個から公を

相談ケース、来所のケースの中には、個人の福祉問題としてかたづけられない、大きな課題として予測できることがある。個のケースから公の問題になるかどうか見抜くことのできる社協マンになること。

・人権を守る

一人ひとりの人権を守る仕事をすること。憲法二五条を守れる社協マンになること。朝日訴訟や山形県で起きた吉島事件から学ぶ姿勢を忘れないこと。

・数に負けない事例をもつこと

事業の評価は数値で問われることが多い。特に行政は数を求めてくることが多い。福祉では数値だけでは評価を出せないことがある。それに対向していくには、数に負けない事例を沢山もっていること。

・組織化

当事者組織、職能組織等、同じ悩みや課題を抱えている人達をつなぎ、仲間づくりをする社協になること。社協の大事な仕事だ。

当事者の声に耳を傾け、住民の声、願いを点・線につなげ、面に広げ、運動へとつなげる社協になること

・実態を知る、見る、聞く

社協は調査が大切。実態を知り、分析し、何が問題なのかを整理することで、できれば自分の目で確かめること。脚でかせぐ社協マンになること。調査、分析、整理、実践、理論、評価等の手順を踏んだ活動をすること。現在、全国各地で、地域福祉計画・地域福祉活動計画の策定が進められています。計画を策定するにあたってどれくらいの県や市町村で、住民の調査を実施したのだろう。策定委員に住民の代表がはいっていたり、地区懇談会を開いたり、作業部会に住民がはいっている所はあるでしょうが。地域に住んでいる住民がどんな町づくりを望んでいるのかを調査するところから始めなければ、誰のための計画なのか、住民の願いとはかけ離れた計画になりはしないかと思います。

・原点に戻り、歴史から学ぶ

仕事に行き詰まったり、企画がつまづいた時は、先人達の足跡から学び、先輩の企画や資料を読み返すこと。福祉を築いてきた先人の著書や論文を読むこと。

・先ずは「受容」

「人」を大切にすることは、どんな人でも受け止めることから始まる。特に、社協をたずねてき

た方は「受容」すること。人が社協を尋ねてこなくなったときは社協がたよりにされていないことにつながる。

・人脈をつくること

社協は、福祉関係者に限定されがち、他の業種の中に人のつながりを作っていくこと。人脈は、個人の財産でもあり、社協の財産にもなる。社協の賛同者を増し、その中で、福祉や地域の仕掛人を見つけること。

・自主財源の確保

自主事業をするには、自ら自主財源を確保すること。社協は会員で成り立っていることを忘れてはならない。自主財源の確保について、少し詳しく書いてみます。山形県社協には、一時、事業部がありました。福祉会館の運営と優良図書の販売、機関紙の広告集め、全国に先がけて建設した研修所の運営等を担当する部でした。研修所の運営がうまくいかず、赤字の時期があり、役職員が一体となって、賛助会員制の導入をはじめ、石鹸、モペットのハンカチセット、チーズ、口紅、ショール、入浴剤、かつらにブーツ、国際障害者年記念タオル、ムーンバットの傘、ベレー帽、マフラー等、福祉団体の人達との連携で色々な物を売りました。研修会や大会には必ず、販売コーナーが設けられていました。

・福祉問題を県民と共有

例をあげてみると、重症児の施設にオムツを贈る運動、子どもを水の事故から守る運動、お年寄りを交通事故から守る運動、長井線廃止運動、かあちゃん九時運動、出稼ぎ行方不明者を捜す運動、その他まだまだありますが、社協は県民とともに、各種の運動を提唱していました。ここ二〇年近く運動として提唱していませんが、福祉問題や生活問題が無くなっているとは思えません。介護保険制度上の問題、医療費の払えない人たち、保育所や老人ホームの待機者のこと、障害者の働く場の充実、不登校、児童虐待、性産業の低年齢化、リストラ、年金問題等、これらの生活問題が県民の運動にならないのです。予算対策の運動さえ、敬遠されているのが現状です。

・理論武装

仕事に自信をもつこと。そのためには、事業や活動を裏付けする理論をもつこと。専門書はいつもそばに置くこと。自分をとりまく人脈の中に、専門家や学者、同じ考えをもつ人を見つけておくこと。

・資料の整理と情報収集

全国からの資料や先駆者な社協の資料は目を通しておくこと。熟読できない場合は、どの資料のどこに書いてあったか、すぐ手に取れるようにしておくこと。私は県社協四〇周年の記念誌発行を担当しました。一九八四年福祉会館から福祉センターに引越しがありましたが、ほとんどの資料は捨てずにきました。山形県社協には、古い資料が沢山保存されています。時折、全国各地の大学等から資料の閲覧にきます。先輩たちの起案文章や、会議の資料に目を通す機会を与えてもらって感謝です。山形県社協の運動史としてまとめたほうが良いと思える地域組織化運動、福祉運動の資料があります。

・専門家を目指せ

政策を提言できるように、講師や委員をたのまれるような社協マンに。しゃべれて書ける社協マンを目指すこと。

・組合活動も

福祉で働く仲間たちとの仲間づくりをする。現場の生の声を聞き、専門職の確立をともにすること。福祉従事者の底上げをし、福祉で働きたいという後輩たちの道を少しでも切り拓いていくこと。そして、なんでも話あえる職場づくりをすること。

組合活動としては、県社協でも大きな闘いをしました。松田仁兵衛さんは「人生に定年なし」として就業規制に定年を唱えていませんでした。当事の常務理事が就業規制の見直しに着手したのです。六〇歳を目前にしていた渡部剛士さんも闘ってくれて、二年間研究員として県社協に残ってくれました。渡部さんが退職するとわかると、次に、その常務理事は事務局長を兼務して、「役員室から職員室に来たい」と言い出しました。財源が浮くだろう等の理由を持ち出しながらです。県社協が民間の自主性を貫くには、民間の生え抜きの事務局長が必要であり、社協活動の経験者が事務局を統括することは大事なことです。

二人一組で、理事のオルグ活動をしました。「私たちはもうがまんできません」というアピール文をつくり訴えました。「仕事もせず、組合活動をするとは」、「他の模範となるべき県社協が組合活動をするなんて」、「騒ぐこと自体がいかん」という声もありました。一方では、支援の手紙や励ましの電話もあり、この闘争には、賛否両論でした。しかし、私たちは個人的な闘いをしていたのではないのです。社協のあり方を問う闘いだったのです。

・感動を忘れない
感動は人に勇気や希望を与え、自分自身が生き生きしてくる。感動がなければいい仕事はできない。人としての喜び、悲しみ、苦しみのわかる社協マンになること。
・時には文化活動も
日々の仕事に追われて、職場と自宅の往復の毎日で終わることのないように、時間をみつけて、本物の絵画、陶芸、音楽、演劇や映画等、美しい物を求めること。本物を見抜けるように。人として自分を高めていることは大切なこと。
・「図解」してみる
具体的に書いてみますと、県社協の自主事業でもあった地域福祉研究会議を私は、七回担当しました。福祉団体担当との兼務の時もありました。この事業に対しては、渡部さんは厳しかったです。県民に地域福祉活動が問われる事業でもあり、地域で起こっている福祉課題をテーマにする事業でしたので、趣旨、講師の選択、事例提供者等の企画が簡単には渡部さんから決裁されませんでした。この会議は、県民福祉大会の前段の分科会として位置づけられ、会議の報告書が福祉大会の資料になっていました。地域組織部全員が担当ごとに、課題ごとに事例を提案させられ、一日中あるいは二〜三日にわたって討議したこともあり、先輩たちから、分科会の運営の方法、資料のつくり方など多くを教えられ、力をつけてもらった事業のひとつです。職員同士で熱い議論をかわし、担当者の悩みや物の見方等も知る機会でした。どうしても企画が暗礁に乗り上げていると、渡部さんは、いつも『図解』をして指導してくれました。『図解』してみるという方法は、考え方、方向が明確になり、素晴らしい方法だと思います。

県社協は、福祉団体の研修も含むと年間に相当数の研修を企画しています。研修の企画は、社協マンの力量が問われていると思います。参加者が望んでいるテーマや課題が、研修の中身になっているのか、参加者に持ち帰ってもらう主題は何か。再び参加したいという研修の企画ができるかどうかです。一日研修会の講師の選択は、特に、研修が大きく左右されます。開催要綱として外部に出た時には、ひとつひとつの研修企画は、県社協の企画となるのです。そのために、講師の著書は読むべきだし、一度は聞いたことのある方を選ぶことが社協マンとして大切なことです。安易な講師選びは、安易な方向に参加者を導くことになりかねないと思います。私は学習綴りをつくり、他県や他団体でお願いしている講師、新聞記事、論文の一部、心に残る一行、イベントのチラシ等、私的な雑綴りを作っています。

## 三　おわりに

今思うと、渡部剛士さんのもとで働くことができた私は幸運でもあり、やりたいと思ったことを実践させてもらえた良い時代だったと思います。

社協が住民のニーズに応えられるか問われ、そこで働く社協マンひとり一人が問われていると思います。要項が変わっても部署が変っても、「人権」――「憲法二五条」、「差別」、「生命」、「連帯」、「平和」を社協マンの基本にして、社会保障が前進するように企画し、実践したいと思います。

総務部出身の上司に「貴女は極めて、事務能力が劣っている」と人物評価されました。でも、「君は、事務員になったら駄目だ、企画で勝負できる社協マンになってほしい」と後押してくれた渡部さんの言葉に応えられる社協マンになりたいと、仕事を続けています。

委託事業が増える中で、福祉の規制緩和が進めば、委託先は、社協の特権ではないのです。古いタイプの社協マンとしては、連絡調整・地域組織化、福祉運動は、住民や福祉団体から会費をもらっている協議会としての大切な事業ではなかろうかと思います。委託事業が増えるごとに、事業のスリム化の対象として、事務委託をしている福祉団体が社協から切りはなされています。

私は、先輩から引き継いだことを実践しているだけです。

＊この文章を書くにあたり、渡部さんが退職時に置いていってくれた牧賢一『社会福祉協議会読本』（一九五三年）と、松田仁兵衛『社会福祉とともに』（一九七五七年）、真田是『地域福祉と社会福祉協議会』（一九九七年）、二宮厚美・真田是・仲田伸輝・桑本文幸共著『新しい福祉時代をつくる』（一九九八年）、真田是『民間社会福祉論』（一九九六年）、白沢久一『戦後日本の公的扶助論の出発点』（一九九七年）、総合社会福祉研究所発行「福祉のひろば」『講座二一世紀の社会福祉』、及び、河合克義さんの講演レジメと書き取ったメモを片脇において書きました。

# 日本初の「個室型特養老人ホーム」づくりに参加して

松浦　猛将

厚生労働省が、二〇〇二年度から建設する特別養護老人ホームは「完全個室と生活・介護単位の小規模化」の方針を明確にしました。遅きに失したことですが、入居者・利用者（高齢者）の人権をまもる上では画期的なことです。しかし、入居者から個室の部屋代（ホテルコスト）を徴収するという福祉の原則に反し、高齢者の人権を侵害する重大な問題も新たに提起しました。

## 一　日本で初めてユニット化の特養づくりに挑戦

私たちは、いまから七年前に高齢者の人権と尊厳、プライバシーをまもり、ノーマライゼーションをめざすことを事業理念にして特別養護老人ホーム・とかみ共生苑を住民運動で立ち上げました。居室の原則個室化と八つのクラスター方式（小規模介護・生活単位）の特養は日本では初めてで、これがハードとソフトの両面から高く評価され、一九九九年に日本医療福祉建築学会の特別賞を受賞しました（別図参照）。

**日本では初めての個室と小規模単位方式を採用したとかみ共生苑の平面図**

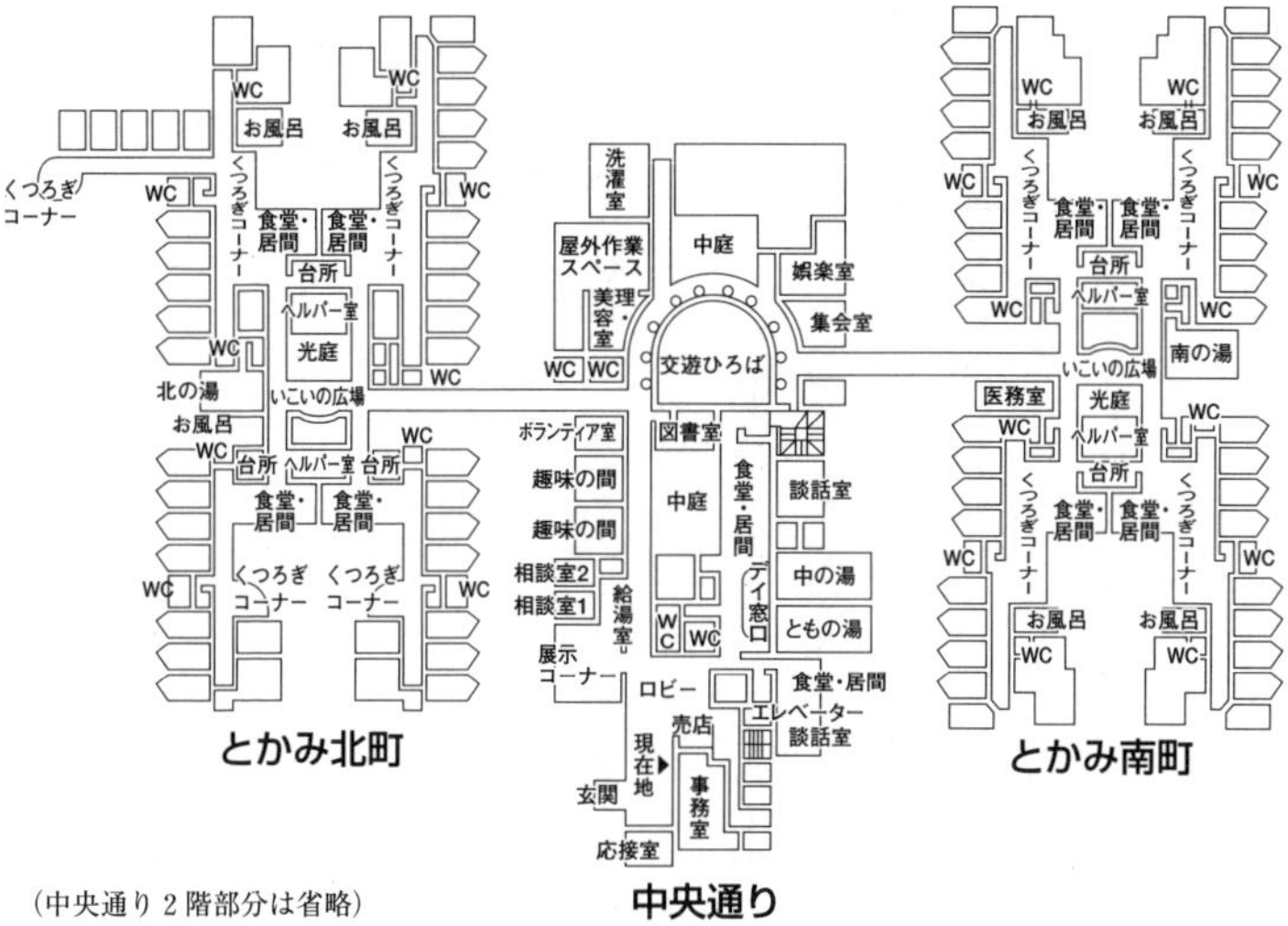

（中央通り２階部分は省略）

特養づくりの準備を始めた一〇年ほど前、国の方針は雑居部屋（四人）が基準でしたので原則個室化の特養は補助金を交付している国及び自治体としては「好ましくない」という対応でした。行政機関だけでなく福祉関係者からも待機者の解消が先で「個室化はもったいない」、「個室に閉じ込めたらかえって呆けをひどくする」などの批判や無理解があり、高齢者の人権を守るという事業理念を貫くことは簡単ではありませんでした。

しかし、私たちはプロジェクトチームでの五〇回に及ぶ徹底した議論をふまえ、憲法二五条（生存権の保障）や一三条（幸福追求権）の原則に立ち、入居者の深刻な人権やプライバシー侵害の介護実態を抜本的に改善しなければならない、なんとしても完全個室化を実現しようとの決意を固めました。さらに介護の基本に高齢者の人権をかかげている尼崎市の喜楽苑や福祉の先進国・北欧の視察は私たちの挑戦を大きく励ましてくれました。

## 二　個室化と介護・生活単位の小規模化がなぜ必要か

一つは、個室でなければ入居者の人権やプライバシー、人間の尊厳を守る生活や介護は絶対にできないからです。

二つは、個室化は入居者間のトラブルの回避だけでなく、家族の援助をえて入居者の個性と生活リズムに対応した空間をつくり、その人なりの生活を豊かにする上で不可欠の条件です。

三つは、個室によって公私の生活と空間が区分され、それによって入居者間のコミニケーションが盛んになり、介護者との対話やふれ合いが深まり、全体として共同生活の内容がレベルアップすることは明らかで、このことは私たちのホームでの実践が証明しています。

四つには、個室は訪れた家族や知人とのゆったりしたくつろぎの場になり、他人に遠慮のない会話やふれ合いが保障され、施設での生活を活性化し精神活動に充実感をもたらします。

生活・介護単位の小規模化については、集団一括処遇方式（五〇人～八〇人規模での一緒の食事や生活など）から個別介護と在宅的な生活と処遇に転換する保障となります。いままでの管理・収容所的施設からノーマライゼーションを保障する家庭的で普通の人の生活に大きく近づけるものです。

いまの七〇歳以上の高齢者は、人生の大半を戦争や貧困で大変な難儀を強いられながら、社会や地域、家族のために身を粉にして働いてきました。その高齢者が晩年をむかえて、人権もプライバシーも保障されない収容所的施設と雑居部屋での生活というのはとうてい容認できないし、国・自治体は緊急の課題としてすべての介護施設の個室化・小規模化をはかるべきです。

## 三　部屋代とらなくともユニット化はできる

右記の理由から、厚生労働省が特養の全個室化と生活・介護単位の小規模化（ユニット化）を進めるとしたのは遅きに失したにしても、当然であり歓迎すべきことです。

しかし、許せないのは、また怒りさえ感じるのは、個室化と小規模化の特養（新型特養といっている）を入居・利用する高齢者から部屋代（ホテルコストとして月額五万円〜六万円）を徴収するという国の方針です。これではお金のある高齢者は個室、お金のない高齢者は雑居部屋が当然ということになり、新たな人権侵害と差別をつくることになります。

私たちは、それまでの国の補助基準をベースに山形市の上乗せ補助を活かし、県内外の方々（約四〇〇〇人）のご支援・ご協力をいただき、設計者や建設業者のご協力もえて、日本で初めて個室と生活・介護の小規模化の特養を七年前に実現しました。介護スタッフも最初から国基準の一・七倍の配置数で対応してきました。

このような私たちの実践と実績から言えることは、家賃（ホテルコスト）を徴収しなくとも特別養護老人ホームの個室化と小規模化は国・自治体の配慮さえあれば実現できるという確信です。金持ちの高齢者しか入居できない特養、介護に新たな差別と人権侵害を生み出す国の方針は、邪道であり絶対に許せません。

国は激増している待機者の解消のために特養の増設、既存特養の個室化改修のための補助と補助率のアップ、介護者の配置基準の改善などをはかり、介護保険制度の抜本改善をすすめるべきです。以上が新型特養の部屋代徴収に反対する現場からの発言です。

私たちの理想への挑戦に、当時、山形大学教授だった伊藤博義先生にも大きな励ましとご協力をいただきました。心から感謝を申し上げ、今後の益々のご活躍をご祈念いたします。

# 「居心地のいい空間」づくりをめざして
## ――障害児・者の地域生活を支援するNPO活動

佐藤　恵美子

### 一　はじめに

私が福祉の道に足を踏み入れた頃、世の中の流れは既に、コロニーに代表される大型施設に対して批判が出始めていました。障害児者福祉の領域で仕事をしようと思う以前にボランティアで関わろうと思ったところも、筋ジスの方の地域での暮らしのお手伝いでした。結局、それはしないままで終わったのですが、そのときの彼の話が、その後の私の仕事のきっかけとなりました。

知的障害者更生施設、施設の地域開放の一環としての療育部門、その兼務としての知的障害児児童施設を経験する中で、出来れば入所施設に入れたくないと思う親御さんと、なぜ突然にそれまでの生活から切り離されてわけのわからないところに入れられてしまったか分からずに混乱するご本人にたくさん出会いました。そんな中で、入所施設を選択する親御さんの多くは、直接的なきっかけとなる大事件ではなく、金属疲労のように慢性的に疲れてきていてある日ぽっきり折れてしまった結果として、入所施設を選択せざるを得ないのだということが見えてきました。では、何があったらこういった状況が変わっていくのか、そんなことを考えながら仕事をしていたあるとき、研究会仲間から「アメリカのニューハンプシャー州で入所施設が全廃される」というニュースが飛び込んできました。

半年後、実際の状況を見たくて出かけていきました。結果、支えるシステムさえあれば、どんなに重い障害があっても地域の中で一人の人間として尊重されて当たり前の暮らしをまっとうできる、という確信をもつに至りました。では、「私に何が出来るのか?」と考える日々のなかで、まずは家族を支える一つの選択肢としてのレスパイト（レスピット）サービスを始めようと気持ちがまとまってきました。

## 二　「はとぽっぽ倶楽部」からNPO法人の設立へ

### 1　「はとぽっぽ倶楽部」の立ち上げ——設立の経緯

「想いが正しくとも、一人でやってはいけない。まずはお母さんたちを仲間にしなさい」というある方のアドヴァイスもありました。よく知らない土地で（転居して一年の時でした）「レスパイトサービス」という言葉さえほとんど知られていない頃の立ち上げでもありました。まずは分かってもらおうという思いもあって、数人の知り合ったお母さんたちの手から他の方の手に……と輪を広げてアンケートを使ったリサーチをしました。

「もし、理由も問わず、電話一本で障害児を預かってくれるところがあったら利用したいと思いますか?」、「どのくらいの利用料だったら利用してみたいと思いますか」という、レスパイトサービスの発想も併せて持ってもらえるような設問を並べました（顕在化されていないニーズを引き出す狙いがあったからです）。

予想通り、「もしそういうところがあったら利用してみたい」という意見が大多数でした。アンケートに協力してくださった方々にこの結果を知らせるために「はとぽっぽ通信」を発行しました。平行して、保護者の方を対象にした月に一回の集まりを持ちました。これも、その間子どもを預かり、レスパイトサービスの擬似体験をしてもらうことと、福祉の新しい情報を提供していく中で、障害児のお母さんとしてだけ頑張らなくてもいいのだということを分かってもらいたいという想いからでした。私だけが、障害児のお母さんだからといっていろんなことを一人で背負って頑張らなくてもいいのだと思っても仕方がありません。当事者である、特にお母さんに「一人だけで頑張らなくてもいいのだ」ということを知って欲しいと思いました。

九四年五月に配布し始めたアンケートを回収し、報告を兼ねた通信を発行したのが八月（この「はとぽっぽ通信」それ以後現在も月一回の発行を続けています）、九月から月一回程度の集まりを始め、とはいえ参加者は毎回五〜六人程度でしたが、その度に新しい顔にも出会うことが出来、三月には参加者の中から「少しでも早く始めてほしい」という声があがるまでになり、九五年四月スタートを切ることが出来ました。

目指したのは、「何でも屋」でした。お母さんが障害児の母の顔だけでなく、他の子どものお母さんの顔や妻の顔、嫁の顔だったり自分の親の前では娘の顔、そして一人の女性としての顔、一社会人としての顔、いろいろな顔を持って欲しい、その時に安心して障害のある子どもを預けていける場所があったら、その間、あまり心配をせずに時間を過ごせるのではないか、と思いました。お母さんがリフレッシュすることで子どもに対してもいい顔を向けることが出来ます。きょうだいとの時間も大切にすることできょうだいにとってもよい影響があると思います。ですから、いわゆるレスパイトサービスばかりではなく、地域の中で当たり前に暮らしていく時に、家族だけでは大変なこと、家族以外の人がいることで少し早く達成できること（できる力が育ってきているのに親と一緒だと甘えて出来ないことも家族以外の人と一緒にすることで甘えが少なくなって出来ることがあります）、そんなことにも寄り添っていきたい、そういうことで、本人も地域の中で過ごしやすくなるのではないかと考えました。

何より、地域で暮らしていくのに必要なサービスは、サービスを提供する側が決めていくことではなく、その家族や本人が決めること、たとえ似ているように見えても家族ごとに暮らし振りは少しづつ違います。自分たちの暮らしをサービスに合わせるのではなく、自分たちの暮らしに必要なことを、必要だと声をあげて欲しい、それに対して出来る限り応えていきたい、そして「申し訳なくて声をあげられない」ではなく、しっかり声をあげていくために、自分の必要なことは自分の財布を出して買うという当たり前の消費活動をしたほうがいいと考えました。自分がお金を払って何かを買うときは、誰しもじっくり見極めます。また、買った商品に不備があればクレームもつけます。これまでの福祉サービスは「お上」から与えられるものでした。自己負担はなかったり、あっても低額でした。その分多少の不満には我慢するしかありませんでした。使いにくいサービスは、我慢して使うか、使わないで我慢するかでした（親の会などで運動して変えていったものももちろんあります）。私が始めようとしていたことは既存の制度の隙間のインフォーマルなサービスです。自分が使いたいときに使いたいように自分に必要なサービスを求める、そしてその使い勝手を自分で評価する、クレームも、こうすればもっと使いやすくなるのにといった提案も自分や子どものためにする、それはサービスの対価としてお金を支払っていくことでやりやすくなります。制度にある福祉サービスは「やっていただく」という意識で使われる方も多く、サービスを提供するほうも「やってあげている」という意識になりやすい構造がありました。使うたびにお金を払う、という当たり前の経済活動をする中で消費者としての当たり前の権利主張が出来ることは大事なことです。利用してくださる方と利用していただく私の関係がせめて五〇：五〇になっていく関係作りをしたいと思いました。

「何でも屋」としてのもう一つは、イエスかノーかではないその間を積極的に使っていこうということでした。「こういう事を……」という希望に対して「出来る」か「出来ない」かではなく、全て希望どおりには出来ないけれど「ここまでだったら出来る」、「ここまで家族がカバーしてくれたらここは出来る」、「ここをこういう風に発想を変えればこんな風に出来る」ということはたくさんあります。そういうことをお互いに話していくことで、一〇〇％ではなくても可能になることを増やしていこうということです。

更に、障害の種別や程度によって線を引かないということも大事にしました。制度として存在する福祉サービスの多くは、何らかの制限がついています。障害の種別だったり程度だったり、年齢だったり、所得の制限があったり……。支援費となって福祉サービスが選べるようになったといわれてさえもなお、いろいろな制限がついて回ります。その結果、制度の狭間にいる人は必要としていることを手に入れられない、という現実がありました。例えば、肢体不自由児だからとそちらのサービスを利用しようとしたとき「知的障害があるのであちらで」といわれ、知的障害の担当のところに行くと「身障のほうで」と言われるといったことは立ち上げの頃、よく聞いた話でした。実際、はとぽっぽ倶楽部を始めてから行政機関に出かけた時も、「年齢を問わず利用していただけます」としてあるもの利用者の中心は児童であったことから、障害福祉課に出かけると「児童が利用の中心なので児童家庭課にいってくれ」と言われ、児童家庭課に行けば「年齢制限をしていないのだから障害分野は障害福祉課にいってくれ」と言われ、結局行き場がなかったという経験をしました。しかし、本当にサービスを必要としているのは、そういう狭間にいる人だったり、また、見た目の大変さと本人や家族が実際に感じている大変さはイコールではないということを考えると、利用に何らかの制限をつけるのはやめようと考えたのです。とはいっても、限られた人と場所と力量を考えると全く制限しない、というのは不可能です。私たちの制限はただ一つ、利用は先着順、ということです。定員もありませんので、利用される方のタイプや希望する利用の仕方、居心地のよい空間をどの程度作れるか等によってその日その日の利用枠は大きく違ってきます。利用理由も要らないので、利用したいと思う状況によって優先順位が変わってくるわけでもありません。ただし、人の生き死にに関わることだけは、利用枠を越えていても何とかしています。

利用される家族、特にお母さんにとってとにかく手軽に利用できる形を作ろう、というのが片方の車輪であるならば、もう一方の車輪は、使っていただいている間、利用者御本人にとって如何に居心地のよい場所と時間を提供していくのか、というのが大きな課題でした。設立当初の利用者が毎日一〜二人程度の頃は、一人一人と注意深く付き合っていくことで、ある程度気持ちに寄り添っていくことが出来ました。が、段々利用される方が増えてきて、スタッフの数も増えてくるとそれだけでは解決できない問題も出てきます。利用者にはプロフィールを出していただくことにしました。目的はただ一つ、自分のことをうまく伝えられない人たちが利用の中心ですので、居心地よく過ごしてもらうためにスタッフが知っておきたいことを教えてもらう、ということです。障害名などいりません。もちろん、障害名から障害種別による特性があることは承知していますが、一人の人としてお付き合いしていくには、障害名から推察される障害特性ではなく、この人はどういう人なのか、を知ることのほうが大事だと思うからです。このプロフィールを基に、スタッフ一人一人が利用される方一人一人とじっくり付き合いながら、居心地のいい時間を提供していく、というのが現在のスタイルです。

## 2　任意団体の問題点

始めたときにはスタッフは私一人でした。利用してくれる人が誰もいなくても、一年だけはやっていこうと決めていました。拠点となるアパートの家賃や維持費、私の生活費を含めて一年間の資金だけは自分で用意しました（立ち上げの資金援助をしてくれる基金などがあることを知ったのは二年経ってからです）。

数ヵ月たって「お金はあるのか」、「どうやって生活するのか」、「今の形で維持していけるのか」と気にしてくれる利用者が現れました。「スタッフが一人では利用したい人が増えても利用が出来なくなる」といって自分の子どもが就学前に担当してもらった療育機関のスタッフ（その頃は仕事をやめて主婦をしていました）をボランティアにと連れてきてくれた利用者もいました。「利用料も必要だけれど、行政にレスパイトサービスを認めさせなければいけないのではないか、出来れば補助金も……」といい始める利用者も出てきました。そういった人たちと市（行政）に出かけていきました。担当者の答えは簡単でした。「どんなに必要とされることをやっていても個人が個人のレベルでしている以上、行政は関係がない。ましてや大切な税金を個人が好きでやっていることに使うことは出来ない」ある意味、とても正しい解答でした。早速任意団体を組織する方向で動き始めました。

九六年七月、総会を開催し、無事に任意団体としての第一歩を踏み出しました。市の担当者にも総会資料を持っていき、交渉開始です。まず求めたのは、利用者助成でした。前述したようにサービスは自分の財布から買う、というのが大前提です。それは実際にサービスに対してどれだけのお金がかかるのかを知る上でも大切なことだと思います。しかし、実際には経費を全て利用者に負担してもらうことは難しい状況です（当時一時間一〇〇〇円の利用料をいただいていましたが、実際全てを利用料で考えると時間単価が約三五〇〇円でした）。一〇〇〇円の利用料に対し利用に応じて利用者に一部補助してもらえないか、という提案でした。既に先進の自治体では利用者助成が始まっていたので、そういった資料も用意し検討を求めました。結果、いろいろと制限はありましたが利用者助成が始まりました。以後毎年山形市と検討を重ね、制限を減らし使いやすい方向に変えていきました。

利用者の経済的負担に対しては少しづつよい方向に進んでいましたが、スタッフは相変わらず無給で手弁当の状態が続いていました。たまたま、基金を申し込み助成が決定した時に活動の内容や私の考えていることなどが新聞で紹介されたこともあり、かつて知的障害児や者の入所施設で職員をしていた人や養護学校の教員をしていた人が、考えに賛同して参加してくれるようになり、スタッフも少しづつ増えてはきていましたが、人件費を出せるほどの経営状況にはありませんでした。

福祉はボランタリーな心で行うもの、とおもっている人たちはたくさんいます。私は、障害者が集まるところは人里離れた環境のいいところがいい、とか、お金がないから古くてきたない所でも仕方がない、という考えは嫌いです。福祉に携わる人の労働条件もボランタリーな心があるんだから低くてもいいだろう、というのも嫌です。社会的に地位が高いと思われている職業は人から尊敬されたり賃金が高かったりと条件は悪くありません。そしてそういうところにはよりいい人材が集まるというのは当然のことです。そこで働く人の社会的な地位が上がり、よい人材が揃うことで福祉の世界全体の底上げもある部分可能になり、福祉がおまけの世界ではなく、一人一人が大切にされる社会の構築の側面を支える一つになるのではないかと考えています。

自分の足元を振り返った時にも、夢や理想だけではご飯は食べていけないという現実があります。貧しくても心ゆたかに、とは言いますが、少しはご飯も食べなければ気持ちは荒んでいきます。また、自分だけのことを考えれば、自分の思いを少しでも現実にしたいという願いで頑張っていけますが、同じ想いを共有していない家族に、長い間それを理解して欲しいというのはなかなか難しい話しです。現にその頃のスタッフの中には、「毎日ボランティアができて幸せないいご身分ね」と揶揄されたり、家族から「そんなにヒマならパートをしてもらわないと」と言われやめざるを得ない人たちもいました。

では、一定の人件費をどうするか、が運営委員会の議題に上るようになりました。何の後ろ盾も無い任意団体が切り詰めるところは人件費だけでした。しかし、何時までも人件費を払わない形では急増する利用に対応していけない、という現実がありました。

「使いたい人が」、「使いたい時に」、「使いたいように使う」という形態は、利用する人たちにとっては、利用しやすい形だと思います。しかし、運営という側面から見ると、収入が一定せず、予測もつかない中で恒常的に支出を増やしていくことには不安がありました。余談ですが、会計を引き受けている運営委員は、予測が全くつかないという中で予算を立てることに毎年とても苦労しています。それは現在でも同じです。

何度も議論を重ねた結果、支出の基礎の部分だけでも利用者一人一人が負担していこう、例えほとんど利用しない、はとぽっぽ倶楽部の存在がセイフティネットとなっている利用者にとっても、ここは無ければ困る存在なのだから、支えあおうという結論になり、利用年会費制が導入されました。もちろん、そういう結論に反対し去っていった利用者も少なからずいました。

### 3　「NPO法人障害者の地域生活を支援する会」の設立へ

NPO法が制定され、はとぽっぽ倶楽部でもNPO法人に移行していくべきか否かについて運営委員会の話題にのぼるようになってきました。メリット、デメリット、最初の頃はデメリットのほうが多い（提出する書類の量など、ギリギリの人数で運営している身には大変に感じることが多い、そのために専任の人を入れるのなら利用者の対応ができる現場スタッフを入れたほうが……等）ように感じられ、見送ることも考えました。けれども、はとぽっぽ倶楽部が大切にしてきた一人一人のささやかな願いや想いはある見方をすれば、わがままだったり贅沢だったり、と思われることも少なくありません。しかし、そういった個人的願いが集まることで、わがままは社会的に認知されるニーズに変わっていきます。それをきちんと支え発信していくためには、任意団体ではなく私たち自身も社会に認められやすい形に変わっていく必要があります。社会福祉法人は私たちにはハードルが高すぎるという現実もありました。しかしそれ以上に、市民が支えるネットワーク、それぞれがやってあげる人、やってもらう人ではなくお互いに何らかの形でギブアンドテイクの関係を作っていく、地域に根ざして地域の一人として存在していくことを共につくっていきたいと願っている私たちにとって相応しい形は、NPO法人なのではないか、という結論から、はとぽっぽ倶楽部は、NPO法人障害者の地城生活を支援する会、へと姿を変えていくことになりました。また、NPO法人になることで行政等に対しても下請けとしてのアウトソーシングだけでなく、きちんとした提案をしていける（と認めてもらえる）所であることが誰にでも分かってもらえるのではないか、という期待もありました。それ以前は、担当の行政マンと親しくなり、はとぽっぽ倶楽部の人となりがわかってもらえれば話しが進んでいったり、担当は理解してくれていても、その上の担当の課長や部長や議会が理解してくれないということが多々ありました。NPO法人になることで少なくても怪しげな団体でないことだけは大前提としてある（一定の要件を満たした上で県から認証を受けている、イコール最低ラインについては県からお墨付きをもらっている、という意味で）ということになり、関係作りの第一歩はフリーパスとなります。もちろん、そのような事だけが信用の手形であるようなあり方は何かと問題も多いと思いますし、関係作りの努力は必要ですが、少なくとも土俵の上に乗ることは可能になりました。

また、他機関と連携を進めていく上でもプラスになっている面があります。もっとも、私たちはは とぽっぽ倶楽部としての活動期間もそれなりにあり、現在も法人名よりも「はとぽっぽ倶楽部」という名前のほうが通りがいいような現状があり、他のＮＰＯ法人より有難味が少ない面もあるのですが……。それでも「ＮＰＯ法人はとぽっぽ倶楽部」と認識してくださる方も増えており、実態を知るまでの安心感としての役割を果たしていると思っています。

一方、始まりのきっかけとなった「地域で当たり前の生活を」という願いに目を向けていくと、レスパイトは、そのきっかけの一つに過ぎないと思っています。当たり前の生活というものは、とても大まかに考えると「くらす」「はたらく」「あそぶ」に分けられるのではないでしょうか。そして今まで私たちがやってきたことは、このどれに対しても一時的に補完するものとしての役割はあったと思っています。でも、それだけでいいのか、そして一方で当たり前の生活の全てを一つのところでまかなってしまうことの不自然さと危険を考えていた時に、自分たちで新しい何かをするにしても、それを提案し別のところに委ねていくにしても、組織がしっかりしていなければならない、というところに立ち返ることになりました。既存のサービスにないものや、更に一歩踏み込んだりはみ出したりしたことを行っていける、しっかりした組織は、いろいろな縛りがある社会福祉法人ではなく、ＮＰＯ法人でした。地域の人を巻き込んで新しい可能性を探っていくということを考えても同様でした。現在、私たちが、その利点を十分に生かした市民活動をやっているかと問われると、ＮＯというしかないのですが。

## 三　まとめにかえて

これまでの約一〇年間（一九九五年から）で個人から任意団体、そしてＮＰＯ法人と組織形態は変わってきました。同様にとり巻く社会や福祉の状況もかなり大きく変化してきました。これからは、様々な制度をうまく取り入れて使いこなしていき自分らしい生活を構築していくためのケアマネジメントを施設や学校、地域、行政等と連携しながら提供していくこともますます重要になっていくと思います。

わたしは冒頭に「支えるシステムさえあれば」と書きました。しかしそのシステムを支えるのは人であり、どんなに優秀なシステムでも必ず隙間はあり、それを捕っていくのも人です。そしてその先にあるのもシステムだけに頼らない互いの人としての尊厳を持った関係性なのではないかと思っています。システムは介護や介助といった物理的な支援は出来ても心の支えあいの部分や互いの存在を認め合うということは出来ません。人が人として生きていく上で人から認められるというのはとても大切なことです。これからの地域生活の支援に必要なことは、今現実に足りないサービスを提供していくことはもちろんですが、本人の気持ちを大切にしながら「社会」で生きていくための支援をしていくこと、そしてそれを取り巻く社会のあり方としての assosiation づくりということを考えていかねばならないと思っています。小さな一ＮＰＯ法人が何ができるか、どこまでできるか分かりません。大切なのは難しいことではなく、私にとってもあなたにとっても居心地のいい空間があちらこちらに広がって行くことなのかもしれません。

# 無認可保育所の認可運動と現状
## ――共同保育所の認可運動をふりかえって

高木　紘一

## 一　はじめに

初めての子どもである長女が生まれた二〇年ほど前、共働きであったため、早速産休明けから子どもを保育所に預ける必要が生じた。ところが、当時は公営保育所や私営の認可保育所で産休明け保育を実施しているところはなかったため、しかたなく人づてで職場の近くにある個人経営の無認可保育所（現在では、認可外保育施設と呼ばれるようになっているので、以下この用語を用いる）に預けることにした。子どもの数に比べて保母さんが少ないという印象を最初に受けたが、当時は保育所というものがどういう施設かという客観的な知識もなく、こういうものだろうという程度でしばらく預けていたのだが、毎日送り迎えしているうちに、これでいいのだろうかという不安が次第に頭をもたげてきた。保育所での子どもの状況が全くみえないのである。あるとき、冬の寒い日であったが子どもを迎えにいくと、暖房で熱いくらいの部屋で、小さな籠の中で顔を真っ赤にして寝かされているわが子を見て、これではいけないと、保育所を変わる決心をした。ちょうどそんな折り、「たんぽぽ」という保育所がいいそうだよというはなしを聞いて、早速そこを訪れることにした。園長さんから、「ここは共同保育所といって、すべて保護者と保母が一体になって保育所を運営するので、保護者の負担は大変かもしれません。そのかわり、保育は責任をもってしっかりやります」という説明を受け、尻込みする気持ちと同時に頼もしさを感じて即決し、その場で入所を申し込んだのである。これが、わたしを認可外保育施設の認可運動に関らしめることになる最初の出会いであった。

## 二　最近における認可外保育施設の現状

(1)　最近の官庁統計（厚生労働省社会福祉施設調査報告、二〇〇一年一〇月一日現在）によると、公営及び民営保育所は、全国的にみて、施設数で二二、二三一ヵ所、入所児童総数は約一九五万人で、一方、認可外保育施設は、施設数で六、一一一ヵ所、入所児童総数は、ベビーホテルを含めて一七万人（厚生労働省保育課とりまとめ、二〇〇二年三月現在）となっている。これによれば、認可外保育施設は、施設数で公営及び民営保育所の二七％、児童数で八・七％を占めていることになり、現在なお、かなり高い比率を占め、保育所行政を補完するものとして重要な役割を果たしていることが分かる。これを山形県でみると、一九八三年度で公営及び民営保育所は、施設数で二二三ヵ所、入所児童数で一六、八四二人、二〇〇〇年度（厚生労働省社会福祉行政業務報告、二〇〇〇年三月一日現在）で二三三ヵ所、

一七、二八七人となっており、それぞれ、一〇四％、及び一〇二％と微増にとどまっているのに比べ、認可外保育施設（厚生労働省保育課二〇〇〇年一二月三一日現在）は、施設数一〇二ヵ所、児童数二、六六四人から、一二三ヵ所、三、四四一人へと、それぞれ一二〇％、一二九％とかなり増加してきており、その役割の重要性が一層顕著に見てとれる。

一九九四年に始まったエンゼルプランから二〇〇〇〜二〇〇四年の新エンゼルプランへ、そして現在では次世代育成支援対策というように、わが国の保育政策は、女性の社会進出や共働き家庭の増加等に伴う保育需要の高まりと、進行の一途をたどる少子化に対応するため、この一〇年間はこれまでにない積極的な保育所行政を展開してきたといえる。しかし、待機児童の解消等増大する保育需要に応えるために、基本的に保育所の増設という方法ではなく、定員の弾力化（施設児童定員の超過受入）、各種補助金の新設・充実（長時間保育、〇歳児保育、障害児保育、一時保育、休日保育等々）、保育所設置基準の弾力化（一人あたり部屋面積、園庭の設置場所等）、小規模保育所（分園方式）の設置促進、短時間勤務保育士導入の拡大、等々規制緩和方式がとられたことによって、結果的には、現実に存在する最も切実な保育需要に対応できていないことが、これらの数字からよく伺えるのである。

(2)　このような規制緩和を中心とした国の保育政策の流れにおいて、保育所運営費（措置費）国家予算は、一九九〇年代以降予算額においては著しい伸長が見られるものの（例えばピーク時の一九八一年度において二八九四億円であったものが、二〇〇三年度においては四二一〇億円と金額的には五割増となっている。保育白書二〇〇三、全国保育団体連絡会・保育研究所編一六頁）、一般会計予算に占める割合で見ると、一九八一年度が〇・六一％であるのに比し、二〇〇三年度は〇・五二％という低い水準にとどまっている。また、保育所の施設数（社会福祉行政業務報告各年度四月一日現在）は、一九八五年度の二二、八九九ヵ所をピークに毎年減少傾向にあったが、二〇〇一年度において一六年ぶりに増加に転じた。二〇〇二年度も二二、二七二ヵ所（前年比五八ヵ所増）と連続して増加となっているが、依然、八五年当時の水準に至っていない状況である。また、その内訳を見ると、規制緩和推進政策の一環として進められている公営保育所の民営化推進策の中で、公営保育所が一五二カ所減少する一方で、民営保育所が二一〇ヵ所（二〇〇〇年三月から実施された保育所設置主体制限の撤廃により、市町村・社会福祉法人以外の例えば有限・株式会社方式の保育所も増えてきている）増加したことによるものであり（保育白書二〇〇三前掲書九頁）、国の規制緩和政策の中で、保育所行政の分野でも公的責任の後退が顕著に窺われる。このようにして、厚生労働省による鳴り物入りの「待機児童ゼロ作戦（二〇〇四年度までに、一五万人の受け入れ増実現）」においても、とくに大都市圏で待機児童が大量に生じている（二〇〇二年度四月一日現在で三九、八八一人、厚生労働省保育課調べ）。待機児童対策は、子どもの保育環境の悪化を招かないように、本来は、保育所の新・増設を基本に行うべきものであるが、国は、規制緩和の徹底という行政コスト最小化の方針を基本としているところに、このような事態を招来した根本原因があるといえよう。

## 三　認可外保育施設の問題点と政策課題

(1)　すべての子どもが知的、道徳的、社会的発達へと次第に導かれていくために、等しく教育と指導を受ける権利を持つことは、「世界児童権利宣言」（一九五九年国連総会採択）及び児童権利条約（一九九四年）が謳っているところである。保育というこのような人間社会の最も重要な営みが、本来、父母の手によって行われるべきか、あるいは、保育所による集団保育のほうが優れているかという学問上の論争はさておくとしても、保育所での保育の社会的必要性が現実に存在するかぎり、最も好ましい条件・環境下で育てられ、成長・発達を遂げていくことの保障は、すべての児童のもつ基本的な権利である。その意味で、保育所保育は、基本的に公的責任の下に行わなければならないという原則は、国際的にもまた、これまでの保育運動の歴史においても確立した共通認識といえよう。その意味で、地域間格差があるとはいえ、児童福祉法二四条のいう「保育に欠ける児童」のうちの一〇％から二〇％の児童が、経済的基盤が脆弱で厳しい財政的事情の認可外保育施設に預けられ、公的保障の埒外に放置されているという現実は深刻であり、すみやかに抜本的な行政上の施策が必要であろう。もちろん、これまでも、県・市等の自治体によっては、認可外保育施設に対してかなりの額の補助金が支給されてきている（例えば、東京都では、二〇〇三年度において都及び区・市二分の一ずつ負担の補助基準額（月額）が、三歳未満児で施設あたり定員六～一二人六七、四〇〇円、一三～一八人五八、三〇〇円、一九～二四人五五、六〇〇円、二五～二九人五三、九〇〇円、〇歳児加算四一、二〇〇円と設定されており、これを基本として、各区・市独自の加算がなされたり、職員あたりの人件費補助や施設あたり補助等の各種の助成措置が導入されており、一般的にみて、かなり手厚い助成となっている。また、全国の多くの自治体でも、金額に違いこそあれ、それぞれ独自の助成措置がとられている。全国無認可保育所連絡協議会「第三〇回総会」資料二、平成一五年度）。しかし、公営保育所や私営の認可保育所に比較すれば、全体的に不十分であり、それを補完する役割として制度的に位置づけるには、あまりに差が大きすぎるといわなければならない（ちなみに、私営認可保育所に対し支給される国の運営費は、二〇〇三年度で、乳児一人当たり月額一八三、六〇〇円、一～二歳児一一四、六一〇円、三歳児六三、一五〇円、四～五歳児五六、三五〇円となっており、全国トップレベルの東京都においてさえ、認可と無認可との間には公的助成面で依然として大きな格差が存在していることが見てとれる）。

(2)　このような一般的状況において、二〇〇一年三月に神奈川県児童福祉審議会が県知事の諮問に対して提出した「子どもたちのよりよい保育をめざして——認可外保育施設のあり方について」（保育白書二〇〇一、前掲書一七二～一九八頁）と題する答申は、問題の背景及び保育の現状の基本的とらえ方やそれに基づく必要な施策、今後における認可外保育所の位置づけと課題等において非常に詳細かつ注目すべき提言を行っており、注目される。すなわち、答申は、「県をはじめ市町村においては、多くの子どもたちが現に認可によらない保育施設で保育されている（神奈川県では、六三七の認可外保育施設において認可保育所を含む全ての保育施設利用者の一七％にあたる一万四〇〇〇人が該当—筆者注）ことを念頭に入れ、答申で示した考え方や施策の方向を踏まえて、積極的に取組を進めることを強く要望する」としたうえで、問題の背景と保育の現状・これまでの取組を踏まえ、「認可外保育施設のあり方について」、①条例制定の必要性（指導監督の実効性を高めるために施設開設につき届け出制を基調とする条例を制定すること）、②施設の選択・利用のための情報提供・苦情解決の制度化（事業者による情報提供及び苦情解決の条例による義務化と行政による事業者支援策の策定）、③児童処遇の確保・向上のための適切な育成（保育の内容・質の確保・向上のための研修等の実施、保育を受けている乳幼児の健康・安全衛生確保のための公的助成等、施設経営基盤強化のための施策――保険加入の促進など）、④市町村の役割強化と認可外保育施設を地域に受け入れていく取組（認可外保育施設に対する指導監督における県と市町村との役割分業と連携、市町村の役割強化と保育行政への位置づけ、地域との交流の推進）、⑤保育行政における認可外保育施設の位置付け（小規模保育施設補助制度の見直し・拡充、適切な名称の検討、深夜型夜間保育所の整備）という五項目について、具体的な提言を行っている。とりわけ、⑤の認可外保育施設の位置づけとの関連で、児童福祉法二四条にいう「保育に欠ける児童」の中で、「認可保育所に入所している児童、公的助成の対象となっている施設に入所している児童、公的助成の対象外施設に入所している児童では、一人当たりの公的助成の額に大きな格差があり、可能な限り格差を是正していく必要がある」という基本的立場から、今後の取組として、すべての認可外保育施設に原則として同等の助成を行うべきであり、具体的には、現在神奈川県所管域で公的助成を受けている約五〇ヵ所の認可外保育施設（県内全体で認可外保育施設は六三七ヵ所ある―筆者注）に対する助成措置としての「小規模保育施設補助制度」を見直し、拡充すること、その際、補助額の設定に際しては、認可保育所の利用料との差を考慮した設定が考えられることを提言している点が、とくに注目されるのである。

## 四　私の実践――共同保育所の認可運動をふりかえって

(1)　私が認可運動に関わることになった「たんぽぽ保育園」は、働く主婦が中心となって一九八一年八月に、山形で最初の「産休明け・長時間保育を行う共同保育所」としてスタートした手作りの保育所である。職員と父母の共同運営というところがエネルギー源となり、四年後の一九八五年六月に「認可を実現する会」が設立され、わずか二年半後の一九八七年一二月に「社会福祉法人たんぽぽ会」として認可が実現したのである。勿論、紆余曲折があり、さまざまな困難に直面したが、苦労をも喜びに変えるという明るさが運動を通じて溢れていて、私自身子育てに夢中という面が幸いしてか、全体的に楽しい認可運動という印象が現在でも残っている。また、運動を通じて最も注意した点は、「たんぽぽ」だけが認可されれば事足りるということではなく、「保育に欠ける児童の保育は公的責任で行う」という視点を運動の基本に据えたことである。以下の(2)に掲載する一文は、たんぽぽ保育園認可一〇周年を記念して編集された記念誌（たんぽぽ保育園創立十周年記念誌編集委員会編『たんぽぽ・共育ちの保育をめざして』、一九九六年三月発行）に筆者が投稿したものである。「たんぽぽ保育園」という小さな保育所のささやかな運動の記録にすぎないものではあるが、保育という人間社会の営為における一つの断面を描いたものとして受け取っていただければ幸いである。

なお、「社会福祉法人たんぽぽ会」は、その後、四～五歳児をも受け入れる保育所として「たつのこ保育園」を併設し、一九九八年四月にはその認可も実現させることによって、現在では、独立の園舎を有する二園を別の場所で開所しており、〇歳児～三歳児を受け入れる「たんぽぽ保育園」は、定員六〇名（実際は二五％増の児童を受け入れている）、職員二一名（数名の臨時・パート職員を含む）、〇歳児から五歳児まで受け入れる「たつのこ保育園」は、定員八七名（実際は一〇〇名超受け入れ）、職員二六名（若干の臨時・パート職員を含む）という規模にまで発展している。

(2)　認可運動をふりかえってみよう。

「たんぽぽ保育園の認可を実現する会」が結成されたのは、一九八五年六月、たんぽぽ共同保育園がスタートして四年後のことであった。県知事の許可がおりたのが一九八七年の一二月であるから、わずか二年六ヵ月という超スピードで夢が実現したことになる。天の利、地の利が「たんぽぽ」に味方した短期間の出来事であった。

しかし、「実現する会」がスタートするまでには幾多の紆余曲折があった。「認可なんてとても……」という受動的消極論から、「認可保育所に対する行政的制約が、無認可保育所の持つ自由な保育のよさを奪ってしまうのでは……」という能動的消極論まで、いろんな顔をした消極論が現れてはまた消えていった。認可運動へ一歩足を踏み出すことは決して容易な選択ではなかったのである。

凍てつく夜、保母や親たちで認可に向けた学習会を幾度となく開催した。「認可なんてできっこない」と後ろ向きになってしまう私たちにとって『子育ての危機と保育の公的保障』（鷲谷善教著、ひとなる書房、一九八四年）は、コペルニクス的自己変革への転機となる書であった。

「保育所は今日の社会の中で最も専門的な保育力を持つ組織です。保育者は教育学や心理学、医学などの分野における乳幼児の発達に関する成果を最も系統的かつ組織的に吸収し、実践しているところです。保育の社会化とは、第一に、すべての子どもが知的、道徳的、社会的発達へと次第に導かれていくために、等しく教育と指導を受ける権利ををもつこと。第二に、そのような権利を学校や保育所は公的な教育・福祉制度として制度化すること。第三に、教師や保育者など専門的資格を持つ労働者が、子どもたちとの日常的交流の中でその人間的発達と人格形成を具体的に実現していくこと。すなわち、保育をめぐる『権利』、『制度』、『労働』の三位一体的関係のことを指すのである。」と鷲谷は述べている。

さて、認可運動へ足を踏み出せた最大の力は、このような「権利」、「制度」、「労働」の三位一体的関係を日々の生活の中で体得してきた「たんぽぽファミリー」の素朴な願いであった。また、そのような力を引き出したのが共同保育所という、たんぽぽ独特の運営方式であった。

これらのことをさらに具体的に述べてみたい。

まず第一に、共同保育所という性格から生まれる保母と父母間の団結の強さがあげられよう。この団結力の強さは一朝一夕には生れない。保育所と家庭を結ぶ毎日の「連絡ノートの作成」、父母の会、運営委員会、そして物品販売部、機関紙部、自治体対策部等の専門部活動など保育所運営に費やすエネルギーや負担はかなりのものである。だが、苦労して生み出されたつながり故の団結力は強い。

第二に、学習の重要性である。すべての実践は学習を基礎とする。無認可保育所の役割・現状・問題点、そして「保育とは何か」という保育理論、認可の意義など、時間を作って私たちはよく学習した。

第三に、市民に対する幅広い訴えを中心とした運動の広がりである。認可運動を単にたんぽぽの認可ということだけに埋没させなかった。「保育所は公的責任において……」、「子どもたちの権利は公的責任において保障し……」ということを、認可運動の基本に据えたところに、幅広い市民の協力が得られたのだと考える。

一九八六年四月、「産休明け長時間の認可保育所をつくる市民の会」の結成総会が開かれた。教育・医学・福祉・労働・演劇・芸術・主婦等広汎な分野三五名の呼びかけで発足してから、わずか二ヵ月で、なんと一〇、六五〇人もの署名が集まったのである。ここにおいてたんぽぽの認可運動は、市民運動としての性格を持つに至ったといえる。「保育の社会化」を市民の声とするまで運動が高められたと言えないだろうか。

また、認可運動の数年間、たんぽぽは実によくマスコミに登場した。当時の新聞記事のスクラップだけで運動全体が見渡せるであろう。女性の労働参加の推進と、それを支える保育所の役割の増大という社会情勢も味方したが、マスコミへの働きかけを重視した点も運動の広がりを支える意味で大きな役割を果たしたといえよう。

第四に、行政との関係が大きい。たんぽぽは年に数回は必ず要望書等を携えて市長交渉や県生活福祉部長交渉を行い、無認可保育所の実情と援助を訴えてきた。「実現する会」結成後は、たんぽぽ保育園の認可を、市の重要事業として位置づけてもらうことを目指して、市のどの地域に保育需要が最も高く、どのような規模、内容の保育所が必要か、といった具体的計画書を作成して市の担当課に頻繁に足を運んだ。この粘り強い働きかけがついに政策決定へと実を結んだわけだが、説得の論理として「産休明け」及び「長時間保育」の二点を強調した。行政側は、たんぽぽを一つの「試み」として認可の方向に踏み出したのだが、その後、市内の認可保育所でも「産休明け・長時間保育」が実施されるようになったことは、大変喜ばしいことである。

第五に、全国の経験に学び、全国の保育運動との交流を重視したことである。「全国無保協ニュース」や「みたかつくしんぼ保育園」の認可運動記録集などから、いかに多くの貴重な教訓を学び励まされたことだろう。また、石巻市にある「なかよし保育園」、多賀城市にある「あゆみ保育園」の見学も私たちに希望と確信を与えてくれた。完成後まもない「なかよし保育園」の檜の白い木肌は、今のたんぽぽの園舎に生かされている。「あゆみ保育園」では、保育の先駆者としての「歴史」の香りをたっぷりと吸い込むことができた。

しかし、社会福祉法人への公的補助はあったものの、一〇〇〇万円近い自己資金が認可には必要であった。クリスマスケーキ販売、秋のバザー、夏の星空映画会、日常的な物品販売、「育てる会の卵おばさん」等々、たんぽぽ総動員での資金作りは多彩であった。このほか、山形大学教育学部教授の伊達華子さんのチャリティ・ピアノコンサートをはじめ多くの個人からの支援によって、資金作りの目標がほぼ達成されたのだった。資金作りに奮闘した父母たちの努力、募金に協力して下さった多くの方々の厚志があったからこそ、認可が勝ち取れたのである。

たんぽぽの認可は、なによりも市民の力で達成された。社会福祉法人としてのたんぽぽ会が、今後どのように発展していくか期待はするものの、何よりも責任の大きさを痛切に感じる。「市民のたんぽぽ」としての社会的存在を認識しながら、常に「保育の社会化」に向け一層の精進を期待したい。

# Ⅵ　福祉労働

# 「介護労働」の現状と課題
## ――介護・介護労働の「連鎖」・「専門性」の陥穽と「ディーセント・ワーク」

水谷　英夫

### 一　はじめに

二〇〇〇年四月から導入された介護保険制度は、〇三年四月に介護報酬等の改定を行った後〇五年度に制度全般の見直し時期を迎え、ホームヘルプサービスの急速な利用の伸びや財源不足対策として、現在、予防策強化や自己負担拡大等により給付を抑える一方、加入対象年齢の拡大や障害者支援費との統合等の検討が行われつつある。

ところで、介護保険制度は、わが国における従来の福祉制度を大きく変えたばかりか、福祉労働に従事する人々の労働の在り方をも変え、制度発足後四年を経た今日、介護労働並びに介護労働従事者の雇用や労働条件は大きく変容しつつある。特に規制緩和の流れの中で、在宅介護事業が営利法人等に開放されるようになると共に、都市部を中心に事業者間の競争や利用者の「囲い込み」が進展し、他方、過疎地域を中心に各事業者は不採算を理由に撤退することが相次ぎ、その結果福祉労働者の賃金、労働条件の切り下げをはじめ、配転、解雇、登録ヘルパーの契約打ち切り等、福祉労働者の雇用の不安定化が進行し、他方成年後見制度などの権利擁護システムも自己負担原則ゆえに低所得者が制度利用から事実上排除され、専門的後見人などの人権確保が困難な中で制度の形骸化が進んでいる。

特に福祉労働の現場は、零細規模の事業者が多く、大半の職場には労働組合もないため、いまだに前近代的な労使関係の中におかれているばかりか、近年の規制緩和の流れの中で、労働者派遣法や労基法等の改正により、有期雇用契約の上限延長、裁量労働制の拡大やパート規制の不十分さ等により、福祉労働者の雇用の不安定化が一層進展している。更に前述した介護保険制度の導入や社会福祉基礎構造「改革」によって、現場には民間事業者が進出し、福祉の「民営化、営利化」の動きがこれらに一層拍車をかけつつある。その結果は今日、介護保障制度導入によって介護が「私的」介護から「公的」介護へと移行しつつある中で、とりわけ介護の中心的担い手であるケアワークの変質・変容が進行しつつあり、現場にいわば「介護若しくは介護労働の連鎖」ともいうべき現象が生じつつあることが指摘できよう。

本来福祉労働は、経済的窮迫、心身の障害、疾病、老衰等のため自立できなくなった人に対するさまざまな支援活動（サービス）を中心とした業務であり、その中でも介護労働（ケアワーク）は、利用者の日常的な生活相談、身辺の世話、身体介護等に従事する人間労働であり、とりわけ利用者である相手方の意思を尊重した質の高い労務提供が求められるのであり（＝自己決定権の尊重、人権への配慮）、良質で安定的、継続的な介護労働のためには、福祉労働の担い手（＝福祉労働者）自身の雇用の安定と良好な労働条件の確保（＝ディーセント・ワーク）が不可欠なものである。

しかしながら、介護保険制度導入に伴って現実に生じている状況は、このような福祉労働に求められるものとは著しく異なっているばかりか、むしろ時代の要請に逆行するものといえよう。我々は今こそ充実した福祉と福祉労働の実現をめざして、その方策と可能性の探求が求められているといえよう。特に福祉労働の中でも介護労働の中心的役割を果たしているホームヘルパーは、女性労働者が圧倒的比重を占めているばかりか、その大半はパート・登録ヘルパー等の不安定雇用であり、このような雇用構造は、本来の介護労働を著しく変質させる要因となっている。そこで、以下では、このような問題関心の下に、(1)「介護・介護労働の連鎖」、(2)「介護の専門性」、に焦点をあてて、「ディーセント・ワーク（＝decent work）」としての介護労働を実現するに際しての、介護労働の現状と課題についで論ずることとする。(1)

## 二　「介護・介護労働の連鎖」？

### 1　高齢者介護の増加

人口の高齢化に伴って高齢者介護の社会的需要が高まっている。わが国の高齢化の度合いを六五歳以上（介護保険制度における第一号被保険者）の増加数でみたとき、介護保険制度発足時の二〇〇〇年四月には約二一六五万人であったものが、〇四年四月一日現在約二四三七万人と年間約一〇〇万人近いペースで増加しており、一〇年後には年間二〇〇万人のペースで増加すると予測されている。それ

図表1　65歳以上の高齢者と認定者の推移

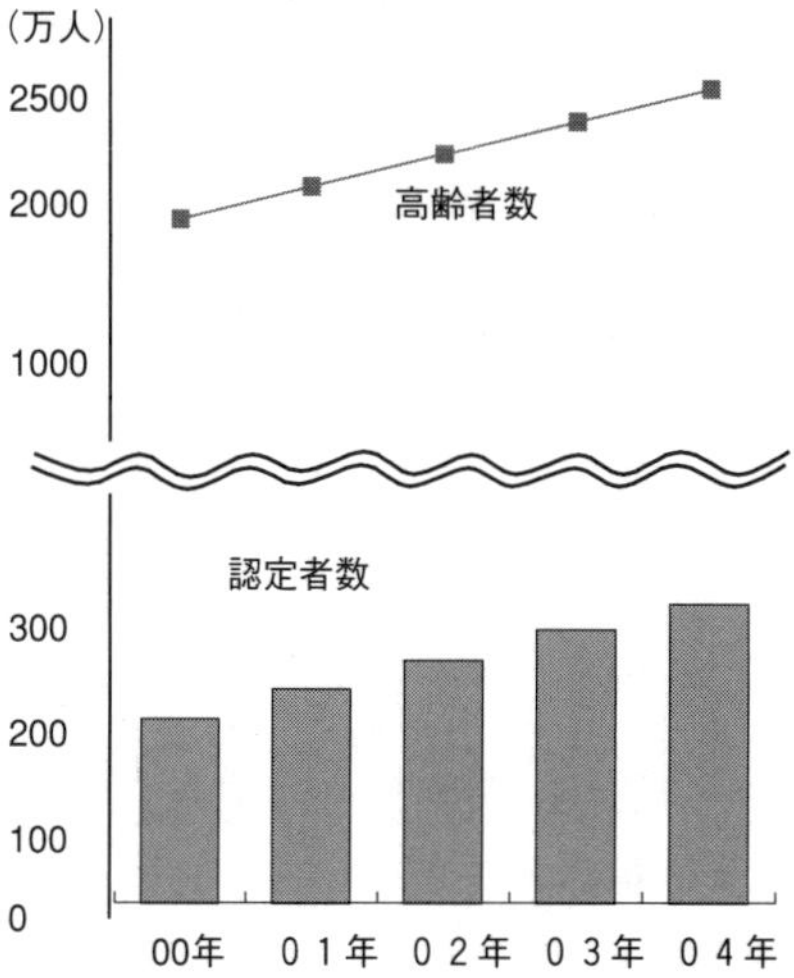


に伴って高齢者の介護ニーズも増大しており、例えば要介護認定者は〇〇年四月には約二一一万人であったものが、〇四年一月には七割増の約三六一万人に達しており（図表1）、それに伴って介護保険の利用者も急増しており、毎月の利用者は〇〇年四月の一四九万人（在宅サービス九七万、施設サービス五二万人）から〇四年一月には二九四万人（在宅が二二一万人、施設が七三万人）と約一四五万人も増加し、その大半が在宅サービス（約一二四万人）によるものであることが注目されよう（しかも介護保険の費用は〇二年実績では、在宅に約二兆二阡億円、施設サービスに約三兆円使われており、利用者の多い在宅の方がサービス費用が少ないのである）。

## 2　介護労働者の増加

このような高齢者介護の増加、とりわけ在宅サービスの増加に伴って、この間在宅サービスの主たる担い手であるホームヘルパーは、その量的規模を飛躍的に拡大している。ホームヘルパーは、〇〇年四月時点で一七万人であったが、九九年策定のゴールドプラン二一により〇四年迄の五年間に三五万人に増加することとされ、今日ほぼこの目標は達成されており、また介護福祉士も〇三年五月現在約三四万八千人に達しており、更に厚労省は一〇年までにホームヘルパー等（介護福祉士を含む）の在宅介護の担い手を一〇〇万人にすることを目標としている。しかもこれは政府が推進している雇用創出計画とも軸を一にするものであり、〇一年内閣府に設置された経済財政諮問会議は、サービス部門九分野で計五三〇万人の雇用創出構想を唱え、その中でも「高齢者ケアサービス部門」では、〇一年の現状五〇万人を、公設民営ケアハウスサービスや民間施設・介護サービスの拡充により、約五年で一〇〇万人に増加させるとのプランを掲げてきた。(2) また今日多数の福祉ボランティア（二〇〇三年現在、全国で約八〇〇万人が何らかのボランティア活動に参加しており、その約三〇％の二四〇万人が高齢者介護サービスに従事しているといわれている――全国社協調査）が、介護サービスに従事しており、家族等の私的介護を含めるとこの数は膨大なものとなろう。

このように、わが国では少なくとも今日、とりわけ高齢者介護の分野では、在宅介護を中心に「私的」介護から「公的」介護へと介護とその担い手の比重が移りつつある（「私的」介護→「公的」介護へ）。

## 3　外国人労働者の導入？

このように介護保険制度導入後、ホームヘルパーを中心とした介護労働の量的拡大が図られつつある中で、本年に入り日本経団連や政府は相次いで看護や介護分野への外国人労働者の受入れを提唱するに至っている。即ち、日本経団連は本年四月『外国人受け入れ問題に関する提言』を発表し、その中で将来的に労働力の不足が予想される分野として看護と介護分野をあげ、ＥＰＡ（経済連携協定）交渉が行われている、タイやフィリピンなどの諸国からの介護労働者送り出しのニーズが高いとして、特に介護分野においては、一定の日本語能力を有する者について、現地での介護講座実施研修等のサポート等を通して、「技術」や「技能」の在留資格でわが国の就労を認めることを提言している。(3) また同じく政府は六月四日に閣議決定された「経済財政運営と構造改革に関する基本方針（いわゆる「骨太の方針」第四弾）」で、フィリピンなど東南アジア諸国とのＦＴＡ（自由貿易協定）交渉で、同国らが強く求めている「看護、介護などの分野における外国人労働者の受け入れ拡充に関して総合的な観点から検討する」と述べている（「毎日新聞」〇四年六月五日付）。

欧米諸国をはじめとする先進諸国では、二〇世紀後半に高齢化や女性の社会参加の中で、私的・公的介護分野での介護提供者が減少するようになり、これらを補うものとして発展途上国（例えば、モロッコ、アルジェリア、トルコなど）から外国人女性労働者を大量に介護労働者として受け入れるようになり、このような私的介護↓公的介護への変化の中で、介護の担い手として、自国の女性労働者↓外国人女性労働者という現象があらわれるようになってきており、このような現象を今日では一般に「介護・介護労働の連鎖（the chain of caring）」と呼ばれるようになっている。(4) このような現象は、アジア諸国においてもみられるようになってきており、例えばフィリピンは早くから台湾、香港、アメリカ等に介護労働者を送り出してきており、その結果台湾では在留資格を有する外国人労働者の約四

図表２－１　訪問介護従事者の雇用形態の変遷

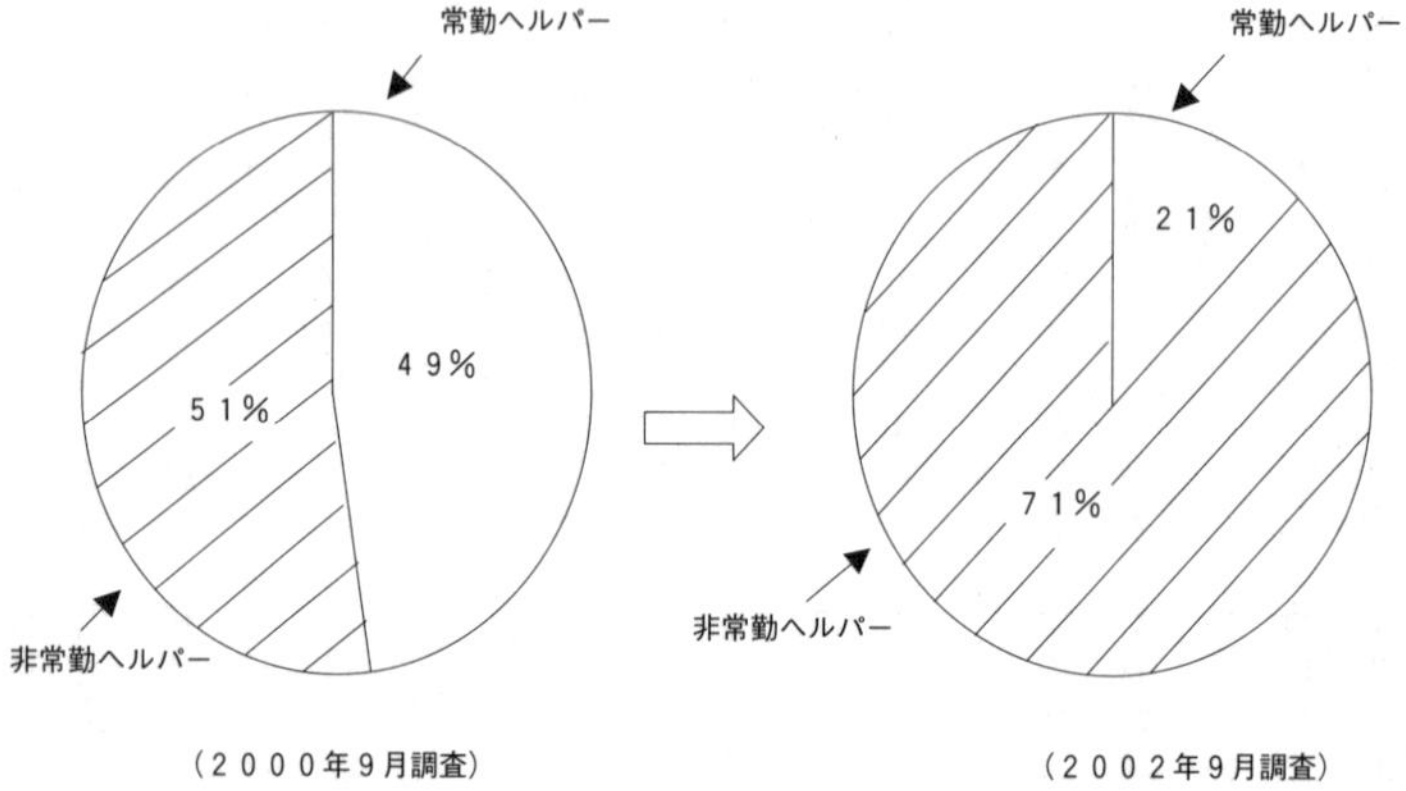


割は介護労働者で占められ、その大半はフィリピン人女性となっている。上記諸提言は、このような現象がわが国にも及んできつつあることを示しているといえよう。

　しかしながら、わが国ではこの間、介護労働者の量的拡大がなされているにもかかわらず、何故に外国人労働者の受け入れが問題とされるのか？　以下に述べる通り、この点に今日の介護労働のかかえている問題点が凝縮されているといえよう。

## ４　介護労働者の雇用・労働条件

　このような「介護・介護労働の連鎖」の一つの原因は、介護労働者の雇用・労働条件にみてとることができる。まず訪問介護に従事するホームヘルパーの雇用形態についてみると、例えば二〇〇二年一〇月厚労省の実施した調査では、ホームヘルパーのうち常勤（正規など）職員の比重は約二一％であるのに比して、非常勤（パート、登録型、嘱託など）職員は七九％となっており、介護保険導入後直後の〇〇年の調査では、常勤職員四九％、非

**図表２－２　勤務形態・性別にみた年齢階級別従業者の構成割合**

2002年10月１日現在

| | | | 従事者数（人） | 構成割合（%） | | | | | |
|---|---|---|---|---|---|---|---|---|---|
| | | | | 総数 | 29歳以下 | 30～39 | 40～49 | 50～59 | 60歳以上 |
| 訪問介護（訪問介護員） | 常勤 | 総数 | 56,833 | 100.0 | 14.2 | 17.2 | 32.2 | 28.7 | 5.1 |
| | | 男 | 6,718 | 100.0 | 25.9 | 21.5 | 21.2 | 25.3 | 6.2 |
| | | 女 | 48,630 | 100.0 | 13.0 | 17.2 | 34.7 | 30.0 | 5.1 |
| | 非常勤 | 総数 | 206,948 | 100.0 | 3.8 | 14.4 | 30.0 | 34.3 | 14.1 |
| | | 男 | 6,074 | 100.0 | 15.0 | 16.5 | 20.2 | 27.5 | 20.8 |
| | | 女 | 194,018 | 100.0 | 3.5 | 14.9 | 31.4 | 35.8 | 14.4 |
| 訪問入浴介護（介護職員） | 常勤 | 総数 | 7,153 | 100.0 | 31.7 | 27.7 | 23.8 | 13.7 | 1.8 |
| | | 男 | 2,722 | 100.0 | 43.1 | 33.5 | 12.2 | 8.4 | 2.8 |
| | | 女 | 4,341 | 100.0 | 25.2 | 24.7 | 31.5 | 17.3 | 1.2 |
| | 非常勤 | 総数 | 6,266 | 100.0 | 15.1 | 26.3 | 31.3 | 19.0 | 6.9 |
| | | 男 | 616 | 100.0 | 35.7 | 20.5 | 11.2 | 12.0 | 20.6 |
| | | 女 | 5,568 | 100.0 | 13.1 | 27.4 | 34.0 | 20.0 | 5.5 |

**図表３　１年間の採用率・離職率**

| | 正社員 | | | 非正社員 | | | 全体 |
|---|---|---|---|---|---|---|---|
| | 男 | 女 | 計 | 男 | 女 | 計 | |
| １年間の採用人数(b) | 2918人<br>11.8% | 8490人<br>34.4% | 11408人<br>46.3% | 1834人<br>7.4% | 11421人<br>46.3% | 13255人<br>53.7% | 24663人<br>100.0% |
| １年間の採用人数(c) | 1352人<br>9.9% | 5390人<br>39.4% | 6742人<br>49.3% | 876人<br>6.4% | 6056人<br>44.3% | 6932人<br>50.7% | 13674人<br>100.0% |
| 平成13年11月１日現在の介護労働に従事されていた就業者数(A) | 9091人 | 31132人 | 40223人 | 2494人 | 19049人 | 21543人 | 61766人 |
| 採用率（b/A） | 32.1% | 27.3% | 28.4% | 73.5% | 60.0% | 61.5% | 39.9% |
| 離職率（c/A） | 14.9% | 17.3% | 16.8% | 35.2% | 31.8% | 32.2% | 22.1% |

資料：介護労働安定センター「平成15年版介護事業所における労働の現状」

常勤職員五一％であったのと比較すると、非常勤職員の比率が著しく増加していることが注目されよう。しかも東京等の大都市圏ではホームヘルパーの九割が非常勤職員で占められているとの調査もある（東京労連二〇〇二年三月調査、月刊『介護保険』二〇〇二年一月号四六頁など）。また、男女比較でみると〇二年現在、訪問介護に従事する常勤ヘルパーのうち男性ヘルパーは一割、女性ヘルパー九割であるのに比して、非常勤ヘルパーのうち男性ヘルパーはわずか三％にすぎず、他は全て女性ヘルパーで占められている。更に常勤、非常勤共に女性ヘルパーの六割以上を四〇～五九歳が占めているのである（図表2①②）。

次にホームヘルパーの賃金、労働時間等の勤務条件は現在どのようになっているだろうか？　二〇〇一年八月介護労働安定センターが実施した調査では、ホームヘルパーの勤務時間は一日平均実労働日数二〇日、労働時間一一一時間、一日平均五・五時間であり、賃金は、時給・日給者の時間単価は平均一〇七九円、固定給の時間単価は一四二九円となっており、その格差は七五％程度であるにもかかわらず、常勤職員の大半はボーナス等が加算されて月給は平均一八万二八五四円となり、他方非常勤職員の大半は時間給であることから月平均一〇万一三六九円となりその格差は五五％に開くことになる（全体の平均月収は一二万八一九五円であり、男性は一八万一八一四円、女性は一二万五四九〇円と、その格差は七〇％となっている）。しかも非常勤ホームヘルパーの大半は出来高払いであることから、事業所間や事業所から就労場所の移動時間を労働時間として賃金を支払っている事業所は、わずか一八・五％にすぎず、全く支払われない事業所は二五％に達し、五六・五％の事業所が一部支払いをしているにすぎない。また書類作成時間や事務所での待機時間は七割以上の事業所が何らの支払をしておらず、ミーティングや研修、講習時間についても約四五％の事業所が支払をしておらず、雇用保険も、常勤職員は九割以上が加入しているのに比して、非常勤は五三％が加入しているにすぎない（登録ヘルパーは一一％）。

このようにホームヘルパーの大半を占める非常勤ホームヘルパー（しかもその大半を女性が占めている）は、身分が不安定な上に、自立した生活を営むのにはほど遠い賃金水準となっているばかりか、ホームヘルパーの賃金が出来高払いであることから、結局は「時給は比較的高いものの、移動、待機時間等を含めると仕事の割に賃金が低い」（同調査報告書。なお、二〇〇二年厚労省の「賃金構造基本統計調査」によると、女性パートタイマーの時給平均は八九一円となっている）という現状にある。その結果、一日の拘束時間は平均一〇時間程度となっているにもかかわらず、賃金支払い対象とされる労働時間は、実際に（在宅）ホームヘルプ作業に従事している時間のみで、一日六時間から七時間にすぎず、在宅ホームヘルパーに従事する際の利用者宅への移動時間、待機時間、打ち合わせ時間、報告書作成時間等が賃金支払い対象から除外され、ホームヘルパーの拘束時間と賃金支払い時間とに著しい差が出ていると言えよう。

労働時間は、労働条件の中でも賃金と並んで最も重要な労働条件であり、とりわけ、時間給で出来高払いとされている非常勤ホームヘルパーにとっては、移動時間等が労働時間に算入されるか否かは賃金と直結する重要な問題である。そもそも「労働時間」とはどのようなものかについて労基法には何らの定義規定がないことから、今日までの始業前の更衣等をめぐって激しく争われてきた問題であるが、実務上は一般に、「使用者の指揮監督の下にある時間」とされ、具体的には使用者の制度的な指揮監督にある場合や使用者の明示若しくは黙示の命令がある場合がこのようなものとされ、在宅ホームヘルプの際の移動時間や待機時間などもこのような観点から判断した場合、大半は「労働時間」として賃金支払いの対象とされることになろう。しかも厚労省は介護保険導入に際して、指定居宅サービス等の事業の人員、設備及び運営に関する基準を示し、その中で、打ち合わせや報告書の作成を事業者に義務づけており（平一一厚令三七、平一一労企二五）、少なくともこのような場合は、労働時間に算入されなければならないのである。

このような実働時間と拘束時間のかい離は、法令等の整備等も含めて早急に是正されるべきであるにもかかわらず、今日に至るまで放置されたままの状況にあり、雇用の不安定に加えたこのような労働条件の未整備は、結果的にはホームヘルパーの「介護離れ」を招く結果となり、それが「介護・介護労働の連鎖」を招くこととなっているといえよう(5)。

## 三　「介護・介護労働の専門性」？

### 1　介護労働の「専門性」とは？

近年、介護労働の「専門性」が強調されるようになってきている。例えば厚労省の嘱託による研究報告書では、実態調査にもとづき、ホームヘルパー等の介護関連分野の職種について、課業難易度のランクづけ、課業遂行に必要な職務遂行能力の段階区分、職務遂行能力段階に応じた能力開発・キャリア形成・処遇管理の仕組みづくり、雇用能力に関する統一的な行政指針の策定提言などを行っている。調査報告書では、特にホームヘルパーの職務遂行能力につき、ホームヘルプサービスの一九の課業につき、「易しい段階（基本動作とされる段階）」、「普通の段階（状況や変化に気配りしながら実施することが求められる段階）」、「難しい段階（ケース別の応用や残存機能の活用など環境を考慮して実施することが求められる高度処遇の段階）」という三段階の難易度のレベルでそれぞれの段階区分ごとに遂行能力にばらつきがあるものの、こうした職務遂行能力は、基本的には経験期間に相関しており、入職から一年半までの初期の段階に急速に伸び、その後四年あたりまで漸進的に伸びていくことを明らかにしている。報告書では、これらの調査をもとに、人事管理上の課題として、職務遂行能力を基本におく職能資格制度の導入や、能力水準を基準とした賃金制度、能力配置の効率化・適切化および人材養成という視点に立った計画的な仕事の配分などが必要であり、また賃金額が能力の高さを正確に反映していないことも明らかであるとし、この点からも、能力開発のためには、能力水準を基準とした賃金制度の整備が必要であり、介護保険制度についても、ホームヘルパーの職務能力に関係なく介護報酬が事業者に支払われる現在の仕組みを改め、介護報酬算定基準に職務遂行能力による報酬段階という考え方を取り入れることなどを提案している。(6)

また同時期に実施された介護労働安定センターの調査でも、訪問介護サービス従事者の四八・七％、訪問リハビリテーションサービス従事者の三六・六％が「登録型」（事前に訪問介護サービス事業所に「登録」を行い、事業所からの照会と登録者本人の合致した都度サービスに従事する）ヘルパーで占められており、しかもこれらのヘルパーの労働実態をみると、事業所の管理者による直接の指揮命令が及ぶ労働者として扱われ、登録型ヘルパーの大部分は就労日と就労時間（＝労内時間）が月ごとにあらかじめ定められた「月間勤務表」にもとづいて就労していることが明らかであるとして、それに基づき、同報告では、「登録型」ヘルパーの大部分は、月ごとの有期契約のもとに就労する「月契約（登録に基づく月契約非常勤ヘルパー）」とみなすことが現実的であり、労働条件の明示や所定労働時間の設定、当日キャンセル時の休業保障、雇用保険の適用、解雇予告など月ごとの雇用関係を前提とした適切な雇用管理を行うことなどを提言している。(7)

これらの調査報告や提言は、質の高い介護サービスの安定的供給を可能とするために、介護労働の専門性とその適正な評価を求めているものであり、そのかぎりでは評価できるものであるが、他方介護労働の特質の把握が不十分であり、また現実に進行している介護労働の実態把握においても不十分なものといわざるを得ない。介護労働の特質と実態を正確に把握することは、「ディーセント・ワーク」としての介護労働の実現にとって不可欠の課題といえよう。そこで以下では介護労働の特質と介護保険制度下で進行している介護労働の現実をみていくことにしよう。

## 2　介護労働の特質とは？

高齢者介護は、加齢に伴う心身機能の低減に対する身体介助、生活改善、精神的援助、相談援助等を内容とするものであるが、このような内容を対象とする介護労働とりわけ在宅介護労働は、(ア)介護労働の特質からくる要請、(イ)高齢者介護の特質からくる要請、(ウ)社会保障・福祉制度の特質からくる要請という面を有しているのである。

(ア)　在宅介護労働の特質からくる要請……介護労働とりわけ在宅介護は、人的サービスとして位置づけられる労働である。人的サービスの特質は、それが人と人との相互作用であることから、このような相互作用が、サービス提供者の技能の発揮水準やサービスの質にかかわってくることを意味している。即ち、サービスを提供する側（=carer）とサービスを受ける側（=caree）とは、いずれも意思・感情を有する人間であることから、ホームヘルプサービスにおける職務遂行能力は、ホームヘルパーが利用者の意思や感情をいかに理解したうえで業務を遂行するかという、「感情スキル」の取得・習熟が不可欠の要素となっているのである――「一人の人格をケアするとは、最も深い意味で、その人が成長すること、自己実現することを助けることである」(8)。このようにホームヘルパーが行う介護労働は、人的サービスに不可欠な「感情スキル」を含むものであり、それ故に、①その個別性ゆえにそもそも標準化が困難であり、また②介護の技能を十分実践に反映させるには感情スキルの媒介が不可欠あり、しかも③感情スキルを含む介護技術の習熟は、フォーマルな訓練のみでは習得が難しく現場での学習が不可欠な技術という特質を有しているのである(9)。

① 介護労働の個別性……ホームヘルプサービスは、身体介護と生活援助に分かれ、介護保険制度上の報酬は前者が後者より高く設定されており、フォーマルな知識・技術面では、身体介護のほうが生活援助より高いと考えられており、介護福祉士養成カリキュラムやヘルパー講習でも費やされる時間は前者が後者より長くなっている(10)。しかし現場のヘルパーにとっては生活援助と身体介護とは同等に習熟を要する作業であり、納得のいく生活援助には、個々の利用者の異なるニーズをそれぞれの生活の中で捉え解決している必要があるが、身体介護はより部分的であり、あ

る程度の標準化が可能である。つまり、介護労働における生活援助は、それに要する知識や技術そのものというよりは個別性に対する対応であり、施設での介護よりも利用者宅に入りその生活空間・時間の下で働くホームヘルパーの仕事においてより重要な要素となっているのである。したがってホームヘルパーにとっては、介護労働の個別性への対応能力が職務遂行において不可欠の要素とされることになるのである。[11]

② 「感情スキル」の重要性……在宅介護ヘルパーは、個々の利用者との関係の性質を知るために、介護者としての自分自身の能力や性向を知ること、利用者の気質、感情や立場を理解しその視点で物事を捉えることが必要であり、また、関係するプロセスにおいては、自分と利用者の感情をうまく管理すること、自分と利用者を、利用者の自立・生活改善という目標に向かって動機づけることが重要となり、さらに、効率的、効果的な関係の維持には、利用者の家族や周囲の同意や協力を得たり説得や交渉を行ったりすることも必要となる。これらはいずれもヘルパーと利用者（およびその家族）の感情にかかわっており、ヘルパー職に不可欠なスキルなのである。[12]

③ 介護労働習熟の特殊性……感情スキルを含む介護労働のスキルは、現場での経験を積むことによって徐々に醸成されるものであり、それには現場での体験を原因や結果として思い起こし改善策を考えることが有効であり、これによって自分や相手への理解が進み、現場での体験が知識として吸収されることになる。また感情スキルの醸成には、もちろん個々のヘルパーが自身の体験を知識化することが重要であるが、他のヘルパーの体験を職場で共有し反芻することも有効である。したがって、介護労働の習熟にとって何よりも雇用の安定性が不可欠の要素とされている

のである。

以上のように、上述した調査や提言との関連では、このような介護労働における特質、とりわけ感情スキルの習得と習熟に基づく職務遂行能力を正しく評価することによって、介護労働の専門性が適切に評価されることになろう。

(イ) 高齢者介護の特質からくる要請……高齢者介護は前述した通り、加齢に伴う心身機能の低減に対応したサービス・役務（以下介護労働という）を提供するものであるが、それは必然的に生活能力の低減と疾病等に対応した介護労働を意味している。

① 生活能力の低減に対応した介護労働……加齢に起因する心身機能の低下は、当然のことながら起居、食事等日常生活遂行能力の低減を伴っており、歴史的にも介護は主として生活能力の低減に対する支援活動として登場したが、今日介護は本人の心身状況・生活状況全般を対象とした極めて広範なものとなっており、それに伴って介護サービス内容も、本人の身体介助、生活改善、精神的援助、相談援助等「総合的・統一的」介護が要請されることになる。このように介護労働には介護そのものの特質からくる要請があり、介護保険法もこのことにつき、「適切な保健医療サービス及び福祉サービスが、（中略）総合的かつ効率的に提供されるよう配慮して行わなければならない」（二条三項）としているが、後述する通り、介護保険法はこのような介護（労働）を極めて狭い範囲に限定するものとなっており、介護労働の変質をもたらす一因となっている。

② 疾病等に対応した介護……更に加齢者に起因する心身機能の低下は、多くの場合、疾病を伴っており、それに対する介護は、医療、保健、看護活動との連携を不可欠のものとしており、

今日までの介護活動もこのようなものとして発展してきており、介護保険法もこのことにつき、「加齢に伴って生ずる心身の変化に起因する疾病等により要介護状態になり、（中略）必要な保健医療サービス及び福祉サービスに係る給付を行」（一条）うに際しては、「医療との連携に十分配慮して行わなければならない」（二条二項）と規定しているが、後述する通り、保険制度法の導入は、一方では医療行為と介護行為とを区分すると共に、他方では事実上介護行為を医療行為の代替若しくは下請化する可能性をもっており、それに伴って介護労働が変質する危険をはらむものとなっている。

(ウ)　社会保障・福祉制度からくる要請……今日高齢者介護は、社会保障・福祉制度の一環としての公的サービスと位置づけられており、このような制度上の要請として、とりわけ次に述べるような憲法規範が重視されなければならない。

①　憲法二五条の要請……憲法は、国民が「健康で文化的な最低限度の生活」を送ることを保障しているが（二五条一項）、このことを介護についてみるとき、国や自治体が介護サービスに関する基盤整備を含めた公的責任を有しており（二項）、その際のサービス提供は普遍的で公平なものでなければならないことを意味している。即ち「そのニーズがある者に対して所得や資産の有無、多寡にかかわらず必要な給付を行う」という普遍性・必要性充足の原則（必要な人に必要なサービスを！）は社会保障制度の基本原則とされているのである。(3)　それにもかかわらず、後述する通り、介護保険制度の選別的（差別的）給付システムや在宅介護を中心とした民間営利企業の進出は、供給主体の偏在と共に、介護労働の変質（質の低下）をもたらすものとなっている。

② 憲法一三条の要請……人は凡そ個人として尊重されると共に幸福追及をする権利を有しており（一三条）、介護サービスの利用者は心身機能の低下している人々であることから、個人の意思と尊厳に最大限配慮した介護サービスがなされなければならないことは論をまたない。しかしながら、介護保険制度下における保険給付対象の限定や在宅における民間営利企業の参入促進政策等により、介護労働は細切れ・効率的労働を余儀なくされてきている。本来介護サービス労働は、利用者の日常生活、社会生活をしていくのに必要なサービスを提供・援助するものであるにもかかわらず、次に述べるとおり介護保健導入後の介護サービスの現場では、これらが著しく変質してきていると言わざるを得ない。

### 3 介護労働の変質？

高齢者介護は、加齢に伴う心身機能の低減に対応したものであり、生活機能低減や疾病等に対応した総合的・統一的サービス提供が要請され、それは同時に個人の意思と尊厳を最大限に尊重しながら、利用者が日常生活・社会生活をしていくのに必要なサービスの援助であるという憲法上の要請に応じたものでなければならない。ところが介護保険制度が導入されて以降の今日までの事態は、以下に述べるように、このような介護並びに介護労働に要請される特質が著しい変質を余儀なくされていることを示している。

(ア) 「限定的」介護労働の進展……介護保険制度導入後の介護労働の変質をホームヘルプ労働を例にしてみてみよう。介護保険制度では在宅介護が介護サービスの中心に据えられ、その中でも要介護者の心身介助や生活援助等を主たる業務とするホームヘルプ労働が中心的役割を占めることになった。従来の措置制度の下でのホームヘルプ事業は、利用者にとってスティグマ等さまざまな問題を含みつつも、サービス基準については、主として、独居や老々の虚弱高齢者などの生活の基本を支える家事援助が中心とされ、措置決定に際しては、本人の心身状況のみならず生活環境等を総合的に配慮してなされてきていた。これは前述した通り、介護という人的サービスが個々の高齢者の状況によって様々であり、そのサービスは本人の心身状況のみならず生活全体に亘り、また介護保険法に明示されたように、医療、保健、福祉との連携による総合的・統一的なサービス提供が必要とされているからである。ところが介護保険制度においては、要介護認定基準の客観化と称して、本人の住まいや家族の状況等の社会環境を排除し、本人の心身状況のみを判断要素とし（その結果、従来ホームヘルプを受けていた四〇万世帯のうち約一割が「自立」と認定された）、また、痴呆患者が要介護認定において低い等級に判定される等のさまざまな矛盾がでることとなった。更に介護保険の支給対象が原則として直接のサービス提供だけに限定され、しかも時間単位で支給がなされることとなった結果、ホームヘルプ労働は、時間単位の細切れ型の労働にならざるを得なくなっている。

ホームヘルプ労働は従来の措置制度の下においては、所要時間に関係なく滞在型を中心とし、コミュニケーション重視の総合的生活支援を内容とするものであったが、介護保険制度下においては、時間単位で直行直帰型を主流とした細切れのマニュアル労働へと変質を余儀なくされているのである。

**図表5　訪問介護事業所の変化**

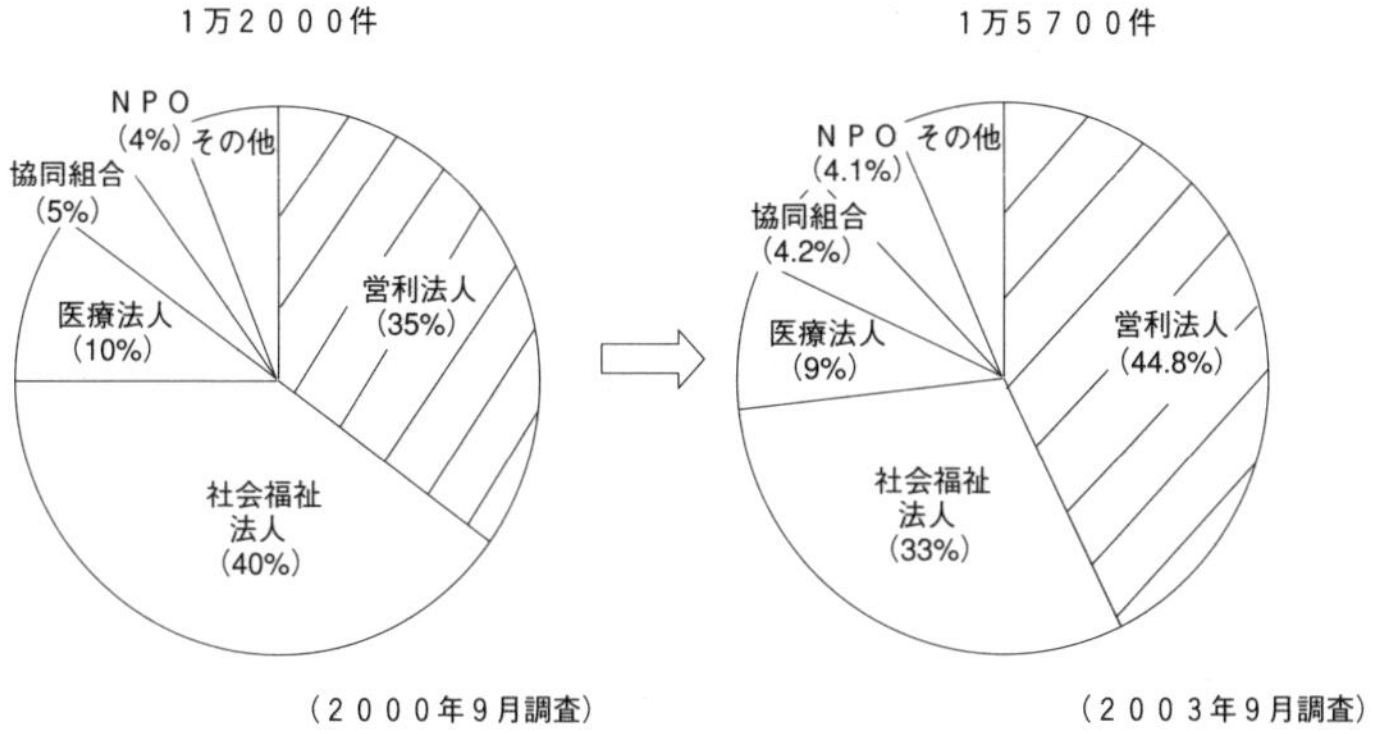


(イ)「効率的」介護労働の進展……また在宅介護が民間営利企業中心で行うという政策誘導がなされた結果、何よりも事業の採算性、コストが重視されるようになり、公的セクターも同様の傾向に向かうことになり、その結果介護労働も「効率的」なものが要請されることになっている。そのことは、厚労省が介護保険制度導入直後である二〇〇〇年に行った調査では、訪問介護派遣事業者は約一万二千件であったが、そのうち営利法人（会社）が三五%、社会福祉法人四〇%、医療法人一〇%、協同組合五%、NPO四%であったものが、三年経過した二〇〇三年には、派遣事業一万五七〇〇件に達し、そのうち営利法人四四・八%、社会福祉法人三三%、医療法人九%、協同組合四・二%、NPO四・一%と営利法人の伸びが著しいことによっても明らかとなっている（図表5）。即ち介護保健制度下の介護労働はより多くの利用者を、短時間に効率よく介護することが要請され、従来のようなコミュニケーションを重視した総合的介護は軽視されることにならざるを得なくなっているのである（例えば生活援助についてみる、「食事」は食材

**図表４　介護従事者の扱う「医療」行為と「介護」行為**

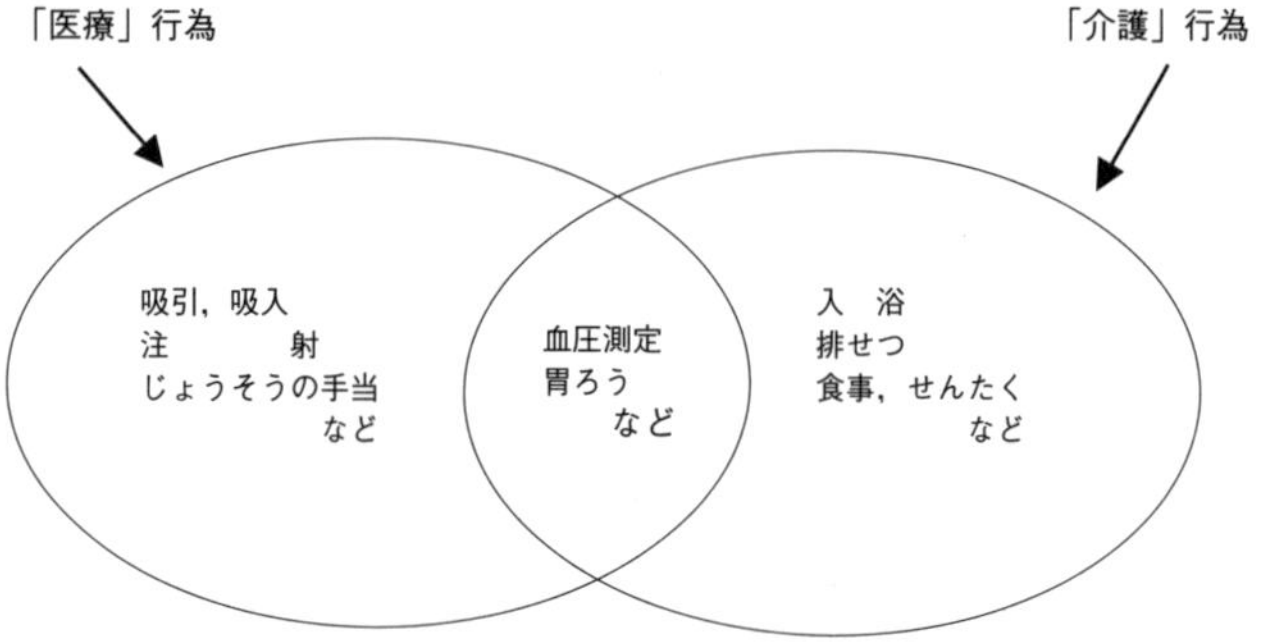


の買い出し、調理、配膳、後片づけ、ゴミ捨てなど一連の行為が必要とされるが、介護保険給付の対象は、据膳を利用者の口に運ぶという「食事摂取」のみとされることになる）。

(ウ)　「医療的」介護労働の進展……介護サービスにおいては、前述したように従来以上に医療・保健関係のサービス提供が要請されるようになってきており、それに伴って、これらの分野の業務内容の区分をあいまいなものとする可能性が高まってくることになる。特に在宅サービスに際して、じょくそうの手当、吸引、吸入、経管栄養、胃ろう、点滴、血圧測定、摘便などを行う必要が生じてくるが、これらの行為は従来からいずれも医療行為とされてきた（図表４、医師法一七条、保助看護法三七条等）。在宅介護においては、ホームヘルパーが利用者からの要請でしばしば前述した医療行為を行うことは指摘されていたが、介護保険制度下で、例えば入浴介護において、ホームヘルパー等が、「医師の意見を確認した上で」、「入浴により当該利用者の身体の状態等に支障を生ずるおそれがない」か否かの判断に際して、血圧測定等の医療行為をすることを認めるようになっており、しかも利用者が報酬単価の高い訪問看護を回避して、ホームヘルパーにじょくそうの手当等の医療行為を要請するケースが早くも指摘されている。その結果、介護従事者は、介護利用者の生命・身体への危険性を有する職務（＝医療行為）をも扱うことになり、事実上医療行為の代替若しくは下請化が進展することになろう。このような事態は、介護従事者を「危険」業務にまきこむだけでなく、利用者の安全確保にとってもゆゆしき事態と言えよう。(13)

## 四　「ディーセント・ワーク」としての介護労働

### 1　介護労働の位置づけ

「介護は人間に必要不可欠な活動」であるにもかかわらず、従来、多くの社会では、性別割分業意識に基づく男性が働き手の家庭モデルが支配的地位を占めてきた結果、主に女性によって家庭内でインフォーマル（しかもアンペイドワーク）に提供されるものとされてきた。(14) しかし二〇世紀後半に入り、急速に進展する高齢化社会の到来と女性の社会進出等の中で、私的・公的領域での介護提供者の減少など介護を含む福祉基盤は大きな変動に直面するようになってきたのである（「介護・介護労働の連鎖」）。

このような中で我々のめざすべき介護・介護労働はどのようなものであるべきなのだろうか？　それは「質の高い介護」の提供、利用であり、その質を決定づけるものは、介護提供者と受ける者の選択肢の幅と質の向上、ジェンダー平等の推進、介護の正当化等複合的な福祉政策の進展である。とりわけ介護労働が人的サービスであり、介護労働者は介護に必要な時間、努力、技術、感情スキルとそれに伴うストレス（＝介護対象者や介護事業者の期待に添えない不安など）がかかるものであり、介護の質を向上させるためには、まさに介護提供者・介護労働者の良好な労働環境（＝ディーセント・ワーク）」の確保が不可欠とされているのである。

## 2　「ディーセントワーク」の実現を！

(ア)　介護労働者の労働条件の改善……良質な労働を確保するためには、介護従事者の労働条件の維持向上が求められており、そのためにはまず、①介護福祉労働者の「正規」化を促進することにより雇用の安定を図ることが不可欠であり、また「非正規」職員についても時給引き上げによる最低賃金の保障が必要である（具体的には、ヘルパーの時給を少なくとも一五〇〇円程度にすべきであり、これによって介護福祉労働者全体の賃金水準を引き上げることが可能となるであろう）。次に②福祉労働者間の雇用形態、就業形態による賃金をはじめとする労働条件の格差を是正すべきである。介護保健制度下で民間業者の参入等により、介護福祉労働者の雇用形態の一層の多様化が進展しているが、他方では、介護報酬単価が一律に設定されていることから、同一職務については就労、雇用形態による賃金格差の不合理が浮き彫りとなり「同一労働同一賃金の原則」を働かせる余地が大幅に拡大していると言えよう。また③在宅ヘルパーの移動時間や研修、打ち合わせ時間等を労働時間に組み込むだけでなく（これらは前述した通り現行の労基法の解釈によっても可能なことである）、立法の整備等により休業保障もなされるべきである（特に時間給ヘルパーの場合、利用者が突然キャンセルしたことによる休業保障がほとんどなされることがない)。更に④とりわけ施設サービス従事者の長時間労働や夜勤を改善するための、職場でのルールづくりや法整備が必要である。何よりも根本的な解決策は職員の増員である。財政的に困難を抱える小規模の職場が多い中、施設における職員配置基準の大幅な引き上げなど、国や自治体が積極的に基盤整備をすすめるべきである。

(イ) 介護保険制度の改革……良質な介護労働を確保するためには、少なくとも次の点につき介護保険制度自体の改革を図ることが必須である。まず①介護福祉職の専門職化が必要である。介護労働者の資格を国家試験等による資格付与として地位向上を図るべきであり(それまでの間は研修制度を自治体の責任でより充実したものとすべきである)、更に介護事故の発生を防止するためにも、ホームヘルパーの職務権限を拡大して医療補助業に従事することを可能にすべきであろう(更に介護保険制度のキーパソンに位置づけられているケアマネジャーは膨大な事務量と劣悪かつ不安定な雇用・労働条件の中で労働強化にあえいでおり、このような状況を改善するためには、少なくとも自治体の職員にする等身分保障を図ると共に、事業者から独立して公正なケアプラン作成ができるようにすべきである)。次に②事業者の採算性の確保と指定基準の適正化が必要である。介護保健制度下では、ホームヘルプサービス事業の指定基準のハードルが緩く、多くのサービス事業者は、常勤ヘルパーは最低限の配置ですまし、パートや「登録」ヘルパー等の「非正規」化をすすめ、結果的に、介護保険制度下でのヘルパーの雇用形態は、低賃金で身分保障が不安定なパートや「登録」型ヘルパーがこれまで以上に主流となっている。このような状況を改善し、事業者の採算が確保

できるようにするため、少なくとも、事業者の指定基準を適正なものとし、安易に参入撤退できないようにすべきである。(16)

(1)　介護保険制度導入後一年の時点での介護労働の問題点については拙稿「介護保険制度と介護福祉労働者」日本社会保障法学会編『社会保障法』第一七号（二〇〇二年）四三頁参照。なお、成年後見制度については大曽根寛『成年後見と社会福祉法制――高齢者・障害者の権利擁護と社会的後見』法律文化社（二〇〇〇年）参照。

(2)　島田晴雄『「雇用を創る」構造改革――伸びる生活支援型サービス業』日本経済新聞社（二〇〇四年）四七頁参照。

(3)　日本経団連二〇〇四年四月一四日「外国人受け入れ問題に関する提言」http://www.keidanren.or.jp 参照。なお、同提言では、「『人口・経済・社会保障モデルによる長期展望―人的資本に基づくアプローチ』（二〇〇三年四月日本大学人口研究所）によると、一九九〇年時点で四四位だったわが国の家族扶養指数タイプⅢ（高齢者一人につき何人の成人した介護適齢期の女子がいるかを表す）は、二〇〇五年には世界最低水準の〇・七七二、二〇一五年には〇・五八八まで低下する。高齢化が進展するにつれて、特に子供を介護者とする在宅ケアなどは一層困難となり、介護福祉士、ホームヘルパーなどによる介護の必要性がさらに高まるものと見込まれる。」として、もっぱら家族等の私的介護の不足を介護労働力不足の原因と指摘しているのみで、近年急速に増加している公的介護の量的拡大については全くふれていない。

(4)　OECD (ed.) Caring World : The New Social Policy Agenda (1999)（牛津信忠外監訳『ケアリングワールド』黎明書房（二〇〇一年））参照。

(5)　牧坂秀敏編著『ヘルパーにもいわせて！――聞書介護ヘルパー白書』日本評論社（二〇〇二年）、岩田正美他『在宅介護の費用問題――介護にいくらかけているか』中央法規出版（一九九六年）、（株）ヘルスケア総合政策研究所編『ホームヘルパー消滅の危機』日本医療企画（二〇〇一年）、久谷興四郎『介護労働現場からの叫び――介護保険制度スタートから三年を点検する』日本リーダース協会（二〇〇三年）、石田一紀・植田章他『介護保険とホームヘルパー――ホームヘルプ労働の原点を見つめ直す』萌文社（二〇〇〇年）、女性労働問題研究会編『介護労働の国際比較』女性労働研究NO・四二参照。

(6) 厚生労働科学研究補助金政策科学推進研究事業（二〇〇二、二〇〇三）『介護関連分野における雇用・能力開発指針の策定に係る研究・平成一三年度、一四年度報告書』。なお、日本労働研究雑誌特集『介護労働者の現状と課題』（二〇〇二年五月号）参照。

(7) 介護労働安定センター『登録型ヘルパー研究会報告――「月契約ヘルパー」の確立を目指して』（二〇〇三年七月）。

(8) Mayeroff, M. On Caring, Harper & Rom (1971)（田村真・向野宣之訳『ケアの本質』ゆみる出版（二〇〇一年））参照。なお、介護・介護労働の本質につき、広井良典『ケア学――越境するケアへ』医学書院（二〇〇〇年）、筒井孝子『介護サービス論――ケアの基準化と家族介護のゆくえ』有斐閣（二〇〇一年）、春日キスヨ『介護問題の社会学』岩波書店（二〇〇一年）、川本隆史『現代倫理学の冒険――社会理論のネットワーキングへ』創文社（一九九五年）、三好春樹『介護覚え書き――老人の食事・排泄・入浴ケア』医学書院（一九九二年）、塩野谷裕一他編『福祉の公共哲学』東大出版会（二〇〇四年）、Gilligan, C. In a Different Voice: Psychological Theory and Women's Development, Harvard University Press (1982); reprinted with a new preface by the author (1993) 岩男寿美子監訳『もうひとつの声―男女の道徳観のちがいと女性のアイデンティティ』川島書店（一九八六年）、Noddings, N. Caring: A Feminine Approach to Ethics and Moral Education, University of California Press (1984)（立山善康ほか訳『ケアリング：倫理と道徳の教育――女性の観点から』晃洋書房（一九九七年））、齊藤純一「依存する他者へのケアをめぐって」日本政治学会編『「性」と政治』岩波書店（二〇〇三年）参照。

（9）Steinberg, R. & Figart, D. (eds), Emotional Labor in the Service Economy（Annals of American Academy of the Political and Social Science, Vol. 561), Sage Pub.（1999), Roach, S. M. S. The Human Act of Caring: A Blueprint of the Health Profession, Revised Canadian Hospitel Association P.（1992）（鈴木智之他訳『アクト・オブ・ケアリング』ゆみる出版（一九九六年））参照。

（10）例えば、植田寿之・大西健二『ホームヘルパー養成研修講師用マニュアル』創元社（二〇〇二年）五〇頁以下参照。

（11）牧坂秀敏編前掲書九九頁以下、春日キスヨ前掲書三一頁以下、三好春樹前掲書一一四頁以下参照。

（12）春日キスヨ前掲書三一頁以下、高木和美『新しい看護・介護の視点――看護・介護の本質からみた合理的看護配置構造の研究』看護の科学社（一九九八年）参照。

（13）二木立『二一世紀初頭の医療と介護』勁草書房（二〇〇一年）、太平滋子・野崎和義『事例で考える介護職と医療行為』NCコミュニケーションズ（二〇〇四年）、篠崎良勝編著『ホームヘルパーの医療行為』一橋出版（二〇〇二年）、E・フリードソン『医療と専門家支配』進藤進・宝月誠訳恒星社厚生閣（一九九二年）、柴尾慶次『介護事故とリスクマネジメント』中央法規（二〇〇二年）参照。

（14）Daly, M.（ed）Care Work: The quest for Security, ILO（2001）参照。

（15）介護労働とジェンダーの関係について、大沢真理編『第四巻　福祉国家とジェンダー』明石書店（二〇〇四年）、竹中恵美子編『第二巻　労働とジェンダー』同（二〇〇一年）、木本喜美子・深澤和子編著『現代日本の女性労働とジェンダー――新しい視点からの接近』ミネルヴァ書房（二〇〇〇年）参照。

（16）介護労働については、医療との関連、ジェンダーとの関連等論ずべきことが多々あるが、既に紙幅が尽きているので、別稿で論ずることにしたい。

# 教育機関におけるセクハラ対策手続と運用上の問題点

## ——福祉施設等における対策への示唆を込めて

髙木　龍一郎

## 一　序

(1)　東北学院大学（以下、「ＴＧＵ」という）においては、一九九八年からセクシュアル・ハラスメント対策のための規程作りに着手し、男女雇用機会均等法、及び同法に基づく労働省（当時）告示第二〇号、人事院規則一〇—一〇の第二条一号、並びに「文部省におけるセクシュアル・ハラスメントの防止等に関する規程」等との整合性を考慮しながら、セクシュアル・ハラスメント救済手続の根拠規定として、二〇〇〇年に「東北学院大学セクシュアル・ハラスメントの防止等に関する規程」（以下、「ＳＨ防止規程」という）、及び「東北学院大学セクシュアル・ハラスメント対策手続規程」（以下、「ＳＨ対策手続規程」という）の二つの規程を発効させた。[1]　ＳＨ防止規程は、第1条において「規定の趣旨・目的」を定め、第2条にセクシュアル・ハラスメントの「定義」を定めている。次いで第3条では、ＴＧＵの責任として、「セクシュアル・ハラスメント問題に対処するため」に、「就労上および就学上の適切な措置をとる」こと、及びセクシュアル・ハラスメント防止のための「啓発活動を行う」としている。特に、前者の義務を果たすため、ＴＧＵは、「セクシュアル・ハラスメント相談員（以下、「相談員」という）」並びに「セクシュアル・ハラスメント対策委員会（以下、「対策委員会」という）」を設置している。(2)(3) これら二つの機関による手続を通じて、セクシュアル・ハラスメントの事実が確認された場合、ＴＧＵは、加害者に対して適切な措置をとるとともに、(4) 被害者に対しては、適切な救済を講じなければならない。(5)

(2)　ＴＧＵの対策委員会は、セクシュアル・ハラスメントの被害申立を処理すると同時に、セクシュアル・ハラスメント防止のための啓発・教育活動も行なっている。この啓発・教育活動は下記のとおりである。

①　土樋・多賀城・泉の各キャンパスで、学生向け研修会を年一回。(6)
②　土樋・多賀城・泉の各キャンパスで、教職員向け研修会を年一回。(7)
③　本部のある土樋キャンパスで、各課の課長向け研修会を年一回。(8)
④　教員役職者・相談員向け一泊研修会を年一回。(9)
⑤　教育実習に赴く学生向けに年一回。(10)
⑥　インターンシップで企業に赴く学生向けに年一回。(11)
⑦　学生の課外活動団体である、体育会及び文化団体連合会の新入生向けに年一回。(12)

(3)　ＴＧＵの対策委員会がこれまでに処理した申立は、合計一五件である。(13) 制度発足初年度は二件申立があり、その後は年三件ずつであったが、二〇〇三年度は六件と急増している。[14] これら申立事件については、問題の性質上、その詳細を記すことはできないが、次項以降で検討する事案処理の各段階毎に、特徴を紹介するという形で言及していく。

(4) 以下では、まずSH防止規程及びSH対策手続規程に基づく申立処理手続の各段階を紹介し、次いで、これまで実際に行われた申立処理の過程で指摘された手続き上の問題点を紹介する。本稿で紹介するTGUにおけるセクシュアル・ハラスメント対策手続き、及びその運用実態の紹介が、他大学及び福祉施設等の大学以外の機関にとって、セクシュアル・ハラスメント対策を講ずる上でお役に立つことができれば幸いである。

## 二 申立の受理

### 1 申立受理手続

(1) **申立処理手続の開始** TGUにおいては、セクシュアル・ハラスメントに関する相談又は苦情申立に関する処理手続は、規程上は、学内の教職員又は院生・学生が、被害を受けたとする者から相談又は苦情申立を寄せられたときに開始される。[15] ただし、実質的には、相談員が当該相談又は苦情申立を受けたときに始まる。

(2) **相談員コーディネーター** 苦情申立又は相談を受ける一時的窓口は多岐にわたっているが、ここで受けた苦情申立等にどの相談員が対応するかについて、制度発足当時は明確になっていなかったため、二〇〇三年に対策手続規程が改正され、新たに「相談員コーディネーター」（以下、「コーディネーター」という）がおかれることになった。[16]コーディネーターは、対策委員会委員の中から互選され、セクシュアル・ハラスメント対策及び学内事情に関する知識が豊富と思われるメンバーがこれにあたる。コーディネーターの役割は、一時的窓口から寄せられた情報をもとに、申立者（又は相談者）にもっとも適切な相談員二名を組合せることである。

⑶　**相談員による苦情申立（相談）受理**　コーディネーターによって組み合わせられた相談員は、「原則として2名一組で申立者からの相談または苦情を受け」る。[17]これらの相談員は、申立者と連絡を取り、相談又は苦情を聞き、それを定められた書式に従って記録する。さらに相談員は、SH対策手続規程2条の定めにより、申立者及び被申立者の属性毎に、定められた部局[18]に対し、「相談または苦情申立があったこと」を報告する義務を負っている。

申立者が、相談員による対応の次に予定されている、対策委員会レベルの処理手続を望まない場合、事案の処理は相談員段階で終了する。

## 2　申立受理手続の運用実態と問題点

### ⑴　一時的窓口における手続の運用と問題点

⒜　手続の運用　TGUにおいては、教職員又は学生・院生等の学内関係者が、セクシュアル・ハラスメントの相談又は苦情申立を受けた場合、「一時的窓口」として扱われ、相談員に事例を報告しなければならない。しかし、これまでの運用実績から見る限り、個々の教職員又は学生・院生

が一時的窓口となった例は、一五件中二件であり、残りの一三件は、グループ主任[19]や学生課などの大学の機関、あるいはセクシュアル・ハラスメント対策の専門機関である。[20] TGUにおいては、セクシュアル・ハラスメント対策の専門機関とは異なる学内組織としては以下の三種類の機関で対応がなされている。

(i) カウンセリングセンターにおける対応
(ii) 学生課、教務課、就職課といった学生サービス窓口における対応
(iii) グループ主任

このうち(i)は、心の悩みを含めたあらゆる種類の相談に応じる窓口であり、その機関の性質上、悩みの内容も含めた個人的情報を他の学内機関又は個人に漏らさないのが原則である。しかし、セクシュアル・ハラスメント被害を受けてカウンセリングセンターを訪れた者が、加害者と思われる相手に対する正式な学内対応を望む場合は、コーディネーター又は相談員に対応が委ねられることがある。カウンセリングセンターが一時的窓口となり、その後、相談員に付託された事例は、過去四年間で二件ある。[21]

次いで(ii)については、特に、教務、就職以外の学生生活全般のサービス窓口である学生課において、組織的な対応がとられている。すなわち、各キャンパスの学生課（係）窓口においてセクシュアル・ハラスメント相談を受けた場合、学生課独自で作成した対応マニュアルに従って、一時的窓口としての対応がとられる。[22] 過去四年間で、学生課が一時的窓口となった事例は四件である。[23]

(iii)のグループ主任は、本格的にゼミナールが始まっていない新入生や二年生など、個々の教員との

関わりがさほど多くない段階の学生たちにとって、もっとも近い関係にある教員である[24]。グループ主任が一時的窓口となった事例は、これまで二件報告されている[25]。

(b)　問題点　　これまでの対策手続履行の経験から、申立受理の段階における問題として特に指摘できるのは、組織内で最初に相談又は苦情申立を受けた者（一時的窓口）の、誤った認識に基づく不適切な対応である。そしてこのことが、セクシュアル・ハラスメント被害に対する適切な学内対応を難しくする原因の一つともいえる。以下に、一時的窓口の対応が不適切であったと判断された事例を紹介する。ただし、問題の性質上、ある程度抽象的な説明にならざるを得ない。

① **事例：被害者＝学生X、一時的窓口＝職員A**

Aは、Xからしばしば業務上の相談を受け、顔見知りになっていたところ、業務中にセクシュアル・ハラスメント被害に関する相談を受けた。Aは、当該相談を相談員に託することをせず、個人的に対応しようとし、それが不調に終り、Xの不信を招いた。そして、対策委員会等による正式な対応ができないまま、問題をこじらせてしまった。

② **事例：被害者＝職員X、一時的窓口＝同一部局の職員B**

Xは、セクシュアル・ハラスメントの被害を受けたことをBに相談したところ、部局内での解決を示唆された。しかしXの望むような対応がとられなかったため、後に改めて相談員に苦情申立を行ない、解決が遅れてしまった。

紹介した①②の事例からいえることは、最初に相談を受けた者が直ちに相談員又はコーディネーターに事案を託さなかった理由が、誤った先入観に基づいていたからということである。すなわち、双方の事例で共通しているのは、「相談員—対策委員会」という手続の過程で、個人情報が漏洩するという思いこみである。そこで、個人的対応や、部局内で非公式の解決を模索することになったのである。むろん、絶対ということはあり得ないとしても、守秘義務の存在、及びそれを裏付ける懲戒規程の適用可能性を考慮すれば、手続に関わった者から個人情報が漏洩する可能性は極めて小さいといえる。

以上の、一時的窓口の対応の問題に加えて、申立受理段階で指摘しなければならないことは、電話（FAX）、電子メールによる相談又は苦情申立である。TGUでは、教職員及び学生・院生に配布しているパンフレットに、セクシュアル・ハラスメント相談のための専用電話（FAX）番号と電子メールアドレスを掲載している。専用電話の対応、及び電子メールの閲覧・返信は、原則として、対策委員会事務局員だけが行なうことになっている。これらに寄せられる相談又は苦情申立にも応対するようになっているが、匿名のままの相談等には応じない方針である。ただし、相談等に誠実に応対した上で、相談員又はコーディネーターの連絡先を示して、正式の相談又は苦情申立に移行するように促すことになっている。

### 3 相談員段階の手続運用と問題点

(a) 手続の運用　相談員による事情聴取に先立ち、コーディネーターは、申立者に適した相談員二名を組合せなければならない。[26] この場合、コーディネーターが考慮することは、①相談員についての申立者の希望、②申立者の性別、③申立者・被申立者の所属、[27] ④各相談員の経験などである。

相談員が、申立者から相談又は苦情申立を聞くに際して、申立者に対し、まず以下のような、TG

Uにおけるセクシュアル・ハラスメント対策手続の概要を説明する。すなわち、(イ)相談員による事情聴取に続き、申立者の同意が得られた場合には、事案が対策委員会に送られること。(ロ)次に同委員会の下に調査委員会が組織され、事実関係の慎重な調査が行われること。(ハ)調査委員会及び対策委員会でセクシュアル・ハラスメントの事実が確認された場合、TGUの適切な部局において、加害者への措置と申立者の救済が図られることである。これら(イ)から(ハ)の概要説明と共に、一時的窓口及び相談員自身も含めて、申立処理手続に関わるすべての者に、守秘義務が課せられているので、[28]申立者のプライバシーは厳重に守られていることを説明する。

申立者からの事情聴取を終えた相談員は、定められた書式に従った聴取記録を作成し、SH対策委員長宛に当該記録を提出する。

TGUにおける相談員は、しばしば他の教育機関又は民間企業で位置付けられているような、申立て受理から対策までの一連の手続きに関わるということはない。TGUにおいて、相談員に求められているのは、「申立者の苦情・相談を親身になって聞く」ことである。しかし、これによって、相談員は、申立者の立場に立ってしまいがちとなることが予想される。そうした立場の相談員を、中立的な判断が求められる「事後認定」「事案の評価」に関わらせることは好ましくないとの考慮が働いているため、その後の手続きから分離しているのである。また、相談員が、相談受付からはじまる一連の手続きに関わる場合、右に記した他にも、相談員の負担が大きくなりすぎるおそれがあるであろうし、相談員が複数存在する場合、相談員ごとの対応にばらつきが出るおそれがあるといった問題が指摘されよう。

(b) 問題点　この段階における問題点として指摘できるのは、相談員選出に関わる事柄と、事情聴取に使用される物的施設等の二つである。まず相談員選出の問題とは、具体的には女性相談員選出の困難さということである。夙に指摘されているように、大学においては、特に教員について、女性の割合が少ないのが現状であり、本学においても例外ではない[29]。相談員としての適性を考慮すると、男女ともに教職員すべてを相談員候補とすることは無理である。これに対して、これまでのところセクシュアル・ハラスメント被害を申し立てる者はすべて女性である。そこで、特定の教職員に負担がかかってくることになる[30]。

次に相談のための施設の問題であるが、申立者のプライバシーを考慮すると、特定の施設を聴取のために用いることは適切さを欠く結果になりかねない。TGUの場合、カウンセリングセンターは特定の施設を使っているが、セクシュアル・ハラスメントという問題を考慮すると、聴取のために特定の部屋に出入りすることで、周囲の者は、申立者に対して偏った評価をしてしまう虞がある。このためTGUでは、申立者の便宜等も考慮に入れて、申立事例毎に、異なった場所で事情聴取をすることにしている。

## 三　対策委員会による事実確認

### 1　対策委員会における手続

対策委員会は、既述のように、セクシュアル・ハラスメント防止のための啓発・教育活動を行なうと同時に、相談員が受理した苦情申立を調査し、セクシュアル・ハラスメントの事実を確認した場合は、関係部局に対し措置と救済を勧告する。[31]

(1) セクシュアル・ハラスメント調査委員会　申し立てられた事案に関する事実確認作業は、対策委員会が選任する七名以内の委員で構成される「セクシュアル・ハラスメント調査委員会（以下、「調査委員会」という）」が行なう。この中には、「セクシュアル・ハラスメントについて法的専門知識を有する教員が含まれる[32]」ことになっており、教育環境及び就労環境への配慮と同時に、法的見地からも公正な事実確認の履行が期待されている。そして、事案によっては法的知識以外にも様々な専門的知識が必要になる場合があることを想定して、TGUでは、事案を「調査するに際して、……対策委員会の承認を得て、学内外の専門家の助言を得ることができる」としている。[33]

(2) 対策委員会の事実確認と再調査　事案の調査を終えた調査委員会は、調査結果を書面で対策委員会に報告する。この報告を受けた対策委員会が、当該報告を承認した場合、対策委員会は、右調査結果を、申立者及び被申立者に対し書面で通知する。[34]この通知を受けた申立者及び被申立者は、調査結果に異議がある場合、対策委員会に対し再調査を求めることができる。[35]

## 2　対策委員会のおける手続の運用と問題点

### (1) 対策委員会及び調査委員会における手続運用と問題点

(a) 手続の運用　既述のように、調査委員会は、原則として、対策委員会が選任する七名以内の委員で構成される。この委員の選任に際しては、これまで以下のような取扱いがなされている。

① 申立者又は被申立者の一方が教員の場合、総務担当副学長を委員とする。
② 申立者又は被申立者の一方が学生・院生の場合、学生部長を委員とする。
③ 申立者又は被申立者の一方が学生・院生の場合、所属学部・研究科に関係する教員を委員とする。
④ 法的専門知識を有する教員を委員とする。(36)
⑤ 申立者が精神的な問題を抱えていると思われる場合、臨床心理の専門教員を委員とする。
⑥ 申立者又は被申立者の一方が事務職員の場合、事務部長である総務部長を委員とする。
⑦ 申立者が女性の場合、可能な限り女性の委員を加える。

以上の方針に従って調査委員会が構成され、委員長は調査委員会メンバーから互選される。

調査委員会の事実確認は、原則として以下のように進められる。これらの聴取は、調査委員会が必要と判断すれば、同一人から複数回行われることもある。

① 申立者に対応した相談員からの事情聴取。
② 申立者からの事情聴取。
③ 申立者・被申立者以外の関係者からの事情聴取。
④ 被申立者からの事情聴取。

調査委員会における調査では、いうまでもなく公正かつ客観的な事実確認作業が必要である。そこで、調査委員会として事実認定を行なう場合には、原則として複数の証言が一致した場合、あるいは証拠により特定の証言が客観的に裏付けられた場合のみ、認定事実として扱うことにしている。すなわち、事案が裁判にまで発展するであろうことを予想して、慎重な事実認定が必要との判断で運用されている。

調査が終了した後、調査委員会は対策委員会に宛てた「調査報告書」を作成する。これまでの運用において、調査報告書には以下の点が記載される。

① すべての調査実施日と事情聴取対象者、及び関わった調査委員会委員の氏名。
② 申立者の申立内容と主張、及び被申立者の抗弁と主張。
③ 調査委員会の認定した事実。
④ セクシュアル・ハラスメント行為の存在が認められた場合、当該行為に対する評価。

調査委員会からの「調査報告書」を受けて、対策委員会は当該調査報告に関する承認手続きを行なう。この場合、原則として、調査委員会委員全員が対策委員会に出席し、調査報告書の内容について、調査委員会委員以外の対策委員会委員との間で質疑応答を行なう。

「調査報告書」が対策委員会において承認された場合、対策委員会は、「調査報告書」に基づいて、申立者及び被申立者に対して送付する「調査報告通知文」を作成し、これを配達証明つき郵便で当事者双方に送達する。この「通知文」には、調査内容に異議を唱える場合、一定の期限までに、文書で異議申し立て及び再調査申立を行うことができる旨の書面が添えられる。

(b)　問題点　まず、調査委員会委員の仕事に関して問題と思われることは、特定の教職員に負担がかかりすぎることである。例えば、申立者又は被申立者のいずれか一方が学生・院生の場合、学生部長が委員に加わることになっている。これまでＴＧＵで処理した申立事例一五件のうち、学生・

院生が当事者でなかった事例は四件だけであり、残りの一一件すべてに学生部長が関わっている。また、SH対策手続規程によれば、法的専門知識を有する者を委員に加えなければならないため、セクシュアル・ハラスメントに関する法領域の専門家は、すべての事例に委員として関わらざるを得ない。研究・教育が本務の教員にとって、この負担は非常に重いものとなっている。[37]

次に、実際の調査過程においては、二の2で相談員について指摘したことと同様に、事情聴取のための部屋の確保が、実際上は問題となる。特に、被申立人においては、特定の部屋で事情聴取を受けることになれば、そこに出入りするだけで、周囲の噂の的になってしまうという危険が生じる。

調査過程における問題の第三は、聴取対象者が事務職員の場合に、事情聴取のための時間が、場合によっては勤務時間中となる問題である。この場合、TGUでは、当該職員が聴取に応じるために、一時的に職場を離れる際には、上長からの業務命令として応じることになるため、無断職場離脱の問題は発生しない。しかし、職場を離れる理由を同僚職員に開示できないため、聴取対象者にとっては、同僚職員からの不審の目が気になるということはあり得る。当該職員が被申立者の場合はなおさらであろう。

## 四　加害者への措置と被害者の救済

### 1　措置と救済の概要

#### (1)　加害者に対する措置勧告とその運用

セクシュアル・ハラスメントに関する事実確認がなされ

た場合、加害者に対する措置としては、ＴＧＵの諸規程に従って、懲戒処分（教職員対象又は学生対象）、教育上の措置、部外者に対するその他の措置に分けられる。そして、対策委員会が加害者の措置を勧告をする「関係部局」(38)は、加害者の類別、すなわち加害者が、①ＴＧＵの教員、②ＴＧＵの事務職員、③ＴＧＵの院生・学生、④ＴＧＵの教職員、学生・院生以外の者、によって異なる。

①　加害者がＴＧＵ教員の場合　　対策委員会は、当該教員の所属する学部教授会宛てに勧告を出すことになる。ＴＧＵにおけるこれまでの懲戒規程の運用によれば、処分の対象者が属する部局から、理事長宛に懲戒委員会の開催を求めることになっており、教員の場合は、まず所属学部において、懲戒委員会の開催を求めるか否かを審議することになる。学部教授会において、懲戒委員会の開催を求める決議がなされた場合、措置の具体的内容は、懲戒委員会において検討され、理事長が懲戒処分を行なう(39)。

勧告を受けた学部教授会は、懲戒委員会開催要求の検討と平行して、学部の権限として、加害者とされた教員に対する教育上の措置の検討を行うことになる(40)。

②　加害者がＴＧＵの事務職員の場合　　対策委員会は、事務部局の長としての総務担当副学長に、適切な措置を求める勧告を行なう。そして、総務担当副学長から、加害者の措置を求めて、懲戒委員会の開催要求が理事長宛に出されることになる。

③　加害者がＴＧＵの学生・院生の場合　　対策委員会は、学生部長に対して、加害学生への措置を勧告することになる。勧告を受けた学生部長は、学生委員会において当該学生・院生の懲戒処分(41)を検討し、処分原案を作成する。当該処分原案は、全学教授会(42)において審議・決定される。

④　加害者が、TGUの教職員又は学生・院生以外のいわゆる部外者の場合　対策委員会は学長に対して、当該部外者に対する適切な措置をとるように求める。

(2)　**被害者に対する救済**　対策委員会は、被中立者（加害者）に対する措置と同時に、申立者（被害者）に対する救済を関係部局に求めることになる。[43] また、被害者の救済としては、単位回復等の教務上の措置、適切な人事異動、法的救済策の援助等があり得る。もっとも、対策委員会でまず考慮すべきことは、救済に関する被害者の意思である。そして、被害者の救済においても、被害者が誰かによって、また救済策として被害者が何を望んでいるかによって、対策委員会が救済措置を勧告する宛先は異なる。

(i)　求められている救済が、単位認定等、教務上の措置の場合　こうした救済が求められるのは、加害者が教員であり、セクシュアル・ハラスメントの態様として、単位の認定において不適切な扱いをした場合が考えられる。この場合、対策委員会は、当該加害教員の所属する学部教授会又は研究科委員会に対して、教務上の救済を勧告することになる。

(ii)　求められている救済が、就労環境の改善などの場合[44]　これは、事務職員が被害者となった場合に起こりうる。対策委員会は、事務部局の長である総務担当副学長に対策を講じるように勧告することになる。

(iii)　この他、事案によっては、被害者に対して精神的ケアーを講ずる必要が出てくる場合がある[45]し、加害者が部外者の場合など、被害者のために法的な面で助力を検討する必要もあり得る。[46]

## 2　加害者への措置と被害者救済の実態(47)

### ①　加害者への措置の態様

学生・院生が加害者の場合、セクシュアル・ハラスメントが認定された事例すべてに対して、学生部長宛に措置勧告が出された。そして、前節に紹介した手続きに従って、退学から戒告まで、各種の懲戒処分が下されている。

これに対して、教職員が加害者の場合、手続が未了の事例、又はTGUとの契約関係が終了しているものを除き、関係学部、又は総務担当副学長に対する措置勧告がなされ、そのすべての事例において各種の制裁が加えられている。

### ②　被害者への救済の態様

加害者への措置要求、あるいは「今後このようなことが二度とおきないようにしてもらいたい。」といった要望以外に、被害者が自らに対する具体的な救済を求めた事例は、学生・院生から出された二件だけである。これらは、いずれも学生部のよる指導により解決されている。

# 五　結びにかえて

前項まで、TGUのセクシュアル・ハラスメント対策手続の概要を紹介し、これまでの事例処理の過程で明らかにされた問題点を検討してきた。ここでは結びにかえて、まずTGUにおけるセクシュアル・ハラスメント対策の実施から得られた問題点を整理し、次に他の教育機関、特に福祉施設等に対する若干の示唆を提示したい。

### (1) 啓発活動の大切さ

指摘すべき第一点は、セクシュアル・ハラスメント対策にとって、啓発活動がいかに大切かということである。すなわち、TGUで申立を処理した事例のうち、一一件は学生からの申立である。そのうち、相談員が一時的窓口となったのは一件だけであった。序において紹介したように、TGUでは、毎年複数回の研修の機会を設けているが、それでもTGUにおけるセクシュアル・ハラスメント対策手続が、特に学生に対して周知されているとは言い難い状況である。

次に、この点も啓発活動の不徹底と関連するかもしれないが、いまだに学内の手続ではプライバシーが守られないかもしれないという認識を持つものが少なくないということである。(48) 二2で紹介した事例においても、私的な処理をしてしまった当事者は、特に根拠もなくそのように考えているのである。(49)

第三に、慎重な調査を求めると、どうしても法的専門知識、あるいは学生問題に豊富な知識と経験を持った教職員を調査委員に選任せざるを得ず、そのことが、特定の者に過大な負担をかける結果となり、場合によっては制度疲労を生むことになりかねない。この点を解消するためにも、セクシュアル・ハラスメントに対する啓発・教育活動をさらに徹底して、組織内の構成員すべてが、セクシュアル・ハラスメントないしは、人権問題について、見識を有するようになる必要があるであろう。

### (2) 福祉施設等への示唆

始めに指摘すべきは、福祉労働、特にホームヘルパーのように、就労場所が事業場外の「利用者宅」のような場合には、これまで述べたTGUにおけるセクシュアル・ハラスメント対策及びその運用の実態は全く参考にならないと考えてもらいたくないということである。ホームヘルパーにとっては、「利用者宅」が職場であり、そこで発生するであろうセクシュアル・ハラスメントについて、事業主は男女雇用機会均等法に基づく防止義務を負うことはいうまでもないの

である。(50)

被害中立の窓口に関連して、これまでのＴＧＵの経験から言えることの第一は、当然のことながら、セクシュアル・ハラスメントの被害者は、当該被害を外部に知られたくないものである。そこで、福祉施設や訪問介護を行う事業者においても、様々なレベルの相談窓口を設けて、申立をしやすい環境を作ることが必要となる。資料③でわかるように、ＴＧＵのように専門窓口を設けていても、第一次的に相談が寄せられた窓口は多岐にわたっている。ある調査によると、セクシュアル・ハラスメントを受けたホームヘルパーが同僚や先輩に相談した結果、九割以上が適切な措置がなされたとの統計がある。(51)ただし、ＴＧＵの経験が示すように、一時的な相談窓口で不適切な対応がなされる虞もあるので、窓口の対応予定者に対する十分な教育を施す必要があるし、併せて対策ないしは救済の主体となる機関に対する報告義務を課すことを検討すべきであろう。

次に、セクシュアル・ハラスメントの調査及び対策を講じる機関であるが、ＴＧＵでは、私企業で多く採用されているような、相談員がその役割も担う方法はとっていない。その理由は二2で述べたとおりである。しかし、正規職員の割合が低く、人員の多くをそうした対策に割けないところでは、ＴＧＵのように、相談窓口と調査・対策機関を分けることは難しいであろう。本項の註（49）で述べた理由からＴＧＵでは採用しなかったが、必要であれば外部の機関に委託せざるを得ない場合もあるかもしれない。しかし、相談、事実調査、及び対策を一つの機関に委ねるのであれば、二2に既述のように、当該機関に対して、被害を申し立てる者に一方的に与せずに、中立的に判断できるような教育・訓練を施す必要があるであろう。

(1) 資料①②参照。
(2) 相談員は、SH対策手続規程4条に基づき、各学科・専攻から推薦された一名ずつの教員と、TGUが抱える三つのキャンパス毎に、二~三名の事務職員が選任される。ただし、各キャンパスに配置される相談員のうち、最低一名は女性教職員が選任されていなければならない。
(3) SH対策委員会の委員構成は、SH対策手続規程9条を参照されたい(資料②)。
(4) SH防止規程5条。
(5) 同6条。
(6) 講師は、本学教員と外部の弁護士が担当している。
(7) 註(6)に同じ。
(8) 平成一六年からの試みである。講師は、対策委員会委員(法学部教員)が担当した。この研修については、**二2**で詳述する。なお、**二2**の②事例に対する反省から、この研修においては、セクシュアル・ハラスメント対策に関する管理職としての一般的な心構えを学んでもらうと同時に、部局内でセクシュアル・ハラスメント被害を非公式に解決しようとすることの不適切さを特に強調している。
(9) 対象は、理事長、学長、副学長、学部長、学科長、及び相談員となっている教職員である。
(10) 講師は対策委員会委員の教員。
(11) 註(8)に同じ。
(12) 註(8)に同じ。
(13) 資料③参照。
(14) **二**で述べるように、申立件数が急増した理由として、TGUで毎年行なっている教職員及び学生・院生向けの講習会の成果であると速断することはできない。TGUの啓発活動のみならず、社会一般において「セクハラ」が認知されてきており、被害を受けた者の権利意識が向上したためとみるべきなのかもしれない。

(15)　SH対策手続規程2条。これら、相談又は苦情申立を受けた者を、TGUでは「一時的窓口」と呼び、相談員への報告義務を課している（二2参照）。
(16)　SH対策手続規程7条。この改正は、制度発足当時から実際に行われていた実態を規程化したものである。
(17)　同規程3条2項。
(18)　資料②末尾の概略図参照。このような報告義務が定められたのは、セクシュアル・ハラスメントの相談又は苦情申立が発生した部局の長に、その事実を認識させること、第二に、一時的窓口又は相談員段階で、事案が不適切に解決されることをチェックするためである。なお、この段階で報告されるのは、①申立日時、②申立者及び被申立者の所属等であって、申立者及び被申立者の氏名等の具体的情報は報告書には記載されていない。
(19)　クラス担任のような役割を担っている教員である。グループ主任は、各学科・専攻において、約六〇名の学生で構成されるグループの世話係として選任され、新入生オリエンテーション行事等から学生の面倒を見ることになる。オリエンテーション行事以外では、半期毎の成績配布、父母との個別面談などで、卒業までグループの学生の世話をすることになる。TGUでは、教養学部、工学部を除く、文学部、経済学部、法学部において、一、二年次と三、四年次ではキャンパスが異なるため、それぞれのキャンパス毎にグループ主任がおかれる。
(20)　資料③参照。
(21)　註(20)参照。
(22)　この他、学生課所管である、体育会、文化団体連合会等の課外活動団体における研修の一環として、毎年学生向けにセクシュアル・ハラスメントに関する講習会を開催している。講師は、対策委員会から派遣されている。
(23)　資料③参照。

(24) 註(19)参照。
(25) 資料③参照。
(26) 申立者が女性の場合、基本的には最低一名の相談員は女性にする。ただし、申立者の意思により、二名共に女性相談員の場合もあるし、相談員の性別にこだわらない旨を明示している申立者の場合は、男性相談員二名もあり得る。
(27) 申立者又は被申立者が教職員の場合、申立者(被申立者)と同一部局に属する相談員は、その後の仕事に支障を来すおそれがあるので、できる限り選択しない。
(28) SH対策手続規程15条。
(29) TGUにおける教職員の性別毎の員数は次のとおりである。教員二九四名、うち女性は二一名。事務職員二六一名のうち、女性は六五名である。
(30) これまで、TGUで扱った申立事例一五件のうち、同じ相談員が三件の事例を扱ったことがある。
(31) SH対策手続規程8条1号。
(32) 同規程12条1項。
(33) 同規程11条2項。
(34) 同規程8条3項。
(35) 同規程13条。
(36) 註(32)に同じ。
(37) 例えば、二〇〇三年度だけを見ても、これらの委員が調査に関わった回数は、学生部長では七一回、法律専門家教員では六七回に及ぶ。一回の調査に要する時間は、短いときで六〇分、長いときで三時間である。
(38) SH対策手続規程8条2項。
(39) 「東北学院大学懲戒規程」三条。

(40)　例えば、講義担当の変更とか、少人数対象科目に対する担当制限などがあり得よう。
(41)　「東北学院大学学則」五三条。
(42)　全学部の教授で構成される教授会であり、学生・院生の処分を決定する権限を有する。
(43)　SH対策手続規程8条2項
(44)　特に、同一部局に属する加害者によってセクシュアル・ハラスメントを受けたような場合、配転等により対処することになるが、この場合も、被害者の意思を無視して、加害者ではなく被害者を配転させるようなことはすべきではないであろう。
(45)　この場合、TGUにおいては、カウンセリングセンターによるケアーを行うことになる。
(46)　これまで扱った事例においては、弁護士費用の援助等、TGUが金銭面で被害者を助力するということはなかったが、法学部教員が、被害者に法的アドバイスを行うことは、しばしばなされている。
(47)　**二2**でも記したとおり、当事者のプライバシーを考慮して、具体的な既述ができないことをご理解頂きたい。
(48)　**二2**の事例参照。
(49)　この点に関しては、外部機関に委託するべきとの見解も有力なことは認識している。しかし、TGUでは、いかの二つの理由から、外部機関への委託は選択しなかった。
①　学内関係者による処理の場合、プライバシー侵害等の虞について、懲戒規程等を背景として、コントロールが効く。
②　仙台という地方都市では、きちんとした体制の下で機能する外部機関を見出すのは難しいと思われる。
(50)　二〇〇三年の賃金構造基本統計の職種別調査によれば、介護サービスの担い手であるホームヘルパーの九五%は女性であり、このことからも、福祉労働の現場にとって、セクシュアル・ハラスメント対策の重要性はきわめて大きいといえる。
(51)　東海大学教授井上千津子の調査（一九九八年）。

## 資料① 東北学院大学セクシュアル・ハラスメントの防止等に関する規程

（制定 平成一二年四月一日）

（この規程の趣旨・目的）

**第1条** 本学は、個人の自立と尊厳、および基本的人権の擁護の見地から、個人の人格を侵害し、良好な教育環境や職場環境の形成を阻害するセクシュアル・ハラスメントを、看過することのできない重大な行為であると考える。この規程は、かかる行為を未然に防止するとともに、発生したセクシュアル・ハラスメントに対して厳正かつ公正な姿勢で対処し、被害者に対する適切な救済を与えることを目的とする。

（定義）

**第2条** セクシュアル・ハラスメントとは、相手方の意に反する性的な言動を行うことによって相手方に不利益を与えたり、または性的に不快な言動によって大学内の教育環境や職場環境を悪化させる行為である。

2 セクシュアル・ハラスメントに該当する言動の内容などについては、別にガイドラインを定める。

（大学の責任）

**第3条** 大学は、セクシュアル・ハラスメント問題に対処するため、就労上および就学上の適切な措置をとるとともに、セクシュアル・ハラスメント防止のために、教職員および学生に対する啓発活動を行うものとする。

（セクシュアル・ハラスメントへの対応）

**第4条** セクシュアル・ハラスメント問題に対処するために、大学内に以下の組織をおく。

(1) セクシュアル・ハラスメント相談員

(2) セクシュアル・ハラスメント対策委員会

2 セクシュアル・ハラスメント相談員およびセクシュアル・ハラスメント対策委員会については、別にこれを定める。

（加害者に対する措置）

**第5条** セクシュアル・ハラスメントを行った者に対して、大学は、学内諸規程などに照らして厳正に対処する。

（被害者の救済）

**第6条**　大学は、本学において発生したセクシュアル・ハラスメントの被害者に対して、適切な救済策をとるものとする。

（この規程の改廃）

**第7条**　この規程の改廃は、対策委員会の発議により、学部教授会の議を経て全学教授会がこれを行い、理事会の承認を得るものとする。

附　則

この規程は、平成一二（二〇〇〇）年四月一日より施行する。

## 資料②　東北学院大学セクシュアル・ハラスメント対策手続規程

（制定　平成一二年四月一日）
改正　平成一五年四月一日

### 第1章　総則

（規程の趣旨）

**第1条**　この規程は、「東北学院大学セクシュアル・ハラスメントの防止等に関する規程」第4条第2項に定めるセクシュアル・ハラスメント対策委員会（以下「対策委員会」という）およびセクシュアル・ハラスメント相談員（以下「相談員」という）に関する必要事項を定めるとともに、本学においてセクシュアル・ハラスメントが発生した場合の対策に関する手続を定める。

（申立ておよび報告）

**第2条**　セクシュアル・ハラスメントに関する相談または苦情申立てを受けた者（以下「一次的窓口」という）は、当該相談または苦情申立てがあったことを、遅滞なく相談員に報告しなければならない。

2　前項において、セクシュアル・ハラスメントに関する相談または苦情申立てをした者（以下「申立者」という）、およびセクシュアル・ハラスメントを行ったとされている者の双方が教員または大学院生・学生の場合、相談員は、次に掲げる者に、相談または苦情申立てがあったことを報告しなければならない。

(1)　対策委員会委員長

(2)　学生部長
(3)　関係学部の学部長、学科長、専攻主任、または関係研究科の研究科長

3　第1項において、申立者およびセクシュアル・ハラスメントを行ったとされている者の双方が、教員以外の職員（法人事務局職員を含む。以下同じ）の場合、相談員は、総務担当副学長および総務部長に、相談または苦情申立てがあったことを報告しなければならない。

4　第1項において、申立者またはセクシュアル・ハラスメントを行ったとされている者の一方のみが教員、大学院生・学生の場合、相談員は、次に掲げる者に、相談または苦情申立てがあったことを報告しなければならない。
(1)　対策委員会委員長
(2)　学生部長
(3)　関係学部の学部長、学科長、専攻主任、または関係研究科の研究科長
(4)　総務部長

5　対策委員会委員長は、セクシュアル・ハラスメントに関する相談または苦情申立てがあったことを学長に報告しなければならない。

第2章　セクシュアル・ハラスメント相談員および相談員コーディネーター

（相談員の任務）
**第3条**　相談員は、セクシュアル・ハラスメントに関する相談または苦情を受け付け、その内容を記録するとともに、相談または苦情の内容が重大であると判断したときには、申立者の同意を得て、対策委員会の開催を要請するものとする。

2　相談員は、原則として2名一組で申立者からの相談または苦情を受けるものとする。

3　相談または苦情の内容が重大であるにもかかわらず、相談員が対策委員会の開催を要請しない場合には、申立者に関わる学部の学部長もしくは研究科長、または総務担当副学長は、申立者の同意を得て、対策委員会の開催を要請することができる。

（相談員の選任）
**第4条**　相談員は学長が委嘱する以下のものとする。この場合、総務担当副学長は、土樋・泉・多賀城の各キャンパスから最低1名の女性教員または教員以外の女性職員（法人事務局職員を含む）が選任されるように調整するものとする。
(1)　各学科・専攻からそれぞれ1名の教員
(2)　土樋キャンパスの教員以外の職員から3名（うち1名は法人事務局職員を含む）、泉・多賀城の各キャンパスからそれぞれ2名ずつの教員以外の職員
（相談員の任期）
**第5条**　相談員の任期は2年とする。ただし再任を妨げない。
（相談員の公表）
**第6条**　相談員の所属、氏名、および連絡先は、学内に公表する。
（相談員コーディネーター）
**第7条**　対策委員会は、申立てに対応する相談員の適切な組合せのために、委員会の中に相談員コーディネーターをおくものとする。
2　相談員コーディネーターは、対策委員会委員の中から互選する。

## 第3章　セクシュアル・ハラスメント対策委員会

（対策委員会の任務）
**第8条**　対策委員会は、次に掲げる任務を行うものとする。
(1)　セクシュアル・ハラスメントに関する調査
(2)　セクシュアル・ハラスメント防止のための啓発活動
2　この規程第11条に定めるセクシュアル・ハラスメント調査委員会（以下「調査委員会」という）の報告を受けて、対策委員会が、セクシュアル・ハラスメントの事実の存在を確認した場合、加害者および被害者に対して適切な措置を講じるべく、関係部局に事案を託するものとする。
3　対策委員会は、この規程第11条に定める調査委

員会の調査結果を、申立者およびセクシュアル・ハラスメントを行ったとされている者の双方に、遅滞なく通知しなければならない。

4　対策委員会は、この規程第13条にもとづく再調査の申立てがなされたときは、再調査が必要か否かを審議し、その結果を、調査を申し立てた者に遅滞なく通知しなければならない。

5　対策委員会は、当事者のプライバシーに充分配慮しつつ、事案に関する調査結果および関係部局による措置について、学長に報告しなければならない。

（対策委員会の構成）

**第9条**　対策委員会は、次に掲げる委員をもって構成し、委員長は総務担当副学長をもってあてる。

(1)　総務担当副学長

(2)　学生部長

(3)　各学科長・専攻主任

(4)　総務部長

(5)　その他、対策委員会が必要と認めた者

2　対策委員会に関する事務は総務課長が所管する。ただし、必要に応じて、他の事務職員を陪席させることができる。

（対策委員会の招集）

**第10条**　対策委員会は委員長が招集する。

（調査委員会）

**第11条**　対策委員会は、第3条にもとづき委員会開催が要請された場合、当該要請に関わる事実関係を調査するため、当該事案が終了するまで存続する調査委員会を設けなければならない。

2　申し立てられた相談または苦情について調査するに際して、調査委員会は、対策委員会の承認を得て、学内外の専門家の助言を得ることができる。

3　調査委員会は、申し立てられた相談または苦情の内容について調査し、その結果を遅滞なく対策委員会に報告しなければならない。

4　調査委員会は、当該事案の調査に際して、申し立てられた相談または苦情申立てを受け付けた相談員の協力を要請することができる。

（調査委員会の構成）

**第12条**　調査委員会は、対策委員会が選任する7名以内の委員をもって構成する。この場合、調査委員会の委員の中に、セクシュアル・ハラスメントについて法的専門知識を有する教員が含まれるものとする。

2　調査委員会の委員長は、前項の委員の中から、対策委員会が選出するものとする。

（再調査の申立）

**第13条**　申立者およびセクシュアル・ハラスメントを行ったとされている者は、この規程第8条第3項にもとづいて通知された調査結果の内容に異議がある場合、対策委員会に対し、当該事案の再調査を求めることができる。

（関係部局の報告と当事者への通知）

**第14条**　第8条第2項により、対策委員会か事案を関係部局に付託した場合、対策委員会委員長は、講じられた措置に関する報告を当該関係部局に求めることができる。

2　対策委員会委員長は、前項にもとづく報告の内容を、遅滞なく申立者に通知するものとする。

（守秘義務）

**第15条**　一次的窓口となった者、対策委員会委員、調査委員会委員、相談員、およびこの規程にもとづいてセクシュアル・ハラスメントに関する相談または苦情申立ての報告を受けた者は、相談または苦情申立ての内容に関して知り得た情報を他に漏らしてはならない。

2　前項の規定は、第11条第2項にもとづき、調査委員会に助言を行った学内外の専門家にも適用されるものとする。

（規程の改廃）

**第16条**　この規程の改廃は、対策委員会の発議により、学部教授会の議を経て全学教授会がこれを行い、理事会の承認を得るものとする。

附　則

この規程は平成一二（二〇〇〇）年四月一日より施行する。

附　則

この規程は平成一五（二〇〇三）年四月一日より施行する。

**東北学院大学・セクシュアル・ハラスメント対策の概略図**

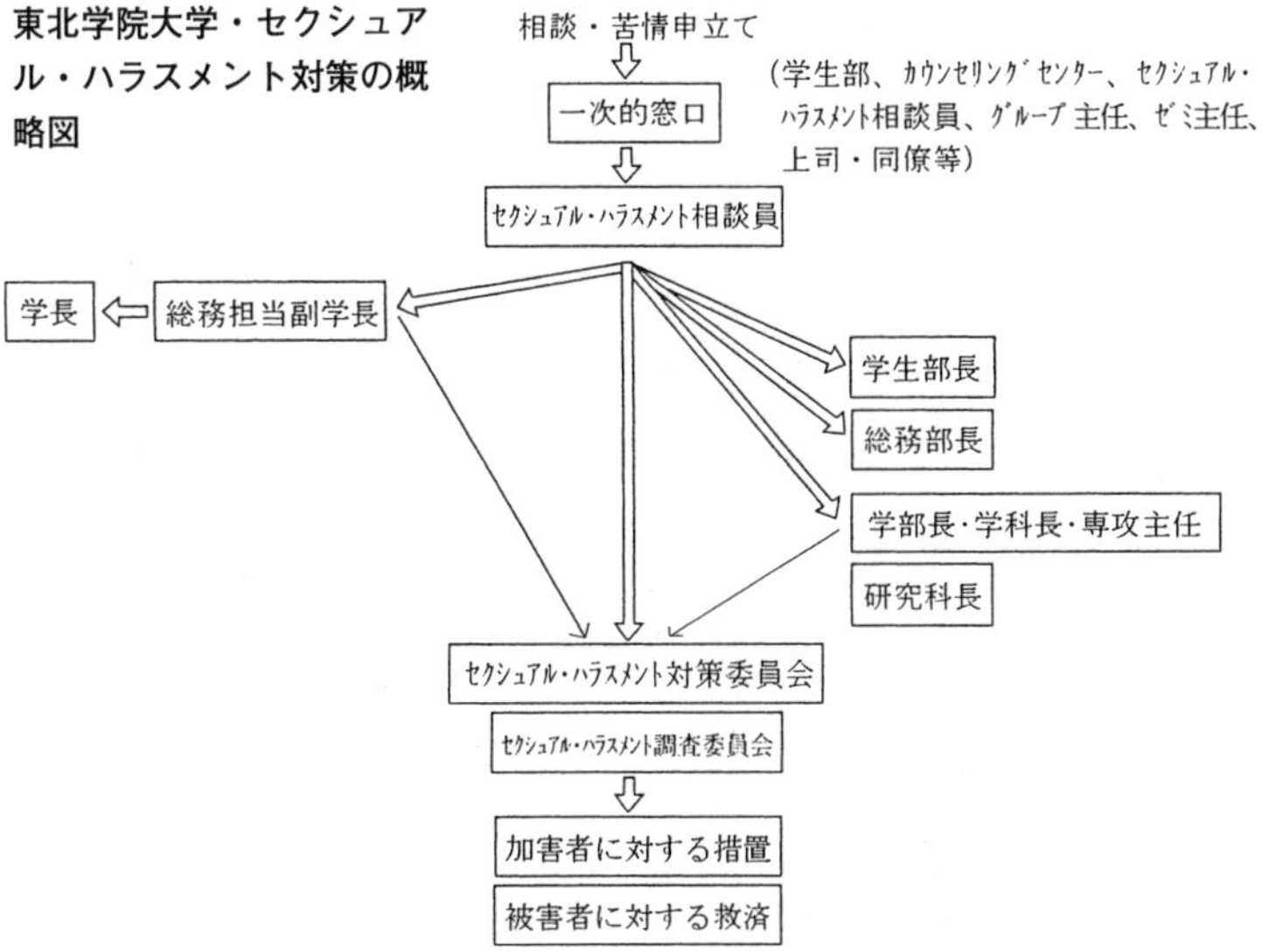


## 資料③　セクシュアル・ハラスメント　調査事例一覧

| | 申立者 | 被申立者 | 一時的窓口 |
|---|---|---|---|
| 1 | 学生（女） | 学生 | カウンセリングセンター |
| 2 | 学生（女） | 教員 | カウンセリングセンター |
| 3 | 学生女） | 学生（同一授業） | 相談員 |
| 4 | 学生（女） | 学生 | G主任 |
| 5 | 学生（女） | 教員 | 相談員 |
| 6 | 学生（女） | 学生 | 就職課 |
| 7 | 学生（女） | 教員 | 教務課 |
| 8 | 臨時職員（女） | 学生 | 同僚臨時職員 |
| 9 | 学生（女） | 学生 | 学生課 |
| 10 | 学生（女） | ？ | 学生課 |
| 11 | 学生（女） | 教員（非常勤） | 学生課 |
| 12 | 職員（女） | 職員（男） | コーディネーター |
| 13 | 学生（女） | 教員 | 友人（学生） |
| 14 | 職員（女） | 教員 | コーディネーター |
| 15 | 学生（女） | アルバイト先の客 | G主任 |

# 福祉の職場と労働者派遣

砂山　克彦

## 一　はじめに

一九八五年に労働者派遣法が成立し、その後、派遣労働者の数は右肩上がりに増え続け、二〇〇二年度の事業報告によれば、派遣労働者の数は二一三万人（対前年比二一・八％増）と発表されている（厚生労働省二〇〇四年二月発表）。当初は専門的知識・経験を有する一三業務からスタートした労働者派遣も、その後どんどんと範囲が拡大され、最近は福祉の職場にも労働者派遣が認められるようになった。そこで、福祉の職場における労働者派遣の現状はどのようになっているのか、またどのような問題を提起しているのかを探ってみることとする。

## 二　労働者派遣法改正と福祉労働者

当初、専門的知識・経験を有する労働者のみが適用対象だったものが（一三業務からスタートし、その後、二六業務にまで拡大されたが、介護労働者や医療労働者の派遣は認められていなかった）、一九九九年に、原則としてすべての業務を適用対象とし、例外的に禁止される業務を規定するというように改められた（いわゆるネガティブリスト化）。ここで、介護労働者の派遣は認められたが医療労働者の派遣は認められないとされた。

今回（二〇〇三年）の改正で、福祉施設への医療労働者の派遣は認められることになったが、病院等の医療業務への派遣は依然として認められていない。このように福祉施設と医療施設で区別されたのであるが、その根拠はどこにあるのであろうか。医療業務の解禁制限の理由について衆議院厚生労働委員会で篠崎政府参考人は「事前面接が一応禁止をされておりますので、事前面接などによって医療機関が事前に希望する派遣労働者を特定することはできないわけでございますから、十分な意思疎通を図ってチーム医療を確保する上で支障を生じるおそれがあるのではないか、これは私ども従来主張してきたことでございます」と答弁している（平成一五年五月一四日、労働法律旬報一五六二号四八頁）。また、坂口厚生労働大臣も「最近は医療もチーム医療にだんだんなってきておりますし、そこに入られます、それが看護婦さんであれ、医師であれ、あるいはほかの職種の人であれ、そのチームの一員として、やはり我が病院は、我が医療施設はこういう方針でやっていきたいというふうにやっておみえになるときに、それと反するような人がおみえになっても具合が悪いと。ですから、そこはなかなかおいそれと認められませんねということだったわけでございますが……」と答弁している（参議院厚生労働委員会会議録第一七号、平成一五年五月二九日、労働法律旬報・同上）。

坂口厚生労働大臣が答弁していることは、福祉施設の運営のあり方としてまさに求められていることである。すなわち、「いろいろな施設にうかがう機会が多いが、施設の独自性、風土が感じられることは少ない。……施設独自のサービスや顧客への対応など、どこに行ってもそれ程違いが見えてこない。また、介護職に就いている人たちが口をそろえて言うのは、『現場から離れたくないんです』。……介護サービスへの思い、やりがい、達成感などの精神的なものは個人に帰属しているケースが多く、その本人が退職してしまえば、結局その施設からもその精神が消滅してしまう。つまり、サービス自体がきわめて属人的で、施設風土が育ちにくいといえる。これは、福祉分野の課題かもしれないが、個人に帰属する『介護への思い』を、施設に帰属する『介護の理念』に変えていく必要があるのではないだろうか。『現場大好き』といっている人たちが、『後進を育てる』ことにそろそろ気づいてもいい頃ではないだろうか？そうすれば人材育成を通して、その施設なりの風土を作り上げることができるだろう」といわれている（二〇〇三年七月四日付シルバー新報、田中千世子「人材派遣ビジネス⑧」）。

福祉の職場においてもチームによる介護が大切であるという事情は変わらない。福祉施設については派遣を認め、医療施設については認めないことに、はたして整合性があるのか疑問である（なお、紹介予定派遣の場合、病院等における医療関連業務を適用対象業務に追加することとなった。面接禁止が医療業務への労働者派遣禁止の理由となっていたのであれば、面接が許される紹介予定派遣に限って医療労働者の派遣を認めるということになろうが、事前面接が禁止されている派遣が、福祉施設については認められることの理由が見いだしがたい）。

ここで最近非常に増えているといわれる紹介予定派遣について触れておこう。紹介予定派遣は例外的に派遣先による派遣労働者に対する面接が認められている。したがって、当該労働者の適格性を確かめながら使用できるという点で一般の派遣に比べて施設（そこで働く職員も含め）側にとって好ましい制度といえよう。「すでに派遣会社では、ケアマネジャー職、ディサービスの責任者、主任クラスの介護職などの派遣に紹介予定派遣を活用している。また、新入職員採用時のミスマッチ回避に活用できないか、という相談も出てきている」（二〇〇三年六月一三日付シルバー新報、田中千世子「人材派遣ビジネス⑤」）といわれている。紹介予定派遣においては例外的に事前面接が認められるのは派遣終了後、派遣労働者と派遣先との間に雇用契約が締結されることが予定されているからである。しかし、この雇用契約が締結される保障はない。派遣先が雇用契約を締結しないことに合理的な理由は要求されておらず、ただ、その理由を派遣労働者に知らせればよいとされている。従来試用期間の制度は当該労働者の適格性判断の期間とされてきた。しかし、試用期間は雇用契約が成立した後のことであり、使用者にとって本採用拒否＝解雇とされ社会的に相当な理由がなければ無効とされてきた。このような試用期間と紹介予定派遣の制度を比べれば、労働者側も派遣先の職場について具体的な知見を得られるというメリットはあるものの、雇用契約の締結が保障されていないという点で大変労働者側にとって不利な制度といえよう。

また今回の改正では、期間の延長が認められた。専門的技術・経験を有する業務の場合は期間の限定という要素はそれ程強いものではなくなる。しかし、長期の雇用を予定するのであれば直接雇用することが原則であることに変わりはない（今回の改正で三年後に派遣労働者が就いていた職務に派遣先が新たに労働者を雇い入れようとする場合は、当該派遣労働者に雇用契約の締結の申し込みをしなければならないとされた）。まして、二六業務以外の一般的な業務に派遣が認められることになったのであるから、そこでは期間の限定が重要な要素となってくる。一年間から三年間にゆるめられたとはいえ、臨時性が基本的な性格となっている。

## 三　福祉労働者と派遣

### 1　需要要因の分析

東京都の福祉人材センターに来ている求人の六割は非正規職員ということである。事業者が非正規職員を求める理由はどのようなところにあるのであろうか。須江・村上「高齢者ケア事業の人材マネジメント」（社会生産性本部、二〇〇三年）は、「一部のコースについては、雇用よりも派遣や業務請負によって外部労働力を活用する方が、質の高い労働力を調達できる場合もある。例えば医師、ＰＴ、ＯＴ等療法士、場合によっては看護師も（介護事業者が確保するのに苦労している職種）、直接雇用が困難な場合は近隣の病医院と提携し、病医院に業務委託または病医院から派遣してもらう手も選択肢にはなりうる」（同上六〇頁）。「非正職員労働力を大きく組み込むことは、従業員サイドから見た場合にはデメリットとなる点もあるが、現在の介護事業の経営環境においては（政策的に今後大きく方向転換させられる可能性に備える意味でも）、非正職員労働力を一定のシェアで組み込み、そのメリットを活かせるようにしておく方が望ましいと思われる」（同上六二頁）と述べている。その上で同書は、法人のメリットとして具体的に次の五点をあげる。すなわち、

(1) 労働費用の圧縮――「賃金以外の労働費用は、非雇用契約(委任、請負、派遣、業務委託)にすると不要になる、つまり雇用契約以上に労働費用圧縮効果が大きくなるのである」(同上六五頁)

(2) 変化・変動への対応力が高まる――「契約職員やパートタイマー、派遣労働者は、会社に対し向こう一年間は確実に勤務することを約束し、なおかつ一年後は自由契約になることを了解してくれている」(同上六六頁)

(3) 重要業務への臨機応変戦力を確保する――「必要な技術やノウハウを即座に手に入れる方法としては、もはや職員に拘わるよりも、一時的な費用が高くても、契約職員や派遣契約などで確保したり、または専門集団にアウトソーシング(業務委託)するのも有力な手段となっている」(同上六七頁)

(4) 重要業務と非重要業務を区分し労働力を分けて使う――「非重要業務の戦力として活用することを目的とする契約形態は、主としてパートタイマーと派遣である」(同上六八頁)

(5) 正職員の一時的代役――「この場合は、採用コストのかからない派遣が活用しやすい」(同上)

の五点である。

次に、福祉施設の経営者はどのように考えているかについて、大阪府社会福祉協議会調査「人材派遣に関する事業者及び求職者へのアンケート調査」(二〇〇二年六月、大阪府社会福祉協議会会員事業者および大阪府福祉人材センターでの窓口紹介者に対して実施)をもとにみてみよう。

まず、事業者に対して、福祉職への派遣が認めらていることについての周知度については、知っている(四九%)、知らない(三七%)、すでに利用している(一一%)となっている。すでに利用している事業所は一一%でこれを高いと見るか低いと見るかは見解の分かれるところであろうが、福祉職の派遣が解禁されてから間もない時点での数字としてはかなり高いと言えよう。利用事業所の種別では、高齢者福祉が四分の三近くを占めている。

また、派遣職員の利用については、(これからも)利用したい(三八%)、利用したくない(一四%)、どちらとも言えない(四三%)となっている。利用したいと考えている事業所は三八%と、利用したくないの一四%を大きく上回っている。今後福祉職への派遣の増加を予想させる数字ではある。利用したい事業所の種別では高齢者福祉と並んで児童福祉もかなりの割合を占めている。派遣を利用したくない(回答施設の一四%)理由としては、福祉についての考え方(安上がり福祉、使い捨てに繋がる)や派遣制度がなじむかどうかに疑問を持つものから(利用者の心を大切にできるかどうかわからない。その人の人間性が使用者側で判断できない)費用的に必ずしも安くないという経済的なものまで、一般に明確な理由を挙げているものが多い。「以前に利用していたがコスト的人材的にマイナス面が多かったので今は利用していない」という回答を含め、今後派遣をめぐる状況が変わらなければためしに利用してみても以後利用しなくなる可能性を含んでいるといえよう。

さらに、求職者に対して、福祉職への派遣が認められていることの周知度に関する問については、知っている(二七%)、知らない(七〇%)となっている。

福祉業務が労働者派遣の対象業務になっていることを知らない者が多くなっていることがわかる。派遣で働くことについてどのように思っているかという問については、派遣でも働きたい(三三%)、派遣では働きたくない(三〇%)、わからない(三七%)となっている。今後正規職員として働く道が狭くなれば派遣でも仕方ないかという者が増える可能性を含んだ数字であるといえよう。

回答者で看護師等の資格のある者に対して、派遣で働きたいと思っている割合は、介護福祉士（二五％）、看護師（六七％）、保育士（四〇％）、栄養士（二五％）となっている。看護師で比較的多くの者が派遣で働きたいと考えていることが注目される。

なお、大阪府福祉人材センターにおける二〇〇一年度有効求人数の内正規職員としての求人は四六・六％であるのに対して、有効求職者数のうち六七・七％が正規職員を希望しており、求人と求職にずれが見られる。

## 2　福祉人材の供給体制

福祉の職場への労働者派遣は現在のところ、施設への派遣に限定されている。在宅介護への派遣については、派遣先としての個人の家庭が派遣先としての責任を果たすことが期待できないこと、派遣労働者が派遣先の家庭に入った場合、派遣元としては労働者の行動に責任を負いがたいということが理由である（派遣会社での聞き取りによる）。施設への派遣についてみても、派遣元の派遣労働者に対する管理は問題がないわけではない。例えば、派遣元が施設を訪ね派遣労働者と連絡を取ろうとしても、労働者が施設の中のどの部屋に入って働いているか分からずコンタクトをとることが困難であるということがある。事務や製造現場への派遣のようにどこに派遣労働者がいるか直ぐ分かる場合との違いを施設への派遣に見ることができる。

ここで比較的新しく福祉分野に参入した派遣会社の例をもとに、派遣による福祉労働の供給体制を見ることとする。

Ｎ社：福祉部門、その中でも入浴・食事介助等の介護業務へ、ホームヘルパー二級取得者を派遣する。四時間からの短時間だけの時間帯の活用も可能。三つのメリット（①採用経費、健康診断、社会保険等はすべて不要、②数名でのシフト制で対応するため、基本的に業務に欠員を出さない、③面倒なシフト管理等はすべてお任せ）。利用時間は原則として一日四時間以上、週三回以上。派遣期間は基本的に六ヵ月以上。利用料金は時間あたり一三〇〇円となっている。

施設側からの派遣会社への要望としては次のようなものがある。①人材の質に対する要望で、派遣料金はパートよりも高いが、殆ど未経験なので仕事はパートよりもできないという不満と、定着率が低いので経験を積んで仕事に対する力量をアップすることが困難であること。②人間関係がうまくいかないこと。経験が不足していることもあって、現場でチームの中にうまく入っていけない。苦情処理システムもあるが機能させるためには派遣会社の方で現場に入っていかなければならない。③安定供給の面でまだ不安がある。欠員がでた場合は近くの地域で登録している派遣社員を派遣することになるが、いつでも対応できるほどの登録者の厚みがない。

なお、一週間を週三日ずつペアで派遣する場合は、社会保険も安くてすむということがある。大手派遣会社から見れば、このような派遣は人材の使い捨てになり労働者派遣のイメージダウンにつながるという批判的考え方を持っているところもある。

### 3　福祉人材センターと派遣会社との連携

派遣労働に対して厳しく規制してきたドイツにおいても、失業の克服という目的の実現のためではあるが、公的組織が労働者派遣を行ったり派遣会社を積極的に利用するという、ドラスティックな変換が行われている（中内哲「ドイツ労働法」浜田・香川・大内編『グローバリゼーションと労働法の行方』所収、九八頁参照）。

日本においても、福祉の労働者確保を目的とする福祉人材センターと派遣会社との連携は進んでいる。東京都福祉人材センターでは、労働者派遣の可能性を検討している段階である。また、派遣会社からのヒアリングを行い、福祉施設と派遣会社の橋渡しをしようとしている。

### 4　どのような人材が求められているか

大手派遣会社の担当者は次のように述べている。

すなわち、「実際に介護施設などから派遣の依頼を受けるときには『人柄の良い人を』という要望が多い。しかし、『人柄が良い』という表現だけでヒューマンスキルを判断するのは難しい。ヒューマンスキルをはかるのに明確な尺度があるわけではないが、一般的な指標としては、①話し方、挨拶、表情、②コミュニケーション力、理解力、③積極性、向上心、目的意識、④協調性、周囲への配慮、⑤柔軟性、適応力——などがあげられることが多い。……当社では『人柄の良さ』は『ヒューマンスキル』の一部であると考えている。また、ヒューマンスキルをどう判断していくかについては、派遣会社によって独自の視点やノウハウがある。例えば、『登録の手続き』だけでも、ある程度ヒューマンスキルを確認できる。電話予約時の対応、当日の服装、話を聞く態度、書類作成の早さや正確さ、話の理解力、面接時の対応（話し方、話の内容）など、登録手続き中の場面場面で、その人物のヒューマンスキルを把握することができる。しかし、残念ながら、介護分野の登録者は、他の事務系登録者に比べて、ビジネスマナーを含めたヒューマンスキルの点で今ひとつのように感じられる。実際に登録の段階でも、当日無断で欠席する人も少なくない。これは、一般企業のビジネス経験が少ないためかもしれないし、派遣という仕事自体への認識がまだ浅く、アルバイト的な感覚が強いせいかもしれないが、いずれにせよ、他の職種に比べてヒューマンスキル不足の傾向が強いことは否めない。……介護・福祉の分野に従事する人こそ、ヒューマンスキルはもちろん、一般社会人の守るべき基本ルールを遵守してほしい。なぜなら、サービスを受ける側は社会人の大先輩であり、そうした方々に敬意を払って仕事をするのは当然だからである」と（二〇〇三年六月六日付シルバー新報、田中千世子「人材派遣ビジネス④」）。

　実際、介助のマニュアル例をみても、（食堂への誘導）「今日のお昼は季節の煮物ですよ」など、利用者の食欲が高まるような声かけをしながら、食堂に誘導する」といったように、気遣い・気配りが求められ、また、（食事）「利用者ひとりひとりの食欲、好き嫌いなどを観察しておく」、「最初に水分を含ませると、誤飲を防ぎ、食べやすくなる」、「スプーンなどで口の中を傷つけないよう注意する」など、利用者ひとりひとりに合わせた注意力が要求される内容といえる（中村俊二・宮内克代「福祉職場における業務標準化のためのマニュアルモデル」東京都社会福祉協議会、二〇〇三年、四八～四九頁）。

　依田窪福祉会の人材ビジョンは、メンバーに求める三つのキーワードとして、「①気付き：アドボカシー（必要なのに利用者の方などが気付かないことや、うまく表現できないことを発見し代弁できる人）、サービス精神（こうすれば喜んでいただけるということに気付く人）。②やる気：（できません、知りません、聞いていません、教えてもらっていません……受け身の気持ちからは進歩はない）、（一歩前に進もうという気持ちが道を切り開く、自ら行動を起こす、発信する人）。③プロ意識：（なれあいにならず、心のこもったサービスを提供できる人）、（その人の望む人生をゆっくり、いっしょに、歩める人）、（自分ならこうして欲しいと思うケアサービスを、自分で創っていこうとする人）」をあげている（須江・村上『高齢者ケア事業の人材マネジメント』社会生産性本部、一四一頁）。

面接が許されていない一般の派遣制度では、確かな人を選ぶことができない。派遣会社の中には一週間を二人ペアで勤務する勤務形態にも対応できるというところもあるが、施設側の管理や労働者の能力向上の問題もあり真に穴埋め的な短期の派遣に限定すべきである（福祉人材センターでの聞き取りから）。中村俊二・宮内克代『福祉職場における業務標準化のためのマニュアルモデル』（東京都社会福祉協議会、二〇〇三年）は、作業マニュアル（職員採用）で、「面接は、職員採用にあたって最も重要である。限られた時間の中で、的確に人物を判断するのは容易ではないので、ポイントを絞った質問を心がけたい。そこで、『志望の動機』や『以前の仕事で失敗したこと』等を深く掘り下げて質問してみるのが有効である。応募者が返答に困ったときこそ、その人柄が垣間見えるものである」と述べている（一一九頁）。

## 四　実践的な課題

### 福祉施設における人事管理上の課題

福祉の職場も、チームワークが必要とされるので、すでに勤務している職員の派遣労働者に対する意識の問題もある。職員の側からすると、パートよりも賃金が高いのに仕事ができないという意識を持ちやすい。ちなみに二〇〇二年度大阪府福祉人材センターにおける介護職員（非正規職員）求人の時間給は平均八三二円である。これに対し派遣労働者の受け取る賃金は一〇〇〇～一三〇〇円くらいが相場であった。派遣は期間の限定があるため、どうしても当該施設での仕事の経験は少なくならざるを得ない。より安い賃金で直接雇用されているパートよりも仕事ができないと見られることが多くならざるを得ない。派遣会社の初期教育はペーパーによるもので、実際の現場は初めてという派遣労働者も少なくないので（大手派遣会社P社ではおおむね実務経験二年以上が登録基準となっているが）、一緒に働く側としてはとまどうことになる。

また、派遣労働の場合は短期間の研修で派遣されるので、福祉の職場における仕事の標準化、マニュアル化が行われているとしても、被介護者の状態に応じて対応しなければならない仕事内容から考えると派遣先での仕事を通じた研修が行われる必要がある。

中村俊二・宮内克代『福祉職場における業務標準化のためのマニュアルモデル』（東京都社会福祉協議会）は、福祉施設においてもマニュアルが必要であること、大切であることを強調した上で、「マニュアルを活用する際、忘れてはならない重要ポイントを述べたいと思います。それは、『個別化』をないがしろにしてはいけないという点です。『個別化』つまり、利用者ひとりひとりの個性や特徴、嗜好を大切にしていただきたいということです。これは一見、『標準化』や『マニュアル』の対極にあるように見えますが、そうではありません。ともすれば『マニュアルさえ実行すればいい』という考えに陥らないように心がけていただきたいということを強調したいと思います。いくらすばらしいマニュアルを作り、それを実行したとしても、利用者をベルトコンベアに乗っている商品のように扱っては本末転倒といわざるを得ません。マニュアルは、あくまでも最低基準なのです。その上にたって、利用者の顔が見えるサービスをしてこそ、『福祉の心』と『業務標準化』の両立が達成されることでしょう」と述べている（四三頁）。派遣される際に、事前に渡されたマニュアルに目を通すくらいの「研修」では実際に福祉の職場で直ぐに戦力となることは難しいといえよう。

このことは前述の大阪府社協調査において事業者が派遣を利用したくない理由として、「人と人の関係にこの時のみの人はそぐわない」とか「利用者の立場からみて派遣利用に二の足を踏みます」、「法人の方針を理解できるかどうか不安」といった意見に現れていると言えよう。また、求職者の側で派遣で働きたくない理由として、「勤務場所が次々に変わるのはいやだから」、「施設職員としての意識がもてない」といったものがあげられていることにも示されていると言えよう。

派遣会社の側からみても、次のように派遣労働者に対するケアのなさが懸念されている。すなわち、「施設を『働きやすい職場』にしていくことも必要だ。介護力をあげるための知識を学ぶ勉強会・研修は、数限りなく行われている。参加者も非常に多く、意欲ある人たちで溢れている。ただ一方で、介護職で働く人々の施設への定着率は高くない。それは、介護する側のケアがほとんど無いからである。……福祉は『魅力のある職場』ではあるが、『働きやすい職場』ではないとよく言われる。意欲はあったのに先が見えなくなったと言って、バーン・アウトしてしまうケースは少なくない」と（二〇〇三年七月四日付シルバー新報、田中千世子「人材派遣ビジネス⑧」）。

福祉の職場は、人間相手である点で、しかも一人ひとり異なる状態の人間相手である点で、そこで働く労働者は一般の職場に比べ、より一層人間的な豊かさ（ヒューマンスキルと言い換えることもできよう）を要求される。それが求人の際の条件として「人柄の良さ」という注文がつけられるゆえんであろう。

# 五　まとめ

このような福祉の職場に派遣労働が相応しいといえるであろうか。事前面接が禁止される派遣制度の基本的性格から、それぞれの施設にあった「人柄の良さ」を基準に労働者を選ぶことはできない（だから、派遣にも事前面接を一般に認めるべきであるとの主張は派遣制度の基本に関わる問題である。萬井隆令「市場原理主義と労働者派遣」労働法律旬報一五七一号三六頁以下参照）。また、臨時性という派遣労働の基本的性格から期間の限定があり、ヒューマンスキルのアップにも足かせとなる。このようななかでなお、派遣制度を利用するとすれば真に臨時的なものに限定すべきであろう。また、紹介予定派遣については、労使それぞれのメリットは認められるものの、労働者の雇用契約締結に関する保障を強化することが不可欠である。具体的には現在、相手方に知らせる義務にとどめられている、雇用契約不締結の理由を解雇の場合に準じて合理的な理由を必要とするものに改めることが求められる。

# ケアマネジャーの就業実態と課題
## ――居宅介護支援専門員をめぐる諸問題を中心に

今野　順夫

介護保険制度の中で、民間ケアマネジャーの制度を創設したことは、国内外の注目を浴びた。ケアマネジャーは、「在宅サービスの司令塔」ともいわれ、ケアマネジャー制度の定着は、介護保険制度の帰趨を左右するともいわれる。

しかし、期待が大きいこともあるが、サービス利用者からのケアプランに対する批判とともに、報酬の低さやサーポート体制などの不備へのケアマネジャーからの不満の声も大きい。ケアマネジャーの就労環境について、労働法の視点から吟味することの必要性が、介護サービス利用者にとっても、また介護保険制度の定着のためにも、喫緊の課題と思われる。

### 一　介護保険制度とケアマネジャー

ケアマネジャーは、介護保険法では「介護支援専門員」と呼ばれ、居宅介護支援（介護支援サービス）の担い手である（介護支援専門員は、居宅介護支援のみならず、指定介護老人福祉施設・介護老人保健施設・指定介護療養型医療施設への配置も義務づけられているが、そこでは「計画担当介護支援専門員」として施設サービス計画に関する業務を担当している。しかし、本稿では、主として居宅介護支援の担い手としての介護支援専門員に限定して検討することにする）。

この居宅介護支援（介護支援サービス）とは、在宅の要介護者等が、介護保険から給付される在宅サービス等を適切に利用できるように、要介護者等の依頼を受けた専門機関による介護サービス計画の作成、在宅サービス事業者との連絡調整や、介護保険施設への紹介等のケアマネジメントである。この介護サービス計画（ケアプラン）は、要介護者等の心身の状況や置かれている環境、本人や家族の希望等を踏まえて作成される。ケアマネジャーは、その計画に基づくサービスが確保されるようにサービスの事業者等との連絡や調整を行う。その他、要介護者が介護保険施設への入所を必要とする場合には、施設を紹介する等の便宜を図る。

介護サービスの計画には、利用する在宅サービス等の種類・内容・担当者に加えて、①健康上や生活上の問題点と解決すべき課題、②各サービスの目標と達成時期、③提供時期、④サービス提供上の留意事項、⑤本人の負担額の内容を含まれなければならない（介護保険法施行規則一八条）。

こうした介護支援サービスは、原則として、都道府県知事の指定を受けた指定居宅介護支援事業者が行うが、この指定は、申請により事業所ごとに行われる。その要件は、①申請者が法人であること、②人員の基準を満たすこと、③運営の基準に従い適正な運営ができることが要件になっている。指定基準（「指定居宅介護支援等の事業の人員及び運営に関する基準」）における「人員に関する基準」（第二条）においては、常勤の介護支援専門員が一人以上必要であること、利用者五〇人又はその端数を増すごとに、さらに介護支援専門員一人がいることを標準としている。

介護支援専門員は、要介護者等からの相談に応じ、その希望や心身の状況から適切な在宅又は施設のサービスが利用できるように市町村、居宅介護サービス事業者、介護保険施設等との連絡調整を行うことになっている（介護保険法七九条、同法施行令三五条の二）。

介護支援専門員になるためには、都道府県知事（指定する者）が行う介護支援専門員実務研修受講試験に合格し、実務研修の課程を修了して介護支援専門員名簿に登録されることが必要である。その受講試験は、医師・歯科医師・薬剤師・保健師・看護師・理学療養士・作業療法士・社会福祉士・介護福祉士等の保健医療福祉サービスの従事者で、五年以上の実務経験をもつ人が受験できることになっている。

この介護支援専門員実務研修受講試験の合格者は、平成一〇年度九一、二六九人（受験者二〇七、〇八〇人・合格率四四・一%）、一一年度六八、〇八一人（同一六五、一一七人・四一・二%）、一二年度四三、八五四人（同一二八、一五三人・三四・二%）、一三年度三二、五六〇人（同九二、七三五人・三五・一%）、一四年度二九、五〇五人（同九六、二〇七人・三〇・七%）、一五年度三四、六三四人（同一一二、九六一人・三〇・七%）であり、合計二九九、九〇三人（同八〇二、二五三人）である。一四年度までの合格者二六五、二六七人のうち実働者は八四、九三七人であり、三二・一%の実働率になっている。実働者八四、九三七人の勤務先は、居宅介護支援事業所六七、四三六人（七九・四%）、介護老人福祉施設五、八二〇人（六・九%）、介護老人保健施設五、〇三一人（五・九%）、介護療養型医療施設五、六五〇人

（六・七％）となっている。

なお、介護支援専門員実務研修受講試験合格者の職種別内訳をみると、保健・医療分野の専門職が大半を占めている。第一回の合格者九一、二六九人のうち、看護婦（士）・準看護婦（士）の三〇、七〇一人（三三・五％）をはじめ、保健・医療分野が八四・一％を占め、社会福祉専門職（介護福祉士・社会福祉士、社会福祉の専門性をもつ医療ソーシャルワーカー、ホームヘルパー）は二四・七％にとどまっている（安井豊子「介護保険とケアマネジメント」・加藤薗子編著『介護保険と人権』一〇八頁、かもがわ出版一九九九年）。

## 二　ケアマネジャーの就業実態

ケアマネジャーのおかれた就業実態については、民間の調査を手がかりに知ることができる。二〇〇〇年一一月から一二月にかけて、「よりよい介護をめざすケアマネジャーの会」が、大阪府下のすべてのケアマネジャーを対象にした「ケアマネジャーへのアンケート」がある。これは大阪府内の居宅介護支援事業所・介護保険施設約二〇〇〇ヵ所、介護支援専門員受験準備講座の受講生九〇〇名と上記会員約三、〇〇〇名宛にアンケートを送付して、六〇九名からの回答を得たものである（以下「A調査」とする。詳細な内容は、同会編『ケアマネジャー六〇九人の証言』桐書房二〇〇一年七月を参照）。

さらに、全国介護支援専門員連絡協議会「平成一五年度介護支援専門員の実態にかかる全国調査結果（中間報告）平成一六年二月一九日」（以下「B調査」とする。これは社会保障審議会介護保険部会（二〇〇四・二・二三）で、全国介護支援専門員連絡協議会会長の木村隆次氏によって、報告されたもの。http://www.mhlw.go.jp/shingi/2004/02/s0223-8i.html）がある。二〇〇二年一〇月現在、全国に二四、三九四の居宅介護支援事業所が存在し、六七、三四六人の介護支援専門員が働いているが、本調査は三、五四三人の介護支援専門員に対して、直接、居宅介護支援業務（ケアマネジメント）の実態や介護支援専門員の意識調査（二〇〇三年一一月二一日～一二月二六日）を行ったものであり、そのうち一、八七一人からの回答が得られている（回収率五二・八％）。

これらの調査から、以下のようにケアマネジャーの就業実態の一部が浮き彫りになる。

## 1　介護支援専門員の資格及び雇用形態

介護支援専門員が有している資格は、B調査では、看護師が一番多く四一・七％、次いで介護福祉士の三五・一％、社会福祉主事の一九・四％、ホームヘルパー一四・二％、社会福祉士の九・三％などとなっている。

介護支援専門員の雇用形態は、A調査では、常勤兼任五一・三％、常勤専任三八・六％、非常勤が一〇・一％であるが、雇用形態別にその勤務先をみると、常勤専任の場合は、在宅介護支援センター（二九・一％）、特別養護老人ホーム（一七・四％）、老人保健施設（一二・七％）であり、常勤兼任の場合は、在宅介護支援センター（一四・九％）、病院（一四・五％）、訪問介護ステーション（一三・五％）であり、非常勤の場合は、在宅介護支援センター（三二・一％）、ヘルパーステーション（一二・

五％）、特別養護老人ホーム（一〇・七％）となっている。他方、Ｂ調査では、常勤が九二・六％を占め、非常勤は六％にすぎず、常勤であっても、「専従」（もっぱら居宅介護支援業務をおこなっているもの）が四七・八％、「兼務」（他に主な業務を行いながら、居宅介護支援業務を行っている場合）四四・八％とほぼ同率である。その兼務実態について、それを居宅介護支援事業所の併設事業所からみているが、併設されているものとしては、在宅介護支援センターが一九・九％、訪問看護七・六％、訪問介護五・二％、通所介護四・四％であることから、介護支援専門員は、多くは在宅介護支援センターの業務を兼務している実態がうかがえる。

また、介護支援専門員になる前の職場としては、在宅介護支援センターが一六・二％、病院の一五・四％となっている。その他、特別養護老人ホーム、訪問介護事業所、訪問看護事業所も多い（Ｂ調査）。

## 2　介護支援専門員の多忙さ

介護支援専門員の多忙さの原因は、結局介護報酬の問題に帰着するが、そのことは上記の兼務が多いことをも導き出す。Ａ調査での雇用形態別ケアプラン作成担当件数では、常勤専任では、四五件以上が五〇・〇％、二五件未満が二〇・〇％、二五〜三四件が一六・二％、三五〜四四件が一三・八％である一方、常勤兼任でも二五件未満が四四・二％ではあるが、四五件以上が二四・五％、三五〜四四件が一九・七％、二五〜三四件が一一・七％であり、非常勤は二五件未満四七・三％、四五件以上が二〇・〇％、三五〜四四件一八・二％、二五件から三四件が一四・五％である。Ｂ調査では、一人の介護支援専門員が担当している利用者数は、四一～五〇人が最も多く二一・一％、次いで五一～六〇人が一九・八％、三一～四〇人が一二・七％と、三一～六〇人で五三・六％と過半数となっている。指定基準（「指定居宅介護支援等の事業の人員及び運営に関する基準」）の「人員に関する基準」（第二条）においては、常勤の介護支援専門員が一人以上必要であること、利用者五〇人又はその端数を増すごとに、さらに介護支援専門員一人がいることを標準としていることからすると、特に兼任にあっては、多忙さがうかがえる。介護支援専門員自身が考える妥当な担当件数としては、二一～三〇人が四四・四％、三一～四〇人が二九・九％、一一～二〇人が九・五％と、二一～四〇人を妥当と考える介護支援専門員が約四分の三を占めている。

このことは介護支援専門員の休日出勤が四七・八％、時間外勤務が六九・九％、サービス残業を行った割合が七〇・一％となっていることにもあらわれている。

介護支援専門員による居宅介護支援（ケアマネジメント）業務の実施状況（B調査）によれば、「できていないもの」と「あまりできていないもの」は、①課題分析票の作成（アセスメントの実施）三七・六％（「できている」と「ほぼできている」は五八・二％）、②利用者宅への訪問六・九％（同九〇・八％）、③サービス計画書（ケアプラン）作成一四・九％（同八二・九％）、④サービス計画書（ケアプラン）の説明と同意二三・六％（同七三・九％）、⑤利用者へのサービス計画書（ケアプラン）の交付二七・六％（同七〇・一％）、⑥サービス担当者へのサービス計画書（ケアプラン）の交付二二・七％（同七五・〇％）、⑦サービス計画書（ケアプラン）の見直し三一・一％（同六五・九％）、⑧サービス担当者会議の開催五九・八％（同三七・七％）、⑨サービス担当者への意見聴取二一・六％（同七五・六

%)、⑩介護支援経過記録二二・七%（同七六・七%）、⑪モニタリング訪問の記録三七・三%（同五九・七%）となっている。いずれの項目でも、できない理由として「時間がない」を上げ、介護支援専門員の多忙さは利用者へのサービス低下をもたらしている面が否定できない。

以上のことから、利用者宅への訪問、ケアプランの作成については、それぞれ九〇・八%、八二・九%と実施率は高いが、ケアプランの説明・同意、利用者への交付、介護支援経過記録、サービス担当者からの意見聴取は七〇%台となり、四分の三程度である。モニタリング訪問の記録、ケアプランの見直しは、ほぼ六〇%台である。もっとも低いのは、サービス担当者会議の開催であり、三分の二はできていない。「時間がない」ことゆえに、最低限の利用者宅訪問及びケアプランの作成にとどまっており、フィードバックしながらサービスの向上に向けた業務が後回しにされている状況を知ることができる。

特に、後述の介護報酬の運営基準減算の対象となるのは、②居宅を訪問してのアセスメント（解決すべき課題の把握に当たっては、利用者の居宅を訪問し、利用者・家族に面接して行わなければならない）、④居宅サービス計画の説明および同意（原案での各サービスの保険対象・対象外を区分したうえで、内容を利用者・家族に説明し、文書により利用者の同意を得る）、⑤居宅サービス計画の交付（同意を得た居宅サービス計画を利用者・担当者に交付する。担当者に対しては、計画の趣旨・内容を説明する）、⑦計画の変更についての専門的意見の聴取（更新認定や変更認定があった場合、サービス担当者会議や担当者に対する照会等により、計画変更の必要性について担当者から専門的な見地からの意見を求める）、⑧サービス担当者会議等による専門的意見の聴取（サービス担当者会議や担当者に対する照会等により、居宅サービス計画原案の内容について担当者から専門的な見地からの意見を求める)、⑪居宅を訪問してのモニタリングと結果の記録(実施状況の把握[モニタリング]にあたっては、利用者・家族や事業者等との連絡を継続的に行う。利用者側に特に事情のない限り、少なくとも月一回は利用者の居宅を訪問して面接するとともに、三月に一回はモニタリングの結果を記録する)であり、介護報酬を減算されないためには、少ない人数で多数の担当件数、さらに多数の項目をこなさざるを得ず、さらに労働強化の方向に進まざるをえないことは否定できない。

### 3　介護支援専門員の報酬

介護支援専門員への報酬(二〇〇三年一〇月)では、二一~二五万円が一番多く二七・四%を占め、一五~二〇万円が二〇・二%、二六~三〇万円の一七・二%で、三〇万円以下が六七・九%と約七割を占めている。そのため、現在の報酬に不満が三〇・七%、やや不満を加えると五九%が不満をもっている。介護支援専門員が希望する報酬額は二六~三〇万円が二三・二%と最も多く、三一~三五万円が二〇・四%となっており、約半数は二六~三五万円を希望している(B調査)。

「ケアマネジャーの役割を果たすための必要な条件」調査(A調査)では、「給与面での改善」が六四・〇%(常勤専任六一・九%、常勤兼任六四・六%、非常勤六八・五%)と最も多く、「利用者や家族の生活状況を把握する時間を確保」五四・〇%、「ケアマネジャーの人数を増やす」五二・五%、「一人当たりの担当件数を減らす」五一・六%と続いており、報酬(給与)への不満が顕著である。

居宅介護支援の給付費の額・構成については、平成一五年度から従来の利用者の要介護度による評価（要支援＝六五〇単位、要介護一・二＝七二〇単位、要介護三・四・五＝八四〇単位）を廃止して、すべてを八五〇単位として平均一七・一％をアップした。さらに、四種類以上のサービスを定めた居宅サービス計画（ケアプラン）を作成する場合の加算（一〇〇単位）を新たに導入している（種類数加算）。しかし、運営基準における義務のうち、利用者宅訪問、サービス担当者会議の開催、ケアプランの交付、モニタリング結果記録を行っていない場合に、所定単位数の七〇％を算定する（運営基準減算）。また、一単位の単価に係る地域差（訪問看護と同様）を導入している。なお、一単位の単価は一〇円を基本とし、サービスの種類・地域ごとの人件費差が一・二～七・二％の割増で反映されている。

ケアマネジャー自身が妥当としている介護報酬（B調査）は、一、〇〇一～一、二五〇単位が一番多く、二八・〇％であり、次いで八五一～一、〇〇〇単位の二六・一％、一、二五一～一、五〇〇単位が二〇・五％と続いている。一五年度改定額（八五〇単位）においても、九三・一％がその低額ゆえに妥当としていない。

### 4　所属事業所との関係

ケアマネジャーの所属事業所自体が、介護サービス提供団体であることが多く、公平・中立なケアプランの作成の点で支障があるとの指摘が多い。また、雇用形態が常勤ではあるが、兼務である場合が多いことも、その問題を醸成している。他方、ケアマネジャーが自立して事業を行うには、介護報酬額の低さが、その実現を阻んでいる。

アンケート調査（B調査）によると、事業所からの不適切な指示もあり、不正請求につながる不適切な指示は三・〇%、ケアプラン作成における公平・中立に反する不適切な指示は七・七%となっている。そのため、事業所の独立については、四七・五%の人が「独立したほうが良い」と考えている。

なぜケアマネジャーは、「独立した方が良い」と考えるのか、その主な具体的な意見（B調査・自由記述）をみると、①「公正、中立なサービスが提供できる」、②「利用者にとってサービス事業所を選択しやすい」、③「一団体でサービス提供と居宅介護支援を運営していると、経営という観点から、どうしても各々のサービス提供を優先しようとすることもあるのではないか。利害関係の無いように独立した方が良いと考える」、④「営利目的の事業所に所属している限り公平中立は難しい」、⑤「営利目的の民間事業者としては当然ケアプラン数や内容面でも偏向を余儀なくされる為」、⑥「同じサービスの他事業所、サービス（訪問系）を入れにくい。利益を、求められるので独立したい」、⑦「居宅介護支援事業所の報酬が少なすぎるため併設の事業所からケアマネの給料を補填している。その為併設事業所の収入を増やすため、かたよったプランにならざるを得ない。公平・中立と言うのであれば、それに見合った報酬を考えるべきである」。

これらの意見は、介護報酬の低額性が、ケアマネジャーの所属介護サービス機関への依存性を生み出し、その事業の経営方針追随を導き出している実態を明らかにしており、利用者のサービス選択での問題や不正請求へのケアマネジャーの加担を生み出しているといえる。

## 5　介護支援専門員の質の向上

ケアマネジャーの多忙さ（担当件数の多さ）は、ケアマネジメントの質を高めることについての取組みの支障となっている。介護支援専門員の意見（B調査・自由記述）によれば、①「ケアマネジャーの意見交換、ケアマネジメントの第三者評価を受け、レベルアップしていくこと」、②「介護支援専門員が相談できる機関を作ること。管理者は介護支援専門員の資格を持ちケアマネジメントを理解している人にすべきである」、③「アセスメント、ケアプランの作成、交付、モニタリングをしっかり実施していくには、担当利用者を減らさないとできないと思う」等の意見が出されている。

地域でのケアマネジャー支援体制の強化を図り、地域の実情に応じた介護保険内・外にわたるケア体制（ケアチーム）の構築支援等により、さらにケアマネジメントの質の向上をめざすために、平成一四年度からケアマネジメントリーダー活動等支援事業が実施されている。具体的には、国がケアマネジメントリーダー養成研修を行い、都道府県で伝達研修が行われる。都道府県での研修の受講対象者は、地域での活動が可能な現任のケアマネジャー等を要件として、市町村が推薦する。

このケアマネジメントリーダーは、地域で次のようなケアマネジャー支援活動に当たる。①個々のケアマネジャーに対する支援（個別指導・相談・活動支援・同行訪問、地域ケア会議を活用した個別ケースの助言、サービス担当者会議の開催支援）、②地域のケアマネジャー同士の連絡体制の構築（事例検討会の開催支援等）、③地域ケア体制（ケアチーム）の構築支援（市町村・保健所・福祉事務所等関係機関との調整についての体制づくり、サービス提供者間のネットワークづくり、地域の保健・医療・福祉サービス等に関する情報の収集・提供、関連施設との連携等の地域の支援体制づくり）が行われることになる。

## 三　ケアマネジャー制度改革の課題
### ――特にケアマネジメント業務の独立性について

全国介護支援専門員連絡協議会会長・木村隆次氏が、社会保障審議会介護保険部会で行った報告要旨によれば、B調査の中から明らかになり、解決が必要な課題として提示されたのは、以下の三点である。

① 介護支援専門員は、利用者への訪問を重要な項目と考えているが、現状は、いろいろな業務に忙殺されて、本来の業務ができていない実態がある。

② ケアマネジメントの質を高めるためには、業務範囲の明確化、担当利用者数の制限と報酬のアップが必要と考えている。

③ 利用者本位のケアマネジメントを実践するために、公平・中立な視点が重要であると考え、自立したいと考えているが、実態はそこまでいたっていない。

特にここでは、ケアマネジメント業務の独立性の重要性について指摘したい。

最近、共同通信を通じた全国の地方紙において、厚生労働省の介護保険の見直しとして、「不正ケアマネに罰則」との記事が掲載された（二〇〇四年七月一五日付「福島民報」・「福島民友」等）。それによれば、厚生労働省が、介護報酬を水増しするなどの不正請求・受給で介護事業の指定を取り消された悪質な事業所の再申請を一定期間（五年が検討されている）認めない、また事業者の指定権限を市区町村にも与えて指定取り消しを可能にするとともに、不正に加担したケアマネジャーに業務停止などの罰則を科す方針を固めたという。介護報酬の不正請求には、架空請求、水増し請求などがあるが、こうした不正請求・受給などで指定を取り消された事業所は二〇〇〇年度において七ヵ所だったが、二〇〇三年度には一〇五ヵ所に増え、報酬返還額は四年間で二九億円になっている。こうした不正請求のほとんどでは、介護プランを作成するケアマネジャーと事業所が示し合わせている実態を重視し、不正にかかわったケアマネジャーにも罰則規定を設け、業務上の独立性を高める対策を検討するという。

こうした厚生労働省の動きは、社会保障審議会介護保険部会での審議状況も背景にあるといえよう。同審議会第九回介護保険部会（二〇〇四・二・二三）では、「ケアマネの独立については、併設している事業所そのものがほとんど赤字の場合、関連しているグループのオーナーからかなりバイアスがかかる。しかし、一人当りの件数を減らして、報酬を上げて経営的に採算がとれていけば、併設型でも、機能的には結果的に独立する。ただし、独立しても、事業所を立ち上げるときに資本が関連グループから全部出ていたら、結果的に併設事業所と同じである。役割が、経済的にも機能的にも独立することが必要ではないか。それを『自立』と表現している」との発言（木村委員）に示されるように、ケアマネジャーの独立の重要性は共通認識になっていると思われる。

問題は、いかなる条件を整えることによって、それが可能となるのであろうか。ケアマネジメントについては、地方自治体の行政責任として果たされるべきではないかと考える。「当初は、ケアマネジャーを介護支援センターにおいたらどうかという意見もあった。しかし、それでは細かいことまで行政措置が貫徹してしまうおそれがあり、個人が介護支援専門員として相談に乗るということになった」（京極委員発言）といわれる。確かに、ここには「措置から契約へ」に示される介護保険制度導入の趣旨との整合性の問題がある。しかし、介護保険を含む介護保障の公的責任（拙稿「介護保障と地方自治体の公的責任」社会保障法学会誌一七号六〇頁参照）の観点から、ケアマネジメント活動を市町村の公的責任の問題としてとらえるべきではなかろうか。

その際、介護保険の保険者が保険財政の観点から、サービスの抑制に導かない措置が必要であろう。具体的には、事業として成り立つケアマネジメント活動の介護報酬への改定を前提として、公的補償に裏付けられつつも独立したケアマネジメント事業の確立が求められているのではなかろうか。

# 福祉職俸給表に期待された役割とその実状

村上　一美

## 一　はじめに

平成一二年度から介護保険法が施行され、同法施行後は民間営利事業者も在宅福祉サービス事業に参入できるようになった。これにより、福祉は「措置から契約へ」と転換され、契約に基づく福祉サービスの提供─利用関係、すなわちサービス提供価格の自由設定─提供サービスの自由選択（競争原理）が基本的に貫かれることになった。また同時に、在宅、施設等についての多くのサービスの種類をはじめ、種々の職種や資格、多様な雇用就業形態など福祉をめぐる急激な社会環境の変化が進むなか、福祉サービスの安定的供給を確保するために、急増し多様化する福祉関係職員についてその専門性に着目した一定水準の労働条件を確保する必要が生じた。平成一二年一月に新たに福祉職俸給表がつくられ国家公務員に適用されたが、これは、このような福祉関係職員に関し賃金面から一定水準の労働条件を確保するための一方策として、国が介護保険法施行に先駆けて政策的にモデルを提示したものと考えることができる。

同俸給表創設及び介護保険法施行から四年余りが経過したが、この政策意図は達成できたのだろうか。本稿では、未だ知名度の低い福祉職俸給表の概要を紹介するとともに、国会審議や地方公共団体、民間の状況の検証を通して、同俸給表が期待された役割を果たしたのかどうかについて、若干の検討を加えてみたい。

## 二　国における福祉職俸給表創設の経緯

平成一一年八月一一日、人事院は国会と内閣に対して給与に関する報告及び勧告を行い、その中で、「福祉関係職員の処遇の改善については、関係省庁において環境整備が進められたことを踏まえ、国の身体障害者更生援護施設、児童福祉施設等に勤務する指導員、保育士など、社会福祉に関する専門的な知識、技術をもって、自己の判断に基づき独立して、必要な援護、育成、更生のための指導、保育、介護等の対人サービス業務に従事している職員を対象として、その職務の専門性にふさわしい処遇が図られるよう、新たに福祉職俸給表を設ける必要がある」旨、言及した。この報告・勧告を受けて同年一一月に改正給与法が成立、公布され、福祉職俸給表は平成一二年一月一日から施行された。

福祉職俸給表新設の背景には、我が国の社会の高齢化、核家族化の進行に伴い、福祉分野における直接的な対人サービス業務の社会的需要が増大してきていたこと、このサービスを担う福祉関係職員の業務内容の高度化と多様化が進み、社会福祉士・介護福祉士制度の導入や専門的研修の充実など諸施策が積極的に進められてきており、これらの専門的な知識、技術を持った福祉関係職員の量的拡大と質的充実が社会的に求められていたこと、などがある。また、厚生省（当時。省庁名につき以下同じ）としても上述の施策を国先導で推進する観点から、人事院に対し長年にわたり福祉職俸給表の導入を要請していた。

福祉職俸給表は、このような社会的な環境の変化を踏まえ、国立の施設等に勤務する福祉関係職員について、その専門職としての職務内容の複雑、高度化や人材確保の必要性に対応した適切な処遇を確保するため、これらを専門職種として適正に評価した給与水準となるよう設計され、創設されたものである。

## 三　福祉職俸給表のしくみ①

### 1　適用範囲

この俸給表の適用対象職員は、前掲の人事院「報告」にあるとおり、①社会福祉に関する専門的知識、技術を持って、②自己の判断に基づいて独立して、③老人、児童、心身の障害のある者等に関し必要な援護、育成、更生のための指導、保育、介護等の対人サービスを行う者、である。①、②のみならず、あくまでも直接的な対人サービスに従事する職員であることが必要であり、福祉施設に所属する職員であっても、いわゆる管理監督業務に専ら従事する場合は、適用対象とならない。同俸給表の創設趣旨からすれば、当然の帰結といえよう。

具体的には、国立リハビリテーションセンター、国立光明寮、国立児童自立支援施設、国立知的障害児施設、国立保養所及び国立療養所（平成一六年四月に独立行政法人へ移行）等に勤務する指導員、保育士及び介護員など、約一〇〇〇人程度（創設当初）がこの俸給表の適用を受けた。

## 2　賃金水準と俸給表構造

それまで、福祉関係職員には行政職俸給表（一）又は行政職俸給表（二）が適用されていた。これは、他の俸給表の適用対象とならない職種は、すべて行（一）が適用されるという原則による。福祉職俸給表が創設、適用され、これらの職員の給与水準は、採用当初から専門的な知識、技術等を持って一定レベルの専門的な職務に従事することから、初任給をはじめ昇給カーブも採用後一定程度経過するところまでは、一般の行政職に比してある程度高めに設定されており、それ以後は勾配の緩やかな高原型となっている（図参照）。たとえば初任給でみると、行（一）適用者と比較した場合、大学卒では三％程度、短大卒及び高校卒については、それぞれ六％程度高く設定されている（表1）。

また、国家公務員の現行給与制度上、「各職員の受ける俸給は、その職務の複雑、困難及び責任の度に基き、且つ、勤労の強度、勤務時間、勤労環境その他の勤務条件を考慮したものでなければならない。」（給与法四条）との原則のもと、職務の種類に応じて俸給表が適用され、さらに職員の職務をその複雑、困難及び責任の度合いに基づいて、その俸給表のいずれかの職務の級に格付けされる（表2）。上位級にいくほど職務の複雑、困難等の度合いが増し、それに伴って俸給額も増加する。さらに、原則として年一回昇給（普通昇給＝同一級内における現在受けている俸給月額の直近上位の額に昇

(図)

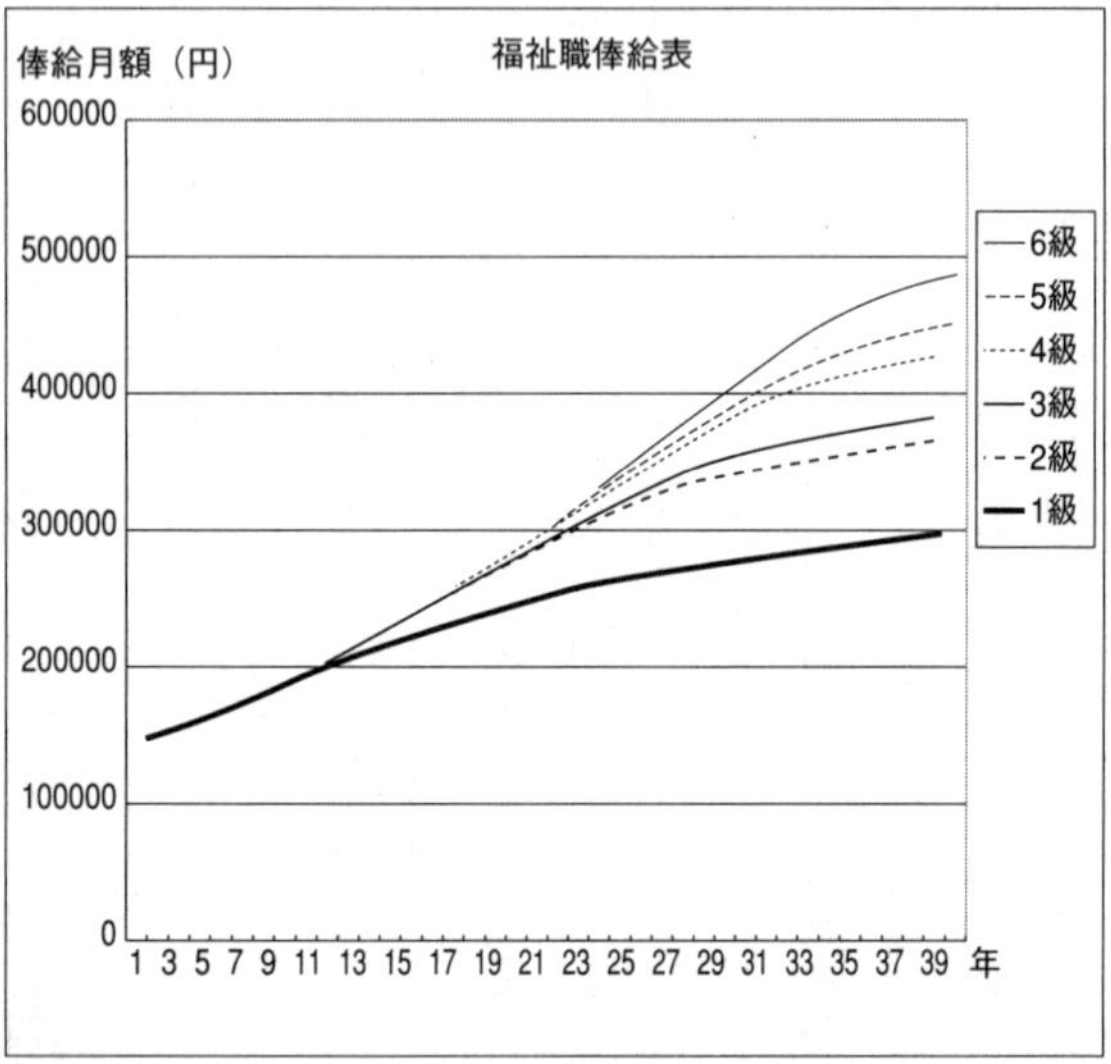
俸給月額（円）
福祉職俸給表
600000
500000
400000
300000
200000
100000
0
1 3 5 7 9 11 13 15 17 19 21 23 25 27 29 31 33 35 37 39 年
6級
5級
4級
3級
2級
1級

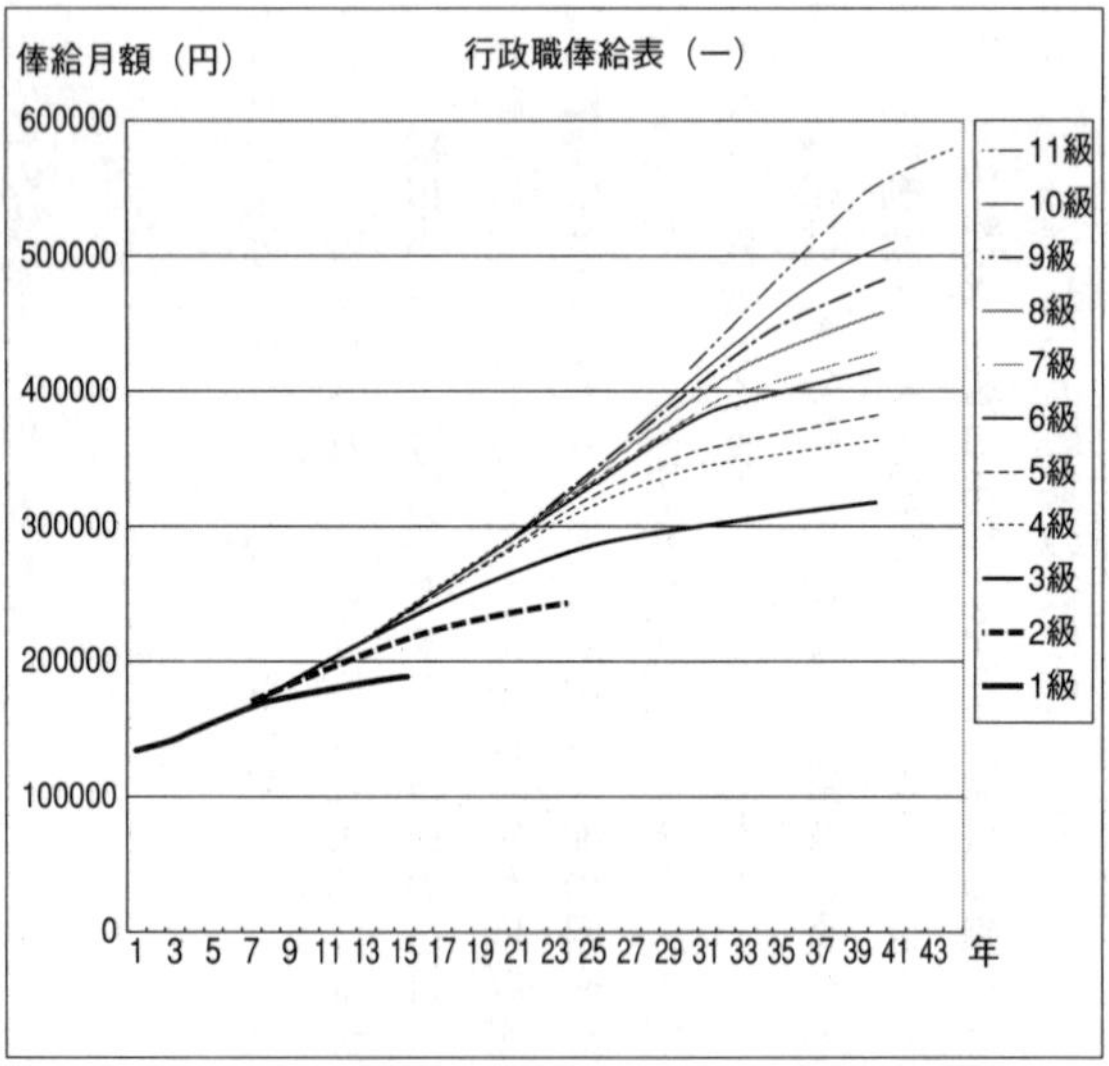
俸給月額（円）
行政職俸給表（一）
600000
500000
400000
300000
200000
100000
0
1 3 5 7 9 11 13 15 17 19 21 23 25 27 29 31 33 35 37 39 41 43 年
11級
10級
9級
8級
7級
6級
5級
4級
3級
2級
1級

**表1　福祉職俸給表初任給基準表（人事院規則9－8別表6レ）**

| 職　　種 | 学歴免許等 | 初任給 |
|---|---|---|
| 心理判定員<br>職能判定員<br>職業指導員<br>生活支援員<br>医療社会事業専門員<br>児童自立支援専門員<br>児童指導員 | 大学卒 | 1級6号俸 |
| | 短大卒 | 1級3号俸 |
| 児童生活支援員<br>保育士 | 短大卒 | 1級3号俸 |
| 介護員 | 短大卒 | 1級3号俸 |
| | 高校卒 | 1級1号俸 |

（参考）　行政職（一）初任給

| | | |
|---|---|---|
| 大学卒 | 175,900円 | 170,700円（2級2号俸） |
| 短大卒 | 157,400円 | 148,500円（1級5号俸） |
| 高校卒 | 147,200円 | 138,800円（1級3号俸） |

＊平成16年4月1日現在

**表2　福祉職俸給表級別標準職務表（人事院規則9－8別表1レ）**

| 職務の級 | 標　　準　　的　　な　　職　　務 |
|---|---|
| 1　　級 | 生活支援員、児童指導員、保育士又は介護員の職務 |
| 2　　級 | 1　相当困難な業務を行う生活支援専門職又は困難な業務を行う介護員長の　職務<br>2　相当困難な業務を行う主任児童指導員又は主任保育士の職務 |
| 3　　級 | 1　困難な業務を行う生活支援専門職の職務<br>2　特に困難な業務を行う主任児童指導員又は主任保育士の職務<br>3　児童福祉施設の相当困難な業務を行う寮長の職務 |
| 4　　級 | 1　身体障害者更生援護施設又は児童福祉施設（以下「身体障害者更生援護　施設等」という。）の課長の職務<br>2　困難な業務を行う主任生活支援専門職の職務<br>3　児童福祉施設の困難な業務を行う寮長の職務 |
| 5　　級 | 身体障害者更生援護施設等の困難な業務を所掌する課の長の職務 |
| 6　　級 | 身体障害者更生援護施設等の特に困難な業務を所掌する課の長の職務 |

＊平成16年4月1日現在

## 表3　級別代表官職及び俸給月額

行政職俸給表（一）

| 職務の級 | | 1級 | 2級 | 3級 | 4級 | 5級 | 6級 | 7級 | 8級 | 9級 | 10級 | 11級 |
|---|---|---|---|---|---|---|---|---|---|---|---|---|
| 機関等 | 本省庁 | 係員 | 係員 | 主任 | 係長 | 係長 | 係長 | 課長補佐 | 課長補佐 | 室長 | 課長 | 部長,課長 |
| | 管区機関 | 係員 | 係員 | 主任 | 係長 | 係長 | 課長補佐 | 課長補佐 | 課長 | 課長 | 部長 | 機関の長 |
| | 府県単位機関 | 係員 | 係員 | 主任 | 係長 | 係長 | 課長 | 課長 | 機関の長 | 機関の長 | 機関の長 | |
| | 地方出先機関 | 係員 | 係員 | 主任 | 係長 | 課長 | 課長 | 機関の長 | 機関の長 | | | |
| 号俸 | | 円 | 円 | 円 | 円 | 円 | 円 | 円 | 円 | 円 | 円 | 円 |
| 以下、省略 | | | | | | | | | | | | |

福祉職俸給表

| 職務の級 | | 1級 | 2級 | 3級 | 4級 | 5級 | 6級 |
|---|---|---|---|---|---|---|---|
| 機関等 | 身体障害者更生援護施設 | 生活支援員<br>介護員 | 生活支援専門職<br>介護員長 | 生活支援専門職<br>指導室長 | 課長<br>主任生活支援専門職 | 課長 | 課長 |
| | 児童福祉施設 | 児童指導員<br>保育士 | 主任児童指導員<br>主任保育士 | 主任児童指導員<br>主任保育士 | 課長 | 課長 | 課長 |
| 号俸 | | 円 | 円 | 円 | 円 | 円 | 円 |
| 1 | | 147,200 | 190,000 | 236,900 | 257,700 | 296,800 | 330,300 |
| 2 | | 151,900 | 197,200 | 245,700 | 266,600 | 306,800 | 342,300 |
| 3 | | 157,400 | 204,400 | 254,700 | 275,600 | 316,900 | 354,200 |
| 4 | | 163,100 | 211,700 | 263,200 | 284,800 | 327,200 | 366,000 |
| 5 | | 169,200 | 219,400 | 271,600 | 294,300 | 337,600 | 377,600 |
| 6 | | 175,900 | 227,400 | 280,000 | 304,100 | 348,000 | 389,000 |
| 7 | | 182,700 | 235,800 | 288,400 | 313,800 | 357,800 | 400,500 |
| 8 | | 189,900 | 244,500 | 296,900 | 323,700 | 367,300 | 412,100 |
| 9 | | 195,900 | 253,500 | 305,200 | 333,600 | 376,700 | 423,500 |
| 10 | | 201,300 | 261,800 | 313,300 | 343,300 | 386,000 | 434,300 |
| 11 | | 206,700 | 270,100 | 321,300 | 352,700 | 395,300 | 444,000 |
| 12 | | 211,700 | 278,300 | 328,600 | 361,900 | 404,600 | 453,400 |
| 13 | | 217,100 | 286,300 | 335,900 | 370,900 | 413,200 | 461,100 |
| 14 | | 222,500 | 294,100 | 343,100 | 379,600 | 421,100 | 467,500 |
| 15 | | 227,900 | 301,700 | 348,600 | 388,000 | 426,900 | 474,000 |
| 16 | | 233,100 | 308,900 | 353,300 | 395,000 | 432,500 | 478,500 |
| 17 | | 238,400 | 315,800 | 357,300 | 400,500 | 436,300 | 482,800 |
| 18 | | 243,000 | 322,500 | 360,600 | 405,200 | 440,000 | 486,900 |
| 19 | | 247,300 | 328,400 | 363,400 | 409,400 | 443,900 | |
| 20 | | 251,600 | 334,000 | 366,300 | 412,900 | 447,500 | |
| 21 | | 255,600 | 337,600 | 368,800 | 416,600 | 451,100 | |
| 22 | | 259,500 | 340,900 | 371,300 | 420,100 | | |
| 23 | | 262,900 | 344,000 | 373,800 | 423,600 | | |
| 24 | | 266,200 | 346,300 | 376,400 | 427,100 | | |
| 25 | | 269,000 | 348,500 | 379,000 | | | |
| 26 | | 271,600 | 350,800 | 381,600 | | | |
| 27 | | 273,700 | 353,000 | | | | |
| 28 | | 275,700 | 355,200 | | | | |
| 29 | | 277,700 | 357,600 | | | | |
| 30 | | 279,600 | 359,800 | | | | |
| 31 | | 281,500 | 362,100 | | | | |
| 32 | | 283,400 | 364,300 | | | | |
| 33 | | 285,200 | | | | | |
| 34 | | 287,100 | | | | | |
| 35 | | 288,900 | | | | | |
| 36 | | 290,800 | | | | | |
| 37 | | 292,600 | | | | | |
| 38 | | 294,400 | | | | | |
| 39 | | 296,100 | | | | | |

＊平成16年4月1日現在（参考：人事院給与局「国家公務員給与のしおり」平成16年版）

給）するが、その場合の昇給差額（昇給間差額）も基本的に上位級ほど大きくなる。ただし、級ごとの定数（級別定数）が設定され（いわゆる「わたり」を防止するための量的規制）、俸給制度の適正な運用が図られている。なお、公務員の現行給与制度は、給与（昇給）カーブをみてもわかるように、長期継続雇用、年功制を前提とした設計となっている。

福祉職俸給表もこの原則に従って設計され、本府省課長級から一般係員級までと職制や組織区分の範囲が極めて広い行（一）の一一級制に比べて、福祉関係の職務が専門性、独立性を持ち、指揮命令系統（職制）もスリムになっていることを背景に、福祉職俸給表は六級制という簡素な級構成になっている（表3）。

このように、従前の行（一）や行（二）のままでは職制の関係で上位級への格付けは難しく、そのため給与水準も頭打ちになってしまうことから、新たに福祉関係職員の職務評価に基づいた俸給表設計を行い、これら職員の職務、職制にふさわしい水準への処遇改善（底上げ）を図ったのである(2)。

## 四　福祉職俸給表の波及状況

福祉職俸給表創設時の国会審議において、同俸給表創設の意義について持永総務政務次官は次のように答弁している(3)。

「今回位置づけられた福祉職、これは国家公務員でありますから、千人ということであります。しかし、福祉に携わる方々の数は、……地方あるいは民間、そういうものを含めますとそれよりも大変多い数であります。これがひとつ先導的な役割を果たして、地方公共団体あるいは民間においてもそういった福祉に携わる方々の社会的な評価をきちんとしてもらうということについては、大変大きな意義があると私は思っております。

自治省の方も、今回の人事院の給与勧告を受けて、これは決定になったということで、自治省の事務次官から各地方公共団体の長に対しまして、ひとつ福祉職の独立性についても地方公共団体として十分検討してほしいという要請がなされておりまして、さらにそれが民間にも、恐らくこれから広がっていくと思います」。

このように、政府として「先導的な役割」の意義を認めたうえで、地方公共団体や民間の福祉関係職種への波及の期待を表明している(4)。

また、自治事務次官から各都道府県知事及び各指定都市市長宛に「地方公務員の給与改定に関する取扱いについて」（平成一一年九月二一日自治給第三四号）との文書が発出され、「国においては、福祉関係職員の人材確保、処遇改善の観点から福祉職俸給表を新設することとされたところであるが、地方公共団体においても国に準じた措置を講ずること」との要請がなされている。

### 1　地方公共団体の状況

(i)　地方公務員の給与決定原則　地方公務員法上、「職員の給与は、生計費並びに国及び他の地方公共団体の職員並びに民間事業の従事者の給与その他の事情を考慮して定められなければならない」（二四条三項）こととされている（均衡の原則）。この規定の論理的意味は判然としない(5)が、例年、夏に人事院勧告が出されると、この均衡の原則や人事院勧告取扱いの閣議決定後に発出される総務(自治)事務次官「要請」により、その勧告内容にほぼ準拠した形で秋に各都道府県、政令指定都市等の人事委員会勧告がなされ、これを受けて条例改正がなされている実情にある。本来、地方公務員の給与は、各地方公共団体が独自に判断し決定すべきものであるが、前記地方公務員法の規定(均衡の原則)や事務次官「要請」、さらには地方交付税交付金による人件費の実質的補填などにより、国とほぼ同一の勧告及び改正内容となっているのである。(6)

(ii) 地方公共団体の現状とその背景　しかし、福祉職俸給表については、国家公務員準拠という従来の流れ、また、上記自治事務次官からの「要請」にもかかわらず、地方公共団体の導入は進んでいない。平成一六年四月現在、四七都道府県のうち導入しているのは一一県(茨城、群馬、千葉、神奈川、新潟、山梨、静岡、福井、愛知、滋賀、奈良の各県)にとどまり、他の都道府県及び特別区、政令指定都市をはじめ、これら福祉職俸給表を導入している県下の市町村においても導入されていない状況にある。

当初から各地方公共団体自体が積極的に導入しようと動いた形跡は見られず、また通常なら従前の行政職俸給表適用より高い給与水準(底上げ)となるため、むしろ職員団体が積極的に導入を働きかけるべきところ、その動きも見られない。これは、①深刻な財政赤字を背景に行政のスリム化(行政改革)や介護保険法施行などの影響により直営の福祉施設等が減少してきており、そもそも適用対象職員が少数であること、②公務員の場合、ジョブ・ローテーション、異動を重ねての昇任・昇格が一般的であるが、同一府省内・同一職種内異動が基本となっている国家公務員と異なり、地方公共団体職員の人事異動は福祉関係部局も含めた横断的なものであり、給与水準の異なる俸給表間の異動は複雑な問題を生ぜしめること[7]、③従来、福祉関係職員は行政職俸給表が適用され、俸給（給料）の調整額[8]と特殊勤務手当[9]により、その職務の特殊性を考慮した一定の給与上の措置（底上げ）が講じられてきたこと、などに起因しているためと考えられる[10]。

しかし、このような事情があるとはいえ地域の民間福祉施設等にもっとも近い地方公共団体が導入しないのでは、政府が期待した国先導による福祉関係職員の専門職としての適正な評価、これに連動した処遇の確立、そして、地方公共団体を媒介にした民間への波及の効果も表れないことになってしまうであろう。

## 2　民間の状況

(i)　福祉職俸給表波及の期待　　介護保険法施行を目前に控えた平成一二年三月、民間福祉従事者の給与等と福祉職俸給表創設の効果との関連について国会において質疑が行われ、大野厚生政務次官は概要次のように答弁している[11]。

まず、福祉職俸給表は、福祉事業従事者の職務の専門性を評価し、社会的なその評価を高めるために有効であるという観点から、福祉事業に優秀な人材と質の確保、そして質の向上や量の拡大という面に注目して、平成二年から長年にわたりその創設を人事院に要望してきたものであること。

そして、社会福祉法人等が福祉職俸給表を考慮した給与体系にするかどうかは基本的には民間の給与に関することであり、社会福祉法人の経営状況等も踏まえつつ労使の合意によって決定されるべきものであるが、福祉職俸給表に関しては、平成一二年度予算に措置費や補助金について新たな追加所要額として一八億円計上しており、これにより社会福祉法人等が福祉職俸給表を考慮した俸給表へ移行する場合、導入は可能になること。

つまり、先に引用した総務政務次官と同様に厚生政務次官も、国が福祉職俸給表を創設することにより、福祉関係職員の職務評価を高めて労働条件の向上を図り、専門的な知識、技術を持ったこれら職員の量的拡大と質的充実（マンパワーの確保）のための先導的役割を果たす期待を表明しており、さらに社会福祉法人等が福祉職俸給表を導入することが可能となるよう、介護保険法施行に合わせて一二年度予算に人件費相当分一八億円を追加計上するという促進措置も講じているのである。

このような国による手厚い政策的・財政的バックアップがなされているが、福祉職俸給表は民間に波及したのであろうか。公務にあっては条例等により給料額や諸手当が明示的に定まっており、また近時の情報公開等により職員の給与実態等の公開度が増しているため、その導入状況を把握することは比較的容易である。しかし、社会福祉法人等については、介護保険制度運用の関係からその平均賃金等の実態調査が毎年なされているものの、福祉職俸給表そのものが導入されたか否か、もしくはそれに準じた水準で賃金表が改定されたか否かの状況は調査されておらず、その実状把握も困難であると思われる。したがって、以下、別の側面から民間への波及の可能性について検討してみることにしたい。

(ⅱ)　介護報酬との関係

まず、介護報酬により一定の水準を確保することは可能ではないか、とのアプローチが考えられる。介護保険制度では介護報酬単価自体、介護サービス事業における費用の実態調査による平均額を基礎にして決定されている。福祉職俸給表の波及により給与水準が上昇していれば、それが反映され介護報酬単価もアップする関係にあるからである。

介護保険制度施行前の福祉事業は「措置費」により運営され、その積算が公務員準拠とされるとともに使途も限定されていたことから、措置費の人件費分により福祉事業従事者の給与も一定水準が確保されていた。しかし、介護報酬は提供する介護サービスに対する対価として支払われるが、この介護報酬は使途の限定はなく、事業者にとっては事業収入であり、職員の賃金と直接の連動はない。したがって、労働条件決定の労使自治原則からすれば、介護報酬金額は賃金との関係では何らの拘束性はなく、強いて言えばあくまで目安としての意味しか持ちえない。むしろ、介護保険制度により介護サービス提供価格についても競争原理が働くことになり、価格競争はコスト切り下げに直結すること、すなわち介護サービス費用の大半は人件費であることから人件費の切り下げの方向に進む可能性が懸念される。なお、「介護報酬の配分をめぐる労使の綱引きは、介護労働市場における横断的な労使関係の成立に加え、介護労働の社会的評価がどのように形成されるのかにかかっている。」との指摘[12]にもあるように、賃金は、その職種の社会的評価に導かれる労働力の需要供給関係によっても変動しうるものであることに留意する必要がある。[13]

(iii)　労使自治の原則と行政的関与　　また、そもそも前記厚生政務次官の答弁にもあるように、「社会福祉法人等が福祉職俸給表を考慮した給与体系にするかどうかは基本的には民間の給与に関することであり、社会福祉法人の経営状況等も踏まえつつ労使の合意によって決定されるべき」ものであるのは当然である。この労使自治の原則のもと、労働基準法を下回る労働条件であれば格別、行政が民間に対し福祉職俸給表に見合った賃金水準の底上げを直接指導することは難しい。これは、「労働省といたしましても、今回の決定が介護報酬という形でなされておりまして、個々の労働者の具体的な賃金をどうするかということについては触れておりません。したがいまして、私どもの立場としては、じゃこの介護報酬の中でどれだけ介護について働いておられる方々に行くのかと、非常に気になっておりまして、私どもとしましては、適正な賃金水準は確保されなければならない、こういう前提で法施行後、賃金実態を調査いたしまして、業務内容別、それから地域別に標準的な賃金額を毎年公表し、周知、関係者に知ってもらいたい」との牧野労働大臣答弁[14]にも如実に表れている。

このように直接的・積極的な行政指導が難しいことから、政策的に福祉職俸給表創設による国先導の民間波及を進めようとしたものと考えられる。

(iv) 民間福祉事業従事者の雇用等の実態と福祉職俸給表　一方、民間福祉事業従事者の雇用、就業の状況をみてみると、全福祉従事者のうち女性の割合は実に約八割を占め、雇用形態では、「正規」は全従事者の五五・一%、内訳としては男性の七七・一%に対し、女性は五一・五%にとどまっている[15]。つまり、福祉労働の主たる役割を担っているのは女性であり、その約半数は「正規」以外の雇用となっている実情にある。またそれに伴って、月給制ではなく時間給により賃金を受けている割合も高くなっている[16]。さらに採用・離職状況では、正規、非正規を問わず一年間で採用した人数の半数以上が離職しており、異動率の高さが顕著である[17]。これは勤続年数の短さにもつながっている[18]。

前にみたように、福祉職俸給表がその専門性等を考慮し、かつ、（その是非はここでは措くとして）年功制を基本とした長期継続雇用の正規職員を念頭に置いて設計されていることに照らせば、このように異動率が高く勤続期間が比較的短い「正規」以外の労働者に、同俸給表そのものを適用することは当初から想定されていない。つまり、そもそも民間福祉事業従事者の雇用、就業実態そのものに、福祉職俸給表を受け入れる大前提が欠落しているのである。

また、大多数の地方公共団体が福祉職俸給表を導入していない現状では、長期継続雇用の正規職員の割合が比較的高い一部の公務員準拠の福祉施設等にあっても、独自に、もしくは地方公共団体を飛び越えて直接国に準拠し、導入に踏み切ったとは考えにくい。

以上みてきたように、福祉職俸給表については、国先導による民間への波及の期待が寄せられ、政策的、財政的裏付けをしながら国家施策として推進されてきた。しかし、地方公共団体ではわずか一県のみの導入にとどまり、また、民間福祉事業施設においても、自由契約制＝競争原理の採用や同俸給表適用（準用）の前提基盤の欠如から波及の可能性は極めて低く、実態としても導入に至っていないものと考えられる。

若干、概括的な見方ではあるが、次のこともその証左のひとつになろう。すなわち、福祉事業従事者の平均所定内給与月額は、平成一二年が二二四、七二六円だったのに対し、平成一四年では一九九、五〇〇円と、約一割強下がっており、(19)また、平成一五年に介護報酬が見直され、全体でマイナス二・三％（在宅プラス〇・一％、施設マイナス四・〇％）の改定となっている。福祉職俸給表が導入され賃金水準が上がれば、それが介護労働実態調査結果に現れ、ひいては介護報酬にも反映されるはずなのだが、そのような実態とはなっていないことが窺える。賃金は様々な要素により決定されるため、安易な比較は適当ではない。しかし、所定内給与が下がっている事実は明らかである。他方、施設福祉関係事業は平成一三年度決算で約一三〇〇億円の黒字となっている。[20] ちなみに、この間、福祉職俸給表は改定されていない。

## 五　今後の課題

介護保険制度という福祉政策の大転換に向けて進められた、いわば地ならし策のひとつともいえる福祉職俸給表の創設は、少なくとも現時点までの短期的なスパンでみる限り、その期待された役割を果たしていないと評価せざるを得ない。それでは、福祉分野（職種）において、いかにしたら一定水準の安定的な労働条件を確保することが可能になるのであろうか。

介護保険制度導入の政策意図のひとつは、行政（公務）ではなく民間による競争原理のもとで、質の高いサービスを適正な料金で提供する、あるいは、利用者の選択の観点から多様で効率的なサービスを提供する、というものである。これは、行政ではこのようなサービスはできない、競争原理＝民間でしかなしえないとの前提に立脚していると考えられるが、行政活動と良質・多様なサービス提供とは背反関係にあるわけではない。現に、直営事業がなされている。また、近年、行政を政策の企画・立案部門と政策実施部門とに分けて政策実施部門が独立行政法人等化されるなど、広い意味での新たな行政サービスの形態が出現し、さらに公務そのものや公務の勤務形態のあり方等についての議論も進められている。[21]

福祉、特に介護については、従来、家庭（家族）内で行われてきており、それが社会保障（社会福祉）へと移行してきた経緯がある。また、福祉分野には、企業の営利活動においては一般的に成立しえないボランティア活動がみられる。さらに、介護保険制度は、国、地方公共団体の補助金、保険料及び利用者一部負担金によって運営されている。これらのことを踏まえれば、そもそも福祉事業自体が、社会公共的観点から採算性はないが国民にとって必要なサービスを行う、という行政本来の業務・職務に合致したものであるといえる。これら福祉事業を行政主導で行うこと、つまり、行政本体もしくは行政的関与のもとに独立行政法人や非営利団体などの政策実施の組織体が担うことについて、改めて制度構築を検討する必要があろう。福祉のあるべき姿からすれば、全国どこの地域にあっても、良質で多様なサービスを適正な料金で安定的に提供・利用できる体制の確立こそが、その根本的要請なのである。

福祉は国家施策の基本であるといえる。しかし、その担い手の雇用就業等の実態の一端は先にみたとおりであり、それは、家庭（家族）介護やボランティア活動が成立する分野であるが故に、低い労働条件が是認されやすいことも一因となっていると考えられる。だからこそ、福祉関係職員の雇用労働条件の決定についてより積極的に行政が関与することによって、これらの職員に統一的かつ一定水準の安定した雇用・労働条件を確保することも一方法であろう。それが、ひいては前述の福祉の根本的要請に応えるための体制づくりにつながるものと考える。(22)

より充実した福祉実現のために、そして、福祉の担い手が安んじてその職務に専念できるために、今後、福祉事業の実施組織形態とともに多様な雇用（所属、身分）形態の進展を踏まえた、福祉従事者の雇用・労働条件決定（労使自治原則）への行政的関与の可否及び方法についても、さらに議論を進めていく必要があろう。

（1）人事院月報第五九八号（一九九九年）九七頁、同第六〇三号（二〇〇〇年）六〜七頁参照。
（2）公務員の給与は、情勢適応の原則（民間準拠方式＝毎年、官民の四月分給与を精密に比較し、その結果得られた官民の給与較差を解消することを基本に人事院勧告がなされる）により決定されている。この官民比較は、公務の行政職と民間におけるこれに類似する職種との給与額についてラスパイレス方式により行われ、これにより行政職俸給表（一）の水準設定がなされる。福祉職俸給表の給与水準は、この行政職俸給表（一）の水準との均衡を考慮して設定されている。したがって、福祉職俸給表の給与水準自体は、民間の福祉関係事業従事者の賃金水準を直接反映しているものではない。
（3）第一四六国会衆議院内閣委員会会議録一号（平成一一年一一月一六日）一〇六頁。
（4）なお、一一・八・三〇福祉新聞（週刊）社説、一一・一〇・二二朝日新聞（夕刊）「窓」においても、いずれも処遇改善、専門職としての社会的評価の確立、人材確保などの観点から、地方公共団体や民間における福祉関係職員への波及の期待を表明している。
（5）実際の運用上、この均衡の原則は、「国家公務員の給与に準ずる」ことによって実現されるものと解されている（鹿児島重治『逐条地方公務員法』第三次改訂版三〇二頁）。
（6）給与水準は国家公務員を一〇〇としたラスパイレス指数でみると、都道府県、政令指定都市では岩手県、鳥取県を除き国を上回った水準となっている（総務省ホームページ「地方公務員の給与水準」http://www.soumu.go.jp/iken/kyuyo.html）。
（7）通常の異動（同一俸給表適用）の場合は給与上の問題は生じないが、異なる俸給表間の異動にあっては、俸給表ごとに初任給基準、標準職務、級別資格基準も異なり、職務給の原則とともに再計算方式に則って給与が決定されることから運用上の問題が生じる。異なる俸給表間の異動に伴って異動前後の俸給月額本体

（いわゆる基本給）の増減が大きくなり、かつ再計算による煩瑣な給与決定事務が必要となることから、円滑な人事異動に支障を来しかねないのである。

(8)　俸給の調整額は、俸給月額が、職務の複雑、困難若しくは責任の度又は勤労の強度、勤務時間、勤労環境その他の勤務条件が同じ職務の級に属する他の職に比して著しく特殊な職に対し適当でないと認めるときは、その特殊性に基づき、俸給月額につき適正な調整をするものである（給与法一〇条）。

(9)　特殊勤務手当は、著しく危険、不快、不健康または困難な勤務その他著しく特殊な勤務で、給与上特別の考慮を必要とし、かつ、その特殊性を俸給で考慮することが適当でないと認められるものに従事する職員に対して支給されるものである（給与法一三条）。

(10)　俸給の調整額は俸給月額と同等のものと位置づけられ、諸手当や退職手当の算定基礎にもなるなど、長期にわたる安定した給与措置としての性格を有する。このため対象となる職務の特殊性は、恒常的、安定的なものであることが必要であり、その発現形態が不安定であったり、臨時的、一時的なものであるなど、それが職務の部分的な特殊性であるものについては特殊勤務手当で措置することとなる（給与制度研究会編『諸手当質疑応答集』第一〇次全訂版学陽書房一四二頁）。それぞれの制度趣旨からすれば、本来、ひとつの職に対して両者が支給されることは例外である。少なくとも国家公務員については、両者の併給はもちろん、福祉職俸給表導入前後を通じて特殊勤務手当の支給はなされていない。なお、福祉職俸給表を導入した地方公共団体にあっては、導入により給与水準の底上げがなされたにもかかわらず従前のまま俸給の調整額と特殊勤務手当を支給しており、さらに制度矛盾を拡大している。

(11)　第一四七国会参議院労働・社会政策委員会議事録第五号（平成一二年三月二三日）八頁。

(12)　中野麻美「ケア・ワーカー、ホーム・ヘルパーの労働条件保護」季刊労働法一九三号（二〇〇〇年）八七頁。

(13)　職種と賃金決定についての理論と分析については、橋木俊詔編『査定・昇進・賃金決定』有斐閣（一九九九二年）一三七頁以下参照。
(14) 前掲注（11）議事録九頁。
(15) （財）介護労働安定センター『平成一五年介護事業所における労働の現状』三八頁。
(16) 前掲注（15）六三頁。
(17) 前掲注（15）一一四頁。
(18) 前掲注（15）四八頁。
(19) 前掲注（15）六七頁及び（財）介護労働安定センター『介護労働者の労働環境改善に関する調査研究報告書』（平成一三年一一月）一〇頁。
(20) 第一五六国会参議院決算委員会会議録二号（平成一五年三月一〇日）一一～一二頁。なお、厚生労働省老健局「介護事業経営概況調査結果」（平成一四年四月二二日）参照。この中で平成一一年四月「介護報酬に関する実態調査報告」が参考として掲げられており、介護保険法施行前後の収支状況が比較できる。たとえば、介護老人福祉施設の給与費に着目してみると、収益は増加しているが給与費自体が減少し収益に対する比率も六九・〇％から五四・九％に下がっている。
(21) 公務員の概念や範囲について議論がなされており、下井康史「公務員の勤務形態多様化政策と公法理論」日本労働法学会誌一〇三号（二〇〇四年）五〇頁は、公務・公務員概念の再検討の必要性につき、従来の身分、所属関係を前提とするのではなく、「担当職務の内容、つまり公務員制度で規制すべき公務としての業務・職務であるか否か」の視座を提示し、「国・地方公共団体による民間労働法適用労働者採用の承認」の例を挙げたうえで、「公務員とは何か、公務とは何かといった、公務員法の基礎理論に立ち返った考察の必要性」を指摘する。また、清水敏「公務員労働関係法制の改革と公務員の範囲」日本労働法学会誌一〇一号（二〇〇三年）九～一〇頁は、行政改革、公務員制度改革との関係で「公務員の範囲」について検討を加え、「国家公務員法における公務員の範囲を見直した結果ではな（く、）行政改革によって国の事務・事業の見直しが実施され、その一部が国の事務・事業の範囲からのぞかれた結果として『公務員の範囲』が縮小した」と指摘している。そして、シンポジウムで、「広い意味の公務の中において、国が直接担当すべき事務・事業は何かという問題になりますが、これは基本的には立法政策の問題だと思います。」と述べている（同号六六頁）。なお、公務部内でも多様な任用・勤務形態等に関する検討が進められている。人事院では平成一五年一〇月に「多様な勤務形態に関する研究会」を設置し、現在、多方面からの総合的な検討がなされている（人事院「平成一五年度年次報告書」九三〜九四頁）。また、地方公務員制度調査研究会は「分権新時代の地方公務員制度―任用・勤務形態の多様化」（平成一五年一二月二五日）と題する報告を出しており、この中で、本検討の意義のひとつとして「多様な任用・勤務形態を導入することは、多様な行政需要への柔軟な対応や行政の効率化に資するとともに、原則フルタイムのみの勤務形態の下では就労し難かった者にも公務への道を開く」ことに触れ、短時間勤務職員の導入を提言している。福祉従事者の大多数が女性で、かつ「正規」以外であるという雇用就労の実態が想起される。

(22)　伊藤博義編『福祉労働の法Q&A』有斐閣（二〇〇二年）一四〜一六頁は、福祉労働は極めて専門性の高い「人間労働」であること、良質な福祉サービス提供のためには担い手自身の安定的な雇用・労働条件の確保が不可欠なものであることを指摘している。

# Ⅶ　社会福祉随想

# みんなのハートでバリアフリー

鷲見　俊雄

僕は脳性麻痺という障害で車椅子を使用し、一人暮らしをしています。

最近、障害者の人たちが街を歩く姿をよく目にするようになりました。その大きな要因は、建物や施設（トイレ等）、歩道の整備が進みバリアフリー化されて来たからだと思います。特に外出して一番心配なのはトイレが利用出来るかどうかです。それで外出する楽しみが半減してしまったりするのです。僕も経験があるのですが、外出する時は二時間前位から水分を取らないように心掛け、家を出る前には必ずトイレに行くこと。そして飲んだり食べたりすることは極力さけるようにするのが、外出する時の御約束事になっていました。でも、今は違います。ほとんどの公共施設や新しい建物、ショッピングセンターなどではバリアフリー化が進んでいます。これは、障害者にとって社会参加（人といろんな関係を築いて行く）をより安心して進められて行くようになって来ていると思います。

また、一言でバリアフリーといっても、障害種別によってバリアフリーのニーズが違ってくるのです。例えば、点字ブロックは視覚障害者の方には、なくてはならないものなのですが、車椅子にとってはでこぼこして邪魔になったり、車椅子利用の方には段差は限り無く低い方がいいのですが、視覚障害の方には、ある程度段差があった方が歩きやすいのです。そこをお互い理解し合い、許容していかなければなりません。そこが一番大事なことになってきます。

障害種別や程度によってバリアフリーへのニーズが違ってくるのです。また、現存する施設や建物によっては、バリアフリー化に多額の費用と時間がかかったり、構造的な問題で難しかったりします。

その限界を補うことが可能な力が人の優しさだと思うのです。人の力を借りることも大切なことだと思います。バリアフリーになってからではいつになるか判らないこともありますからね。その時には相手の立場を理解する優しさがすごい必要になるのです。でも、言葉でいうのは簡単ですが、現実はそんなに簡単なことではありません。様々な差別や偏見があることも、否めない事実です。

実際、僕も色々と体験した中で一つ紹介させて頂きます。

ある冬のお昼の出来事でした。美味しそうなラーメンの香りに誘われてお店に入ろうとした時です。お店の人が出てきて「これから混むので車椅子での入店は御遠慮下さい」と言われてしまいました。その時店内には、お客さんはひとりもいませんでした。なぜそのような対応を受けなければいけないのか、怒りを通り越して悲しい気持ちになってしまいました。もう二度とこんな店に来るもんかと、心の中で誓ったはずでした。でも、ある程度時間が経つにつれて、このまま本当に行かないことが良いことなのかと思うようになってきたのです。また行くことでなんか変化が生まれる可能性があるかもと思うようになり、半年位してから再度チャレンジしてみました。今度はある程度お店にはお客さんがいました。お店の前で待っていると、またお店の人が来たのでまたダメかなと思っていたら、今度は空いている席へ案内してくれました。めでたく入店できたのです。でも、奥の方から店長らしき人の声で「あんなところに車椅子があったら誰も入って来れない」という陰口が聞こえました。でも、そんな心配は無用で僕の入った後もお客さんは入っていました。

その時入れたのは、周りにお客さんが居たから、その手前断りずらかったのかな、なんて考えてしまいました。また、お店の人は車椅子をイメージダウンと考えているのでしょうね。僕らは車椅子の人が利用しているお店はイメージアップになると思ってしまうのですが。

この時の教訓としては、一度ダメだったからと諦めないこと。何度か行くことによって少しずつ理解を得て行くことができるのだと思います。断るお店の人たちを無理解とは考えないで、未理解と考えて行けば何度か足を運ぶうちに理解に変わる可能性があるというように思うことで、関係を広げて行くことが、すごく大事なことだと思っています。相手を非難するだけでは何も進んで行かないのですから。

これからは建物等のハード面のバリアフリーを、障害者同士、障害者と健常者がお互いの理解と協調をしながら進めて行き、ソフト面のバリアフリーで偏見や差別を少しでも無くして行けるよう、粘り強く、広い気持ちを持って進めていければと思っています。

## 就労の場を求めて歩んだ一〇年

渡辺　真由美

私は、東京都にある社会福祉法人の施設で働く、三九歳の全盲の視覚障害者です。私の夫は宮城教育大学在学中に、伊藤博義先生に卒業研究の担当教官として大変お世話になりました。その御縁で、一九九三年に私達が結婚するにあたり、先生に御媒酌の労をお取り頂いたのが私と先生との出会いでした。この度、先生の古稀のお祝いに論文集が刊行されると伺い、障害を持つ者の立場から、私のこの一〇年の生活や、現在の仕事に就くまでに体験してきたことについて拙文を寄せさせて頂きます。

私は二一歳の時に病気が元で失明しましたが、都内の盲学校で按摩指圧マッサージ師の免許を取得し、特別養護老人ホームに就職して入所者のリハビリに携わったり、その後一般企業に転職してヘルスキーパーの仕事をしたりしてきました。

二九歳の時、結婚を機に退職し、その後は専業主婦として、横浜市で夫との生活を始めました。元々家事は一通りこなせたのですが、初めての土地を白杖を使って一人で歩くことは難しく、ようやく近所に買物に行けるようになったのは四ヵ月ほど経ってからでした。

しかし、店まで行けても欲しい品物がどこに置いてあるのかわからないため、店内ではどうしても店員の協力が必要でした。コンビニエンスストアでは、レジの店員に必要な品物を一通り言えばその品物を取ってきてくれたり、店内をいっしょに回ってくれて品物を選んだりすることができました。しかし、ある大手私鉄系のスーパーでは、そのような対応をお願いしても「何でこんな忙しい時に来るんだ」と断られ、せっかく苦労して店までたどり着いたのに何も買えずに帰宅するしかありませんでした。困った私は夫にスーパーの店長と交渉してもらい、ようやくサービスカウンターの職員が対応し、買物ができるようになりました。

外を出歩くようになってから、いろいろな方々との出会いもあり、パンを作る教室やピアノ教室に通ったりもしました。

そんな生活を三年ほど送りましたが、また何か社会的に役に立てる仕事がしたいと考え、電話交換手の技能を習得するため、一九九七年度に神奈川県障害者職業能力開発校に一年間かよいました。通学にはバス三本と電車を乗り継いで片道二時間かかりました。私は過去に二度、一人で歩いている時に電車のホームから線路に転落したことがあります。幸い、いずれも周りの人に助け上げられ、ケガだけで済みましたが、朝夕のラッシュ時には二分おきに電車が入ってくるホームから転落することは命に関わります。そのため入学前に夫と通学経路の歩行訓練を入念に行いました。

しかし、職業能力開発校を卒業しても、結局、就労には結び付きませんでした。企業も役所もダイヤルインシステムへの移行が進み、交換手を置かなくなってきたため求人が無く、稀にあっても電話交換以外に視力を要する雑用や事務処理も業務に含まれており、私には不可能なものばかりでした。

再び専業主婦に戻った私は、また以前と同じ生活を送り始めましたが、どうしても仕事をしたいという気持が抑えられず、職安に通ったりしましたが、自宅の近くでは見つかりませんでした。視覚障害者の仕事とされてきた三療（鍼灸マッサージ）の仕事にさえ、今日では晴眼者の有資格者の進出が増え、視覚障害者の就労は難しくなってきています。

そこで私は、自宅からかなり遠いのを覚悟の上で、冒頭に述べた東京都にある社会福祉法人の施設で就労することを決意しました。そこでは約四〇人の視覚障害者が働いており、裁判や各種審議会等を録音した記録テープをパソコンと音声ソフトを使って文書化していく業務を行っています。通勤にはバスと電車二本を乗り継いで片道二時間弱です。私は再び夫と歩行訓練を始め、施設で一年間パソコンの研修を受け、二〇〇二年度から就労を開始しました。長年の夢が一つ叶いました。

毎日の通勤途中では実にいろいろなことに直面します。電車に乗る時、連結器の車体と車体のすき間をドアが開いている所と間違えそうになること、電車に乗っても吊り革が探せないこと、人波に阻まれて降りられず、次の駅まで行ってしまったこと、路上の点字ブロックの上に車や自転車が停めてあること、人にぶつかられ白杖を折られてしまったこと等、枚挙にいとまがありません。しかし職場に着けば気の合う仲間もいるし、何より自分に合った仕事をしている充実感は何物にも代え難いと思います。

振り返ればあっという間の一〇年でした。今後もいろいろなことがあると思います。しかし、たとえどんな困難に遭遇しても、伊藤先生に祝福して頂いた結婚式を思い出し、初心を忘れず一つ一つ乗り越えていきたいと思います。

# 障害児の親として

中村　晴美

娘に障害があると思ったのは生後、半年ごろのことです。若い世代の社宅住まいの中で、同じ頃に生まれたよその赤ちゃんと比べて、あまりにも様子が違いました。

一年たっても寝返りもしない、ただただおっぱいを飲んでは寝、「おぎゃー、おぎゃー」と泣いているだけの生まれたままの赤ちゃんのようでした。生まれつきの心臓病もあり、その検診と一緒に発達検査をし、一歳の誕生日に「残念ですが精神薄弱です」と医者からの説明でした。

普通ではないという不安はありましたが、「残念ですが精神薄弱です」という声はまさに希望を打ち砕く宣告でした。目の前は真っ暗、今後の不安と焦りで私たち家族だけが地球上から浮いてしまったような孤独感に陥りました。自分の責任ではないと思っても、生んだ母親には理屈に合わないずーんとした気の重さも伴います。

一九九九年、法律用語が精神薄弱から知的障害に変わりました。長年の運動で実現したわけです。日本国中の公文書をすべて訂正するのに税金が九億円かかったと聞きびっくりしましたが、人権に関わることですからその必要性と税金をかける値打ちはあったと思います。

さて、娘の発達に気の重い不安を抱きながら毎日が過ぎていたころ、当時の社宅の仲間たちは、私に安心するようにといろいろやさしい言葉をかけてくれていましたから、今日受けた「精神薄弱」という宣告をどういう風に言おうか、それとも心臓病にかこつけて発達の遅れをごまかしてしまおうか、どうしよう、どうしようと心が疲れるほどくるくる回ったのを覚えています。ここでごまかしていたら、転勤後同じ社宅に帰ってきて娘の話をすることも、一緒に見守ってもらう長いお付き合いも出来なかったでしょうから、その時のほんの一瞬の心の迷いを排除した自分の勇気をほめてやりたいと思います。

娘が一歳から三歳までを夫の転勤で青森で過ごし、その後はずーっと仙台で暮らしています。マザーズホーム、なかよし学園、宮教大附属養護学校をへて、今はわらしべ舎西多賀工房で仕事をしています。

在学中、卒業後の進路の厳しさを知りました。卒業式で「四月からは社会人です。がんばってください」とはなむけの言葉をいただいても、進路が決定していない生徒がいます。学校在学中が華だとか、学校にずっと居たいという悲しい話も現実でした。社会への船出の卒業のお祝いが不安だなんて何かがおかしいのです。

行政と他人任せで嘆いていてもなかなか問題の解決にはならない、自分たちでできることをやろうと、母親三名と学校の先生二名と一緒に作業所を興すことになりました。

「わらしべ舎西多賀工房」は知的障害者通所授産施設です。福祉的就労の場所として、製品の生産と様々な活動を通して、社会参加しています。

一九九〇年、民間のアパートの一室を借用してのスタートでした。その場所に四年間、その後、仙台市有地を借用してプレハブを建築して七年間、ないないづくしの中での無認可施設の運営でした。当初の六年間は公的な補助も無く自主財源だけでした。製品の売り上げだけではとても運営できず、後援会と篤志家のご好意に頼っていました。無認可施設運営一一年の実績の後に、二〇〇二年に社会福祉法人格を取得し、その後は認可施設としての運営に移りました。障害者の日中活動だけでなく、グループホームも視野に入れた自立に向けてのレスパイト、自立体験ステイ事業など、法人になったことで、障害者支援をバージョンアップできたように思います。

障害者の社会参加・自立・ノーマライゼーションと、きれいな言葉は巷に氾濫していますが、現実の福祉行政は、予算の削減で如実にわかるように後退しています。福祉の充実は人間の生活の豊かさのバロメーターです。個人の奮闘が基盤となって、社会保障制度の確立にまで、質を高めた運動を今後も展開していきたいと思います。

## 介護・福祉における日豪交流

早瀬　正敏

オーストラリアの介護・福祉制度が日本の一部の識者や専門家の方々によって注目されていることを時おり知る機会があって、メルボルンの住人として大変うれしく思っています。

オーストラリアと日本は、国土の広さ、人口、歴史、経済、社会に違いがあって共通点は少ないものの、高齢化社会に向かって進んでいる点は共通で、介護・福祉分野でのお互いの経験を共有し、考え方や制度を改善して行くことに両国が協力できたら、こんなにすばらしいことはないと感じています。

メルボルンから車で西に一時間半ほど走ると、かつての金鉱の町バララット（人口は八万人強）にぶつかります。兵庫県緒名川町の姉妹都市で人的交流・経済交流を通じて日本にも大変強い関心がある町です。

この町にクイーン・エリザベス・センターと呼ばれる非営利の介護・福祉総合施設があり、私も時々訪問しますが、これまでの一〇年間に約四千人の日本人研究生を受け入れているのです。同センターの研修コースは短期（二～五日）、長期（一週間～一年間）があり、学生、看護・介護職員からケア・マネージャー、医師等を対象にしたプログラムが作成され、病院や介護施設の訪問、コースによっては介護実務の実践をします。このセンターは日本の複数の特別養護老人ホームと提携関係を持ち、これらの施設の職員を毎年受入れています。この研修プログラムは一九九二年の発足以来、日本人責任者の洋子マーフィーさんが一手に担当してきています。

日本とオーストラリアの介護・福祉は制度としてのスタート時期、その背景に違いはあるものの、専門家の意見をまとめると、「施設のみにおける介護」から「在宅介護でも充実」を目ざしている点は共通ではないでしょうか。財政の効率化の観点からも必要な考え方でしょう。

日本から学びに来る人々は、①オーストラリアの介護・福祉制度そのもの、②ケア・アセスメントの手法、③ケア担当者などサービス提供者への教育訓練制度が充実していること等に注目しているようです。

オーストラリアは二〇〇一年に連邦制移行百年を祝ったばかりの若い国。二〇〇三年末にやっと人口が二千万人に達したところ。優秀な人材を海外から受入れるには社会福祉を充実させた魅力的な国づくりを国是としていることは理解できます。英国系住民が多く、キリスト教を背景とする隣人愛、慈善、相互扶助の精神がコミュニティに根強く、独居の老人に食事を配達するボランティア活動も長い歴史を持っているのです。高齢者も独立して生活することを好み、子供との同居率は日本よりかなり低いのが現実です。

オーストラリアの介護・福祉について、単に制度や手法といった側面のみに注目するのではなく、国の政策との関係、国民の考え方、伝統という社会背景をも十分理解してとり入れるべきものはとり入れるという考えが必要と感じます。

家族による高齢者介護という日本的な美風を残しつつ、在宅でのケアが充実して行くことに期待しているところです。

# インドで考えた日本の福祉

津田　純子

「福祉」とは？……広辞苑には、福も祉も幸いの意味。「福祉」とは幸福の意味……と書いてある。

日本人はずっと、お金持ちは幸福で、貧乏は不幸と考えた時期があった。そのために何とかしてお金持ちになろうと歯を食いしばって頑張ってきた。その結果、日本はあの何もない戦後の荒地から、今や世界に誇るといわれるお金持ちの国にまでなった。

でも……と私は思う。これで本当に良かったのだろうか。これで日本人は本当に幸福になったのだろうか。……とてもそうだとは言いがたい。

以前、私はインドで働く機会があり、ほんの少しだけどインドという国を覗いてきたが、私は大きな衝撃を受けてきた。それまで私が持っていた、「ものさし」が根底から打ち砕かれてしまうものであった。

インドは日本に比べて物があまり無かった。日本で言う幸福の状態からは程遠い現状であった。しかし、私の出会ったインドの人たちは幸福そうに、楽しげに、ゆったりと生活していた。

ある日本人がインドを旅した時にインドの人からこう言われたそうである。「私たちは、貧しいけど幸福に生きています。日本人はインドへ来て、貧しい人を見て『まあ、かわいそうに』と言いますが、この言葉は私たちにとって侮辱です。貧しくてどうしていけないのですか?」と。

この言葉はインドの人たちの気持ちを代表していると思う。本当にそうだと私も思う。インドには日本のようにお金や物にあふれた生活はなかった。しかし、それでもインドの人たちは日本人よりも、もっともっと幸せに、豊かに生きていた……と、私は思う。

私はニューデリーにある「シシュ・サンゴパン・グリーハ」という乳児院・肢体不自由児施設と、南インドにある「セイレイ・アーシャ・ハーバン」という知的障害児の施設で生活をしてきた。

そのインドでの一年半の生活の中で私はさまざまなことを学び、感じ、考えさせられてきた。特に、インドの持つ厳しさと、優しさに深く心を動かされてきた。

「シシュ・サンゴパン・グリーハ」は、養育を放棄された赤ん坊(その中には、道路でおまわりさんが拾ってきたという赤ん坊もいた)、障害を持つ子ども、お腹の大きい未婚の母たちが生活している施設だった。

そこにいる赤ん坊の一人一人はインドの厳しさを体いっぱいに受けて生きていた。貧しくて育てられない、未婚のまま生まれた、障害を持って生まれたなど、殆どが棄児であった。

そこで働く保母さんもインドの持つ厳しさを背負っていた。

ご主人が病死した後、お腹にいた赤ん坊を生後すぐに両親に預けカルカッタからニューデリーに働きに来た人、四人の子どもを養護施設に預けて働いている人、病気の父に代わって働いている人、小さな妹弟のために働いている若い娘さんもいた。殆どの人が地方から出稼ぎに来た人たちであった。子どもや家族に会うためには一日半も汽車に乗り、高い汽車賃を払わなければならず、家族や子どもに会えるのは年に一度の長期のお休みの時だけである。

みんな決して多くない給料の中から驚くほどの額を仕送りしていた。「大変ね」と思わず出た私の言葉に、保母さんたちはにっこり笑って「自分たちは今、神様に守られて健康で働くことが出来るし、仕送りする家族がいるからハッピーだ。自分たちは今もっているこのハッピーを赤ちゃんたちに分けてあげるのだ。」と片言の英語とヒンズー語で話してくれた。保母さんたちの中には、小学校教育すら満足に受けていない人たちもいた。私はその人たちから、人として本当に大切なことを教えられた。生きていく上での原点を彼女たちから学ばせてもらった。

そして、自分の生きていく姿勢をもう一度問われる思いだった。

背中いっぱいにたくさんの荷物を背負っている保母さんたちは、他人の荷物の重さを解り、それを担うことを助けようとする優しさを持っている。自らの苦しみや悲しみを知っている彼女らは他人の苦しみ、悲しみを分かち合い、一緒に担っていこうとする優しさを持っているのだということに深い感銘を受けていた。そしてこの優しさは、一緒に生活している小さな子どもたちにもしっかりと受け継がれていた。ほんの二〜三歳の幼い子どもが、一緒に生活している障害のある子を毎日の生活の中でごく自然に助け、手を貸すことを知っていた。お出かけのときは誰かがバギーカーを用意したり押したりしていたし、着替えと手伝ったり、食事を手助けするのは常だった。

言葉ではなく、そこに住んでいる人たちみんなでお互いの痛みや苦しみを共有し、だからこそ、何とかしてみんなで助け合ってみんなで幸せに生きていこうという具体的な生き方に私は新鮮な驚きを感じていた。そこに私は福祉の原点を見たように思った。

このような思いは南インドに行ったときも同じだった。「セイレイ・アーシャ・ハーバン」は知的障害の子どもたちのための小さな施設だった。そこは、大きな知的障害の子どもの学校に勤めていたアブラハム氏が、子どもたちのためには小さな施設が必要だと私財をなげうって奥さんと始められた施設だった。新しく施設を始めるということは、インドでは日本と比べようの無い大きな困難があるにもかかわらず、アブラハム氏は小さな施設から本当に心のこもった施設を作りたいと目を輝かせて語ってくださった。新しく施設を始めたと言うものの、そこにあるものといえばアブラハム氏手作りの木の机と椅子だけだった。

しかしそこには物は何もなかったけど、アブラハム氏の施設に掛ける情熱と、子どもたちへの愛がみなぎっていた。「私には何も有りません。あるのはただ神様を信じる信仰だけです。余分のお金はありませんが、必要なときは神様が備えてくださいます。」と言い、「豊かでなくて良い。シンプルで何時も神様と共にある生活を子供たちとしていきたい。」と語られる様子は信じられないほど穏やかで幸せに満ちていた。

日本では、新しい施設を始めるとしたら、まず建物を建て、その中に備品を整えて、それからそこに人を入れるというのが常識である。まず物があり人が後から来る。しかしインドでは、まずそこに人がおり、ビジョンがしっかりあり、その後にはじめて必要に応じて物が来る。これこそが本当の施設づくりではなかろうか。

日本のように物があふれていないけど子どもたちは、生き生きと楽しそうだった。

園長先生が外から帰ってこられると、顔中でうれしさを表現して玄関に飛び出して迎える子どもたち、自分たちの飼っている牛の話を体中で話してくる子たち、歌を歌い、踊りを踊って楽しむ子どもたち、どの子も目が輝いていた。日本の子どものように、テレビ、漫画、ファミコンがあるわけではない。おもちゃと言えば小さなビニールボール一個であった。その一個のボールで何時間もなんと楽しそうに遊んでいたことか。園長先生から何かのご褒美に貰ったたった三〜四枚のおせんべいをそこにいたみんなに分けて食べていた、あの笑顔が忘れられない。

私は日本で長い間養護施設の子どもたちと生活してきたが、物に対してではなく、人に対してこんなに輝く目に出会ったのは久しぶりのような気がした。

こうして私はインドの子どもたちや、働く人たちから、沢山のことを教えられた。日本ではもう忘れてしまったような、本当にシンプルな心と心の結びつき、物の介在しない人と人との結びつきの素敵さに触れることが出来たのである。世界で誇っているお金持ちの国で、日本の『ものさし』で言えば最も幸福であるはずの日本の中で、私が長い間捜し求め、見つけられずにいた本当の幸せを私はインドで見つけることが出来たように思ったのである。

物やお金は無くて良いわけではない。

しかし物やお金のために本当に大切なものが見失われてしまうという危険を、日本人はもっと真剣に考えなければならない。あくまでも物やお金は人の後についてくるものである。物やお金が何よりも先に大切なものとして考える日本の価値観を、今こそ見直さなければならない

インドから帰って十数年、今私は「青少年自立援助ホーム」で仕事をしている。

一度社会から、学校から挫折を味わわされた少年たちとの生活の中で、今一度「本当の福祉とは」と、問うている。

何よりも人の生命を尊び、人の心の豊かさを大切に思い、お互いを宝とし、夢を追い求めている少年たちを心から応援したい。少年たちと日々の生活の中で、苦しみや悲しみ、そして楽しみを共有し合う中で、本当の優しさを育て合いたい。そして、ここに住む少年たちと共に、みんなで助け合って、みん

なの幸せをみんなの力で創り出していこう、というごく当たり前の生活をもう一度模索していきたい。
これが私の福祉である。

# 途上国の発展に尽くしている人々
## ――フィリピン・ベトナムの出会いから感じたこと

金坂　直仁

### 一　伊藤先生とは「励ましあい」

伊藤先生との知遇をいただいたのは、私の二十歳代に岩手県の福祉の現場で出会いがあってからでした。伊藤先生は東北大学の法学部を卒業されて、盛岡市の養護施設の指導員に、私は日本福祉大学を一期生で卒業（当時は社会福祉学部のみ）して岩手県社会福祉協議会の職員に、ともに就職してからのおつきあいです。

広くいえば日本の東北地方の児童福祉と地域福祉の現業にいて、二人ともに福祉の根源で共感し、連帯して働いていたのです。一方では、恵まれない家庭状況のなかから養護施設にたどりついた子どもたち。他方では、お米のご飯を食べられない貧しい地域の人々の暮らし。昭和三〇年代後半のまだ日本全体が貧しかった時期、これらの事実に立ち向かい、そのような状況を改善するべく努力しあう「励ましあい」の人間関係でした。

岩手県での四年間の「青春の武者修行」から私は、栃木県社会福祉協議会に転職し一六年間、地域福祉担当職員として勤めました。この間のことや、その後、障害者福祉の施設作りをして、今も現役の施設長をしていることなどは、パスしましょう。ただ、岩手県を出てからの四〇年間、おりにふれて伊藤先生とは交流をもたせていただいてきています。

## 二　フィリピンの強烈な社会開発への期待

今年の八月、私はフィリピンとベトナムに行ってきました。最初の場面は、ケソン市にあるフィリピン大学の社会福祉学部を拠点として組まれた「日本福祉大学大学院国際社会開発研究科修士課程」のスクーリングへ、同校の修士課程の二年生（通信制）としての参加でした。

この七泊八日のハードなプログラムの中で、私が深く感動し圧倒されたのは、同大学の社会福祉コミュニティ開発学部長のマナリリ教授とそのチームの、「社会開発」にかけている溢れんばかりの情熱でした。教授たちは「住民参加」、「住民主体」を軸にすえたコミュニティーワークの方法論を確立していました。

それは「理論や概念」をこえた『実践（社会改革？）のための理論武装』とさえ感じられる気迫がありました。プログラムの中に「都市部の貧困地域の住民を組織して、その地域の住宅や子どもたちの環境の改善を図っている状況の視察・その場での住民のリーダーとの討論」がありました。三箇所、訪ねたなかの一つは近くにスモーキーマウンテン

「巨大なゴミの山・この時は山の上は平らで草がはえ、みどりに覆われていた」が見えるトンド地区でした。

そこにあった子どもたちの笑顔と、住民リーダーのさりげない話し振りに、なにか安らぎを感じたものです。私はこの訪問の時に備えて日本から木の独楽を持参していました。直径一二センチほどの大きなもので、それをこの地域の中の空き地で回すと、子どもたちが寄ってきます。おとなの人も、その様子を離れたところから、ニコニコしてみています。突然現れた二〇人ほどの外国人である私たち「外部者」を、この地域の住民が受け入れていただき「ラポール」がつくよう、この独楽は役立ちました。

他の地域ですが、マニラから二〇〇キロほど離れたアンダという漁村では、住民がマングローブを海岸の海に植林していました。まだ海面から一メートルくらいの背丈で、それが何千本か植えられていました。これが大きく育ったときに海の魚がもどってくることを期待していました。

これも住民参加型の「社会開発」です。そこの宿舎で、私は用意していた折り紙を、和英両文で解説のついた折り紙の本を添えて一〇〇〇枚ほど地元の人々にプレゼントしてきました。日本の「伝承」の遊びの文化が、多少とも伝えられればそれでよかったと思います。

マナリリ教授の教えを受けた学生たちは、実習としてこの地や、先のトンド地区に一ヶ月単位の長期に住み込んで、住民から学び、住民の組織化をはかり、その生活の向上に励んでいるのでした。

## 三　ベトナムのストリートチルドレンの支援活動

さて、ベトナムです。上記のフィリピンでのスクーリングの後、ホーチミン市（旧サイゴン）に行きました。そこにはNGOのストリートチルドレン友の会「Friend For Street Children・FFSC」を訪ねるためです。その活動を垣間見て、その団体がすめている『里親』になることも用件としてありました。

一九六〇年代から一九七五年までのベトナム戦争とその後の社会の再構築に、この国では大きな課題を抱えているようです。政治的には社会主義の体制ですが、一九八六年から始まったドイモイ政策により、急激に経済開発が進行しました。その結果、国としての経済成長の裏側に取り残された、多くの貧しい人々の存在があります。

ＦＦＳＣは人口五〇〇万人のホーチミン市にあって合計約一六〇〇名のストリートチルドレンと呼ばれる子どもたちの援助を行っています。八箇所のそれぞれの地名のついた「能力開発センター」を運営しています。日本で言えば、養護施設・私立の小・中学校、寄宿舎、職業訓練校をコンバインしたようなものです。私はこの施設で最大規模のビンチュウ能力開発センターを訪問しました。昼前から四時くらいまで、三日間通いました。持参した独楽や折り紙はここでも力を発揮しました。

床にござを敷いただけですが、その上で河岸のマグロのように昼寝になります。私も同じに寝ていたら、隣の五歳くらいの男の子が私のあごやほほをさわります。ひげの感触を楽しんでいるみたいでした。この子の家族との関係はどうなっているのだろうと、気にかかります。

## 四　一四歳の女児の里子と日本の青年ボランティアたち

このセンター近くの家から通ってきている一四歳のベトナムの女の子が、私の里子になる予定でこの日が初対面でした。もちろん日本の里親制度とは違い、私は年間で三六〇〇〇円をＦＦＳＣに寄付をします。ＦＦＳＣは、その子の手紙と学校の成績などの資料を、半年に一回私にとりつぎます。私とは擬似家族ですが、その子からはベトナム語の原文と合わせて、翻訳された手紙が届けられます。

「孫か娘かわからないけど、私は金坂さんの娘でいたい。そして私のお兄さんに（金坂の高校生の息子を『お兄さん』とイメージして）合いたい」という第一回の手紙がＦＦＳＣの事務局から、最近送られてきています。一人のベトナムの子どもに＝彼女のこれからの未来に、六九歳の日本人の私が直接的に、多少の精神的な援助をさせてもらえるのはとても有難いことです。

このセンターで毎日、日本の青年男女に会いました。尋ねてみると「夏休みの『自分で納得できる過ごし方』を求めて、日本にいるときにインターネットで探してこのセンターをみつけ、アルバイトで旅費をつくり、ここにきてボランティアをさせてもらっている」とのことです。

ＦＦＳＣを創設されたベトナム人の代表者のご夫人は日本人です。ホーチミン市内の国際機関で働きながら、この団体の運営を支えておられます。

この二一世紀・国際化の時代、それはすでに足元から始まっています。「発展途上国」と言われるアジアの国々では、社会開発（コミュニティ　デベロップメント）や民間活動（ＮＧＯ）を前提とした自発的・自主的な社会を改変しようとする取り組みが、さまざまな形で行われています。

フィリピンにあっては「街づくり・地域づくり」、ベトナムでは「子どもを守り、その成長を援助する児童福祉の活動」。これらを目の当たりにして、アジアの途上国で現実に行われている社会福祉・社会開発の大切さと深い意味を教えられた、私にとっての貴重な二〇〇三年八月の体験でした。

＊　参考のために

ベトナムのＦＦＳＣのＵＲＬ　http://www.2m.biglobe.ne.jp/~sigon//ffsc.htm

FFS の E-mail : tanhuong-ffsc@hcm.vnn.vn　日本語で差支えありません。

# ボランティアからの挑戦
## ――のびっこの仲間達への家庭支援

鏡　英夫

### 一　はじめに

私は三十数年に渡って在宅障害児（者）の自立と支援にかかわってきた、それも職業という権力を持たず、ボランティアという不確定な身分のままである。行政、公的資金を期待せず、市民、対象者、ボランティアの独自な立場で、自由に、活動してきた。

始めたころの、三〇年前は、周りがまったく関心もってもらえなかった。障害児を抱えた家族と、一部支援者で黙々と活動をつづけてきた。時おり、妨害もあったが、あまり気にせず、子供たちの元気な姿に意を強くし、楽しみながら、社会の中で小さな声をあげていた。

一〇年たったころは、急激に障害者に対する社会の受け入れ方も変わってきて、「共に育つ」ことが望ましい方向になりつつある実感がわいてきた。障害者の自立についても支援する流れが出来つつあった。しかしそれも一部施設や、教育現場の中だけであって、在宅の障害者に対しては、具体的に支援を保障するものではなかった。

大きく流れが変わってきたのは、ここ一〇年である、ノーマライゼイションの言葉が飛び交うようになり、地域の中で暮らすことが、自然なことであることが認められるようになってきつつある。青年たちの努力で、職場進出する子も多くなった。障害児（者）に対する福祉は飛躍的に改善してきたようにも思われる。

しかし、私たちが目指す、障害児者を抱える家族に対しての支援はまだ緒に付いたばかりである。平成一四年に支援費制度が始まったが、これも障害者本人の立場を重視した制度で、その家族を解放する制度にはなっていない。二四時間障害者を介護しなければならない家族に、如何に安らぎの場を与えるか、「子供とともに生きることが如何に楽しいことなのか」「在宅のまま、地域の中で暮らすことが如何に楽しいものなのか」それを実感するためにはまだまだ地道な活動が必要である。

論文など、書いたことも無い。ボランティアの活動を総括したことも無い。ただ思いつくまま「自立支援、家庭支援」を地方都市で細々行ってきた、それを短い文章の中でまとめてみた。

## 二　のびっこ親と子の運動教室

私は、もともとは、福祉専攻の大学を終え、福祉事業を生涯の仕事と決意して、盛岡市役所に勤めた。最初の一〇年こそ、ケースワーカーだったり、児童福祉施設の指導員として勤務できた。ところが役所には、人事異動というものがある。必ずしも自分の意図したとおり、人生を支配できるとは限らない。生涯福祉の道は、あっさり人事異動により、挫折させられた。

前途に希望が消えかかったとき、前任地の精神薄弱児通園施設の保護者の方々から誘いの言葉がかかった。「先生、役所に戻っても、机の前だけでいれる人ではないでしょう。休みの日は、私たちの子供と一緒に遊んでください」。ハッとした、そうだ、福祉の仕事をして給料をもらうことは出来なくなったが、子供たちと別れることはないのだ、交流、行き来はこれからも自分の気持ちでいくらでも関わる事は可能なのだと。親たちとの協議は簡単にまとまった。

月一回「子供、親、兄弟、私を含めたボランティア、学生が一緒に集まりましょう」、「みんなで一緒に汗を流しましょう」、「子供たちを鍛えるだけでなく、彼らと一緒に遊ぶという気持ちを持ちましょう」、「障害児中心で事を運ぶのではなく、みんなが楽しめる会にしましょう」。

それだけの申し合わせで、親と子の運動教室は始まった。昭和五一年九月のことである。

第一回に集まったのは、一〇家族、四人の大学のお姉さん。私の家族四名。前の施設の保母さん二人、総勢三〇名弱である。日曜、公民館を借りて、マット運動、ゲーム、レクリエイションダンス、おやつの時間と、あっという間に二時間が過ぎた。施設のなかで指導していた時には、あまり動かなかった子供たちは、親や、兄弟、大学のお姉さんたちと一緒ということで見違えるほど明るく、自由に、楽しそうに汗を流してくれた。

親たちも「この子が、こんなことが出来るのか」と感動しながら、あくる日の筋肉痛をいとわず、動いてくれた。次回の再開を誓って散会した。特定の会場を持たない、この会は、次の月の会場探しに奔走した。その当時、公民館や、活動センターはあまり無い。教会、市の体育館、公民館、つき一度といえども大変である。やっと会場が決まったのは、集会前日、ということも何度もあった。ともかくその日に各人に連絡して集まりあった。

会場難とは裏腹に、参加者はすぐに増えていった。親の口コミで「うちの子も」「私たちも」あっという間に一〇〇名近い参加者になった。時あたかも養護学校義務設置で、障害児にもやっと、教育権が認められ、学校に、養護学校に、迎えられたころである。どの親も、子の将来に希望を持ち出した頃である。同時に、「社会参加」という言葉はなく、「隔離」が普通とみなされる地方都市である。

「家の外で、みんなと楽しめる」、「子供のこと、障害のこと、仲間と語り合える」、悩んでいるのは、自分だけでないのだ。

集まるたびに親たちが生き返るような雰囲気になった。そこから、当時流行の「みんなで渡れば恐くない」精神が生まれた。みんなで一緒に「食事に行きましょう」、「レストランにも行きましょう」、「温泉に泊まりに行きましょう」、買い物に行きましょう。

子供たちを連れての外出をほとんど控えていた人

たちが、わが子の異常行動にめげずに、どんどん溶け込もうとした。月一回の集まりは、別個に行事も増やすこととなり、「社会のなかで」「地域のなかで」「街の中で」楽しむことを覚えていった。

「親と子の運動教室」は、いつの間にか、「のびっこ」という名称をつけるに至った。

何歳になっても、のびよう伸びようとする子供、二〇歳過ぎて初めて言語を獲得する子、「ハイ」という返事を四年間で習得する子、三〇歳過ぎてやっと立って歩くことが出来るようになる子もいる。

とにかく「のんびり」ではあるが確実に、成長する子供たち。障害児ではなく、「のびっこ」なのだ。ボランティア集団。誰もが対象者ではなく、お互いがボランティア。

行事を計画して温泉泊りを予約したら、障害児の集団ということがわかり、宿泊を拒否された、怒りの経験もした。公的な会場が、障害児のための設備が無いとの理由で、使用を拒否された事もある。もし万が一のことがあれば、との理由で交通機関から乗車拒否されたこともある。そのたびに全員で、煮えくり返る怒りを、抱えながら世間の冷たさに挑戦もしていった。

三〇年近く「みんなでやれることは、何でもやってきた」そして、自分たちで「社会の壁」を、ひとつ、ひとつ取り除いてきた。

第一回に集まった仲間は、三〇歳を越えた。オジサンになっている。三〇代だった親は、六〇代、七〇代のオジイサン、オバアサンになっている。今もその人たちは三〇〇回の集まりにも、嬉々としては せ参じている。

もちろん幼児、小学生が会の中心であることに変わりはない。今では、〇歳から七〇歳まで、まったく年齢の枠がない集団として機能している。のびっこ親と子の運動教室が社会を切り開いたと自負している。

三〇年前は、子供と外に出ることが挑戦であった。「子供とともに生きること」が限りなく困難な時代であった。のびっこに集まる親の会話の中に、必ず、

「子のこと一緒に死を」が話題の中心であった。

いま親子は、一番幸せそうな顔をしている。

三〇歳過ぎた青年は、今も独身である。六〇歳過ぎた母親は、今も「お母さん」と呼ばれている。そしてどこに出かけるのも一緒である。仲睦まじく、寄り添うように歩く二人の後姿は幸せそうである。

## 三　十夢の会

青年たちには、青年としての夢がある。子供たちと遊ぶだけでは物足りない。

働いたお金を使って、飲んだり、食べたり、旅行したり、コンサートも行きたい。

そんな願いから、青年の会を結成した。中学、高校卒業以上のものが集い、「大人としての自覚を持って、楽しもう」というものである。ボランティアも社会人中心。親もぜひとも、「かててください」とお願いして、青年たちの許可のもと集うことが出来た。

親も参加することが出来るようになったため、重度の青年も参加できる。

これまで、世話することが役割であった、親が、青年たちに付き添われて、旅行も出来るようになった。「北海道旅行」「広島原爆ドーム見学」「大阪USJ」「伊豆・箱根湯けむり旅行」「忘年会」カラオケ大会」「コンサート」「映画鑑賞」ETC。彼らの余暇活動がにぎやかになり、土曜、日曜が楽しいものになった。

## 四　のびっこ療育センター

親たちとの長い付き合いの中から気づかされたのは、在宅ののびっこ（障害児者）達には、社会は、国は、自治体は、ほとんど何も策がないことである。どんなに軽度な子であっても、二四時間誰かが見守っていなければならないことは、明白である。

青年・児童が、学校・施設の中で支えられるのは、生涯の中で、あまりに短期間、短時間である。大部分を占めるのは、家庭であり、地域の中である。

ところが、家庭を守る体制がこの国には、まったくない。唯一、法人施設で行われる、ショートステイは、施設の補完的な事業で、大部分の在宅家庭にとっては、使い勝手がはなはだ悪すぎる。

障害保育が行われるようになってからは、働き続けたい親がたくさんいる。ところが、学童になって、見てくれるところがない。そんな状況が、あらゆる親から話された。

ボランティアとして、自己満足している事態ではない。土曜、日曜が充実していればよしとする時代ではない。

みんなで話し合いが繰り返された。そして平成六年、平日でも子供を見守れる体制を作ろうということで誕生したのが、「のびっこ療育センター」である。個々の内容ついては原稿用紙の枚数に限りがあるため、詳しくは省略するが、事業として、学童保育、夏・冬・春長期休暇中の療育。

親のゆとりを保障する、レスパイトサービス、長・短期宿泊入所事業・ショートステイ。グループホーム・ガイドヘルパー。

それを二四時間、三六五日保障するシステムを作り上げた。

そのためには、独立した建物も必要ということで新築の、それらしい建物も作った。

社会福祉法人を持たないためそのすべては、自前で完成させた。国も、自治体も、ほとんど相談にものってくれなかった。

平成一四年、やっと国が同じことを実行しだした。支援費制度である。

## 五　本気？　支援費制度

やっとのびっこが国の制度の中で事業展開できる、と思っていた。ところがふたを開けて見てびっくり、利用者の意思がほとんど通じない中身である。

### ◆中学生、高校生対策

なぜか、デイサービス事業に中高生は、除かれている。児童福祉法を見るまでも無く、中学生、高校生も当然児童である、ところが児童関係デイサービス事業では、彼らは、利用できない仕組みになっている。正確には、その分の費用負担については地方自治体独自の負担で、ということらしい。市に申請すれば、該当しませんという回答が帰ってくる。

のびっこでの家庭支援事業で一番需要の多いのは、実はこの年齢層である。体力的、精神的に、親や、祖父母では介護、養育が難しくなっている、そのため、平常日であってもお願いされることが多いのである、にもかかわらずこの年齢をはずす意図はどこにあるのだろう。

利用者本位の考え方が、まったく見えない。

◆送迎費加算問題

デイサービス事業、短期入所事業では必要に応じて送迎費の加算が認められている。条文としては「居宅と事業所等との間の送迎を行った場合は、片道につき五五〇円を所定額に加算します。」とある狭議に解釈すると自宅と事業者間だけ適用と、受け取れる。そして各自治体はその解釈のまま利用者に押し付けている。

ところが利用者の立場からするとこれは、はなはだ不条理である。そもそもデイサービスを受けなければならない時間帯は、保護者が自宅にいることが出来ない状況があるからこそ支援を求めているのである。病院、職場、旅先、にいる時どうして我が子を自宅に置いていけるのだろう。学童の大部分は、その時学校等にいると考えるのが普通であろう。親の求める場所から事業所まで送迎することが、当然のサービスと考える。

これまで、福祉施設で行われてきた送迎は、大型バスが多いため、戸口から戸口までが困難であった。そのため入所者から苦情が多かったことは、想像に難くない。そのため、国はサービス向上を図るため居宅等の表現にしたのではないかと、解釈するが、これを自宅以外はだめですと、送迎費加算をカットすることは許されない。

## 六　まとめに

障害のある子と共に暮らすことは、そんなに難しいことではない。むしろ楽しく、心豊かな家庭が作れる。ただ一つ、それには、緊急時の支援体制がしっかりしているということが大前提である。

地域で暮らす。当たり前のことを、当たり前にできる社会。これを目指し、のびっこ療育センターはこれからも、静かに戦いたい。

# 介護保険制度の導入と福祉現場
## ――或るケースワーカーの思い

村松　広秋

## 一

「介護保険制度」の導入で何が変わり、何が炙り出されてきたのでしょうか？　そして、私たちはどのように行動していくべきなのでしょうか。これからこの件について私見を（私の勤務地だけに限定された稀な事例かもしれませんことを、お断りした上で）述べさせていただきたいと思います。

『福祉』ってどういう意味なのか分かる？　それは、『しあわせ』っていう意味なんだよ。」という上司の声に迎えられ、福祉事務所高齢者福祉課に勤務して一一年になります。一一年前に配属された係名は〃おせわ係〃でした。配属係名を告げられ、「えっ！」と息を呑んだことを、昨日のように覚えております。

以来、高齢者の在宅保健福祉一筋でやってまいりました。昼間はケースワーク、夜間は委託契約関係事務という毎日が七年続き、介護保険元年の平成一二年を迎えたのです。それからは、介護保険制度だけでは対処できないケース、介護保険制度を利用できないケースといった、所謂〃処遇困難事例に対する取り組み〃と、高齢者に一日でも長く住み慣れた地域で元気で生活していただくための〃介護予防に関する取り組み〃の二点が、主な業務となりました。余談ではありますが、平成十一年当時は、介護保険は高齢者福祉の在宅・施設両方の分野において〃夢〃の制度で、介護保険が完璧に機能するようになれば、高齢者福祉課在宅・施設担当は不要であるとの意見も出てくる始末でした。実際、現場では在宅・施設担当職員の大幅な削減が実施され、介護保険の側面支援がその業務となりました。このように、高齢者保健福祉分野について語る際には、介護保険制度を抜きには語れない状況、「高齢者保健福祉は、先ず介護保険ありき」という状況が生まれたのです。現場では、見切り発車的未成熟なシステムを高齢者保健福祉分野の中心に据えることに対して、危惧する声がなかったわけではありませんが、大きな流れの中に呑み込まれてしまったというのが現実でした。

## 二

介護保険以後、私の勤務地における高齢者福祉分野の数的拡大には目を見張るものがありました。いくつかの事例を概数で挙げますと訪問介護事業所数が六倍、通所介護事業所数も六倍、短期入所介護事業所数は一・五倍、在介センター数は二倍、そして、特養ホームのベッド数は一・五倍になりました（決して介護保険以前の整備が立ち遅れていた訳ではありません。むしろそれらの整備状況は県内でも有数でした）。

果たして、この数的拡大は、高齢者福祉（＝高齢者のしあわせ）の拡大を意味しているのでしょうか。残念ながら、〝？〟としか答えようがありません。と申しますのは、この拡大を促進している原動力は福祉の心ばかりではなく、「利潤」が原動力となっているケースもあるのではないかと思われるからです。これは民間活力（純粋に利潤を追求するという意味では許される企業）の積極的参入を促すという意味では予測の範囲内なのですが、問題は一部の社会福祉法人の企業化をも招いてしまったということです。

社会福祉法人も、利用者及びその家族の生活、そして法人に勤務する職員たち等の生活を守るためには自らの力で生き残らなければならない時代に変わったと言えばそれまでですが、そのような簡単な理屈で片付けられる問題ではないと思います。なぜならば〝右手に算盤、左手に電卓〟という社会福祉法人が、ほんの一部ながら誕生してしまったのですから。

その一部の社会福祉法人を蝕んでいる利潤追求の病魔は、先ず不採算部門を侵し始めるようです。

## 三

そのような社会福祉法人が運営している在宅介護支援センターがその好例です。

地域において、地域の実態を把握したうえで在宅介護等の総合的な相談に応じて、高齢者並びにその家族の福祉の向上を図ることを目的とする当該事業は、公平中立の立場で地域にしっかりと根をおろし、地域の信頼を得なければならないという性格上、あらゆる制度に通じているベテラン職員の配置が必須となっております。

実際、介護保険以前、担当職員の人件費を全額委託料で賄っていた時代にはこの基本が忠実に守られておりました。しかし、大多数の市町村において従来の委託料を大幅に下まわる国庫基準額による委託となった介護保険以後は、人件費が低廉な新人職員を在宅介護支援センター担当に充てるようになりました。その上、その職員はケアマネ業務も兼務しており、そちらの業務に忙殺されているのです。在宅介護支援センターをして、「法人の介護保険営業窓口」と言わしめている所以です。

「公費による人件費上乗せを」との声もありますが、一〇〇%公費によるケアマネ活動を招きかねない状況では無理な話です。そもそも在宅介護支援センター職員がケアマネを兼務している意味は、「施設のケアマネ」ではなく、公的立場から「地域のケアマネ」として、地域のケアマネのリーダーとしての役割をも担っていると解釈するべきではないでしょうか。確かに、公平中立の立場でベテラン職員を配置するということは、短期的にみると法人会計を圧迫することになるでしょう。

しかし、その活動が地域における信頼をゆるぎないものにしていき、最終的には各種介護保険サービスを提供している法人に、会計的プラスをもたらすという考えはできないものでしょうか。また、会計的損得を抜きにした地道な活動を続けていくことこそが、社会福祉法人本来の役割なのだと思います（事実、ほとんどの社会福祉法人は、そのような地道な活動を地域において積み重ねています）。

## 四

この観点から論じるならば、介護保険制度の導入で一番変わったのは、「社会福祉法人の体質」ということになるのではないでしょうか？（もちろんごく一部の法人に限った話ではありますが……。将来的に、資金力を得た法人が、良心的経営をしているが故に資金力に乏しい法人を駆逐してしまう可能性は、否定できません）。

「社会福祉法人の体質」と一言で片付けてしまいますと、そこで働いている全ての方々が入ってしまいますので、これは「社会福祉法人経営陣の体質」と言い換えなければなりません。事実、現場で利用者に接している方々は、実によくやってくれています。私も現場で、ヘルパーさんや寮母さんといっしょに仕事をしていますが、頭が下がることばかりです。その多くは、私の年齢の半分くらいの人たちで、彼らの額の汗と利用者に向ける笑顔そして、やさしいことばに接するたびに、この国の将来はまんざら暗くはないのでは…と思ったりもしています。しかし、彼らは、その流した汗に見合った待遇を受けているのでしょうか。彼らの多くは良好とはいえない労働条件と低賃金の中に置かれているのが現実なのではないでしょうか。ここでも「社会福祉法人経営陣の体質」という問題が頭をもたげてきます。現場で汗を流している彼らの仕事が、社会的に評価され、公正な報酬を受け取ることができるような制度にしていかなければならないのは言うまでもないことですが、それ以前に、無理解な法人経営陣に、彼らの仕事を正当に評価していただきたいと思います。

## 五

あらゆる分野でマンパワーをＯＡ機器等に置き換えていくという「合理化」（利潤追求の最大のポイントである人件費削減策）が進められています。しかし、利用者の心と体に直接関わっていく福祉現場においては、その合理化はなじまないことは言うまでもないことであり、「人材は宝」であるとする伊藤先生の実践姿勢により明らかです。

以上述べてまいりましたことを一言で言うならば、「公費を投入し続けた社会福祉法人が『合理化』を前提とする商売をやってもいいのか？　そのことの是非を法人経営陣の方々に考えていただきたい」ということになります。確かに見方を変えると、介護保険はサービスを買うという制度ではありますが…。そもそも福祉を商売（黒字を目指す行為）にしていいのかという疑問もあります。たとえ赤字になっても、必要としている人に対しては、必要なサービスを提供していくことが福祉なのではないでしょうか。

ならば、「そのような赤字になるケースは行政で」ということになるのでしょうが、緊急短期入所等用の自由に使える公立の施設をもっている市町村がどれだけあるでしょうか。行政側としては公費を投入して建設した施設を利用したいという希望をもっていますが、やむを得ない事由による措置及び虐待時の保護分等の緊急ベッドを常に空けておいてくれる施設はありません（行政側が、通年でベッドを買えば別なのでしょうが）。もちろん、施設側には空けておく義務もありません。なぜならば、介護保険は「保険事業」であって、「福祉事業」ではないからです。しかし、その介護保険制度を、福祉の推進のために設立された社会福祉法人が、支えている現状には矛盾があります。

このように介護保険制度は、福祉の意味も変えてしまいました。高齢者福祉分野、その実施主体である社会福祉法人、そして、この介護保険制度に範をとったかのような支援費制度を採り入れた障害福祉分野、このそれぞれはこれからどのような方向に進んでいくのでしょうか。私たち皆が関わっていくことがらです。とても無関心ではいられません。

ここまでは愚痴ばかりになってしまいましたが、あまりにも大きな課題であるため、私たちには何もできないとあきらめるほかはないのでしょうか。

## 六

先に、現場の方々は福祉の心をもって一所懸命にがんばっていることに触れました。これは私が訪問する施設だけの話ではなく、どこの施設でも同じだと思います。全国の高齢者在宅・施設福祉が機能しているのが、なによりの証拠です。ならば、現場の彼らを支援していくことはできないでしょうか。このことが前述の大きな課題解決への一歩になるのではないでしょうか。彼らがやりがいをもって働ける職場環境を整えていくのです。

「法人経営陣・施設長等の意識改革」がその解答なのでしょうが、介護保険制度の下、残念ながらその権限も力も、福祉行政側にはありません。しかし、「法人経営陣・施設長等の意識改革」を促す力をもっているところがあります。それは「地域」です。

不採算部門であるが故に、最初に利潤追求の病魔に侵される事業として前述いたしました在宅介護支援センターは、高齢者福祉系社会福祉法人が運営しているほとんどの施設に設置されております。その在宅介護支援センターを地域の力で変えていくのです。

国庫補助金事業であった当該事業は、今、一般財源化されようとしています。「三位一体」改革の下、苦しい地方の台所事情にあっても一般財源化により当該事業を続けるためには、評価シートを用いた地域住民等による客観的評価といった手続きを経て、地域に認められ、地域に選ばれたことを証明しなければなりません。地域に認められ、地域に選ばれるためには、何が必要なのか。法人経営陣・在宅介護支援センター施設長は、それを早急に考え、行動に移していかなければなりません。在宅介護支援センターが地域に認められ、地域に選ばれるための活動の波及効果として「法人経営陣・施設長等の意識改革」を図るのです。

それは、地域に選ばれる地域型在宅介護支援センターづくりを通して、「法人経営陣・施設長等の意識改革」を図ろうというものです。このことにより、介護保険は福祉の心をもつようになるのではないでしょうか。「地域の力⇩法人経営陣・施設長等の意識改革⇩人材は宝⇩理想的福祉の実現」 このような図式を描いてみました。

在宅介護支援センター事業を実施している社会福祉法人は利用者にとっても、地域にとっても、そして、そこで働く者にとっても「信頼できる社会福祉法人である」との客観的判断ができるようになれば良いと思います。そして、そのような社会福祉法人の存在は、当然のことながら福祉に携わっていくすべての人、施設、そして福祉制度の牽引役となっていくはずです。

# 子ども達と生きて

山口　ツエ

伊藤さんの古稀を記念して論文集を出されるという呼びかけを戴き、「え!!　伊藤さんが古稀になられたか」という驚きで聞いたのです。私の記憶には若い頃の活動家だった印象が強く残っているのです。そういう私も七五歳になって居りました。月日はまちがいなく重ねられていたのですね。

私は昭和二二年旧満州大連から引揚げて来ました。九州の佐世保港に上陸しました。冬なのに山にみかんのオレンジ色がとても美しく感動しながら港から駅迄荷物を背おって歩き汽車に乗り、一昼夜かけて母の古里を目ざし白い雪の盛岡に到着、引揚者、戦災疎開者等の町青山町に居住することになり昭和二五年から保育園に勤めることになって、一生の仕事にめぐり合ったのです。引揚げ者は衣食住全部不自由の中、皆生活は大変でしたが子供達は保育園に来るのを楽しみに集まって来ました。最初は三才以上で、まもなく地域の実情に合せ乳児から保育するようになりました。数少ない紙芝居をくり返しやってもつぶらな瞳で集中し見てくれるのです。若い頃の私は毎日夢中で朝六時半から夕方七時まで開園し、張り切って居りました。

伊藤さんが福祉に入られた頃、施設の職員は戦後の養護の必要にせまられた子供達が多く、共に必死で生活し働く条件も悪いのに一生懸命の様子に、何とか改善して行く方向にと社会福祉職員の仲間と共に組合を発足させたと聞いて居ります。他の施設職員に呼びかけ組合活動を増やして行く活動をはじめておられ、ひた向きに情熱を傾けていた伊藤さんの姿がありました。

昭和二二年から四〇年頃迄の保育園は私立が大部分でお寺、神社、教会等の奉仕の精神ではじまった事業で続いて来て善意のお金で運営されて居りましたので、児童福祉法制定しても公的なものとして考えるのには長い年数がかかりました。私的使用人としての理解をしている所もあって働く立場としての条件を云う保母はすぐ解雇ということも度々ありました。「お寺の手伝いをことわった」、「遊働木やブランコを毎日はずして入れるのをいやがった」、「組合に入ってなまいきになった」、「模造紙や新聞紙や包装を使えばいいのに新しい教材を買いたがる」、「給食の材料や費用をあれこれ云う」等が解雇の理由になったりしました。子どもたちのことを考えて話したことは文句の多い保母と云われ一人では弱い立場です。困っている仲間の為に夜よく集まっては解雇問題、労働条件はどうすれば良くなるのか話し合ったり度々資料をもらっては勉強をしました。全国的な組織としてのつながりの活動もして組合に力をもつことが出来ました。私はその組合で自分達の保育も大変ではあるが保育園は親に代って日中養育し夜は親にゆだねることが出来るが、施設の職員ははるかにはるかに大変な条件をかかえていることも知りました。その内、国の政策や社会福祉全般とのつながりを理解するよう育てて戴きました。伊藤さんは執行委員会等で「そんなことがあっていいわけがない」、「それはまちがっている」、「何とかならないか」と熱く話し合っていました。まだ交通機関が充実していないのでとても時間がかゝるのですが県下あちこち問題のおきた所に行き、経営者に会い、役所に行き話しを聞いてたしかめ、多くの方々に相談したり等すばやい活動をしていました。ある時は現場から帰ってその足で夜公舎に婦人少年室の室長をたずね実状を話し助言して戴いたことも有りました。弱い立場の人の少しでも力になってやりたいと云う気持と職員が幸せにならなくては子どもたちを幸せに出来ないと云う信念を持てるようになりました。それは取りもなおさず自分自身の立場も改善されることになっていたのだと現在五〇年以上も経て来て長い間の積み重ねの結果が感じられます。まず職員の給与が国家公務員給与表を参考にして考えられその支給は基準そのまゝ実施も出来るし、週休二日制を取れるようになって、乳幼児受持人数が改善され、最低基準はそのままですが建物も改善されて子供達も保育士も良くなったと見きわめる迄職場にいられて子供達から活力をもらい楽しく過ごせて幸せだったとつくづく思って居ります。現在でもまだまだ幼保一元化、利用施設化し国補助金削減、延長保育、一時保育、休日保育等、問題はつきないのですが今後の世代の保育に従事する方々の活躍で切り開いて行けるよう子どもたちのために応援して居ります。

　私が長い間保育にかかわって来れたのは、先輩、友人、職員、保護者の方々等、両手を何回も広げて数える位多くの方々に恩恵を受け励まされたお陰と感謝して居ります。

　伊藤先生にはますます円熟期にはいられての御活躍をと願って居ります。今後共御指導下さるようお願いしてつたない文を終ります。

# 保母人生を省みて

萬　きそ

## 1　青空保育所

時は山田の海ではイカ大漁、昨日釣って来たイカが乾かないうちに今朝もまた大漁、漁師の人達の家は家中イカだらけであった。

　昭和二二年、児童福祉法が制定された。子供たちを正しく健やかに育てることが大人の義務と痛感された山田町龍昌寺住職清水光寿氏は、民生委員及び地域の人々の協力を得て、龍昌寺境内に「ブランコ」、「シーソー」、「砂場」、「鉄棒」、「すべり台」の遊具をそろえ、町役場の協力のもとに翌二三年六月一日、山田町第一保育所として発足、これが青空保育所である。

　筵を敷いて保育室兼食事室。持参の梅干入りのおにぎりを食べて帰る。保育目標も保育指針どころでない。園長先生はお寺と社会福祉協議会の会長で御多忙である。三名の保母（私を入れて）は大変だった。困った時は園長夫人に泣きつく。奥様は山田町の方、子どもの顔でその子達の家を御存じである。てんやわんやで保育の参考書もなくお寺で借りて下さったオルガンを私が弾く。歌ってるうちに静かになる。童謡をどうにか弾く私に、「よく楽譜があった」とほめられる。いい気になってふり付けしたり歌ったり一生懸命であった。子どもたちはもの珍しいのか休まないで通って来た。晴天の時はよい。しかし雨天の場合は休日になっているのに、雨が降っても来る子どもたち、仕方なく奥様と相談し本堂に入れる。この時とばかり畳の上を走り廻る。注意する方が間違ってる。素的な室内運動場だ。仏教婦人会の方達に「萬が、萬が」と叱られる。丁度外出から帰られた園長先生は泣きそうなお顔になるが何も言われない。寒くなり十月で青空保育所は閉じた。私達は悲しく淋しかった。翌年四月、園長先生の浄財で屋根のある二〇坪の建物が出来た。子どもたちと共に大喜びした。午睡時間になると木登りをする。裏板がはってない。午睡どころでない。

昭和二七年三月三一日付で認可保育所になる。やっと保育指針も出来、定員五四名だが、殺到する子供たちへの対応は大変であった。措置児童についても、民生委員でもある園長先生が皆措置児童だと言われ、私達に両手を合わせられるのである。かといって保母をふやして下さるでもなかった。只々、くたくたになるのであった。そんな時、社会福祉についての講演があるから勉強して来いと言われ山田小学校の校長先生にともなわれて盛岡へ行った。「すべての道はローマに通ずるとシーザーは言ったが我々の道はどこへ通ずるのだろう」若々しい素的な青年講師であった。目のさめるようだった帰途、「がまんしたんせ。何時かよい時もくるんだ」と言われ涙ぐむ。少数の保母で一〇〇人以上の子ども達にあえいでいる姿を理解して下さっていることに感謝した。恥かしい位の給料であったが、その時は、平気だった。

## 2　労働組合加入

定員を守るにも守れない状況。入所決定の頃、こんな電話が入った。「祖母がいれば幼稚園に入れないそうですが、孫を入れるのに私が死ねばいいのですか」。幼稚園も保育所も全く理解出来ない頃、私は「園長先生にお願いして」と返事する以外になかった。最低基準の監査には苦労して五四名の帳簿をそろえるのに大変であった。定員オーバーは当時は全国的な状況でもあった。そんな時、組合加入の話が持ちこまれた。組合といえばゼネストしか知らない。東北電力や釜石製鉄所でよくストライキをしておったことを思い、何か恐ろしい気持であった。そんな時、オルグに来られたのが彼の時の素的な青年、伊藤博義さんであった。伊藤さんは養護施設に勤務しておられるとのこと、静かに御自分の施設について話された。盛り切り制だった御飯を何杯もお代りの出来る「おひつ」にした話、施設の子どもに高校入試のための学習をさせ施設から通学出来るようにした話等々、感激のあまり声を立てて泣きながらお聞きした。こんな方がこの世におられるのだろうかと思ったものだ。伊藤さんはその夜、大沢の南陽寺に友人がおられるからと言ったが園長先生に乞われて一泊して帰られた。その後、園長先生は組合に入るよう進められた。あんな方の居る組合ならと思ったのだろうか、伊藤さんは何を話され、清水園長は何と言われたのだろうか。

そして、とにかく組合に保母全員三名加入した。一九六〇年七月であった。

見えないものが見えたとはこのことであろう。組合加入によって労働条件の改善、長時間・過重な労働、低賃金、身分保障もない劣悪な待遇、安心して仕事に打込むことも出来ない。何が正しいか、何がしあわせか等々。役場に勤務してる方達は昼食後バレーボールを楽しんでる。同年代の保母さん達は一番多忙な時で昼食をさせ、午睡の準備だ。片方で食事をさせ片づけ、お布団を敷かなければならない。食事、排泄、着替、午睡、その時思ったものだ。後につづく人達のために働きやすい喜んで来れる職場にしなくてはと、労働者としての意識もなく聖職の美名のもとに前近代的な生活に押し流されて来ました―と初めての山田支部での大会宣言に「かたく手を取り合って子供達の幸せと職場の民主化のために福祉労働者として闘うことを誓います」とあった。

やみくもに働いて来た私達には学習は大変だった。措置費、保育単価、昇給、期末手当、超過勤務手当のこと等々、公営施設と私営施設の賃金の格差の問題等々。そして一二月議会に向けて組合の指導の下に公立・私立の職員の賃金格差の問題で年末一時金支給運動に取り組む。保護者に協力を求めて会を開いたら、低賃金に驚く人達、教職員と同等だと思ってた等、三日間で七五〇名の署名を集め、町長に陳情、一蹴されて町議会に請願する。やっと採択され待たされ、要求の何分の一の千円を手にした時は夢のようだった。「わらす」かで達がと言った議員もあったが保育の意義と幼児教育の重大さを少しでも理解したのではと思う。だから翌々年から山田町では公立保育所が次々と誕生した。

水沢市の保育園保母、原島広子さんの不当解雇撤回闘争では、一年目は一五万円カンパ運動、二年目は三〇万円カンパ運動、岩手支部だけでなく日社労組（日本社会事業労働組合）本部で取上げてくれ全国運動に展開し三年間闘った。伊藤さんは原島さんにマンツーマンで導いて下さった。私たちも生きがいを感じて闘った。「少ない給料の中からカンパだなんて、原島さんてよい保母さんでないそうだ」、人の良い園長先生は園長会議より帰って言われる。でも「置きかえてもし私だったらと思うとやめられもしません」と言い、懸命に保護者、役場職員の人達、山田地区労等々、伊藤さんの指導はよく浸透した。日社労組としてメーデーに町内行進してると「ヨロズセンセイ」と幼児の声。只でさえ恥かしいのに胸をはって大きな声で返事をし手をふる。保育問題研究集会、社会福祉研究集会、東京での中央集会、定期大会、岩手、中央等々、交代で出席することが出来た。よく体が持ったものと思う。東京には夜の執行委員会に前日午後三時発で、或は夜十一時の北星、上野着六時、早いから時間を見て母の居る兄の家に、夜の会議が終って北星で帰り八時頃山田へ（または、花巻で乗り換え、釜石で宮古行に乗り換え）、直ちに保育、子どもたちへお土産を忘れない。もちろん保母さんたちにも、只でさえ重労働なのに私の分まで働く保母さんに「明るい未来をつくるのだ」とは言いながら、しかしスタッフがよかったと思う。

### 3　思い出の人々

頭より先に体を動かして保育し、組合に加入し年末一時金手当も勝ち取りホッと一息と思ったら組合員が退職するという。理由は賃金が低いので病院の事務に移るとのこと。低賃金、重労働、身分保障もない。言うべき言葉もない。悲しみにくれた。昭和三七年四月、佐藤繁子さんが来てくれた。ほんとうに嬉しかった。保育を、子ども達を好きだという。頭も切れるしピアノは木下教室出身、こんな幸せもあるんだと心に思う間もなく彼女は次から次へと働いてくれた。組合活動にも協力してくれ、助かった。惜しみなく笑顔で働いてくれた。美しいものに心から感動し悲しい時は涙し、保護者の方達にも喜ばれた。理想的な保母さんだった。私は森羅万象に感謝した。どんなに多忙でも平気だ。低賃金・劣悪な重労働といい乍らよく働いてもらった。その後、彼女は伊藤さんの「出雲の神」で勇さんという伊藤さんが勤務された盛岡市立法経学院の優等生かもしれない伴侶を得て現在に至っている。彼女が経営した乳児保育所は、働く女性に生きる支えになっただろう。

みずたまりにうつった　空がきれいだよ
石ころにもいろんなもようがついてるね
子どもよ（ドミソ）ドミどドファラもドミソよ
（くりかえし）
あなたの目は輝いてかぎりない
新しいものをつくりあげるちからを
たくましく育てる私たち

こどもがすこやかに育つように
さあみんなみんな手をつなごう

亡き井上美江子さんの作詞作曲です。井上さん、高橋定さん、岡田ユキさん、原島広子さん、かつての組合の仲間だったみんなも今では泉下ですが伊藤さんに限りない感謝をこめて古希を祝ってくれてるでしょう。みんなみんな私も入れて、伊藤さんから「美しいものを美しい」と見、「白いものと黒いものの違い」を知らしめて下さった方です。心から感謝してお祝いを申します。生きる力を、光を下さった伊藤さん、何時までもあの時の素的な青年で居られて下さい。くり返します。有難うございました。

# 伊藤先生の実践教育にふれて

石栗　栄市

伊藤先生と初めてお会いしたのは、一九九六年四月七日でした。当時、先生は山形大学に勤務されてまもなくだったと思いますが、山形大学農学部の菊間先生と御一緒に来られて「山形大学の社会保障法ゼミに参加している学生に社会福祉施設そのものを宿泊も含めて三日間位体験させたいので受け入れていただけないか」とのことでした。先生は、かつて児童養護施設で児童指導員としての仕事も経験されていましたので、お話を伺っているうちに、社会福祉に対する理論と情熱に感動してしまいました。こうして山形大学社会保障法ゼミの一環としての体験学習は、一九九七年から三年間、当法人が運営する児童養護施設七窪思恩園、養護老人ホーム湯野浜思恩園、特別養護老人ホームしおん荘の三施設を、初年度は二日間、二年目から三日間施設に宿泊しながら体験していただくことになりました。先生のこちらでの過ごしかたは、寝るところも食事もボランティア活動もすべて学生と一緒でした。学生の集団に学生と同じ目線で入っている伊藤先生の姿を目の当たりにした私は、学問は教壇だけではなく、学生と実践を共にし、人間教育を土台にしながら知識を身につけさせていることを強く感じました。体験学習が終わると参加した学生全員の感想文を先生が送って下さいましたが、学生が感じ取った印象を読みますと、働いている私達も気が付かない施設の設備のことや介護保険制度に対する問題点の指摘等、とてもまじめで素直な記述で、仕事をしていく上でとても参考になりました。中でも特に有事に対する質問や指摘には、戸惑うばかりでした。それというのは、私が学生に施設の概況を説明した中で、「この施設が建っているところは海抜三メートルで、仮に一〇メートルの津波が押し寄せてくると七メートルが水の中になってしまいます。避難場所は山の上ですし、利用者を全員助けることは無理で、その時に働いている職員も殉職するしかないと思います。」と言ったところ、学生から直ぐ質問があり、「そういうことを入所する前に利用者と家族に説明しているのですか」。私は説明していないので返答に困り、「歴史的に津波がきたことがない所だ」とか、「リアス式海岸でないので大きな津波は来ないと思う」とか、「地下が岩盤なので揺れが少ない」等、焦りながら応えていました。多くの学生は、感想文の中にも津波だけではなく、夜間の職員不足による火災の場合の心配などをされていました。そこからは、人間としての尊厳を重んじる学生達の人間性に心を打たれました。私達の仕事の原点は、施設を利用している人々が、安心して豊かな生活を送ることが出来るように援助をしていくことなのですが、人命にかかわる有事について軽率になっていることに反省させられてしまいました。若者にまつわる事件事故が後を絶たない状況の中で、教育の内容に関する問題が取りざたされていますが、伊藤先生のように学生に心を開いて学生と一緒に行動し、学問以外であっても常に学生の身近な存在となって人間教育をされている教職員は数少ないのではないだろうか。先生を見ていると、「これが教育者としての仕事なんだよ」と優しくささやかれているような気がしてなりませんでした。



## 東北に生きる老人の歴史的怨念——みちのくの福祉現場で考える（覚書）

渡部　剛士

私は、大学を卒業して東北の福祉現場を歩きはじめてから、かれこれ五〇年を過ぎてしまった。その東北とは、むかしから「都」に遠い「みちのく」ともいわれ、そこに住む人たちは、「蝦夷《えみし》」ともいわれ、「未開発な後進地域」としてさげすされてきた（眞壁仁、野添憲治編『民衆史としての東北』NHKブック）。私はその地域を歩きながら、東北老人には人知れぬ、秘められた深い「歴史的怨念」のようなものがあるのではないか。もし、あるとすれば社会福祉とは、その『歴史的怨念』をぬきには考えられないのではないか。社会福祉とは、その歴史的怨念をはらすこと（取除く、廃除する、改める）にあるのではないかと考えるようになった。眞壁仁(前掲書)はそれは東北に生きるものの歴史的使命ではないかと言った。

これは、社会福祉と名のつく仕事に携わるものにとって避けて通れない道ではないか。私はそんな思いをしながら歩み続けてきた。しかし、未だ確かなものとまとめるまでに至っていない。ところが、最近の世相は、こうした視点からだんだん遠のき、忘れ去ろうとさえしている風潮さえ見える。なんとも悲しいことである。

ここで、論考の覚書としたのは、著者が「未開発の地」といわれた東北の地域を歩きながらその時々に感じたもの、見たものを書きとめておくことにより、それを繋ぎ合せ、解きほぐしていく中から問題の糸口を見出せるのではないかと考えたからである。

**その一**　私が、はじめて社会福祉の現場に入ったのは、昭和二六年、山形県社会福祉協議会の発足の日であった(以下県社協という)。創設したばかりの県社協の仕事は、長い戦争の後始末ともいえる遺家族や戦争未亡人、傷夷軍人や引揚者等の援護活動からはじまった。当時、生活保護の大半がこうした人たちによって占められていた。とくに、遺家族や留守家族の援護では、戦争によって大事な息子を失ない、働き手を失ない、僅かな遺族年金で生活を支えている高齢者世帯や母子世帯の生活は悲惨だった。

途方に暮れる家族の片隅で、年老いた老人が涙を流している姿を見るたびに『ものいわぬ農民』(大弁羅良著・岩波新書)の姿に、東北老人の「歴史的怨念」を感じてきた。

**その二**　昭和二六(一九五一)年。山形ではまだ「子どもの身売り」や「娘の身売り」が続いていた。県社協が「子どもの人身売買防止運動を県民運動として呼びかけたのは昭和二七年だった(『山形の社会福祉四〇年』県社協)。東北の歴史を繙いていくと「娘売りの歴史」は長い間続いてきた。貧しさのため、子どもや娘を売り、ときに間引きをしてそれでも多くの男たちを国に捧げて(兵隊に送りだす）黙々と耐えて生きぬいてきた東北の老人たちの苦しい思いに馳せると、その底に秘そむ、歴史的怨念のようなものをぬきには考えられないのである。

**その三**　昭和三八年（一九六三）、山形では県内の出稼者の数が第一回目のピークを迎え、その数は四万人から六万人をこすといわれた。みんな「戦後復興」と「都市開発」のための出稼労働であった。「労働力」のあるものがみんな中央都市に吸込まれ、出稼地帯には、非労働力といわれた老人や障害者や子どもだけとなった。そこでは、災害はおろか、疾病や事故がおきたとき、人々の生命を守ることさえ困難な事態に追込まれた地域も少なくなかった（とくに、東北の冬はきびしかった）。一方、出稼現場では、事故が続出した。出稼ぎ先で病気をしても、死亡事故が起きても、十分な保障のないまま返されてくるケースも目だった。

こうした中で、山形の民生委員協議会は、「福祉モニター」で県内出稼者中、七六名の行方不明者（三ヵ月以上も音信のない者）がいることが判明。県社協とともに、早速、関係機関に行方不明者の公開捜査を迫った。当時、関係機関は「社会福祉関係者がなぜそんなにさわぐ、米に次ぐ外貨収入を得る出稼ぎをなぜ妨害する。社会福祉は困っている人がおれば黙って『保護』し援助してやるのが仕事ではないか」というのが言い分だった。

**その四**　昭和四八年、養護施設に送りこまれてくる子どもの中には出稼ぎ家族の子どもたちが多くなった（当時は東北の養護施設の入所児童の多くが出稼ぎ家族の子だった）。そこで県社協は「子どもの人権を守る集会」を実施した。子どもの人権を侵かすものを告発する」として追及したこの集会で多くのお年寄りや母親たちがこう言った。「私たちは、好んで子どもを施設にやっているのではない」、「好きで子どもや孫たちを手離しているのではない」。

「俺たちの心情も考えて！」

この一言は、ずっしりとして重かった。

東北における老人の歴史的怨念、私はこれからもこの課題を追い続けてゆきたい。

# Ⅷ 資料

## 伊藤博義教授発言集・研究業績一覧・略歴

## 一　伊藤博義教授 発言集［社会保障関係］

1　子どもたちと児童憲章（一九六一年）
2　幼な子の死は訴える――玉山村幼児餓死事件（一九六八年）
3　施設利用者の権利と福祉労働者の権利（一九七五年）
4　福祉労働から福祉労働研究へ――人間としての尊厳を求めて（一九九五年）
5　高齢化社会と川柳（一九九八年）
6　ことば抄（二〇〇〇年）
7　私たちはどんな社会をめざすのか（二〇〇〇年）
8　感動のある人生を（二〇〇一年）
9　人権が守られる社会福祉施設に（二〇〇一年）
10　母親たちへの「卒園証書」（二〇〇二年）
11　障害児・者の相談事業（二〇〇二年）
12　「なのはな共同保育園」から「仙台市なのはなホーム」へ（二〇〇二年）
13　なのはな会の課題について（二〇〇二年）
14　理事長としての講話（要旨）（二〇〇三年）
15　平和なくして福祉なし（二〇〇四年）
16　社会保障運動の目標（一九九七年）
17　社会保障運動の推進をめざして（二〇〇一年）
18　福祉先進国に学んで（二〇〇〇年）
19　労働運動と社会保障運動（二〇〇二年）
20　変容する高齢者福祉――介護保険一年の軌跡（二〇〇二年）
21　これでいいのか「日本の社会福祉」（二〇〇三年）
22　なぜ、日本の福祉労働者は劣悪な条件で働かされるのか（二〇〇三年）
23　地方自治の可能性（二〇〇四年）

こどもたちと児童憲章 ②

# 法律あって経費なし

## 補導は施設を出てからも

【第二条】すべての児童は家庭で、正しい愛情と知識と技術をもって育てられ、家庭に恵まれない児童にはこれにかわる環境が与えられる。

養護施設 青雲荘（盛岡市春木場）の児童指導員伊藤博義さん（三〇）は、疲れきって四日ぶりに東京から帰り、こうつぶやいた――。「こんなときもっと経費があったら、子どもたちをよく導いてやれるのだが」と。この春、青雲荘から六人の中学卒業生が各地に就職した。しかし、東京に就職したA君とB君はケガをしたり、話とは違う職場をみてイヤになり、悪の道に転落する寸前だった。伊藤さんはさっそくかけつけ、四日間子どもと歩き回って職を捜して帰ってきたところだった。

### 愛情と知識ある環境

A君もB君も、片親の境遇に育って、家庭の愛情を味わっていない。A君は東京の電気分解工場に、B君はパン工場に就職した。このまま順調に進めば問題はないのだが、B君は間もなく機械に中指をかまれて切断し、A君は安全設備のない工場に不安を覚え逃げ出し、東京駅をうろついているところを警察に保護された。伊藤さんは知らせで会議の出張費にとってある金と自分の金を集めて東京にかけつけ、A君と知人の家に世話になって、職をみつけに歩いた。

ここで伊藤さんは考えるのだ。養護施設は恵まれない家庭に代わるべきものだが、青雲荘は予算が年間約三百万円、ひとり月二千九百円程度、とても満足なものとはいえない。予算の問題もだが、伊藤さんは施設の子どもらが中学を出、ほとんど就職して社会に出て行く。それがA、B両少年のような道を踏んではと、真剣に考えるのだった。つまり事後補導の問題だ。養護要項にも出所後の事後補導の必要をあげている。施設で育つと、人間形成の上でもいろいろ問題がある場合もある。就職してからも、少なくとも施設から社会へ移った初期は、相談相手が必要だ。子どもらにとっては、社会に出てからも、施設の先生が心のささえになっているのだが、暖かい補導をしてやるだけの経費が一銭もないのが現実なのだ。

昨年施設を出て働いている子どもらと施設経営者が集まって、都市に事後補導と、レクリエーションなどのやれるセンターを建てようという話も持ち上がったが、いつしか消えてしまった。お役人はA、B両少年の場合のようなときは、現地の児童相談所に通知すればよいと答えるが、実際は全然といってもよいほどダメなことだという。「日本の法律はみな裏付けのない法律ばかりだ」と、法科出の伊藤さんは嘆く。恵まれない子どもらの ひとり立ちできるまで、暖かい思いやりを与えてやることが本当の福祉事業といってもいいだろう。

×　×　×

施設の子らにもっと光を

河北新報（1961・5・5）

## 2　幼な子の死は訴える
### ――玉山村幼児餓死事件

**はじめに**

昨年（一九六七年）十一月末、両親に置き去りにされた幼ない兄妹が、寒さと飢えとで死んだ岩手郡玉山村好摩沢開拓地の事件は、全国に報道され、その余りにもむごい死が多くの人たちに強い衝撃を与えたのだった。

いまも私たちは、その最後の姿を涙なしに思いうかべることはできない。

この事件について、マスコミは終始、父親米田広道の病的な異常性格による犯罪と報じた。事実、錠をかけた家の中に子供を閉じこめたまま出かせぎにいくなどということは、普通人では考えられない異常な所業であり、きわめて反人道的な犯罪行為である。

しかし、私たちはこの悲惨な事件を単に米田個人の異常さのみで片付けてしまうことができるであろうか。

最近特に、いわゆる「人間蒸発」といわれる置き去りや、幼児の虐待事件が相次いで各地に発生していることからも、もつとつっこんで、事件の真相とその社会的背景をしらべ、私たちの生活との共通問題を明らかにする必要があるのではなかろうか。

私たちはそのような考えから、短時日ではあったが、現地調査にもとづく討議をへて、このパンフをまとめ上げた。

こんなにもむざんに、「健康で文化的な生活」（憲法二十五条）がふみにじられた事件の真相を明らかにすることは、「憲法じゅうりんを告発する国民運動」をおしすすめようとしている憲法会議としての責任ではないかと考えたからである。

**一　玉山村幼児餓死事件のあらまし**

事件は、盛岡市の北約二〇キロ、詩人石川啄木を生んだ、同じ岩手郡玉山村のなかの好摩沢開拓地で発生した。〝霧深き好摩の原の停車場の　朝の虫こそすずろなりけり〟、啄木の歌にある東北本線好摩駅から北東へ約四キロ、北上山地の山ヒダの中の高冷地、そこに好摩沢開拓地がある。

玉山はまた、昭和四十年、「欠食児童をなくそう」とスズラン給食運動がおこり、それがきっかけとなって佐藤首相が「辺地校の給食に国庫補助を」と指示したところでもある。

**ふとん綿が口もとに**

十一月二十七日午後八時半頃、一週間ほど前から電灯もつかず、米田広道の姿も見えないとの知らせを受け、広道の母親ミヨさん（五〇）がかけつけたことから事件は発覚した。そのときの様子をミヨさんは次のように語つている。

「戸を、ガタガタさせで、広道、おりゃ来たよ、広幸、ひろみ、おばあちゃん来たよ、カギをはずせエと、呼んだども返事がながったス。ドライバーで、こズあけて中さ、へえったば、この寒ぶい座敷の中にまるっ裸になって、広幸が死んでいだス。そんときの思いといったら目がまっくらになって、いやあどうすべえ、夢でながんべがと思ったども、やっぱス広幸がうずくまって死んでいたス。

座敷は、ウンコとオシッコだらけス。押し入れからボロきり出スて食べものさがしだが、寒む日にボロ着ようとしだのが……。

次の部屋でひろみがカラッポの哺乳ビンをぎっちり握って、ゴムの乳クビを、ちっちゃこい歯でかじって、なんぼかはらへって死んだかス……」（「女性自身」十二月十一日号）。

広幸ちゃん（三歳）とひろみちゃん（一歳八ヵ月）の幼い兄妹は、氷点下五〜六度という寒さのなかで死んでいた。死体のそばには皮のまま煮たジャガイモが五〜六個、いずれもかじったあとがあった。すでに死後三〜四日を経た広幸ちゃんは、両手をひたいにあて、裸のお尻をつき出すように板の間にうずくまっており、骨と皮だけにやせ細ったひとみちゃんのほほは涙のあとが残り、ふとん綿を食べようとしたのか、口もとに綿が付着し、ほ乳ビンの口ゴムだけをくわえて死んでいた。

外に飛び出そうともがいたツメのあとが残り、障子は下の方が全部かきむしられていた。飢えと寒さと恐怖の責苦の中で、二人は文字通りもだえ死んだのであろう。

**米田の供述**

米田広道は事件発覚して五十一時間ぶりに十二月二十九日午後十一時、東京の出かせぎ先から戻って近くの空家にひそんでいたところを逮捕された。

事件の経過について、米田は盛岡署で次のように自供したという。

「私が妻に家出されたのは十月中旬だった。それからは子供のめんどうを自分がみなければならなくなり、洗たく、炊事と忙しかった。子供のめんどうばかりみていると働くこともできず、食えなくなるので、子供にはジャガイモやカボチャを煮て部屋の中におき、出られないように、内カギやつっかい棒をして自分は毎日外出した。

カギをかけたのは借金とりが毎日くるので不在と思わせるためだった。夜になって帰ると子供らは寝ていることが多かった。米は十一月上旬から食べさせていない。

子供は用便などで下着がよごれるので洗たくするのがいやになり、裸同然にした。子供は寒いので二人でふとんの中にはいって寝ていることが多かった。

十一月十九日、知人から東京に仕事があるから行かないかといわれた。行くことにきめたものの旅費がなく、近くの親類の家からモミ六俵を盗み出し、好摩の某精米所に一万四千円で売った。そして十一月二十日午前八時ごろ家を出て東京に向かった。

東京に出るときは、二人の子供は起きていたが、朝食も与えず、いつものようにカギをかけて家を出た。子供は食べ物もなく寒くなると死ぬだろうと思ったが、だれかが泣き声を聞いてなんとかしてくれると思った。

二十二日から二十七日まで東京の地下ケーブル工事現場で働いていたが、二十八日朝になって寒くもなり、子供のことが気がかりで帰ることにした」(一二・一「岩手日報」)。

**一問一答**

また米田は記者団の質問に次のように答えた。

―死んだ子供にたいしてどう思っているか

答　本当にかわいそうなことをしたと思っている。

―なぜ家にカギをかけて出たのか

答　よその人がちょくちょく来るのでカギをかけた。

―子供が死ぬと思わなかったか

答　私の母かだれか見てくれると考えていたので死ぬとは思わなかった。働いて帰ろうと思っていた。

―なぜ戻ってきたのか

答　家に子供を置いていたので心配で戻ってきた。

―現在の心境は

答　世間を騒がせて申しわけない。子供にも申しわけないと思っている。

## 二　好摩沢開拓地

**事件の舞台**

好摩沢開拓地は昭和二十三年、村内の次・三男が十七戸入植し、さらに昭和二十九年、二戸入植、現在十九戸からなる部落である。

岩手山と姫神山の雄姿を望む、なだらかな丘りょうにはさまれた帯状の平地に部落の農家が点在している。かなり大きな家のかまえで、レンガ色や緑の屋根、家ごとにある大きなサイロが陽にはえて、周囲の草地とあざやかな色調をなしている。

入植当初は昼でも薄暗い、うっそうとした原野だったというが、いまは開拓農民の営々たる辛苦によって、多くの開拓地にみられる〝貧しさ〟〝暗さ〟というイメージとは違った印象を受ける。

**入植二十年**

耕地は一戸当り、約三・三ヘクタール（三町三反）そのほか附帯地一・二ヘクタールある。開拓当初各戸に割当られたこの土地は、七年目に完工検査を受け、個人登記がなされた。

入植後二十年間、苦闘の歳月をへて、いま部落には水田十一ヘクタール、草地五〇ヘクタール、乳牛も一〇〇頭になっている。

年間の一戸平均の農業収入も四十万円をこえ、少ないながらも既存農家に劣らぬ実績をしめしている。

農作業の面では耕耘機十六台、トラクター（二十〜三十馬力）三台、ミルカーは酪農をとりいれている十六戸のうち十四戸に普及している。

出かせぎは米田家を除けばほとんどなく、通勤労働に従事している者が三人ある。

**ひろがる階層分化**

しかしこのように全体としてかなりの経済力をたくわえてきている反面、農家間の経済的格差が拡大している。

部落中、最も富裕とみられる農家には乳牛二十頭を所有するものや、水田二ヘクタールを所有するものもある。

一方それと対照的に、数年前山中で大雪にあい、凍傷になって手の指を全部失い耕地一ヘクタールを生家に貸しつけて生活保護を受けているものや、また中国（旧「満州」）から引揚げてきた他県人で、やはり農業で生活をたてていくことが出来ず、耕地を他の農家に貸して豆腐屋に転じ、毎日好摩の町まで豆腐を売りにいっているものもある。

これらはすでに農業を継続していく意欲を失なっているらしく、近代化資金の共同借入にも加わらなかった。

**米田家の場合**

米田家の場合は、三年前より両親は好摩駅前の長屋を借りて別居し、人夫や魚の行商をしており、息子の広道は出かせぎが多く、耕地も他に貸しつけている状況であった。

同じ条件で入植したはずの開拓農家の間でこのような開きが生じたのは何故であろうか。いうまでもなくこれは農政の貧困の結果であるが、直接的な原因としては、まず実家からの援助のちがいが考えられる。

ほとんどすべての農家が附近の水田地帯の富裕な農家の次・三男で、入植当時は二十歳をこえたばかりの若者たちで、実家では生活物資、生産資料、労働力など物心両面にわたるさまざまな援助を与えたであろう。

これに反し、農業から脱落していった農家は、事故によって生活保護家庭になったものをのぞけば、他県から入植したものと米田家の二軒であり、実家からの援助が大きく期待できない点では共通している。

また他の農家の多くは独身青年の単身入植であり、かつ実家で農業に従事し、きびしい農作業の労働にたえる体力と精神力をもち、さらに結婚による自家労働力の増加もあって開拓の悪条件を克服していった。

これに対して米田家では両親と三人の子供たちで入植し、労働力の数においては有利な生産条件があったものの、父親の安さん（五五）は入植前、郵便配達員で、いわば根っからの月給とり暮らしをしていて、農業技術や、農家の労苦についての経験には全く乏しかったようである。

入植当時は部落一立派な家を建て、ラジオも他に先んじて購入したほどの米田家であったが、「ひえと味噌だけ」という耐乏生活と、きびしい肉体労働を必要とする開拓農業の中で、次第に出発点における優位が逆転し、ついには事実上の在村離農にまで転落していったのである。

## 三　米田広道の人間像

### 異常性格とは

マスコミは、米田広道が異常な病的性格の持主であるときめつけているが、それとても医学的、心理学的な診断にもとづく判定ではなく、事件が常識では考えられない残酷な犯罪であること、米田には少年時代から非行歴があることなどから推定されているにすぎない。

しかし異常性を判断する場合には、通常の状況下における普通人の判断のみを基準とするだけでなく、行為者のおかれていた具体的状況に立って考えねばならないのではなかろうか。同じ条件のもとでは、多くの人が共通した行動をとりがちなことは、私たちが日常しばしば体験するところだからである。

しかもたとえ異常性格であったとしても、その性格は単に先天的な素質だけではなく、その上に外界の影響を受け、体験を積みかさねることによって形成されてきたものである。

「人類の精神的形質（才能、性格など）は、環境（社会）との関連で決定されるので、個体によるちがいが大きく、単純に遺伝法則では律されない」（社会科学辞典「遺伝」）。

従ってこの事件の場合にも、私たちは犯行行為だけをきりはなして、そこから人格を推しはかるのではなく、米田の全人格におよぼした社会的影響についても考えてみなければならないであろう。

### 生い立ち

米田広道（三二）昭和十年九月、好摩沢から約二キロ離れた同村の大台部落に生る。

三人の兄妹の長男、郵便配達員をやめた父親に従って一家が開拓地に入植したとき、彼は小学校六年であった。学校はよく休んだ。

学校ではめだたない存在だったが、人ざわりがよく、口達者で結構友だちの人気を集めていたという。

中学時代から家財道具を売り払って小づかいにあてたりした。中学卒業後しばらく父親の仕事を手伝っていたが、やがて職場を転々とかえるようになった。どこも長続きせず、二〜三ヵ月で職をかえたという。

昭和二十九年には盗みで二度もつかまり、東北少年院に収容された。

だがこのような非行歴がありながら彼と接した人たちの間では、「人ざわりがよく、とてもつき合いよかった」というのが定評である。

つまり彼は、性格が弱く、他人との摩さつをさけてとおろうとし、目の前の困難さえさけられるなら、いくらでも無責任な対人関係を結ぶといった、いわゆる逃避型の性格ではなかったろうか。

**結婚生活の破たん**

昭和三十四年、結婚をしたが一年とわずかで離婚、二度目は昭和三十七年岩手郡雫石町の飯場で知り合った梅代さん（二三）と再婚した。新婚一ヵ月目に二人は東京へ出かせぎに行き、飯場ぐらしをしながら休みの日にはよく連れだって新宿などの繁華街を歩いたものだったという。

昭和三十九年、広道が両親の乳牛を無断で売り飛ばしてしまったことから、両親は広道に責任をもって仕事をやる気をもたせるために別居した。広道も一年目は畑に雑草もはやさず、牛に仔をうませてだんだんふやしていくといっていた。しかし一年後にはまた県内各地、東京、名古屋方面などへ転々と出かせぎに出るようになった。昭和四十一年九月、出かせぎ先の砂利採集機を他人に売り飛ばして、盛岡地裁で懲役一年、執行猶予三年の判決を言渡された。

いままで何回かあいそをつかして実家にもどっていた梅代さんも、十月中旬にはとうとう別れる決心をして実家に戻った。

事件後、広道のような男に二児をあずけっ放したこの母親に対して、はげしい非難があびせられたが、極貧の実家から「子供は連れてこないように」ときつくいわれ、また自分自身働きにでるためにもそうせざるを得なかったこの母親を責めることができるであろうか。

　こうして妻の家出以来一ヵ月、広道は男手一つに二人の幼児の世話をゆだねられ、その結果、今度の事件をひきおこすことになったのである。

**人格形成におよぼした要因**

　以上のような彼の生育歴を生活体験からみて、彼の異常さを生れつきのものと断定する前に、その人格形成に与えたさまざまな社会的影響について、およそ次のように要約されるであろう。

**(1)　幼・少年期の家庭環境**

　幼・少年期の彼をとりまく環境は、どんな困難をものりこえていくだけの精神力をやしなうには必ずしも適切ではなく、むしろ困難を小手先の細工でごまかしていくといった逃避型の性格を形づくっていった。

　それは両親が多くの仕事を転々としながらも結局、苦しい下積みの生活からはい上がることができなかった家庭環境の下でつちかわれたものであるが、そのこと自体、両親の無気力や怠惰によるものではなく、どんなにあがいてもはい上がることのできない階級や階層をつくり出している社会的強制の下で、結局無気力にされ、怠惰になっていくのである。

**(2)　開拓農業からの転落と出かせぎ**

　開拓農業は超人間的な耐乏生活と肉体労働を要求する。そして現在の農政の下では、階層分化がすすみ下層におしつぶされた農家は排除されていく。

　北海道では、五万戸を数えた開拓農家がすでに二万戸を割ったといわれ、県内でも後述のように四千戸が離農し、しかもかさなる借金と後継者難とで離農者は増加の一途をたどっている。

　しかも出かせぎによって、都会生活と農村生活との余りにも格差のある現実にふれて、営農意欲を失なっていき、出かせぎ先で行方不明になる、いわゆる「人間蒸発」も激増している。

米田の場合もこの例にもれず、少年時代からきびしい開拓農業を嫌い、手っとり早く金になる出かせぎぐらしを送り、その中で酒・女といった都会のたいはい的な文化とせつな的な享楽とにむしばまれていったのであろう。

### (3)　家庭崩壊と社会からの疎外

盗難、詐欺など度かさなる彼の反社会的な行為によって、直接には実害を受けなかった開拓地の人たちも、何となくおそろしく感じて彼との接触を避けていた。単に同一部落に居住しているというだけのことで、交流は全くなくなっていた。

しかも社会が彼を見捨てただけでなく、家族からも見放され、両親は別居、妻は二人目まで去っていった。自ら招いた結果とはいえ、まわりの人間関係から全く隔絶した孤独な生活、そして一ヵ月間、乳のみ子など二人の幼児の世話に疲れはて、正常な思考力を失い次第に破滅的な心境にまで追いこまれていったことが容易に考えられる。

## 四　県内開拓地の状況

### 開拓行政とは無縁か

昨年十二月県議会で、この事件についての行政責任をただされたのに対し、千田知事は、「玉山村の事件は人間性からはみ出した米田広道個人が起した事件であり、開拓行政とは全く別ものもと考えている。たまたま開拓地で起ったことが誤解をまねいており、憤りを感じている。個人の生活の破綻から起きた事件が、同じ開拓者や県の行政にまで影響を及ぼしており残念だ」（一二・六朝日新聞）と答弁している。

だが、同じ玉山村の藪川開拓地の農民が昭和四十年秋冷害で収穫の少ないのを苦にして、新築間もない県庁十二階の屋上から飛び降り自殺をしたことなどからみても、果してこの種の事件が開拓行政とは無縁だといいきることができるだろうか。

そこで、この際、県内開拓地の現況を明らかにしてみる必要がある。

**多くなってきた離農**

戦後、焼土になった都市の失業者、海外からの引き揚げ者、帰還軍人などが生活の基盤と食を求めていた。国は彼らを食料増産と祖国復興の名のもとに、山深い不毛の原野におくりこみ開拓に従事された。

岩手県のばあい、昭和二十二年には五、四六〇戸が入植し、次第に増加し、二十六、七年には一万二千戸のピークに達し、その後は減少に転じ、現在県開拓連に登録されている開拓農家数は八千二十一戸である。

しかしこれは台帳上の戸数で、制度離農以外の自然離農者を勘定にいれると八千戸を割っているのではないかといわれる。そのほかに出かせぎなどでほとんど営農をしない在村離農が激増しているのであるから、離農の規模はかなり大きいものであるといえよう。

このように離農者が増加していることは、一般的には開拓営農が経済的に困難を来していることをしめすものであり、開拓農家は累積する借金に苦しみ、食えない生活の支えに出かせぎに走り、跡つぎは都市に就職するなど、離農の勢いはより一層強まりそうである。

だが開拓農家が戦後二十年余り営々辛苦してきた結果は、開かれた耕地二万六千ヘクタール（一戸当り三・〇ヘクタール）、大家畜の飼養頭数二万頭、農業粗収入四十億円に達するまでになった。開拓地の生産は年を追って高まり、反当収量も各作物とも大幅に増加し、水稲をみても二十二年に一三八キロであったものが、四十年には三七二キロと約三倍の伸びがみられる。二十二年の農家一戸当り耕地面積は二・七ヘクタールであったものが、四十年には三・〇ヘクタールとわずか増加したにすぎないが、そこでの生産高は、生産資材の高度化、土地基盤整備の進行、技術の発達にもとづいて格段のちがいがみられる。

**苦しい営農**

それにもかかわらず、開拓農家の営農が全般的にみて順調に進んでいるとはいえない。たとえば開拓農家一戸当りの農業粗収入は四十年度において四十二万一千円であった。これは既存農家の岩手県平均六十二万二千円とくらべると三分の二にすぎない。

しかも借入金は既存農家は一戸平均が二十八万七千円であるのに、開拓農家は三十九万二千円、そのうち五万一千円が延滞金である。つまり開拓農家は所得が少ないのに借金が多く、しかもそのうち払えないでのばしているものが多く、その金額は岩手県全体では借金が三十四億円、延滞金は四億円にのぼる。

**低い所得、多い借金**

開拓地では総生産も反当の収穫高も全般的に伸びているが、それにもかかわらず既存農家にくらべれば所得はなおはるかに低く、逆に借金は四割も多い。

だから開拓農家は戦後、土地もやせ立地条件の悪い山間僻地に入り、骨身をけずって悪戦苦闘し農業生産を格段と高めてきたのにもかかわらず、なおいぜんとして、経営は困難であり、生活に苦しんでいるといえよう。

岩手大学の学生による農業問題研究部が四十一年に調査した沢目開拓農家のうち四戸の経営状況をみると、主な農業所得は酪農と稲作からえているのであるが、八時間当りの農業純収益は、それぞれ二七三円、二五六円、一三一円、一六六円にすぎず、出かせぎなどの農外収入を年間十万～二十二万円得ることによってかろうじて生活を維持している。だから生活費もまことに少額で、多い農家で二十七万円、少い農家は二十二万三千円にすぎない。

**経営内容のよい農家もある**

だが全体の農家の経済内容が一律に悪いのではない。農業粗収入が七〇万円以上の農家は、岩手県内に三十八年に三五〇戸であったが、四十年には一、一九四戸と約三倍にふえており、また耕地三ヘクタール以上を経営する農家が三十八年に二、〇九九戸であったのに、四十年には四、七七八戸と倍増していることからみても、開拓農家のなかに経営規模を拡大し、資本蓄積を強め、生産を高めている農家が存在していることが分かる。

**一般の農家は苦しい**

このように上昇過程にある農家もあるが、やはり多くの農家はそれぞれ生産を増大しながらも、農業の再生産を維持し、一般的な消費水準を確保するだけの収入は得られない。それは四十年度において、農業所得が一〇万円以下の農家が二六%、一〇～二〇万円の農家三三%、つまり二〇万円以下の農家が全開拓農家の六割もしめていることからも明らかである。

**出産が悩みの種**

したがって生活程度も劣悪な状態にあるものが多く、住宅でタタミのない農家が三割、風呂のない農家が二割、飲料水に流水を利用している農家が二割もある。

しかも労働時間は長く、十時間以上労働をする主婦が二割近く、八時間～十時間労働する主婦が三割存在する。

文化や医療の条件も悪い、たとえば児童、生徒の学校までの通学距離が五キロ以上のものが一六%、三～五キロのものが四七%もあり、また医療機関までの距離も八キロ以上のものが三三%もある。開拓地では出産も悩みの種であって、医師が分娩介助者となったものはわずか五%にすぎず、助産婦の介助をうけなかったものが二六%もあり、このうちには本人だけで分娩したものが四%含まれている。

**切捨てをおこなう行政**

このように開拓農家は、一部富裕な農家を生み出しながらも、その他の多くの農家は低所得と劣悪な生活条件のなかで苦しんでいる。県が二十八年より四十二年まで実施してきた「開拓営農振興計画」は中間層に対し融資、補助その他技術指導をおこなうことによって、経済力を高めながら、それより下の階層に対しては、営農振興を期し難い農家であるとして、援助をおこなわない。

この下の階層として農外所得二分の一以上のもの、離農、負債対策のみを希望するものが含まれるが、そのうち離農、負債整理を希望するもののみで二、二四五戸にものぼっている。

### 発生する社会問題

このようにして開拓地における階層分化は急速に進んでいるのであるが、そのなかで多くの零細な農家の切捨てを策し、着々と実施している行政について問題がないわけではない。果していま近傍既存農家の所得水準に到達せず、あるいは振興対策をうけても目標所得に到達不可能であるとされている農家にしても、これまでの開拓行政や物価政策のなかで充分な保護、援助がなされるならば、経営と生活の安定が確保できなかったであろうか。むしろ営農のための条件を開拓者のために整備することを任務とする行政が、自らのこれまでの努力の不充分さに眼をつぶり、営農がうまくゆかないのは開拓農家の責任であるとして、露骨に切捨て政策をおしすすめてくる。このなかで生ずる経営難と生活難を背景として、諸々の社会問題が発生してくる。

今度の事件の背後にも、こういった開拓農業の実情が伏在していることをみのがしてはならないだろう。

## 五　社会福祉行政の問題点

### 避けられた幼児の死

一瞬の間に発生した殺人事件ではなく、死に至るまで長い時日を要した今度の事件は、決して避けられない事件ではなかった。

二人の幼な子を餓死せしめたものは、「鬼畜の父親」（一一・二九「産経新聞」）の所業のみではなかったのである。

米田家は、想像していたような人家のない山奥にポツンと点在するといった開拓農家ではなく、近くに隣家があり、家のすぐ前には立派な道路が通っていて毎日人が行き来している。

たとえ家にカギをかけ、カーテンをひいていたとしても、外からのぞきこめないような堅固な建物ではなく、荒れはてた家屋は外から丸見えのすき間だらけである。

現に付近の人たちは、米田の家にカギがかかっており、米田の姿がしばらくみえなくなったのに幼児の泣き声は聞いているのである。「米田さん方は、十日ほど前から電気もつかず、毎晩真暗だった。三日前の夜、子供たちの泣き叫ぶ声が聞えた」（一一・二九「毎日新聞」）。

したがって問題は、誰も知らなかったのではなく、あえて知ろうとはされなかったほど、米田家が地域から疎外されていたということである。

もし地域の人たちが事件発生直前にでも、その状態を発見していたならば、幼児の餓死という悲惨な結果には終わらなかったのかも知れない。しかし現実には、そのような状態は地域には存在しなかった。

**避けられぬ行政責任**

自らきびしい自然条件とたたかい、困難な営農にあけくれる開拓農民が、農業にもはげもうとしない怠け者で、しかも「前科者」ということで、かかわりをもつことを好まなかったとしても、あながちそれを非難できない。

だが、いくら父親が地域社会からしめ出されていたとしても、そんな父親をもった子供たちは自らの宿命として同じ境遇のもとにおかれねばならないものなのだろうか。憲法は、「すべて国民は、個人として尊重される」（第十三条）として、たとえ父親がどんなに社会的非難や制裁を加えられたとしても、その子についてまで父親と同一視することは許されない旨を明記している。

地域の人たちが自力で処理できなかったとしても、

もう少し早い時期に、問題を発見し、必要な措置を講ずることができなかったのであろうか。もしそれがなされていたなら事件は避けられたはずであり、そのような機能を果たすことこそ、まさに行政に課せられた責任に他ならないのである。

父親が年中出かせぎに出ていて、農業を放棄している極貧家庭であり、長い間家庭不和が続き、十月中旬には夫婦別れして妻が実家にもどってしまい、二人の幼児が取り残されている窮状を把握し、保護対策を講じることのできなかった行政、そこに大きな問題があったとはいえないだろうか。

「環境上養護を要する児童」（児童福祉法四十一条）として当然、養護施設に収容されるべきケースでありながら、そのための機関である村役場・福祉事務所・児童相談所などは、本人や親族はもとより地域の人たちからも利用されなかった。しかし自ら救済を求めて来なかったとしても、社会保障が制度として確立され（憲法二十五条）、「国及び地方公共団体は、児童の保護者とともに、児童を心身ともに健やかに育成する責任を負う」（児童福祉法二条）と、児童福祉の公的責任が明らかにされている制度下において、二人の幼児の生命を守り育てるための行政措置が為されなければならなかった。

そのことに一体、行政当局者は心の痛みをおぼえぬのであろうか。

### 民生委員への責任転嫁

「行政責任とは無関係」と答えた知事発言の態度は、事件直後報じられた福祉行政関係者の談話にも共通していた。

県児童婦人課「両親が養育できない子供は県下の児童相談所に収容する。これは各地の民生委員に申し出ればよい」（一一・二九「毎日新聞」）。

県社会課「この両親のように生活困窮者は民生委員が巡回して調べ生活保護法を適用し救済する」（「同右」）。

玉山村役場「今回のケースも三年前から息子夫婦と両親がいざこざをおこし、別居する騒ぎがあったのに地元の民生委員は知らなかったようだ」(「同右」)。

以上はいずれも行政当局として、自らの責任の自覚は全くみられず、すべて問題を民生委員の責に帰している。それでは福祉行政のなかで、このように位置づけられ、行政当局から過大な期待をかけられている民生委員とは一体どんな存在なのであろうか。

民生委員は、社会奉仕の精神をもつ名誉職とされ(民生委員法十条)、その性格は社会福祉の実施機関でも、補助機関でもなく、単に民間のボランテイア(篤志家)としての協力者に過ぎない。たとえ厚生大臣からの辞令交付という権威主義的な装いをとっていても、何等その本質がかわるものではない。

それにも拘わらず、責任を公務員ではない民生委員に転嫁し、自らはこの事件から何らの教訓をも学びとろうとはしない当局者の厚顔と、その鈍化した行政感覚に、私たちははげしい憤りをおぼえるのである。

## 民生委員制度の実情

開拓地調査の際、私たちが訪れた現地担当の民生委員は、ただただ自分の不明を恥じいるのみであった。

だがふと、「誰かが教えてくれていたなら……」という苦渋にみちたつぶやきのなかに、戦前の方面委員(民生委員の前身)時代から務めているという一徹そうな老人の精一杯の抗議にふれた思いがした。

玉山村内の中塚・上山・元好摩・好摩沢という広い地域にまたがり、それぞれ生活圏の異なる一〇三世帯の福祉問題の調査、発見、連絡、指導などの重要な仕事を、七十三歳になるという老人の無給の奉仕に依存することが一体できるであろうか。

これは明らかに個々の民生委員の力量をこえた、民生委員制度自体に内在する限界の問題である。現に民生委員になり手が少なくなってきているのも、この事情を物語っている。

民生委員に対する財政措置として、国は実費弁償費という名目で一人当り二、五〇〇円を地方交付金

◎　**福祉事務所における児童問題の受付経路別処理件数**

（昭和40年度「社会福祉年報」県厚生部）

| 総数 | 発見 | 児童（民生）委員から通告 | 児童相談所から送致（法26条1項3号） | 児童相談所から委嘱（法18条の2 2項） | 保健所から通知 | 警察関係から通告 |
|---|---|---|---|---|---|---|
| 9,149 | 47 | 112 | 19 | 113 | 2 | 26 |

| その他都道府県関係から通告 | 市町村から通告 | 学校から相談 | 家族親せきから相談 | 本人から相談 | その他から通告等 | |
|---|---|---|---|---|---|---|
| 89 | 1,444 | 266 | 6,470 | 377 | 184 | |

（註）　家族、親せきからの相談　全体の70.7%　児童委員（民生委員）からの通告　全体の1.2%。

に算入し、年間五〇〇円の手当を支給しているにすぎない。県は年間五〇万円そこその民生委員研修費を県下三、〇〇〇名の民生委員に支出しているだけであり、市町村段階では県支出金以外ほとんど支出していないところさえある。このことは行政当局者が実際には民生委員制度をそれほど重視していないことを如実に物語っているといえよう。

事実、児童問題で民生（児童）委員から福祉事務所に通告された相談件数は全体の一・二％にしかすぎない。

ともかくこの事件の場合、その困窮状態をもたらした直接の原因が何であれ、現実に保護を必要とする状況下におかれていた子供たちが、かつて一度も福祉行政の対象とはされなかったという、その〝異常さ〟こそ、米田個人の〝異常さ〟よりもっと私たちをリツ然とさせ、限りない不安をおぼえさせるのである。

このような福祉行政の根本的な欠陥が改められな

いかぎり、この種の事件は決してあとを絶たないであろう。

## 六　明るいくらしを築くために

### 相次ぐ幼児虐待

今度の事件が全国に大きく報じられ二日後、同じような幼児の監禁事件が福島県郡山市でおきた。さいわい疑いをもった近所の人が警察に通報して、餓死寸前だった五歳と四歳の兄妹が救い出された。先妻との子を邪魔にしてのことだったという。

今年に入って一月十一日には、秋田市で妻と別れた精神異常ぎみの父親が一年四ヵ月の幼児を放置して凍死させ、死体が十日あまりもそのままにされていた。

このような幼児の殺人や虐待事件は最近全国的にふえており、十二月中だけでも、十七日には熱海市で妻の家出後、会社員の父親がわが子二人を殺して自殺をはかり、同じ日大阪では壁一つでしきられた長屋で、赤ちゃんの泣き声で近所に迷惑をかけないようにと押入れに寝かせていて窒息死させた事件、二十二日には静岡で若い夫婦が「育てられないから」と生まれたばかりの赤ちゃんを砂浜に埋めた事件などが相次いで発生している。

また十二月十四日には、重度障害児の将来を思いあまって殺した父親が、大分地裁で「収容施設さえ完全に整備されていれば、こんな悲しい事件は起こらなかっただろう」として、懲役三年、執行猶予三年の判決言渡しがおこなわれた。

一方農村でも、一家の働き手を出かせぎで失ない、残された家族は子供の保育にまで手がまわりかねることから、水や交通事故などによる子供の事故死が激増している。

なかでも三月、父親が出かせぎに行っている留守宅で、誰も助け出す者がなかった二人の子供が焼け死んだ下閉伊郡川井村の事件や、今年に入って一月四日、父親が一家の生計を支える大事な財産である乳牛を救い出すのに懸命で、とり残された二人の子供が焼死した下閉伊郡田老町の事件は、貧しい県北の農家ならではの痛ましい事件であった。

このような苦しい生活の犠牲は、自分だけでは命を守ることのできない子供たちに、つねにしわよせられていくのである。

**命がおびやかされる生活**

だが命をおびやかされているのは、決して子供たちだけでのことではない。

昨年の交通事故による死者一三、六一七人（一日平均三七人）、一昨年の労働災害による死者六、三〇〇人（一日平均十七人）を数えている。

さらには高物価、重税、労働強化、首切り、企業倒産、産業災害、医療保険などの社会保障改悪……と、私たち国民のくらしと健康は日に日に破壊され、絶えず生命の危険におびやかされてきているのである。

**人間をゆがめる社会**

その上、このような人命を軽んずる社会状況に対する感覚を麻ひさせ、無感覚にさせてしまうような政策や社会的風潮もまた強められてきている。

アメリカ軍によるベトナムでの大量殺りくが毎日のように報じられ、街にはエロ・グロ・戦争ものがはんらんして、せつな的な享楽をあおり、残酷な嗜好をそそのかしている。

調査によれば、或る一日のテレビ・ラジオで殺しの場面五十五回、殺された者二十九人におよんだという。

また貨物の輸送並みにすしづめされる国電ラッシュや、三畳間で五人ぐらしといった住宅難に至るまで、日常ふだんに人命が無視され、人間としての尊厳がむざんにふみにじられており、そのことに何ら疑問をもたないように慣らされてきている。

こういった異常な社会状況にあって、性格の弱い人間ほどその人間性をすりへらされ、正常な判断力が狂わされていくのである。

家族を置き去りにする、いわゆる「人間蒸発」は、今度の事件のように直接、死の結果につながっていないとしても、昨年十二月末の警察庁調べでも九万人を越している。県内でわかったものだけでも、出かせぎ先での行方不明・音信不通・送金途絶者は一、四五四人となっており、これがやがて第二・第三の事件の温床にならないと誰が断言できようか。

**汚職、腐敗にまみれた政治**

このような異常な社会状況をもたらしている根源をさぐっていけば、それが必ず政治の問題に到達することはいうまでもない。

ところで昨年、「黒い霧」問題をひきおこした共和製糖事件のほとぼりがさめぬ間に、今度はタクシー汚職が摘発され、自民党議員の逮捕にまで発展し国民の怒りをかっている。

何よりもまず政治そのものの姿をただすことなしに、どうして世の中を明るくすることができるであろうか。

しかも政界浄化の世論におかされて提出した政治資金規正法改正案は、骨抜きにされた上で廃案とされ、むしろその気運に便乗して、「金のかからぬ選挙」という名目で、一党専制のファッショ政治をめざす小選挙区制の強行がたくらまれている。

**命を守る不屈のたたかい**

だが国民は、おしつけられるままに、権利をじゅうりんされ、非人間的な生活に甘んじているわけではない。

ベトナム人民の不屈のたたかいのように、生活と権利を守るたたかいもまた、ひるむことなく進められている。

身近な例では、盛岡市名須川町の住宅街に、県の許可を受けて持ちこまれようとしたプロパンガス充填基地反対の闘争は、町内会が中心となって広く労組・民主団体の応援を受け、あらゆる困難をはねのけて勝利した。多くの教訓を示めしているこのたたかいの中で特に、さまざまな立場の人たちがそのちがいをこえて、「命を守る」という一点で力を合わせ、ねばり強い市民運動をくりひろげていった。そのたたかい方に、私たちは学ばなければならない。

しかも、個々の法規や手続きの上でいくら「合法」とされていても、それが現に命をおびやかすものである以上、生存権じゅうりんの憲法違反であるという、高い権利意識にささえられていた。

この名須川町のたたかいのように、自覚的、組織的ではなくとも、国民一人一人が、さまざまな生活破壊とたたかい、「健康で文化的な生活」を求めて県命に生き抜いている。この個々バラバラではあるが、日々たゆみなく営まれている「命を守る」たたかいのなかに、巨大な国民的運動へと発展する無限のエネルギーがひそんでいるのである。

**悲劇をくりかえすな**

確かに今度の事件が、きわめて人道に反する行為であり、その直接の行為者である米田広道の道義的責任をまぬがれることはできない。その点では私たちは決して米田の行為を、やむを得なかったものとして肯定したり、弁護したりしようとするのではない。

だが同時に、すべてを米田個人の異常性格ということで問題を片付け、制度の改善や施策上で、この事件から何らの教訓をもひき出そうとはしない行政当局の態度を見逃すことはできない。

私たちはこの悲惨な事件の真相をさぐっていくうちに、米田をそこまで狂わせ、幼な子を死にまで追いやったものの社会的背景と、その責任に対する追及と告発をそらしてはならないと考えたのである。

二度とこんな事件がおこならないように、この事件の背後に横たわっている開拓農政や福祉行政などの制度的な問題に対して、行動をおしすすめていくことこそが、「苦しみ続けたあなたたちに何もしてやれなかったおとなたち」（一一・三〇「岩手日報への主婦の投書」）としてのつとめなのではあるまいか。

**憲法を武器に**

そのような農業政策や社会福祉施策を改善してい

くたたかい、さらにはそれらの根源である現在の政治のしくみをかえていく運動も、それは丁度、山あいの小さなせせらぎが合して大河となるように、まず私たちの身のまわりからはじめなければならない。

職場、地域、学園で、人権を無視し、人間性をふみにじる事実は、どんな小さな出来事でもみのがさずに、怒りをもって告発し、一つ一つたたかいとっていくことである。

そのたたかいを進める上で、憲法の平和的、民主的条項は、私たちにとって力強い武器となるであろう。

たとえばどんなに立派な権利でも、それが単に憲法に規定されているというだけでは、私たちの生活に何の役にもたたない。

現実の要求を実現するための武器として、それを用いることによってはじめて大きな力を発揮するのである。


米田広道がとめどなく転落していった破滅の道は、何よりも彼が未来に明るい展望をもち、苦しみや障害に対して多くの人たちと力を合わせて、立ち向かっていくことができなかったところにあった。いま私たちは、この事件の教訓をふまえて、明るいくらしを築くために、「命を守るたたかい」、「憲法じゆうりんを告発する国民運動」を、幸せを求めるすべての人たちと力を合わせておしすすめていかねばならない。

（宮城憲法会議、一九六八年）

＊　このパンフは、一九六八年岩手県憲法会議の会員有志による討議を経て、当時同会議の事務局長であった伊藤がまとめたものであるが、農業問題をめぐる部分については小野寺三夫氏（当時岩手大学教授）が記述された。

# 3 施設利用者の権利と福祉労働者の権利

## 一 はじめに

昨年、私は十数年ぶりに東北各地で児童福祉施設職員の人たちと話し合う機会があった。それは、労働基準局が社会福祉施設における労働条件の実態調査を重点的に行ない、数々の労働基準法違反の事実が「摘発」されたため、どうしたら労基法を完全順守できる施設にすることができるかについて、労働法研究者としての提言が求められたからである。

労働法学の立場からすれば、問題点の指摘は単純明快である。昭和二二年、まだ多くの国民が食べるものもなくておカユをすすっていた頃に制定された労働基準法は、今日ではそのかなりの部分が時代遅れとなっている。「合理化」「技術改新」の進行によって、労基法制定当時とは比べものにならないほどに労働密度が強化され、職場の労働環境は大きく変容しているからである。したがって、実態に即した労働法の改正こそが切実な課題となっているのに、いまどき、「完全順守をめざす」などということは全く奇異なことだと一蹴すればよいのである。しかし、かって福祉施設に勤務した経験をもち、その実情を若干なりとも知る者としては、問題がそう単純ではないことは分かる。例えば、現在の要員のままで職員の労働時間を短縮すれば施設利用者の処遇に欠ける結果となり、逆に利用者の要求をみたそうとすれば労働者としての職員の権利を無視しなければならない、というジレンマに立たされる経営者の悩みも痛いほど分かる。つまり、ここには労基法違反だといっただけではすまされない難しい問題が存在するのである。その上、私は四年ぐらいで施設生活を離れた「落伍者」であるから、現役で頑張っている人たちの前で偉そうなことはいえた義理ではない。できれば遠慮したいというのが正直な気持ちである。そんなためらいがあったにもかかわらず、結局は請われるままに出かけていったのは、やはり当面する事態の深刻さを考えないわけにはいかなかったからである。

社会福祉事業振興会の調査によれば、一九七三年四月の時点で、民間社会福祉施設職員の平均勤続年数は二・八年で、前年に比べて一年低下している。また、一年未満の退職者は全体の二六・九％を占めている。つまり、私が四年間でやめたことを負い目としてこだわってばかりもおれない現実があることを知ったからである。私はかねてから、その国の社会福祉や社会保障の水準をはかるバロメータは、それに従事する人たちの待遇がどうなっているかにあると考えてきた。どんなに法令が「整備」され、制度が網の目のようにはりめぐらされていたとしても、それをもって、水準が高いとか施策が充実しているなどということにはならない。要は、そこで働いている者がどのように扱われているかで判定する方がより確かだと考えるのである。もちろん、それだけでは充分な指標とはいえないにしても重要な指標となりうるであろう。換言すれば、社会福祉に働く人たちが篤志家とみられ、美談と扱われているようでは、それはまだ制度的には確立していないということである。したがって、福祉労働者が職場に定着せず、どんどん他産業に流出しているという状況は、そのまま社会福祉の危機的な状況を物語っている。

そんな思いに駆られていくつかの会合に出かけていったのだが、結局、何ほどの寄与をなしえたとの思いも抱けないまま引上げざるをえなかった。自分の話したことがそれほど見当はずれであったとは思わないのだが、話した内容を実践する主体としての立場の欠落が、ある種の虚しさを呼ぶのである。その思いは、このテーマを与えられて執筆するにあたっても依然として変わりはない。それならそれで割り切って、労働法学の立場から社会福祉施設の最低基準や措置費と労基法とのギャップ等について専門的な検討を行なえばいいわけだが、この分野での系統だった学習をしていないので、それも出来そうもない。したがって、多くの問題についての論及には他日を期しながら、今回は、きわめて感想的な意見と大雑把な提言にとどまらざるをえないことを予めお断りしておきたい。

## 二　施設の実態における両者の関係

結論的にいえば、施設利用者の権利と福祉労働者の権利とは、対立の関係ではなく、統一の関係にあるといえるであろう。より正確には、対立し合いながらも統一されるべき関係にあるということである。つまり、利用者の処遇を向上させるためには福祉労働者の労働条件の改善が不可欠であり、また利用者の権利保障の観点を抜きにした福祉労働者の権利の拡充はありえないと考える。このように両者の権利は本質的に不可分一体のものでありながら、現実に生ずる両者の利益相反は、あくまでも現行制度の不備、欠陥に由来してのことである。

例えば、職員の定数が足りないままで利用者の要求を充足させようとすれば、職員の労働過重とならざるをえないし、労働強化で心身ともに疲労しきった職員から、ゆきとどいた利用者処遇は期待できないであろう。また、絶対的に足りない施設財政を職員の犠牲的奉仕でカバーする利用者処遇の在り方では、必らず行きづまってしまう。福祉労働者における職業病の多発や退職者の激増は、その端的な表象に他ならない。

もともと、子どもの全面発達や人間形成にたずさわるという仕事は、誰れにでも出来るというような生易しいものではない。高度の科学的、専門的な知識や技術を有し、豊かな人間性の持ち主でなければ、到底なしえない仕事である。そのことは、児童福祉施設最低基準が、「最低基準は、児童福祉施設に入所している者が、明るくて衛生的な環境において、素養があり、且つ、適切な訓練を受けた職員の指導により、心身ともに健やかにして、社会に適応するよう育成されることを保障するものとする」（第二条）と規定しているとおりである。それは障害者や老人の施設の場合も同様である。しかし、施設の現場が低賃金・長時間・重労働の状態では、よほどの篤志家か、さもなければ劣悪な待遇に甘んずるような「無資格者」によるしか求人難を解決する道はないことになる。

厚生省の調査によれば、昭和四八年度までに保母資格を有する者は、三〇万九八五六人であるが現に保育所に勤務する保母一〇万二一三二人のうち無資格者は一万二三八人（一〇％）、その他の児童福祉施設に勤務する保母一万四一七三人のうち無資格者は、一二三六人（八・七％）である。つまり、保母資格を有する者が沢山おりながら、かなりの部分を無資格者（もちろん、実質的な意味で資格がないということではないが）に依存せざるをえない現状なのである。それは、有資格者の側で就職を敬遠するような事情があるか、それとも有資格者を受け入れないような施設側の事情があってのことである。前者については劣悪な労働条件が、後者については、有資格者を採用できるだけの財政的な裏づけの欠如や既婚婦人では勤務を継続できないような労働条件の問題が、その阻止要因として作用していることは否めないであろう。婦人労働において、その職業が専門職といえるかどうかの端的な判定基準が「結婚しても勤まるかどうか」にあるとしたら、多くの施設の実態として、その条件を欠いているといわざるをえない。

よく、施設の子どもの心身発達の遅滞、神経症的傾向、対人関係の障害等のホスピタリズム（施設病）とか乳児保育の弊害が取沙汰される。そして、家庭や母親による養育こそが子どもにとって最適の環境であって、家庭に問題がある場合にのみ、やむをえず施設に入れるのであり、本来、施設などは無い方が一番よいのだという施設必要悪論が唱えられる。私が養護施設の児童指導員をしていた頃、児童相談所から、ある子どもについて父親が現われたので直ぐその日のうちに退所させるようにと指示してきた。しかし、その子どもには離婚した母親の方がよく会いにきていたことでもあるし、もう少し様子を見たらどうかと意見を述べたところ、「あなたは子どもにとって施設が最悪の環境であることを考えないんですか」と激高した口調できめつけられた。

そこで私は負けずに、「それじゃ施設に子どもを措置する児童相談所は児童虐待斡旋所ということになるじゃないですか」と反論したことがあった。おそらく施設職員であるからには誰でもそれくらいの自負心をもって仕事をしている。単に崩壊した家庭よりはましだといった程度ではなく、むしろ集団生活の中で、家庭生活では得られないような長所があると思っている。事実、その実践例は無数にあるだろう。しかし、それも充分な職員の配置と設備・予算の裏づけがない場合には難しいことである。

人手不足から、職員が心身の余裕をもって子どもたちに接することができないようでは、普通の家庭より劣るのは当然である。職員が低賃金・過重労働、将来への不安等から、絶えず自分自身の生活の維持におびやかされているようでは、どうしても子どもたちに接する場で事務的・拒否的な態度をとりがちとなり、それが子どもの成長に悪影響を及ぼす結果となりかねない。まさに施設の子どものホスピタリズムは、職員のホスピタリズムの反映に他ならず、その共通の根源は制度の貧困にあるということである。

十数年前、私たちが岩手県で民間社会福祉事業に働く人たちを対象として労働組合（委員長は現仙台乳児院長　大坂誠氏）を結成した理由も、その根底には「保母の笑顔で明るい子ども」という思いがあってのことであった。私たちの運動に対しては、「ゼニカネのことをいうような者はこの仕事にはむかない」などの中傷もあった。しかし、実際に組合活動の中心メンバーとなったのは、いずれも仕事の上でも人間的にも周囲の信望の厚かった人たちばかりであったが、それは決して偶然のことではない。その人たちは人一倍、社会福祉の仕事に情熱をもち、心から子どもを愛し、利用者の処遇改善を切実にねがっていたからこそ、それ故に福祉労働者の権利保障の必要性を痛感していたのである。当時のメンバーは、その後、社会福祉→労働運動→労働法学へと逸れてしまった私を除いて、今も社会福祉の第一線で活躍しているが、それもまた、「利用者と福祉労働者の権利の統一」の生きた例証といえるかもしれない。

## 三　法制度における両者の関係

実態面からでなく、法制度上の視点から、施設利用者の権利と福祉労働者の権利の統一性をとらえようとすれば、それは生存権概念に帰着することとなるであろう。すなわち、両者の権利の憲法上の根拠は、施設利用者の場合には、国（地方自治体を含む）の社会福祉・社会保障義務（憲法二五条二項）に対する権利であり、福祉労働者の場合には、労働権・労働条件の基準の法定（憲法二七条）および団結権、団体交渉権、争議権（憲法二六条）であり、いずれもそのめざすところは「健康で文化的な生活」を営む権利＝生存権（憲法二五条一項）の保障である。つまり、利用者の社会福祉・社会保障に対する権利も、福祉労働者の労働基本権も、国民としての生存権保障の具体的な確保として、それぞれ位置づけられるのであり、その実現に直接の責任を負っているのは国である。この関係を図示すると次のようになる。

生存権の法的性質については、プログラム規定説とか具体的権利説等の対立があることは周知のとおりである。本稿では、これらの学説の比較検討を行なう余裕はないが、いずれも国が国民の生活保障を積極的に確保する責任を負っていると説く点での見解での対立はなく、ただプログラム規定説では、その責任が「政治責任」に過ぎないとするのに対して、具体的権利説では「法的責任」と解する点に相違がある。生存権または社会権は、国家権力の干渉排除を主眼とする自由権と異なり、国家権力の積極的関与を本質とする権利である。つまり、それは資本主義の勃興・繁栄期において経済活動の自由とか私的自治を確保するために出来るだけ国家権力の介入を制約しようとする立場での権利概念ではなく、資本主義の発展に伴って生じた諸矛盾の激化とそれに対する資本の自律性喪失に対応して、国家権力が経済過程や社会関係に全面的に介入することによって体制的危機の回避をはからなければならなくなった段階で成立してくる権利概念である。もとより、そのような譲歩を迫まり、権利保障をもたらす原動力となったのは労働者階級を中心とした人民のたたかいに他ならない。人間らしい生活を求め、そのためのたたかいがどんなに犯罪だとされ、首切りで弾圧されても決してひるむことのなかった「人類の多年にわたる自由獲得の努力の成果」（憲法九七条）としてかちとったものなのである。

以上のような視点から施設利用者と福祉労働者の権利をとらえた場合に、ともに生存権保障を理念とする社会保障法と労働法、具体的には施設最低基準と労働基準法との不整合は国の責任において許されざることである。例えば、夜間勤務の際の人員配置等の点で、労働法を無視した最低基準が設定され、それに見合う措置費しか支給されていない現状で施設現場における労基法違反の責任を問われなければならないのは、最低基準の制定権者である厚生省であり国である。この点を抜きにして、労働基準監督署が施設経営者の使用者責任だけ追及するのは、問題の本質を隠蔽し、制度の欠陥を糊塗することでしかない。もちろん、施設経営者は措置費の適正な執行に責任を負っており、それすら果していない場合は論外である。

要するに、労基法を完全実施できる施設経営とは、労基法に見合った最低基準と措置費の保障があって、はじめて可能となるということである。

さらに、施設関係者が金科玉条のように扱っている労基法そのものが、今日では実態とのギャップのなかで、多くの部分で改正が必至とされているものであることは前述のとおりである。例えば、労働者の健康維持や私生活享受のために労働時間の短縮が切実な課題となっており、ＩＬＯ一一六号勧告（一九六二年）では週四〇時間制を打ちだしているにもかかわらず、わが国では依然として一日八時間、週四八時間労働制（労基法三二条）のままとなっている。その上、労基法は八時間労働の原則についての数々の緩和規定を設けており、その一つとして、「公衆の不便を避けるために必要なものその他特殊の必要あるもの」についての労働時間の延長を認めている（労基法四〇条）。そして、この規定を受けて労基法施行規則二七条は、病院等の保健衛生事業（労基法八条一三号）について、一日九時間、一週間五四時間までの労働を許している。福祉労働者については、それを明示した規定はないのだが、労働省の通達によって、病院並みに扱うとの一三号指定が決められたため、九時間労働が許容され、それを超過した場合に時間外労働として扱われることとなっているのである。実際にも、労働省の調査（昭和四七年）によれば、民間社会福祉施設のうちで、八時間労働が行なわれているのは三五・六％しかない。

一三号指定については、福祉労働はその性質上、保健衛生というよりは教育の事業（一一号）に該当するものであり、したがって八時間労働の原則が適用されるべきだと考えられる。また、四〇条の解釈としても、時間延長の特例が認められるのは、「労働者の健康及び福祉を害しない」限りにおいてであるから（労基法四〇条二項）、職業病多発の施設勤務の実態からしても、その前提条件を欠いているといえるであろう。

さらに、立法論としては、労基法四〇条そのものが改廃されるべき不当な規定である。何故なら、「公衆の不便」があるからといって、だからそこで働く労働者の長時間労働が許されるというふうには論理必然的に結びつかないはずである。事業の公共性・特殊性があるなら、その必要をみたすに足る人員配置を行ない、交替制勤務等の措置を講ずればよいことであって、労働者の犠牲による公共性確保を是認するような労基法四〇条は保護法目的に反すると考えるからである。最近、労働省は通達（昭和四八年基発四四一号）を出して、社会福祉施設における八時間労働の実現のための行政指導を強めることとした。従来の立場からの前進を評価できるとしても、一三号指定をそのままにしての行政指導には限界があり、施設最低基準や措置費改訂に手をつけなければ真の解決にならないことは前述のとおりである。

福祉労働者の労働条件については、この他、休憩の与え方の特例や宿日直の許容条件等についても、その実態に照らして問題があり、また、年次有給休暇の未消化や婦人労働者としての権利についての実質的保障等、論議すべき問題が少なくないが、機会をあらためて検討することとしたい。

## 四　むすびにかえて

以上を要約すれば、問題の本質は、施設利用者の権利と福祉労働者の権利の対立ではなく、両者が共通して対向関係にあるのは現行制度であり、制度を貧困なままで放置している国の行政責任こそが権利確立のために追及されなければならないということである。

歴史的に、階級支配における為政者の統治原理は、つねに自らに向けられるべきホコ先を逸らすための分断政策であった。そして、人民相互の対立抗争を利用しながら、支配の座の安泰をはかってきたのである。われわれもまた、この術策におちいって相手を見誤ってはならないであろう。事態が複雑な様相を呈する局面では、一層そのことが大切である。

しかし、以上のような私の所見に対して、施設関係者はなお釈然としない気持ちを残すにちがいない。つまり、運動の方向あるいは在り方としては首肯しうるとしても、現に不備で欠陥だらけの制度のもとで生じている施設利用者と福祉労働者の利益相反を日常的にどのように解決し、そのための創意工夫をどうすればよいかである。それについての提言は、もはや実践主体として立場にない私の為しうるところではない。それでもあえて、その禁を破って一言だけ言及すれば、福祉労働者は、施設利用者の権利擁護の立場にたつことによってのみ、現実の矛盾を止揚し、広範な生存権確保のたたかいへの展望を切り拓くことができるのではあるまいか。そして、それは施設利用者との関係の調整というよりは、福祉労働者自身の自己変革において克服すべき課題に他ならないのではなかろうか。

最後に、かって十数年前、私が福祉労働者であった当時作った詩（らしきもの）を載せて、この稿を閉じることを寛恕して頂きたい。いま読み返してみて、作品としては稚拙なものでしかなく、また、切急さがむき出しのままであるが、私の施設生活を支えていた心情がうかがわれ、それは今後も抱き続けていきたいと思うからである。

ここは昔、孤児院といった
いまは名前こそ養護施設とかわったが
やっぱり親がなく貧乏で
不良ッ子のたまり場だといわれている
たしかに——
お前らは公衆便所に産みおとされ
お前らは汽車のなかで置いてきぼりをくい
お前らは一家無理心中の生き残りで
お前らは物置小屋に人目をさけて育てられ
近所の人はお前らが四・五才になるまで男の子だか女の子だかも知らなかった
お前らは寒さとひもじさと
憎しみとさげすみと
ありとあらゆる苦しみの真唯中に突きこまれ
お前らの幼い心をおののかせてきた
いまもお前らの表情はかたくなに動かず
お前らの瞳は大人への不信に
炎となって燃えている
その瞳は、はっきり見抜いている
お前らの前にもっともらしい顔つきをして
立ち現われる偽善者どもの本性を
たわいもないあわれみや
もったいぶったお説教が
実は一粒の飯の種にもなりはしないことを
お前らのジイサンは
骨のずいまでしぼりとる小作料を何とかしてもら

おうと地主にかけあったが
そんなら田んぼを返せと相手にされず
すっかり世をはかなんで首をくくった
お前らのバアサンは
女手一つでお前らのトウサンたちを立派に育てあげたけれども
それを次々と戦争にひっぱられ
かたっぱしから殺され
護国の母とあがめられ、涙も流せずに気が変になった
お前らのトウサンは
〝くえるだけの賃金をくれ〟
〝いのちに危険のない職場にしろ〟と
人間であるかぎり、これ以上ゆずれぬスクラムを組んだが
コン棒をもった警官におそわれ
暴行だ、公務執行妨害だ、とたたきこまれ
監獄の壁をにらんで歯ぎしりしている
お前らのカアサンは

やけつくような陽の下で
どしゃぶりの雨のなかで
ニコヨンの土方仕事で、それでなくとも弱い身体をすっかりすりへらしてしまい
胸を病んで寝ついたきりだ
お前らのアンチャンは
首をきられてから、やけくそにぐれてしまったし
お前らのネエちゃんは
厚い白粉と真赤な口紅にかくれ、身の毛をよだてて笑いを売っている

お前らは
それが一体、誰のしわざであるか
眼《まなこ》をこらし、耳をそばだて
お前らの鋭い嗅覚でかぎとらねばならぬ
金輪際ゆるめぬ怒りを沸らせ
のどをふるわせて訴えねばならぬ
〝おれのトウサンをかえせ〟
〝おれのカアサンをかえせ〟

お前らは、まだ逃げまわったり、悪戯をしたり
かえらぬ思い出に、いつまでも胸を濡らしたりし
ているが
いまは、もう
トウサンの苦しみを
カアサンの悲しみを
静かに考えてみるときなのだ

やがてお前らの瞳に
いきいきと光がよみがえってきたとき
お前らは知るだろう
この世の中には、何と多くの人たちが
お前らを見守り
お前らのしあわせをねがい
そのためにたたかっているか――を

このおれも
少々気が短くて、よく怒鳴るけれど
お前らと
おれたちと
日本中、世界中の人たちの
しあわせを築くためにたたかっている
その一人なのだ

（「福祉ジャーナル六号」、一九七五年）

# 4　福祉労働から福祉労働研究へ
## ――人間としての尊厳を求めて

### 社会福祉労働への選択

私は、大学在学中に司法試験を受けたのですが落第しました。そこで、留年して受け直すつもりでしたが、父が脳溢血で倒れたものですから、卒業して働かなければならなくなり、裁判所の書記官補という仕事に就くことになりました。勤務地は、それまで一度も行ったことのなかった盛岡を選んだのですが、石川啄木や宮澤賢治ゆかりの地ということで、ためらわずに選んだのです。

しかし、僅か一〇カ月で勤めを辞めて受験勉強に没頭したのですが、無茶な生活をしたものだから肺結核になってしまい、療養生活を余儀なくされました。病気、失業、貧困、そして、その間に父も亡くなりました。いま振り返ってみて、私にとって一番辛かった、どん底の時期でした。

それまで私は、弁護士になって郷里に帰り、政治活動に携わることにしようなどと漠然と考えていました。何しろ、あの有名な新潟三区の出身だったものですから、政治的な風土としては、非常に刺激的な雰囲気の中で育ったのです。ところが病気になってしまって、そういう人生への展開ができなくなった時に、「如何に人生を生きるか」と、真剣に考えたのです。当時、結核はもはや不治の病いではなかったにせよ、いろんなことができなくなると観念せざるを得なかったのです。

その上、失業、貧困と重なったわけですから、自分の人生について深刻に考えたのです。その中で、生き甲斐とは、自分が必要とされていることを日々実感できることではないだろうか、また、自分は偶々、不摂生な生活をした結果、病気になったのだけれど、そもそも結核という病気が日本国中に広がったのは、「女工哀史」などの歴史にみられるように、もっと広く、かつ、深い社会的な背景があり、失業や貧困、病気というのは、決して個人の責任にのみ帰せられるものではない、と思ったのです。

そこで私は、貧困によって社会的に生じている問題や、社会的弱者といわれる人たちの生活と関わるような仕事につきたいと思い、知人の紹介で、盛岡市内の私立の養護施設に、児童指導員として勤務することにしました。養護施設とは、保護者がいないとか、虐待されているなど、環境上養護を要する子どもを入所させて養護する児童福祉法上の施設で、昔は孤児院といったところです。

**施設の子どもたちと職員の関係**

その後、四年間、私は施設の子どもたちと一緒に暮らしながら、自分の生き方や考え方の上で、いろいろ大事なことを学びました。子どもたちは、親に捨てられたり、一家無理心中で生き残ったというような悲惨な家庭環境の中で育っていながら、自分の親のことを悪く言う子どもは一人もいませんでした。どう見たって、飲んだくれで、家族の面倒をみなかった父親のはずなのに、子どもたちが互いに語り合う父親は、みんなとても優しくて、楽しい思い出をいっぱい与えてくれた父親像なのです。これは一体、何なのかと考えさせられました。また、こういうこともありました。クリスマスの時には、ケーキなんかも出るのですが、私の隣の席にいた女の子が手をつけようとしないので、「何で食べないの。じゃあ、私が食べるぞ」と手を延ばしたら、あわてて全身でさえぎられました。あとで分ったのですが、その子には弟や妹が市内に住んでいて、食べたいのを我慢して持っていくつもりだったのに、それを取られそうになったものだから必死になって阻止したのです。

その他、食事は盛り切りの御飯だったので、子どもたちはいつも空腹感を抱いていました。そこで、子どもたちに好きなだけ食べさせようと、「おひつ制」に切り換えました。最初は倍ぐらい炊いても、おひつが空になったのですが、一か月後には盛り切りだった頃と同じ量を炊いても、子どもたちは好きなだけ食べて満足するようになりました。また、中学校を卒業すると、制度上、就職しなければならなかった子どもたちに、高校進学への道を拓くために匿名のスポンサーを探しました。そして、やっとの成績で県立商業高校に入学できた子が、首席で卒業して就職が決まったことを、その時には施設を退職していた私の自宅に報告に来てくれました。

このようなエピソードを挙げれば切りがありませんが、あと一つだけ、施設の職員に余裕がないと、子どもたちの大事な行動を看過ごしてしまったり、対応を間違えてしまうことについて、話してみたいと思います。

ある日、男の子が廊下に水をぶちまけたことがありました。廊下が一面水浸しになったものだから、保母さんにさんざん叱られているところに、私が外出から戻ってきて、その場に立ち会ったのです。あとで、その子を呼んで、「何で、そんな悪戯をしたんだ」と尋ねました。その子は、なかなか喋らなかったのですが、いつまでたっても私が「帰っていい」と言わないものだから、ポツポツと語り始めました。実は、廊下がとても汚れていたので掃除をしようと思って、バケツに水を汲んできたのだが、よろけてひっくり返してしまったというわけです。それを聞いて、私は本当にびっくりしました。叱るどころか、ほめなければならないのです。

その子は「掃除をしなさい」と言われたのでも、掃除当番だったわけでもありません。「汚れていたから掃除をしよう」と思った。だけど、普段やりつけないことをしたものだから、失敗してしまったのです。大人たちは、失敗した結果だけで子どもに対応しているのです。結果について言われれば、確かにその通りだから、子どもは何も言い返せない。しかし、もし職員の側に余裕があれば、まったく違った対応になるはずです。その日、私は非番だったので、時間的にも気持ちの上でも、たっぷり余裕があったから、しつこく尋ねているうちに、そのことが分ったのです。「偉いなあ。とっても感心した。でも、そんなにバケツいっぱいに水を入れるから失敗したんだ。半分ぐらいにしておいて、汚れたら取り替えるんだ。それを一回で済まそうとするから、あんなことになったんだ」と言うと、子どもは納得するわけです。

叱られるのか、それとも、ほめられるのか、その違いは、その子にとっては大変重要なことだと思います。もし叱られっ放しだったら、二度とそういうことをやろうとしないかもしれません。それは、単に掃除のことではなく、その子の将来の生き方にもつながりかねないのではないでしょうか。

私は、自慢話がしたいわけではありません。そうではなくて、施設生活の中で、子どもたちを伸び伸びと明るく過ごさせ、人間的な成長を図っていくためには、子どもたちを相手に日々働いている職員が、精神的に余裕のある状態になっていなければ駄目だ、ということを言いたかったのです。職員自身が人間らしい生活を保障されていなくて、どうして子どもたちに人間らしい生活を過ごさせることができるだろうか。そして、そのことは、福祉労働に限らず、教育や医療の分野においても、まったく同様だと言いたいのです。

**社会事業職員組合の結成**

不幸な過去を背負った子どもたちを、「どうしたら、もっと明るく伸び伸び育てられるか」と、あれこれ取組んだその延長線上で、施設従事者の待遇問題に行きついたのです。

当時は、今と違って、いや、「今と違って」と、言いきれるかどうか分かりませんが、少なくとも、今よりもっと民間の社会福祉事業は、慈善事業だとか博愛主義ということで、そこで働く従事者は、自分の私生活を犠牲にして奉仕するのが当たり前とされており、「ゼニカネのことを言うような者には、こういう仕事は勤まらない」という雰囲気だったのです。しかし私は、ゼニカネのことというと、ちょっと言葉がどぎつくなりますが、従事者の賃金保障、労働時間の制限、さらには将来の生活保障等がなされないと、安心して仕事に打ち込めないと思ったのです。

そこで、今日この会場にも見えていますが、他の保育所や社会福祉協議会の人たちと一緒に、民間社会福祉事業の従事者が個人加盟できる産業別労働組合を結成しました。私は、組合の役員をやり、最後には委員長もやりました。みんな自分の仕事に誇りを持っていて、「いい仕事をしたい。だが、個人の力には限界があり、一施設だけで出来ないことが多い」と、日頃考えていた人たちでした。自分の仕事に打ち込んでいて、そこでぶつかる厚い壁をどうしたら打ち破れるか、思い悩んでいたのです。仕事がよく出来て、人間的にも信頼されている人たちが、組合活動の中心でした。

長年にわたって慈善事業とされてきた職場に、労働組合ができたのですから、それはもう大変だったのです。経営者側からのアカ攻撃なども激しかったのですが、ある保母さんが「伊藤さんがアカだというなら、あの人たちはクロだべ」と言い返したという話を聞いて、胸を熱くしたこともあります。普段、いいかげんな仕事をしていたり、人間的に信頼されていない人たちがやっていた組合だったら、激烈で、陰湿な反組合攻撃によって潰されてしまったでしょう。そうでなかったから、大丈夫だったのです。

私たちは、組合の結成にあたって、

① 社会事業従事者の待遇改善と経営の民主化
② 社会事業対象者の利益擁護
③ 社会保障制度の確立
④ 平和と民主主義のための闘い

等を、活動のスローガンに掲げました。

組合が結成された一九六〇年は、あの安保闘争があった年でしたし、「人間裁判」といわれた朝日訴訟の一審判決のあった年でもありました。そこで、私たちは、社会福祉に反する最たるものは戦争であり、戦争を引き起こすようなファシズムの時代を再び繰り返さないために、平和と民主主義のための闘いを、組合活動の重要な柱としたのです。また、自分たちが従事している民間社会福祉事業のことだけでなく、重症の結核患者であった朝日茂さんが、人間らしい生活の保障を求めて、国を相手に訴訟を起こした生活保護法の問題など、社会保障制度全体を確立していく取組みの中に位置づけてこそ、私たちの要求実現への展望も開けてくると考えたのです。

**労働組合運動の広がり**

このように私は、社会福祉労働の体験を通じて、子どもや老人・障害者といった社会的弱者の生活を守るために、彼らを代弁し、彼らと共にやっていくことを、自分の生き甲斐と思い定めたのであり、これからも、その道を歩んでいきたいと思っています。

ところで、社会福祉における組合運動に取組む中で、保母さんの解雇事件がおこり、どうしたらそれを撤回させられるかとか、経営者側が組合に対抗して提示してきた就業規則案に、どのように対処していくかとか、公立と民間の施設職員の待遇格差を、どうしたら是正できるか、また、その格差是正の一環として、どうしたら県や市町村から一時金を出させられるかなど、さまざまな問題と取組みました。

その内に、商店や工場等で労働組合を作りたいが、どうしたらいいかとか、組合を結成したら差別攻撃をかけられた、どうしたらいいかとか、団体交渉の場に出て欲しいなどと、いろいろなことを頼まれるようになりました。当時、盛岡には労働事件を担当してくれる弁護士さんがいなかったので、そういう役割も期待されていたのです。

一九六七年に発表した「偽装解散をめぐる諸問題」という論文は、ある労働争議でのオルグ体験をもとに書いたものです。偽装解散というのは、経営者が組合を潰すために、本当は会社を解散する気がないのに、会社解散を偽装して全従業員を解雇することです。社長が雲隠れし、シャッターが降ろされ、電気、ガス、水道が止められた事業場に、労働者と一緒に何日も篭城しながら考えたことを書いたものが、私の労働法の処女論文です。

僅か四年間で、私が社会福祉の現場を離れることになったのには、このように組合活動のために始めた労働法の勉強を、もっと本格的にやる必要があると思ったからですが、その他にも、今日の話のサブタイトルである「人間の尊厳」や「権利としての社会福祉」という考え方の上で、施設経営者との間に相違があったことも、一因としてあったと思います。

## 民間社会福祉事業の在り方

私が勤めた養護施設は、敬虔なクリスチャンであった創立者が、明治時代に東北地方で大飢饉があった時に、私財を投じて孤児院を作ったのが、その前身でした。しかし、私が勤めた頃には、経営主体は民間であっても、施設の運営は措置費という公費でまかなわれており、経営者の生活もまた、それによって維持されていました。

もともと民間社会福祉事業とは、行政がやらないようなことを先駆的にやっていくところに、パイオニアとしての役割があります。ところが、ある程度、公的な制度化が図られてくると、そういう本来の気概が稀薄になり、行政に依存する体質になりきってしまいがちです。そうなると、民間社会福祉事業は、公的責任を肩代わりする「安上がりの福祉の担い手」になり下がってしまいます。民間社会福祉事業には、そのような二面的な性格があるのです。

こういうことがありました。県や厚生省の会計監査が年に一回か二回ありましたが、それは施設の経営者にとっては大変なことなのです。もし施設運営上の不手際や、支出の不適正などが指摘されたら、事は重大です。ところが、私の方は監査の日をわくわくしながら待っているのです。厚生省や県の担当者がわざわざ施設に来てくれる、その機会に聞きたいことが山ほどある。たとえば、育ち盛りの子どもたちの食費の単価はどういう根拠で算定されているのか。また、冬は零下一五度にまで冷えるのに、子どもたちが窓ガラスを割ってしまうと補充できずに新聞紙を貼っている。子どもたちは寒さをしのぐために、ストーブに石を入れておき、それを出して抱いて寝るという生活です。そういうことについて聞きたくて、うずうずしているのです。

監査の当日は、「どういう根拠で、このような措置費の単価になっているのか、教えて下さい」と尋ねますと、担当官は、いいかげんには扱えずに、「そうですね。私もよく分らないから、帰ったら関係資料を送りましょう」などと言います。そういうやりとりに、私はいささか得意になっていましたが、何とか無事に監査を済ませたい経営者にとっては、「余計なことを言わないでくれ」と、はらはらしているわけです。人間的にはいい人なんですが、事は、個人的なことではなく、民間社会福祉事業の根幹というか、施設運営の基本姿勢にかかわることだと考えたのです。そういうことで、「どうしても妥協できない」と思うことが、具体的な場面でいろいろあったのです。

**労働法の研究生活へ**

その後、私は、勤労青年を対象として法学や経済学を教える夜間の各種学校の講師になり、四年間勤めました。働きながら学ぶ若者たちを相手に、法学や人生について語り合った日々もまた、大変貴重な体験でしたが、その話は省略することとし、その学校が廃校になったのを機に、卒業後一一年目にして、大学に戻ることになりました。

それまで私は、労働運動の実践のための必要や、授業のための準備として勉強していましたが、本格的な研究は全くしていなかったのです。そういう私を、東北大学の外尾健一教授（当時）と法学部教授会は、助手として採用してくれたのです。年齢はくっているし、研究実績はない、無謀とも言えるような人事だったわけですが、そのお陰で、念願の研究生活に入ることができました。

**企業活動の自由と労働者の権利**

外尾先生から与えてもらった研究テーマは、「企業活動の自由と団結権保障の関係」でした。すなわち、憲法上、経済的自由権として営業の自由、したがって会社解散の自由が保障されているが、他方、労働者の労働基本権も保障されている。この両者が対立する場合に、それをどのように統一的に把握すべきか、という理論的な課題です。偽装解散の問題は、実は、そういう理論的課題を含んでいたのです。

その偽装解散と似たものがアメリカにもあり、外尾先生に教えられました。それは、アメリカの東部や北部の工業地帯で労使紛争が起こったりすると、経営者は、組合活動から逃避（ランナウェイ）するために、工場（ショップ）を西部や南部地方に移転してしまうのです。西部や南部の自治体では、地域開発のために工場を誘致したいと思っており、日頃、東部や西部の経営者宛てに、「当地では、労使紛争とは無縁で、良質な労働力が豊富に得られます。自治体としても、税金の減免等の優遇措置を講じます」といった宣伝活動をやっているのです。

このようなランナウェイ・ショップの研究から始まって、企業合併と労使関係、誘致企業の労使関係、親子会社の労使関係、多国籍企業の労使関係等について、実態の究明とそれにもとづく法理の構成に努めてきました。研究対象は次々と変っても、私の問題意識は一貫して、「企業活動の自由と労働者の権利保障との関係」であり、誰が「使用者としての責任」を負うのか、というテーマだったのです。

たとえば、東北地方に関東や関西方面の企業が進出してくる場合に、それらの多くは、法人格上は独立した別会社方式をとっています。しかし、企業活動の実態としては、親会社の完全な支配下にあって一体的に営まれているのです。ところが、現地の子会社から利潤を吸上げていながら、経営不振に陥ったり、労使紛争がおこったりすると、親会社は、「別会社のことだ」、「本社とは関係がない」などと言って、責任を逃れようとするのです。

このことは、国内の誘致企業だけではなく、企業が発展途上国等に海外進出して、現地資本と結合して合弁会社を設立する多国籍企業の場合にも、同じような問題をかかえているのです。私は一年間、在外研究として、東南アジア諸国等で多国籍企業の実態調査をしましたが、日本の企業から中間管理職等が派遣されて現地企業の責任者となっていますが、経営や労使関係上の重要事項に関しては、本国企業の意向を受けてやっていました。これもまた、国境を越えた親子会社関係であり、安価な労働力確保を求めるランナウェイ・ショップに他ならないのです。

黒沢明監督の映画で、「悪い奴ほどよく眠る」というのがありますが、そういうことを許さない法理の構成が、私の関心事なのです。それは今も続いており、東北造船の会社解散に対して親会社であるＮＫＫ（日本鋼管）の責任を追及している労働事件にも、その立場から意見書を書いています。

**雇用形態の多様化と労働法**

もう一つの私の研究テーマは、「雇用・就業形態の多様化に伴う法理」の検討です。具体的には、出稼ぎ労働者、事業場内下請労働者、派遣労働者、パートタイム労働者、障害者、外国人労働者等の問題等を、これまで研究対象として取上げてきました。これらの労働者は、終身雇用制の下で定年まで働く正規雇用の労働者と異なり、いわゆる非正規雇用の労働者です。企業にとっては、経営効率上、その方が安上がりで済むし、産業構造の変化や技術革新によって、そのような労働力利用でも足りるということで、近年、どんどん増えているのです。

これらの非正規雇用労働者は、それぞれに深刻な問題をかかえており、たとえば、パートタイマーは、同一労働同一賃金等、正社員との均等待遇の原則、臨時労働者は、不安定身分の要因となっている短期雇用期間の合理性、派遣労働者は、雇用関係の存在を否定されている派遣先企業との労使関係等、解釈論・立法論とも検討が迫られている諸問題が山積しています。

ところで、いま社会福祉の現場には、このような多様な雇用・就業形態が集中的に導入されています。福祉現場の様相は、かつて私が働いていた六〇年代と現在とでは大きく変っていますが、とくに従事者の雇用・就業形態の多様化が、最近の特徴の一つだと思います。以前は、福祉事務所や児童相談所等の地方公務員がいて、社会福祉施設には公立と私立があって、それぞれの身分の職員がおり、その他、ボランティア的な民生委員や、地域の婦人会や学生たちがボランティアをしているといった具合に、社会福祉従事者の雇用・就業形態は、至って単純なものでした。だが、今はそんなに単純ではなく、たとえば、施設の経営主体にも、第三セクター方式の福祉公社や、「老後の沙汰も金次第」といったシルバー産業がありますし、従事者も、パートタイマーが増えていますし、業務の一部が外注・委託されて、他企業の労働者が就労している場合もあります。

また、老人介護等に対する政策の重点が、施設福祉から在宅福祉へと移行する過程で、さまざまな雇用主体による多種・多様なホームヘルパーが増えています。協同組合による介護ネットワークやワーカーズ・コープによるものもあります。ボランティアにもいろいろあって、「有償ボランティア」の労働者性が問題となっています。

このように、社会福祉労働の現場には、雇用・就業形態の多様化が集中的に見られるわけで、これまで私が関心をもって取組んできた不安定雇用労働者の研究を、今後は、福祉労働研究の中で発展させていくことができると思っています。

### 社会福祉に対する公的責任の後退

さらに、先程お話した「責任を負うべき真の主体は誰か」というテーマが、社会福祉の現状の中にも存在していると思います。本来、社会福祉を含む社会保障に対して責任を負っているのは、国や地方自治体です。憲法二五条は、国民に生存権を保障していますが、権利とは、単に行政の努力目標などではなく、それが侵害されたらその侵害を排除し、それを実現するために国が責任を負っているというものです。ところが昨今では、「高齢化社会の危機」とか、「福祉ニーズの多様化」などと言いながら、公的責任の回避が図られようとしていると思います。そういう視点から、社会福祉事業の「民活」に伴う問題や、家族に過重な負担をもたらしている在宅福祉などについて、具体的にお話しするつもりでしたが、時間がなくて出来ません。そこで、要点のみ簡単に触れておきたいと思います。

要するに、一九八一年の第二次臨時行政調査会、いわゆる第二臨調の「行政改革」の時から、「活力ある福祉社会の実現」が強調され、「国民は行政に依存し過ぎる」、もっと国民の「自助」・「自立」や、「相互扶助」でやるべきだというものです。自立とか自助ということが間違っているとは思いませんし、お互いに助け合うことは、個人のモラルとしては大事なことです。しかし、同じことでも、それを政府や行政当局が強調することには、何かうさん臭さというか、責任転嫁のためのごまかしを感じます。もともと社会保障は、国民が「自分でやれない」状態に対する公的責任ということで成り立っているのです。怠けたから貧乏になったわけでも、不摂生をしたから病気になったわけでもない。中には、そういう人もいるかもしれないが、ほとんどは個人的な生活レベルを超えたところで、そういう状態になるのです。そういう社会的要因にもとづく社会的事故に対して、社会的連帯で対応するというのが、社会保障の本質なのです。

また、労働基本権の保障にもとづく労働法は、労使間係を「契約の自由」とか、私的自治に委ねておくと、労働者にとっては不自由で不平等な労働実態がもたらされるので、労働者保護の立場から、使用者に対してさまざまな法的規制を定めたものです。ところが近年、民活のための「規制緩和」が、労働行政や労働立法においても進められていますが、それによって、誰に、どんなしわ寄せが行くのでしょうか。これは、労働行政や労働立法の否定・解体にもなりかねないと思います。

確かに、経済の発展や国民生活の変化によって、社会福祉に対する国民のニーズは多種・多様化しているでしょう。また、自立とか自助とかは、個人の生き方としては大事なことだと思います。しかし、たとえば、身体的な障害を持った人が、機能障害があるからといって、それが直ちに社会的不利としてのハンディキャップになるわけではありません。私には障害をもった知人が沢山いますが、その人たちはいろいろと優れた能力を持っています。ただ、その能力を充分に発揮する場が与えられなかったり、必要な施設や設備さえあれば能力を発揮できるのに、そうなっていないことが多いのです。

私も理事をやっている障害者の自立ホーム「ありのまま舎」の機関紙名は「自立」です。その人たちが目指しているのは、人間の尊厳としての自立なのです。しかし、自立とは、単に「自分のことは自分でやれ」というのではなく、制度的な保障や、他の人たちとの連帯の中でこそ、真の自立ができるのです。私たちは、そういうことが当たり前のこととして行われるような社会を目指していきます。そのためには、国や地方自治体の責任を厳しく追求して、その実現を求めながらも、同時に、自分たちでもやれることは自分たちでやり、お互いに力を合せていくことが肝心だと思います。これは、一見矛盾しているようですが、相反していることだとは思いません。

**財源問題やＩＬＯ条約の批准など**

社会福祉に対する公的責任というと、必ず持ち出されるのが財源問題です。その財源論についても話すつもりでしたが、時間切れで出来ません。ただ、「財源がない」から、本人や家族の負担増だとか、消費税の引上げだというのは、とんでもないことだと思います。何と言っても、わが国は、国民総生産（ＧＮＰ）では世界第二位の経済大国なのです。だから、「財源がない」などと言ってはならない。金がないのではなく、金の使い方に問題があるのです。一番無駄な支出は世界第二位に膨れ上がった軍事費であり、また、大企業に対するさまざまな税・財政上の優遇措置にも問題があります。

かつて朝日訴訟の一審判決で、東京地裁は、憲法で保障されている「健康で文化的な生活」とは、「決して予算の有無によって決定されるものではなく、むしろこれを指導支配すべきものである」と判示しましたが、要は、政治の問題であり、行政の在り方なのであります。

もうやめますが、労働法や社会保障の国際的な水準を定めたＩＬＯ（国際労働機関）で採択された条約は、現在、一七五ありますが、このうち、わが国が国内法としての効力を認めて批准したものは、四一しかありません。つまり、わが国は経済大国かもしれないが、人権小国であり、福祉小国なのです。もっと数多く批准して、わが国の労働法や社会保障の水準を高めていくことは、世界人権宣言で掲げられた「人間の尊厳」を守り、かつ、国際社会における公正な競争を維持するための国際的責務でもあるのです。

（宮城教育大学での最終講義（要旨）、「法と民主主義」二九七号、一九九五年）

## 5　高齢化社会と川柳

タレントとして活躍しているサンコンさんが、母国ギニア（アフリカ）へ帰郷した時の様子をテレビで見たことがある。久しぶりで帰国した彼を、沢山の親類縁者が集ってきて歓迎するのだが、その映像を説明しながら、サンコンさんが「私の国では、お年寄りがとても大事にされていて、『お年寄りが一人亡くなると、図書館が一つ無くなる』ということわざがあるんですよ」と語っていたことが心に残っている。

それに比して、

「悪いことしているように　年をとり」

「老人は死んで下さい　国のため」

などの川柳（以下、いずれも作者不詳）に接すると、この国の行く末を考え込んでしまう。

確かに、わが国は世界有数の長寿国となり、平均寿命は男性七六・三八歳、女性八二・八五歳で、六五歳以上の高齢者人口の比率は一四・五％を占めており（一九九五年）、二〇二五年には二七・四％、二〇五〇年には三二・三％にも達すると見込まれている（平成九年版『厚生白書』）。

生活環境の急速な悪化や、青少年の体力（体格ではなく）の低下が憂慮されている中で、わが国が今後とも長寿社会を持続していけるかどうかは疑問だが、ともあれ長生きをすることは人類の悲願とも言うべきものであって喜ばしいことなのに、それを素直に喜べないのは、どこかおかしい。社会の在り方の根本のところで間違っているとしか思えない。

ところで、高齢化率とは、全人口に占める高齢者の割合をいうのだが、視点を変えれば、子ども数の減少、「少子化」の進行を意味している。すなわち、一人の女性が一生の間に生む平均子ども数（合計特殊出生率）は、年々低下しており、一九九五年には一・四二と過去最低となっている。まさに、

「平成の子どもは　一姫半太郎」

というわけである。

もちろん、子どもを生むか生まないか、何人生むかは、個人の自由な意志決定に委ねられている。しかし、現在のような長時間・不規則労働では仕事と家庭生活の両立は難しく、また、保育所とくに乳児保育所の不足や高い保育料・教育費の負担増、劣悪な住宅事情等の厳しい生活条件の下では、どんなに子どもを生みたくても生めないわけである。

実は、この少子化の進行こそ、わが国の現在および将来における危機的な状況と言うべきものであり、その対策としての社会的な子育て支援策が今や急務となっている。

近年、財政難を理由に国民の自立・自助が喧伝され、社会福祉や医療の分野における国や自治体の公的責任の後退が著しい。だが、

「国当てにせず　じゃあ何を当てにする」

との思いに、共感せざるを得ない。


（「月刊健康」四八〇号、一九九八年）

## 6　ことば抄

何を言われたかではない
誰に言われたかだ。
何を言っているかではない
何をやっているかだ。

これは誰かの言葉ではなく、私が若い頃に体験をとおして身につけ、今日に至るまで座右の銘としてきた言葉である。

前者は、自分に対する他人《ひと》の評価をどのように受けとめるか、後者は、他人を評価する場合の判断基準としてきた。

「誰からもよく思われたい」というのは、人間の性《さが》であろうが、それはほとんどあり得ないことである。とくに社会的な言動に対する毀誉褒貶は半ばすると思わなければならない。そこで問題なのは、それを言っているのが誰かである。自分が敬愛している人からの批判であれば、たとえ片言隻句といえども襟を正して聞くべきであり、そうでない人からのものであれば、語るに任せておけばよい。誉められても悩まなければならないときもある。「一喜一憂」の分かれ目は、まさしくその点にある。

次に、他人を評価するにあたっては、どんなに立派なことを言っていても、実生活においてそれに反するようなことをやっている人物の言葉なら意に介するには及ばない。とくに大学で「人権」だの「いじめ」だのと、声高に教育を論じている者のなかに、その種の人物が少なくないように思うのは私の偏見であろうか。

「よいことを言うのは善行の一種だが、しかし言葉は決して行為ではない」とは、シェークスピアの何かの戯曲のなかに出てくる言葉だというが、けだし至言であろう。

（「みやぎ教育文化研究センター通信　二四号」、二〇〇〇年）

# 7　私たちはどんな社会をめざすのか

九月にデンマークとスウェーデンに行く機会がありました。高齢者・障害者福祉の実情を見聞するというのが目的でしたが、わが国の現状と対比して考えさせられることの多い旅でいした。

北欧には「福祉は住居にはじまり住居におわる」という言葉がありますが、ヨーロッパで最も住宅事情が進んでいるといわれるスウェーデンで、「一番良い住宅に住んでいるのは障害者や高齢者」ということでした。実際に、障害者・高齢者福祉の国政プランとして、「生活の継続性の尊重」という視点から脱施設化政策が進められており、従来の入所施設に代わってサービスハウスやグループ住宅への転換が図られていました。もちろん、そのためには、住宅・医療・福祉・所得保障等の社会政策が総合的に整備されていることが不可欠の条件になります。

わが国でも近年、障害者や高齢者のためのグループホームの必要性が唱えられていますが、現状ではまだまだ基礎的な社会福祉施設の整備が遅れており、そのことによる本人の不利・不便や家族の負担は深刻な状況にあります。

先日、国の「障害者プラン」を読み直してみました。一九九五年一二月に「ノーマライゼーション七か年戦略」として策定されたものですが、基本的な考え方として、次のように定めています。

ライフステージのすべての段階において全人間的復権をめざすリハビリテーションの理念と、障害者が障害のない者と同等に生活し活動する社会をめざすノーマライゼーションの理念の下に、七つの視点から施策の重点的な推進をはかる。

①　地域で共に生活するために
②　社会的自立を促進するために
③　バリアフリー化を促進するために
④　生活の質（ＱＯＬ）の向上をめざして
⑤　安全な暮らしを確保するために
⑥　心のバリアを取り除くために

⑦　わが国にふさわしい国際協力・国際交流を

これらの視点は、いずれも正しい目標ですが、肝心なことは、それを単なるスローガンに終わらせず具体的に実現していくことです。そのためには私たちは、先ず自分たちが「やれること」、「やるべきこと」に精一杯取り組みながら、その実績をもって、国民の生存権保障（憲法二五条）に責任を負う国や地方自治体の役割を求めていかなければならないと思います。

私たちがめざしている社会は、安心して子どもを生み育てることができ、元気よく働き、病気や高齢者になっても心配ない社会保障制度の充実した社会ですが、とくに「障害をもった人が暮らしやすい社会とは、すべての人が暮らしやすい社会である」ということを、北欧の福祉先進国の現実にふれて、あらためて確信した次第です。

（「なのはな会後援会報一〇一号」、二〇〇〇年）

## 8　感動のある人生を

私は、一九五九年から四年間、民間の養護施設に児童指導員として勤務していました。大学は法学部で、在学中は社会福祉についてまったく学んだことはなかったのですが、司法試験の受験勉強中に肺結核を患い、病気・失業・貧困を体験したことで、「これからどう生きるか」を悩んだ末、社会福祉にかかわる仕事をしようと決意したのです。今から四〇年以上も昔のことですが、「生きがいとは何か」を考え、それは「自分が必要とされていることを実感できる人生ではないだろうか」と思い至り、貧困や家庭崩壊などで苦労してきた子どもたちが入所している養護施設で働こうと思い立ったのです。当時は独身でしたから、住み込み勤務が身軽にできたこともあったと思います。

施設に入所していた子どもたちの生育歴は、公衆便所に置き去りにされた子ども、一家無理心中で一人だけ生き残った子ども、母子家庭で母親が長期入院した子ども、物置小屋で人目を避けて育てられた子どもなど、私の想像を絶するものでした。知的障害をもった子どもや、非行といわれる子どももいました。そのような三歳から一八歳までの子どもたち五〇人と寝食を共に暮らしていたわけです。

いま振り返ってみて、いろいろと大変なこともありましたが、これまでの私の人生で最も充実した日々だったように思います。それは、子どもたちにとって「自分が必要とされている」ことを日々刻々と実感しながら過ごせたからであり、また、自分が全力で取り組んでいれば「子どもたちは必ず応えてくれる」と信じることができたからです。やはり、人間は「誰かに頼られ、その信頼に応えられる」ということが、自分自身の存在感であり、生きがいだと思います。

施設の子どもたちを明るく伸び伸びと過ごさせるために、また、彼らのもっている無限の可能性を見出し・育むために、他の職員や子どもたちと共に話し合って、さまざまな創意・工夫を試みたものです。たとえば、それまで盛り切った制だったご飯を、好きなだけ食べられるおひつ制に切り替えたり、自治会を作って子どもたちの自主性を尊重した日課にしたり、高校進学への道を拓いたり、演劇公演の準備に毎晩遅くまで取り組んだりしました。一晩中寝ないで子どもの看病をしたり、施設に帰ってこない子どもを探して深夜の街を歩き回ったり、東京での就職に失敗した子どもの再就職に奔走したりもしました。どれもこれも、子どもたちの日々の暮らしや将来の人生にとって意義のある仕事だと思って、それに関わることの責任と、自分の役割の重さを感じながら生活していたように思います。

どんな場合でも「子どもたちの立場に立つ」という観点から、児童相談所や学校等による納得のいかない指示や扱いに抵抗したこともありました。また、子どもや老人、障害者たちの生活と権利を守る取組みの延長線上で、社会福祉従事者の労働条件の改善、社会保障制度の確立、平和と民主主義の運動等にも参加するようになりました。短い期間でしたが、この時代に身につけた考え方や生き方が、その後の私の人生を決定づけ、現在の自分があると思っています。

今回、縁あって「なのはな会」の運営に関わることとなり、あらためて若かりし日の記憶がよみがえってきました。もちろん、当時とは時代や社会状況が大きく変わり、施設の種別も異なりますから、昔の体験がそのまま役立つとは考えていません。しかし、社会福祉施設が、利用者の権利や生活を守っていくという役割の点では、本質的な差異はないように思います。

なのはな共同保育園をはじめ、社会福祉法人なのはな会が経営している施設は、障害をもった子どもの療育や、障害者の生活支援のための施設です。この人たちも等しく、人間の尊厳や個人としての人権が保障されており、障害を克服するための社会的支援さえれば、立派に社会生活を送ることができるはずです。

「なのはな」誌のバック・ナンバーを読ませてもらいましたが、どの号にも「なのはな」共同保育園との出会いに感謝する親たちの文章が満載されています。重い障害をもった子どもを抱えて、独り思い悩んでいた親たちが、「なのはな」の施設と従事者に出会い、わが子が成長していく姿を通じて「〇〇ちゃん、生まれてくれて有難う」と喜びに変わっていく様子が、多くの手記から伺われました。これは、やり甲斐のある素晴らしい仕事です。子どもや親たちだけでなく、従事者にとっても、自分の人生が充実していることを実感できるのではないでしょうか。

「人間は何のために生きるのか」、「生きるに値する人生とは何か」、いま多くの青少年は、その答えが見いだせないまま虚しい日々を過ごしているように思われます。これは、先行き不安な大人たちの生活や歪んだ社会の在りようがもたらしたもので、少年法の罰則を強化したり、教育基本法を改正したりすることで、何とかなるようなものではありません。青少年の世界だけの固有の問題ではないのです。

幸いなことに、「なのはな会」に関わることで、子ども・親・従事者は、お互い同士の触れあいを通じて、心の温もりや生命（いのち）の尊さを感じながら、感動のある日々を過ごすことができます。そのことを、あらためて確認したいと思います。

（「なのはな二四号」、二〇〇一年）

## 9　人権が守られる社会福祉施設に

「障害は不便である。しかし、不幸ではない」。これは、ヘレン・ケラーの言葉です。彼女自身、「見えず、聞こえず、話せない」重症の障害をもった人であっただけに、この言葉の重みがずっしりと感じられます。障害をもった人たちの「不便」を克服するためには、社会的支援が不可欠だということでしょう。

以前から私は、「障害をもった人たちが暮らしやすい社会は、すべての人が暮らしやすい社会である」という信念をもって、障害者の問題と関わってきました。私ごとで恐縮ですが、四〇年前、私は養護施設に児童指導員として住み込みで働いていました。自分の人生の岐路に立って、「生きがいのある人生とは何か」を考えた上での選択でした。

わずか四年間の勤務でしたが、その体験を通じて思ったことは、社会福祉施設は、「子どもや利用者

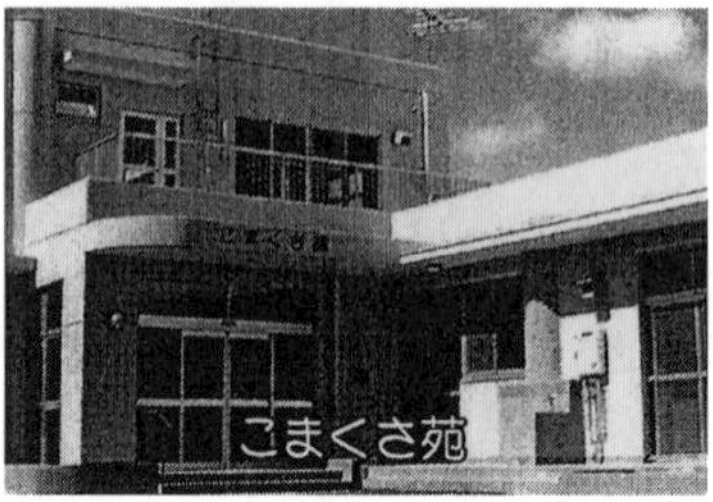
こまくさ苑

仙台市なのはなホーム

はまなす苑

なのはな園

はまなす苑分場はまゆう

にとって楽しいところ、親や保護者にとって安心して託せるところ、従事者にとって働きがいのあるところ」でなければならない。それには、施設従事者は、利用者の人権を守り、どんな場合でも利用者の立場に立つこと、法人役員は、従事者がいきいきと働き続けられるよう、労働条件の改善に努めることです。要するに、「福祉は人」なのです。

私たち「なのはな会」が、これまで心がけてきたことや、これからめざそうとしていることを、私なりにまとめると、次のように言えると思います。

一、私たちは、施設利用者とその家族の生活と人権を守ります。
二、私たちは、施設従事者の働く権利を保障します。
三、私たちは、法人と施設の民主的運営に努めます。
四、私たちは、地域社会と密接な連携を図ります。
五、私たちは、社会福祉・社会保障制度の確立を求めます。
六、私たちは、平和で民主的な社会の実現をめざします。

これらの目標は、相互に深く関わり合っておりますが、そのような「なのはな会」を築き上げていくために、皆さんと共に、生きがいを感じながら取り組んでいきたいと願っています。

（「社会福祉法人なのはな会パンフ」、二〇〇一年）

## 10　母親たちへの「卒園証書」

　私が理事長をしている社会福祉法人は、知的障害児・者の福祉施設（通所）を仙台市内に四ヶ所運営しているが、先般、そのうちの一つ、心身障害児通園事業の卒園式に出席した。

　子どもたちが、不自由な身体で卒園証書を受けとる健気な姿は、何とも微笑ましい光景であったが、意外だったのは、お母さんたちにも「卒園証書」が授与されたことである。

　園長（女性）から七人の母親たちに手渡された「卒園証書」には、「はじめて貴女と出会ったときの心細そうな淋し気な、そして張りつめた思いの顔が忘れられません。その貴女が今、T君のママとして自信に満ちた美しい笑顔で旅立つのを嬉しく思います」、「貴女の優しさで育つK君の優しさは本物です。これからも優しくてかっこいい女性でいてください」、「貴女が重い病におそわれたとき、H君の一途な思いに応えようと懸命に立ち向かった貴女の姿に感動しました」、「貴女がすてきな女性として輝いていられるのも陰で支えてくれるパパの存在が大きいのでしょう。これからも、パパによく似たY君を信じて楽しい人生を送ってください」など、自閉症やダウン症等、重い障害のある子どもを、さまざまな困難な状況の中で、必死の思いで育ててきた母親一人ひとりへの称讃と励ましのメッセージがこめられていた。

　他方、園長や職員は異口同音に、「この子らに教えられ、支えられてきた」と語っていたが、障害のある子どもには、人を動かし、人の生き方を変える力があるように思われる。

（「月刊健康五二三号」、二〇〇二年）

# 11　障害児・者の相談事業

## 社会福祉法の制定

二〇〇〇年五月、社会福祉事業法が半世紀ぶりに全面改正され、名称も社会福祉法と変わりました。また、これにあわせて、身体障害者福祉法、知的障害者福祉法、児童福祉法の障害児施策に関連する部分等も改正されました。

主な改正点は、これまで社会福祉施設や在宅における福祉サービスは、市町村等の措置権者による行政処分として行われてきましたが、これからは社会福祉サービスの利用者と事業者とが直接に結ぶ契約によって行われ、それに対して国や地方自治体は支援費を支給するというシステムに変わるというものです。

これは、「社会福祉基礎構造改革」といわれるもので、すでに老人福祉の分野において、介護保険の導入によって実施されていることを、障害者の分野でも行おうというものです（施行は、平成一五年四月一日）。ただし、障害児等の居宅支援を除く児童福祉施設、生活保護法にもとづく保護施設、老人福祉法上の養護老人ホーム等は、従来どおり措置制度が続きます。

今回の改正にあたっては、「個人の尊厳」・「サービス利用者と事業者との対等な関係」・「福祉サービス選択の自由」などが、改正理由とされています。しかし、措置制度の廃止によって社会福祉に対する公的責任が後退することは許されませんし、利用者に選択の自由があるといっても、福祉サービスの供給が十分でなければ選びようがないわけです。また、契約当事者となる障害者や高齢者等の判断能力の点でも不安が残ります。

そこで、障害者や高齢者等の社会福祉サービス利用に支障をきたさないように、事業者に対して、情報公開や苦情解決に努める義務を課したり、地域福祉権利擁護制度（福祉サービス利用援助事業）や運営適正化委員会等が、新たに社会福祉法上の制度として設けられました。また、障害児（者）相談支援事業等が、第二種社会福祉事業として法定されました。利用者の権利擁護のために相談事業が担う役割の重要性が認められたからでしょう。

## 「あしたの部屋」相談事業のあゆみ

「なのはな会・あしたの部屋」相談事業は、障害児（者）やその家族が抱える悩みや困りごとの相談に応じようと、一九九九（平成一〇）年六月に開設され、これまでに療育・教育・医療・社会福祉・住宅・補装具・雇用・法律等、幅広い分野にわたって、約四五〇件の相談事例が寄せられています。一口に四五〇件といっても、何時間もかけて応対したものや、複数の相談員で対応したもの、現場におもむいて助言したものなどもあります。「やはり、こういう事業が待ち望まれていた」と、あらためて痛感しました。

前述のように、今回の法改正によって各種の相談支援事業が社会福祉事業として追加されましたが、今までも児童相談所や、障害者更生相談所など、「相談」と名付けられた公共施設は決して少なくはありませんでした。これらはいずれも専門職の公務員が配置され、公費によって運営されていました。それにもかかわらず、なぜ私たちのように財政的な裏付けのない民間団体が、無償のボランティア活動として相談事業を行う必要があったのでしょうか。

第一に、障害児（者）のかかえる困りごとの多さに対応できるだけの十分な体制がなかったことです。また、「どこに相談したらいいかも分からない」という、相談機関を紹介するための相談機関が必要とされていました。

第二に、障害児（者）のかかえる困りごとの複合性に対応できるシステムになっていなかったことです。相談事業が行政機関の縦割りごとに行われていたために、「縄張り」をこえた相談には対応できず、依頼者が「たらい回し」される場合も少なくありませんでした。そのような縦割りの相談事業では、複数の分野にまたがる総合的な対応ができず、実際上の援護にならなかったのです。

その点で、私たちの相談事業は、多方面にわたる専門家のネット・ワークで成り立っていますから、どのような相談内容でも、コーディネーターを介して最適の相談者が選択され、場合によっては専門の異なる複数の相談者が協力して対応することもできました。

相談者のプライバシーにかかわるので、くわしい事例の紹介はできませんが、たとえば、刑事事件の被告人になっている息子さんの精神障害状態の診断をめぐって、専門医と弁護士が連携して適切な対処を指示できた事例、社会福祉制度と家族問題の相互関係の調整、医療とリハビリ補助具の選定など、従来の相談事業では対応できなかったような事例も扱ってきました。また、相談を受けたことがきっかけとなって、障害児の兄弟姉妹たちの交流キャンプも行われました。同じような家庭環境にある子どもたちが、心を通い合わせて過ごした数日間の成果は、とても大きかったと思います。

## 本書刊行の趣旨

私たちは、相談活動を続けながら、三～四ヵ月ごとに相談者の交流会を開催してきました。自分たちが担当した事例を報告し、それをもとに質疑討論を行ったり、共通する事項などを話し合ってきました。相談者は、多忙な本職の合い間を利用してボランティアとして関わってきたのですが、今日まで継続することができたのは、相談者がそれぞれの社会的役割を自覚し、かつ、相談事業に関わることで自分自身の生きがいをも感じとってきたからだと思います。

このような相談活動と交流会を重ねるうちに、これまで扱った相談事例を中心に、『障害児・者　何でも相談Q＆A』といった本にまとめたらどうかという話が持ち上がり、ここに刊行するに至った次第です。

障害をもった人たちが暮らしやすい社会は、すべての人が暮らしやすい社会です。そして、相談活動は、障害をもった人たちやその家族と社会とをつなぐ最初の接点であり、共同行動の始まりです。私たちは、今後とも、この相談事業を継続し、本書の増補にも取り組んでいきたいと考えています。そのためにも、Ｑ（質問）の項目の追加や、Ａ（解答）の内容の記述など、本書に対するご意見やご要望をお寄せくださるよう、お願い申し上げます。

（なのはな会相談室編『あしたの部屋Ｑ＆Ａ』あとがき、クリエイツかもがわ、二〇〇二年）

## 12 「なのはな共同保育園」から「仙台市なのはなホーム」へ

### 仙台市なのはなホームの発足

なのはな共同保育園は、二〇〇二（平成一四）年四月から、仙台市が新設する障害児通園事業施設の運営を受託することとなり、施設名も、仙台市なのはなホームと改称されます。一九八一（昭和五六）年以来、二〇年余にわたって住みなれてきた北根の地から移転し、広くて設備の整った施設に一新され、懸案事項であった職員給与の差別的処遇も、ようやく是正されることとなりました。

このような共同保育園の拡充・発展は大変喜ばしいことであり、その実現のために多大なご貢献やご尽力を賜った関係各位に対して、心から感謝の意を表したいと存じます。

仙台市の力の入れようは並々ならぬものがあり、同種の福祉施設としては破格の施設・設備を整えて頂きました。今後は、その付託に応えるべく、先進的なモデル施設となるよう運営していく責任が課せられています。また、これまで共同保育園を支えてくださった方々、とくに長年にわたって土地・建物を無償で提供してくださった勝山企業・伊澤平一氏、有形・無形の支援を続けてくださった地域の方々、さまざまな困難を克服するために施設職員と共に奮闘してくださった保護者の方々、共同保育園の存在と実績を広く周知させてくださった相談事業の相談員の方々などに、あらためて厚くお礼を申し上げます。

**なのはな共同保育園のあゆみ**

(1)　なのはな共同保育園は、一九七六（昭和五一）年五月、障害のある子どもの親たちが、外記丁教会（仙台市本町一丁目）の一室を借りて、週三日・母子分離の保育を始めたことに由来します。当時の名称は「菜の花共同保育室」でした。公的な助成などまったくない中で、親たちの自主的な取り組みによって開設されたという事実は、今も私たちの胸を熱くします。このことは、決して忘れてはならないと思います。

(2)　前述のように、その後、伊澤氏のご厚意で現在地に移転できたのですが、以来、一貫して「毎日登園・母子分離」の療育方針を堅持し、保護者からの期待と信頼に応えてきました。その実績の上で、一九九一年に精神薄弱児（現・知的障害児）通園施設なのはな園が開設され、共同保育園は発展的に解消される予定でしたが、「二～三年でいいから続けて欲しい」という仙台市からの強い要請により、現在まで存続させてきたのです。

(3)　しかし、共同保育園は、措置施設と異なり、貧弱な財政の下での運営を余儀なくされ、同じ法人の職員でありながら、給与は他施設の八割、九割しか支給されないという不当な賃金格差を解消できませんでした。しかも、その差別的な給与の維持すら容易ではなく、そのやりくりのために、元理事長・筑前甚七先生のご遺族から寄せられたご芳志五〇〇万円を充当させて頂いたこともありました。このように、加々見園長をはじめ職員の人たちが、不当な差別的処遇にもかかわらず、誇りと情熱をもって従事してきた療育実践とは何だったのか、あらためて考えてみなければならないと思います。

(4)　さらに、委託事業への移行にあたっても、困難な事態の局面がありました。それは、移行後も、①「毎日登園・母子分離」の療育方針を堅持したい、②「なのはな共同保育園」の名称を使い続けたい、という私たちの要望に、仙台市側が難色を示したことです。これに対して、理事会・評議員会は結束を固めて市長への申入れ書を提出しましたが、「なのはな共同保育園存亡の危機」ということで、お母さんたちを中心とした保護者や支援者によって「守る会」が結成され、対市交渉や市民への広報活動などが活発に展開されました。そのこともあって、市側は当初の見解を撤回し、「毎日登園・母子分離」の療育方針と、「なのはな」の名称継続が承認されました。これもまた、忘れてはならない貴重な体験であり、「困難な事態に直面したとき、誰の力に依拠していくのか」について、今後の教訓としていく必要があるでしょう。

**初心を忘れずに**

これまで私は、経営難に陥った民間の社会福祉団体や施設が、「経営の安定」を図るために、人事や財政を全面的に行政に依存し、それと引き替えに、創立当時の初心を失って変質していった事例を、いくつか見聞してきました。仙台市なのはなホームが、その轍を踏まないために、前記のような「なのはな共同保育園のあゆみ」を、深く心に刻んでいきたいと思います。

（「なのはな二五号」、二〇〇二年）

# 13　なのはな会の課題について

## 苦情は宝（たから）

昨年度、なのはな会では、各施設に、法人・施設の役職員以外の第三者委員を加えた苦情解決制度を発足させました。これは、一昨年に全面改正された、社会福祉法による「利用者の権利擁護制度」の一環として実施されたもので、利用者や家族等から寄せられる苦情や要求に対して、各施設・法人として、適正かつ迅速に対処しようというものです。

また、これと並行して、なのはな会では、各施設ごとに「倫理綱領」を策定しようと取り組んでいます。それは、施設職員として、「自分たちは、どのような施設をめざしているのか」、「利用者に対して、どのような処遇を行うのか」などを公表することによって、もし、そのとおりに実行されていなければ、それが当然「苦情」となって現れてくるシステムを作ろうというものです。

利用者や家族から苦情が寄せられることは、一見「恥ずかしいこと」のように思われがちですが、私は「有難いこと」だと思っています。苦情が寄せられることで、施設運営の在り方を改善していくきっかけが得られるからです。むしろ問題なのは、苦情や不満があっても、それを言い出せないような雰囲気がある場合ではないでしょうか。

沖縄には、「命（いのち）は宝」（ヌチドウタカラ）という言葉があります。何よりも命が大事だという意味の格言ですが、その言い方を真似すれば、私たちにとって「苦情は宝」だと思います。

## 支援費方式への移行

来年（二〇〇三年）の四月から、「こまくさ苑」・「はまなす苑」等、成人の障害者更生施設は、特別養護老人ホーム等と同様に「措置制度から利用契約制度へ」と変わります。いわゆる支援費方式への移行ですが、子どもたちの通園施設、「なのはな園」は措置制度が続きますし、「仙台市なのはなホーム」も別の制度です。

支援費方式というのは、施設利用の仕組みが、行政処分である措置によって行われるのではなく、利用者と事業者（法人）とが直接に利用契約を締結し、それにもとづいて行政は支援費を支給するという仕組みです。これによって、利用者と事業者とは契約上の権利・義務関係となり、利用者には施設選択の自由が保障され、事業者（法人）と対等・平等な関係になると、説明されています。

しかし、今のように施設が不足していたのでは、「選択の自由」を行使しようがないわけですし、もともと利用者と法人・施設との関係は、措置制度の下でも対等・平等な関係にあったのです。つまり、障害者施設等の社会福祉制度は、すべての国民に保障されている「健康で文化的な最低限度の生活を営む権利」（日本国憲法二五条一項）、いわゆる国民の生存権に対して、それを保障する国（地方自治体を含む）の義務（同条二項）にもとづく公法上の契約関係なのです。「事業者との契約制度にしなければ、利用者には権利が認められず、事業者とは対等・平等の関係にならない」などと言ったら、この先も措置制度が続く「なのはな園」や「仙台市なのはなホーム」の利用者の立場は、一体どうなるのでしょうか。およそ馬鹿げた話です。

いま、最も懸念されることは、支援費方式への転換によって、療護や援護等を必要とする人たちが放置されたり、利用者の経済的な負担が増えることで利用できなくなったり、施設の収入が減少して運営が困難になることです。そのような結果にならないために、私たちは、国や地方自治体による公的責任の後退を許さず、「権利としての社会福祉の確立」を求めていかなければならないと思います。

**後援会活動の充実**

先日の「なのはな後援会」総会で、昨年度の会費納入会員数は、個人　三九四名　法人　二団体と報告され、今年度は、個人　五二八名　法人一〇団体にしたいと提案されました。今でも登録されている個人会員は七六〇名ということでした。

こんなにも多くの人たちが、「なのはな会の事業を援助することを目的とする」後援会に加入してくださっているのは、まことに有難いことで、まさに「なのはな会の宝」です。その期待に応えていく責任の重さをあらためて痛感します。

ただ、少々気になるのは、近年における実会員数の減少です。役員の方々は献身的に活動してくださっているのですから、それにはさまざまな要因が重なり合っているのだろうと思います。でも、やはり減少傾向に歯止めをかけ、さらに拡大へと展開していくために、「どうしたらいいか」を真剣に考えていく必要があるだろうと思います。

私に何か名案があるわけではありませんが、もしも会員であることが「義理がらみのお付き合い」であったとしたら、長続きしないだろうと思います。やはり、会員自身にとって、「会員であることの意義」が自覚され、その気持ちが持続されていくこと、そのためには、「会員でよかった」という実感が味わえるような活動を、企画・実践していくしかないでしょう。どうすれば、そのような活動になるか、私も後援会の一員として、皆さんと共に考えていきたいと思います。

## 今後の事業計画

今年度、なのはな会は、「はまなす苑」の分場として、社会的就労部門を備えた「はまゆう」を建設し、「なのはな共同保育園」を仙台市の委託事業として「仙台市なのはなホーム」と改称、新築・移転しました。また「こまくさ苑」には医療的ケアを伴うB型施設を併設しました。これらの新規事業と、「なのはな園」等、従来からの施設やレスパイト事業等を、少ない予算と足りない職員数で運営していくのは容易ではありません。

さらに、かねて強い要望のあったレスパイト棟の建設やグループホームの開設等、新たな取り組みが緊急課題となっています。これらの要望や期待に応えていくためには、自主財源の確保や地域社会との緊密な関係など、もっともっと「なのはな会」の力を付けていかなければなりません。なのはな会の役職員一同、人権が守られ、利用者に信頼される社会福祉施設をめざして、その役割と任務を果たしていきたいと念じております。

いま私の目の前に、一七六六名の個人と二五の団体名を記した名簿があります。昨年五月から一年間にわたった「はまゆう」建設募金に、ご寄付くださった方々のお名前です。これらの方々のお名前を、一人ひとり熱い思いで確かめ、それに励まされながら、「障害のある人たちが暮らしやすい社会は、すべての人が暮らしやすい社会である」という、人類的な課題の達成に向かって、皆さんと共に、取り組んでいきたいと思います。

（「なのはな会後援会会報一〇九号」、二〇〇二年）

## 14　理事長としての講話（要旨）

### はじめに

全施設の皆さんとこのようにしてお会いできるのは楽しいことです。まだ私には本務があるので、各施設に伺うことはなかなかできませんが、月一度は施設長会議で、四人の施設長さんと松野常務理事にお会いしています。会議の議題はいろいろな難問が山積しているのですが、施設長さんたちはいずれも人間的に素晴らしい人たちばかりですので、結構、楽しい時間を過ごさせてもらっています。皆さんとももっとそうした時間が持てればいいなと思っています。

### 支援費制度への移行

ところで、今年度から「なのはな園」を除いて、なのはな会の施設は、措置制度から支援費制度に代わることになりました。仙台市は、「各施設は三月中に、利用者または保護者との『利用契約書』を作成するように、それができなければ支援費は支給できない」と指示してきました。これに対して私たちは、「そんなに急いだのでは利用者や保護者が契約内容を十分理解した上での締結ができない」、「それではかえって『個人の尊厳』とか『選択の自由』等の理念に反するのではないか」と主張しました。また、「利用者が未成年の場合には、親御さんは親権者として法定代理権を認められるが、成年の場合は、当然には認められず、そのためには委任による代理か成年後見制度によらなければならない。それらの手続や要件を欠いた契約は法的には無効ではないか」とも述べました。しかし、「それでもいいからやるように」ということでしたので、取り敢えず一年間の暫定ということで契約を結び、今後一年かけて、契約内容や締結方法等について、保護者の方々とも協議しながら検討を続けることにしました。一番大事なことは、利用者や家族の人権が尊重される契約の内容と手続でなければなりません。

二〇〇〇（平成一二）年に、「措置から契約へ」の転換ということで、社会福祉事業法が社会福祉法に改正され、その中で、情報公開、苦情解決システム、福祉サービスの利用援助・評価事業等、利用者保護のための諸制度が創設されました。これらの制度は、契約制度になったからできるというものではなく、措置制度の下でも本来そうあるべきだったものであり、私たちの法人では、今後も措置制度が続く「なのはな園」が、その対象となります。

**倫理綱領・第三者評価**

契約制度への転換によって、今後、何が変わるだろうかと考えてみると、施設と利用者との対等な権利・義務関係が明確になったことで、利用者や家族からの苦情・要望・批判等が、今までより増えるだろうと思います。しかし、それをもとに施設や法人の在り方を改善していくことができるわけですから、これは良いことであり、大いに歓迎すべきことです。

昨年度末の理事会で、法人の基本理念と施設の倫理綱領が承認されました。倫理綱領づくりには随分時間がかかりましたが、あくまでも職員が全員参加で、自主的に作成することが肝心であると考えていました。今は、この倫理綱領をさらに具体化した行動規範の策定が進んでいるとのことで、その成果を期待しています。

これらは、私たちの法人・施設が、利用者や家族、さらには広く社会に向けて行う約束であり、これらを単なるお題目でなく、毎日の実践の中できちんと貫いていけば、間違いなく「なのはな会」は日本一の社会福祉施設になります。

また、これらを実践していくためには、自己点検・評価は勿論ですが、保護者や第三者による評価を受けていくことが大切です。私は今、仙台市内の特別養護老人ホームの評価委員をしていますが、「なのはな会」でも、これをやる必要があると考えています。このような自己評価・第三者評価等の実施を、今年度の課題の一つにしていきたいと思っています。

## 専門職としての力量と自信を

最後に申し上げたいことは、皆さんに自分の仕事に対するプロとしての自信と誇りを持ってもらいたいということです。「この仕事をやっていてよかった」、「これがあるから辞められない」という喜びや充実感を、すべての皆さんに体験してもらいたい。庄子苑長が「感動」と言い、加々見園長は「醍醐味(だいごみ)」と言い、私は「生きがい」と言いますが、そういう熱い思いを仕事を通じて味わって欲しいと思います。

福祉の仕事は、誰がやっても同じではなく、「誰が、どのようにやるか」が、決定的に重要な専門職です。しかし、医療や教育に比べると社会福祉の専門性に対する評価は低く、したがって待遇条件もかなり劣っています。皆さんには是非、専門職としての仕事をしてもらいたいと思います。利用者に対する処遇について、なかなか保護者から分かってもらえない時は、自分の力量不足ではないかと真摯に受けとめ、同僚や先輩からの助言を得ながら、自分の力量の向上をめざしてもらいたい。失敗しても、その失敗から学んで、それを乗りこえることで専門職としての自信や生きがいを持ってもらいたい。

質の高い福祉の実践、そのために専門職としての力をどのようにして培っていくか、これもまた今年度の課題にしたいと考えています。福祉関係の学会等にも積極的に参加して研究発表をやってもらいたいと思っています。

皆さんが、今の仕事に従事していることで、自分自身の人生を「生きがいがある」と言えるようになって欲しい。そのために、私も法人の役員として頑張っていきたいと思います。

（二〇〇三年四月、辞令交付後の挨拶）

## 15　平和なくして福祉なし

新年早々、自衛隊がイラクへ派遣されました。先遣隊に続いて今後多数の隊員が現地に送り込まれる予定です。戦闘行為が続いている地域に重装備をした自衛隊が出ていくのは戦後初めてのことです。

わが国は、かつて満州事変後の一五年戦争で、アジア諸国民二〇〇〇万人、日本国民三一〇万人を犠牲にした戦争の惨禍を再び繰り返さないことを決意して、日本国憲法に「国権の発動たる戦争と、武力による威嚇又は武力の行使は、国際紛争を解決する手段としては、永久にこれを放棄する」（九条）として、「戦力」不保持・「交戦権」放棄を定めました。

これまで約六〇年にわたって、わが国が戦争にまきこまれず、交戦国として一人の他国民をも殺害せずに来られたのは、憲法の平和主義があったからです。いま、その戦後の歴史が大きく転換されようとしていることに、深刻な危機感を抱かざるを得ません。

ところで、一体、今度のイラク戦争は何だったのでしょうか。国連決議を無視して米英軍が先制攻撃を行う大義名分とした大量破壊兵器は未だ見つかっていません。逆に、米英軍が使用した残虐な大量破壊兵器による被害が明らかになっています。たとえば、劣化ウラン弾は、放射線被曝によるリンパ腫・白血病等のがん・腫瘍を発症させていますし、二〇〇個の爆弾を広範囲に散乱させるクラスター爆弾は、地雷化して長期にわたる殺傷兵器となっています。私たちは、テレビの画面を通じて、家を壊され、家族を失ったイラクの人たちの悲しみや、重い後遺症に苦しむ子どもたちの姿に日々接しており、どうして彼らがこんな目にあわなければならないのか、怒りがこみあげてきます。

いま、わが国に求められているのは、ブッシュ政権の暴挙に追随して米英軍の指揮下に入る武装自衛隊の派兵ではなく、医療・建設・生活支援等、現地で活躍しているNGOの人たちと共に、真の人道復興支援活動を推進しながら、国連の場における外交交渉を通じて一日も早くイラク国民の主権を回復し、彼ら自身による国づくりを支援することではないでしょうか。

戦争は、人間の生命を奪い、すべてを破壊します。「平和なくして福祉なし」、福祉に携わる者として、あらためてそのことを確認したいと思います。

（「なのはな二七号」、二〇〇四年）

# 16　社会保障運動の目標

「失って、あらためて知る健康の有難さ」、四〇年前に肺結核になって進路を断たれた時に、痛恨の思いで噛みしめた言葉である。

しかし、「のど元過ぎれば熱さ忘れる」のたとえのとおり、日頃はそのことをまったく忘却しながら暮している。それにしても、これまでどんなに沢山の友人・知人がまだ若くして逝去されたことだろう。すぐれた人たちだっただけに今も惜しまれてならない。その人たちに共通しているのは、「忙しすぎた」ことだったように思う。

働きすぎて死に至る「過労死」は、国際的にはローマ字で書くしかない特殊日本的な問題であるが、原因は何といっても慢性的な長時間労働にある。ドイツやフランスの労働者よりも年間三〇〇～四〇〇時間も多く働いており、統計に表われないサービス残業などを考え合せると、「病気にならないのが不思議」とさえ思われる。その上さらに今、残業・深夜業・休日労働等の女子労働者に対する労働基準法上の規制も撤廃しようとしている。

まさに、サラリーマン川柳（作者不詳）の、

「健康度　死ぬまで会社にためされる」

「人減らし　過労死でまた一人減り」

ということになりかねない。

昨年一一月に、宮城県社会保障推進協議会が再開され、これまで医療保険・児童福祉法の改悪阻止や公的介護制度の確立等を求める運動に取組んできた。社会保障は、国民の生存権保障に対する公的責任にもとづく制度なのだから、社会保障運動の目標は、要するに、「人間らしく働き、人間らしく生きられる」社会を築いていくことにある、と言っていいだろう。

（「労働者の健康　みやぎ一九号」、一九九七年）

## 17　社会保障運動の推進をめざして

二一世紀の幕開けの年を、新たな感慨をもって迎えられたことと存じます。

昨年は、年金・介護・雇用・医療の各社会保険とも、国民負担の増大と給付の削減が行われ、社会福祉の分野においても、「措置から契約へ」のスローガンの下に公的責任の後退が行われました。

まさに社会保障制度の総改悪が、国民の反対を押し切って強行されたのです。しかし他方、国民的規模の反対運動によって、政府・与党の当初の目論見を大幅に変更・先送りさせた成果も確認できると思います。このような社会保障制度をめぐる攻防は、今年もますます熾烈化していくことでしょう。私たちは、「国民の生命と暮らしを守る」という大義ある闘いに、確信をもって社会保障運動に取り組んでいきましょう。

昨年一一月、私たちは涌谷町の現地調査を行いました。同町が介護保険の利用料を一律に軽減する独自措置を講じたことについて、経過と実態を知りたいと思ったからです。その概要は本号記載のとおりですが、住民の立場に立った自治体の姿勢と住民運動の実績を知ることができました。同町にかぎらず、欠陥だらけの介護保険に対して自治体独自の取り組みが、いま全国各地で展開されています。福祉・医療の在り方をめぐって、住民参加による地方自治の実質化が図られているのです。このような動きを、もっともっと広げていくための取り組みを強めていきたいと思います。

社会福祉や医療・年金等をめぐる動向は、それぞれに固有の問題を含みながらも、社会保障政策の一環であり、国政の在り方に関わる政治課題です。その点で、今年は参議院選挙の年であり、政治の流れを大きく転換させる絶好の機会です。私たちは、「どんな政治を求め」「どんな社会をめざすのか」、主権者としての選択が問われています。そういう国政の在り方を考えるにあたって、福祉先進国の実情を知ることは意義あることであり、三月一〇日開催の訓覇法子さんの講演会が期待されます。「グローバルに見て、ローカルに行動する」ことが肝要だと思います。

（「みやぎの社会保障四号」、二〇〇一年）

## 18　福祉先進国に学んで

かねて北欧諸国の社会福祉の実態を知りたいと思っていましたが、この度ツアーに加えて頂き、積年の念願が達せられたことを感謝しています。もちろん、きわめて短期間の滞在だったので「垣間見た」というだけかも知れませんが、「百聞は一見に如かず」なので、今後は現地で得た体験を踏まえながら、デンマーク・スウェーデンの社会保障制度についてもっと勉強してみようと思っています。

今回の視察は、高齢者福祉が中心でしたが、行く先々でお会いした高齢者の方々が、みんな明るく生き生きと暮らしておられて、「生活の継続性・自己決定の尊重、残存能力の活用」という高齢者政策の基本原則が貫かれているのを実感できました。それには、年金・医療・介護・住宅等の社会保障制度が総合的に整備されていることが推測されました。

現地で見聞した在宅やグループホーム中心の高齢

者・障害者福祉の在り方は、今後のわが国の進むべき方向を示しているでしょうし、また、社会福祉の仕事に従事している人たちの労働条件と生活の保障は、それがきわめて立ち後れているわが国の現実と対比して、強く印象づけられました。

出かける前に、これらの福祉先進国でも近年「民営化が進んでいる」と聞かされていたのですが、現地での見聞では、「民間委託」といっても営利企業ではなく、わが国の社会福祉法人に対する措置制度とほとんど変わりがないように思いました。つまり、措置制度の功罪は専ら国・地方自治体の在り方に関わっているということです。また、わが国の市町村に当たるコミューン（コムーネ）の役割の大きさを痛感しましたが、そのためには住民自治や税制上の財源確保が不可欠だと思いました。

いずれにせよ、両国で実現している高水準の社会保障制度は、第一次・第二次世界大戦に参戦しなかった歴史的背景（ただし、デンマークではナチス支配下の熾烈なレジスタンス運動があったことを現地で知りました）や、民主主義と人権尊重の伝統に根ざした両国の政治・社会制度の実情を知って、あらためて「平和と民主主義なくして福祉国家の実現はあり得ない」ことを確信しました。

帰国後、九月二八日に行われた欧州単一通貨ユーロ導入の是非を問うデンマーク国民の投票が、反対多数で否決されたことを知りました。「通貨主権をEUに委譲して福祉国家が守れるのか」という国民の不安が示されたものと報じられていますが、今後導入の賛否をきめるイギリスやスウェーデンへの影響も予想されます。そんなことや政治・経済事情なども含めて、両国の社会保障制度の動向を見つめていきたいと思っています。

松浦さんを団長とする今回のツアーは、参加された山形の皆さんの心の温もりを感じながらの快い旅でした。この旅を通じて得た人間関係も大事にしていきたいと思っています。どうも有難うございました。

（山形県社保協への寄稿文の転載。「みやぎの社会保障三号」、二〇〇〇年）

# 19　労働運動と社会保障運動

## 医療制度の改悪阻止

宮城県社会保障推進協議会（県社保協）は、当面の緊急課題として、通常国会に上程される予定の医療制度改悪、具体的には、本人の窓口負担二割から三割への引き上げ、保険料の算出基準を月収からボーナス分も加えた年収とする引き上げ、自己負担の上限である高額療養費の引き上げ、長期の入院料の自己負担化、高齢者の負担増等々、医療制度改悪を阻止するための取り組みに全力をあげており、県内三〇万人の反対署名の達成をめざしており、また、来る二月二日に医療制度「改革」反対県民集会を五〇〇〇人規模で開催することを目標に日夜取り組んでおります。皆さんのところにも、いろいろな形で要請が行っていることと思います、どうぞ宜しくお願いします。

## 労働者の生活と社会保障

ところで、以前、私は労働法研究者として、労働組合のみなさんと一緒に行動する機会は割と多かったと思いますが、研究分野を労働法から社会保障法へと変えて以来、医療・福祉関係の労働組合を除いて、労働組合の皆さんとはほとんどご縁がなくなり、お会いする機会も極端に少なくなったと思います。これは大変残念なことです。

研究対象を労働法から社会保障法に移したといっても、医療、年金、介護、社会福祉等の諸課題の研究に取り組めば取り組むほど、これらは現役労働者の問題であり、労働組合の主要な運動課題だと思います。そのことについて、今日は時間がないので詳しい話はできませんが、医療や介護、年金等の社会保険の保険料は、主として現役世代の労働者が被保険者として納入しているわけですし、子どもの保育や親たちの介護等、社会福祉の問題は現役世代の労働者の問題に他なりません。健康保険や厚生年金の保険料収入が減少しているのは、長引く不況のもとで、労働者の賃金が抑制され、さらには、失業者の増大が被保険者そのものを減少させているからです。

**労働運動と社会保障運動**

労働組合がいくら賃上げ闘争をおこなっても、税金や社会保険料、各種の利用料や自己負担分が増えれば、その分、実質賃金は低下するわけですから、この種の課題を取り組まなければ、「労働者の健康や暮らしを守る」という、労働組合本来の目的を達成することはできません。

また、社会保障制度の拡大・充実を図ろうとすれば、労働者の雇用・失業問題や賃金・労働条件の悪化に対して、重大な関心をもって共に闘わなければならないわけです。労働運動と社会保障運動は、「車の両輪」、いや、それ以上に「不可分一体」の関係にあると思います。ところが、私のささやかな体験にもとづく実感としては、必ずしもそうなっていないように思われます。これは、労働運動・社会保障運動、双方の運動にとって、致命的な弱点なのではないでしょうか。

**「福祉の町づくり」と組織労働者の役割**

また、社保協では、医療・年金・介護・福祉等の全国的な諸課題と取り組むとともに、市町村等の地域レベルにおける取り組みにも力を入れています。それは、介護保険の保険料・利用料の減免や、各種の社会福祉施設の整備状況、乳幼児医療費の無料化、資格証明書問題など国民健康保険制度の運用等において、市町村の独自措置による自治体間格差が拡大しているからです。

このような現状から明らかなように、地方自治体における住民運動がきわめて重要であり、そのためには、組織労働者も地域住民の一員として、「暮らしやすい町づくり」運動に積極的に参加していくことが必要だと思います。また、そういう組合員の取り組みを全面的に支え、バックアップしていく労働組合運動が求められていると思います。

以上、日頃思っていることの一端を申し上げて、

「県民総ぐるみの国民春闘をめざす」皆さんへの連帯の挨拶とさせて頂きます。共に頑張りましょう。

（「みやぎの社会保障一〇号」、二〇〇二年）

## 20 変容する高齢者福祉
### ――介護保険一年の軌跡（シンポジウム企画の趣旨）

一 多くの国民の期待と不安を集めて発足した介護保険制度の導入から一年が経過した。この制度の「ねらい」について、厚生省は、次の四点を掲げている。

①老後の最大の不安要因である介護を国民皆で支える仕組みを創設、②社会保険方式により給付と負担の関係を明確にし、国民の理解を得られやすい仕組みを創設、③現在の縦割りの制度を再編成し、利用者の選択により、多様な主体から保健医療サービス・福祉サービスを総合的に受けられる仕組みを創設、④介護を医療保険から切り離し、社会保障構造改革の皮切りとなる制度を創設（平成一二年版・厚生白書 四二八頁）。

果たして、この「ねらい」は、実施後、どうなっているだろうか。この一年間の経過については、「おおむね順調な滑り出しと言えるのではないか」との見方もあるが、①介護認定をめぐる問題（認定手続の煩雑さ、調査項目の妥当性、一次・二次判定の齟齬、不服審査手続）、②保険料・利用料負担（住民税非課税世帯や月額一万五〇〇〇円以上の年金からの天引き、第二号被保険者の適用対象の限定）、③介護サービスの供給主体・基盤整備（利用率の低さ、施設入所待機者の増加傾向）等々をめぐって、さまざまな問題が顕在化し、それらに対する具体的な対応が、これまで行われてきた。それらの問題はいずれも、基本的には、次の要因に由来するものと思われる。

①高齢者福祉の分野への社会保険方式の導入、②措置制度から、利用者と事業者との利用契約制度への転換、③営利企業の新たな参入、④応益負担原則にもとづく保険料・利用料負担、⑤介護サービス基盤整備の立ち遅れ。

しかも、このような政策動向は、単に高齢者福祉の分野にとどまらず、二〇〇〇年六月の社会福祉事業法および障害者関係諸法の改正に見られるように、社会福祉基礎構造改革の第一歩として、さらには、高齢者医療の定率負担方式や年金制度の見直し等、社会保障制度全般にわたる「改革」へと連動している。

**二**　ところで、介護保険制度に対する評価は、必ずしも一様ではない。従来よりも経済的負担が軽減されることになった高所得の利用者からは歓迎されており、また、多様な供給主体による介護サービスが受けられるようになったこともあって、全体としては、介護サービス利用の増大、「社会的入院」の減少等による老人医療費の減額が見られる。また、実施直前において、第一号被保険者の保険料徴収延期、在宅サービスを利用してきた低所得者の利用料減額等の特別対策が講じられたことや、特別養護老人ホーム入居者の暫定措置等、一連の緩和措置によって制度の問題点が先送りされてきたこともあって、現時点において、介護保険制度の全面的な評価を行うことは難しく、かつ、適切とは言えないかも知れない。

だが、後述のように、利用者数が市町村の当初の計画を大幅に下回ったこと、とくに低所得者層のサービス利用率が著しく低いことは、「利用の必要性がない」のではなく、「保険料や利用料の負担に耐えられない」からである。低所得者層の切り捨てともなりかねない、このような制度設計は、社会保障制度本来の在り方として妥当と言えるであろうか。

さすがに各市町村では、住民の生活実態に即して、保険料・利用料についての独自の減免措置を講じたが、これに対しては、「天災、長期入院、失業、不作等の場合以外の保険料減免や、利用料の一律減免措置は適当ではない」とする厚生省通達（平成一二・九・二五）との対立がある。

また、大々的な宣伝で華々しく社会福祉業界に参入してきた営利企業であったが、在宅介護サービスの利用状況の低さ、介護報酬単価の低さなど、当初の目論見どおりに事業展開ができなかったこともあって、採算がとれずに撤退・縮小を行い、介護サービスを営利企業に委ねることへの不安が、決して杞憂ではなかったことが実証された。

いま、在宅介護サービス事業に参入した営利企業では、何とかして利潤を上げるために、事業経費の約八割を占める人件費を大幅に削減する労務管理を行っている。それによって、登録型パート労働者など、ホームヘルパーの不安定雇用化、低賃金・過重労働、さらには業務委託契約による非労働者化等が進行しており、本来、人間的なゆとりをもってなされるべき「介護」の本質に反する就労を余儀なくされ、介護労働に従事する者の生き甲斐、仕事に対する誇りや情熱をも奪い取っている。

このような動向は、在宅介護サービスに従事している労働者だけでなく、介護老人施設等の従事者の場合も同様であり、措置制度の廃止によって将来にわたる安定的な収入の維持が見通せなくなった施設側では、収入減に備えて、従事者のパート化・臨時雇用化等、非正規の雇用形態が急速に増加しており、さらに今後は、労働者派遣法の改正によって、施設従事者の派遣労働化の進展が予想される。

三「福祉は人」と言われるように、人から人へのヒューマン・サービスである介護や福祉労働におけるこのような変質と、それがもたらす事態は深刻であり、今や介護・福祉労働者の質・量ともの確保が急務となっている。

さらに、介護保険制度におけるキー・パーソンとも言うべき介護支援専門員（ケアマネジャー）は、低額な介護報酬単価を補うために多数のケースを担当せざるを得ず、また、膨大な給付管理事務に忙殺されて、本来の業務に専念できない過重労働を強いられている。その上、自分が所属している事業者の収益を上げるために、利用者の「囲い込み」や誘導にも従事させられている。ケアマネジャーの身分保障と、事業者に対する中立性の確保が求められている。

介護保険制度の実施によって、原則として措置権者ではなくなった市町村は、当初、「要介護認定事務」と、保険料の徴収・事業者への支払いという「介護保険財政の管理事務」とに、自らの役割が限定されるかのような言動を行っていた。しかし、拙速な実施ゆえに数々の不備や欠陥をかかえながら発足したことに伴う事態の進行、とくに利用者の保険料・利用料負担の増大に対して、介護保険法によらない独自の減免措置を講じる市町村が次第に増えてきている。

このような市町村による対応の相違によって、少なからざる自治体間格差が生じているが、その背景には、介護保険事業計画策定委員会や介護保険運営委員会への積極的な住民参加、介護保険をよくするためのＮＰＯやそれらを結ぶネットワーク等、各種住民組織の活動や、全都道府県に結成された社会保障推進協議会（社保協）と、二四〇余の地域社保協による各種学習会の開催、介護問題一一〇番、保険料・利用料減免および介護基盤整備要求の署名運動、自治体キャラバン、自治体当局との懇談・協議・交渉等、かつてない住民運動の高まりが見られる。地方自治の発展あるいは着実な前進とも言える新たな動向に、今後とも注目していきたいと思う。

（「社会保障法学会誌一七号」、二〇〇二年）

## 21　これでいいのか「日本の社会福祉」

### はじめに

最近の報道によれば、フィリピンのアヨロ大統領は記者会見で、「フィリピン国内で日本の高齢者に介護施設を提供できる」よう、日比間で協議する意向を示したという（朝日新聞二〇〇三・一・一八）。これより先、昨年一一月末、日比間の自由貿易協定（FTA）締結を視野に入れた事務レベル協議で、比側が介護労働者の受け入れを提起したが、①日本人の職を奪いかねない、②言葉の問題があり現実的でない、と日本側が消極的な姿勢を見せたことへの新たな対応だと報じられている。

「日本の高齢者を、誰が、どこで、看（み）るのか」という問題は、決して遠い将来の仮想問題ではない。後述のような福祉労働をめぐる近年の動向が、このまま推移していけば、「福祉の担い手がいなくなる」との懸念を払拭できないからである。

### 社会福祉従事者の現状

わが国の社会福祉事業の現状は、高齢者・障害者・児童・母子等を対象とする社会福祉施設数は、全国で約七万九〇〇〇か所、入所定員約二八八万人、従事者数約一〇七万人である（平成一三年一〇月現在）。社会福祉従事者には、この他、訪問介護員（ホームヘルパー）約二〇万人、福祉事務所・児童相談所・社会福祉協議会等の職員約一三万八〇〇〇人（平成一二年度）が含まれるから、総数では約一四〇万人に及んでいる。

一九八四年当時の施設職員数は、約五三万四〇〇〇人であったから、それが倍増しているわけで、この分野での「雇用の創出」が実証されている。社会福祉施設の種別では、高齢化の進展と介護保険法（一九九七年制定）による基盤整備もあって、高齢者保健福祉領域で急増している。二〇〇〇（平成一二）年四月から実施されている介護保険は、負担増による低所得者層の利用抑制等が大きな問題になっているが、平成一四年九月末現在の実施状況は、居宅介護（支援）サービス受給者数約一八三万人、施設介護サービス受給者数約七〇万人となっている。

### 福祉労働の変容

わが国の社会福祉制度は、介護保険制度の導入によって大きく変容を遂げている。

先ず、特別養護老人ホーム等の介護老人福祉施設は、「措置から契約へ」の制度的転換による収入の不安定化に備えて、職員の採用にあたっては、終身雇用・年功序列型賃金による「正規雇用」を減らして、パート・臨時・嘱託等、不安定な身分で働く「非正規雇用」を増大させた。このような職員人事は、国が入所者数に対する介護職員数の配置基準を定めている通知（「特別養護老人ホームの設備及び運営に関する基準について」平成一二・三・一七老発二一四）等を改訂して、「常勤換算方法」を導入したことで大いに助長された。

「常勤換算方法」とは、当該老人ホーム職員の勤務延時間数を常勤職員が勤務すべき時間数で除することによって、職員数を常勤職員数に換算する方法であり、要するに、利用者の直接処遇に従事する職員は、パート・臨時のような非常勤職員でもかまわないというものである。これによって、介護老人福祉施設の人件費が赤字どころか大幅な黒字となったことは周知のとおりである。

この常勤換算方法は、二〇〇三年四月から「措置制度から支援費制度」へ移行する障害者施設に対しても導入され（「指定知的障害者更生施設等の設備及び運営に関する基準」平成一四・六・一三厚生労働省令八一号）、今後、わが国の社会福祉施設は、大量のパート、臨時、嘱託、契約職員等の非常勤職員と、福祉職場でも受け入れが自由化された派遣労働者によって担われていくことになりかねない。

**営利企業の参入**

次に、介護保険制度の導入によって、高齢者の在宅介護事業への営利企業の参入が認められることとなった。発足当初、何兆円もの巨大市場と喧伝され、新たなビジネス・チャンスの到来とばかりに、これまで社会福祉事業とは全く無縁であった多くの民間企業が、都道府県知事の指定を受けて居宅サービス事業所を開設した。しかし実施後、思うように利益があがらなかったことから、大手の事業者が撤退・規模縮小・整理解雇等、大規模なリストラを行ったことは記憶に新しいところである。それでもなお、今日、営利法人による訪問介護指定件数は、採算のとれる都市部を中心に全体の約四割を占めている。

もともと社会福祉事業は、人件費の割合が高い典型的な労働集約型産業であり、社会福祉法人のように施設運営が公費でまかなわれている場合は別として、営利目的の企業が事業によって利益を上げようとすれば、人件費を削減するしかない。したがって、人件費削減策として、非常勤職員の雇用、とくに待機時間中は無給となる登録型ヘルパーや、雇用関係の成立自体を否定する業務委託契約による労働力利用が行われている。もっとも、業務委託契約については、実態を重視し、実質的に判断していく労働法の立場からは、現実に使用従属関係が存在すれば、契約形式に関わらず、労働契約として扱うことになる。

このような動向に合わせて、介護サービスの提供量を定めた「今後五か年間の高齢者保健福祉施策の方向~ゴールドプラン21」（平成一一・一二・一九、大蔵・厚生・自治三大臣の合意）では、訪問介護に従事するホームヘルパーを、平成一一年度の一七・六万人から平成一六年度には三五万人に増員するとしているが、それはあくまでも参考値であって、正式には時間単位で二億二五〇〇万時間と提示している。時間単位で働く非常勤職員のホームヘルパー配置を想定してのことである。

**社会福祉従事者の専門性**

一九八七（昭和六二）年に、高い資質の担い手によって社会福祉サービスを確保することを目標として、社会福祉士・介護福祉士制度が発足した。平成一四年五月現在、社会福祉士の登録者数は三万七〇〇〇人、介護福祉士の登録者数は二九万九〇〇〇人に達しており、一九九七（平成九）年に発足した精神保健福祉士の登録者数も一万二〇〇〇人を数える。しかし、三種の福祉士とも、医師や看護師のように、資格なしには一定の職種に就労出来ないという「業務独占」の資格ではなく、呼称上の「名称独占」に過ぎない。

また、福祉事務所の現業員等への任用資格とされている社会福祉主事は、大学卒であればほとんどが取得できる「三科目主事」制が半世紀にわたって維持されており、多種・多様な資格取得方法を容認している介護福祉士資格、一三〇時間または五〇時間の講習で容易に取得できる二・三級のホームヘルパー資格等、いずれも福祉労働の専門性が軽視されていると言わざるを得ない。ちなみに、平成三~一二年度のヘルパー（一~三級）養成研修修了者は約一三二万人であるが、実際に就労している者は、ほんの一部でしかない。

他方、社会福祉従事者の計画養成という視点のないまま、「福祉の時代」「雇用の創出」を掲げて、毎年のように福祉系大学・学部の新・増設が行われているが、そこから送り出される大量の卒業生は、どんな福祉現場に受け入れられるのであろうか。

**福祉は人である**

利用者の生命、健康、発達、自立等に直接携わる社会福祉の仕事は、「誰がやっても同じ」という機械的なものでなく、「誰が、どのようにやるか」が決定的に重要な専門職である。

したがって、児童・障害者・高齢者の直接処遇を担当する職員が頻繁に交代することは、利用者に不安・動揺を与えるだけでなく、利用者の特性に応じた処遇ができないであろう。また、自宅から利用者宅へ直行する登録ヘルパーでは、業務の引き継ぎが不十分なままの就労とならざるを得ず、それによる事故の発生や病状の悪化という事態も起きている。

介護内容が分刻みでパッケージ化され、厳格な時間管理の下では、ヘルパーと高齢者とが心を通い合わせるゆとりなどなく、介護労働に従事する者の働きがいをも奪っている。

高齢者、障害者、児童、母子等、利用者の生活や権利を守る社会福祉の仕事は、「人から人へ」のヒューマン・サービスであり、従事者の専門的な知識・技能と、利用者との人間的な信頼関係が不可欠である。福祉現場が、経費節減・経営効率化の下で、不安定な労働条件で就労する非常勤労働者や、雇用関係すらない派遣労働者によって占められていくのでは、もはや社会福祉の名に値しないと言わざるをえない。

要するに、自らの生活と権利が保障されていなければ、従事者が利用者の生活と権利を守ることなど出来ないということである。

伊藤博義編『福祉労働の法Q&A』（有斐閣　二〇〇二年一一月）を刊行して、あらためて、以上のような感懐を抱いた次第である。

（「書斎の窓五二三号」、二〇〇三年）

## 22　なぜ、日本の福祉労働者は劣悪な条件で働かされるのか

### 一　かつて私が福祉労働者であった時

#### 1　養護施設に勤務

私事（わたくしごと）で恐縮ですが、私は一九五九（昭和三四）年から四年間、民間の養護施設（現・児童養護施設）に児童指導員として勤務した経験があります。結婚するまでの三年数ヶ月は、入所児たちと同じ施設内での住み込みでしたから、私生活と勤務時間の区別なく過ごしていました。

私は法学部出身でしたから、在学中は社会福祉についても何も勉強しなかったのですが、司法試験の受験勉強中に無理がたたって肺結核となり、療養生活を余儀なくされました。療養の日々、あれこれと今後の生き方を考えた末、社会福祉の現場で働こうと決意しました。自分が病気・失業そして貧困を体験したことで、同じような境遇にある人たちへの関心が高まり、その人たちと共に生きる人生を送ろうと思ったのです。

施設生活では、先ず、他の職員たちと力をあわせて、子どもたちの生活改善に取り組みました。くわしいことは省略しますが、たとえば、それまで盛り切り制だったご飯を何杯でもお代わりできるおひつ制に切りかえたり、施設で暮らしながら高校へ通学できるようにしたり、日常生活・諸行事など、多くの生活場面で子どもたちの意見を聞き、彼らの意思決定を尊重するように努めました。また、同じ法人の経営で、養老院（現・特別養護老人ホーム）が隣接してありましたので、そこに入居しているお年寄りたちの生活改善にも取り組みました。

#### 2　労働組合の結成

そういった取り組みの延長線上で、子どもたちや老人を毎日世話している職員の労働条件を改善する必要性に思い至りました。職員が低賃金・長時間・

過重な労働で働き、将来の身分保障もない劣悪な待遇のままでは、安心して仕事に打ち込むことはできない、「利用者の処遇条件と従事者の労働条件の一体性」という認識にたどりついたのです。そして、そのためには、一施設・一法人内の取り組みでは限界があることから、志を同じくする保育所等、他施設の従事者や社会福祉協議会の職員たちと話し合って、民間の社会福祉事業で働いている人なら誰でも個人の資格で加入できる労働組合として、一九六〇年に岩手県社会事業職員組合（現・岩手県社会福祉労働組合）を結成しました。

組合結成後は、措置費・保育単価等について学習し、その成果にもとづいて昇給、期末手当、超勤手当等の完全実施を経営者に要求したり、不当解雇の撤回や就業規則の改訂交渉等を行いました。また、公営施設と私営施設の職員の賃金格差問題を取り上げ、地方自治体に対して私営施設職員への年末一時金支給の運動に取り組んだりしました。

その後、私はこの体験を踏まえて労働法・社会保障法の研究活動に進むことになりますが、私たちが作った組合は、今も全国福祉保育労働組合（福祉保育労）に結集して活動しています。

## 二　福祉労働者の労働条件が劣悪な理由

私に与えられたテーマは「なぜ、日本の福祉労働者は劣悪な条件で働かされるのか」ですが、次の四点にしぼって検討してみることにします。

### 1　慈善事業から始まった社会福祉事業

私たちが組合活動を始めたとき、「ゼニカネのことを言うような者はこの仕事に向かない」と、あからさまに言われましたが、わが国の社会福祉事業は、かつて国家や宗教家等を中心として行われた慈善事業でした。孤児や身寄りのない老人たちを集めて入所させた施設も、創立者が私財をなげうって作ったものでした。それらの行為は慈恵による行為でしたから（国家による場合は治安対策でもありましたが）、その事業に従事する者には、ひたすら「自己犠牲にもとづく献身的な奉仕」が求められたのです。

第二次大戦後は、日本国憲法の施行によって、国民の生存権保障と国の社会保障の向上・増進義務（憲法二五条）にもとづいて一連の福祉立法が制定されました。しかし、生活保護については保護請求権を明記しながら、児童・障害者・高齢者等の社会福祉については権利であることを明記せず、行政解釈では「行政の措置義務から派生する反射的利益に過ぎない」として、権利性を否定していました。当時は、社会福祉施設等が絶対的に不足しており、権利として認めた場合には、それに対応する国の義務が果たせなかったのです。

近年、介護保険制度や支援費制度によって「福祉は権利になった」と言われますが、それは事業者との契約上の権利でしかなく、国や自治体に対する権利を認めたものではありません。したがって、福祉現場では依然として「慈善と奉仕」の残滓とボランティア精神が過度に強調され、それが従事者の労働条件に悪影響を及ぼしていると思います

## 2　措置費等に占める人件費の低さ

公営施設の従事者は、公務員として別立ての給与表が適用されていますが、私営施設では従事者の給与は措置費・支援費等の公費を主たる財源としています。すなわち、措置費等の内訳として事務費収入に人件費が計上されており、職員給与については予算上の格付級号俸（行政職・福祉職等の）が、施設種別や職種別に例示されています。したがって、例示された級号俸の給与額を上回って支給すれば、法人からの持ち出しになるわけです。

勤務年数の短い職員が多いところでは、上回った職員分も公費の中から捻出できますが、勤務年数の長い職員の多いところではできません。したがって、法人の自主財源で補給できないかぎり、職員の給与額は頭打ちとなってしまい、公営・私営間の賃金格差が拡大していくことになります。

このような頭打ちの不合理さを是正するために、平成一一年度の人事院勧告で「福祉職俸給表」の新

設が提案されたのですが、予算上の措置が講じられないために私営施設には波及せず、実効性を欠くものに止まっています。やはり、私営施設の職員に対しても別立ての給与表を作成・適用していくべきでしょう。

### 3　民主的な経営でない場合

現在、多くの社会福祉事業は、民主的・開放的な経営が行われていると思いますが、中には旧態依然とした非民主的なワンマン経営の場合もあります。そのような施設・事業所で労働組合が出来たりすると、使用者は「飼い犬に手を噛まれた」といった感情的な態度で臨み、労使関係が泥沼化してしまいます。福祉現場での不当労働行為事件が未だに跡を絶たないのですが、労働者の団結権は、憲法上の基本的人権として保障されており（二八条）、組合つぶしの不当労働行為などは、およそ「時代錯誤も甚だしい」と言わざるを得ません。

また、このような福祉現場では、常勤職員を減らしてパート・臨時・嘱託等による非正規雇用化や、請負・委任・派遣等、非雇用化による使用者責任の回避傾向も見られます。

### 4　福祉労働者の団結活動の弱さ

二〇〇二年度における労働組合の推定組織率は、過去最低の二〇・二％でした。倒産・リストラ、失業、非正規雇用化等が、組織率低落の要因となっています。福祉労働者の場合は、それよりもっと低く、僅か数％の組織率と思われます。このように福祉労働者の組織率が低い理由としては、①小規模事業所が多いこと、②家族的経営やワンマン経営があること、③地縁・血縁の閉鎖的な職場が多いこと、④女性労働者が多いこと、⑤従事者の職種の多様さと就労時間が不揃いなことなど、さまざまの困難な条件が福祉現場には集中しているからだと思います。

しかし、労働者が個々バラバラになっていたのでは使用者に対する立場が弱く、労働条件に不満があったら退職せざるを得ないことになりかねません。

現在のような深刻な雇用・失業状態の下では欠員補充は容易ですから、労働条件の改善につながらない悪循環が繰り返されるのではないでしょうか。

## 三　福祉労働者の労働条件を改善するために

### 1　福祉労働の専門性に相応しい労働条件に

厚生労働大臣は、社会福祉事業従事者の確保等の基本指針を定めることになっていますが（社会福祉法八九条）、それに関して、「社会福祉事業に従事する者の確保を図るための措置に関する基本的な指針」（平成五・四・一四厚生省告示一一六号、改正平成一一厚告五三）では、「①専門的知識・技術と豊かな人間性を備えた資質の高い人材を早急に養成すること、②魅力ある職場づくりを推進し、必要な人材を確保すること」を掲げ、そのためには、「社会福祉事業においては従来ともすれば、従事者の人格や熱意に過度に期待する傾向が見られた。社会福祉を志し従事する者が誇りと生きがいを持ち、長期にわたって就業しその能力を発揮出来るよう、職務の困難性・専門性を適切に評価し、賃金、労働時間、福利厚生等の改善を図ること」を指摘しています。

また、社会保障制度審議会勧告「社会保障体制の再構築」（平成七・七・四）、いわゆる九五年勧告では、「保健・医療・福祉の分野を担う人材の養成確保は重要であり、そのためにはその領域での労働時間、給与、育児環境などの労働条件や、福利厚生面の大幅な改善が欠かせない」「また、質の良い人材を確保するためにも、就業に魅力ある職場づくりを進める施策を行うべきである」と提言しています。

さらに、中央社会福祉審議会社会福祉構造改革分科会「社会福祉基礎構造改革（中間まとめ）」（平成一〇・六・一七）でも、「福祉サービスの質については、サービスの担い手が重要な意味を持っている。したがって、適切な人材の養成・確保と併せて、サービス提供における専門職の役割及び位置付けを明確にする必要がある」と述べています。

いずれも、福祉労働の専門性を評価し、それに相応しい労働条件の改善を求めていますが、その後の経過としては、何ら改善は見られません。それどころか、施設職員にパート労働者の雇用を増進させる常勤換算方式の導入や、雇用関係のない派遣労働者の利用を福祉現場に解禁するなど、福祉労働の専門性の軽視・無視と言わざるを得ない政策が進められています。これらの指針・提言にもとづいて、専門職に相応しい労働条件が確保されなければなりません。

## 2　福祉労働者の団結強化を

三〇数年にわたって労働法を勉強してきた私が到達した結論は、どんなに立派な制度や法律が作られても、それだけでは労働者の生活を守るに足りない、それらの制度や法律を実際に役立つものにできるのは、労働者の団結の力である、要するに、「労働者が人間らしく生きるためには団結するしかない」ということです。

しかも、福祉労働者の労働条件改善の取り組みは、一施設・一法人をこえる場合が多く、団結の規模も「施設から地域へ」、「地域から全国へ」と広げていかなければなりません。それによって、労働者としての共通課題、社会保障制度全体における相互関係、平和と民主主義という社会福祉の存立基盤に根ざした運動を展開できるのではないでしょうか。

（「福祉のひろば四〇五号」、二〇〇三年）

## 23　地方自治の可能性

「国がやらぬなら私がやる。いずれ国はあとからついてくるだろう。赤子や老人を守らねば、社会の秩序が保たれない。」

これは、元・岩手県沢内村村長深沢晟雄（ふかざわまさお）の言葉である。

深沢村長は、一九五七（昭和三二）年から一九六五年まで在職し（在職中に病死）、一九六〇年には、六五歳以上の高齢者の国民健康保険（国保）一〇割給付（自己負担の無料化）の実施、翌年には六〇歳以上の高齢者と一歳未満の乳児にも無料化を拡大した。当時、国保は五割給付で、自己負担が五割であったから、病気になっても医療機関での受診は容易ではなかった。

その頃の沢内村は、冬期間は交通機関が途絶して「陸の孤島」と化する豪雪地帯であり、乳児死亡率は全国最高の岩手県内でのトップクラス、住民所得も県内六二市町村の最下位であった。深沢村長は、雪害・多病多死・貧困といった最悪の状況の下で、前述のように決断し、その後、住民総参加の保健活動に取り組んだ結果、一九六二年には全国の自治体で初めて乳児死亡率ゼロの記録を達成し、沢内村は一躍、『自分たちで生命を守った村』（菊地武雄著・岩波新書）と称されるに至った（『沢内村奮戦記』あけび書房等参照）。

私たちの胸を熱くするこの事実は、今もなお多くのことを示唆しているが、ここでは二つだけ取り上げてみたい。

一つは、いわゆるコスト意識論の検証である。近年、医療費負担の引上げや介護保険の利用料等をめぐる論議の際に、必ず「或る程度、国民にも負担させてコスト意識を持たせないと濫用されて財政的に破綻する」という主張がなされる。しかし、病院の窓口負担を無料にした沢内村で、果たして、そのような事態が現出したであろうか。答えはノーである。むしろ、早期発見・早期治療が可能となったことで、結果的には医療費が減額したのである。これは沢内村だけのことではない。国保の現行三割負担を、一または二割に軽減している自治体の多い長野県では、高齢者医療費は全国最低となっている。つまり、コスト意識論は、国民を「愚かで、ずるい」と見る蔑視思想ではないだろうか。

もう一つは、「地方自治の可能性」である。前記のように、全国に先駆けて高齢者・乳児医療費を無料にした沢内村は、決して財政的に豊かな自治体であったわけではない。それどころか、県内で最も貧しい村での実践であり、それによって乳児死亡・患者の減少、家庭生活の安定、地域の活性化がもたらされたのである。これまで「福祉による町おこし」の例は全国各地で見られるが、『平成一一年版厚生白書』に、山形県最上町の事例が紹介されている。同町が障害者・高齢者の諸施設の建設を進め、町立病院との連携を図るなど、保健・医療・福祉一体のシステムづくりに取り組んだ結果、雇用の確保、住民所得の増加、町税収・社会保険料の増収、社会的入院の解消による医療費軽減等の「経済効果ばかりでなく、地域住民の生活に安心感をもたらすことを通じて、住民活動が生き生きとしたものとなり、新たな地域文化を生み出す基礎となる可能性がある」と記述されている。

近年、国保の保険料・自己負担分の軽減、介護保険の保険料・利用料の減免等、医療・福祉行政における自治体間格差が拡大しているが、「同じような財政規模の隣町で実施されているのに、わが町で実施されないのは何故か」と、分かりやすい地方自治の学習となっており、あらためて、英国の政治学者ジェームス・ブライスの言葉が想起される。

「地方自治は民主主義の源泉であるだけでなく学校である」。

（「判例地方自治二五〇号」、二〇〇四年）

## 二　伊藤博義教授研究業績一覧

**一九五九（昭和三四）年**

事例研究――或る問題児の生活史から（社会福祉法人小原慶福会養護施設・青雲荘）

**一九六〇年**

社会事業施設従事者の待遇問題について（岩手県社会福祉活動研究集会報告書）

**一九六四年**

最近の児童政策の特徴について（日本社会事業職員組合岩手支部「第一回社会福祉研究集会報告書」）

**一九六五年**

労働法講義ノート（自費出版）

**一九六七年**

偽装解散をめぐる諸問題（東北法学会雑誌一七号）

**一九六八年**

「幼な子の死は訴える――玉山村幼児餓死事件」（岩手県憲法会議）

**一九六九年**

ランナウエイ・ショップ――アメリカにおける組合回避の工場移転（日本労働法学会誌三四号）

十一・一三統一ストと四・二判決の意義（東北大学職員組合新聞二一〇号）

**一九七〇年**

親会社の賃金支払義務――川岸工業事件（月刊労働問題一四六号）

親会社と労働法上の「使用者」――川岸工業事件（法学三四巻三号）

**一九七一年**

企業合併と労使関係——十条製紙と東北パルプの合併（宮城教育大学紀要五巻）

産業再編成・系列下請化と労働者の権利（労働法律旬報七八三号）

親子会社の支配従属関係と労働者の権利（座談会）（同右）

アメリカの労働時間法制（季刊労働法八一号）

**一九七二年**

親会社の不当労働行為責任（労働法律旬報八一九号）

親会社に対する賃金請求（ジュリスト増刊・労働法の判例）

**一九七三年**

団結権妨害排除の仮処分（法学三六巻四号）

東北地方における誘致企業（大山宏氏と共著）（ジュリスト五三一号）

経営形態の変化と労使関係（座談会・同右）

東北地方における出稼ぎの実態（法学三七巻一号）

親子会社における使用者概念（日本労働法学会誌四二号）

休憩・休日（青木宗也他編・労働基準法講義・青林書院新社）

東北地方における誘致企業——福島県の概況報告（月刊労委労協二一一号）

職場と出稼ぎ先（家の光・別冊・新法律百科）

**一九七四年**

出稼ぎ労働者と失業保険（法律時報四六巻一〇号）

企業閉鎖・解散と不当労働行為（外尾健一他編『労働法を学ぶ』有斐閣）

賃金の全額払・賃金債権の相殺（別冊ジュリスト・労働判例百選第三版）

過激な行動や一定の信条を理由とする採用内定取

消の効力（労働判例一八九号）
「公務員のスト権など」（宮城教育大学職員組合「職組　ニュース一九号」
学界回顧（労働法）・外尾先生他と共著（法律時報四六巻一二号）

**一九七五年**

残業規制と不当労働行為（季刊労働法九五号）
誘致企業の倒産・人員整理（ジュリスト五八三号）
独占支配下の下請企業労働者の権利闘争（労働法律旬報八七六号）
教育公務員スト権判例の動向（季刊教育法一八号）
本籍・氏名等の詐称と採用内定の取消（ジュリスト増刊・昭和四九年度重要判例解説）
時季変更権（ジュリスト別冊・法学教室8）
不況下の企業倒産と親会社・背後資本の責任（座談会）（労働法律旬報八八九号）

施設利用者の権利と福祉労働者の権利（福祉ジャーナル六号）
学界回顧（労働法）・外尾先生他と共著（法律時報四七巻一四号）

**一九七六年**

母性保護規定（青木宗也他編・労働基準法の基礎・青林書院新社）
労働基準法第五～八条、第一〇条（本多淳亮他編『判例コンメンタール・労働法Ⅱ』三省堂）
東北地方における出稼ぎ労働者（高木紘一氏他と共著・斎藤晴造編『過疎の実証分析』法政大学出版会
障害者の労働権保障（1）（清水貞夫氏と共著）（宮城教育大学紀要一〇号）

**一九七八年**

親会社に対する賃金請求（ジュリスト増刊・労働法の判例第二版）

これからの労働法学（座談会）（ジュリスト六六五号）

**一九七九年**

『現代労働法（2）』（坂本重雄氏他と共著・有斐閣）

不利益取扱（季刊労働法別冊・労働組合法）

社会福祉労働の現状と問題点（季刊労働法一一二号）

企業変動と労働契約・労働契約と業務命令（『労働法事典』労働旬報社）

労働基準法上の労働者（ジュリスト増刊・労働法の争点）

**一九八〇年**

『コンメンタール労働組合法』（中山和久氏他と共著・有斐閣）

管理運営事項・交渉手続・態容（青木宗也他編『官公労働法の基礎』青林書院新社）

特殊雇用形態と労働法上の問題（『特殊勤務者実務百科』産業労働調査所）

労働協約をめぐる諸問題（東北学院大学教職員組合「組合新聞三号」）

**一九八一年**

全額払の原則と賃金カットの時期（別冊ジュリスト・労働判例百選第四版）

使用者の概念（有泉　亨他編『新版労働法演習1』有斐閣）

**一九八二年**

労基法上の労働者・使用者（『現代労働法講座9』総合労働研究所）

検診項目を明示しない受診命令の効力——電電公社帯広局事件（労働判例三八六号）

専売公社職員の争議行為と懲戒処分（全専売山形工場事件・法学セミナー三二五号）

一九八三年
母性保護規定（青木宗也他編『新版・労働基準法の基礎』青林書院新社）
労働基準法第五～七条（『基本法コンメンタール・新版労働基準法』日本評論社）

一九八四年
多国籍企業の労働関係と法（外尾健一他編『人権と司法』勁草書房）

一九八五年
経営上の決定と団体交渉（外尾健一編『団結権侵害とその救済』有斐閣）
ME化による雇用形態の変化とその法理（日本労働法学会誌六六号）
『マイクロエレクトロニクスの雇用に与える影響』（外尾先生と共著・調査報告書）

一九八六年
東南アジア学習の課題（宮城教育大学社会科『世界認識と国際理解教育に関する基礎的研究』）

一九八七年
労働者派遣法の立法経過について（法学五〇巻六号）
障害者雇用に望むもの（宮城県心身障害者雇用促進協会「みやぎ雇用の友」四九号）
労働立法の動向と婦人労働者（第二四回国公立大学婦人職員全国集会報告集）
労基法「改正」を考える①～⑮（「連合通信・東北版」五三七～五四五号）

一九八八年
『現代労働法（2）〔新版〕』（坂本重雄氏他と共編著・有斐閣）
障害者の労働権保障2（清水貞夫氏と共著・宮城教育大学紀要二二号）
総論②～④・労働契約⑧、⑨（下井隆史他編『ワ

ーク・ブック労働法』有斐閣）
企業閉鎖・解散と不当労働行為（外尾健一他編『労働法を学ぶ　改定版』有斐閣）

**一九八九年**

『注釈労働組合法・労働関係調整法』（中山和久氏他と共編著・有斐閣）
全額払の原則と賃金カットの時期（別冊ジュリスト・労働判例百選第五版）
「外国人労働者問題への対応の在り方について」の内容と問題点（労働法律旬報一二二一号）
パートタイム労働者の実態と問題点（水谷英夫氏と共著・労働法律旬報一二三〇号）
労働時間の短縮に向けて（仙台商工会議所月報三三号）

**一九九〇年**

労働基準法第五〜七条（『基本法コンメンタール・第三版労働基準法』日本評論社）
団体交渉の労働者側当事者（ジュリスト増刊・新版労働法の争点）
外国人労働者問題について（学会報告要旨）（東北法学会会報八号）

**一九九一年**

雇用・就業形態の多様化と労働法学の課題（日本労働法学会誌七七号）
社会保険と労働関係（別冊ジュリスト「社会保障判例百選」第二版）

**一九九二年**

合意解約の意思表示の撤回・定年制・定年後の再雇用（『労働判例大系6』労働旬報社）
雇用・労働問題と企業の責任（日本弁護士連合会「自由と正義」四三巻一号）
東北造船不当労働行為救済申立事件の意見書（宮城県地方労働委員会に提出）

**一九九三年**

『若者たちと法を学ぶ』有斐閣

多様化する労働者の実態とその法理（日本労働法学会誌八一号）

多様化する雇用形態と労働者協同組合（「仕事の発見」二六号　日本労働者協同組合連合会）

**一九九四年**

定年延長について（伊藤博義他編『労働保護法の研究』有斐閣）

『現代労働法（2）〔第三版〕』（坂本重雄氏他と共編著・有斐閣）

労働基準法第八条（青木宗也他編『注解法律学全集・労働基準法Ⅰ』青林書院新社）

『飛動意―人間の尊厳を求めて』〈私家版〉

**一九九五年**

福祉労働から福祉労働研究へ（「法と民主主義」二九七号）

人権と労働者の権利（自治労宮城県本部第三期労働学校報告書）

戦後労働法五〇年目の課題（「月刊・労委労協」四七二号）

転籍（別冊ジュリスト・労働判例百選　第六版）

浜田訴訟をふり返って（「わかぎ五号」全国予防接種被害者の会）

**一九九六年**

『雇用形態の多様化と労働法』（信山社）

書評・脇田滋『労働法の規制緩和と公正雇用保障』「法の科学」二四号）

**一九九七年**

『福祉の労働Q&A』（編著・有斐閣）

福祉の労働――現状と課題（『日本福祉年鑑　97～98』講談社）

みやぎの社会保障運動の推進（「法と民主主義」三一九号

書評・片岡曻『自立と連帯の労働法入門』（労働法律旬報一四二一号）

## 一九九九年

福祉の労働――労働時間問題（『日本福祉年鑑２０００』講談社）

労働時間法制をめぐる動向と今後の課題（日本弁護士連合会編『現代法律実務の諸問題』第一法規）

## 二〇〇〇年

高齢者の地域参加活動について（山形県健康科学研究所紀要　四四号）

高齢者の人権と福祉（山形大学法政論叢　一八号）

韓国人被爆者と原爆医療（別冊ジュリスト・社会保障判例百選第三版）

## 二〇〇一年

社会福祉労働と労働法（労働法律旬報　一四九五・九六号）

## 二〇〇二年

『福祉労働の法』（編著・有斐閣）

『あしたの部屋Q＆A――障害児者のやさしい暮らしを求めて』（共編著・クリエイツかもがわ）

変容する高齢者福祉――企画の趣旨（日本社会保障法学会誌一七号）

多様化する福祉労働者の雇用形態（労働判例八一七号）

## 二〇〇三年

介護福祉士の専門職性と就労実態（大沼由香氏と共著・保健福祉学研究一号）

これでいいのか「日本の社会福祉」（有斐閣「書斎の窓」五二四号）

なぜ、日本の福祉労働者は劣悪な条件で働かされるのか（福祉のひろば四〇五号）

**二〇〇四年**
地方自治の可能性（判例地方自治二五〇号）
平和で人間らしい社会を求めて（ゆたかなくらし四〇五号）
仕事と担い手の雇用・労働条件（大沼由香氏と共著『新版　社会保障・社会福祉大事典』旬報社）

## 三　伊藤博義教授略歴

**一九三四（昭和九）年七月二五日**　新潟県南蒲原郡見附町（現在の見附市）で、父・國男、母・キクノの長男として出生。

**一九三七年七月**　日中戦争起る。

**一九四一年四月**　この年に小学校から国民学校に改称された見附国民学校に入学。
一二月八日、太平洋戦争始まる。

**一九四三年**　学徒出陣、学童疎開が行われる。わが家でも東京の親戚が疎開寄留した。

**一九四五年**　東京大空襲、米軍沖縄上陸、広島・長崎原爆投下、ポツダム宣言受諾を経て、八月一五日、天皇が戦争終結の「玉音」放送。当時、国民学校五年生の軍国少年であった。

**一九四六年一一月三日**　日本国憲法公布（翌年五月三日施行）

**一九四七年五月**　六・三制の学制改革によって発足した町立見附中学校に入学。文部省著作兼発行の『あたらしい憲法のはなし』を学び、民主的な教育環境の下で、生徒会の自治活動を活発に行った。

**一九五〇年四月**　明治五年に『米百俵』で創立された新潟県立長岡高等学校に入学。将来の政治家をめざして校内弁論大会に出場、一・二年生では一位、三年生は審査員を務めた。

**六月**　朝鮮戦争勃発

**一九五三年四月**　東北大学法学部に入学。台ノ原明善寮に入寮。法学部一年自治会委員長を務め、学生の選挙権に関する自治庁通達や、学生会館焼失に伴う救済措置等の問題に取り組む。四年次に司法試験を受験したが及ばず、留年して再挑戦したいと思ったが、父が脳出血で倒れたため断念。

**一九五七年三月**　大学卒業後、盛岡家庭裁判所に裁判所事務官・書記官補として採用される。全司法労組盛岡分会執行委員を務めたりしたが、五八年一月に退職し、司法試験の受験準備のため仙台に戻る。しかし、肺結核となり、帰郷して療養生活を過ごす。

**一九五九年二月**　父、死去（五二歳）。四月、盛岡市内の社会福祉法人小原慶福会が経営する盛岡市内の養護施設・青雲荘に児童指導員として勤務。ここで過ごした四年間

保母の笑顔で
明るい子供

の体験は、私の自覚的人生の原点となった。

**一九六〇年**　安保闘争、全国に広がる。六月、民間の社会福祉事業従事者の労働組合である岩手県社会事業職員組合の創立に参加し、以後、書記次長・書記長・委員長等を歴任。

**一九六二年六月**　阿部千穂と結婚

**一九六三年四月**　青雲荘を退職し、勤労青年を対象とした夜間の各種学校である盛岡市立法経学院の非常勤講師となり、六四年四月、同専任講師となる。

**一九六五年四月**　憲法改悪阻止岩手県各界連絡会議の結成に参加（事務局次長・事務局長等を歴任）。

**一九六七年三月**　盛岡市立法経学院は岩手県立盛岡短期大学に昇格し、同学院が廃校となったことにより、盛岡市立図書館に主事として配置換えとなる。四月、岩手県立盛岡農業短期大学校の非常勤講師を委嘱さる。一〇月、福島大学で開催された東北法学会において、「偽装解散をめぐる諸問題」のテーマで研究発表。

**一九六八年四月**　東北大学法学部に文部教官・助手として採用され、外尾健一教授に師事する。研究課題を「企業活動の自由と労働者の権利保障の関係」とし、先ず具体的な研究テーマとして、アメリカにおけるランナウェイ・ショップ（組合回避の工場移転）に取り組む。しかし、大学紛争の激化により、研究活動に専念すること

が次第に困難となった。

**一九七〇年一月**　宮城教育大学教育学部に専任講師として赴任。七一年四月、助教授に昇任。この頃から、断続的であるが、東北学院大学、仙台法経専門学校、東北大学、東北大学医療技術短期大学部、宮城学院女子大学、福島大学等で、非常勤講師を担当する。また、宮城県、山形県、岩手県等が主催する市民対象の勤労学園（労働学院）の講師を務める。

**一九七三年**　宮城県農業就業近代化対策協議会委員に就任（七五年まで）

**一九七五年三月**　文部省在外研究員として、「多国籍企業における労働関係と受入れ国の労働法制」のテーマで、フィリピン、タイ、マレーシア、シンガポール、インドネシア、オーストラリア、ニュージーランド、アメリカ合衆国を歴訪（七六年三月まで）。

**一九七八年**　宮城教育大学職員組合委員長に就任（一九七八年度）

**一九七九年四月**　教授に昇任
憲法改悪阻止宮城県各界連絡会議の再建に参加（事務局長・代表委員等を歴任。九三年六月まで）

**一九八〇年四月**　宮城教育大学学生部長を併任（八二年三月まで）

**一九八一年**　仙台弁護士会懲戒委員会委員に就任（八二年まで）

**一九八二年**　日本社会保障法学会理事に就任（九二

憲法記念日のつどい
こそ『日本国憲法』を!!＝国内・外の情勢に
講師＝伊藤博義先生

年まで)
一〇月から一一月にかけて、「諸外国における大学入試制度の調査研究」のため、ドイツ・イタリア・フランス・イギリス・アメリカ諸国を歴訪。

**一九八三年** 東北法学会監事に就任(九一年以降は理事、二〇〇一年まで)

**一九八五年** 社会福祉法人ありのまま舎評議員に就任(一九九二年以降は理事、二〇〇二年まで)

**一九八六年九月** 東北師範大学の創立四〇周年記念式典に出席のため、中国へ赴く。

**一九八九(平成元)年** 日本労働法学会理事に就任(九五年まで)

**一九九二年四月** 宮城教育大学大学院の創設により、大学院教育研究科担当となる。

**一九九三年四月** 学術審議会専門委員に就任(九四年まで)

**六月** 宮城教育大学長に就任(九四年三月まで教授併任)

国立大学協会第二常置委員会委員及び日本教育大学協会評議員に就任(九四年八月まで)

**一九九四年八月** 宮城教育大学長を辞任。一部の教員によって「封鎖」された大学運営を打開するためには、学長としての辞意表明しかなかった。同大学名誉教授となる。

**一九九五年四月** 東北大学、東北学院大学、宮城学院女子大学、東北大学医療短期大学部、宮城県立農業短期大学、東京都立大学大

学院、和歌山大学大学院等で、非常勤講師を務める。

**一九九六年一月**　山形大学人文学部教授に就任

山形県東根市情報公開審査会委員（二〇〇〇年まで）

山形県医療審議会委員（九九年まで）

山形県立中央病院倫理委員会委員（九九年まで）

宮城県社会保障推進協議会会長に就任（現在に至る）

**一九九七年四月**　山形大学大学院社会文化システム研究科担当。

**一九九八年四月**　社会福祉法人なのはな会理事に就任（二〇〇〇年一一月理事長に就任、現在に至る）

山形大学職員組合人文学部支部長に就任（九九年三月まで）

山形大学法学会長に就任（二〇〇〇年三月まで）

山形県長寿社会推進機構・高齢化社会研究所研究員（〇〇年三月まで）

日本社会保障法学会理事（二〇〇四年まで）

**一九九九年四月**　財団法人宮城厚生協会倫理委員会委員（〇一年三月まで）

**二〇〇〇年三月**　山形大学を六五歳定年制で退職

**四月**　東北文化学園大学医療福祉学部教授に就任

**二〇〇二年七月**　大学評価・学位授与機構大学評価委員会評価員（〇三年まで）

**八月**　宮城県老人福祉施設協議会、特別養護老人ホームサービス評価事業評価委

員（現在に至る）

**二〇〇四年六月**　開学時の経営者による不正行為が発覚し、存立の危機に直面した東北文化学園大学を再生させるために結成された全学教職員連絡会議の世話人を務める（その後、全学教職員会議幹事、現在に至る）。

この他に、宮城学院女子大学、新潟青陵大学等の非常勤講師として教育活動に従事しており、また、特定非営利活動法人障害者の地域生活を支援する会理事、宮城・革新統一をすすめる懇談会常任世話人、非核の政府を求める宮城の会常任世話人、弁護士報酬の敗訴者負担制度に反対するみやぎネットワーク代表、カネカ（鐘淵化学）の二人を支援する会会長、宮城県地労委民主化対策会議代表委員等を通して、市民活動に参加している。

伊藤博義先生古稀記念論文集

# 福祉の現場

実践と発言

発起人代表
高木紘一
砂山克彦
今野順夫

2004年11月27日　初版第1刷発行

発行者
袖　山　貴＝村岡侖衛
発行所
信山社出版株式会社
〒113-0033　東京都文京区本郷6-2-9-102
TEL 03-3818-1019　FAX 03-3818-0344

印刷・製本　亜細亜印刷

ISBN4-7972-5266-9C3032